HEINRICH HUGENDUBEL VERLAG

Kailash
Buch

Robert Hand

PLANETEN IM COMPOSIT

Astrologie der Beziehungen

Hugendubel

Titel der Originalausgabe: *Planets in Composite*
Aus dem Amerikanischen übersetzt von Sylvia Luetjohann

© 1975 Para Research, Inc.
erschienen bei Para Research, Inc.,
Whistlestop Mall, Rockport
Massachusetts 01966 U.S.A.

CIP-Titelaufnahme der Deutschen Bibliothek
Hand, Robert:
Planeten im Composit: Astrologie der Beziehungen / Robert
Hand. [Aus dem Amerikan. übers. von Sylvia Luetjohann]. –
4. Aufl. – München: Hugendubel, 1991
   (Kailash-Buch)
   Einheitssacht.: Planets in composite ⟨dt.⟩
   ISBN 3-88034-514-7

4. Auflage 1991
© der deutschen Ausgabe Heinrich Hugendubel Verlag, München 1982
Umschlaggestaltung: Zembsch' Werkstatt, München
Produktion: Tillmann Roeder, München
Druck und Bindung: Spiegel-Buch, Ulm
Printed in Germany
ISBN 3-88034-514-7

Inhalt

Um etwas in dieser Art zu schaffen,
bedarf es der Gelegenheit, Unterstützung
und des Ansporns durch andere.
Daher widme ich dieses Buch
Frank Molinski, der all
dies ermöglichte.

Vorwort

Die Anfänge der Composit-Horoskopberechnung liegen im dunkeln. Der bekannten deutschen Astrologin Edith Wangemann zufolge haben sich zwei Forscher in Deutschland während der zwanziger Jahre damit beschäftigt. Die Methode läßt sich zeitlich jedoch weiter zurückdatieren und muß — wie ein gutes Volkslied — traditionellen Ursprungs sein. In jüngerer Zeit haben einige Astrologen beiderseits des Atlantiks für sich beansprucht, das Composit-Horoskop erfunden und/oder entwickelt zu haben, und dies hat wahrscheinlich in gewisser Weise seine Richtigkeit. Ist der rechte Zeitpunkt dafür gekommen, so taucht ein Gedanke, eine Idee unabhängig voneinander an verschiedenen Orten gleichzeitig auf.

Wie auch immer es entstanden sein mag, die meisten Astrologen in England und den USA kannten das Composit-Horoskop nicht bis zum Jahre 1974, als Samuel Weiser mein Buch *The Composite Chart* veröffentlichte, das einen allgemeinen Überblick über die Grundstruktur von Composits darstellt. In der verhältnismäßig kurzen Zeitspanne seitdem konnte ich beobachten, wie sich skeptische oder uninteressierte Astrologen für diese Methode zu begeistern begannen.

Nur wenige Jahre vorher hat es einen vergleichbaren Anstieg des Interesses und der Begeisterung für Halbsummenpunkte gegeben. In den späten sechziger Jahren wußten nur wenige amerikanische Astrologen, was eine Halbsumme ist, und noch weniger machten Gebrauch davon. Heute sind die Halbsummen für die Ausbildung eines jeden Schülers der Astrologie unerläßlich, und die meisten Berufsastrologen zeigen sich erfahren in ihrer Anwendung. Es ist daher wahrscheinlich, daß Composit-Horoskope eine ebenso weite Verbreitung wie Halbsummen finden werden, denn das Composit ist im Grunde genommen ja ein Halbsummen-Horoskop. Damit eine Technik oder Methode jedoch allgemeine Anerkennung, Verbreitung und Anwendung finden kann, muß ein klar umrissenes und verbindliches Standardwerk über das betreffende Thema existieren, damit nicht jeder einzelne Astrologe ausgiebige Untersuchungen über diese Methode anstellen muß. Für die Halbsummen ist Reinhold Ebertins Buch *Kombination der Gestirneinflüsse* das ausschlaggebende Werk gewesen. Nun hat Robert Hand das dringend benötigte Grundwerk über Composit-Horoskope vorgelegt. Die ausführliche und gründliche Behandlung dieses Themas wird sowohl dem praktizierenden als auch dem lernenden Astrologen eine Hilfe für die Beschreibung einer wichtigen Methode sein.

Während ich das Manuskript dieses Buches durchblätterte, habe ich mit Vergnügen festgestellt, daß die Deutungen der verschiedenen Aspekte und Häuserpositionen meine eigene Erfahrung mit Composit-Horoskopen bestätigen. Das Buch enthält auch viele subtile Auslegungen, auf die ich selbst niemals gekommen wäre. Ich habe mich besonders über Robert Hands realistischeren und fruchtbareren Ansatz im Hinblick auf multiple Composits (Horoskope für mehr als zwei Personen) gefreut.

Von besonderem Interesse sind die als Beispiele angeführten Fallstudien, bei denen die Anwendung der Composit-Methode detaillierte Einzelheiten in Beziehungen enthüllt, die sonst unentdeckt blieben. Da sich ein Großteil der Astrologie mit persönlichen Beziehungen und Partnerschaft beschäftigt, stellt die Composit-Methode unbedingt ein wichtiges Hilfsmittel dafür dar. Der differenzierteste Horoskopvergleich (Synastrie) zeigt die Skala an potentiellen Möglichkeiten in einer Beziehung zwischen zwei Menschen auf, doch das Composit-Horoskop zeichnet ein deutlicheres Bild von der tatsächlichen Beziehung. Zusätzlich dazu weisen die Transite und Progressionen für das Composit-Horoskop auf die Höhen und Tiefen in einer Beziehung für den Zeitraum ihrer Dauer hin. Auf diese Weise ist das Composit eine wesentliche Hilfe für jeden Astrologen, der seine eigenen persönlichen Beziehungen oder diejenigen seiner Klienten zu verstehen sucht.

Es freut mich, daß gerade Robert Hand es ist, der von allen mir bekannten Astrologen dieses Buch geschrieben hat — nicht nur, weil er ein Freund ist, sondern weil er ein praxisbezogenes und wirklichkeitsnäheres Verständnis der Astrologie als fast jeder andere auf diesem Gebiet hat. Er hat dieses Thema sowohl mit Einfühlungsvermögen und Humor behandelt als auch den kritischen Blick eines Mathematikers und Statistikers darauf gerichtet.

Robert Hand verfügt über ein beneidenswertes Talent, ausführlich und in die Tiefe gehend zu schreiben, und daraus ist eine Arbeit erwachsen, die gleichzeitig umfassend und vollständig ist. Ich vermute, daß viele Jahre vergehen werden, ehe ein anderes Buch seine Ausführungen durch entscheidende Zusätze ergänzen wird. Das Buch *Planeten im Composit* dürfte sich als unschätzbares Hilfsmittel für den Berufsastrologen und als klassisches Standardwerk für den Schüler der Astrologie erweisen.

John Townley

Einleitung

Ich habe festgestellt, daß die in diesem Buch dargestellte Berechnungsmethode von Composit-Horoskopen die am meisten verläßliche und deskriptive neue astrologische Technik ist, der ich jemals begegnet bin. Ständig werden neue astrologische Verfahren ersonnen und von ihren Entdeckern propagiert, doch hat mir keine andere Methode soviel neues Material für die Analyse geliefert. Häufig habe ich die Horoskope mir vollständig fremder Menschen genommen und mit Hilfe der Verwendung des Composits die persönlichsten Einzelheiten ihrer Beziehung zueinander dargestellt. Ich habe nicht nur beschrieben, wie sie im täglichen Leben miteinander auskommen, sondern konnte auch detaillierte Angaben über wichtige Vorkommnisse in ihrer Beziehung machen.

Bei der Deutung von Composit-Horoskopen habe ich nur wenig oder gar nichts von der Vieldeutigkeit bemerkt, die bei den konventionellen Methoden des Horoskopvergleichs (Synastrie) auftritt. Schöpferische und positive Beziehungen lassen sich klar und eindeutig erkennen, und das gleiche gilt auch für schwierige und verhältnismäßig wenig lohnenswerte Partnerschaften. Das Composit ermöglicht es mir, die genaue Art und Weise der Schwierigkeiten in einer problematischen Beziehung zu erkennen und den betreffenden Personen einsichtsvolle und nützliche Ratschläge über mögliche Lösungen für die Probleme zu geben, mit denen sie sich gegenseitig konfrontieren.

Gewiß, ein Großteil dieses Materials wäre auch mittels traditioneller Methoden zugänglich, doch ließe es sich nicht derart mühelos und deutlich erkennen. Zudem sind viele Beziehungen, die mittels des Horoskopvergleichs nur wenig plausibel oder ganz unverständlich waren, durch das Composit-Horoskop vollkommen einsichtig geworden. Ein Beispiel dafür ist in der Fallstudie von Fred und Mary angeführt.

Das Composit-Horoskop geht an Beziehungen und Partnerschaften auf eine neue Art und Weise heran. Diese Methode trägt der Tatsache Rechnung, daß eine Beziehung, wie auch immer sie beschaffen sein mag, nicht einfach nur das Zusammensein von zwei (oder mehr) Menschen, sondern auch eine Entität, eine feste Größe ist, die ihre eigene Berechtigung und Gesetzmäßigkeit hat. Wenn zwei Menschen in irgendeiner Form miteinander zu tun haben, existieren drei feste Größen — die beiden Personen und ihre Beziehung zueinander. Aus der Alltagserfahrung sind uns häufig Fälle von Menschen bekannt, deren Zusammensein unverständlich erscheint, die jedoch eine ausgezeichnete und Erfüllung gebende Beziehung miteinander haben. Ihr Zusammensein ruft aus irgendeinem Grunde Anlagen, Teile ihres Wesens auf den Plan, die vorher nicht offenkundig in Erscheinung getreten sind. Diese ,,neuen'' Wesenszüge sind in Wirklichkeit der dritten Größe, ihrer Beziehung, zugehörig.

Als ich im Jahre 1972 zuerst auf die Composit-Horoskope stieß, machten sie keinen großen Eindruck auf mich. Die Methode erschien mir als ein formaler mathematischer Einfall, der auf einem ,,Trick'' beruhte und keinerlei astrologische Wirklichkeit widerspiegelte. Diese Ansicht war natürlich *a priori* entstanden und beruhte nicht auf Erfahrung, was die Gefahr derartiger Beurteilungen in der Astrologie verdeutlicht. Später bin ich zu der Überzeugung gelangt, daß diese Methode ihre Gültigkeit habe und wirksam sei, und in jüngster Zeit habe ich an einer Theorie über astrologische Beeinflussung gearbeitet, die auch das Composit-Horoskop einbezieht. Diese Theorie hat einige der Veränderungen nahegelegt, die ich in die Berechnungsmethode für multiple Composits aufgenommen habe und die durch die Praxis verifiziert wurden. Die gesamte Theorie ist relativ komplex, doch will ich sie hier in einer etwas vereinfachten Form darstellen.

Jeder Planet läßt sich als eine gerichtete Druck- oder Zugkraft (Spannung oder Anziehung) am Himmel betrachten, das heißt, jeder Planet erzeugt auf der Erde einen Zug in Richtung seiner Zodiakallänge. Jeder Planet hat seine eigene Art von Zugkraft, die sich von den übrigen weniger quantitativ als qualitativ unterscheidet. Obwohl die Planeten aufgrund der Schwerkraft tatsächlich durch Anziehung mit der Erde verbunden sind, muß ich an dieser Stelle betonen, daß ich mich nicht darauf beziehe. Ich verwende ,,Zug'' oder ,,Zugkraft'' hier als metaphorischen Begriff, wobei es entscheidend ist, daß etwas wie eine Zugkraft wirkt und eine Richtung hat.

Jeder, der mit Mathematik oder Physik vertraut ist, wird erkennen, daß meine Darstellung eine gewisse Ähnlichkeit mit einem Vektor aufweist. Ein Vektor ist eine quantitative Größe, die auch eine Richtung hat. Der Satz ,,Er fuhr mit 90 Stundenkilometern'' sagt allein etwas über die Quantität aus, während die Erklärung ,,Er fuhr mit 90 Stundenkilometern gen Osten'' den Richtungsfaktor einbezieht und aus der quantitativen Größe einen Vektor macht. Die Aussage, daß es eine Zugkraft von 90 Pfund Gewicht nach rechts, im Winkel von 90° zur Fahrtrichtung gegeben habe, stellt gleicherweise die Beschreibung eines Kraftvektors dar. Jede quantitative Größe, die in einer bestimmten Richtung agiert, ist ein Vektor. Wie gewöhnliche Zahlen können Vektoren miteinander addiert, subtrahiert, multipliziert oder dividiert werden, wenn auch die Regeln dafür verhältnismäßig kompliziert sind. Für weitere Informationen verweise ich den interessierten Leser auf jedes Mathematikbuch einer höheren Lehranstalt.

Die Planeten wirken insofern wie Vektoren, als daß sie bestimmte Spannungsmuster im Zodiakus hervorbringen; befinden sie sich außerdem in bestimmten signifikanten Winkeln zueinander (den Aspekten), die man durch Dividieren des vollen Kreises von 360° durch kleine ganze Zahlen erhält, so bilden sie Schwingungen oder Wellenmuster im Tierkreis, welche den Einfluß der Planeten begründen.

Man kann dem entgegenhalten, daß Planeten ohne Aspekt zueinander immer noch einen Einfluß ausüben müßten, und dem würde ich zustimmen. Es kann jedoch aufgezeigt werden, daß sich tatsächlich jeder Planet in einem Aspekt zu jedem anderen Planeten befindet, wenn wir uns nicht selbst auf die traditionellen Grundaspekte beschränken. Es ist nicht notwendig, den Kreis lediglich durch 1, Konjunktion; 2, Opposition; 3, Trigon; 4, Quadrat; 5, Quintil; 6, Sextil usw. zu dividieren, denn dies läßt sich auch mit 13, 23 oder jeder anderen Zahl vornehmen. Wir wissen nichts über die Anwendung dieser Aspekte, aber dennoch existieren sie und haben fast mit Gewißheit ihre Signifikanz. Alle Planetenpaare bilden, bestimmt durch ihre Winkeldifferenz, diese Wellenmuster und zeigen entsprechend dazu ihren Einfluß im Horoskop. Eine ausführliche Beschreibung über die Wirkungsweise dieser Schwingungswellen würde über den Rahmen dieses Buches hinausgehen. Für unsere Zwecke müssen wir lediglich einige einfache Punkte festlegen.

Die Planeten üben, ähnlich wie die Vektoren, einen quantitativen und — was noch wichtiger ist — einen qualitativen Druck, eine Kraft, in einer bestimmten Richtung aus. Wir können möglicherweise die quantitative Basis für diese qualitativen Unterschiede ermitteln, doch ist dies für unsere Diskussion nicht wichtig. In quantitativer Hinsicht können wir alle Planeten als ungefähr gleichwertig betrachten, wobei Sonne und Mond vielleicht stärker sein mögen. Auf jeden Fall ordnen wir allen Planeten den Wert einer Einheit zu. Derartige Vektoren werden als ,,Einheitsvektoren'' bezeichnet.

Bei der Anwendung der in diesem Buch wiedergegebenen Richtlinien ist es entscheidend, daß die Winkelpositionen der Planeten in einem Composit-Horoskop die gleichen sind, als würde man die Planeten als Einheitsvektoren behandeln und nach den Regeln der Vektoraddition zusammenzählen. Dies trifft sowohl für zweifache als auch für mehrfache Composits zu. Die Summe von Vektoren wird meist als Resultante bezeichnet. Die Positionen der Planeten im Composit-Horoskop sind Resultanten aus ihren Positionen in den jeweiligen Geburtshoroskopen. Das Geburtshoroskop zeigt auf, in welcher Weise die Druck- oder Spannungsfaktoren (Planeten) miteinander in Verbindung stehen und Schwingungsmuster erzeugen, die ich als entscheidenden Schlüssel für das Verständnis der astrologischen Beeinflussung ansehe. Das Composit-Horoskop nun zeigt die Resultanten dieser Druck ausübenden Kräfte auf, wenn zwei (oder mehr) Menschen in einer Beziehung oder Partnerschaft zusammenkommen.

Ich bin in dieser Diskussion nicht auf die quantitativen Aspekte von Vektoren zu sprechen gekommen, weil ich im Augenblick noch keine Vorstellung habe, worin ihre Wirkung besteht; ich bin jedoch davon überzeugt, daß sich der quantitative Faktor möglicherweise einmal als sehr wichtig herausstellen wird.

Ich möchte als Kernpunkt betonen, daß das Composit-Horoskop nicht einfach nur eine mathematische Abstraktion darstellt. Es beruht auf Prinzipien, die wichtige Parallelen zur Physik haben. Ich wurde ursprünglich darin unterwiesen, multiple Composits mittels einer Methode zu erstellen, die durchaus nicht mit diesem Modell übereinstimmt, und sie schien sich nicht sehr gut zu bewähren. Eines Tages zeigte diese ältere Methode an, daß ich mit zwei langjährigen Freunden nicht sehr gut zurechtkommen könnte, weil das zwölfte Haus besonders betont war. Bei näherer Untersuchung stellte ich fest, daß die von mir verwendete Technik einen falschen MC ergeben hatte! Von da an habe ich mit der Ausarbeitung jener Prinzipien begonnen, die ich in diesem Buch angewendet habe.

Natürlich kann keine Beweisführung aus Grundsätzen und Richtlinien, wie sie hier zur Anwendung kommen, maßgebend für die Astrologie sein, und es ist nicht beabsichtigt, Composit-Horoskope mit dieser Argumentation zu ,,beweisen''. Dafür sind unsere Grundprinzipien einfach noch nicht genügend gesichert. Das einzige Kriterium kann darin bestehen, eine Methode auszuprobieren und dann, wenn notwendig, herauszufinden, warum sie funktioniert. Ich empfehle Ihnen, dies mit Composit-Horoskopen zu versuchen.

Die Zielsetzung dieses Buches ist zweifach. Zuerst einmal stellt es eine vollständige Beschreibung der technischen Aspekte dar, wie ein Composit-Horoskop zu erstellen ist. Beim Gebrauch dieses Buches sollten Sie keinen anderen Quellentext, Ephemeriden, Häusertabellen und ähnliches ausgenommen, heranziehen müssen.

Als zweites verfolgt dieses Buch die Absicht, den Leser mit den Deutungsmethoden des Composit-Horoskops bekannt zu machen. Dies geschieht auf dreifache Weise: Erstens existiert ein ganzes Kapitel über die Deutung von Composit-Horoskopen, das eine nützliche Reihenfolge von Prioritäten aufstellt, die bei der Deutung zu befolgen ist. Hier werden auch einige technische Probleme behandelt, die nur bei Composit-Horoskopen auftauchen.

Zweitens werden einige Fallstudien wiedergegeben, die den Leser durch den Prozeß der Deutung von tatsächlichen Composit-Horoskopen führen. Jeder Fall ist ausgewählt worden, weil er beispielhaft irgendein wichtiges Faktum über die Composit-Deutung illustriert. Es werden auch verschiedene Techniken besprochen, die für Composit-Horoskope verwendet werden können, wie beispielsweise Progressionen und Transite, der Vertex-Punkt und die Rückkehr der Sonne. Nicht in allen Fällen wurden ausführliche Beschreibungen gegeben, weil sich die Techniken nur wenig von den bei Geburtshoroskopen verwendeten unterscheiden.

Drittens bringt der Hauptteil des Buches umfangreiche Beschreibungen von den Planeten in den einzelnen Häusern und in ihren Aspekten zueinander. Wie ich an anderer Stelle in diesem Buch dargelegt habe, unterscheidet sich die Bedeutung der Planeten in ihren Aspekten und Häusern nicht grundlegend von ihrer Bedeutung in gewöhnlichen Horoskopen. In der Regel lassen sich die gleichen Prinzipien auf Composits anwenden, wenngleich einige Besonderheiten beachtenswert sind. Für manche Leser mag es jedoch eine Schwierigkeit darstellen, den geistigen Sprung von der Deutung einer Person zu der Deutung einer Beziehung oder Partnerschaft zu machen. Dies ist vermutlich im besonderen ein Problem für Schüler der Astrologie, an welche sich dieser Abschnitt vornehmlich wendet.

Für Astrologen mit größerer Erfahrung wird es verhältnismäßig einfach sein, der in diesen Darstellungen vorgenommenen Beurteilung zu folgen und ihre eigenen Methoden der Beurteilung zur Anwendung zu bringen. Dazu möchte ich ermutigen, denn dieses Buch soll in keiner Weise ein „Evangelium" sein. Die Beschreibungen sind lediglich Muster für Möglichkeiten und können nicht alle individuellen Fragen und Probleme in Betracht ziehen, die in jedem Horoskop auftauchen. Der Studierende ist dazu aufgefordert, dieses Buch als Anhaltspunkt und Ratgeber, nicht als Krücke zu benutzen. Ein jeder muß Methoden der Analyse entwickeln und ausarbeiten, die auf seiner eigenen individuellen Erfahrung beruhen, und niemand sollte meine Erkenntnisse oder diejenigen eines anderen als Ersatz für seine eigene Erfahrung verwenden. In den Beschreibungen ist besonderer Nachdruck auf persönliche Beziehungen, wie Freundschaften, Liebesverhältnisse, Heirat und ähnliches, gelegt worden, doch lassen sie sich mit wenig Phantasie auf fast jede Art von menschlicher Beziehung, auf Beruf, Familie usw. anwenden.

Aus Gründen der sprachlichen Vereinfachung sind alle Beschreibungen für Beziehungen zwischen zwei Menschen abgefaßt worden. Tatsächlich können Composits jedoch für mehr als zwei Personen erstellt werden, womit sich ein ganzer Abschnitt des Buches beschäftigt.

Diese Technik ist noch nicht lange genug in Gebrauch gewesen, als daß alle denkbaren Fragen darüber beantwortet werden könnten. Selbst in diesem Buch sind einige neue Methoden enthalten, die noch an keiner Stelle sonst beschrieben worden sind. Weitere neue Gedankengänge werden sich entwickeln, und dieser Prozeß des Entdeckens wird sich fortsetzen. Ich fordere die Leser dazu auf, mich an ihren Beobachtungen und Entdeckungen teilhaben zu lassen und sich über den Verlag mit mir in Verbindung zu setzen.

Nach dem Erscheinen der ersten Auflage dieses Buches habe ich festgestellt, daß die Horoskope für Hickmann und Parker (Fall 5) auf ungenauen Daten beruhen. Die Sicherstellung von genauen Geburtsdaten ist ein Problem, dem sich Astrologen ständig gegenübersehen, denn es liegt auf der Hand, daß unrichtige Daten Verwirrung und Widersprüche verursachen können. Daher habe ich in dieser Auflage die oben erwähnte Fallstudie ausgelassen und durch die Untersuchung einer anderen Beziehung ersetzt: die Verbindung zwischen Sigmund Freud und C. G. Jung.* Ich bin ziemlich zuversichtlich,

* Eine andere Behandlung der gleichen Beziehung findet sich bei: Michael Meyer, The Astrology of Relationship (Garden City, New York: Anchor Books, 1976), S. 191—210.

daß die zur Zusammenstellung ihrer Horoskope verwendeten Daten genau sind und aus zuverlässigen Quellen stammen.

Und nun viel Erfolg mit Composits . . .

Kapitel 1

Das Stellen des Horoskops

Das Composit-Horoskop entsteht dadurch, daß die Halbsumme zwischen den beiden jeweils gleichen Planeten und anderen sensitiven Punkten der zwei Geburtshoroskope ermittelt wird, das heißt, zwischen der Sonne des einen und der Sonne des anderen, dem Mond des einen und des anderen usw. Die Composit-Sonne entspricht der Halbsumme der beiden Sonnen; der Composit-Mond ist die Halbsumme der beiden Monde, der Composit-Merkur die Halbsumme der beiden Merkure, und so verhält es sich für alle übrigen Planeten. Die Häuser werden jedoch auf eine andere Art und Weise berechnet. Bevor wir jedoch die Konstruktion des Schaubildes behandeln, ist es wichtig, sich einige Dinge über Halbsummen zu vergegenwärtigen.

Eine Halbsumme ist ein Punkt im Tierkreis, der sich in gleicher Entfernung von zwei anderen Punkten, gewöhnlich Planeten, befindet. Man ist der Ansicht — und umfangreiche praktische Forschungen bestätigen dies —, daß die Halbsumme die Eigenschaften der beiden Planeten in sich vereinigt, aus denen sie sich ableiten. Ganze astrologische Lehrsysteme sind um diese Punkte herum entstanden, am bekanntesten darunter das Uranische System (die Hamburger Schule) und die Kosmobiologie. Auch von vielen traditionell arbeitenden Astrologen sind sie herangezogen worden, beispielsweise von Dane Rudhyar und Charles Jayne, um nur zwei Namen aus der Vielzahl derer zu erwähnen, die sowohl Halbsummen als auch traditonelle Methoden sehr effektiv verwendet haben. Halbsummen sind nichts Neues, und ihre Verwendung weicht nicht grundlegend von herkömmlichen Praktiken ab.

Die Arbeit mit Halbsummen im Composit-Horoskop läßt jedoch ein Problem entstehen. Auf einer Geraden ist nur eine Halbsumme zwischen zwei Punkten möglich, während auf einer Kreislinie jedes Paar von Punkten zwei Halbsummen ergeben wird. Dies rührt daher, weil jedes Paar von Punkten den Kreis in zwei Segmente unterteilt, die beide durch Halbsummenpunkte in zwei gleiche Hälften geteilt werden können. Abbildung 1 zeigt einen Kreis mit zwei Punkten, A und B, wodurch wir zwei Segmente erhalten, AB und BA, von denen AB das kürzere ist. Der Kreisbogen AB wird durch den Punkt P, der Kreisbogen BA durch den Punkt P' in zwei Hälften geteilt. Wären A und B Planeten, so würden P und P' die beiden Halbsummen sein. Glücklicherweise befinden sich P und P' immer genau 180° voneinander entfernt.

Die Arbeitshypothese, auf die sich das Composit-Horoskop stützt, lautet, daß P, die Halbsumme des kürzeren Kreisbogens AB, von den beiden möglichen Punkten der einflußreichere ist und daher im Horoskop Verwendung findet. Die Halbsumme des kürzeren Kreisbogens nennen wir die "nähere Halbsumme", den anderen Halbsummenpunkt, P', die "entferntere Halbsumme". Eine Ausnahme bei der Verwendung der näheren Halbsumme liegt dann vor, wenn die miteinander verbundenen Planeten in ihrem kürzeren Kreisbogen mehr als 150° voneinander entfernt liegen. In diesem Falle ist der Einfluß der beiden Halbsummen von nahezu gleicher Stärke, und beide sollten in Betracht gezogen werden.

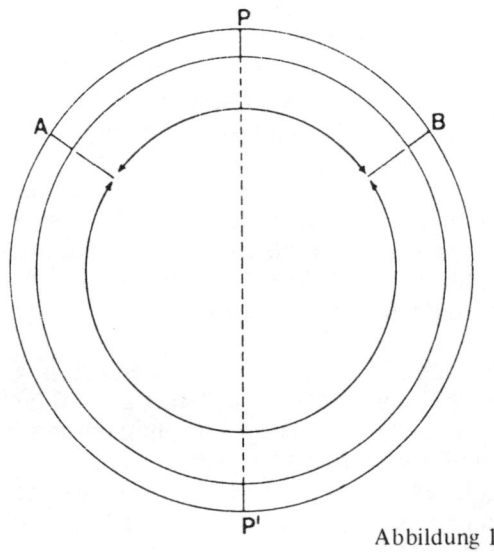

Abbildung 1

Die Grundregel, wonach alle Planetenpaare zwei Halbsummen haben, spielt eine wichtige Rolle für das Verständnis der Häuser beim Composit-Horoskop, die sich ein wenig von den Häusern eines normalen Geburtshoroskops unterscheiden. Diese Abweichungen werden in Kapitel 4 ausführlich behandelt werden, doch sollte hier ein weiteres Phänomen, das sich aus der gleichen Tatsache ergibt, Erwähnung finden.

In allen Horoskopen bewegen sich die Sonne und die Planeten Venus und Merkur gemeinsam als eine Einheit miteinander fort und befinden sich stets in ungefähr dem gleichen Teilabschnitt des Tierkreises. Beim Composit-Horoskop kann die hier beschriebene Kombinationstechnik jedoch derartige Merkwürdigkeiten wie eine Opposition von Sonne/Venus oder von Venus/Merkur ergeben, was in einem gewöhnlichen Horoskop eindeutig unmöglich wäre. Ein solcher Fall kann nur dann vorliegen, wenn sich die jeweiligen Planetengruppen von Sonne/Merkur/Venus in den beiden Geburtshoroskopen fast in Opposition zueinander befinden. Bei derartigen Fällen halte ich mich an die Anwendung der bereits formulierten Grundregel für Planeten in naher Opposition zueinander, das heißt, ich arbeite mit beiden Gruppen von Halbsummenpunkten. Eine andere Möglichkeit besteht darin, lediglich die nähere Halbsumme der beiden Sonnen zu verwenden und dann diejenigen Halbsummen von Merkur und Venus heranzuziehen, die sich auf der gleichen Seite des Tierkreises wie die näher liegende Sonne befinden. Auf jeden Fall sollte eine Opposition von Sonne/Venus, Sonne/Merkur oder Merkur/Venus wie eine Konjuktion und nicht als echte Opposition behandelt werden. Beispiele dafür werden in den Fallstudien erwähnt werden.

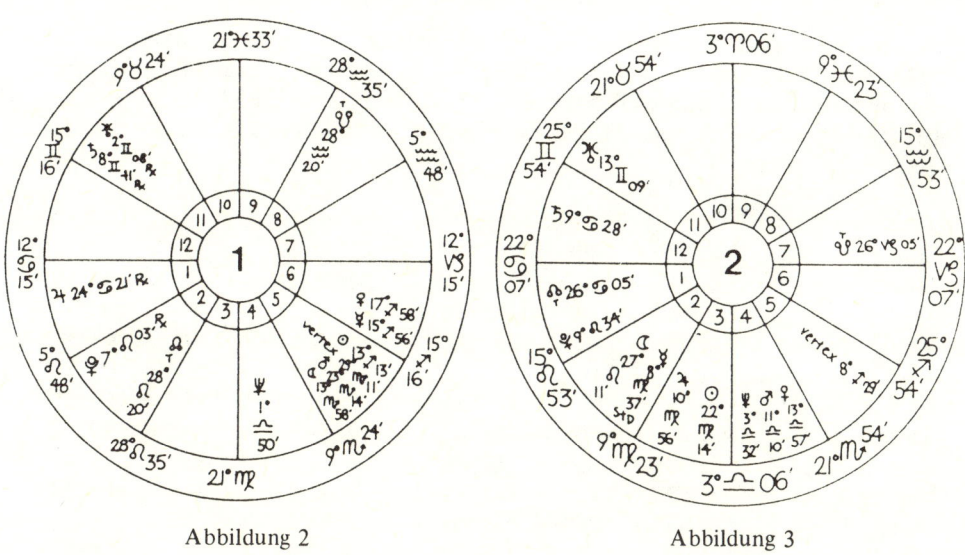

Abbildung 2   Abbildung 3

Die Abbildungen 2 und 3 stellen die Horoskope eines Mannes und einer Frau dar, die später in den Fallstudien abgehandelt werden. Vorläufig werden wir ihre Horoskope zur Veranschaulichung nehmen, wie ein Composit-Horoskop zu erstellen ist. Ihre Geburtsdaten sind nicht angegeben, damit ihre Anonymität gewahrt bleibt. Wir gehen Schritt für Schritt vor:

1. Nehmen Sie beide Einzelhoroskope und verändern die Längenangaben eines jeden Horoskopelements von der gebräuchlichen Bezeichnung durch Tierkreiszeichen in eine Bezeichnung im Hinblick auf einen Kreis von 360°, das heißt, zählen Sie alle Horoskoppositionen nicht von 0° ihres Zeichen aus, sondern statt dessen bei 0° Widder angefangen. Addieren Sie für jedes Tierkreiszeichen diejenige Gradzahl, die in der folgenden Tabelle angegeben ist:

17

Widder	0°
Stier	30°
Zwillinge	60°
Krebs	90°
Löwe	120°
Jungfrau	150°
Waage	180°
Skorpion	210°
Schütze	240°
Steinbock	270°
Wassermann	300°
Fische	330°

Wenn die Länge beispielsweise 22° ♊ 07' beträgt, addieren wir nach der Tabelle 60° für Zwillinge, woraus sich 82°07' in der 360°-Bezeichnung ergibt. Es folgt eine vollständige tabellarische Aufstellung über die Umrechnung der beiden Musterhoroskope von der Bezeichnung durch Tierkreiszeichen in die 360°-Bezeichnung.

	1. Person			2. Person		
Sonne	13° ♐ 13'	+ 240° =	253°13'	22° ♍ 14'	+ 150° =	172°14'
Mond	13° ♏ 58'	+ 210° =	223°58'	27° ♌ 11'	+ 120° =	147°11'
Merkur	15° ♐ 56'	+ 240° =	255°56'	8° ♍ 37'	+ 150° =	158°37'
Venus	17° ♐ 58'	+ 240° =	257°58'	13° ♎ 57'	+ 180° =	193°57'
Mars	23° ♏ 14'	+ 210° =	233°14'	11° ♎ 10'	+ 180° =	191°10'
Jupiter	24° ♋ 21'	+ 90° =	114°21'	10° ♍ 56'	+ 150° =	160°56'
Saturn	8° ♊ 41'	+ 60° =	68°41'	9° ♋ 28'	+ 90° =	99°28'
Uranus	2° ♊ 08'	+ 60° =	62°08'	13° ♊ 09'	+ 60° =	73°09'
Neptun	1° ♎ 50'	+ 180° =	181°50'	3° ♎ 32'	+ 180° =	183°32'
Pluto	7° ♌ 03'	+ 120° =	127°03'	9° ♌ 34'	+ 120° =	129°34'
Mondknoten	28° ♌ 20'	+ 120° =	148°20'	26° ♋ 05'	+ 90° =	116°05'
MC	21° ♓ 33'	+ 330° =	351°33'	3° ♈ 06'	+ 0° =	3°06'
Aszendent	12° ♋ 15'	+ 90° =	102°15'	22° ♋ 07'	+ 90° =	112°07'
Vertex	29° ♏ 10'	+ 210° =	239°11'	8° ♐ 29'	+ 240° =	248°29'

2. Nehmen Sie die Längenangaben für jedes Paar von Horoskopelementen — die beiden Sonnen, die beiden Monde, die beiden Merkure usw. —, addieren Sie diese und teilen sie durch 2. (Denken Sie daran, immer die Halbsumme von einem Paar gleicher Planeten, nicht von verschiedenen, zu ermitteln.) Wenn wir die beiden Sonnen nehmen, so erhalten wir die folgende Rechnung:

a. 172°14' + 253°13' = 425°27'
b. 425°27' ÷ 2   = 212°43,5', abgerundet auf 212°44'

3. Rechnen Sie diese Zahl in die Tierkreisbezeichnung zurück:

212°44' = 2° ♏ 44'

4. Überprüfen Sie, ob Sie mit den Schritten 2 und 3 die nähere oder die entferntere Halbsumme ermittelt haben. Ist die entferntere Halbsumme das Resultat, so ersetzen Sie das Tierkreiszeichen bei Schritt 3 durch das entgegengesetzte Zeichen. Bei diesem Beispiel ergibt das Dividieren durch 2 die richtige Seite des Zodiaks. Nachstehend folgt die Berechnung für alle Elemente der beiden Horoskope:

	1. Person	2. Person			Composit		
Sonne	253°13'	+ 172°14'	= 425°27'	÷ 2 =	212°44'	2° ♏ 44'
Mond	223°58'	+ 147°11'	= 371°09'	÷ 2 =	185°35'	5° ♎ 35'
Merkur	255°56'	+ 158°37'	= 414°33'	÷ 2 =	207°17'	27° ♎ 17'
Venus	257°58'	+ 193°57'	= 451°55'	÷2 =	225°58'	15° ♏ 58'
Mars	233°14'	+ 191°10'	= 424°24'	÷ 2 =	212°12'	2° ♏ 12'
Jupiter	114°21'	+ 160°56'	= 275°17'	÷ 2 =	137°39'	17° ♌ 39'
Saturn	68°41'	+ 99°28'	= 168°09'	÷ 2 =	84°05'	24° ♊ 05'
Uranus	62°08'	+ 73°09'	= 135°17'	÷ 2 =	67°39'	7° ♊ 39'
Neptun	183°32'	+ 181°50'	= 365°22'	÷ 2 =	182°41'	2° ♎ 41'
Pluto	129°34'	+ 127°03'	= 256°37'	÷ 2 =	128°19'	8° ♌ 19'
Mondknoten	116°05'	+ 148°20'	= 264°25'	÷ 2 =	132°13'	12° ♌ 13'
MC	3°06'	+ 351°33'	= 354°39'	÷ 2 =	177°20'	27° ♓ 20'
Aszendent	112°07'	+ 102°15'	= 214°22'	÷ 2 =	107°11'	17° ♋ 11'
Vertex	248°29'	+ 239°10'	= 487°39'	÷ 2 =	243°50'	3° ♐ 50'

Wie sich aus obiger Tabelle ergibt, erscheint nur das Composit-MC auf der falschen Seite des Zodiaks, weil die Kombinationsmethode die entferntere Halbsumme liefert. Das Zeichen, in dem er steht, wird bei der Umrechnung in die Bezeichnung durch Tierkreiszeichen in sein Gegenzeichen verkehrt.

Die Häuser werden nicht mittels dieser Methode bestimmt; nur das MC wird auf die gleiche Art und Weise wie die Planeten errechnet. Obgleich wir durch Anwendung dieser Methode einen Composit-Aszendenten und auch einen Vertex* ermittelt haben, werden wir diesen nicht als Spitze des ersten Hauses verwenden. Die Halbsumme der beiden Aszendenten, der „Composit-Aszendenten", findet als wichtiger sensitiver Punkt Eingang in das Schlußhoroskop, doch die erste Häuserspitze wird wie folgt berechnet:

Nehmen Sie das Composit-MC als Spitze des zehnten Hauses und stellen Sie eine neue Folge von Häuserspitzen für dieses MC auf, wofür Sie den Längengrad des Ortes verwenden, wo die beiden betreffenden Menschen leben oder wo sich ihre Beziehung abspielt. Sie können dafür jedes Häusersystem benutzen, dem Sie den Vorzug geben; die Beispiele in diesem Buch sind nach den Geburtsort-Häusertabellen von Walter Koch berechnet. Die Berechnungen wurden mit einem Tischrechner direkt durch Trigonometrie ausgeführt.

* Dieser wird als der „Composit-Vertex"bezeichnet. Der Unterschied zwischen beiden sowie auch der Vertex im allgemeinen werden auf Seite 30 behandelt.

Es folgt nun ein Beispiel für die Berechnungsmethode von Häuserspitzen aus den Häusertabellen. Das Vorgehen ist der bei einem normalen Horoskop benutzten Methode sehr ähnlich, abgesehen davon, daß wir von dem Längengrad des MC ausgehen, was bedeutet, daß auf die Sternzeit insgesamt verzichtet wird. Wenn Sie mit dieser Methode nicht vertraut sind, sollte das Beispiel von Hilfe sein.

Der Wohnort unseres als Beispiel dienenden Paares lag auf der geographischen Breite von 41°N47' und der geozentrischen Breite von 41°N36'. (Ich verwende den geozentrischen anstelle des geographischen Breitengrades. Diese Unterscheidung wird in verschiedenen Textbüchern beschrieben, auf die ich den Leser für weitere Informationen verweise.) Der Längengrad des Wohnortes wird nicht benötigt, da wir bereits das MC mit 27° ♓ 20' besitzen, was in den Tabellen zwischen 27° und 28° ♓ liegt. (Wie bereits erwähnt, wurden die Koch-Häusertabellen für diese Berechnungen benutzt.) Für unser Beispiel werden wir eine vollständige Berechnung für die Spitze des ersten Hauses geben, doch das gleiche Verfahren kommt auch für die übrigen Häuserspitzen zur Anwendung. Bedenken Sie, daß die Spitze des ersten Hauses im Composit nicht mit dem Composit-Aszendenten identisch ist, der aus der näheren Halbsumme der beiden Geburts-Aszendenten abgeleitet wurde.

Unser Breitengrad für diese Berechnung ist die geozentrische Breite von 41°N36', die in den Tabellen zwischen 41°N und 42°N liegt. Für einen MC bei 27° ♓ liegt die Spitze des ersten Hauses bei 41°N auf 16° ♋ 49' und bei 42°N auf 17° ♋ 28'. Für einen MC bei 28° ♓ befindet sich die Spitze des ersten Hauses bei 41° N auf 17° ♋ 35' und bei 42°N auf 18° ♋ 13'. Für Ihre Arbeit empfehle ich Ihnen die folgenden Anordnungen:

MC	27° ♓ 00'	27° ♓ 20'	28° ♓ 00'
Erstes Haus 41°N	16° ♋ 49'	?	17° ♋ 35'
Erstes Haus 41°N36'		?	
Erstes Haus 42°N	17° ♋ 28'	?	18° ♋ 13'

Wir müssen die mittlere Spalte nun mittels Interpolation ausfüllen. Wir beginnen damit, indem wir die Spitze des ersten Hauses herausfinden, die 27° ♓ 20' bei 41°N entspricht. Der Composit-MC bei 27° ♓ 20' macht 20/60 oder 1/3 der Entfernung zwischen 27° ♓ und 28° ♓ aus. In diesem

Falle wäre es einfacher, die Interpolation mit Hilfe des Bruchs von 1/3 als durch Logarithmen durchzuführen, doch wird hier die Logarithmenrechnung vorgeführt, falls einige Leser nicht damit vertraut sind. Da das Composit-MC bei 20/60 der Entfernung zwischen den beiden MC-Punkten liegt, liegt der Aszendent, bei 41°N, bei 20/60 der Entfernung zwischen 16° ⊗ 49' und 17° ⊗ 35', wobei der Unterschied zwischen diesen beiden Aszendenten 46' beträgt. Bei Verwendung jeder beliebigen Diurnal-Logarithmentafel sieht die Aufstellung wie folgt aus:

$$
\begin{array}{rl}
\log 20' = & 1.85733 \\
+ \ \log 46' = & 1.49561 \\
- \ \log 60' = & 1.38021 \\
\hline
\text{Summe} & 1.97273
\end{array}
$$

Die Summe ist der Antilogarithmus (Numerus) von 15', auf die nächstentfernte Minute aufgerundet. Daher addieren wir 15' zu 16° ⊗ 49' und erhalten 17° ⊗ 04'. Wir wiederholen das obige Vorgehen, um die Spitze des ersten Hauses entsprechend zu unserem Composit-MC für 42°N zu ermitteln. Als die beiden Spitzen des ersten Hauses für 27° ♓ und 28° ♓ bei 42°N ergeben sich 17° ⊗ 28' und 18° ⊗ 13', die durch 45 Bogenminuten voneinander getrennt sind. Die Aufstellung sieht wie folgt aus:

$$
\begin{array}{rl}
\log 20' = & 1.85733 \\
+ \ \log 45' = & 1.50515 \\
- \ \log 60' = & 1.38021 \\
\hline
\text{Summe} & 1.98227
\end{array}
$$

In diesem Falle ist das Ergebnis wiederum genau der Antilogarithmus von 15'. Wir addieren die 15' zu 17° ⊗ 28' und erhalten 17° ⊗ 43'. Und so sollte unser Arbeitspapier aussehen:

MC	27° ♓ 00'	27° ♓ 20'	28° ♓ 00'
Erstes Haus 41°N	16° ⊗ 49'	17° ⊗ 04'	17° ⊗ 35'
Erstes Haus 41°N36'		?	
Erstes Haus 42°N	17° ⊗ 28'	17° ⊗ 43'	18° ⊗ 13'

Wir haben jetzt die Spitzen des ersten Hauses für 27° ♓ 20' bei 41°N und bei 42°N ermittelt, doch möchten wir die Häuserspitze bei 41°N36' erhalten; wir müssen daher den Aszendenten bestimmen, der bei 36/60 der Entfernung zwischen 17° ♋ 04' und 17° ♋ 43' liegt, was einem Bogenunterschied von 39' entspricht. Die Aufstellung wird folgendermaßen aussehen:

$$
\begin{array}{rl}
\log 36' = & 1.60206 \\
+ \ \log 39' = & 1.56730 \\
- \ \log 60' = & 1.38021 \\
\hline
 & 1.78915
\end{array}
$$

Dies ist der Antilogarithmus von 23' zu der nächstentfernten Minute. Wir addieren 23' zu 17° ♋ 04' und erhalten 17° ♋ 27'. Das vervollständigte Arbeitspapier sollte nun folgendermaßen aussehen:

MC	27° ♓ 00'	27° ♓ 20'	28° ♓ 00'
Erstes Haus 41°N	16° ♋ 49'	17° ♋ 04'	17° ♋ 35'
Erstes Haus 41°N36'		17° ♋ 27'	
Erstes Haus 42°N	17° ♋ 28'	17° ♋ 43'	18° ♋ 13'

Das endgültige Ergebnis lautet 17° ♋ 27'.

Die anderen Häuser können, falls erwünscht, auf die gleiche Art und Weise errechnet werden. Die Ungenauigkeit der meisten Geburtsdaten macht eine derartige Exaktheit jedoch überflüssig. In der Regel können Sie den nächstgelegenen Grad an den Spitzen der dazwischenliegenden Häuser mit dem bloßen Auge abschätzen, und in der Tat kann dies auch für die Spitze des ersten Hauses ausreichend sein. Ich habe die vollständige Methode hier für diejenigen Gelegenheiten beschrieben, wo die Notwendigkeit von Genauigkeit die zusätzliche Arbeit rechtfertigt. Die gesamte Anordnung der Häuserspitzen wird im folgenden wiedergegeben, so daß Sie die Richtigkeit Ihrer Arbeit überprüfen können. Diese Häuserspitzen wurden auf einer Rechenmaschine unter Verwendung der direkten trigonometrischen Methode errechnet. Vorausgesetzt, daß Sie die Koch-Häusertabelle benutzen, sollten Ihre Ergebnisse im Rahmen von plus/minus 3 Bogenminuten damit übereinstimmen. Die

Verwendung von Placidus und anderen Systemen wird natürlich andere Resultate ergeben.

10.	27° ♓	20'
11.	16° ♉	02'
12.	20° ♊	58'
1.	17° ♋	27'
2.	11° ♌	00'
3.	4° ♍	03'

abgeleiteter Vertex 3° ♐ 59'

Wir sind nun dazu bereit, die Planeten, Sonne, Mond und den Composit-Aszendenten in das Horoskop einzutragen, wie die Illustration des vollständigen Schaubildes zeigt (siehe Abbildung 4). Denken Sie daran, wenn es auch bei diesem Musterhoroskop nicht der Fall war, beide Halbsummen zu berücksichtigen, falls irgendein Planetenpaar aus den Geburtshoroskopen in seinem kürzeren Kreisbogen mehr als 150° voneinander entfernt liegt. Eine Deutung des gerade erstellten Horoskops wird in Kapitel 3 gegeben.

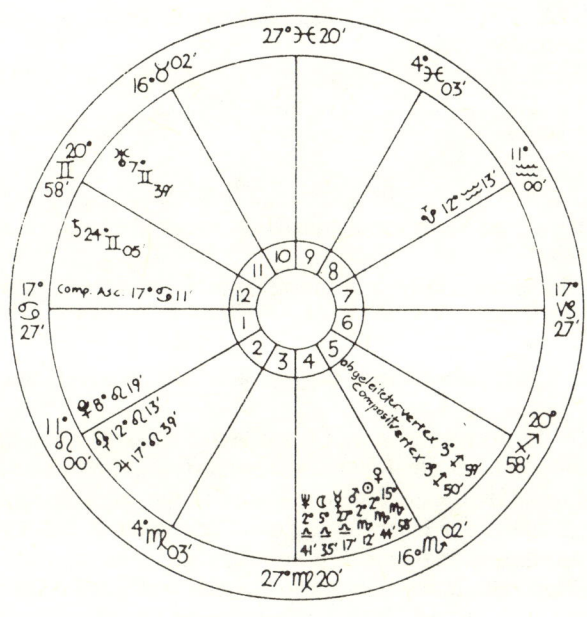

Abbildung 4

Multiple Composit-Horoskope

Obgleich die Beschreibungen in diesem Text für Beziehungen zwischen zwei Menschen abgefaßt sind, können Composits auch für mehr als zwei Personen ausgearbeitet werden. Darin besteht eine Ausnahme dieser Methode, welche sie von herkömmlichen Techniken des Horoskopvergleichs unterscheidet, die auf zwei Personen beschränkt sind. Mit Mehrfach-Composits tauchen jedoch einige Probleme auf, welche an dieser Stelle einer Erklärung bedürfen. Übrigens ist über diese Fragen, die von äußerster Wichtigkeit sind, niemals zuvor etwas veröffentlicht worden; obgleich sie anderen Astrologen bekannt sein mögen, habe ich sie unabhängig davon bei meinen Untersuchungen über Composit-Horoskope entdeckt. Wenn diese Fragen nicht in Betracht gezogen werden, können sie zu der völlig verzerrten Deutung eines Mehrfach-Composits führen.

Das Problem besteht darin, daß die Berechnungsmethode für multiple Composit-Horoskope, wie sie von früheren Fachleuten gelehrt wird, ungenau ist und verfälschende, wirkungslose Composit-Punkte ergeben kann. Diese Methode kann auch in völlig fehlerhaften Häuserspitzen resultieren, wodurch alle Deutungsversuche unwirksam gemacht werden.

Frühere Autoren und Fachleute auf diesem Gebiet haben die folgende schrittweise Methode gelehrt:

1. Verändern Sie alle Längengradangaben nach der 360°-Messung, wie auf Seite 18 beschrieben.

2. Addieren Sie alle Sonnen, alle Monde, alle Merkure usw. wie beim zweifachen Composit (wobei Sie hierbei natürlich mehr als zwei Planeten haben).

3. Dividieren Sie jede erhaltene Summe durch die Anzahl der miteinander kombinierten Horoskope.

4. Rechnen Sie diese Zahl in die Tierkreis-Bezeichnung zurück.

Sie werden sich daran erinnern, daß der letzte Schritt beim Erstellen eines zweifachen Composits in der Überprüfung bestand, ob Sie beim Dividieren durch 2 die nähere oder die entferntere Halbsumme erhalten haben und gegebenenfalls das Zeichen der Halbsumme des Composits durch das Zeichen der näheren Halbsumme zu ersetzen. Ich habe erklärt, daß die nähere Halbsumme von den beiden möglichen den stärkeren Einfluß ausübt, es sei denn, daß die beiden miteinander kombinierten Planeten fast in Opposition zueinander stehen; in diesem Falle sind beide Halbsummen heranzuziehen. Die zu diesem Zweck festgelegte Zahl beträgt 150°, das heißt, bei allen Planeten mit einem größeren Abstand als 150° voneinander werden beide Halbsummen verwendet.

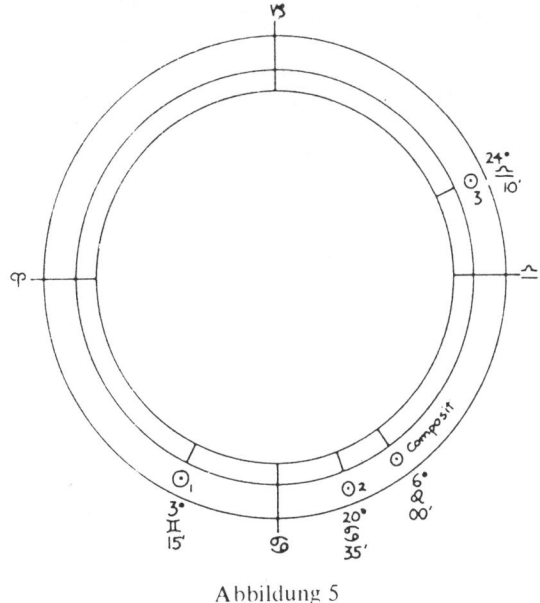

Abbildung 5

Sie werden bemerken, daß es bei den älteren Berechnungsgrundlagen für multiple Composit-Horoskope einen dementsprechenden Schritt nicht gibt, und darin liegt das Problem begründet. Auf Seite 15 habe ich erwähnt, daß die Frage der beiden Halbsummen entsteht, weil der Zodiak ein Kreis ist. Auf einer Kreislinie werden jede beliebigen zwei Punkte zwei Halbsummen ergeben, und diese beiden befinden sich fast immer in Opposition zueinander. Dies trifft auch für mehrfache Composit-Horoskope zu. Die weiter oben dargestellte ältere Technik würde dann anwendbar sein, wenn der Zodiak eine gerade Linie wäre, doch für einen Kreis ist sie nicht adäquat. Ich habe drei hypothetische Composits für drei Personen ausgewählt, an denen ich aufzeigen will, worin die Probleme bestehen und wie sie zu handhaben sind.

Fall 1 (siehe Abbildung 5) stellt eine verhältnismäßig einfache Situation dar, bei der sich alle drei Sonnen in einem kürzeren Kreisbogen als 180° befinden und 0° Widder nicht zwischen ihnen liegt. (Der Stellenwert dieser beiden Bedingungen wird durch die folgenden Ausführungen verdeutlicht.) Wenn wir mit diesen Sonnen nach den alten, oben angeführten Regeln verfahren, wird sich das Horoskop ziemlich gut errechnen lassen. Die Berechnung sieht folgendermaßen aus:

$$3° \text{ ♊ } 15' + 60° = 63°15'$$
$$20° \text{ ♋ } 35' + 90° = 110°35'$$
$$24° \text{ ♎ } 10' + 180° = 240°10'$$

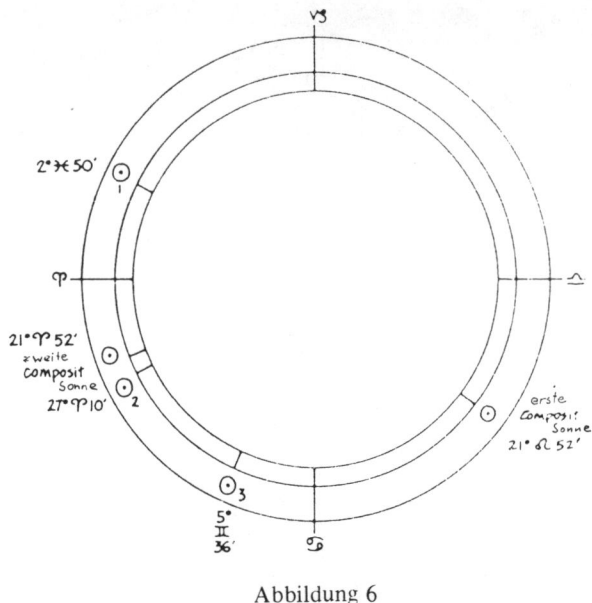

Abbildung 6

Die Gesamtsumme von 378°00' ergibt, wenn sie durch 3 (die Anzahl der Sonnen) dividiert wird, 126°00' oder 6° ♌ 00'. Wenn Sie die graphische Darstellung von Fall 1 überprüfen, können Sie feststellen, daß dieses Ergebnis plausibel erscheint. Die Composit-Sonne befindet sich innerhalb des gleichen Kreisbogens, der die drei Sonnen der Geburtshoroskope in sich einschließt.

Wenden wir uns nun Fall 2 zu (siehe Abbildung 6). Hier haben wir drei Sonnen auf 27° ♈ 10', 5° ♊ 36' und 2° ♓ 50'. Wenn Sie die Abbildung dieses Falles untersuchen, so taucht eine merkwürdige Diskrepanz auf. Die mit „erste Composit-Sonne'' gekennzeichnete Position ist derjenige Längengrad, den Sie erhalten, wenn Sie das gleiche Verfahren wie bei Fall 1 anwenden würden. Wie Sie feststellen können, fällt diese Composit-Sonne nicht in den Bereich des Kreisbogens, der die drei Geburtssonnen in sich einschließt. Man würde erwarten, daß sie irgendwo zwischen 2° ♓ 50' und 5° ♊ 36' liegt, doch statt dessen befindet sie sich bei 21° ♌ 52'.

Wäre der Zodiak eine Gerade mit Anfangs- und Endpunkt, so würde das Ergebnis ziemlich plausibel klingen. Doch ein Kreis hat weder Anfang noch Ende, und es ist nichts anderes als eine mathematische Übereinkunft, wenn man 0° Widder als den Anfang des Zodiaks bezeichnet und alle Positionen von diesem Punkt aus zählt. Der Beginn bei Widder ist ein zweckdienlicher Bezugspunkt, doch tatsächlich stellt der Zodiak eine Kontinuität dar. Bei der Erstellung eines multiplen Composit-Horoskops müssen wir diese Tatsache in Betracht ziehen, und dies geschieht auf folgende Art und Weise.

26

Anstatt 0° Widder als unseren Ausgangspunkt zu wählen, müssen wir einen neuen Punkt finden, der nicht innerhalb des Kreisbogens liegt, welcher die drei Sonnen oder die anderen, miteinander kombinierten Planeten einschließt. Dazu müssen die folgenden Schritte ausgeführt werden:

1. Untersuchen Sie die drei Geburtspositionen und ermitteln den kürzesten Kreisbogen im Zodiak, der alle drei in sich einschließt.

2. Stellen Sie denjenigen Geburtsplaneten fest, der in diesem Kreisbogen als erster erscheint, und beginnen Sie Ihre Messungen ausgehend von 0° dieses Tierkreiszeichens anstelle von 0° Widder. Anders ausgedrückt, geben Sie alle Längengrade nach der 360°-Messung vom Anfang dieses Tierkreiszeichens aus an, so als würde es sich dabei um den Beginn des Zodiaks handeln. Es mag eine Hilfe sein, für dieses Vorgehen eine genaue Formel aufzustellen:

    a. Wandeln Sie alle Längenangaben auf die gewohnte Art und Weise in die 360°-Messung, beginnend bei 0° Widder, um.

    b. Subtrahieren Sie den Längengrad am Anfang desjenigen Zeichens (0° für Widder, 30° für Stier, 60° für Zwillinge usw.), das den ersten Planeten innerhalb des Kreisbogens enthält, von allen errechneten Längengradangaben, und addieren Sie, falls notwendig, 360° zu jeder Längenangabe, damit negative Winkel vermieden werden. Die so erhaltene Längenangabe ist vom Anfangspunkt desjenigen Tierkreiszeichens aus gemessen, in welchem der erste Planet steht.

3. Addieren Sie die Längengradangaben, die sich aus Schritt 2 ergeben haben und dividieren Sie das Ergebnis durch die Anzahl der miteinander kombinierten Planeten — in diesem Falle drei.

4. Zählen Sie nun wieder den Längengrad vom Anfangspunkt desjenigen Tierkreiszeichens hinzu, von dem Sie bei Ihren Messungen ausgegangen sind, und subtrahieren Sie 360°, wenn das Ergebnis der Addition höher als 360° liegt.

5. Rechnen Sie auf die gewohnte Art und Weise in die Bezeichnung durch Tierkreiszeichen zurück.

Dies mag als ein kompliziertes Verfahren erscheinen und ist es auch. Es gibt andere, einfachere Methoden, doch sie alle beinhalten das gleiche Prinzip, das heißt, die Messung von dem Tierkreiszeichen des ersten Planeten innerhalb des kürzesten Kreisbogens, der alle drei oder wieviele Planeten auch immer in sich einschließt. Ich habe diese Methode in der obigen Art und Weise beschrieben, weil es sich dabei um die einzige exakte Aufstellung von Regeln handelt, die sich in allen Fällen bewährt. Andere Methoden sind nur in bestimmten Fällen anzuwenden und müssen jedesmal neu ausgearbeitet werden, wenn Sie ein multiples Composit-Horoskop stellen. Die hier vorgeführte Methode würde sich sogar bei einem Composit für zwei Personen bewähren, wenn sie auch in einem solchen Falle unnötig kompliziert wäre.

Wir wollen nun eine Berechnung durchführen, um diese Technik praktisch zu veranschaulichen. In Fall 2 untersuchen wir die drei Sonnen, die bei 27° ♈ 10', 5° ♊ 36' und 2° ♓ 50' liegen. Wir stellen fest, daß der Kreisabschnitt von 2° ♓ 50' bis 5° ♊ 36' der kürzeste Bogen ist, der alle drei Sonnen in sich einschließt. (Es mag von Hilfe sein, die drei Positionen mit einem Winkelmesser graphisch darzustellen, wie dies bei der Abbildung geschah, doch wird dies nicht notwendig sein, wenn Sie darin Erfahrung haben, sich den Tierkreis visuell zu vergegenwärtigen.) Wir werden daher alle Positionen von 0° Fische anstatt von 0° Widder aus berechnen, da Fische das erste Zeichen innerhalb des Kreisbogens darstellt. Wenn wir Schritt 2 für jede der drei Positionen ausführen, so erhalten wir die folgenden Berechnungen:

$$2° \, ♓ \; 50' + 330° - 330° \qquad\qquad = 2°50'$$
$$27° \, ♈ \; 10' + 000° + 360° - 330° = 57°10'$$
$$5° \, ♊ \; 36' + \;\; 60° + 360° - 330° = 95°36'$$

Die Summe davon ergibt 155°36'; teilen wir sie durch 3, erhalten wir 51°52'. Schritt 4 zufolge addieren wir nun 330°, wodurch wir 381°52' erhalten und davon wiederum 360° subtrahieren, weil 381°52' höher als 360° liegt. Die Endsumme beträgt 21° ♈ 52'. Dieser Punkt liegt innerhalb des betreffenden Kreisbogens und entspricht der tatsächlichen Composit-Sonne.

Beachten Sie, daß sich dieser Punkt im Trigon zu derjenigen Sonne befindet, die wir aufgrund der älteren Methode erhalten haben. In der Zeichnung ist er als „zweite Composit-Sonne" markiert. Bei einem Horoskop für drei Personen befindet sich die tatsächliche Composit-Position immer im Trigon (oder in einigen Fällen auch in Konjunktion) zu der Position, die man mittels der älteren Methode erhält, ebenso wie bei einem zweifachen Horoskop die entferntere Halbsumme von zwei Planeten in Opposition zu der näheren Halbsumme liegt. Aus dem gleichen Grunde wird sich bei einem vierfachen Horoskop der korrekte Punkt im Composit im Quadrat, in Opposition oder Konjunktion zu dem Punkt befinden, der sich mittels der älteren Technik ergibt; bei einem fünffachen Horoskop wird er im Quintil, Biquintil oder in Konjunktion sein usw.

Dadurch erhebt sich ein weiteres Problem, das durch Fall 3 (siehe Abbildung 7) verdeutlicht wird. Hier haben wir die drei Sonnen der Geburtshoroskope bei 26° ♉ 12', 29° ♍ 15' und 14° ♑ 55'. Bei Fall 2 ist der kürzeste Kreisbogen, der alle drei Planeten in sich einschließt, deutlich sichtbar gewesen. Bei Fall 3 dagegen ist zwar einer der drei möglichen Kreisbogen kürzer als die beiden übrigen, doch ist er nicht viel kürzer. Das damit aufgeworfene Problem ist mit der Situation bei einem zweifachen Composit vergleichbar, wenn sich zwei Planeten fast in Opposition zueinander befinden. In diesem Falle hier liegt, anstelle einer Opposition, ein weitläufiges großes Trigon (Trigonstruktur) zwischen den drei Sonnen vor. Die Lösung ist eine ähnliche. Wenn wir die exakten, weiter oben angeführten Regeln anwenden, ermitteln wir die Composit-Sonne bei 23° ♍ 27'. (In diesem Falle wäre tatsächlich auch die ältere Methode anwendbar gewesen; es entstehen nur dann Schwierigkeiten damit, wenn der Frühlingsäquinoktialpunkt innerhalb des kürzesten Kreisbogens liegt.) Da aber die Kreisbögen zwischen den Sonnen fast eine Trigonstruktur bilden, müssen auch die beiden anderen Punkte in diesem Trigon Berücksichtigung finden. Ebenso wie wir bei einigen Composit-Horoskopen

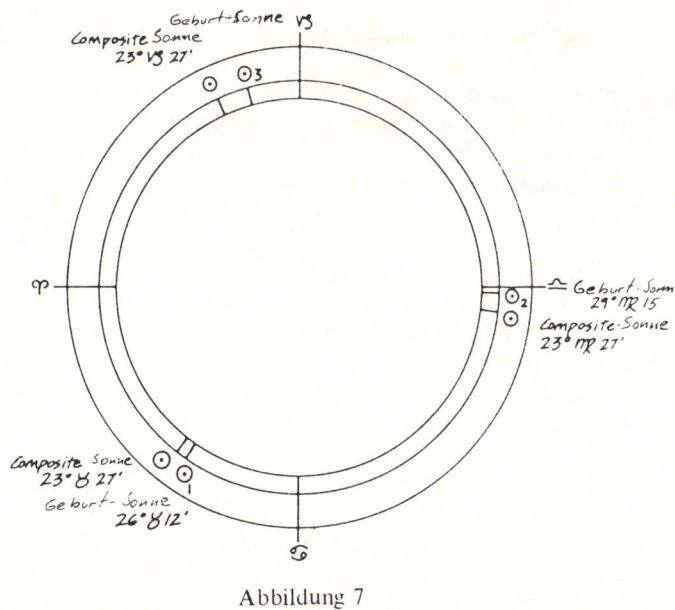

Abbildung 7

für zwei Personen zwei Sonnen (oder welche Planeten auch immer) erhalten, können wir daher bei einem Dreier-Composit drei Sonnen in einer Trigonstruktur erhalten. Würde es sich dabei um den MC handeln, so wäre es vorstellbar, daß Sie drei mögliche Einteilungen von Häuserspitzen bekommen könnten. Die Erfahrung zeigt jedoch, daß der Punkt innerhalb des kürzesten Kreisbogens der stärkste und einflußreichste ist, wenn auch die anderen berücksichtigt werden sollten.

Zum Glück verringert sich die Wahrscheinlichkeit, auf dieses Problem zu stoßen, in dem Maße, wie die Anzahl der miteinander kombinierten Punkte in einem Composit-Horoskop zunimmt. Bei einem Vierer-Composit müßten sich die vier Punkte in einer Quadratstruktur zueinander befinden, bei einem Fünfer-Composit in einer Quintilstruktur usw.

Dieses Problem setzt jedoch der Anzahl von Menschen, die in einem einzigen Composit-Horoskop miteinander verbunden werden können, eine sich praktisch ergebende obere Grenze — von der komplizierten Mathematik, die damit verbunden ist, einmal völlig abgesehen. Ich würde diese Zahl auf etwa zehn schätzen, doch dies ist nur ein Schätzwert. Je mehr Menschen in einem Composit-Horoskop miteinander verbunden werden, desto schwieriger wird es, den kürzesten Kreisbogen zu bestimmen, und die oben angeführten Regeln lassen sich immer mühsamer anwenden. Für die Praxis wird dies jedoch wahrscheinlich kein ernsthaftes Problem darstellen: 90% aller Composit-Horoskope beziehen sich auf zwei Personen und die meisten übrigen auf drei.

Der Vertex und das Composit-Horoskop

Bei den in den Fallstudien behandelten Horoskopen werden Sie einen sensitiven Punkt bemerken, der als ,,Vertex'' gekennzeichnet ist. Wenngleich dieser Punkt im Text nicht beschrieben wird, habe ich dennoch seine Wichtigkeit bei der Beschäftigung mit Composit-Horoskopen erkannt und möchte ihn hier erwähnen.

Obwohl der Vertex offensichtlich bedeutsam ist, habe ich bisher noch nicht genügend Erfahrungen mit ihm gesammelt, als daß ich seine Aspekte auf eine so ausführliche Art und Weise beschreiben könnte, wie ich dies für die anderen Punkte des Horoskops getan habe. In den in diesem Buch enthaltenen Fallstudien ist die Position des Vertex jedoch angegeben, und es wird immer dann auf ihn verwiesen, wenn dies wichtig für die Diskussion ist.

Der Vertex, der ursprünglich von dem verstorbenen L. Edward Johndro entdeckt wurde, einem der führenden Fachastrologen der USA, ist in starkem Maße von Charles Jayne (New York) befürwortet worden. Ich bin zum erstenmal durch einige seiner Schüler damit konfrontiert worden. Nach Jayne und anderen entspricht der Vertex ,,schicksalhaften'' oder ,,karmischen'' Begegnungen. Damit sind Begegnungen entweder mit Personen oder mit Lebensumständen gemeint, über welche der Geborene keinerlei bewußte Kontrolle zu haben scheint — Begegnungen, die vom Schicksal bestimmt erscheinen. In der Regel haben derartige Begegnungen zur Folge, daß sich das Leben des Betreffenden verändert und einen anderen Verlauf nimmt. Beziehungen mit ausgeprägten Vertex-Verknüpfungen üben die stärkste Wirkung auf das Leben der davon Betroffenen aus.

Die durch den Vertex angezeigten Begegnungen sind nicht unbedingt negativ; sie sind lediglich bedeutsam und haben die Qualität eines Vorzeichens. Ich habe festgestellt, daß dasjenige Haus, in dem sich der Vertex befindet — gewöhnlich das fünfte bis achte Haus —, den Erfahrungsbereich anzeigt, der für den Geborenen im Hinblick auf seine umfassende schicksalhafte Bestimmung die größte Wichtigkeit haben wird. Planeten, die Aspekte mit dem Vertex bilden (wobei Konjunktion oder Opposition die stärkste Wirkung ausüben), zeigen diejenigen Energieformen an, die auf das Schicksal des Geborenen Einfluß nehmen werden. In meinem eigenen Horoskop befindet sich Uranus in Opposition zu meinem Vertex, und ich bin Astrologe — die Astrologie steht unter der Herrschaft des Uranus.

John Townley, der Verfasser eines anderen Buches über Composit-Horoskope, tritt nachdrücklich für die Heranziehung des Vertex bei Composit-Horoskopen ein, und dem muß ich zustimmen.

Wie im Falle der ersten Häuserspitze des Composits und des Composit-Aszendenten sind bei einem Composit-Horoskop auch zwei Vertices möglich. Der erste von diesen beiden ist die tatsächliche nähere Halbsumme der beiden Geburts-Vertices (oder der Mittelwert im Falle von Mehrfach-

Composits). Diesen bezeichne ich in Analogie zu dem Composit-Aszendenten als den „Composit-Vertex". Der zweite Vertex wird aus dem Composit-MC für den Breitengrad abgeleitet, auf dem der Wohnsitz des Paares liegt. Diesen Punkt nenne ich den „abgeleiteten Vertex", um damit anzugeben, daß er von dem Composit-MC abgeleitet ist. In den Fallstudien sind beide Punkte angegeben.

Was ist nun der Vertex, astronomisch gesprochen, und wie wird er berechnet? Der Vertex liegt auf demjenigen Grad des Tierkreises, der sich zum Zeitpunkt und Ort der Geburt genau westlich von dem Geborenen befindet. Technisch gesehen ist er der Scheitelpunkt von Ekliptik- und Vertikalkreis im Westen zum Zeitpunkt und Ort der Geburt. Es gibt auch einen sogenannten „Anti-Vertex" im Osten, der sich innerhalb des Tierkreises in genauer Opposition zum Vertex befindet.

Es folgen die Regeln zur Berechnung des Vertex. Wenn Sie einen Aszendenten berechnen können, dann können Sie auch einen Vertex berechnen.

1. Subtrahieren Sie den geozentrischen Breitengrad des Geburtsortes von 90°. Dadurch erhalten Sie das Komplement des Breitengrades des Geburtsortes.
2. Nehmen Sie eine Häuser- oder Aszendenten-Tabelle, behandeln Sie die Spitze des vierten Hauses genauso, als wäre sie ein MC, und berechnen Sie den ihr entsprechenden Aszendenten für das Komplement des Breitengrades, so als würde es sich um eine gewohnte Breitengradangabe handeln. Der sich daraus ergebende „Aszendent" ist der Vertex. Mit anderen Worten, der Vertex wird so berechnet, als wäre er der Aszendent der vierten Häuserspitze auf dem Komplement des Geburtsbreitengrades.

Mehr ist nicht zu tun. Ich glaube, Sie werden feststellen, daß die zusätzliche Arbeit durch die Ergebnisse mehr als gerechtfertigt ist, besonders dann, wenn Sie entdecken, daß sie Ihnen dabei helfen wird, Ihre Fährte durch die Verwicklungen in die Beziehungen eines Menschen nicht zu verlieren.

Ergänzende Methoden

Ein Composit-Horoskop bleibt nicht auf die Analyse des möglichen Anfangspotentials einer Beziehung beschränkt. Am häufigsten ist der Gebrauch des Composit-Horoskops als eine Art von Geburtshoroskop, das heißt, als ein statistisches Horoskop, das eine Beschreibung des Beginns der Beziehung darstellt. Man kann jedoch mit einem Composit-Horoskop fast alles das durchführen, was auch mit einem gebräuchlichen Horoskop möglich ist. Es können Progressionen und Transite ermittelt werden, und es gibt sogar auf der Grundlage des Composit-Horoskops eine Berechnungsmethode für die Rückkehr der Sonne.

Transite könne für das Composit-Horoskop mittels der gleichen Methode bestimmt werden, wie sie für ein gewöhnliches Horoskop benutzt wird. Die einzige Einschränkung, die ich vermute, aber nicht mit Bestimmtheit weiß, besteht darin, daß man bei einem Composit-Horoskop nicht allzuviel mit Halbsummen arbeiten sollte, weil es sich bei den Planeten des Composits bereits um Halbsummen handelt; man würde dann, mit anderen Worten, Transite auf Halbsummen von Halbsummen beziehen. Die Arbeit der Hamburger Schule von Alfred Witte ist jedoch ein Präzedenzfall für die Anwendung der Halbsummen von Halbsummen und zieht diese ziemlich häufig heran. Auch in meiner eigenen Arbeit gibt es gewisse Hinweise darauf, daß man in Composit-Horoskopen Transite auf Halbsummen beziehen kann, doch ich bin bei diesem Punkt noch nicht zu einer festen Überzeugung gelangt.

Progressionen oder Sekundärdirektionen für ein Composit-Horoskop werden einfach so ausgeführt, daß man das progressive Horoskop für jede an der Beziehung beteiligte Person errechnet und dann ein Composit-Horoskop der beiden progressiven Horoskope erstellt. Die Methode ist die gleiche wie für ein Composit aus Geburtshoroskopen. Vorbereitende Untersuchungen darüber lassen darauf schließen, daß sich diese Methode recht gut bewährt. Ein Beispiel dafür wird in der Fallstudie von Will und Sylvia in Kapitel 3 gegeben.

Desgleichen kann man auch Sonnenbogen-Direktionen in einem Composit-Horoskop verwenden; man subtrahiert dafür einfach die Composit-Sonne der Geburtshoroskope von der Composit-Sonne der Progressions-Horoskope und addiert diesen Kreisbogen auf die gewohnte Art und Weise zu den Composit-Planeten der Geburtshoroskope. Ich habe noch nicht viel Erfahrung mit dieser Methode gesammelt, doch alles weist auf ihre Brauchbarkeit hin.

Allen, die mit Tertiärdirektionen arbeiten, würde ich vorschlagen, daß sie es auch mit Composits von tertiär vorgeschobenen Horoskopen versuchen sollten. Auch diese Technik unterscheidet sich nicht von der Kombinationsmethode für Geburtshoroskope.

Mit der Rückkehr von Sonne und Mond in Geburtshoroskopen habe ich ausgiebige Erfahrungen zu verzeichnen, bin bisher jedoch noch zu keinen endgültigen Schlußfolgerungen darüber gelangt. Ich habe keinerlei damit arbeitende Horoskope als sehr verläßlich erkannt, ob sie nun nach dem siderischen oder dem tropischen Tierkreis erstellt sind. Wer jedoch experimentieren möchte: Die Methode besteht einfach darin, daß man ein Horoskop für die Rückkehr von Sonne oder Mond zu ihrer Position im Composit der Geburtshoroskope stellt. Dies kann man entweder für den tropischen oder den siderischen Tierkreis ausführen. Es ist jedoch notwendig, die Composit-Sonne bis auf die nächstgelegene Bogensekunde zu berechnen. Aufgrund meiner gegenwärtigen Unsicherheit über solche Horoskope habe ich in den Fallstudien keine Beispiele dafür gebracht.

Weitere Methoden sind denjenigen von uns eingefallen, die mit Composit-Horoskopen arbeiten, doch besitzt keiner von uns viel Erfahrung damit. Weitere Untersuchungen darüber sind im Gange. Hier ein Beispiel dafür:

Wenn Sie die Bedeutsamkeit eines Geschehens für das Leben eines Menschen herausfinden wollen, so stellen Sie ein Composit aus dem Transit- und dem Geburtshoroskop. Dieses Horoskop sollte eine sehr gute Vorstellung von der Beziehung der betreffenden Person zu dem Ereignis vermitteln können. Ich bin dem noch nicht ausgiebig nachgegangen, weil sich die herkömmlichen Transit-Methoden für meine Arbeit als ausreichend erwiesen haben, doch mag eine Überprüfung lohnenswert sein.

In der Tat können zwei oder mehr Horoskope jeder beliebigen Art mittels dieser Methode miteinander kombiniert werden, wenn man die Beziehung zwischen den gegebenen Größen untersuchen möchte, welche durch diese Horoskope bezeichnet werden. John Townley bringt in seinem Buch über Composit-Horoskope ein Beispiel für die Kombination des Horoskops von John Lindsay mit dem Horoskop der Stadt New York. Aufgrund der Zweifelhaftigkeit der meisten Mundanhoroskope habe ich mich sehr wenig mit solchen Horoskopen beschäftigt.

Das Composit-Horoskop bietet ein fast unbegrenztes Forschungs- und Untersuchungsfeld. Ich fordere alle daran Interessierten dazu auf, diese Methode zu erproben und die übrige astrologische Fachwelt an ihren Ergebnissen teilhaben zu lassen.

Um die Erstellung von Composit-Horoskopen zu erleichtern, bietet sich die Computerberechnung an. Hinweise, wie diese exakten Berechnungen erhältlich sind, finden sich auf den Seiten 378/379.

Kapitel 2

Das Deuten des Horoskops

Für keinen, der die Kunst beherrscht, ein herkömmliches Geburtshoroskop zu deuten, wird die Deutung eines Composit-Horoskops mit großen Schwierigkeiten verbunden sein. Der einzige wirkliche Unterschied, auf den Sie sich vielleicht einstellen müssen, besteht darin, daß Sie es mit einer Beziehung und nicht mit einem Individuum zu tun haben. Composit-Horoskope haben außerdem technische Besonderheiten, die bei der Deutung des Horoskops berücksichtigt werden müssen. Wir wollen diese zuerst behandeln und dann einige Regeln für die Horoskopdeutung festlegen.

Bei der Lektüre dieses Buches wird Sie vielleicht die Tatsache verwundern, daß die Tierkreiszeichen keine Erwähnung finden. In diesem Buch gibt es weder Beschreibungen des aufsteigenden Zeichens (Aszendenten) im Composit-Horoskop noch der Planeten in den einzelnen Tierkreiszeichen, und die Tierkreiszeichen werden auch nicht zur Bezeichnung der Hausherrschaft herangezogen. Es handelt sich dabei nicht um ein Versehen. Astrologen, die früher diese Methode benutzten, haben den Eindruck gewonnen, daß die Tierkreiszeichen im Composit-Horoskop keine wirklichen Tierkreiszeichen waren, daß der Zodiak in diesem Falle eine Abstraktion darstellt, die lediglich der Messung von Planetenpositionen dient. Tatsächlich ist diese Angelegenheit noch nicht endgültig entschieden. Die Bedeutung der Tierkreiszeichen mag in Composits die gleiche wie bei anderen Horoskopen sein. Ich bin aufgrund meiner eigenen Erfahrung jedoch noch zu keiner festen Überzeugung gelangt, und dies trifft auch für jeden anderen zu. Daher steht es in Ihrem eigenen Ermessen, diese Frage nach Ihrer eigenen Erfahrung zu entscheiden.

Es wäre ziemlich unklug, wollte man eine Komponente innerhalb des Horoskops — nämlich die Tierkreiszeichen — beschreiben, deren Auswirkungen auf die Deutung nicht bekannt sind.* Es kann in jedem Fall behauptet werden, daß Deutungen des Composit-Horoskops ohne Einbeziehung der Tierkreiszeichen zum Zwecke der psychologischen Beschreibung ziemlich voll-

* Viele neuere Erfahrungen und Untersuchungen lassen darauf schließen, daß die Tierkreiszeichen am Aszendenten sowie von Sonne und Mond bedeutsam sind. Sie üben genau den gleichen Einfluß aus, den man erwarten würde. Die Verwendung von Tierkreiszeichen im Composit-Horoskop scheint mit ihrer Verwendung im Geburtshoroskop übereinzustimmen.

ständig sind. Für die Voraussage von Geschehnissen mag es jedoch notwendig sein, den Tierkreiszeichen wieder ihren alten Platz zuzuweisen. Zieht man die Tierkreiszeichen für diese Methode nicht heran, so ergibt sich als eine Folge daraus, daß sich alles in diesem Buche ohne irgendwelche Schwierigkeiten sowohl im tropischen als auch im siderischen Tierkreis anwenden läßt. Abschließend muß ich jedoch wiederholen, daß ich mir noch keine feste Meinung über die Verwendung der Tierkreiszeichen in Composit-Horoskopen gebildet habe.

Im Hinblick auf die äußeren Planeten sollten einige Tatsachen besonders erwähnt werden. Die Hauspositionen der äußeren Planeten — Saturn, Uranus, Neptun und Pluto — sind ebenso wichtig wie diejenigen der inneren Planeten für die Bestimmung der Art und Weise einer persönlichen Beziehung. Es ist jedoch fragwürdig, ob die Aspekte der äußeren Planeten eine starke Wirkung bei einem individuellen Horoskop haben, weil sie für alle Kombinationen von bestimmten Altersgruppen identisch sind. Wahrscheinlich bezeichnen die Aspekte der äußeren Planeten die Art und Weise der Interaktion bei ganzen Generationen.

Ich bin der Meinung, daß diese Aspekte nur dann als wichtig angesehen werden sollten, wenn eines der Planetenpaare innerhalb des Orbis einer Konjunktion mit Aszendent, Himmelsmitte (MC), Deszendent oder Himmelstiefe (IC) liegt, den vier Eckpunkten des Composit-Horoskops. Die Beschreibungen sind unter der Voraussetzung abgefaßt, daß zumindest eines der in Frage kommenden Planetenpaare eine solche Plazierung hat.

Sie werden auch bemerken, daß die Liste der Aspekte zwischen Uranus, Neptun und Pluto nicht vollständig ist. Es fehlen die Beschreibungen für die Konjunktion Uranus/Neptun, für Konjunktion, Trigon, Opposition Uranus/Pluto und für alle Neptun/Pluto-Aspekte. Entweder wird der betreffende Aspekt niemals in einem Composit-Horoskop jetzt lebender Menschen auftauchen, oder er findet sich — wie das Sextil zwischen Neptun und Pluto — in den Composit-Horoskopen fast aller, jetzt lebender Personen, die älteren ausgenommen. Im ersten Falle besitzen wir keinerlei genaue Angaben über die Wirkungseinflüsse, und im zweiten Falle hat es sich als unmöglich erwiesen, die Wirkungen des besonderen Aspektes von den Auswirkungen der übrigen Aspekte zu unterscheiden, da er immer vorhanden ist.

Eine weitere Besonderheit von Composit-Horoskopen ergibt sich aus der 150°-Regel, die bestimmt, daß beide Halbsummen heranzuziehen sind, wenn Planeten in den beiden Geburtshoroskopen mehr als 150° voneinander entfernt liegen. Diese Regel läßt eine stetige Opposition zwischen einem Paar von Sonnen oder von Saturnen usw. entstehen. Mit den beiden Mondknoten in einem Geburtshoroskop liegt natürlich ein Präzedenzfall für diese Art von „stetiger Opposition" vor, und wie im Falle der Mondknoten können drei unterschiedliche Aspektsituationen entstehen, wenn beide Halbsummen herangezogen werden. Für jeden möglichen Fall schlagen wir folgendes vor:

36

1. Wenn sich ein Planet in Konjunktion mit einer näheren oder entfernteren Halbsumme befindet, so behandeln Sie diesen Aspekt einfach als Konjunktion.
2. Wenn sich ein Planet im Trigon zu der einen Halbsumme und im Sextil zu der anderen befindet, so verbinden Sie die Deutungen von Trigon und Sextil miteinander, die sich nicht so sehr voneinander unterscheiden.
3. Wenn sich ein Planet zu beiden Halbsummen im Quadrat befindet, so genügt es, wenn Sie wie bei einem normalen Quadrat vorgehen.

Aufgrund der 150°-Regel können Sie auch zwei verschiedene Anordnungen von Häuserspitzen für das Composit-Horoskop erhalten, wenn die beiden MC-Punkte der Geburtshoroskope mehr als 150° voneinander entfernt liegen. In diesem Falle scheinen die Häuserspitzen des näheren MC vorrangig zu sein, während die Häuserspitzen des entfernteren MC für ergänzende Informationen herangezogen werden.

Die andere hauptsächliche Besonderheit von Composit-Horoskopen besteht darin, daß sie sich immer auf mehr als eine Person beziehen. Ich habe in diesem Buche versucht, dem Studierenden bei der geistigen Umstellung von Individuum auf Beziehung dadurch zu helfen, daß ich für alle Hauspositionen und Aspekte der Planeten beispielgebende Beschreibungen angeführt habe. Wie bei jedem Text, stellt keine dieser Beschreibungen eine vollständige Untersuchung aller zu einer Planetenstellung gehörigen Möglichkeiten dar. In einem einzigen Text können unmöglich alle Kontingenzen Berücksichtigung finden, welche die Deutung einer Aspekt- oder Hausplazierung näher modifizieren mögen. Deshalb ermutige ich Sie dazu, wie bereits früher erwähnt, diese Deutungen mittels Ihrer eigenen Erfahrungen zu überprüfen.

Eine letzte Bemerkung noch, bevor wir die Frage der Deutung eines Composit-Horoskops aufgreifen. Sie mögen sich vielleicht Gedanken über die Rolle der Nebenaspekte in einem Composit machen. Es hat den Anschein, als käme ihnen die gleiche Bedeutung wie bei einem gewöhnlichen Geburtshoroskop zu, doch reicht mein augenblickliches Wissen darüber noch nicht aus, um viel darüber schreiben zu können. Ich hoffe, daß künftige Auflagen dieses Buches zusätzliche Kapitel über die Aspekte von Quincunx, Halbquadrat, Anderthalbquadrat und Quintil enthalten werden. Ich habe den Eindruck, daß das Quintil von besonderer Bedeutung in sexuellen Beziehungen ist, doch reichen die Informationen noch nicht dazu aus, um darüber schreiben zu können. Lassen Sie mich auch hier wiederum an Ihren Entdeckungen teilhaben.

Ich habe festgestellt, daß die nachstehende systematische Reihenfolge für die Deutung des Composit-Horoskops von Nutzen ist. Diese Vorgehensweise wird, mehr oder weniger, bei den Deutungsbeispielen befolgt; da aber jede Deutung bestimmte Facetten des Composit-Horoskops besonders hervorhebt, hält sich nur die erste Fallstudie von Will und Sylvia vollständig an alle Schritte. Für alle Fallstudien wäre dieses Vorgehen zu weitschweifig und ermüdend gewesen. Trotzdem empfehle ich Ihnen nachdrücklich, diese Schritte zumindest am Anfang nachzuvollziehen, bis die dem Horoskop innewohnenden Strukturmuster für Sie bei erster Prüfung deutlich werden. Diese Schritte sehen folgendermaßen aus:

1. Schätzen Sie, bevor Sie das Composit-Horoskop untersuchen, die Fähigkeit zu Beziehungen in den beiden Geburtshoroskopen ein. Ermitteln Sie, welche Wünsche der Einzelne in einer Beziehung zu haben scheint und zu welcher Art von Person er sich hingezogen fühlt.
2. Prüfen Sie das Composit-Horoskop auf jede starke Hausbetonung, das heißt, auf ein Haus, in dem vier oder mehr Planeten plaziert sind.
3. Prüfen Sie die Häuser der Composit-Sonne und des Composit-Mondes.
4. Prüfen Sie die Aspekte der Composit-Sonne und des Composit-Mondes.
5. Prüfen Sie die Hauspositionen und Aspekte von Venus und Mars.
6. Prüfen Sie die Aspekte derjenigen Planeten, die nahe bei den Spitzen der vier Eckhäuser plaziert sind.
7. Stellen Sie fest, was im ersten, fünften, siebenten und elften Haus vorliegt, den hauptsächlichen Beziehungsfeldern.
8. Prüfen Sie Hauspositionen und Aspekte des Saturn.
9. Prüfen Sie alles, was noch übriggeblieben ist.

Nun wollen wir jeden Schritt ausführlich behandeln.

1. Untersuchen Sie die Geburtshoroskope. Beziehungen sind recht merkwürdige Gebilde, und die wirklichen Gründe für eine bestimmte Beziehung mögen ziemlich von Ihren eigenen Erwartungen abweichen. Der Wunsch nach Liebe und Glück kann durch das Streben nach Sicherheit, Besitz oder sozialem Status vollkommen abgelöst werden; einige Beziehungen existieren auch einzig und allein deshalb, weil zwei Menschen gegenseitig füreinander ein Bedürfnis erfüllen, das völlig getrennt von Liebe und Glück zu sehen ist. Man kann ruhig behaupten, daß selbst die besten Beziehungen in gewisser Hinsicht durch etwas Derartiges zusammengehalten werden. Sie müssen anerkennen, daß jede Beziehung zu dem Zeitpunkt und unter den gegebenen Umständen, wenn sie sich ereignet, einem bestimmten Bedürfnis gerecht wird — wie unnatürlich oder zerstörerisch auch immer sie anderen erscheinen mag. Gelegentlich scheinen Menschen schmerzhafte Beziehungen sogar zu brauchen, und zu einem solchen Zeitpunkt werden sie die Gelegenheit für eine wirklich positive und liebevolle Beziehung einfach deshalb ungenutzt verstreichen lassen, weil sie ihrem Bedürfnis in diesem Augenblick nicht entspricht.

Sowohl die Bedürfnisse des gegenwärtigen Augenblicks als auch die allgemeinen Bedürfnisse der beiden Individuen während ihres gesamten Lebensverlaufs können ausschließlich durch die Untersuchung des strukturellen Aufbaus der beiden Geburtshoroskope und ihrer Transite und Progressionen bestimmt werden. Damit Sie den größtmöglichen Nutzen aus Composit-Horoskopen ziehen können, müssen Sie daher ein gründliches Verständnis der Geburtshoroskope besitzen. Als eine Technik für die Einschätzung und Bewertung von Beziehungen ist das Composit-Horoskop allein für sich ziemlich gut geeignet. Sie werden jedoch auf viele Beziehungen oder Partnerschaften stoßen, die im Hinblick auf diese oder irgendeine andere Methode unverständlich erscheinen, wenn Sie nicht auch die Geburtshoroskope überprüfen. Darin besteht der schwierigste Teil in der Untersuchung einer Beziehung, und er könnte schon an sich sehr wohl das Thema eines eigenen Buches sein. Ich kann hier lediglich Möglichkeiten für die Heranziehung der Geburtshoroskope vorschlagen, damit Sie erkennen können, ob eine Beziehung oder Partnerschaft zu einem bestimmten Zeitpunkt für die betreffenden Menschen angemessen ist.

Als erstes müssen Sie von dem Paar in Erfahrung bringen, welche Art von Beziehung besteht. Dadurch wird festgestellt, welche Häuser im Geburtshoroskop am eingehendsten untersucht werden müssen. Überprüfen Sie für Liebes- und/oder Eheverhältnisse sowohl die Tierkreiszeichen an den Spitzen des fünften und siebenten Hauses als auch die Aspekte, die Herrscher dieser Häuser und die in ihnen plazierten Planeten. Alles dies wird dazu beitragen, den Menschentypus zu beschreiben, zu dem sich der Geborene wahrscheinlich hingezogen fühlt, und die Art von Beziehung, die sie miteinander haben werden.

Bei sexuellen Beziehungen besteht ein weiterer, sehr wesentlicher Faktor in der Beschaffenheit derjenigen Planeten, die vom Geschlecht her dem Geborenen entgegengesetzt sind. Für Männer sind dies Mond, Venus und Neptun, für Frauen Sonne und Mars in besonderem; es gibt auch gewisse Anzeichen dafür, daß Uranus für die Formgebung des geistigen Vorstellungsbildes von Männern bei einer Frau von Bedeutung sein mag.

Einige Leser mögen überrascht sein, Neptun den weiblichen Planeten zugerechnet zu sehen. Ich bin der Ansicht, daß Neptun völlig falsch benannt ist; alles an seiner Symbolik ist eher weiblich als männlich — Dunkelheit, Feuchtigkeit, die Assoziation mit dem Unbewußten, Subjektivität und Unbestimmbarkeit. (In dieser Hinsicht würde ich es vorziehen, Planeten nach der alten taoistischen Sicht von den beiden Weltprinzipien als *Yin* und *Yang* und nicht als männlich und weiblich zu klassifizieren, die lediglich Aspekten von *Yin* und *Yang*, nicht aber deren Totalität entsprechen. Nach dieser Einteilung ist Neptun, gemeinsam mit Mond und Venus, einer der *Yin*-Planeten.)

Die Planeten, die zum Geschlecht der betreffenden Person die entgegengesetzte Polarität darstellen, kennzeichnen das geistige Idealbild, das man sich vom anderen Geschlecht macht. Dieses Bild wiederum bestimmt den Personentypus, nach dem der Geborene für seine sexuellen Beziehungen sucht. Manchmal werden beispielsweise Männer mit Mond/Pluto-Aspekten Beziehungen zu Frauen mit Sonne/Pluto-Aspekten eingehen, oder Männer mit schwierigen Venus/Saturn-Konstellationen werden von Frauen mit Mars/Saturn-Spannungen angezogen usw. Manchmal wird sich die Polarität auch umkehren, und Mars/Saturn-Männer werden beispielsweise auf Venus/Saturn-Frauen anziehend wirken. Dies gilt ungeachtet der Aspekte, die sich ergeben, wenn ein Horoskop auf das andere gelegt wird, wie beim herkömmlichen Horoskopvergleich. Leider sind die Einzelheiten dieser Betrachtungsweise allzu komplex, um in diesem Text darauf eingehen zu können, doch wird sie in anderen Büchern behandelt, die sich von einem traditionelleren Standpunkt aus mit dem Thema Beziehungen beschäftigen.

Für andere Arten von Beziehungen werden die Häuser und ihre Herrscher in der folgenden Weise überprüft: Geschäftsbeziehungen werden durch Planeten beschrieben, die im siebenten, zweiten, sechsten und zehnten Haus plaziert und Herrscher dieser Häuser sind. Freundschaften werden durch Planeten im elften und fünften Haus und deren Herrscher bestimmt. Wenn auch das elfte Haus traditionell das Feld der Freundschaften ist, so beschreibt doch das fünfte Haus die Bedürfnisse des Geborenen nach Selbstausdruck und seine Fähigkeit zu Liebesäußerungen. Es sollte bei Freundschaften ebensowenig wie bei Liebesbeziehungen übersehen werden.

2. Untersuchen Sie das Composit-Horoskop nach einer starken Hausbetonung. Sehr häufig werden bei einem Composit-Horoskop vier oder mehr Planeten in einem Haus plaziert sein. Dies zeigt Ihnen an, daß die mit diesem Haus verbundenen Angelegenheiten innerhalb dieser Beziehung eine sehr wichtige Rolle spielen. Lesen Sie, um eine gewisse Vorstellung von diesen Schwerpunkten zu erhalten, die allgemeinen Darstellungen der Häuser im Text, welche die umfassende Bedeutung eines jeden Hauses unabhängig von den Planeten beschreiben. Für die Bestimmung der Grundenergie einer Beziehung hat ein Haus mit starker Planetenbesetzung in der Regel den Vorrang vor den Häusern, in denen Sonne und Mond plaziert sind.

3. Untersuchen Sie die Häuser der Composit-Sonne und des Composit-Mondes. Wenn keine Häuser durch Planetenanhäufungen besonders betont sind, so bezeichnen die Häuser von Sonne und Mond — in dieser Reihenfolge ihrer Wichtigkeit — die wesentlichsten Kernfragen, die innerhalb der Beziehung auftauchen werden. In einer persönlichen Beziehung sind das erste, fünfte, siebente und elfte Haus die besten Bereiche, die durch Sonne, Mond oder starke Planetengruppierungen besonders hervorgehoben werden können. Danach folgen das dritte und das neunte Haus, die mit der Gestaltung von Beziehungen nicht spezifisch verbunden sind, doch unterstützend zur Erhaltung einer lebendigen Kommunikation beitragen. In einer Beziehung wie beispielsweise einer Ehe, wo ein Paar sein engsts Privatleben und vielleicht Besitz miteinander teilen muß, ist eine Betonung des vierten Hauses von Nutzen. Das zweite Haus ist für persönliche Beziehungen nicht von besonderer Wichtigkeit, hat jedoch — wie auch das zehnte Haus — Bedeutung für berufliche Verbindungen und Partnerschaften. Das achte Haus muß nicht unbedingt mit Schwierigkeiten verbunden sein, doch kennzeichnet es häufig eine sehr schicksalhafte Beziehung. Die am wenigsten wünschenswerten Häuser für eine persönliche Beziehung sind schließlich das sechste und das zwölfte Haus, doch selbst die können sich ziemlich positiv auswirken, wenn die damit verbundenen Aspekte gut sind.

4. Prüfen Sie die Aspekte der Composit-Sonne und des Composit-Mondes. Die Hausbetonung aufgrund der Plazierung von Sonne, Mond oder der größten Planetenanhäufung beschreibt lediglich die wichtigsten Angelegenheiten und Kernfragen innerhalb der Beziehung. Die von Sonne und Mond gebildeten Aspekte werden genauer darlegen, wie das Paar mit solchen Fragen und Problemstellungen umgehen wird. Sehr häufig können diese Aspekte eine Beziehung zusammenhalten oder zerbrechen lassen. Ich muß jedoch wiederholen, daß ein Paar, wenn es sich dafür entscheidet, mit jeglicher Energieform umgehen kann, die seinen Bedürfnissen nach Beziehung entspricht, wie sie aus den Geburtshoroskopen zu entnehmen sind.

5. Prüfen Sie die Hauspositionen und die Aspekte von Venus und Mars. Die Energieformen von Venus und Mars sind für sexuelle Beziehungen äußerst relevant; doch hängt das Gelingen einer jeden Beziehung von der Fähigkeit der Partner ab, sich gegenseitig zu ergänzen, und daher sind Venus und Mars immer von Bedeutung. Für eine sexuelle Beziehung sind Aspekte zwischen Venus und Mars, zwischen Sonne und Venus oder Mond und Venus ideal.

6. Prüfen Sie diejenigen Planeten, die nahe bei den vier Eckpunkten des Horoskops plaziert sind, und deren Aspekte. Diese können sowohl für die Bestimmung der Qualität der Beziehung als auch für die Feststellung äußerst wichtig sein, ob diese Beziehung die Erwartungen eines Paares erfüllen wird oder nicht. Auch wenn es sich hierbei um den sechsten methodischen Schritt handelt, ist er immer noch von sehr großer Bedeutung; jeder der ersten sechs Schritte ist äußerst entscheidend.

7. Prüfen Sie das erste, fünfte, siebente und elfte Haus. In gewöhnlichen Horoskopen entspricht das erste Haus keinem Beziehungshaus, doch in einem Composit spielt es eine sehr wichtige Rolle für das Verständnis der Beziehung. Selbst wenn diese Häuser nicht durch Sonne, Mond oder eine Planetengruppierung hervorgehoben sind, so sind sie in einer Beziehung doch immer von Bedeutung. Wenn negative Konstellationen Planeten in einem dieser Häuser einbeziehen, kann dies auf ernsthafte Probleme in einer Beziehung hinweisen.

8. Prüfen Sie Hausposition und Aspekte des Saturn. Dieser Planet ist besonders kritisch, weil er sehr viel über die Stärken und Schwächen einer Beziehung aussagen kann.

9. Untersuchen Sie alles, was noch übriggeblieben ist. Dies mag ziemlich viel sein, und somit ist dieser Schritt nicht unerheblich. Es ist jedoch unmöglich, die übrige Deutung auf die Form einer schrittweise vorgehenden Methode zu bringen — womit ein kritischer Punkt dieser ganzen Darstellung angesprochen wird: Ein erfahrener Astrologe weiß, daß es kein festgesetztes Strukturmuster für die Deutung eines Horoskops gibt, daß jedes Horoskop eine besondere Form der Annäherung und Betrachtung verlangt. Trotzdem ist eine bestimmte schematische Übersicht für den Studierenden sehr nützlich und hilfreich, und deshalb habe ich eine solche Darstellung gegeben. Zögern Sie

jedoch nicht, diese Reihenfolge des methodischen Vorgehens aufzugeben, wenn das Horoskop eine unterschiedliche Betrachtungsweise zu erfordern scheint. Astrologie ist eine Kunst, die außergewöhnlich großer Flexibilität und Anpassungsfähigkeit bedarf — werden Sie daher nicht zum Sklaven von diesem oder irgendeinem anderen routinemäßigen Vorgehen. Bemühen Sie sich darum, diese geistige Flexibilität sobald wie möglich in Ihren Deutungen zu entwickeln, ob es sich nun dabei um Composits oder irgendeine andere Art von Horoskopen handelt.

Kapitel 3

Fallstudien

Fall 1: Will und Sylvia

Dies ist eine Fallgeschichte zweier Menschen, deren Namen aus Gründen der Diskretion abgeändert worden sind. Aus dem gleichen Grunde werden keine genauen Datenangaben gemacht, wenn auch die vollständige Horoskopdarstellung wiedergegeben ist. In dieser Studie werden wir alle in Kapitel 2 umrissenen Schritte genau durchgehen, damit der Studierende eine bessere Vorstellung von dieser Vorgehensweise erhält. Diese Fallstudie ist die gründlichste; die übrigen legen den Nachdruck auf besondere Aspekte der Horoskopdeutung.

Will und Sylivia kannten sich von Kindheit an, denn sie waren nur wenige Häuserblöcke voneinander entfernt aufgewachsen. Ihre Beziehung begann jedoch erst während ihrer gemeinsamen Collegezeit. Sie heirateten und bekamen ein Kind, ein Mädchen. Nach sechsjähriger Ehe haben sie sich getrennt und ein Jahr später scheiden lassen. Obwohl sie nicht mehr zusammenleben, sind sie gute Freunde geblieben und haben jegliche Ressentiments überwunden, die aus der Scheidung hätten entstehen können. Ihre Horoskope sind als Beispiele in dem Abschnitt über die Berechnung von Composit-Horoskopen für zwei Personen vorgeführt worden. Ihre beiden Geburtshoroskope und das Composit werden hier zur zweckdienlichen Bezugnahme noch einmal abgebildet.

Wir wollen zuerst die Geburtshoroskope betrachten (Schritt 1) und feststellen, welche Hinweise sie für eine Heirat enthalten. Wenn wir Wills Horoskop als erstes vornehmen, sehen wir Saturn als Herrscher eines leeren siebenten Hauses. Wenn Saturn das siebente Haus beherrscht, so zeigt dies an, daß der Betreffende in der Ehe entweder jemanden sucht, der ihm gegenüber als Elternfigur auftreten würde, oder aber jemanden, dem gegenüber er selbst als Elternfigur fungieren könnte. Diese Tendenz führt gewöhnlich zu einer Ehe mit einem älteren Partner, zu einer späten Heirat mit einem jüngeren Partner oder zu einer Ehe mit jemandem, der eine stark ausgeprägte Saturn-Symbolik (beispielsweise einen betonten Steinbock) oder einen einflußreichen und aktiv wirksamen Saturn hat. Dieser Aspekt ist an sich nicht besonders negativ, sondern lediglich ein Faktor, den es zu beachten gilt; er ist sogar ziemlich weit verbreitet und kann sich sehr stabilisierend auf eine Beziehung auswirken.

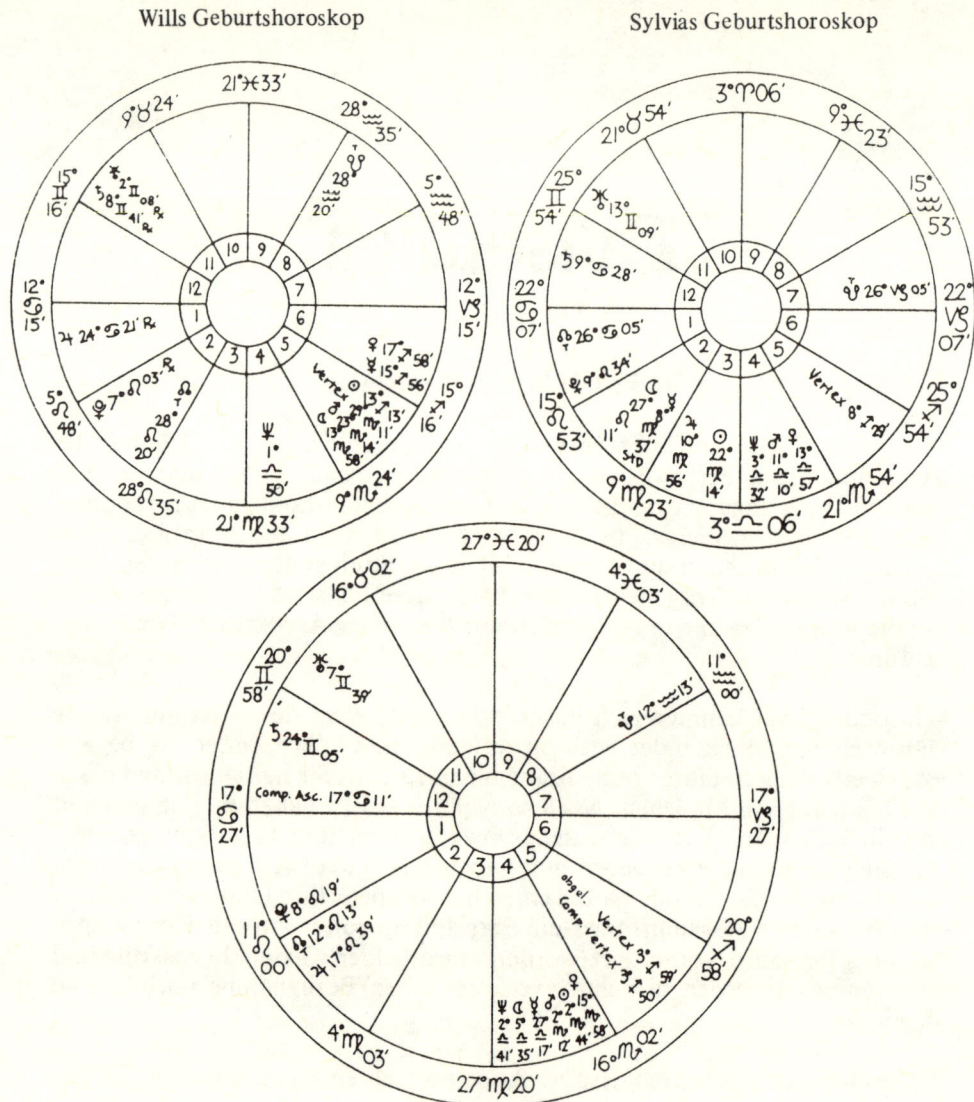

Wills Geburtshoroskop

Sylvias Geburtshoroskop

Composit-Horoskop

Bei weiterer Überprüfung stellen wir jedoch fest, daß sich Saturn im elften
Haus in Opposition zur Sonne im fünften Haus befindet. Da es sich beim
fünften Haus um den Bereich der Liebesbeziehungen handelt, ist dies kein
sehr positiver Hinweis auf problemlos verlaufende Liebes- und Eheangele-
genheiten. Will hat bei einigen Gelegenheiten erklärt, daß er Sylvia wahrscheinlich deswegen geheiratet hat, weil sie die erste Frau war, die ihm überhaupt Beachtung schenkte, und er die Hoffnung aufgegeben hatte, jemals ei-

44

ne andere zu finden. Diese Symbolik läßt jedoch auch den Schluß zu, daß er wahrscheinlich — bewußt oder unbewußt — das Gefühl hat, eine intime Zweierbeziehung (siebentes Haus) würde seine Fähigkeit zu Selbstausdruck (fünftes Haus) unterdrücken. Eine gewisse Ratlosigkeit in engen Beziehungen wird vermutlich auch durch Sonne und Venus im Zeichen Schütze hervorgerufen. Weil Krebs an seinem Aszendenten aufgeht, was eine starke häusliche Ader anzeigt, hat er seine rastlose Schütze-Natur verborgen halten können.

Wenn wir das fünfte Haus näher untersuchen, so bemerken wir, daß es in diesem Horoskop eine sehr starke Ausprägung hat und nicht nur die Sonne darin plaziert ist, sondern auch der Mond (Herrscher des Krebs-Aszendenten), der Mars und der Vertex-Punkt. Die verletzte Sonne habe ich bereits erwähnt. Nun wollen wir sehen, was uns diese anderen Anzeichen über Wills Beziehungen aussagen.

Der Mond, Herrscher am Aszendenten, im fünften Haus im Skorpion weist auf ein sehr starkes Bedürfnis nach intensivem Selbstausdruck durch Gefühle und Emotionen hin. Dies besagt, daß Wills Schwierigkeiten beim Eingehen von Liebesbeziehungen, wie sie durch die verletzte Sonne im fünften Haus angezeigt werden, für ihn besonders unannehmlich sind, weil er ein starkes Bedürfnis nach emotionalen Beziehungen hat. Der Mond in dieser Stellung deutet auch an, daß er von Frauen mit einer ausgeprägten Krebs-Symbolik oder mit einem einflußreichen Mond angezogen wird. Mars in diesem Haus bildet ein Trigon mit Jupiter im ersten Haus, was dazu beiträgt, die Auswirkungen der Opposition von Sonne/Saturn zu vermindern. Aufgrund dieser Kombination wird er zu eher starken Frauen hingezogen, die ihre Stärke auf eine positive, stabilisierende und sogar beschützende Art und Weise zum Ausdruck bringen. Dieses Jupiter-Trigon zeigt an, daß er von Saturn geprägte Beziehungen meiden sollte, wodurch die Opposition von Sonne/Saturn aktiviert wird, um sich statt dessen mehr in Richtung von Mars/Jupiter-Beziehungen zu orientieren, die eine weitaus größere Chance des Gelingens hätten. Auch Krebs oder Mond sollte, entweder im Composit-Horoskop oder bei dem anderen Menschen, stark betont sein.

Wenn wir uns Sylvias Horoskop zuwenden, so entdecken wir, daß auch bei ihr Saturn der Herrscher eines leeren siebenten Hauses ist. Auch ihr fünftes Haus ist, abgesehen vom Vertex-Punkt, unbesetzt. Für Hinweise auf ihre Beziehungen müssen wir uns daher den Herrschern ihres fünften und siebenten Hauses zuwenden.

In Sylivias Horoskop ist Saturn, der Herrscher des siebenten Hauses, im zwölften Haus plaziert; er bildet ein Sextil mit Merkur und Jupiter, doch auch ein Quadrat mit Venus und Mars. Eine ähnliche Symbolik weist Wills Horoskop auf. Das Sextil mit Merkur zeigt an, daß sie von intelligenten und wortgewandten Männern als Partnern angezogen wird oder auch von Zwillingen und anderen, bei denen eine stark ausgeprägte Merkur-Symbolik vorliegt. Das Sextil mit Jupiter weist darauf hin, daß auch Jupiter-betonte Typen wie Will anziehend auf sie wirken dürften; Wills Jupiter steht im ersten Haus, und seine Sonne, in Konjunktion mit Merkur und Venus, ist im Schützen plaziert.

Das Quadrat zwischen Saturn und der Konjunktion von Venus/Mars im vierten Haus läßt jedoch Schwierigkeiten vorausahnen; es zeigt eine starke sexuelle Antriebskraft an, die durch Saturn im zwölften Haus unterdrückt wird. Saturn in dieser Hausposition deutet häufig auf einen Mangel an Vertrauen hin. Mit einer Konjunktion von Venus/Mars könnte man Sylvia schwerlich als gefühlskalt bezeichnen, doch vermutlich ist die Freisetzung von sexueller Energie mit Problemen verbunden.

Pluto, der Herrscher des fünften Hauses, ist gut aspektiert und bildet ein Sextil mit der Konjunktion von Mars/Venus. Diese Plazierung von Pluto kennzeichnet ein Bedürfnis nach intensiven Gefühlsbeziehungen, wahrscheinlich zu einem Menschen mit stark ausgeprägter Pluto- oder Skorpion-Symbolik (Wills Mond im Skorpion). Tatsächlich weist das Beziehungsbild von beiden eine sehr starke Skorpion/Pluto-Symbolik auf, was ein Zeichen für gute Verträglichkeit sein sollte.

Beachten wir in Sylivias Horoskop auch ein gradgenaues Trigon zwischen Venus und Uranus, das alle Planeten im Horoskop in sich einschließt. Dies muß einfach tiefere Bedeutung haben. Man könnte es als ihr Gegenstück zu seiner Venus im Schützen bezeichnen — jene Ruhelosigkeit, die sich einstellt, wenn eine Beziehung zu Gewohnheit und Routine wird.

Wie gut fügt sich jeder in das Strukturmuster von dem Geburtshoroskop des anderen ein? Ich habe bereits einige Berührungspunkte erwähnt. Will ist ein von Jupiter geprägter Mensch mit einer starken Saturn-Aspektierung, und Sylvias Jupiter bildet ein Sextil mit ihrem Saturn, der im siebenten Haus herrscht. Da Pluto ihr fünftes Haus regiert, müßte sie von einem Partner mit starker Skopion- oder Pluto-Symbolik angezogen werden. Wills Mond steht im Zeichen Skorpion im fünften Haus. Unglücklicherweise hat Sylvias Saturn, der Herrscher ihres siebenten Hauses, die starke negative Aspektierung mit der Konjunktion von Venus/Mars. Das Trigon zwischen dieser Konjunktion und Uranus läßt darauf schließen, daß ihre Sexualität außerhalb der Ehe freier zum Ausdruck kommen könnte.

Wir stellen fest, daß die Saturn-Symbolik in Wills Beziehungen durch Sylvias Horoskop nicht bestärkt wird. Abgesehen davon, daß Saturn in ihrem Beziehungshaus herrscht, ist Sylvia kein ausgesprochener Saturn-Typus; mehrere andere Planeten sind von gleicher Stärke. Außerdem spiegelt sie die Symbolik seines fünften Hauses im Skorpion nicht vollkommen wider, doch entspricht ihr Krebs-Aszendent der Symbolik seines Mondes im fünften Haus. Weder ihr Mars noch ihr Jupiter haben eine stark ausgeprägte Symbolik. Alle diese Planeten sind in ihrem Horoskop aktiv wirksam, doch etwa gleich stark aspektiert, und daher ragt kein einzelner Planet besonders hervor.

War die Beziehung an sich besonders saturnisch geprägt? Bestand ein großer Altersunterschied, oder wurde die Ehe erst spät im Leben geschlossen? Beide Punkte sind zu verneinen. Bei der Heirat war sie zwanzig und er zweiundzwanzig Jahre alt. Bei beiden wurde daher die Saturn-Symbolik ihres siebenten Hauses im Steinbock nicht erfüllt, was darauf hindeutet, daß die Beziehung nicht ganz adäquat gewesen ist. Diese Tatsache sagt an sich noch nicht allzuviel aus, doch wenn wir sie den übrigen Informationen aus den beiden Geburtshoroskopen hinzufügen, können wir erkennen, daß sie sich in die schwierige Gesamtstruktur einfügt.

Bisher haben wir zwei Dinge aus den beiden Geburtshoroskopen ermittelt: Erstens, Will ist in Sylvias Horoskop besser beschrieben als Sylvia in Wills Horoskop; zweitens, die Tatsache, daß Saturn bei beiden Herrscher ihres siebenten Hauses ist, deutet darauf hin, daß sie beide nach der gleichen Art von Partner in einer Beziehung suchten — aber nicht einander. Obwohl diese Punkte keineswegs eine endgültige Aussage darstellen, sind sie doch ein erstes Anzeichen für mögliche Probleme in dieser Partnerschaft.

Bei dieser eher skizzenhaften Anaylse dürfen wir nicht vergessen, daß sie nichts mit den Horoskopkontakten wie beim herkömmlichen Horoskopvergleich (Synastrie) zu tun hat. Die einleitende Beschreibung leitet sich ausschließlich aus Schlußfolgerungen ab, die aus den beiden Geburtshoroskopen, jedes für sich betrachtet, gezogen worden sind.

Bevor wir uns dem Composit-Horoskop zuwenden, möchte ich eine Bemerkung über die Horoskopkontakte machen. Beachten Sie, daß Sylvias Uranus in genauer Opposition zu Wills Sonne steht und daß ihre Venus ein Sextil mit seiner Sonne bildet. Abgesehen von der Instabilität, die für jede Beziehung mit ernsthaften Problemen kennzeichnend ist, war in und an dieser Beziehung fast nichts festzustellen, was an Uranus erinnert hätte. Sie war auch nicht kurzlebig — es sei denn, daß Sie eine insgesamt zehnjährige Beziehung als kurz bezeichnen würden.

Schritt 2 gibt uns an, das Composit-Horoskop auf eine starke Hausbetonung hin zu betrachten. In diesem Horoskop sind fünf Planeten fest inmitten des vierten Hauses plaziert, während sich ein sechster, die Venus, am Ende des vierten Hauses an der fünften Häuserspitze befindet. Sowohl die Sonne als auch der Mond stehen im vierten Haus.

Ein starkes viertes Haus, wie in diesem Fall, kennzeichnet zwei Menschen mit einem ausgeprägten Bewußtsein einer gemeinsamen Vergangenheit oder Herkunft. Vermutlich werden sie gemeinsamen Besitz haben und einen Hausstand gründen. Alles dies trifft auf Will und Sylvia zu. Sie sind in nur geringer Entfernung voneinander aufgewachsen und haben sich seit dem Alter von neun bzw. sieben Jahren gekannt. Er hat sozusagen wörtlich das „Mädchen von nebenan" geheiratet, und prompt haben sie sich im Hause seiner Mutter, einem riesigen, weiträumigen alten Bauernhaus, niedergelassen. Später haben sie ihr eigenes Haus in Sichtweite ihres Elternhauses erbaut.

Vergegenwärtigen wir uns, daß Will Schütze ist und Jupiter am Aszendenten aufgeht. Selbst mit seinem Aszendenten im Krebs würde man von ihm eine größere Beweglichkeit erwarten. Sie verließen ihre gewohnte Umgebung, als sie das College besuchten, doch unmittelbar danach sind sie wieder dorthin zurückgekehrt. Erst nach dem Scheitern ihrer Ehe haben sie ihre Heimatstadt verlassen. Nun reist Will, getreu seiner Schützen-Natur, viele Tausende von Kilometern im Monat umher, und dies wird er vermutlich noch lange Zeit weiter fortsetzen.

Da wir die Hausposition von Sonne und Mond (Schritt 3) bereits behandelt haben, wollen wir uns nun ihren Aspekten zuwenden (Schritt 4). Die Composit-Sonne bildet eine Konjunktion mit Mars — ein Anzeichen dafür, daß es zu heftigen Ego-Konflikten zwischen ihnen kommen könnte. In jeder Beziehung, wie gut sie auch sein mag, treten Ärger und Verstimmung auf, doch gilt dies besonders im Falle einer Konjunktion von Sonne/Mars. Wenn es für Will und Sylvia problematisch wäre, diese Gefühle offen zum Ausdruck zu bringen, so würden sie in Schwierigkeiten geraten. Unglücklicherweise ist Saturn im zwölften Haus plaziert, und dies bedeutet, Spannungen dadurch zu unterdrücken, daß die wirklichen Gefühle nicht offen zum Ausdruck gebracht werden. Auf diese Weise pflegt sich die Spannung in der Regel bis hin zu einer gefährlichen Höhe aufzubauen — und genau dies ist tatsächlich auch in der Beziehung vorgefallen. Keiner von beiden konnte frei äußern, was er auf dem Herzen hatte, bis der innere Druck unerträglich wurde und sich dann in einer wahrhaften Explosion Luft zu verschaffen pflegte. Durch die Konjunktion von Sonne/Mars ist die Wahrscheinlichkeit groß, daß sie sich gegenseitig ziemlich reizen und gegeneinander aufbringen würden. Mit Ausnahme dieser Konjunktion weist die Sonne keine anderen engen Aspekte auf.

Der Composit-Mond ist etwas stärker wirksam, denn er hat drei Hauptaspekte: ein Trigon mit Uranus, ein Sextil mit Pluto und eine Konjunktion mit Neptun. Das Trigon deutet darauf hin, daß diese Beziehung beide Personen mit neuen und anregenden Erfahrungen konfrontieren wird. Obwohl sich das Trigon nicht so unsanft wie Quadrat und Opposition auswirkt, muß das Paar gegenseitig flexibel sein, damit es den größtmöglichen Nutzen aus seinen Auswirkungen ziehen kann; die Partner müssen zu vermeiden suchen, die Beziehung in festgesetzte Strukturmuster hineinzuzwängen. Dazu waren Will und Sylvia jedoch nicht fähig. Beide hatten feste Vorstellungen von einer Ehe und versuchten, ihre Ehe konform damit zu gestalten. Zu diesem Zeitpunkt besaß keiner von ihnen das Selbstvertrauen, ihrer Ehe eine eigene Richtung zu geben.

Das Sextil zwischen Mond und Pluto läßt auf die Gefühlstiefe zwischen ihnen schließen. Ihre Beziehung war zutiefst emotional, selbst wenn sie mit den Emotionen nicht sehr gut umgegangen sein mögen. Von den drei Aspekten des Mondes ist die Konjunktion von Mond/Neptun der schwerwiegendste, denn er deutet die Gefahr an, daß diese Beziehung weitgehend auf Illusion anstatt auf realen Gegebenheiten beruhte. Da sich diese Konjunktion im vierten Haus befindet, läßt sie auch die Gefahr entstehen, daß jeder von ihnen Dinge in ihrem häuslichen Leben erfahren würde, von denen der andere nichts wüßte — entweder aufgrund mangelnder Kommunikation oder sogar durch bewußte Täuschung. Deutlich ist hier mangelnde Klarheit an der Wurzel der Beziehung angezeigt, wodurch die Gesamtstruktur zur Schwächung neigt.

Eine solche Position von Neptun läßt es für zwei Menschen schwierig werden, sich gegen Krisenzeiten zur Wehr zu setzen, wo sie dem ins Auge sehen müssen, was sie wirklich füreinander bedeuten. Sie empfanden damit auch weniger Vertrauen zueinander, und als Folge davon zeigte sich die Ehe als nicht stabil. Jeder zog die Liebe des anderen in Zweifel oder verdächtigte ihn, einen anderen Menschen zu lieben. Dieser Mangel an Vertrauen wirkt sich sehr negativ für eine Beziehung aus.

Als nächstes überprüfen wir die Position von Venus und Mars und ihre Aspekte (Schritt 5). Der hauptsächliche Aspekt von Mars ist bereits besprochen worden. Übrigens kann die Konjunktion von Mars/Sonne, trotz der damit verbundenen Probleme, ein starkes Anzeichen für sexuelle Energie innerhalb einer Beziehung sein. Wenn wir jedoch einen Blick auf die Venus werfen, so erkennen wir darin den positivsten Konzentrationspunkt ihrer Liebesbeziehung. Venus ist sehr nahe bei der fünften Häuserspitze plaziert und bildet ein enges Trigon sowohl mit der Spitze des ersten Hauses als auch mit dem Composit-Aszendenten. Alle diese Aspekte sind zuverlässige Hinweise auf eine sehr gefühlsbetonte Liebesbeziehung.

Im Hinblick auf Jupiter im zweiten Haus ist es erwähnenswert, daß Will und Sylvia während ihres Zusammenseins kaum ernsthafte finanzielle Probleme hatten; erst nach ihrer Trennung kamen sie in Geldschwierigkeiten.

Die positiven Anzeichen dieser Aspekte reichen jedoch nicht dazu aus, als daß sie die Probleme ausgleichen konnten, denen sich dieses Paar gegenübersah — besonders in Anbetracht dessen, was ihre Geburtshoroskope über ihre Bedürfnisse in einer Beziehung ausgesagt haben. Als sich der Wirbel nach ihrer Trennung legte, erkannten sie beide, daß keiner von ihnen Schuld trug, sondern beide lediglich etwas anderes in einer Beziehung brauchten.

Bei Schritt 6 betrachten wir die Eckhäuser. Sie sind in diesem Falle jedoch alle leer, ausgenommen das vierte, das wir bereits besprochen haben.

Bei Schritt 7 betrachten wir die Häuser der Beziehung: das erste, das fünfte, das siebente und das elfte Haus. Pluto ist im ersten Haus plaziert, doch so nahe an der zweiten Häuserspitze, daß ich ihn eher dem zweiten als dem ersten Haus zugehörig betrachten würde. Das siebente Haus ist unbesetzt, ebenso wie das fünfte mit Ausnahme des Vertex-Punktes.

Im elften Haus steht jedoch Uranus, dessen Hauptaspekt zum Mond bereits besprochen worden ist. Ich möchte aber noch etwas über die Auswirkungen

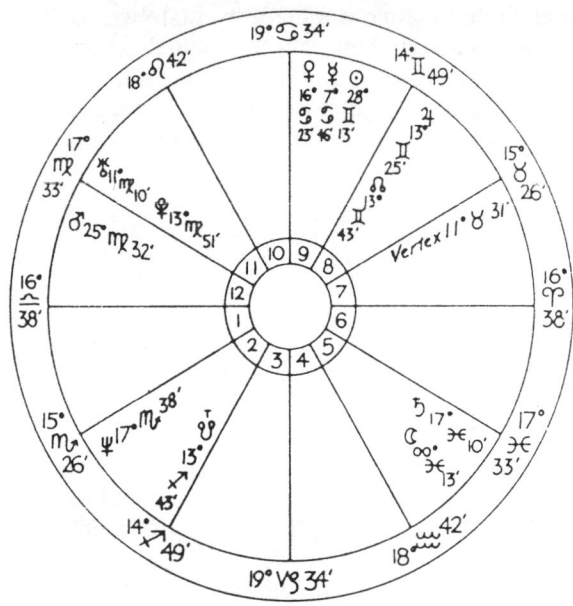

Horoskop der Eheschließung

von Uranus in diesem Haus sagen. Will und Sylvia waren verhältnismäßig konventionelle Menschen, zumindest nach außen hin, doch hatten sie einige recht außergewöhnliche Freunde. Es verhielt sich nicht so, daß ihr gesamter Freundeskreis in herausragendem Maße uranisch geprägt gewesen wäre, doch für einige ihrer Bekannten trifft diese Beschreibung zu. Mit „uranisch'' meine ich hier Menschen, die auf verschiedene Weise nicht mit den sozialen Normen konform gehen. Selbst ihre eher konventionell erscheinenden Freunde waren in der Tat recht ungewöhnlich und gehörten mit Gewißheit nicht zu den Durchschnittsbürgern einer modernen Vorstadt.

Mit Schritt 8 wenden wir uns Saturn zu. Wie bereits erwähnt, ist Saturn im zwölften Haus plaziert, was an sich noch nicht unbedingt verhängnisvoll ist. Es zeigt jedoch (wie bereits festgestellt) eine Tendenz an, Gefühle zurückzuhalten, die offen zum Ausdruck kommen sollten. Beachten Sie auch, daß Saturn ein Trigon mit Merkur im vierten Haus bildet. Dieser Aspekt schränkt die offene Kommunikation zwischen zwei Menschen eher ein, anstatt sie völlig zu ersticken, doch ohne Zweifel bedeuten die beiden Aspekte zusammen, daß die Kommunikation erschwert war. Darin bestand eines der Hauptprobleme in der Beziehung.

Wir wollen nun die Heirat selbst betrachten, um festzustellen, wie Transite und Progressionen sich auf ein Composit-Horoskop auswirken. Dargestellt sind das Horoskop der Eheschließung, die beiden individuellen Progressions-

50

Horoskope bei der Heirat und das Composit der beiden Progressions-Horoskope. Anleitungen für das Stellen eines progressiv vorgeschobenen Composit-Horoskops finden Sie im ersten Kapitel auf Seite 32 .

Im Horoskop der Eheschließung sehen wir, daß Venus erhöht im neunten Haus sehr nahe beim MC plaziert ist und eine Trigonstruktur mit Saturn und Neptun bildet. Sie werden feststellen, daß diese Trigonstruktur sehr dicht mit dem Trigon zwischen Venus und dem Composit-Aszendenten im Composit der Geburtshoroskope zusammenfällt und außerdem ein Kontakt zu Jupiter im zweiten Haus besteht. Insgesamt gesehen, besteht eine engere Verbindung vom Horoskop der Eheschließung zum Composit-Horoskop als zu den beiden Geburtshoroskopen. Das Trigon von Venus/Neptun/Saturn weist auf einen Konflikt zwischen Illusion und Wirklichkeit hin, wodurch diese Beziehung von Anfang an gekennzeichnet war. Beachten Sie auch, daß der Mond im fünften Haus beim Horoskop der Eheschließung ein Trigon mit der Konjunktion von Sonne/Mars im Composit der Geburtshoroskope bildet.

Für die an Symbolik Interessierten zeigt sich ein besonders faszinierender Punkt darin, daß sich das Thema der Konjunktion von Sonne/Mars im Composit-Horoskop wiederholt in einem Quadrat zwischen laufender Sonne und laufendem Mars zum Zeitpunkt der Eheschließung; dadurch wird wiederum die MC/IC-Achse des Composit-Horoskops stark aspektiert.

Mars im zwölften Haus des Horoskops der Eheschließung bildet ein Quadrat mit Saturn im zwölften Haus des Composit-Horoskops. Hier sehen wir erneut das Thema von unterdrücktem Zorn und Ärger, der nicht offen geäußert wird, bis der Druck eine gefährliche Höhe erreicht hat. Natürlich könnten hier noch andere Punkte erwähnt werden, doch ich glaube, daß die Sensitivität des Composit-Horoskops gegenüber laufenden Planeten damit bereits erwiesen ist. Achten Sie besonders auf Planeten, die über die Eckpunkte eines Composits laufen. Immer wieder werden wir bei diesen Studien die Bedeutung solcher Transite feststellen.

Wenn wir uns nun dem progressiv vorgeschobenen Composit-Horoskop zuwenden, so finden wir darin einen sehr deutlichen Hinweis auf eine Heirat. Der progressiv vorgeschobene Composit-Mond bildet ein Trigon mit der Sonne. Es ist weiterhin von Interesse, daß der progressiv vorgeschobene Composit-Aszendent und die Spitze des ersten Hauses ein Trigon mit den beiden Vertex-Punkten im fünften Haus des Composits der Geburtshoroskope bilden. Der Vertex entspricht dem Punkt für ,,schicksalhafte Begegnungen'' (siehe Kapitel 1, Seite 30) und scheint darauf hinzudeuten, wann sich die wichtigsten Vorkommnisse in einer Beziehung ereignen. Außerdem hat der progressiv vorgeschobene Composit-Aszendent gerade das Quadrat mit der Konjunktion von Sonne/Mars im Geburts-Composit verlassen, und der progressiv vorgeschobene Mars steht gerade zwei Jahre weiter als die Venus des Geburts-Composits, was dem Beginn ihrer physischen Beziehung entspricht. Das progressiv vorgeschobene Composit-Horoskop stellt ein sehr überzeugendes Hilfsmittel für das Verständnis einer Beziehung dar.

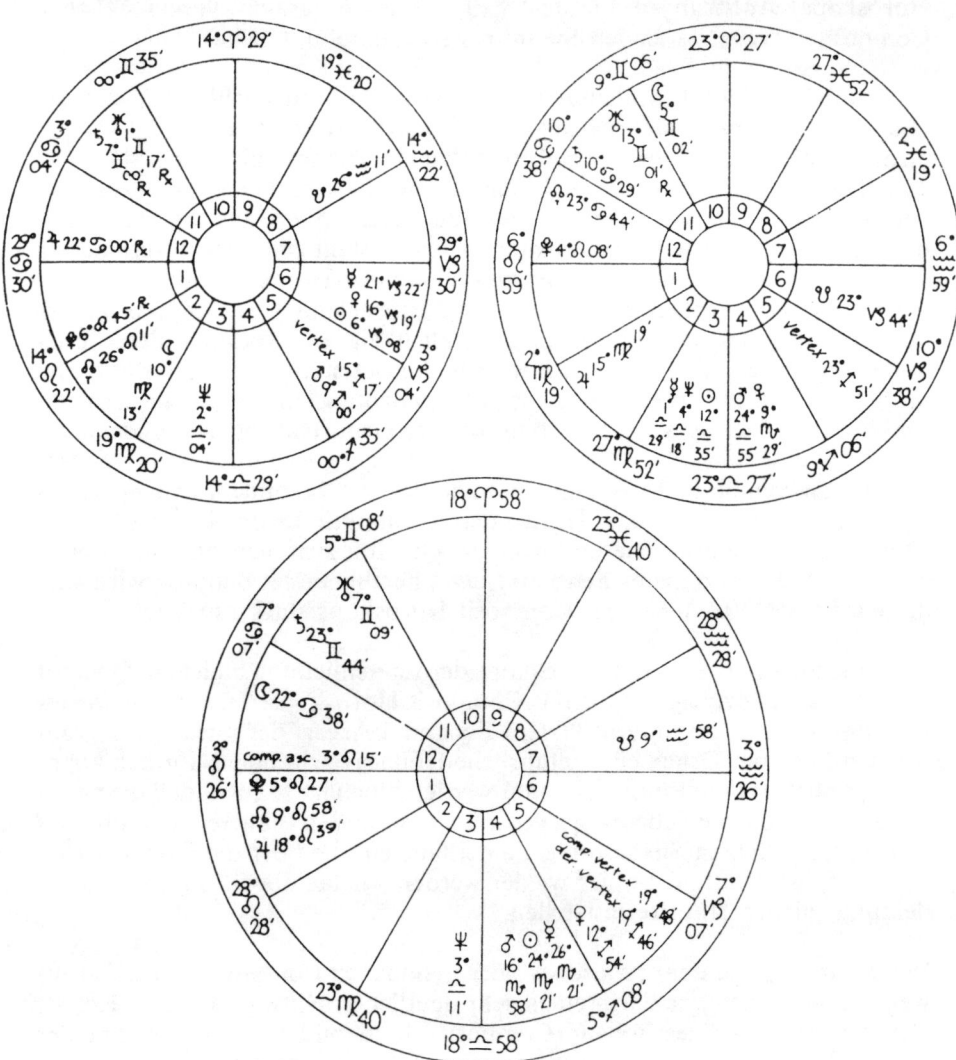

Wills progressives Horoskop   Sylvias progressives Horoskop

Progressiv vorgeschobenes Composit-Horoskop

Viele weitere Verbindungen können zwischen diesen verschiedenartigen Horoskopen hergestellt werden, und ich fordere den Leser dazu auf, sie zu entdecken. Sie können daraus ersehen, daß das Composit-Horoskop die Auflösung durch laufende und progressiv vorgeschobene Planeten ebenso empfangen kann wie ein herkömmliches Geburtshoroskop, was eine außerordentliche Hilfe für die zeitliche Bestimmung von Geschehnissen in einer Beziehung darstellt. Vor Abschluß dieser Untersuchung möchte ich noch etwas über die Transite zum Zeitpunkt ihrer Trennung sagen.

Will verließ Sylvia, weil er zu der Überzeugung gelangt war, daß diese Ehe ihn niemals glücklich machen könne. Er hatte das Gefühl, daß er durch sie in gewisser Weise daran gehindert würde, seine potentiellen Möglichkeiten voll und ganz zum Ausdruck zu bringen (Saturn als Herrscher seines siebenten Hauses in Opposition mit seiner Sonne im fünften Haus). Und es hat auch wirklich den Anschein, als hätte ihre Ehe sie in mancher Hinsicht zurückgehalten und behindert. Seit ihrer Trennung haben sie beide eine unterschiedliche Lebensweise eingeführt, die ihnen besser entspricht.

Um jedoch auf die laufenden Planeten zu ihren Horoskopen zum Zeitpunkt ihrer Trennung zurückzukommen: An jenem Tage war ein Vollmond auf Wills Geburtsvenus plaziert. Der wichtigste Transit-Aspekt zum Composit-Horoskop war der laufende Pluto an der Spitze des vierten Hauses, was auf das Scheitern ihres häuslichen Lebens hindeutet. Der laufende Pluto stand direkt bei 26° ♍ 59', während der laufende Saturn ein Trigon mit Pluto bei 28° ♉ 34' bildete. Die laufende Venus stand in Konjunktion mit dem laufenden Saturn und im Trigon mit dem laufenden Pluto und dem Composit-IC: die Auflösung des gemeinsamen Heimes aufgrund von Trennung! Die laufende Sonne bei 17° ♊ 32' bildete ein Trigon mit dem laufenden Mars bei 16° ♒ 00', während dieser wiederum in Opposition zu Composit-Jupiter stand und ein Quadrat mit Composit-Venus und einen Quincunx-Aspekt mit dem Composit-Aszendenten bildete. Sie können unschwer erkennen, daß die Eckpunkte des Composit-Horoskops zu diesem Zeitpunkt eine starke Aktivität zeigten, was sehr weitreichende Folgen hatte.

Fall 2: Fred und Mary

Zweck dieser Fallstudie ist es, daß sie aufzeigt, wie das Composit-Horoskop bei der Deutung in beträchtlichem Maße dazu beitragen kann, zu einer exakten Schlußfolgerung über eine Beziehung zu gelangen. Aus Gründen der Diskretion sind die Namen Fred und Mary fiktiv. Wir wollen zuerst die beiden abgebildeten Geburtshoroskope vom Standpunkt des herkömmlichen Horoskopvergleichs (Synastrie) aus betrachten und sehen, was uns diese Methode über ihre Beziehung aussagt.

Das erste, was mir auffiel, war die Beobachtung, daß der Saturn in Freds Horoskop zu Sonne, Mars und Pluto in Marys Horoskop im Quadrat steht. Ich habe die Erfahrung gemacht, daß ein Quadrat von Sonne/Saturn beim Vergleich zwischen zwei Horoskopen in der Regel ein sehr schlechter Aspekt ist; er deutet darauf hin, daß einer der beiden Beteiligten beim anderen ein Gefühl von Unsicherheit erweckt, während sich der andere in der Beziehung gefangen fühlt. Fast immer führt dieser Aspekt zur Trennung. Außerdem stellen wir fest, daß Venus in seinem Horoskop in Opposition zu ihrem Uranus steht; dies läßt bestenfalls eine kurze und unbeständige Beziehung mit vielen Höhen und Tiefen erwarten. Beachten Sie auch, daß Uranus in Freds Horoskop mit dem Aszendenten von Mary eine Konjunktion bildet, was auf ziemlich dasselbe hinweist. Zumindest lassen diesen beiden Kontakte zwischen den Horoskopen eine Beziehung erwarten, die beide Partner aus ihren gewohnten Lebensstrukturen herausrütteln wird, wie es auch tatsächlich der Fall war.

Freds Geburtshoroskop

Marys Geburtshoroskop

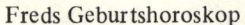

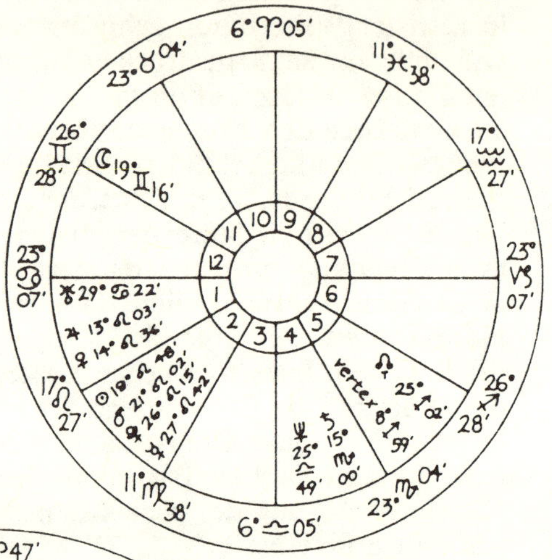

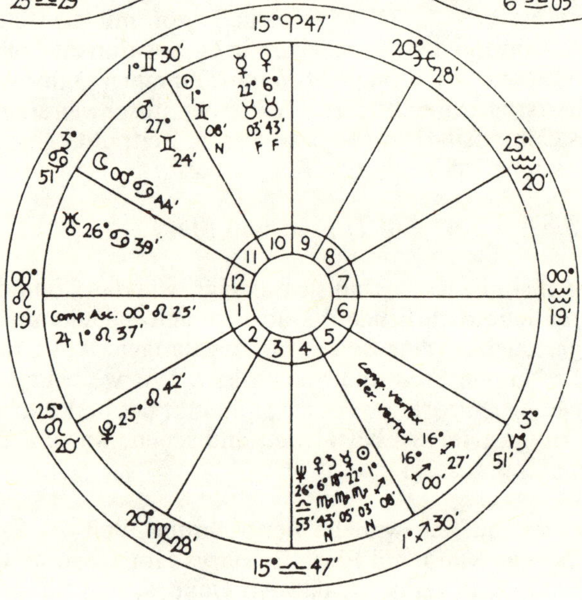

Composit-Horoskop

Ihr Neptun bildet eine äußerst gradgenaue Opposition zu seinem MC, was darauf hindeutet, daß sie in seinen Richtungssinn im Leben auf irgendeine Weise Verwirrung bringen und in ihm wahrscheinlich ebenfalls ein Gefühl der Unsicherheit erwecken würde. Indessen bildet ihr Saturn ein Quadrat mit seinem Merkur im siebenten Haus, was Kommunikationsprobleme und Schwierigkeiten in einer engen Zweierbeziehung anzeigt. Ohne Zweifel verspricht dieser Aspekt nichts Gutes für ein gemeinsames Heim und Familienleben.

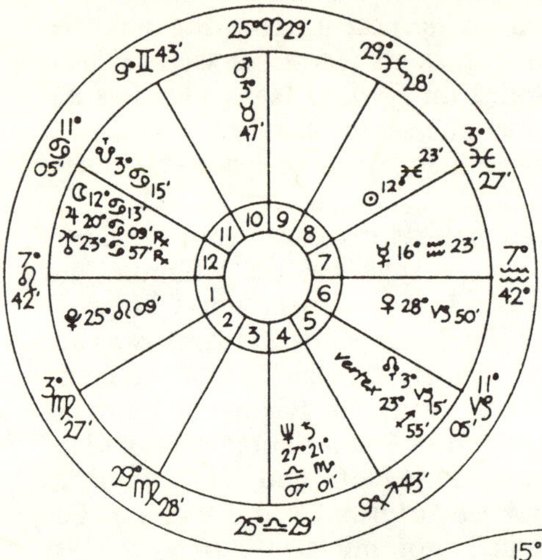

Es gibt einige positive Aspekte, beispielsweise das Trigon zwischen Marys Sonne und Freds Merkur, doch die meisten Kontakte zwischen den beiden Horoskopen sind ziemlich negativ. Geben wir einen Überblick über die wichtigsten von ihnen:

Quadrat Sonne (M) / Saturn (F)
Quadrat Mars (M) / Saturn (F)
Quadrat Pluto (M) / Saturn (F)
Opposition Uranus (M) / Venus (F)
Konjunktion Aszendent (M) / Uranus (F)
Opposition Neptun (M) / MC (F)
Quadrat Saturn (M) / Merkur (F)
Quadrat Mond (M) / Sonne (F), sehr weitläufig

In keiner Richtung gibt es irgendwelche signifikanten Aspekte zwischen Mars und Venus, und der einzige Kontakt zwischen Venus und den beiden Lichtern (Sonne/Mond) ist ein ungenauer Quincunx-Aspekt zwischen Marys Venus und Freds Sonne. Offensichtlich existieren nicht allzu viele Anzeichen dafür, daß eine Beziehung zwischen diesen beiden Menschen jemals große Erfolgsaussichten haben würde.

Nun zu den Tatsachen! Mary und Fred sind seit über einem Jahr miteinander befreundet und haben seitdem ziemlich regelmäßigen Umgang miteinander gehabt. Sie haben manchmal von Heirat gesprochen und scheinen einander sehr zugetan zu sein. Sie haben Probleme, und man könnte leicht voraussagen, daß ihre Beziehung nicht auf lange Sicht fortbestehen wird, außer vielleicht als Freundschaft. Tatsächlich werden sie allmählich zu Freunden anstatt zu einem Liebespaar. Sie haben Freude an der Gesellschaft des anderen, und was sie sich gegenseitig geben können, hilft beiden für ihre Weiterentwicklung. Auf der gefühlsmäßigen Ebene scheint eine ziemlich gute Harmonie zwischen ihnen zu herrschen. Ihr Hauptproblem besteht in zahlreichen intellektuellen Meinungsverschiedenheiten.

Die Frage lautet hier: Was gibt dieser Beziehung, bei all den negativen Kontakten zwischen den beiden Horoskopen, den Antrieb, weiter fortbestehen zu können? Meiner Meinung nach hat sich diese Partnerschaft bereits besser bewährt, als es die traditionellen Methoden des Horoskopvergleichs uns erwarten ließen. Vergegenwärtigen Sie sich, wenn Sie die beiden Horoskope betrachten, Ihr jetziges Wissen, daß sich diese Beziehung — mehr oder weniger — bewährt, doch deuten Sie dieses Wissen nicht in das hinein, was Sie sehen. Stellen Sie sich selbst die ehrliche Frage: ,,Was würde ich von den Zukunftsaussichten einer festen Beziehung zwischen diesen beiden Menschen halten, wenn ich nur ihre Horoskope kennen würde?'' Ich glaube, Sie würden es von vornherein als ziemlich unwahrscheinlich betrachten, daß die beiden zusammenbleiben würden.

Wenden wir uns nun dem Composit-Horoskop zu, in dem wir bei Sonne, Merkur und Venus die 150°-Regel zur Anwendung bringen müssen. Infolgedessen erhalten wir jeweils zwei dieser Planeten — und augenblicklich haben wir die Antwort gefunden! Die Composit-Sonnen sind sehr nahe an der Achse zwischen fünfter und elfter Häuserspitze plaziert und bilden einen Trigon/Sextil-Aspekt zu Jupiter am Aszendenten. Dies ist ein deutlicher Hinweis auf eine Beziehung, in der zwei Menschen sich wohl fühlen und gut miteinander auskommen. Man kann darauf schließen, daß sie sich ungeachtet von Schwierigkeiten weiterentwickeln und für gegenseitige Unterstützung und Zufriedenheit sorgen werden.

Obwohl es in den Kontakten zwischen den beiden Geburtshoroskopen nur sehr wenige Anzeichen für eine Venus-Energie gibt, enthält das Composit überdies ein Quadrat zwischen Jupiter und Venus. Dieser Aspekt, der nur im Composit-Horoskop auftaucht, ist äußerst positiv (siehe auch Fall 1: Will und Sylvia).

Gleichzeitig sind die Probleme in dieser Beziehung deutlich angezeigt. Merkur befindet sich in Konjunktion mit Saturn, ein klarer Hinweis auf intellektuelle Konflikte, und die Konjunktion bildet wiederum ein Quadrat mit Pluto, was darauf hindeutet, daß einer von ihnen nicht bereit dazu ist, den anderen seine eigenen Ansichten vertreten zu lassen. Pluto steht in Konjunktion mit der zweiten Häuserspitze, was darauf schließen läßt, daß sich der hauptsächliche Konflikt auf Werte oder Wertvorstellungen bezieht. Auch irgendwelche gemeinsamen finanziellen Angelegenheiten würden wahrscheinlich zu Konflikten Anlaß geben. Beachten Sie, daß das Hauptproblem hier nicht in der gefühlsmäßigen Harmonie, sondern in der intellektuellen Verständigung liegt.

Das Composit-Horoskop zeigt rasch und deutlich die Stärken und Schwächen dieser Beziehung in einer Art und Weise auf, an welche die üblichen Techniken des Horoskopvergleichs nicht herankommen. Ich würde die traditionellen Methoden der Analyse von Beziehungen nicht völlig aufgeben, doch würde ich mich auch nicht einzig und allein auf sie verlassen.

Fall 3: Der Herzog und die Herzogin von Windsor

Die Beziehung des Herzogs und der Herzogin von Windsor ist ein signifikantes Beispiel für unsere Analyse. In wie vielen Beziehungen hat schon ein König für die „Frau seines Lebens" auf seinen Thron verzichtet? Die Geburtsdaten für beide Personen stammen aus Ebertins Deutschem Pressearchiv. Der Herzog wurde am 23. Juni 1894 um 22 Uhr MEZ auf 51°N26', 0°W16' geboren. Die Herzogin wurde am 19. Juni 1896 um 5.30 Uhr EST auf 39°N 15', 76°W41' geboren.

Wir wollen zuerst das Horoskop des Herzogs betrachten. Der Mond, Herrscher des sechsten Hauses, bildet vom ersten Haus ein Quadrat zum MC; dies läßt auf einen Konflikt in seinem Leben zwischen den Verpflichtungen, die ihm auferlegt wurden (das sechste Haus), und seinem allgemeinen Verständ-

Gebertshoroskop des Herzogs   Geburtshoroskop der Herzogin

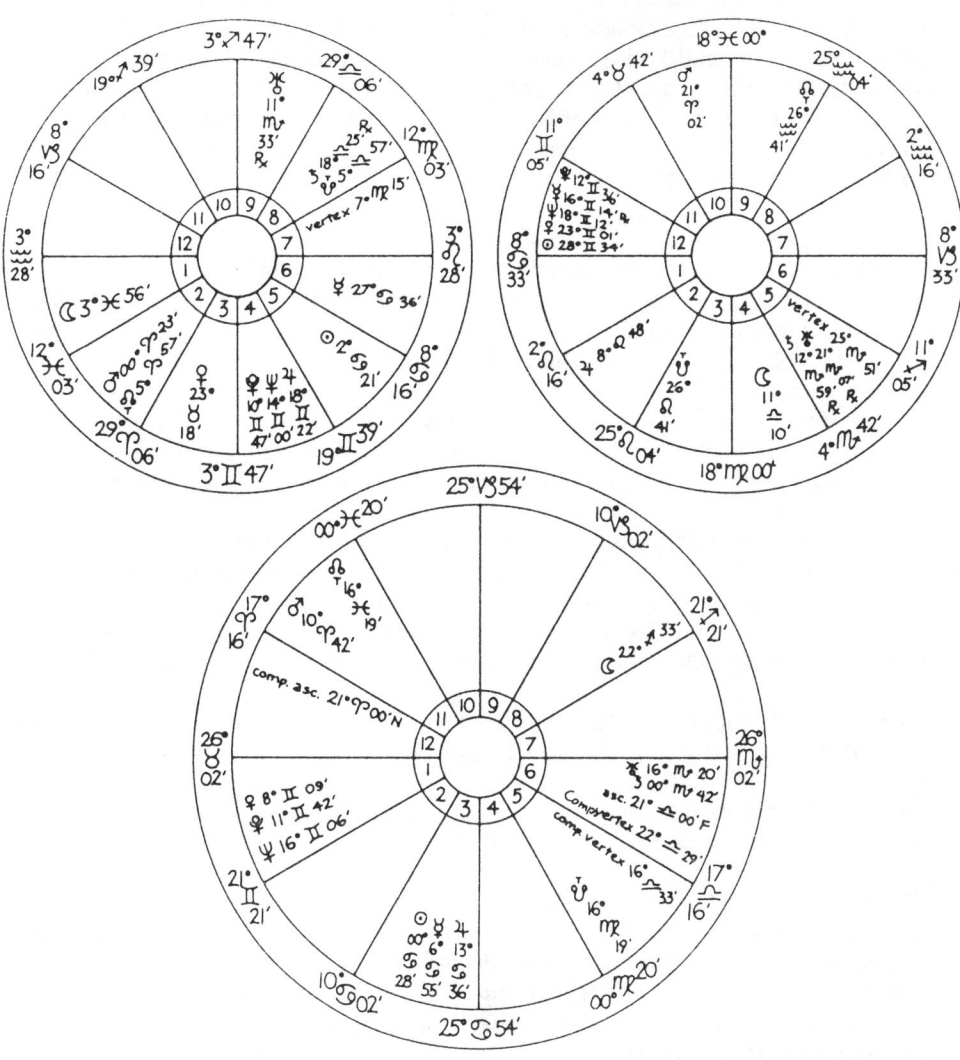

Composit-Horoskop

nis von Sinn und Zweck des Lebens (der MC) schließen. Jupiter, der Herrscher seines zehnten Hauses, der in Konjunktion mit der Spitze des fünften Hauses steht, bildet indes ein Trigon mit Saturn im achten Haus. Dieser Aspekt deutet, ebenso wie seine Sonne im fünften Haus, darauf hin, wie bedeutsam die Liebe für ihn gewesen ist. Das Trigon mit Saturn im achten Haus legt den Schluß nahe, daß er zur Erfüllung seiner Liebe seine erblichen Rechte aufgeben mußte, doch darüber nicht so unglücklich war, wie es ein anderer vielleicht gewesen sein dürfte. Die meisten Planeten in diesem Horoskop befinden sich unterhalb der Horizontlinie, was auf einen Menschen hinweist, der nicht allzu gern im Brennpunkt des öffentlichen Lebens steht. Uranus im neunten Haus ist ein Zeichen dafür, daß sowohl die Vorstellungen des Herzogs über die Art und Weise seines Handelns als auch seine gesamten Lebensanschauungen allzu exzentrisch und individualistisch waren, als daß sie mit den Anforderungen an das Leben eines Königs, mit seinen althergebrachten rituellen Formen und traditionell vorgeschriebenen Verhaltensweisen, übereingestimmt hätten.

Generell gesehen, ist dieses Horoskop nicht sonderlich einem König entsprechend: Sonne im Krebs mit einem Mond in den Fischen stellt eine ziemlich sensible und häufig sehr zurückhaltende Verbindung dar. Das Trigon zwischen Sonne und Mond, wobei die Sonne im siebenten Haus der Ehe herrscht, läßt jedoch eine ziemlich standesgemäße Ehe vermuten, wenn auch das Quadrat von Mars im zweiten Haus auf einige Kontroversen zwischen diesem Paar hinweist. Das gleiche Quadrat läßt aufgrund der Position von Mars im zweiten Haus auch die Vermutung zu, daß der Herzog ein großer Verschwender war, der zum Glück eine solide finanzielle Basis hatte.

Die Herzogin hat nicht das Horoskop einer Königin. Beachten Sie die große Planetenanhäufung im zwölften Haus! In der Regel ist jemand mit einem derart stark betonten zwölften Haus nicht sonderlich auf ein Leben in der Öffentlichkeit erpicht. Es ist allgemein bekannt, daß beide nach der Abdankung des Herzogs ein sehr zurückgezogenes Privatleben führten.

Es ist mir nicht möglich festzustellen, ob das Paar jemals Kinder wollte, doch mit Saturn im fünften Haus der Herzogin ist es ziemlich unwahrscheinlich, daß sie jemals Kinder bekommen hätten, zumal sie bei der Heirat beide über Vierzig waren. Es sollte festgestellt werden, daß die Herzogin aus keiner ihrer beiden früheren Ehen Kinder hatte.

Wenn wir uns ihrem Composit-Horoskop zuwenden, bemerken wir einige interessante Einzelheiten. Als erstes existiert eine aufsteigende Konjunktion von Venus und Pluto im ersten Haus. Eine Konjunktion von Venus/Pluto bedeutet häufig eine sexuelle Beziehung, die eine besonders stark drängende Kraft hinter sich hat, das heißt, diese Beziehung muß in irgendeiner Weise Erfüllung finden. Dieser Aspekt wird durch das Sextil von Mars im elften Haus verstärkt. Es wäre für die gesellschaftlichen Kräfte sehr schwierig gewesen, diese Beziehung an ihrer Entwicklung zu hindern. Ein Sextil zwischen Mars und Pluto deutet in jeder Art von Horoskop auf einen starken Willen hin. Mit Mars im elften Haus haben wir hier das Zeichen dafür, daß beide ihre Hoffnungen und Wünsche mit ungewöhnlicher Festigkeit verfolgen würden — selbst wenn dies bedeutete, daß der Herzog auf seinen Thron zu verzichten hätte.

Sie werden feststellen, daß zwei Composit-Aszendenten angegeben sind. Dies ist der Fall, weil die Aszendenten in den beiden Geburtshoroskopen mehr als 150° voneinander entfernt liegen. Die nähere und die weiter entfernte Halbsumme sind als solche gekennzeichnet. Der nähere Composit-Aszendent befindet sich in Opposition zum Vertex, wodurch eine „schicksalhafte" Verbindung angezeigt wird — nicht nur war eine der betroffenen Personen prominent, sondern die Beziehung machte auch selbst Geschichte.

Der Mond ist im achten Haus plaziert, wie dies häufig bei einer Beziehung der Fall ist, die das Leben der damit verbundenen Personen vollkommen verändert — was hier ohne Zweifel die Folge war. Außerdem bildet der Mond ein Trigon mit dem (näheren) Composit-Aszendenten und ein Sextil mit dem Vertex-Punkt, was wiederum den Schluß nahelegt, daß die schicksalhafte Veränderung in ihrem Leben nicht unwillkommen kam.

Von Interesse sind die laufenden Planeten zu diesem Horoskop. König George V, der Vater des Herzogs, starb am 20. Januar 1936. An diesem Tag befand sich der laufende Saturn bei 7° ♓ 45' in fast genauem Quadrat zu ihrer Composit-Venus — ein Geschehnis, welches die Verbindung von Herzog und Herzogin nahezu unmöglich machte. Vom fünften zum ersten Haus bestand zwischen dem laufenden Neptun und dem Composit-Neptun ein Quadrat. Eine romantische Liebesbeziehung, die sich auf einer ganz praktischen Ebene nicht realisierte? Der laufende Jupiter bildete vom siebenten Haus des Composits aus eine exakte Opposition zum Composit-Pluto im ersten Haus. Mit der Existenz dieser Beziehung würde ein Konflikt hervorgerufen. Unterdessen begann der laufende Pluto seinen Durchgang durch die vierte Häuserspitze des Beziehungs-Horoskops. Dieser Durchgang rief die Krise hervor, die schließlich zu der Abdankung des Herzogs am 10. Dezember des gleichen Jahres führen sollte.

Wenn wir uns den laufenden Planeten zum Zeitpunkt der Abdankung zuwenden, so stellen wir fest, daß die Sonne vom siebenten Haus des Composit-Horoskops aus gerade in Opposition zu der Konjunktion von Venus/Pluto im ersten Haus gestanden hatte. Der Geschichtsschreibung zufolge, entschloß sich der Herzog nur wenige Tage vor seiner Abdankung zu diesem Schritt. Die laufende Sonne wurde zum Auslöser der äußerst starken Energien, welche diese Beziehung verursachten und seine Entscheidung fast unumgänglich werden ließen.

Während dieses Zeitraums, in dessen Verlauf aus eigenem Entschluß auf hohen Status (Jupiter) verzichtet wurde, stand der laufende Jupiter in Opposition zu den Sonnen der beiden Geburtshoroskope und des Composit-Horoskops. Saturn im Durchgang durch das elfte Haus bildete ein Quadrat mit Neptun im ersten Haus — ein Konflikt zwischen Ideal und Wirklichkeit. War es in diesem Falle nicht so, daß das Idel die Oberhand behielt? Es gibt viele Anzeichen dafür, daß der Herzog kein sehr guter König geworden wäre; vielleicht war seine Entscheidung daher ziemlich realistisch. Der laufende Saturn bildete zudem ein Trigon mit Uranus im sechsten Haus des Composit-Horoskops. In diesem Falle zeigte Uranus in einer solchen Hausstellung Auflehnung gegen die Pflichten und Verantwortungen des königlichen Amtes an, während das Trigon von Saturn die Bedeutung des Verzichtes darauf zugunsten der Wünsche des Paares (elftes Haus) hatte. Außerdem stand der laufende Merkur in Konjunktion mit dem laufenden Jupiter und bildete eine Opposition mit den beiden Sonnen der Geburtshoroskope und der Composit-Sonne. Eine Verbindung von Merkur/Jupiter ist charakteristisch für eine Zeit der Entscheidungen. Weiterhin war die laufende Venus in den letzten vorangegangenen Tagen gerade über den Composit-MC gegangen und stand am Tage des Thronverzichtes in Opposition zu dem laufenden Pluto.

Der Herzog und die Herzogin von Windsor heirateten am 3. Juni 1937. Dieses Ereignis, welches die Krise zum Abschluß brachte, wurde dadurch gekennzeichnet, daß Jupiter sehr nahe beim Composit-MC und in Opposition zu dem laufenden Pluto stand, der gerade über die Spitze des vierten Hauses ging. Eine Verbindung von Jupiter/Pluto hat häufig besagt, daß dies die Herausforderung der Gesellschaft insgesamt erforderlich machte. Der Lauf des Pluto über die vierte Häuserspitze weist ebenfalls auf die Kräfte hin, die sich dieser Beziehung entgegenstellten und die das Paar von großer gesellschaftlicher Prominenz in das sehr zurückgezogene Privatleben versetzten, das es von diesem Zeitpunkt an führte. Während die beiden das erreicht hatten, was sie wollten, stellte ihre Heirat in den Augen der britischen Gesellschaft einen ,,Sündenfall'' dar. Für den Rest seines Lebens bestanden zwischen dem Herzog und seiner Familie keinerlei Kontakte mehr, doch Jupiter am zehnten Haus zum Zeitpunkt ihrer Heirat machte es möglich, daß diese stattfinden konnte.

Auch ist die Feststellung·interessant, daß sich die laufende Sonne nun in Konjunktion mit der Konjunktion von Venus/Pluto im Composit-Horoskop und damit genau entgegengesetzt zu ihrer Position bei der Abdankung des Herzogs befand. Zur gleichen Zeit bildete die laufende Venus ein T-Quadrat mit der Opposition von Jupiter/Pluto entlang der MC/IC-Achse des Composit-Horoskops. Beachten Sie, daß die meisten entscheidenden Geschehnisse in dieser Beziehung dann eintraten, als die Planeten bei ungefähr 27° der Kardinalzeichen, etwa ein Grad hinter dem Composit-MC standen. Vermutlich entspricht dies der tatsächlichen Lokalisierung des Composit-MC, da die angegebenen Geburtszeiten nur Näherungswerte waren. Eine zeitliche Korrektur mittels Composit-Horoskop mag vielleicht nicht die einfachste Methode für ein solches Vorgehen darstellen, doch ist sie durchaus möglich, wie dieses Beispiel zeigt.

Fall 4: Nikolaus und Alexandra

Nikolaus und Alexandra, der letzte russische Zar und die Zarin, sind vor kurzem Gegenstand eines Buches und eines Films gewesen und von daher bekannt. Die hier wiedergegebenen Horoskope sind nach den Daten in Marc Edmund Jones' *Sabian Symbols* neu berechnet. Die Daten sind für Zar Nikolaus: 12.02 Uhr Mittlere Ortszeit, St. Petersburg (heute Leningrad), Rußland; Zarin Alexandra: ca. 2.15 Uhr, Darmstadt/Hessen. Die bei Jones fehlenden zeitlichen Angaben sind hier aus dem MC abgeleitet.

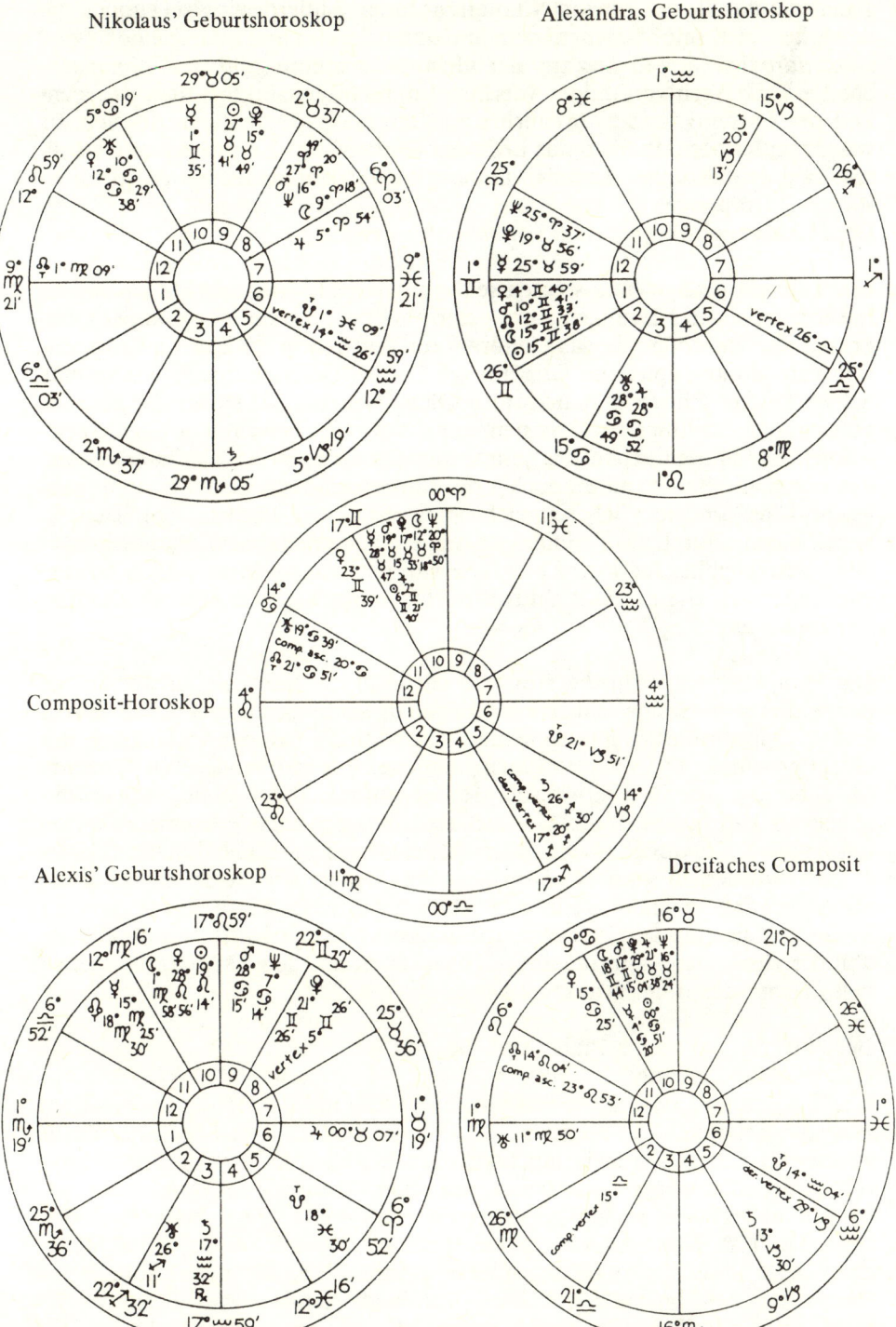

Nikolaus' Geburtshoroskop

Alexandras Geburtshoroskop

Composit-Horoskop

Alexis' Geburtshoroskop

Dreifaches Composit

61

Jeder, der das Horoskop von Nikolaus genauer studiert, wird augenblicklich bemerken, daß seine Beschreibung in Robert K. Massies Buch *Nicholas and Alexandra* im wesentlichen zutreffend ist. Er war eine rechtschaffene, sittliche Persönlichkeit von milder Wesensart und hätte wahrscheinlich zu jedem anderen Zeitpunkt in der Geschichte als Zar erfolgreich bestehen können. Er war ein guter Mensch, dem das Beste für Rußland am Herzen lag, doch kein sehr fähiger Herrscher, denn er war nicht dazu imstande, die außerordentlich starken Strömungen zu begreifen, die über Rußland während seiner Herrschaft hinweggingen.

Das Horoskop zeigt ihn als einen sehr gutherzigen, sanftmütigen Menschen mit romantischen Neigungen, der — obwohl Stier — nicht sehr praktisch veranlagt war. Beachten Sie das Quadrat von Venus/Neptun und die Konjunktion von Mond/Jupiter im Quadrat zur Venus. Offensichtlich hatte er eine Schwäche für schöne und luxuriöse Dinge. Zwischen Merkur im zehnten Haus in den Zwillingen und Saturn im vierten Haus besteht eine enge Opposition, was sehr deutlich anzeigt, daß häusliche Schwierigkeiten, nämlich sein kranker Sohn (Saturn als Herrscher des fünften Hauses), seiner Karriere entgegenwirken und letztlich seinen Sturz verursachen würden. Sein Denken wurde so sehr durch das Problem mit seinem Sohn beherrscht, daß er die geistige Beweglichkeit verlor, die man gewöhnlich mit einem Merkur in den Zwillingen assoziiert, und nicht mehr erfassen konnte, was sich um ihn herum abspielte.

Das Hauptanzeichen für die Tragödie, die ihm widerfahren sollte, zeigt sich darin, daß seine Sonne und sein MC beide in Konjunktion mit den Plejaden und in Opposition mit Saturn stehen. Die Plejaden werden traditionell mit einem gewaltsamen Tod verbunden. Außerdem liegt die Mondknotenachse im Quadrat zu der Opposition von Merkur/Saturn. Dies bedeutet beschränkte geistige Verbindungen und eine sich schwierig gestaltende Kommunikation mit anderen Individuen oder mit Gruppen. Ohne Frage ist Nikolaus mißverstanden worden. Alexandras Horoskop ist — wenn wir die Daten bei Jones als richtig annehmen — weitaus beeindruckender. Auf ihre eigene Art und Weise war sie eine sehr starke Frau, die ihre gesamte Kraft — und ein gut Teil der russischen — in die Sorge für ihren Sohn, den Zarewitsch, fließen ließ, der an der Bluterkrankheit litt.

Beachten Sie die starke Planetenanhäufung um den Bereich des Aszendenten, was eine Persönlichkeit kennzeichnet, die eine sehr starke Wirkung auf ihre Umgebung ausübt. Neptun in Konjunktion mit der Spitze des zwölften Hauses weist auf einen Menschen hin, der viel Zeit auf die Pflege eines Kranken verwendet. Diese Plazierung kann ebenfalls als eine Neigung zum Märtyrertum gedeutet werden, was bei ihr auf mehrfache Art zum Ausdruck kam: sowohl im Verhalten gegenüber ihrem Sohn als auch in ihrem schließlich eintretenden Tod. Das hervorstechende Merkmal dieses Horoskops besteht jedoch darin, daß es sehr dicht bei einer alljährlich auftretenden Sonnenfinsternis liegt, die im äußersten Osten Rußlands sichtbar war. Beachten Sie auch, daß die Eklipse in Konjunktion mit Mars im ersten Haus steht, was sowohl auf ihre persönliche Stärke als auch auf die Wahrscheinlichkeit hindeutet, daß zu einem bestimmten Zeitpunkt Gewalt in ihr Leben Eingang finden wird. Außerdem steht Jupiter, der Herrscher ihres achten Hauses, in Konjunktion mit Uranus, dem Planeten plötzlicher und unberechenbarer Ereignisse, und diese Konjunktion bildet wiederum ein Quadrat mit Neptun auf der zwölften Häuserspitze. Auch von Saturn im neunten Haus besteht ein Quadrat zu Neptun, ein Hinweis auf chronische Krankheit, und dieser Aspekt zeigt wiederum an, daß die Sorge für ihren Sohn ein bestimmender Faktor für ihren Tod war.

In den beiden Geburtshoroskopen sehen wir daher viele dramatische Hinweise auf das, was diesem Paar widerfahren sollte. Wenn wir uns nun dem Composit-Horoskop zuwenden, so erkennen wir viele der gleichen Anzeichen, und dies sogar noch deutlicher als in den Geburtshoroskopen. Außerdem gibt das Composit eine sehr klare Beschreibung vom Wesen dieser Beziehung, wobei das auffallendste Merkmal die überwiegende Plazierung von Planeten im zehnten Haus ist: sieben, darunter Sonne und Mond! Diese Beziehung wird in der Tat durch das zehnte Haus geprägt.

Nikolaus und Alexandra kamen zusammen, weil der Zar eine Frau brauchte, um einen Thronerben zu zeugen. Für die Welt waren sie Zar und Zarin, Herrscher über die flächenmäßig größte Nation der Erde, und ihrer Rolle in der Welt hatten sie sich immer bewußt zu sein. In der Tat war es gewissermaßen der Versuch, ihre Prominenz zu leugnen, was ihnen Schwierigkeiten bereitete. Sie versuchten, so privat und zurückgezogen wie möglich zu leben und mit ihren häuslichen Problemen innerhalb der Familie fertig zu werden, was sie vom russischen Volk abschnitt. Dieses mangelnde Bewußtsein ihrer Verantwortung als Paar wird durch Neptun im zehnten Haus angezeigt, der als erster Planet nach dem MC erscheint. Achten Sie übrigens auch darauf, daß das Composit-MC bei 0° Widder ein weiteres Indiz für die Genauigkeit von Alexandras Horoskop bei Jones ist. Viele Astrologen, besonders aus der Hamburger Schule, haben festgestellt, daß eine starke Betonung auf 0° der Kardinalzeichen anzeigt, daß der Betreffende eine gewisse Bedeutung in der Welt außerhalb seiner unmittelbaren Umgebung haben wird.

Neptun im zehnten Haus bildet ein exaktes Quadrat mit Uranus im zwölften Haus, der wiederum in Konjunktion mit dem Mondknoten und dem Composit-Aszendenten plaziert ist. Dies sorgt dafür, daß Neptun sich unheilvoll auswirkt und ihre Beziehung zur Welt (Composit-Aszendent) beeinträchtigen wird. Die Verbindung von Uranus, Mondknoten und Composit-Aszendenten kennzeichnen spannungsgeladene Beziehungen zu anderen, die aufgrund der Position im zwölften Haus wahrscheinlich geheimgehalten werden. Rasputin? Auch haben Kombinationen von Uranus/Neptun mit spirituellen Dingen und veränderten Bewußtseinszuständen zu tun, wie beispielsweise trancehafte und spirituelle Geisteszustände, mit denen Rasputin eindeutig in Verbindung stand.

Venus im elften Haus bedeutet eine günstige Position für eine persönliche Beziehung, während das Sextil mit Neptun auf den romantischen Charakter dieser Beziehung hinweist, wie es offensichtlich der Fall war. Doch Venus bildet auch eine Opposition mit Saturn im fünften Haus, das Kindern zugeordnet wird, und dies könnte sich in unterschiedlicher Weise auswirken. Beispielsweise könnte dadurch angezeigt werden, daß diese Beziehung schwerwiegenden Höhen und Tiefen unterliegt, weil die beiden Menschen unrealistische Erwartungen aneinander stellen. In diesem Falle ist das fünfte Haus jedoch eindeutig mit Kindern verbunden. Saturn im fünften Haus eines Ehehoroskops kann in einer solchen Form auf Probleme mit Kindern hindeuten, daß sie mehr als eine normale Verantwortung erforderlich machen. Beachten Sie auch, daß sich Venus in Opposition zu dem Composit-Vertex befindet, was eine schicksalsschwere Begegnung durch ein Kind anzeigt. Obwohl Nikolaus und Alexandra einander sehr zugetan waren, ist es ganz offensichtlich, daß mit dem Zarewitsch Probleme zwischen ihnen entstanden.

Die Möglichkeit von Gewalt zeigt sich im Horoskop durch die Verbindung von Uranus in Konjunktion mit dem Composit-Aszendenten und die Konjunktion von Mars und Pluto. Eine Konjunktion von Mars/Pluto im zehnten Haus kann auch einfach eine stark ausgeprägte Antriebskraft bedeuten, sein Ziel erreichen zu wollen, doch selbst in einem ausgezeichneten Horoskop wird diese Konstellation mit ziemlicher Wahrscheinlichkeit Ausbrüche von Gewalt — sei es von innen oder von außen — hervorrufen. Mehrmals während seiner Herrschaft hätte das königliche Paar das Verhängnis mittels Kompromissen abwenden können. Doch Nikolaus war vor allem unumschränkter Herrscher über ganz Rußland, und Alexandra war seine Frau. Ihre mangelnde Flexibilität in dieser Hinsicht bedeutete keine Hilfe für die Situation und schuf eine Atmosphäre, in der die Bolschewiken zu der Schlußfolgerung gelangten, daß sie einzig durch die Beseitigung des Zaren und der Zarin vor der Konterrevolution sicher sein konnten. Diese Reaktion ist typisch für die Energieform, die durch Mars und Pluto hervorgerufen wird.

Der dritte Faktor in diesem Drama ist der Zarewitsch Alexis, dessen Bluterkrankheit soviel zu den Problemen des niedergehenden russischen Zarenreiches beigetragen hat. Jones gibt für ihn die folgenden Geburtsdaten an: 12. August 1904, 12 Uhr mittags Mittlere Ortszeit, St. Petersburg, Rußland. Im Geburtshoroskop stellt man sofort fest, daß auch bei ihm — genauso wie bei seinem Vater — eine Opposition von Sonne/Saturn entlang der MC/IC-Achse vorliegt. Würde man das Composit-Horoskop von beiden stellen, so würde auch hierbei diese Opposition von Sonne/Saturn auftauchen. Wenn ein Aspekt bei zwei Horoskopen in gleicher Richtung vorkommt, beispielsweise zwei nach links oder zwei nach rechts gehende Trigone, nicht aber ein rechts- und ein linksgerichtetes Trigon, dann wird er auch im Composit-Horoskop erscheinen.

Das dreifache Composit von Nikolaus, Alexandra und ihrem Sohn, dem Zarewitsch Alexis, ist insofern ziemlich bemerkenswert, als daß es so deutlich die gleichen Strukturmuster wie das Horoskop von Nikolaus und Alexandra aufweist. Wiederum sind die sieben Planeten im zehnten Haus plaziert, und Neptun ist nicht nur erhöht, sondern steht direkt am MC des Composit-Horoskops. Dies ist außerordentlich bedeutsam, denn es ist ein starkes Anzeichen dafür, daß die Prioritäten in dieser Beziehung nicht die richtige Ordnung einnahmen. Obgleich die Gesundheit des Zarewitsch für die Zukunft Rußlands von großer Wichtigkeit war, widmete besonders Alexandra dem kranken Jungen soviel Aufmerksamkeit, daß alle drei Mitglieder der Herrscherfamilie sich immer weiter von dem russischen Volke entfernten, was mit zu ihrem Sturz beigetragen hat.

Beachten Sie, daß Mars im zehnten Haus ein Quadrat mit dem aufgehenden Uranus bildet — ein Hinweis auf die gewaltsame Zerstörung, wozu diese Beziehung führen sollte. Nehmen Sie auch beiläufig zur Kenntnis, daß die Opposition von Venus/Saturn in diesem Horoskop wiederum in den gleichen Häusern wie bei dem Composit von Nikolaus und Alexandra auftaucht, womit wir erneut den Hinweis auf das kranke Kind erhalten.

Am 16. Juli 1918, dem Tag ihrer Ermordung, stand der laufende Mars im Trigon zu Composit-Mars und bildete ein T-Quadrat mit der Opposition von Venus/Saturn. Mit Ausnahme dieses Mars-Transits sind die Aspekte der laufenden Planeten an diesem Tag derart mild, daß sie nicht mit dem gewaltsamen Tod übereinstimmen, den die drei Menschen erlitten. Das einzige Horoskop, das irgendwelche schwerwiegenden Beeinträchtigungen zeigt, die auf Gewalttätigkeit hinweisen — die drei Geburtshoroskope eingeschlossen —, ist das Dreier-Composit! Die Tatsache, daß keines der Geburtshoroskope schwerwiegende und enge Aspekte zu laufenden Planeten aufweist, läßt mich an der Genauigkeit des Todesdatums zweifeln, das in Geschichtsbüchern verzeichnet ist. In dem sich anschließenden Zeitraum gab es eine Anzahl von schwerwiegenden negativen Konstellationen zu den drei Geburtshoroskopen, was den Schluß nahelegt, daß sie irgendwann in dieser Zeitspanne den Tod fanden, doch scheint es nicht dieses Datum gewesen zu sein.

Fall 5: Freud und Jung

In dieser Fallstudie werden wir die Horoskope von Sigmund Freud und C. G. Jung untersuchen, die beide zu den einflußreichsten geistigen Persönlichkeiten der neueren Zeit zählen. Mit dieser Studie soll veranschaulicht werden, daß die Composit-Technik nicht auf sexuelle Beziehungen beschränkt ist, sondern auch die subtilen Feinheiten selbst der vielschichtigsten menschlichen Partnerschaften darstellen kann.

Freud war beträchtlich älter als Jung und schon ziemlich weit darin fortgeschritten, seine Theorie der Psychoalanyse aufzustellen, als er zum erstenmal mit Jung zusammenarbeitete. Natürlich betrachtete er Jung als einen jungen Protegé, doch dieser, obwohl noch ziemlich jung, war bereits ein eigenständiger Denker mit beträchtlicher Erfahrung in der Behandlung von Geisteskrankheiten. Einer der Faktoren, der schließlich zum Bruch zwischen den

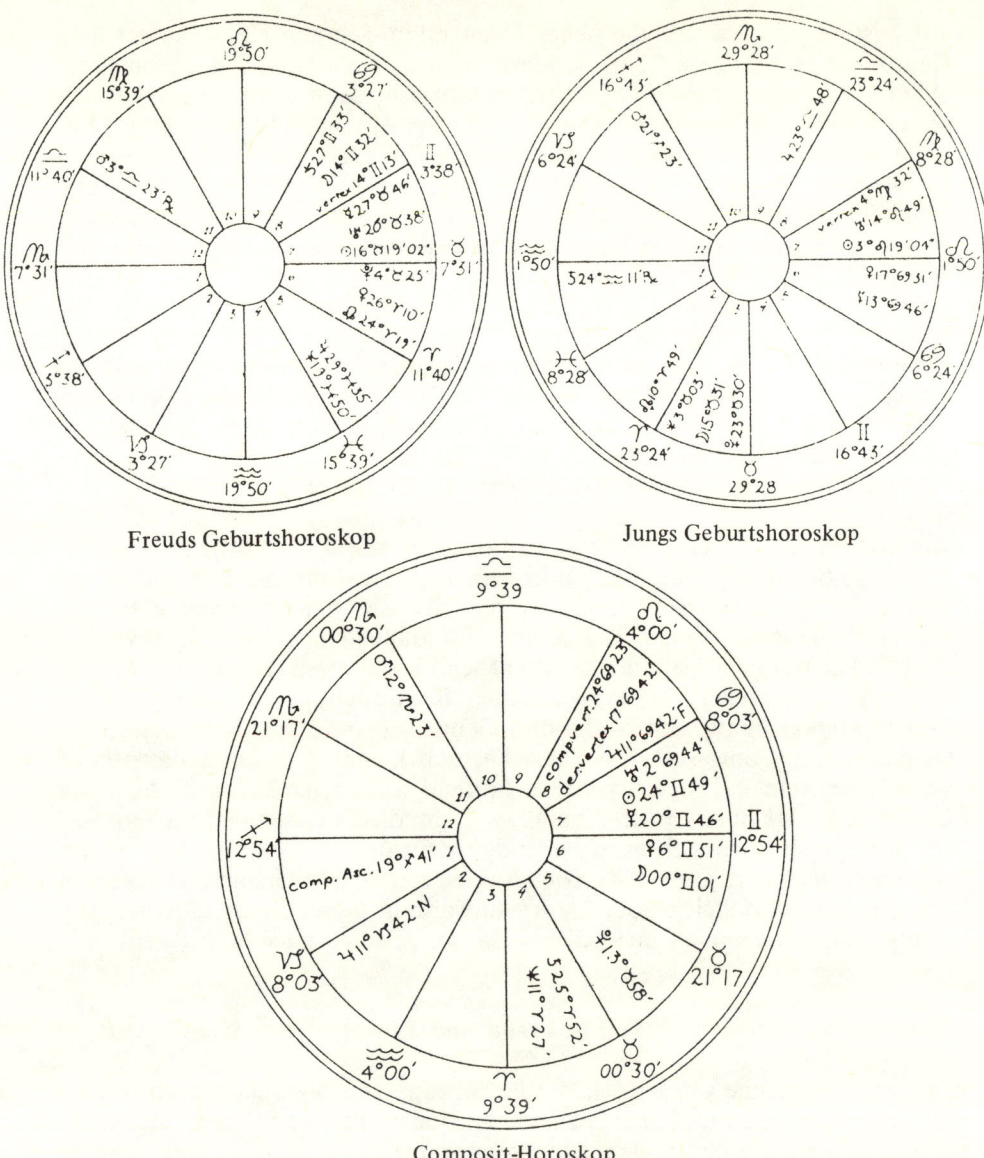

Freuds Geburtshoroskop

Jungs Geburtshoroskop

Composit-Horoskop

beiden Männern führte, bestand in der Tat darin, daß Jung durch seine Erfahrung mit Psychotikern, besonders mit Schizophrenen, in eine völlig andere Richtung gelenkt wurde als Freud, dessen eigentliches Fachgebiet die Neurologie war. Aufgrund seiner früheren Erfahrungen bei der Behandlung von Hysterie beschäftigte sich Freud mehr mit neurotischem Verhalten, während Jung sich auf die Psychosen konzentrierte. Trotzdem arbeiteten Freud und Jung viele Jahre lang eng zusammen und waren vertraute Freunde. Jung wurde von Freuds innovativer Methode angezogen, den Geist, das Bewußtsein mit Hilfe von Symbolen zu analysieren.

Jung hatte große Schwierigkeiten mit Freuds Beharren auf der kindlichen Sexualität als Ursache für jegliche Neurosen. Er begann seine eigenen Gedankengänge zu diesem Thema zu entwickeln und veröffentlichte diese schließlich unter dem Titel *Wandlungen und Symbole der Libido*. Die Veröffentlichung des Buches führte zu einem offenen Bruch mit Freud, wenn auch die Differenzen zwischen den beiden schon länger zugenommen hatten.

Wir werden die Geburtshoroskope dieser beiden Männer sowie ihr Composit-Horoskop dazu verwenden, um aufzuzeigen, welche Faktoren sie zusammenbrachten und was sie schließlich wieder voneinander trennte. In der astrologischen Literatur existieren mehrere unterschiedliche Horoskope für jeden der beiden Männer. Wenn man jedoch bedenkt, daß sie im neunzehnten Jahrhundert geboren wurden, so befinden wir uns auf erstaunlich gesichertem Boden.

Die Daten für Freud, entnommen aus der Biographie von Ernst Jones, sind: 6. Mai 1856, 18.30 Uhr Mittlere Ortzeit, in Freiberg/Mähren, geographische Breite 49°N39', geographische Länge 18°O10'.* Laut der *Encyclopaedia Britannica* ist diese Stadt heute Pribor/Tschechoslowakei, doch einige andere Horoskope haben mit dem falschen Freiberg gearbeitet. Zu dieser Zeit wurde innerhalb des Kaiserlich-Königlichen Reiches von Österreich-Ungarn, wozu Freiberg gehörte, die Mittlere Ortzeit verwendet, 18.30 Uhr Mittlere Ortzeit ist 17:17:20 Weltzeit.

Die Daten für Jung, die von seiner Tochter Gret Baumann-Jung stammen, wurden ursprünglich veröffentlicht in *Spring: An Annual of Archetypical Psychology and Jungian Thought,* 1975, S. 35—55, ,,Some Reflections on the Horoscope of C. G. Jung''. Die hier vorgelegte Fassung des Horoskops stammt aus dem *Journal for Geocosmic Research*, Herbst 1975, und ist von Charles Emerson (New York) geringfügig berichtigt worden. Ursprünglich war die Geburtszeit mit 19.32 Uhr Mittlere Ortzeit angegeben worden, doch Doris C. Doanes Buch *Time Changes in the World* zeigt auf, daß sich die gesamte Schweiz nach der Mittleren Ortzeit der Hauptstadt Bern richtete, so daß die angegebene Geburtszeit wahrscheinlich die Mittlere Ortzeit von Bern und nicht diejenige des Geburtsortes war. Da die Häuserspitzen in diesen unterschiedlichen Versionen jedoch nicht mehr als etwa ein Grad voneinander abweichen, habe ich mich an Emersons Korrektur gehalten. In seinem Artikel für das *Journal for Geocosmic Research* hat sich Emerson bei der Umrechnung seiner Weltzeit von der Korrektur zur Mittleren Ortzeit geringfügig geirrt; die hier angegebenen Daten sind für die Weltzeit des berichtigten Horoskops, nicht für die Mittlere Ortzeit gültig. Carl Gustav Jung wurde

---

* Wie ich bereits in der Einleitung erklärt habe, ist dieser Abschnitt später als die übrigen Fallstudien verfaßt worden. Zu diesem Zeitpunkt hatte ich die Verwendung der geozentrischen Breite bei der Berechnung von Horoskopen aufgegeben. Daher sind die Horoskope in dieser Studie für die geographische Breite berechnet worden. Da der Unterschied so gering ist, habe ich die Daten in den anderen Fallstudien beibehalten. Siehe *Journal for Geocosmic Research,* Vol. 2, No. 1.

am 26. Juli 1875, 18:55:32 Weltzeit, auf 47°N36' geographische Breite, 9°O19' geographische Länge in Kesswil/Schweiz geboren. Das Horoskop ist in sich stimmig, denn nach der Korrektur wurden die Berechnungen durch *Astro Computing Services of Pelham* (New York) nochmals durchgeführt.

Freuds Horoskop zeigt eine Sonne im siebenten Haus, was auf einen Menschen hinweist, für den eine enge Verbindung zu einer anderen Person — entweder als Zusammenarbeit oder als Kontroverse — das Beste ist. Im siebenten Haus ist auch eine Konjunktion von Sonne/Uranus plaziert, was auf einen Konflikt zwischen der Tendenz des Stiers, hartnäckig an Partnerschaften festzuhalten, und dem Verlangen des Uranus nach Freiheit hindeutet. Er konnte in einer Beziehung nur dann glücklich sein, wenn sie nicht seinen eigenen Selbstausdruck einschränkte. Merkur im siebenten Haus zeigt das Bedürfnis nach intellektuellen Beziehungen an und weist durch das Sextil mit Jupiter im fünften Haus darauf hin, daß er gern mit Ideen und gedanklichen Vorstellungen im engen Kontakt zu anderen Menschen spielte.

Das Zeichen Stier steht für Vergnügen und sinnenbetonten Genuß, die ebenfalls mit dem fünften Haus assoziiert werden. Eine der ersten Formeln, die Freud aufstellte, war das Prinzip von Lust-Schmerz, das heißt, das menschliche Verhalten werde einzig und allein durch das Streben motiviert, Lustgewinn zu erhalten und Schmerz zu vermeiden. Freud war jedoch kein sinnenbetonter Mensch, wie sein Horoskop zeigt. Das Sextil von Merkur/Jupiter zwischen dem siebenten und dem fünften Haus unterstützt die Neigung, das Theoretische und Vernunftbetonte hervorzuheben, und mit Merkur im Stier konnte er Lust und Vergnügen ziemlich mühelos intellektualisieren. Auch bildet die Sonne im Stier im siebenten Haus ein Sextil mit Neptun in den Fischen im fünften Haus. Ein solchermaßen „neptunischer Neptun" zeigt die Tendenz, Äußerungen auf der physischen Ebene zu vermeiden und die Neigung zu Idealisierung und Abstraktion zu fördern. Freud pflegte sich mehr für Ideen über Lust und Sinnengenuß als für die direkte Erfahrung zu interessieren. Sein Mond ist in den Zwillingen im achten Haus plaziert, was sicherlich mit der Form von Sexualität in Verbindung steht, mit welcher Freud beschäftigt war. In seinem späteren Werk schrieb er über die Bedeutung der Polarität von Liebe-Tod in der menschlichen Geschichte. Das Zeichen Zwillinge in Verbindung mit dem Mond läßt wiederum eine Tendenz sichtbar werden, Emotionen und die verborgenen Tiefen der Psyche zu intellektualisieren.

Das Zeichen Skorpion geht in Freuds Horoskop auf, und Pluto als derjenige Planet, der am nächsten zu den Eckpunkten liegt, ist damit einer der stärksten Einflüsse — was dem Vater der Psychotherapie, besonders bei seiner Betonung der kindlichen Sexualität und des Prinzips von Lust-Schmerz, sehr angemessen ist. Pluto steht außerdem am westlichen Horizont, was auf Machtkämpfe in Beziehungen hinweist und sich ebenfalls in dem Composit-Horoskop von Freud und Jung zeigt. Sein Leben würde jedoch durch die Krisen, die von diesem Kämpfen hervorgerufen würden, in seiner Entwicklung gefördert werden.

Jupiter im fünften Haus bildet auch ein Quadrat mit Saturn und eine Opposition mit Mars, was wiederum darauf hindeutet, daß seine Suche nach Vergnügungen aufgrund von Notwendigkeit, durch persönliche Strenge oder intellektuelle Erwägungen (Zwillinge) in starkem Maße an die Zügel genommen werden würde. Die Opposition mit Mars zeigt ein Bedürfnis an, eigene Wege einzuschlagen, und vermutliche Schwierigkeiten im Umgang mit etablierten Gruppen (elftes Haus). Zudem ist das Sextil von Venus/Saturn ein weiteres Anzeichen dafür, daß er seine sinnenbetonte Stiernatur nicht auf einer physischen Ebene zum Ausdruck bringen würde.

Auch Jungs Horoskop zeigt eine sehr starke Betonung des siebenten Hauses. Sonne und Pluto sind nahe an den Eckpunkten plaziert. Pluto in der Nähe des IC bestätigt Jungs Fähigkeiten als Therapeut, doch unterscheidet er sich ziemlich von seiner Position bei Freud, wo er nahe beim westlichen Eckpunkt liegt und untergeht. Freuds Pluto läßt auf seine Methode der persönlichen Interaktion mit seinen Patienten schließen. Auch Jung verfuhr in dieser Weise, doch legte er besonderen Nachdruck auf Techniken, welche die tiefsten Schichten des Unbewußten aufdecken sollten, und dies wird durch den Bereich des IC versinnbildlicht.

Jungs Sonne im Löwen, die hervorstechend an einem Eckpunkt plaziert ist, weist darauf hin, daß er Situationen unter seiner Kontrolle halten wollte und sich nicht gut dafür eignete, eine untergeordnete Rolle einzunehmen, was ein Problem in seiner Beziehung zu Freud sein mußte. Die beiden Männer zeigen eine starke Betonung in fixen Zeichen, Löwe und Stier, die im Quadrat zueinander stehen, und dies ist kein positiver Hinweis. Freuds Sonne ist jedoch auf Jungs Mond plaziert, was häufig eine starke Anziehung zwischen zwei Menschen bezeichnet, wenn dabei auch in der Regel eine Person eine führende Rolle einnimmt.

Jungs Sonne bildet ein gradgenaues Quadrat zu seinem Neptun, was sowohl Schwierigkeiten bei der Behauptung seiner Unabhängigkeit als auch Interesse für mystische und spirituelle Dinge anzeigt. Freuds Streben nach Wissenschaftlichkeit und Exaktheit spiegelt sich in seinen Erdzeichen wider, während Jung nicht so stark erdgebunden war. Es bereitet Feuerzeichen weniger Mühe, abstrakten Ideen nachzugehen. Jungs Neptun im dritten Haus, der mit dem Aszendenten ein Quadrat bildet, könnte ebenfalls auf Schwierigkeiten in der ungehinderten Kommunikation innerhalb einer engen Partnerschaft deuten, weil er mißverstanden würde oder es einfach schwierig wäre, ihm zu folgen. In seiner Autobiographie *Erinnerungen, Träume, Gedanken* hat Jung erklärt, daß er in jüngerem Alter mehrere Erfahrungen von veränderten Bewußtseinszuständen, Visionen und dergleichen erlebt hatte. Er schenkte auch seinen eigenen und später den Träumen seiner Patienten große Beachtung.

Jungs Uranus, wie auch derjenige von Freud im siebenten Haus plaziert, weist darauf hin, daß er sich durch eine enge Arbeitsgemeinschaft in seiner Bewegungsfreiheit nicht ohne weiteres einschränken lassen würde. Mit einem

Saturn, der im Wassermann aufgeht, würde er nach jemandem Ausschau halten, der die Vaterrolle spielen könnte. Bei einem Saturn, der im Quadrat zu Pluto nahe dem IC im dritten Haus steht, dürften seine Gefühle über eine Vaterfigur jedoch sehr ambivalent gewesen sein. Jungs Wassermann als aufgehendes Zeichen und Uranus im Quadrat zum Mond zeigen ein sehr stark ausgeprägtes Bedürfnis nach Unabhängigkeit an.

In vieler Hinsicht waren sich Freud und Jung allzu ähnlich. Beide zeigten eine starke Betonung in den fixen Zeichen, beide waren von Uranus und Neptun geprägt, und beide pflegten in der Regel Schwierigkeiten in Beziehungen zu haben, wenn nicht jeder Partner dem anderen viel Freiheit ließ. Freud löste dieses Problem dadurch aus, daß er versuchte, Jungs Gedankengänge in bestimmte Bahnen zu lenken, so daß Jung sich freimachen mußte, um seine eigenen Vorstellungen entwickeln zu können.

In ihrem Composit-Horoskop sind das siebente und das sechste Haus durch die Sonne beziehungsweise durch den Mond hervorgehoben. Dies läßt darauf schließen, daß ihre Beziehung teils zwischen Gleichgestellten (siebentes Haus) und teils zwischen einem Überlegenen und einem Unterlegenen (sechstes Haus) bestanden hat. Im Laufe ihrer Verbindung hatte Jung das Gefühl, daß er eher Freuds Kollege als lediglich ein Protegé sein sollte, doch Freud war nicht in der Lage dazu, irgend jemanden als einen wirklichen Kollegen anzusehen.

Die Tatsache, daß Ideenbildung der beherrschende Faktor ihrer Beziehung war, drückt sich auf mehrfache Weise in ihrem Composit-Horoskop aus. Schütze geht auf, und sowohl der Composit-Aszendent als auch die abgeleitete erste Häuserspitze befinden sich in diesem Zeichen. Außerdem steht Merkur in genauer Opposition zu dem Composit-Aszendenten in seinem eigenen Zeichen Zwillinge. Er bildet weiterhin eine Konjunktion mit der Sonne, was eine starke Betonung auf Kommunikation und Austausch von Ideen legt. Da auch Venus und der Mond in den Zwillingen plaziert sind, zeigt das Horoskop eine sehr starke Prägung durch dieses Zeichen.

Seit Abfassung der früheren Fallstudien bin ich zu der Feststellung gekommen, daß einzelne Planeten im Horoskop denjenigen Partner bezeichnen, der am stärksten mit der Symbolik des betreffenden Planeten verbunden ist. In einer sexuellen Beziehung zeigen Sonne und Mars gewöhnlich die Position des Mannes an, während Mond und Venus die Stellung der Frau markieren — vorausgesetzt, daß sie traditionelle Rollen spielen. In diesem Falle hier weist Saturn auf die väterliche Rolle hin, die Freud ganz bewußt gegenüber Jung einnahm. Dies zeigt sich im Composit deutlich durch das Sextil von Saturn im vierten Haus mit der Sonne, was darauf hindeutet, daß die väterliche Behandlung sehr wichtig innerhalb ihrer Beziehung war. Doch mußten Schwierigkeiten auftreten, als Jung — aufgrund seiner ambivalenten Gefühle gegenüber einer Vaterfigur — der Rolle des „Sohnes" überdrüssig wurde. Saturn im vierten Haus bildet auch ein Quadrat mit dem Vertex im achten Haus, was anzeigt, daß Veränderungen in der Beziehung Probleme verursachen würden und daß dem Prinzip des „Vaterspielens" eine wichtige Rolle dabei zukommen sollte, diese schicksalhafte Beziehung entstehen zu lassen.

Auch Neptun, der am nächsten bei einem Eckpunkt plazierte Planet, steht im vierten Haus; er befindet sich sehr nahe am IC, was darauf hindeutet, daß die beiden Männer durch abstrakte Interessen zusammengeführt wurden. Doch noch bedeutsamer sind die Anzeichen, daß Mißverständnisse und unklare Gedankengänge die Beziehung allmählich untergraben würden. Neptun bildet Quadrate zu dem doppelt vorhandenen Jupiter (doppelt aufgrund der Quincunx-Regel von 150°, siehe Seite 37), was auf mögliche Konflikte zwischen Idealen schließen läßt. Jung fühlte sich stärker von den mystischen und spirituellen Implikationen ihrer Arbeit angezogen, während Freud auf einer Art von materialistischer Orthodoxie als eine Verteidigung gegen Anschuldigungen von Okkultismus bestand, wenn er auch anderweitig selbst für radikale Ideen eintrat. Beachten Sie, daß der nähere Jupiter im Steinbock im zweiten Haus der Werte plaziert ist.

Jupiter bildet auch ein Trigon mit Pluto im fünften und ein Sextil mit Mars im elften Haus. Dies weist auf ein Streben nach Leistung und Vervollkommnung hin, was ihnen beiden ein Gefühl von Erfüllung geben würde. Die Opposition von Mars/Pluto deutet jedoch auch einen Machtkampf an, was eine umso größere Gefahr bedeutet, weil das fünfte und das elfte Haus Beziehungshäuser sind. Diese Opposition im Composit-Horoskop resultiert aus der Verbindung der Positionen von Mars/Pluto in den Geburtshoroskopen von Freud und Jung. Freuds nur geringfügig ungenauer Aspekt (2' über dem 60'-Orbis) erklärt sein Interesse daran, innerhalb der psychoanalytischen Bewegung Einfluß auf andere auszuüben. Zu der Geschichte dieser Bewegung gehörte der ständige Konflikt zwischen Freud und anderen in der Gruppe, was dazu führte, daß sich einige davon lossagten und eine unabhängige Richtung begründeten. (Ein wichtiger Faktor bei dem intellektuellen Bruch zwischen Freud und Jung war Freuds Beharren darauf, daß die kindliche Sexualität das einzige Moment wäre, das die Psychoanalyse aus dem Bereich des Okkultismus heraushielte.)

Die Polarität von Stier/Skorpion in der Opposition des Composits ist besonders enthüllend, weil Freud glaubte, daß Jung unbewußt seinen Tod wünschte. Jung hatte einen Traum gehabt, in dem er sich in einem alten Keller befand und mehrere, noch tieferliegende Keller darunter gefunden hatte. Im untersten Raum lagen aufgehäufte Knochen und andere menschliche Überreste. Jung interpretierte die Bedeutung des Traumes in der Weise, daß ihm die Schichten des menschlichen Unterbewußten gezeigt worden wären. Freud, der bereits ein starkes Gefühl der Unsicherheit über ihre Beziehung empfand, nahm ihn als ein Zeichen, daß Jung unbewußt seinen (Freuds) Tod wünschte.

Die Zusammenarbeit zwischen den beiden Männern fand im Jahre 1912 ein Ende. Während dieses Jahres lief Uranus vor- und rückwärts über Jungs Aszendenten im Anfang des Zeichens Wassermann — ein offenkundiges Sinnbild dafür, sich loszusagen und seine eigene Richtung einzuschlagen. Was das Composit-Horoskop betrifft, so zeigte Neptun, der durch das achte Haus lief, Veränderungen duch Auflösung oder Verschwinden — in diesem Falle der Beziehung selbst — an. Mit dem Quadrat zwischen dem laufenden Neptun und dem Composit-Saturn löste sich die Vater/Sohn-Beziehung auf. Jungs Buch *Symbole der Wandlung* (das ursprünglich unter dem Titel *Wandlungen und Symbole der Libido* erschien) handelt weitgehend von dem Willen der psychischen Energie und der Symbolik des Heros, doch ein Astrologe kann erkennen, daß es dabei auch um die Symbolik der Sonne geht. Jung, der Löwe, vollzog seinen Bruch mit dem Vater, Freud (Saturn im vierten Haus).

Zusätzlich zu der Konjunktion mit Jungs Aszendenten stand der laufende Uranus im Jahre 1912 auch im Trigon mit dem Composit-Mond, wobei er sich sehr nahe bei der Spitze des dritten Hauses befand. Die Veröffentlichung eines Buches bildete das äußere Signal für den Bruch. Während des gleichen Jahres lief Saturn von der Konjunktion mit Freuds Sonne und Jungs Mond zur Konjunktion mit dem Composit-Mond im sechsten Haus. Dies zeigt an, daß die beiden nicht mehr das Gefühl hatten, noch irgend etwas miteinander gemeinsam zu haben.

Weiterhin lief Jupiter sowohl rechts- als auch rückläufig über die abgeleitete erste Häuserspitze im Schützen und bildete einen Quincunx-Aspekt mit Pluto im fünften Haus — Anzeichen für einen Machtkampf und den Abbruch einer Beziehung. Wenn Jupiter durch den Aszendenten läuft, so ist dies gewöhnlich ein positives Indiz, weil es die Notwendigkeit von Ausdehnung und Weiterentwicklung anzeigt. In einer starren Beziehung, die ihre Grenzen erreicht hat, kann sich dieser Aspekt jedoch als sehr schwierig erweisen, weil Wachstum und Fortschritt nur dadurch stattfinden können, daß die Beziehung beendet wird. Im Jahre 1913 vollendete Pluto dieses Strukturmuster, indem er den Composit-Uranus im siebenten Haus überquerte.

Der Bruch war bitter, besonders von seiten Freuds, doch in mancher Hinsicht war er für beide die beste Lösung. Freud konnte seine eigene Arbeit ohne Angst davor weiterführen, von einer überragenden Persönlichkeit verdrängt zu werden, während es Jung frei stand, seine eigenen und radikaleren Theorien zu entwickeln, die für jene von uns, die sich mit der Symbolkunde der menschlichen Rasse beschäftigen, von so großem Nutzen gewesen sind.

Kapitel 4

Die Häuser

Die Bedeutung der Häuser im Composit-Horoskop

Die Bedeutung der Häuser im Composit-Horoskop ist ihrer Bedeutung in einem gewöhnlichen Horoskop offensichtlich sehr ähnlich, doch gibt es eine größere Unterscheidung, mit der wir uns kurz beschäftigen werden. Als wichtigsten Punkt dürfen Sie bei der Deutung eines Composit-Horoskops nicht vergessen, daß Sie es mit zwei oder mehr Personen anstelle eines Individuums zu tun haben, und dementsprechend müssen Sie die Bedeutung der Häuser angleichen. In einem herkömmlichen Geburtshoroskop bestimmt das zehnte Haus beispielsweise über unseren Status in der Gesellschaft, unsere berufliche Karriere und die umfassende Zielsetzung im Leben. In einem Composit-Horoskop zeigt das zehnte Haus jedoch den Status der Beziehung und die allgemeine Zielsetzung ihrer Existenz an. Es ist schwierig, die Frage von ,,Karriere'' mit einer Beziehung in Verbindung zu setzen, wenn es sich dabei nicht zufällig um eine geschäftliche oder berufliche Partnerschaft handelt. Auch in den anderen Häusern lassen sich einige Themenbereiche einfach deshalb nur mit Mühe auf ein Composit-Horoskop beziehen, weil eine Beziehung etwas anderes als ein Individuum ist.

Doch abgesehen von dieser offensichtlichen Differenz gibt es eine weitere Unterscheidung, die für die Deutung eines Composit-Horoskops von wesentlich größerer Wichtigkeit ist. Zu Beginn des ersten Kapitels haben wir festgestellt, daß es für jedes mögliche Paar von Planeten immer zwei Halbsummenpunkte gibt, die genau in Opposition zueinander liegen. Wir haben auch festgestellt, daß der nähere Halbsummenpunkt — die Halbsumme des kürzeren der beiden Kreisbögen, in welche die Planeten den Kreis teilen — den stärkeren Einfluß hat und daher für das Composit-Horoskop Verwendung findet. Die entferntere Halbsumme übt jedoch auch eine gewisse Wirkung aus, und diese nimmt dann zu, wenn sich der kürzere und der längere Kreisbogen an 180° annähern; dies geschieht dann, wenn sich die Planeten aus den beiden Geburtshoroskopen in Opposition zueinander befinden. Bei der Beschreibung eines Composit-Planeten in einem Haus ist es daher von Nutzen, auch die Deutung im Sinne des entgegengesetzten Hauses heranzuziehen. Wenn sich der kürzere und der längere Kreisbogen der beiden Planeten an 180° annähern, ist es unbedingt erforderlich, beide Häuser in Betracht zu ziehen. Wenn Sie über irgendeine größere Erfahrung mit herkömmlichen Geburtshoroskopen verfügen, so wissen Sie, daß dieser Faktor in jedem Horoskop eine Rolle spielt. Häufig wird er als „Polarität" bezeichnet. Jedes Haus spiegelt in einem gewissen Ausmaß die Qualitäten des gegenüberliegenden Hauses wider, und in Composit-Horoskopen spielt dies sogar noch eine größere Rolle. Es verhält sich hierbei fast so, als würden sechs paarweise angeordnete Häuser und nicht zwölf voneinander getrennte existieren. Da jedoch jeweils ein Haus von den beiden den stärksten Einfluß ausübt, haben wir die traditionelle Vorstellung von zwölf Häusern beibehalten.

Noch eine weitere Anmerkung: Die folgenden Aufführungen sind verallgemeinerte Beschreibungen der Angelegenheiten, die mit jedem der zwölf Häuser in Verbindung stehen, und sie sind unabhängig von jedem Planeten zu sehen, der in diesem Haus plaziert ist. Es wird damit beabsichtigt, das Verständnis des Lesers von der Bedeutung der Häuser zu vertiefen, so daß Sie sich Urteile bilden können, die über die in den textlichen Darstellungen vermerkten hinausgehen. Die Beschreibung dieser Häuser wird auch dann wichtig für ein einzelnes Horoskop, wenn in irgendeinem Haus eine große Anhäufung von Planeten vorliegt. Dieses Haus kann für ein umfassendes Verständnis des Horoskops durchaus bedeutsamer sein als die Häuser, in denen Sonne und Mond plaziert sind und die in einem Composit-Horoskop in der Regel die wichtigsten sind. In derartigen Fällen werden die allgemeinen Beschreibungen der Häuser von Nutzen sein.

Das erste Composit-Haus

Das erste Haus des Composit-Horoskops gehört zu den Eckhäusern und gibt damit jedem der darin plazierten Planeten eine größere Signifikanz. Darüber hinaus ist das erste Haus jedoch die *persona* einer Beziehung und zeigt die Art und Weise an, welchen Eindruck sie auf ihre Umgebung machen und wie sie von anderen gesehen werden wird. Es enthüllt uns, in welchem Ausmaß ein Paar mehr als eine eigengesetzliche Einheit anstatt als zwei voneinander getrennte Individuen betrachtet werden kann. Das erste Haus erinnert in gewisser Weise an das zehnte Haus, doch besteht insofern ein wichtiger Unterschied, als daß das zehnte Haus die Realität dessen verkörpert, was die Beziehung für die äußere Welt darstellt. Das erste Haus beschreibt mehr den Eindruck, den die Beziehung vermittelt, als das, was sie wirklich ist. Ein starkes erstes Haus kann ein Hinweis auf eine Beziehung sein, die ganz und gar äußere Show ist und keine Substanz hat. Das zehnte Haus zeigt deutlich die Substanz an, zumindest vom Standpunkt der sozialen Bedeutung aus gesehen. Dennoch ist ein stark ausgeprägtes erstes Haus in der Regel ein Zeichen für eine bedeutsame Beziehung, die auf das Leben der davon Betroffenen großen Einfluß ausüben wird. Würde man das Composit-Horoskop von zwei Menschen stellen, die sich gerade begegnet sind, um zu erkennen, ob ihre Beziehung über eine Zufallsbegegnung hinaus Bedeutung erlangen würde, so könnte man darüber allein auf der Grundlage, wie die Häuser besetzt sind, nichts aussagen; wenn sich die Beziehung über die anfängliche Begegnung hinaus jedoch fortsetzt, so wird sie bei einem stark betonten ersten Haus von großer Bedeutung sein.

Das zweite Composit-Haus

Das zweite Haus des Composit-Horoskops bezieht sich auf Werte — auf das, was die beiden Menschen als einen Wert schätzen, und auf ihre Beziehung zu dem, was einen Wert darstellt. Dies kann sich auf zwei verschiedenen Ebenen bemerkbar machen. Das zweite Haus kann auf die Rolle hinweisen, die Wertmaßstäbe für die Bildung der Beziehung spielen, das heißt, in welchem Maße zwei Menschen zusammenkommen, weil sie den gleichen Dingen oder Ideen einen Wert beimessen. Wenn das zweite Haus schwierige Aspekte aufweist, besonders unter Einbeziehung von Pluto und Mars, so können Meinungsverschiedenheiten über Wertvorstellungen eine Hauptquelle für Konflikte innerhalb der Beziehung sein. In vergleichbarer Weise zeigen positive Aspekte an, daß das Paar miteinander zu vereinbarende Wertvorstellungen besitzt, was zur Festigung der Beziehung beiträgt.

Auf einer anderen Ebene, die offensichtlich mit der ersten in Beziehung steht, verweist das zweite Composit-Haus auf alles das, was es in der Beziehung an finanziellen Mitteln und Besitz geben mag. Denken Sie bei der Deutung des zweiten Hauses daran, daß gemeinsame Besitztümer und Geldmittel nicht Bestandteil aller Beziehungen und Partnerschaften sind. In diesem Falle wird nur die erste Ausdrucksform irgendeine Relevanz haben.

Es braucht kaum erwähnt zu werden, daß ein schlecht aspektiertes zweites Composit-Haus genau die gleiche Bedeutung wie in einem Geburtshoroskop annehmen kann: Schwierigkeiten mit Geldmitteln und Besitz. Dies mag die Folge von Wertkonflikten sein, in denen die beiden Menschen keine Einigung über die Verwendung von Geld und Besitz erreichen können, oder es kann auch daher resultieren, daß keiner der beiden Partner mit Geld umgehen kann. In einem solchen Fall sollten die Geburtshoroskope der einzelnen Personen zu Rate gezogen werden.

Eine abschließende Bemerkung: In einem Composit-Horoskop sind alle finanziellen Dinge gemeinsame Geldangelegenheiten, weil man nicht eindeutig zwischen den beteiligten Personen unterscheiden kann; daher ist eine der herkömmlichen Unterscheidungen zwischen dem zweiten und dem achten Haus hier nicht von Bedeutung. Das achte Haus hat andere Bedeutungsinhalte, die nur wenig mit finanziellen Aspekten zu tun haben, doch sollten Sie für Informationen über alle finanziellen Angelegenheiten in einer Beziehung sowohl das zweite als auch das achte Haus heranziehen.

Das dritte Composit-Haus

Das dritte Haus des Composit-Horoskops hat im wesentlichen die gleichen Bedeutungsinhalte wie bei einem gewöhnlichen Geburtshoroskop: Kommunikation, verstandesmäßiges Denken, die gewohnten alltäglichen Lebensbedingungen und Verwandte. Im Composit-Horoskop ist der Kommunikationsaspekt von besonderer Bedeutung. Wenn die Partner in einer Beziehung nicht miteinander kommunizieren können, so befinden sie sich in ernsthaften Schwierigkeiten. Bei einer engen persönlichen Beziehung kommt es sehr häufig vor, daß jeder Partner von dem anderen erwartet, auf irgendeiner tiefen intuitiven Ebene verstanden zu werden, die keiner Worte bedarf. Wenn das Paar dann entdeckt, daß dieses tiefe Verständnis gar nicht existiert, ist es höchst aufgebracht und verletzt. Ein schlecht aspektiertes drittes Haus weist gewöhnlich auf einen Mangel an Kommunikation in mancher Hinsicht hin. Dies sollte im Auge behalten werden. Dieser Sachverhalt steht mit einem weiteren Problem in Verbindung. Das dritte Haus ist der Bereich des „niederen Geistes", das heißt, der Geist in seinen routinemäßigen, alltäglichen Denkvorgängen, im allgemeinen auf einer niedrigen Bewußtseinsstufe, wozu gewohnheitsmäßige Denkstrukturen, nicht in Frage gestellte Anschauungen und unüberprüfte Begriffsbildungen gehören. Das dritte Haus im Composit sagt eine Menge darüber aus, wie sich diese Strukturmuster innerhalb der Beziehung bemerkbar machen werden. Werden sie ständig eine Quelle des Konflikts darstellen, oder werden sie sich widerspruchslos miteinander verbinden und damit zur Festigung der Beziehung beitragen? Sehr häufig sind sie eine Quelle für Konflikte und Streitigkeiten. Die einzige Möglichkeit, mit diesen Denkstrukturen umzugehen, besteht darin, sie mit Hilfe einer dritten, neutralen Partei ans Licht zu bringen, denn häufig sind sich die Menschen nicht ihrer eigenen gewohnheitsmäßigen Verhaltensweisen bewußt.

Eine Beziehung mit einem stark betonten dritten Haus kommt in der Regel aufgrund von geistiger Affinität zustande. Die beiden Menschen unterhalten sich gern miteinander und tauschen Ideen aus. Ihr einziges wirkliches Problem taucht in einer engen persönlichen Beziehung auf, denn der geistige Austausch kann leicht zu einem Ersatz für einen notwendigen und tiefen emotionalen Austausch werden. Ansonsten ist eine durch das dritte Haus geprägte Beziehung durchaus positiv.

Das vierte Composit-Haus

Das vierte Haus steht, besonders im Composit-Horoskop, für mehr als nur das Heim stellvertretend. In vielen Beziehungen existiert nichts, was man als „Heim" oder „Zuhause" bezeichnen könnte, und doch behält das vierte Haus seine Wichtigkeit.

Zuerst einmal gehört es zu den Eckhäusern, was ihm zusätzliche Bedeutung verleiht. Doch grundlegender zeigt das vierte Haus die elementaren Wurzeln einer Beziehung an — sowohl wörtlich, das heißt, in geographischer Hinsicht, als auch, in übertragenem Sinne, im Hinblick auf den geistigen und emotionalen Hintergrund. Das vierte Haus kennzeichnet die innersten Tiefen einer Beziehung, die so weit im Innern liegen können, daß sie an der Oberfläche unsichtbar sind.

Das vierte Haus sollte daraufhin untersucht werden, ob zwischen den beiden Menschen eine grundlegende Übereinstimmung besteht. Haben sie, in dem gerade beschriebenen Sinne, einen miteinander zu vereinbarenden Hintergrund, und stimmen ihre wesentlichen emotionalen und psychologischen Merkmale überein?

Darüber hinaus hat das vierte Haus die Bedeutung eines gemeinschaftlichen „Heims", wenn ein derartiger Begriff angebracht ist. Dieses Heim befindet sich dort, wo die tiefsten emotionalen und psychologischen Verhaltensformen eines Paares am stärksten zur Geltung kommen. In vielfacher Hinsicht ist das Heim die physische Verkörperung unseres innersten Wesens und wird daher von allem beeinflußt, was auf das innere Leben einwirkt. Ungünstige Aspektierungen zum vierten Haus haben eine negative Auswirkung auf das Heim, wenn eines existiert, und auf die tiefsten Schichten der inneren Übereinstimmung.

Ein Composit-Horoskop mit einem stark betonten vierten Haus deutet in der Regel darauf hin, daß die beiden Menschen sich gegenseitig an ihrem innersten Leben teilhaben lassen und daß sie wahrscheinlich einen gemeinsamen Wohnsitz haben.

Das fünfte Composit-Haus

Das fünfte Haus im Composit-Horoskop hat viele Bedeutungsinhalte mit einem konventionellen Horoskop gemeinsam — Liebesbeziehungen, Kinder (wo dies angemessen ist), Kreativität, Ausdruck der eigenen Persönlichkeit usw. Die Deutung des persönlichen Selbstausdrucks ist in einem Composit-Horoskop jedoch besonders sorgfältig zu erwägen.

In erster Linie stellt das fünfte Composit-Haus sinnbildlich dar, in welchem Ausmaß die Beziehung einen Rahmen für die beiden Individuen abgibt, auf eine möglichst natürliche und ehrliche Art und Weise sie selbst zu sein. Viele Beziehungen bestehen nur deshalb weiter, weil jeder Partner dem anderen gegenüber eine unechte Fassade errichtet. Jeder versucht, das zu sein, wovon er annimmt, daß der andere dies möchte, anstatt so zu sein, wie er in Wirklichkeit ist. Wenn die Wahrheit ans Tageslicht kommt und dies zur Ernüchterung führt, so muß eine derartige Beziehung fehlschlagen. Das fünfte Haus bezeichnet die Fähigkeit der beiden Individuen, in der Gegenwart des anderen natürlich und aufrichtig zu sein, was nicht immer einfach ist. Auch sollte diese echte Natürlichkeit keine Anstregung bedeuten. Eine ideale Beziehung sollte es jedem Partner zugestehen, sich natürlich zu verhalten und das Gefühl zu haben, daß dies zwanglos möglich ist. Wenn sich das fünfte Haus problemlos auswirkt, so ist es einfach, die Gegenwart des anderen zu genießen, ohne das Gefühl zu haben, daß etwas Unnatürliches erwartet wird. Umgekehrt zeigt ein schlecht aspektiertes fünftes Haus das Gegenteil an.

Ein betontes fünftes Haus kennzeichnet eine Beziehung, die sich sehr stark um den Angelpunkt des persönlichen Selbstausdrucks dreht. In einer solchen Beziehung ist ein Paar nicht deshalb zusammengekommen, um ein enges

Team oder eine Partnerschaft zu bilden, sondern weil sich jeder gern in der Gesellschaft des anderen aufhält und weil beide Partner Gefallen aneinander finden. Aus diesem Grunde steht dieses Haus in Verbindung mit Liebesbeziehungen und Freundschaften (die außerdem durch das elfte Haus regiert werden). Seinem innersten Wesen nach hat dieses Haus jedoch die Bedeutung, daß es sich nicht für Menschen eignet, die als eine festgefügte Einheit aufzutreten versuchen. In einer Beziehung des fünften Hauses kommen die beiden Menschen zusammen, bewahren aber weiterhin ihre Individualität. Aus diesem Grunde mag dieses Haus nicht die beste Voraussetzung für eine Heirat sein, wenn es sich auch nicht schädlich auf eine solche auswirkt. Die für eine Ehe oder eine andere langfristige Partnerschaft notwendige Ausdauer mag für eine ausschließlich durch das fünfte Haus geprägte Beziehung jedoch nicht gewährleistet sein.

Das sechste Composit-Haus

Das sechste Haus im Composit kann echte Hindernisse für eine befriedigende persönliche Beziehung bezeichnen. Es verweist, in gewisser Weise ähnlich wie das sechste Haus eines gewöhnlichen Horoskops, auf die Pflichten und Verantwortungen, welche die Beziehung erfüllen muß. Natürlich haben alle Beziehungen und Partnerschaften Verpflichtungen einzuhalten, doch in den meisten Fällen werden sie sich vermutlich nicht nachteilig auswirken. Pflichten werden nur dann zu einem Problem, wenn sie der hauptsächliche Faktor in einer Beziehung sind und kein Raum für notwendige persönliche Selbstäußerungen bleibt, wie sie durch das fünfte Haus regiert werden. Wenn das sechste Haus eine allzu starke Betonung zeigt, so sehen die beiden Personen die Beziehung als eine Pflicht, der nachzukommen ist, nicht als etwas, das Freude geben kann. In einer geschäftlichen Beziehung stellt dies kein sonderliches Problem dar, denn in einem solchen Falle sind Aufgaben zu erledigen und Verpflichtungen zu erfüllen. In einer persönlichen Beziehung jedoch, die eigentlich einem freiwilligen und natürlichen Selbstausdruck eines jeden Partners entgegenkommen soll, kann eine derart pflichtbewußte Einstellung eine Beziehung letzten Endes nur schwächen. Lediglich dann, wenn die Umstände die Durchführung einer Aufgabe verlangen, wird ein stark betontes sechstes Haus vorteilhaft sein. Damit diese Energien gut eingesetzt werden können, ist es erforderlich, daß die beiden Menschen selbst an eine enge Beziehung mit einem ausgeprägten persönlichen Pflichtbewußtsein herangehen.

Gesundheit, die andere traditionelle Bedeutung des sechsten Hauses, scheint für ein Composit-Horoskop nur von geringer Bedeutung zu sein, es sei denn, daß es auf eine geschäftliche oder berufliche Partnerschaft hinweisen mag, die mit dem Gesundheitswesen in Verbindung steht.

Das siebente Composit-Haus

Das siebente Haus im Composit-Horoskop ist — wie das erste Haus — Hinweiszeichen auf eine Beziehung, in der die beiden Menschen wirklich den Versuch unternehmen, als eine Einheit aufzutreten. Das siebente Haus ist der Bereich der engen und vertrauten Zweierbeziehungen. Wenn sich ein Horoskop im großen und ganzen günstig zeigt, so ist ein stark betontes siebentes Haus ein positives Anzeichen dafür, daß jede Form von Partnerschaft, auch eine Ehe, von Bestand sein kann. Ein starkes und gut aspektiertes siebentes Haus ist für eine Ehe oder geschäftliche Partnerschaft nicht unbedingt notwendig, aber es wirkt unterstützend. In einer ausgeprägten Beziehung des siebenten Hauses sehen sich die beiden Menschen vermutlich als eine Einheit, als „wir" und „uns". Es geht nicht nur einfach darum, Freude an der Gesellschaft des anderen zu finden, wie dies bei einer durch das fünfte Haus geprägten Beziehung der Fall ist. Die beiden sollten sich zwar gegenseitig Freude geben, doch entscheidender ist der Faktor, daß sie einander ergänzen und ein starkes Ganzes bilden.

Eine eindeutig durch das siebente Haus bestimmte Beziehung ohne günstige Aspektierung wird trotzdem noch eine enge Begegnung darstellen, doch können die beiden Menschen Feinde oder zumindest Konkurrenten sein. Dies ist der Fall, weil das siebente Haus auch der Bereich der offenen Feinde ist.

Ohne Zweifel kann ein stark betontes siebentes Haus keine Garantie für eine Ehe zwischen zwei Menschen bedeuten, die sich lieben, doch weil sie sich selbst als eine Einheit betrachten, werden sie mit großer Wahrscheinlichkeit heiraten oder doch wenigstens zusammen leben.

Ein Horoskop, das eine starke Betonung des siebenten Hauses aufweist, ist auch für jede andere Beziehung zwischen zwei Menschen als günstig zu betrachten, wo eine Person die andere konsultiert, wie beispielsweise bei Patient und Arzt, Patient und Psychotherapeut, Klient und Astrologe, Mandant und Rechtsanwalt oder Klient und jede andere mögliche Berufsgruppe. Selbstverständlich muß das siebente Haus in diesen Fällen gut aspektiert sein.

Das achte Composit-Haus

In der traditionellen Astrologie hat sich eine Bedeutung des achten Hauses auf die gemeinsamen finanziellen Mittel und Besitztümer oder auf Geld und Besitz des „Partners" bezogen. Bei einem Composit-Horoskop lassen sich die Bedeutungsinhalte des zweiten und des achten Hauses nur schwer voneinander trennen, weil man nicht deutlich zwischen den beiden Partnern unterscheiden kann. Ein Unterschied besteht darin, daß das achte Haus auf finanzielle Mittel und Besitz von Menschen außerhalb der Beziehung verweisen kann. Sonst ist es schwierig, zwischen den beiden Häusern zu trennen, insofern als daß sie sich beide auf Werte und Dinge, denen ein Wert beigemessen wird, beziehen. Bei beiden Häusern können die gleichen Kernfragen auftauchen, und daher wird es dem Leser nahegelegt, für weitere Informationen noch einmal das zweite Haus zu überprüfen.

Das achte Haus hat jedoch auch noch eine völlig andere und ganz eigene Bedeutung. Traditionell gesehen, entspricht es dem Haus des Todes, doch diese Sinngebung beschränkt sich nicht auf den tatsächlichen physischen Tod. In Wirklichkeit kommt ihm die Bedeutung zu, daß jegliche alte Ordnung vergeht und eine neue entsteht. Daher beziehen wir uns auf das achte Haus als den Bereich tiefgreifender Transformationen.

Ein stark betontes achtes Haus kann die Frage von Besitz vielleicht in größerem Ausmaß einbeziehen, doch ist eher zu vermuten, daß es sich dabei um eine Beziehung von großer Bedeutung handelt, die tiefgreifende Veränderungen im Leben der beiden Menschen — besonders auf der psychologischen Ebene — hervorrufen wird. Eine stark durch das achte Haus geprägte Beziehung wird mit großer Wahrscheinlichkeit einen beträchtlichen Einfluß auf beide Partner ausüben.

Wann immer Sie auf ein Horoskop stoßen, das eine starke Betonung des achten Hauses aufweist, so vergessen Sie nicht die Doppelnatur dieses Hauses. Seine Auswirkungen können sowohl auf einer der beiden Ebenen als auch auf beiden gleichzeitig in Erscheinung treten.

Das neunte Composit-Haus

Das neunte Haus im Composit-Horoskop steht kennzeichnend für die umfassende Weltsicht, die von den an einer Beziehung beteiligten Personen vertreten wird. In den Beschreibungen findet häufig der Ausdruck „bewußtseinserweiternd" Verwendung, weil eine Beziehung des neunten Hauses im allgemeinen zu einer Erweiterung in den Anschauungen der beiden Menschen führt. Sie sehen sich mit neuen Ideen konfrontiert und werden dazu gezwungen, sich Gedanken im Hinblick auf ein größeres Spektrum an Möglichkeiten als vorher zu machen.

Da das neunte Haus dem Bereich der Ideen und des Bewußtseins zugeordnet wird, ermöglicht ein stark betontes neuntes Haus die Kommunikation auf einem sehr hohen Niveau. Die betreffenden Personen können sich wirklich gegenseitig verstehen und ihre Ansichten einander vermitteln. Der gedankliche Austausch spielt eine sehr wichtige Rolle in ihrer Beziehung, und sie werden sich mehr als gewöhnlich um gegenseitiges Verständnis bemühen. Schwierige Aspektierungen zu diesem Haus, besonders unter Einbeziehung von Saturn, können diese Bedingungen natürlich in ihr Gegenteil verkehren, so daß ein Fehlschlag der Kommunikation zu einem Hauptfaktor für die Schwächung der Beziehung werden kann. In vergleichbarer Weise können bestimmte planetarische Verbindungen, besonders Mars und Pluto, ausgeprägte Konkurrenzgefühle auf der intellektuellen Ebene und kräftigen Widerstand gegenüber den Ansichten des anderen hervorrufen. Mit Sicherheit steht fest, daß ein stark betontes neuntes Haus eine lebhafte intellektuelle Beziehung zwischen den beiden Menschen sehr wichtig werden läßt. Wenn dies nicht der Fall ist, so wird dieser Umstand die hauptsächlichen Schwierigkeiten zwischen ihnen verursachen.

Das zehnte Composit-Haus

Das zehnte Haus im Composit-Horoskop hat nahezu die gleiche Bedeutung wie im herkömmlichen Geburtshoroskop. Der Begriff „Karriere" scheint für eine Beziehung jedoch nur geringe Relevanz zu haben, es sei denn, daß es sich dabei um eine geschäftliche oder berufliche Partnerschaft handelt. Doch selbst in einem Individualhoroskop kommt dem zehnten Haus eine weitaus tiefere Bedeutung zu. Es sagt etwas über die Entwicklung einer Person als Individuum, als einmaliges menschliches Wesen und darüber aus, auf welche Art und Weise dieser Mensch seine Einmaligkeit in der Welt realisieren wird. Aus diesem Grunde steht das zehnte Haus mit Status und gesellschaftlichem Ansehen in Verbindung. Es sagt auch etwas über die Richtungsgebung aus, welche die Evolution eines Menschen annimmt, und über die hauptsächlichen Vorkommnisse innerhalb dieses Prozesses. Alle diese Punkte lassen sich auch bei einem Composit-Horoskop zur Anwendung bringen, besonders was die Einmaligkeit einer Beziehung und ihre entwicklungsmäßige Zielsetzung betrifft, und dies gilt sowohl für die betreffenden Personen als auch für die äußere Welt.

Eine Beziehung, die stark durch das zehnte Haus geprägt ist, wird mehr an Richtungsgebung orientiert sein, als dies normalerweise der Fall ist. Die beiden Menschen werden häufig die Frage stellen: „Welchem Sinn und Zweck dient dies in meinem Leben?" Häufig wird auch ihre Begegnung miteinander dazu beitragen, daß sie sich genau darüber klar werden, was für sie in der Welt zu tun ist.

Eine Beziehung mit einem betonten zehnten Haus ist voraussichtlich keine berufliche Partnerschaft. Der Beruf ist lediglich ein Aspekt von Richtungsgebung im Leben — und zwar einer, der verhältnismäßig überbetont worden ist. Die Art und Weise, wie man seinen Lebensunterhalt verdient, mag wenig oder gar nichts mit der zentralen Zielsetzung im Leben zu tun haben, besonders im Falle eines Composit-Horoskops. Der hauptsächliche Bezugspunkt ist das Bewußtsein von Zielen. Die Kernfragen des zehnten Hauses sind mehr als die Ideale und Hoffnungen, welche durch das elfte Haus regiert werden. Bei ihnen handelt es sich um Pläne, die wahrscheinlich realisiert werden, weil sie der tatsächlichen Intention einer Beziehung entsprechen.

Das elfte Composit-Haus

Ein stark betontes elftes Haus ist für ein Composit-Horoskop sehr gut geeignet, weil es das Haus der Freundschaften darstellt. Es beschränkt eine Beziehung nicht allein auf eine Freundschaft, trägt jedoch dazu bei, daß zwei Menschen in allem, was sie gemeinsam tun, freundschaftlich miteinander verbunden sind. Dies ist besonders in einer sexuellen Beziehung von Wichtigkeit: Liebespartner mit einem stark betonten elften Haus werden auch Freunde sein, Geschäftsleute mit dieser Konstellation sowohl Freunde als auch Berufskollegen. Ein stark ausgeprägtes elftes Haus stellt eine ausgezeichnete Bedingung für ein Ehe-Composit dar.

Weil das elfte Haus auch der Bereich von Hoffnungen und Wünschen ist, vermittelt eine günstige Aspektierung einer Beziehung ein starkes Gefühl gemeinsamer Ideale; beide Personen suchen nach den gleichen Dingen im Leben.

Schwierige Aspekte, besonders unter Einbeziehung von Saturn, können Konflikte und Meinungsverschiedenheiten über Ideale in einer Beziehung hervorrufen. Auch mögen freundschaftliche Gefühle zurückgewiesen werden und eine Beziehung damit auf eine rein berufliche oder ausschließlich sexuelle Ebene beschränkt bleiben.

In jedem Falle muß ein Paar mit einer starken Betonung des elften Hauses dazu in der Lage sein, ein Großteil seines Lebens miteinander zu teilen, denn sonst wird die Beziehung vermutlich nicht sehr glücklich verlaufen.

Das zwölfte Composit-Haus

Das zwölfte Haus im Composit-Horoskop besitzt viele der gleichen Bedeutungsinhalte wie in einem gewöhnlichen Geburtshoroskop. In den früheren Texten sind einige von diesen jedoch so verschwommen erklärt, daß es der Mühe wert ist, sie hier noch einmal auf eine neue Art und Weise zu formulieren.

Im wesentlichen steht das zwölfte Haus sinnbildlich für unterdrückte Gedanken. Es kennzeichnet früher einmal bewußte gedankliche Vorstellungen, die der Geist im Wachzustand verdrängt hat, weil er es vorzieht, sich nicht mit ihnen auseinanderzusetzen. Das zwölfte Haus zeigt auch deutlich die Umweltfaktoren an, wodurch diese Verdrängung von Gedanken verursacht worden ist. Diese Aspekte des zwölften Hauses sind für das Composit-Horoskop die wichtigsten. Die traditionellen Bedeutungsinhalte, die sich auf Krankenhäuser, Gefängnisse und andere Rückzugsorte beziehen, kommen hier eigentlich nicht zur Anwendung.

Das Problem bei verdrängten Gedanken besteht darin, daß sie unbewußt motivierte Handlungsweisen hervorrufen, die sich oft für ein Individuum oder die Beziehung nachteilig auswirken. Weil die Verhaltensweisen selbsttätig ablaufen, sind sie häufig einer gegebenen Situation nicht angemessen und tragen eher zur Auflösung der Beziehung als zu ihrer Unterstützung bei.

In einer Beziehung, die eine starke Betonung des zwölften Hauses zeigt, weist das Verhalten der daran beteiligten Personen vieles auf, was im Hinblick auf das eigentliche Geschehen zwischen ihnen wenig sinnvoll erscheint. Daraus ergibt sich, daß sie automatisch in die Beschäftigung mit starren Verhaltensmustern hineingeraten, wo sie diese gründlich und bewußt einschätzen lernen sollten. Selbst wenn sich ein Paar sehr stark darum bemüht, sich bewußt und offen mit Problemen auseinanderzusetzen, so weist eine solche Verbindung doch häufig mehr an wunden Punkten, Intimitäten und schwerwiegenden psychologischen Enthüllungen auf, als die meisten Menschen in einer persönlichen Beziehung verkraften können.

Wenn Menschen mit dem umgehen können, was in einer durch das zwölfte Haus geprägten Beziehung auftaucht, ist dies gut und schön — einige Menschen finden sogar Gefallen an einer derartigen Beziehung. Für ein Paar mit einem stark betonten zwölften Haus ist eine Heirat normalerweise nicht empfehlenswert. Es gibt jedoch Menschen, für die intensive und tagtägliche psychologische Encounter-Erfahrungen von großem Nutzen sind; auch gibt es Individuen, deren unbewußte Handlungen — man ist versucht, sie als ,,Programme'' zu bezeichnen — sich so vollkommen mit den Verhaltensweisen ihres Partners ergänzen, daß sie füreinander unentbehrlich sind, wie unglücklich sie auch dabei erscheinen mögen. Aus diesem Grunde müssen Beziehungen mit einem hervorstechenden zwölften Haus äußerst sorgfältig beurteilt werden. Sie können nicht kurzerhand verworfen werden, auch wenn sie zu den allerschwierigsten Beziehungen zu zählen sind.

Der Composit-Aszendent

Aufgrund der Methode, ein Composit-Horoskop zu stellen, fällt die Spitze oder der Anfang des ersten Hauses nicht mit dem Halbsummenpunkt aus den beiden Aszendenten der Geburtshoroskope zusammen. Dennoch hat die Halbsumme aus den beiden Geburts-Aszendenten, abgesehen davon, eine Häuserspitze zu sein, auch ihre eigene Bedeutung. Sie ist ein sensitiver Punkt im Horoskop, der ebenso wie die Planeten Aspekte erhalten kann. Zur Unterscheidung von der ersten Häuserspitze, die als Spitze des ersten Composit-Hauses bezeichnet wird, heißt dieser Punkt Composit-Aszendent.

Der Composit-Aszendent hat zwei Bedeutungsaspekte. Erstens hat er die Wirkung, den Einfluß eines jeden Planeten zu vergrößern, der im Composit-Horoskop eine Konjunktion oder Opposition mit ihm bildet. Zweitens beschreibt er mittels seiner Aspekte Möglichkeiten, auf welche Art und Weise sich die Energien der Beziehung auf die beiden Partner auswirken können. Seine Bedeutung ist sehr ähnlich wie die Rolle des ersten Hauses im allgemeinen. Der hauptsächliche Unterschied besteht darin, daß es sich dabei um einen Punkt handelt, der von Planeten in anderen Häusern Aspekte erhalten kann.

Der Composit-Aszendent braucht nicht immer in das erste Haus des Composit-Horoskops zu fallen. Tatsächlich kann er überall zwischen dem elften und dem zweiten Haus plaziert sein, was davon abhängt, wie sich die geographische Breite des Composit-Horoskops von der geographischen Breite der beiden (oder drei oder mehr) Geburtsorte unterscheidet. Die Hausposition des Composit-Aszendenten kann etwas über die Art und Weise der Wirkungen aussagen, welche die Beziehung auf die äußere Welt haben wird, doch ist sie nicht von gleicher Wichtigkeit wie die Hausposition von Sonne und Mond im Composit. In den folgenden Beschreibungen wird der Composit-Aszendent wie eine Achse, eine Linie behandelt, die quer durch das ganze Horoskop verläuft. Dieses Vorgehen erklärt sich daraus, daß der Composit-Aszendent in seiner Symbolik tatsächlich den Composit-Deszendenten einschließt, das heißt, derjenige Grad, der genau entgegengesetzt zum Aszendenten im Westen untergeht. Gemeinsam bezeichnen diese beiden Punkte den vollständigen Austausch von Energien zwischen den beiden Partnern und der sie umgebenden Welt.

Kapitel 5

Die Sonne

Die Bedeutung der Sonne im Composit-Horoskop

Die Hausposition der Sonne sagt, gemeinsam mit der Stellung des Mondes, sehr viel über die grundsätzliche Ausrichtung der Beziehung aus, warum sie existiert und um welche Kernfragen sie sich drehen wird. Die Aspekte zur Sonne verweisen auf die wichtigsten Energiestrukturen innerhalb des Horoskops, auf diejenigen Verhaltensweisen, die zwischen den beiden Partnern die bedeutendste Rolle spielen werden.

Eine schlecht plazierte Sonne mit ungünstigen Aspekten kann ein entscheidender Faktor dafür sein, eine Beziehung schwierig oder sogar unerträglich zu gestalten. Sie zeigt an, daß die Energien an der Basis der Beziehung nicht in der rechten Weise genutzt werden und daß grundsätzlich etwas zwischen den beiden Partnern nicht stimmt. Eine gut plazierte und günstig aspektierte Sonne wird andererseits dazu beitragen, daß eine Beziehung selbst in schwierigen Zeiten weiter fortbesteht.

In jedem Horoskop versorgt die Sonne diejenige Größe, die durch das Horoskop dargestellt wird, mit Energie. In einem Composit-Horoskop zeigt sie an, welche Formen von Energie jeder der beteiligten Partner in die Beziehung einbringt. Ist dieser Energiestrom blockiert und kann sich keinen rechten Ausdruck verschaffen, so wird die Beziehung für die freie persönliche Selbstäußerung des einzelnen hemmend und repressiv erscheinen. Es wird mit Anstregung verbunden sein, diese Beziehung aufrechtzuerhalten, und die beiden Partner werden sich miteinander nicht wohl fühlen. Wenn die Sonne im Horoskop günstig plaziert ist, so wird die Beziehung als freier und spontaner Selbstausdruck erfahren werden und bedarf keiner sonderlichen Anstrengung. Natürlich können andere Faktoren, auch bei einer günstig plazierten Sonne, Schwierigkeiten verursachen, doch eine positive Sonne ist für ein Composit-Horoskop äußerst wünschenswert.

Die Composit-Sonne im ersten Haus

Die Composit-Sonne im ersten Haus steht häufig kennzeichnend für eine Beziehung, die im Hinblick auf das persönliche Leben der betreffenden Personen von ungewöhnlicher Bedeutung ist. Das erste Haus kennzeichnet die Persönlichkeit eines Menschen oder die persönliche Eigenart einer Beziehung und die Art und Weise ihres Eindrucks auf andere.

Die beiden Partner ergänzen sich in einer solchen Weise, daß sie als Paar einen stärkeren Eindruck auf ihre Umgebung machen können, als wenn sie als Individuen auftreten würden. Selbst wenn keiner der beiden eine besonders starke oder dominierende Persönlichkeit ist, werden sie dies als Paar sein. Gemeinsam mögen sie dazu in der Lage sein, mehr im Leben zu erreichen, als ihnen einzeln für sich möglich sein dürfte. Diese Stärke zeigt sich besonders in einer feindlichen Situation, wo die beiden einem gemeinsamen Widersacher gegenübergestellt sind.

Das erste Haus entspricht einer sehr starken und günstigen Position für die Composit-Sonne. In der Regel ist es ein Hinweis darauf, daß die Betreffenden das werden leisten und erreichen können, zu dessen Durchführung sie sich zusammengetan haben. Gewisse Schwierigkeiten können jedoch, wie in den meisten Beziehungen, dann entstehen, wenn die Energieformen dieser Plazierung nicht in der rechten Weise gehandhabt werden.

In erster Linie können die beiden leicht dazu neigen, sich allzu viele Gedanken darüber zu machen, welchen Eindruck sie bei anderen erwecken. Das kann dazu führen, daß sie die echten Probleme vernachlässigen, die für andere nicht sichtbar sind, weil derartige Probleme als unwichtiger angesehen werden — doch bedeutsamer sein mögen, als man glaubt.

Zweitens, wenn bereits die einzelnen Individuen ausgesprochen eindrucksvolle Menschen sind, so kann die Stärke dieser Position vielleicht ein allzu energisches Auftreten gegenüber anderen bewirken; dies könnte aktiven Widerstand gegen alles hervorrufen, was man als Paar erreichen möchte. Wenn dies der Fall ist, sollten die Energien im Umgang mit anderen sorgfältig unter Kontrolle gehalten werden.

Für eine enge Zweierbeziehung, wie beispielsweise ein Liebesverhältnis oder eine Ehe, ist diese Position wirklich ausgezeichnet. Für eine Sonne im ersten Haus ist es kennzeichnend, daß sie die beiden Partner sehr stark zu einer Einheit werden läßt, was zu einer engen Bindung führen kann. Vorausgesetzt, daß in den Aspekten dieses Horoskops einige positive Hinweise auf eine Liebesbeziehung enthalten sind, wird dies vermutlich eine bedeutungsvolle Partnerschaft sein.

Die Composit-Sonne im zweiten Haus

Die Sonne im zweiten Haus des Composit-Horoskops ist die bestmögliche Position für jede berufliche oder geschäftliche Beziehung, deren hauptsächliche Zielsetzung darin besteht, Geld zu verdienen oder materiellen Besitz zu erwerben. Für eine persönliche Beziehung ist diese Position weder positiv noch negativ. Sie hat jedoch die Bedeutung, daß sich die Beziehung ziemlich stark auf materiellen Vorteil konzentriert, und zwar möglicherweise auf Kosten von psychologischen, emotionalen und anderen immateriellen Faktoren.

Das zweite Haus ist der Bereich von Werten oder, eher noch, von Dingen, denen ein Wert beigemessen wird, und diese können entweder real vorhanden oder immateriell sein. Die Sonne in diesem Haus verleiht eine starke Antriebskraft, nach dem zu streben, was auch immer man gemeinsam als Wert ansieht. In der Regel werden dies materielle Dinge sein, wenn es sich auch in einigen Fällen um philosophische oder spirituelle Werte handeln mag. Entscheidend ist, daß die beiden Menschen das zu erreichen suchen, was sie sich wünschen, und wahrscheinlich schon einfach deshalb dabei Erfolg haben werden, weil sie soviel Energie in dieses Bemühen setzen.

In einer persönlichen Beziehung, wie beispielsweise einer Ehe, wo Dinge zum gemeinsamen Besitz gehören, werden diese Dinge für die Sicherheit der Beziehung von großer Wichtigkeit sein. Selbst wenn normalerweise kein gemeinsamer Besitz erworben würde, könnte dies bei einer solchen Plazierung der Fall sein. Freunde mit dieser Hausposition im Composit-Horoskop können zusammen ein Geschäft aufbauen oder eine gemeinsame Lebensform eingehen, in der solche Gegenstände wie beispielsweise Möbel und Gerätschaften zum gemeinschaftlichen Besitz gehören. Obgleich eine Sonne im zweiten Haus den Schluß zulassen mag, daß die Betreffenden zusammen leben werden, ist dies im allgemeinen bezeichnender für eine Sonne im vierten Haus.

Eine Gefahr dieser Plazierung besteht darin, daß zwischen den Partnern ein Konflikt über Wertmaßstäbe existieren mag. Wenn dies der Fall ist, so wird es sich dabei um ein ernsthaftes Problem handeln, weil diese Beziehung so stark auf Werten beruht. Es wird für die beiden nicht einfach sein, eine Einigung in solchen Streitfragen zu erreichen; daher klärt man am besten, ob die Wertbegriffe miteinander vereinbar sind, bevor man sich auf irgendein gemeinsames Risiko einläßt. Leider zeigt eine Sonne im zweiten Haus nicht unbedingt miteinander harmonierende Wertvorstellungen an; sie deuten lediglich darauf hin, daß Werte als solche eine wichtige Rolle in der Beziehung spielen.

Die Composit-Sonne im dritten Haus

Die Sonne im dritten Haus des Composit-Horoskops wirkt sich günstig auf Beziehungen aus, in denen Kommunikation und der Austausch von Ideen und Meinungen von Bedeutung sind. In geschäftlichen und beruflichen Verbindungen begünstigt diese Position eine Zusammenarbeit in den Bereichen des Handels und des Kommunikationswesens.

Für eine persönliche Beziehung ergeben sich aus dieser Position sowohl große Stärken als auch große Schwächen. Zu den Stärken zählt, daß die Partner eine ausgeprägte Befähigung zur Kommunikation besitzen werden, da sie viele gemeinsame Ideen und Meinungen haben und offen miteinander sprechen können. Es wird nur wenige Schranken für ihr wechselseitiges Verstehen geben — es sei denn, vielleicht auf der gefühlsmäßigen Ebene. Beide werden Freude an ergiebigen Gesprächen miteinander haben.

Die größte Schwäche dieser Hausposition ist darin zu sehen, daß selbst eine persönliche Beziehung in erster Linie auf einer intellektuellen oder betont geistigen Ebene ablaufen wird. Eine sehr tiefgehende emotionale Verbindung wird wahrscheinlich nicht vorliegen. Ohne Zweifel eignet sich damit die Position der Sonne im dritten Haus weitaus besser für eine Freundschaft als für ein Liebesverhältnis. Die Partner sind durch Worte und nicht durch Gefühle miteinander verbunden, wie eine Liebesbeziehung dies erforderlich macht. Wenn eine gefühlsmäßig betonte Situation auftaucht, so besteht die Gefahr, daß die Betreffenden diese verstandesmäßig zu erklären suchen, anstatt sie einfach zu durchleben und aus der Erfahrung zu lernen. Das Wissen und die Einsicht, die aus dieser Art von Erfahrung gewonnen werden, lassen sich nicht durch eine logische Zergliederung ersetzen. Es kann für die beiden Menschen jedoch eine gewisse Schwierigkeit bedeuten, diese Lektion zu erlernen, da eine Sonne im dritten Haus die Neigung zu verstandesmäßigem Analysieren unterstützt.

An einer betont intellektuellen Beziehung ist nichts auszusetzen, doch gibt es Situationen, in denen sie nicht angemessen ist. Zum Glück wird die starke Bindung an Kommunikation die Partner darin unterstützen, die Probleme anzugehen, mit denen sie gemeinsam konfrontiert sein können. Sie sollten sich dann nur vergewissern, nicht auf der ausschließlich verstandesmäßigen Ebene haltzumachen. Sie sollen sich darüber freuen, eine außergewöhnlich gute geistige Verbindung zueinander zu haben und besser, als dies vielen Paaren möglich ist, miteinander sprechen zu können.

Die Composit-Sonne im vierten Haus

Die Composit-Sonne im vierten Haus wirkt sich günstig auf ein starkes gefühlsmäßiges Engagement aus. In einer persönlichen Beziehung werden die beiden Partner vermutlich alles das mit besonderem Interesse verfolgen, was sie gemeinsam haben — vergangene Erfahrungen, gemeinsame Vorlieben, Maßstäbe von Recht und Unrecht und in besonderem Maße gemeinsame Vorstellungen über Heim und häusliches Leben.

Das vierte Haus entspricht dem Bereich des persönlichsten und intimsten Lebens, der Heimat und dem Zuhause, der Vergangenheit und Herkunft im allgemeinen, und gleichzeitig verweist es auch auf die innersten Gefühle und Emotionen. Die Sonne in diesem Haus des Composit-Horoskops wird die beiden Partner dazu veranlassen, sich besonders auf diese Faktoren in ihrem gemeinsamen Leben zu konzentrieren. Dementsprechend wirkt sich diese Position günstig auf eine Beziehung aus, wo sich die betreffenden Personen gemeinsam niederlassen und ihr Privatleben so eng wie möglich miteinander teilen.

Diese Hausposition ist eine der bestgeeignetesten für eine Ehe. Sie muß nicht unbedingt zur Heirat führen, doch sollte dies der Fall sein, so wird das häusliche Leben für beide Partner eine sehr wichtige Rolle spielen. Sie werden sich sehr darum bemühen, ein gesichertes Privatleben und eine persönliche Welt zu errichten, in die hinein sie sich von den Zwängen der Alltagsexistenz zurückziehen können.

Da es sich hierbei um ein Eckhaus handelt, wirkt sich diese Position sehr günstig auf eine starke und dauerhafte Beziehung aus. Sie zeigt ein gemeinsames Interesse für ein Eigenheim oder Grundbesitz an, das sich in dem Wunsch nach Besitz von Land ausdrücken kann. Wenn die betreffenden Personen zusammen leben, so werden sie sich nicht mit einer kleinen Stadtwohnung zufriedengeben, sondern über viel Wohnraum und, wenn möglich, Land verfügen wollen.

Auf der psychologischen Ebene werden die beiden vermutlich gemeinsam tiefgehende Gefühlserfahrungen machen und in enge Berührung mit den innersten geistigen und emotionalen Tiefen des Partners kommen. Mit Wahrscheinlichkeit wird dies keine oberflächliche Beziehung sein. Es sollte jedoch versucht werden, sich nicht derart in die Psyche des anderen hineinzuverlieren, daß man jegliche Perspektive und die Fähigkeit verliert, die Dinge klar erkennen zu können. Das vierte Haus ist der Bereich der Subjektivität, und die hier plazierte Composit-Sonne verstärkt alle subjektiven Tendenzen in der Beziehung.

Die Composit-Sonne im fünften Haus

Die Sonne im fünften Haus des Composit-Horoskops ist eine der besten Positionen für eine sexuelle Beziehung, weil das fünfte Haus unter anderem dem Bereich der Liebesverhältnisse entspricht. Außerdem ist es das Haus der Kreativität, der Kinder, des persönlichen Selbstausdrucks, der Unterhaltung und der Vergnügungen im allgemeinen; auch Spekulation und Glücksspiel werden ihm zugeordnet. Die Sonne im fünften Haus gibt einem jeden dieser Faktoren besonderes Gewicht.

In einer persönlichen Beziehung schließt eine Composit-Sonne im fünften Haus die Bedeutung in sich ein, daß diese Partnerschaft gute Möglichkeiten zum Selbstausdruck bietet, das heißt, Freude darin zu finden, ganz und gar man selbst zu sein. Die Betreffenden werden sich gegenseitig mögen und gern in der Gesellschaft des anderen sein. Im Grunde genommen ist dies keine Position für eine Partnerschaft, sondern dafür, im Verein mit anderen man selbst zu sein. Obwohl sich diese Stellung der Sonne günstig auf Liebensverhältnisse auswirkt, eignet sie sich daher nicht so gut für eine Ehe oder jede Partnerschaft, die ein stärkeres Gefühl von Einheit und Verbundenheit zwischen den beteiligten Menschen erforderlich macht. Die Sonne in diesem Haus nimmt keinen schädlichen Einfluß auf Ehe und Partnerschaft, doch für sich allein hat sie nicht die Ausdauer für den langen Atem zur Folge. Wenn jedoch andere Positionen diesen Mangel ausgleichen, so kann sie sich recht positiv für eine Ehe erweisen, weil sie im besonderen Kindern eine wichtige Rolle zuweist.

Diese Position eignet sich gut für Freundschaften, weil sie auf eine unbeschwerte und sorglose Beziehung hindeutet, in der jeder echte Freude an der Gesellschaft des anderen empfindet. Man wird dabei auch lernen, im Umgang mit anderen man selbst zu sein und die eigene Wirkung auf andere besser zu erkennen.

In einer Beziehung mit dieser Plazierung müssen sich die Partner gegenseitig die Freiheit geben, das zu sein, was sie wirklich sind. Glücklicherweise hat eine Beziehung mit der Sonne im fünften Haus im allgemeinen diese Eigenschaft. Wenn sich die Partner gegenseitig nicht genügend Freiraum lassen, so können beide das Gefühl haben, daß der andere ihre freie Selbstäußerung in einen Schraubstock zwängt. Da keiner von beiden den anderen verändern kann, sollten sie dies auch nicht versuchen. Auf jeden Fall müssen sie lernen, sich gegenseitig in Ruhe zu lassen und doch zusammenzubleiben.

Die Composit-Sonne im sechsten Haus

Das sechste Haus gehört zu den schwierigsten Positionen für eine Composit-Sonne, weil dieses Haus seiner inneren Natur nach eine Qualität der Ungleichheit verkörpert. In den meisten Beziehungen muß ein gewisses Gleichgewicht zwischen Nehmen und Geben existieren. Selbst wenn nicht jeder genau das gleiche beisteuert, so muß doch jeder in gleichem Maße dazu beitragen, wenn die Verbindung von Erfolg sein soll. In einer Beziehung mit einer Sonne im sechsten Haus aber nimmt der eine Partner, während der andere gibt. Dieses Haus entspricht unserem Dienst für andere und dem Dienst anderer für uns.

Die große Gefahr dieser Position besteht darin, daß einer der beiden Partner vermutlich das Gefühl hat, von dem anderen ausgenutzt zu werden. In der Tat ist es ziemlich wahrscheinlich, daß jeder sich des anderen auf irgendeine Weise bedient und umgekehrt selber wieder in Anspruch genommen wird, was sich beide schließlich verübeln werden. Man wird sich dabei ertappen, daß man die Frage stellt: ,,Welchen Nutzen ziehe ich denn eigentlich aus dieser Beziehung?'' Wenn eine derartige Frage auftaucht, so existieren ernsthafte Probleme.

In einer durch das sechste Haus geprägten Beziehung scheinen sich die normalen Antriebskräfte und Tendenzen des Ego in besonderem Maße zerstörerisch auszuwirken. Die beste Möglichkeit, mit diesem Problem umzugehen, mag vielleicht darin bestehen, mit einer Geisteshaltung des Dienens und Helfens für den Partner an eine solche Beziehung heranzugehen und so wenig wie möglich dabei an sich selbst zu denken. Man sollte sich aber im klaren darüber sein, daß es außerordentlich schwierig ist, sich wirklich so zu verhalten und daß man sich bei diesem Versuch wahrscheinlich Selbsttäuschungen hingeben wird. Vielleicht ist man auf nichts anderes als lobenden Zuspruch für sein „selbstloses" Bemühen erpicht, doch nicht einmal eine solche Anerkennung mag dabei herausspringen. Nicht zu vergessen, daß sich in dieser Beziehung jeder der Betroffenen in der gleichen Weise verhalten kann.

Eine andere Möglichkeit, mit dieser Position umzugehen, würde in einer gemeinsamen Aufgabe oder Zielsetzung bestehen, an deren Erfüllung die beiden Partner miteinander arbeiten können. Doch selbst in diesem Falle sollte man keine andere Bestätigung suchen, als dieses Ziel zu erreichen. Es mögen sich vielleicht andere „Belohnungen" einstellen, doch darf man nicht bewußt danach suchen, da man sonst die Beziehung gefährden wird.

Die Composit-Sonne im siebenten Haus

Die Stellung der Sonne im siebenten Haus des Composit-Horoskops ist in der Regel eine ausgezeichnete Position für jede Art von Beziehung, in der zwei Menschen den Versuch unternehmen, in einer gleichberechtigten Partnerschaft als eine Einheit zu fungieren. Ihre gemeinsame Basis wird darin bestehen, alles miteinander zu teilen, und jeder wird in seiner eigenen Weise zu der Stärke des Ganzen beitragen.

In den meisten Fällen ist diese Position von allen am besten für eine Ehe oder eine eheähnliche Partnerschaft geeignet. Sie zeigt eine Qualität der komplementären Ergänzung an, die das Ganze stärker als jedes seiner einzelnen Teile werden läßt. Im Unterschied zu einer Beziehung mit der Composit-Sonne im ersten Haus ist die Stärke dieser Verbindung sowohl real vorhanden als gleichzeitig auch für andere offenkundig.

Eine Warnung muß jedoch ausgesprochen werden. Das siebente Haus wird nicht nur Partnerschaften und Ehe, sondern auch offenen Feindschaften und persönlichstem Konflikt zugeordnet. Tatsächlich wird dieses Haus am besten und umfassendsten als das Feld der engsten und intimsten Zusammentreffen und Begegnungen in jeder Form umschrieben. Wenn eine Beziehung mit dieser Plazierung nicht gut verläuft, so können die beiden Partner in einer Weise miteinander konkurrieren, die sich negativ auswirkt und Gegnerschaft zwischen ihnen hervorruft. Selbst in einer intakten Beziehung ist damit in gewissem Grade zu rechnen, doch sollte ein derartiges Konkurrenzgefühl die beiden im allgemeinen stärker miteinander verbinden, als sie voneinander zu trennen.

Die Composit-Sonne im achten Haus

Die Composit-Sonne im achten Haus kann den beiden Partnern ein Gefühl von „Schicksalhaftigkeit" vermitteln, daß diese Beziehung eine entscheidende Rolle in ihrem Leben spielen wird, selbst wenn sie nicht von Dauer ist. Das achte Haus ist der Bereich von tiefgreifenden Umwälzungen und Transformationen, wozu auch die Zerstörung einer alten Lebensform und die Schaffung einer neuen gehört. In den herkömmlichen Geburtshoroskopen entspricht es dem Haus des Todes — doch sollte diese Bedeutung nicht so verstanden werden, daß eine Beziehung mit der Sonne im achten Haus ein rasches Ende nehmen wird. Statt dessen wird sie wahrscheinlich die Ursache dafür sein, daß in jedem der Betroffenen etwas stirbt und vergeht und etwas Neues zur Entstehung kommen wird. Ohne Zweifel werden beide diese Beziehung als stark und tief erfahren.

Jeder wird mit den fundamentalsten und tiefsten Aspekten seines eigenen Wesens und der innersten Natur seines Partners konfrontiert werden. Außerdem wird vermutlich jeder von beiden dem anderen in einer solchen Weise gegenübertreten, daß Veränderungen in jenen Lebensbereichen in Gang gebracht werden, die sich als zäh erwiesen haben. Beide werden mittels dieser Beziehung die Erfahrung von psychologischen Veränderungen machen.

In einer sexuellen Beziehung kommt der physischen Sexualität eine ungewöhnliche Bedeutung zu, doch nicht ausschließlich um ihrer selbst willen. Sexualität wird vermutlich von beiden Partnern als eine Erfahrung angesehen, welche über die gewohnte Realitätsebene hinausgeht — nicht als ein Fluchtweg, sondern als eine Möglichkeit, dem Alltagsleben eine größere Tiefe zu verleihen. Folglich ist die Einstellung gegenüber der Sexualität aller Wahrscheinlichkeit nach nicht leichtfertig und an flüchtigen Abenteuern interessiert.

Das achte Haus ist auch der Bereich der gemeinsamen Geldmittel und Besitztümer. Ähnlich wie die Composit-Sonne im zweiten Haus kann diese Position für beide Partner als starke Antriebskraft dienen, materiellen Besitz zu erwerben, oder sie kann die Bedeutung haben, daß Besitz ein sehr wesentliches Element für die Sicherheit der Beziehung darstellt. Es erweist sich hier wiederum als notwendig, diesen Aspekt nicht übermäßig zu betonen, weil er zu einer verzerrten Perspektive führen kann. Emotionale Bedürfnisse sind wirklich von größerer Wichtigkeit als Besitz. Weil das achte Haus jedoch grundsätzlicher emotional ausgerichtet und von größerer psychologischer Tiefe als das zweite Haus ist, wird dieser Faktor sehr wahrscheinlich keine Schwierigkeiten darstellen.

Die Composit-Sonne im neunten Haus

Die Composit-Sonne im neunten Haus deutet auf eine Beziehung hin, die eine bewußtseinsmäßige Weiterentwicklung einschließt. Besonders in einer persönlichen Beziehung werden die Erfahrungen, die der einzelne durchlebt, ihm ein größeres Verständnis von dem und eine tiefere Einsicht in das vermitteln, was in seiner eigenen Welt vor sich geht. Gemeinsam werden die beiden Partner ein starkes Interesse an Philosophie, Metaphysik, Religion und allen übrigen Wegen zu einer Erweiterung des Bewußtseins und Verstehens haben. Die Beziehung selbst wird vermutlich ziemlich idealistisch geprägt sein. Bei einer solchen Position der Sonne kann eine Beziehung zwischen den beiden Geschlechtern dazu tendieren, platonisch zu werden, und selbst dann, wenn Sexualität eine Rolle dabei spielt, wird immer noch ein platonisches Gefühl gegenwärtig sein.

Die beiden Personen werden sehr stark an Kommunikation und gedanklichem Austausch interessiert sein. Eine gemeinsame Übereinstimmung im Denken gehört zu den vorherrschenden Neigungen, die durch diese Position hervorgerufen werden. Sie werden ziemlich viel reisen oder zumindest für fremde oder ferne Orte Interesse zeigen. „Reisen erweitert den Horizont", wie es heißt, und diese beiden Menschen betrachten Reisen als eine positive Kraft zur Ausdehnung ihres Bewußtseins.

Für eine persönliche Beziehung besteht der einzig mögliche Nachteil dieser Plazierung darin, daß das Verhältnis wahrscheinlich mehr verstandes- als gefühlsmäßig betont sein wird.

In einer geschäftlichen oder beruflichen Partnerschaft ist diese Position hervorragend geeignet für Verbindungen zum Ausland, für Geschäfte mit Reisetätigkeit — besonders über weite Entfernungen —, für Import und Export sowie für intellektuelle Unternehmungen, wie beispielsweise Forschungsinstitute. Diese Position erweist sich für jede Art von Beziehung als nützlich, weil sie darauf hindeutet, daß eine gemeinsame Voraussicht und Fähigkeit dazu besteht, auf lange Sicht für die Zukunft vorauszuplanen.

Die Composit-Sonne im zehnten Haus

Eine Beziehung mit der Composit-Sonne im zehnten Haus wird vermutlich von großer Bedeutung sein. Das zehnte Haus, eines der wichtigsten Felder im Horoskop, bestimmt die umfassende Ausrichtung oder Zielsetzung im Leben. Dies manifestiert sich in solchen Bereichen wie gesellschaftliches Ansehen, Karriere, Selbst-Gefühl im Hinblick auf die äußere Welt und die allgemeine Richtung, die etwas einschlagen muß, damit es zur Entwicklung beitragen kann.

An erster Stelle zeigt diese Position an, daß die beiden Partner eine übereinstimmende Zielsetzung in ihrem gemeinsamen Leben haben oder daß sie sich zumindest gegenseitig darin unterstützen können, diejenigen Ziele zu erreichen, die sie sich jeweils selbst gesetzt haben. Unverkennbar ist diese Position besonders vorteilhaft für eine geschäftliche oder berufliche Partnerschaft, doch auch für eine persönliche Beziehung ist sie von sehr großer Wichtigkeit. Wenn eine solche Beziehung zustande kommt, wird sie eine starke Wirkung auf Sinn und Zweck des Lebens ausüben. Sie kann beiden Partnern eine Hilfe dafür sein, sich selbst besser zu erkennen und die Frage nach dem eigenen Sein zu beantworten, oder sie mag auch auf einem Weg weiterführen, den sich die Betreffenden bereits erwählt haben. Allermindestens werden sie ein starkes Gefühl von gemeinschaftlicher Zielsetzung und Richtungsgebung haben und feststellen, daß sich ihre Egostrukturen in irgendeiner Weise gegenseitig ergänzen.

Da dem zehnten Haus auch der gesellschaftliche Status zugeordnet wird, können einige Paare vielleicht übermäßig darauf bedacht sein, wie sie von anderen gesehen werden — das heißt, mit anderen Worten, auf ihr soziales Image oder ihren Stellenwert in der Gesellschaft —, während sie ernstliche emotionale Probleme außer acht lassen, die sich zerstörerisch auf die Beziehung auswirken mögen. Mit dieser Hausposition besteht die allgemeine Gefahr, daß sich die Betreffenden vielleicht allzusehr mit der äußeren Welt überhaupt und nicht genügend mit ihren eigenen subjektiven Angelegenheiten beschäftigen werden, die ihre eigene Gültigkeit haben. Darin zeigt sich das genaue Gegenteil zu den Problemen, die bei einer Sonne im vierten Haus auftauchen können. Hier liegt die Gefahr darin, daß die beiden Betreffenden mit Schwierigkeiten in der Weise verfahren mögen, daß sie versuchen werden, die strittigen Fragen in der äußeren Welt beizulegen, deren Ausgangspunkt bei ihnen selbst zu sehen ist.

Wie dem auch sei, diese Plazierung ist ein deutliches Anzeichen für eine wichtige Beziehung, in der die beiden Partner eine starke Übereinstimmung der Zielsetzung und Richtungsgebung im Leben feststellen werden, was sie dazu befähigen wird, gut miteinander auszukommen.

Die Composit-Sonne im elften Haus

Die Composit-Sonne im elften Haus bedeutet eine ausgezeichnete Position für fast jede Art von Beziehung, weil es das Haus der Freunde ist. Die hier plazierte Composit-Sonne zeigt an, daß sich die beiden Partner gut miteinander vertragen werden, worin auch immer der Zweck ihrer Beziehung liegen mag.

Diese Plazierung ist ausgesprochen günstig für eine Ehe, weil Freundschaft auf die Dauer einer der wichtigsten Faktoren zur Festigung einer ehelichen Verbindung ist. Für sich allein genommen, ist diese Position jedoch kein Hinweis auf sexuelle Anziehung; diese muß durch andere Komponenten des Horoskops beigesteuert werden.

Diese Stellung der Sonne ist ein positives Anzeichen dafür, daß die beiden Partner gemeinsame Hoffnungen und Ideale für die Zukunft miteinander teilen und sich zusammen dafür einsetzen werden, diese zu verwirklichen — ein Merkmal, das für jede Beziehung wünschenswert ist. In der Tat können gemeinsame Hoffnungen und Ideale der hauptsächliche Faktor sein, der die Partner miteinander verbindet.

Das elfte Haus entspricht auch dem Bereich des eigenen sozialen Selbstausdrucks und der Fähigkeit, sich in Gruppen einzufügen. Eine gut plazierte Sonne im elften Haus deutet darauf hin, daß die beiden Partner als eine kleine, selbständige Gruppe auftreten können und daß es ihnen keine Mühe bereiten wird, gemeinsam zu größeren Gruppen in Beziehung zu treten. Sie genießen es, sich zusammen in der Gesellschaft anderer aufzuhalten und sind gern von Menschen umgeben. Dies steht im Gegensatz zu solchen Paaren, die ein Zusammensein ohne andere Menschen vorziehen.

Mit dieser Plazierung wird vermutlich selbst eine geschäftliche oder berufliche Partnerschaft auch eine starke persönliche Dimension aufweisen, was sich in den meisten Fällen eher unterstützend als hemmend auf die übrigen Funktionen der Beziehung auswirken dürfte.

Die Composite-Sonne im zwölften Haus

Im zwölften Haus befindet sich die Composite-Sonne in einer signifikanten Position, doch treten damit Herausforderungen auf, die für viele Menschen schwierig zu bewältigen sind.

Diese Position deutet darauf hin, daß die beiden Partner durch diese Beziehung mit Aspekten ihres innersten Selbst konfrontiert werden, die sie normalerweise sowohl vor sich selbst als auch vor anderen verborgen halten würden. Es ist auch möglich, daß die Beziehung an sich vor anderen in einer solchen Weise verheimlicht werden mag, daß diese entweder nichts von ihrer Existenz wissen oder aber nicht verstehen, um was es dabei geht.

Die problematischste Folgeerscheinung aus dieser Plazierung der Sonne besteht darin, daß sie die Beziehung für die beiden betreffenden Menschen selbst-zerstörerisch werden lassen kann, besonders dann, wenn diese nicht vollkommen aufrichtig zueinander sind. Wenn nicht alle Heimlichkeiten aufgedeckt werden, so wird dies bei einem der Partner oder bei beiden zu einem solchen Verhalten führen, daß dadurch nicht nur die Beziehung, sondern gleichzeitig auch die eigene Selbstachtung untergraben wird.

In jeder persönlichen Beziehung ergibt sich aus dieser Plazierung die Forderung, daß die Betreffenden ihr innerstes Selbst sorgfältig zu ergründen suchen, damit sie verstehen lernen, wie bisher verborgene psychologische Wesenszüge innerhalb der Beziehung wirksam sind. Diese Konfrontation wird jeden der beiden als Individuum wachsen lassen, und die dadurch mögliche Weiterentwicklung ist wichtiger als das Fortbestehen der Paarbeziehung. Wenn die beiden in irgendeiner Weise unaufrichtig sind oder vor der psychologischen Wahrheit zurückschrecken, damit die Beziehung weiterhin erhalten bleibt, so wird dies nur dazu dienen, die Partnerschaft noch stärker zu untergraben. Kommt es dann auf diese Art und Weise zu einem Abbruch der Beziehung, so wird damit jede potentielle Möglichkeit zu innerem Wachstum gründlich zunichte gemacht.

Mit dieser Plazierung der Sonne sollte keine rechtsgültig verbindliche Beziehung, wie beispielsweise eine Ehe, eingegangen werden, bevor nicht alle verborgenen psychologischen Strukturen, welche zu deren Schwächung beitragen könnten, gründlich durchgearbeitet und zum Vorschein gekommen sind. Diese Plazierung versinnbildlicht die potentielle Möglichkeit von psychologischer Verdrängung; daher können sich Trennungen und Auflösungstendenzen besonders verheerend auswirken, wenn die verborgenen Zwänge an die Oberfläche gelangen.

Keine Position oder kein einzelner Aspekt in einem Horoskop reicht dazu aus, um eine Beziehung völlig zunichte zu machen, doch diese Stellung der Sonne in einem Composite-Horoskop kommt der Aufforderung gleich, besonders vorsichtig und achtsam zu sein.

Die Composit-Sonne in Konjunktion mit dem Composit-Mond

Bei einer Konjunktion von Sonne/Mond im Composit-Horoskop werden die beiden Partner eine gemeinsame Zielstrebigkeit besitzen, die gewöhnlich in anderen Beziehungen fehlt. Dieser Aspekt ist besonders günstig für das Horoskop einer Liebesbeziehung, weil die Sonne das männliche und der Mond das weibliche Prinzip verkörpert. Eine Konjunktion bedeutet die symbolische „Heirat" der beiden Aspekte und weist darauf hin, daß sich die Betreffenden wirklich gegenseitig ergänzen. Aufgrund des komplementären Charakters von männlich und weiblich werden Mann und Frau mit diesem Aspekt im Composit-Horoskop vermutlich eine starke sexuelle Anziehung füreinander haben. Auch in Freundschaften wirkt sich dieser Aspekt nützlich aus, denn ebenso wie in einer Liebesbeziehung kann die wechselseitige Entsprechung auch hier eine starke, verbindende Kraft sein.

Ähnlich wie die Konjunktion von Sonne/Mond in der Natur den Beginn eines neuen Zyklus darstellt, so zeigt diese Konjunktion in einem Composit-Horoskop an, daß in einer solchen Beziehung die potentielle Möglichkeit enthalten ist, etwas Neues in die Welt hineinzubringen. Diese Eigenschaft ist, besonders für eine geschäftliche oder berufliche Verbindung, von Wichtigkeit. Der Faktor der komplementären Ergänzung verrät, daß diese beiden Menschen innerhalb einer Partnerschaft auf irgendeine Weise vollständiger sind denn als Individuen. Sie werden deshalb in den Kämpfen, auf die sie sich gemeinsam im Leben einlassen, eine weitaus größere Stärke zeigen.

Die Composit-Sonne im Sextil mit dem Composit-Mond

Das Sextil zwischen Composit-Sonne und Composit-Mond ist ein sehr günstiges Anzeichen dafür, daß die beiden Partner — ungeachtet der Form ihrer gemeinsamen Beziehung — grundsätzlich zueinander passen. Je persönlicher und enger die Beziehung ist, desto vorteilhafter wird sich dieser Aspekt auswirken. Die Sonne bezeichnet die aktiven oder männlichen Energien in dieser Beziehung, während der Mond ihre weiblichen oder passiven Energien anzeigt. Diese Beschreibungen sollten nicht als Beiträge zum Wesen der Geschlechter, sondern als Ausdrucksformen einer metaphysischen Polarität verstanden werden, wie sie in jeder Beziehung wirksam ist.

Das Sextil ist ein Aspekt des Gleichgewichtes, das darauf hindeutet, daß keiner der beiden immer die dominierende, sich behauptende Rolle einnehmen wird. Statt dessen werden sie sich in der Rolle des aktiven und des passiven Teils gegenseitig abwechseln, und als Konsequenz daraus wird diese Beziehung mit größerer Wahrscheinlichkeit eine wirkliche Partnerschaft zwischen Gleichgesinnten sein.

In den meisten Fällen dürfte die Kommunikation zwischen den Beteiligten gut sein. Sie werden insgesamt eine intellektuelle und gefühlsmäßige Übereinstimmung empfinden und gleichzeitig auch davon überzeugt sein, daß sich die eigenen Ansichten mit den Ansichten des jeweiligen Partners ergänzen.

In einer sexuellen Beziehung werden die ,,Männlichkeit'' der Sonne und die ,,Weiblichkeit'' des Mondes von sich aus zum Ausdruck kommen. Die sexuelle Anziehung wird mit einem aufrichtigen Gefühl von Freundschaft verbunden sein — eine Eigenschaft, die in einer derartigen Beziehung nicht immer anzutreffen ist.

Die Composit-Sonne im Quadrat mit dem Composit-Mond

Das Quadrat zwischen Composit-Sonne und Composit-Mond weist auf eine grundlegende Spannung innerhalb der Beziehung hin. Sonne und Mond stehen symbolisch für die archetypischen Prinzipien des Männlichen und des Weiblichen — die wichtigste, sich komplementär ergänzende Zweiheit innerhalb des Universums. In einem größeren Sinnzusammenhang bezeichnen Sonne und Mond jede wechselseitige Entsprechung und Ergänzung. Die grundlegende Bedeutung dieses Aspektes besteht darin, daß sich die betreffenden Partner nicht völlig komplementär ergänzen. Dies kann in einer sexuellen Beziehung, die auf wechselseitiger Ergänzung beruht, ein entschiedenes Problem darstellen.

Auf der psychologischen Ebene herrscht ein Gefühl von Spannung, was die beiden daran hindert, sich wirklich natürlich und ungezwungen miteinander zu verhalten. Dieser Aspekt kann sich aber auch in einer positiven Weise auswirken und die Beziehung zu einer kreativen Herausforderung werden lassen, so daß sie nicht in abgedroschene Strukturmuster und routinemäßige Verhaltensweisen verfällt.

Aus Gründen, die nicht völlig ersichtlich sind, kann dieses Quadrat von Sonne/Mond manchmal eine ziemlich starke wechselseitige Faszination hervorrufen. Dies ist so, als wenn jeder der beiden Betreffenden in dem anderen etwas wahrnimmt, wonach es ihn sehr stark verlangt, auch wenn er damit nicht besonders gut umgehen kann. Diese Energie kann tatsächlich so stark sein, daß sich kein Zustand der zwanglosen Entspannung erreichen läßt, wie er für eine langfristige Beziehung wünschenswert ist. Ein Quadrat von Sonne/Mond findet sich mit großer Wahrscheinlichkeit im Composit-Horoskop einer intensiven Liebesbeziehung.

Auf jeden Fall wird es beträchtliche Meinungsverschiedenheiten zwischen den Partnern geben, die sofort geklärt werden sollten, wenn immer sie auftreten. Vermutlich werden unterdrückte oder verdrängte Gefühle in dieser Beziehung möglicherweise verheerende Gefühlsausbrüche verursachen, wenn der Spannungsdruck allzu stark wird.

Die Composit-Sonne im Trigon mit dem Composit-Mond

Das Trigon zwischen Sonne und Mond im Composit-Horoskop ist ein ausgezeichnetes Indiz für Übereinstimmung und Verträglichkeit. Es ermöglicht echte Liebe und Freundschaft, zum Teil deshalb, weil sich die beiden Partner gegenseitig akzeptieren und es dem anderen zugestehen können, er selbst zu sein.

Sonne und Mond verkörpern auf der planetarischen Ebene die grundlegende Polarität des Universums, die als männlich und weiblich, aktiv und passiv, Energie und Materie oder in jedem anderen vergleichbaren Gegensatzpaar zum Ausdruck kommt. Gemeinsam stehen Sonne und Mond versinnbildlicht für das Prinzip der Ganzheit. Das Trigon zwischen diesen beiden Gestirnen bedeutet, als Paar zu eben dieser Ganzheit fähig zu sein. In dieser Beziehung wird jeder durch den anderen ergänzt und vervollständigt — oder vielleicht wäre es genauer ausgedrückt, wenn man sagt, daß es jedem der beiden ermöglicht wird, die Erfahrung seiner eigenen Ganzheit zu machen. Eine derartige Beziehung wird durch ein Fehlen von Spannnung und Konflikt charakterisiert. Die Neigung zu dem gegenseitigen Spiel, dem anderen immer um eine Nasenlänge voraus sein zu wollen, zeigt sich bei den Betreffenden nicht annähernd so stark wie bei anderen Paaren.

Jede Art von Beziehung wird durch diesen Aspekt günstig beeinflußt, besonders jedoch eine sexuelle, weil die Sexualität zu den elementarsten Ausdrucksformen der Polarität von Sonne und Mond gehört. Dieser Aspekt bedeutet nicht unbedingt eine Garantie dafür, daß die Betreffenden eine sexuelle Beziehung haben werden; das gesamte Horoskop wird daraufhin untersucht werden müssen, ob diese Wahrscheinlichkeit besteht. Er trägt jedoch dazu bei, eine sexuelle Beziehung problemloser und lohnenswerter zu machen.

Die Composit-Sonne in Opposition
mit dem Composit-Mond

Eine Opposition zwischen Sonne und Mond im Composit-Horoskop ist ein zweischneidiger Aspekt, der viele positive Einflüsse oder eine Menge an

Schwierigkeiten verursachen kann, besonders in einer Liebesbeziehung. Mit diesem Aspekt kann eine außerordentlich starke Polarität einhergehen, was zu Entweder-Oder-Situationen führt, die große Spannungen, selbst ein Konkurrenzgefühl zwischen den betreffenden Partnern hervorrufen können. Andererseits vermag dieser Aspekt zwei von Grund auf unterschiedliche Elemente in beider Leben miteinander zu verbinden und aus beiden eine höhere und dynamischere Einheit entstehen zu lassen.

In einer Liebesbeziehung läßt sich erwarten, daß dieser Aspekt eine Menge an Energie freisetzen wird. Die beiden Partner werden trotz der Differenzen zwischen sich, welche diese Konstellation sinnbildlich darstellt, außerordentlich stark voneinander angezogen werden. Doch ungeachtet dieser starken gegenseitigen Anziehung werden sie sich miteinander nicht völlig wohl und ungezwungen fühlen, weil zwischen ihnen eine sehr große Unausgewogenheit an Energie besteht. Beispielsweise kann einer der beiden ausgesprochen tatkräftig und dynamisch sein, während der andere mehr zu langsamem und bedächtigem Handeln neigt. Diese Differenzen werden vermutlich der Ausgangspunkt für Verärgerung und Gereiztheit sein, selbst wenn in ihnen, paradox genug, auch die Ursache für die Anziehung zwischen den beiden Partnern zu sehen ist. Darin besteht die Hauptschwierigkeit bei diesem Composit-Aspekt.

Eine ganz ähnliche Interaktion ist im Horoskop von Freunden festzustellen. In einer geschäftlichen oder beruflichen Partnerschaft wird man sich selbst die Frage stellen müssen, mit wieviel Spannung und Ärger man sich abzufinden bereit ist, will man in den Genuß der sehr großen Vorteile gelangen, welche diese Beziehung möglicherweise bereithält. Dies ist in allen Situationen eine sehr energiegeladene, aber unbeständige Kombination.

Die Composit-Sonne in Konjunktion mit Composit-Merkur

Die Konjunktion zwischen Composit-Sonne und Composit-Merkur hat die Bedeutung, daß in dieser Beziehung eine sehr große geistige Aktivität existieren wird. Dieser Aspekt ist günstig für die verbale Kommunikation zwischen Partnern, doch wirkt er sich nicht besonders vorteilhaft auf nicht-verbale, gefühlsbetonte Kommunikationsformen aus. Die beiden Partner sollten nicht fälschlicherweise glauben, ihre Fähigkeit zum Gespräch bedeute, daß sämtliche Kommunikationskanäle zwischen ihnen bereits geöffnet seien. Dies mag der Fall sein oder auch nicht. Gefühle und Emotionen lassen sich nicht so ohne weiteres auf Kommunikationsformen reduzieren, die von Merkur regiert werden. Die Betreffenden sollten sich davor hüten, ihre Emotionen verstandesgemäß zu analysieren, anstatt sich ,,aus dem Bauch heraus'' mit ihnen auseinanderzusetzen.

Die verbale Kommunikation zwischen den Partnern dürfte jedoch hervorragend sein. Sie besitzen eine ungewohnte Ähnlichkeit des Denkens oder wenigstens doch eine überdurchschnittliche Befähigung, die Gedanken des anderen zu verstehen.

Merkur ist ein Planet des Reisens — nicht immer in der eigentlichen Wortbedeutung, sondern in übertragenem Sinne; das heißt, diese beiden Menschen setzen sich gemeinsam gern ständig neuen Ideen und Erfahrungen aus. Für andere mag dies den Anschein von Ruhelosigkeit haben, doch in Wirklichkeit ist dies nur Wißbegierde, die durch das Zusammensein miteinander geweckt wird.

Eines der positivsten Merkmale dieses Aspektes besteht in der Fähigkeit, innerlich von dem losgelöst zu sein, worüber das Gespräch geführt wird. Aufgrund dieser inneren Enthaftung können die Betreffenden sogar über ihre Beziehung sprechen und zu Einsichten gelangen, die beiden dabei helfen werden, einen größeren Nutzen daraus zu ziehen. Doch sollten bei diesem Vorgehen nicht die emotionalen Seiten der Fragestellungen vernachlässigt werden.

Die Composit-Sonne in Konjunktion
mit Composit-Venus

Die Konjunktion zwischen Sonne/Venus im Composit-Horoskop gehört zu den deutlichsten Anzeichen für eine Liebesbeziehung zwischen zwei Menschen, selbst wenn es sich dabei um eine Freundschaft handelt. Dies ist nicht in erster Linie ein Hinweis auf eine sexuelle Beziehung, sondern besagt schlicht und einfach Liebe. Innerhalb einer Freundschaft werden die Gefühle der Partner eine Tiefe und Intensität besitzen, welche die meisten Menschen nur mit einer sexuellen Beziehung in Zusammenhang bringen. Die Anziehung, auf welche dieser Aspekt hindeutet, ist von so starker Wirksamkeit, daß sie selbst Menschen zusammenführen kann, die aufgrund normaler Kriterien nicht zueinander passen. Es mag ihnen gelingen, sich gegenseitig ziemlich unglücklich zu machen; doch werden sie sich weiterhin lieben.

Eine Konjunktion von Sonne/Venus hat gewöhnlich die Bedeutung, daß die Betreffenden fast mit Sicherheit eine der tiefsten und liebevollsten Beziehungen ihres Lebens erfahren werden, die aber einige mögliche Gefahren aufweist. Liebe ist eng mit Haß verbunden, und wenn die Beziehung mit Problemen und Konflikten belastet ist, mag selbst ein starkes Liebesgefühl zwischen den Partnern in Haß umschlagen. Der Grund dafür ist darin zu sehen, daß die beiden auf einer derart elementaren Ebene so sehr aufeinander bezogen sind, daß es für sie einfach kein Entrinnen geben kann. Darin besteht zwar eine Möglichkeit, doch wird diese kaum einmal in einer Partnerschaft mit diesem Aspekt eintreten. In den meisten Fällen wird es sich um eine sehr gute persönliche Beziehung handeln.

Die Composit-Sonne in Konjunktion mit Composit-Mars

Die Konjunktion zwischen Composit-Sonne und Composit-Mars stellt eine sehr energiegeladene Kombination dar. Eine Beziehung mit diesem Aspekt im Composit-Horoskop verläuft wahrscheinlich nicht ganz und gar friedlich und ruhig, doch kann sie sich äußerst kreativ zeigen. Diese Verbindung wird starke Energien bei den Beteiligten wachrufen, die dafür eingesetzt werden können, sehr viele Arbeiten durchzuführen oder sich innerlich zu verändern. Die betreffenden Partner werden viele Diskussionen über ihre Beziehung oder andere Themen haben, die an Streitigkeiten angrenzen oder tatsächlich solche sein werden. Dies ist jedoch nicht so negativ, wie es sich anhört, denn diese „Kämpfe" können dazu beitragen, die Luft zu reinigen und das Aufkommen ernstlicher Spannungen zu verhindern. Bei diesem Aspekt im Composit-Horoskop ist es wichtig, daß diese Energien frei zum Ausdruck kommen. Berechtigte Unmutsäußerungen und Klagen sollten nicht aufgrund eines unangebrachten Wunsches nach Ruhe und Frieden unterdrückt werden. Diese Beziehung kann durch schöpferische Konflikte Wachstum erfahren. Wenn der Ärger unterdrückt wird oder sich indirekt Ausdruck verschafft, so könnte die Beziehung sehr unerfreulich oder zu einem endlosen Schwall von Streitgesprächen werden.

Da die Konjunktion von Sonne/Mars ein Anzeichen für psychische Vitalität ist, sollten die Betreffenden gemeinsam aktiv an körperlicher Betätigung teilnehmen, wenn immer dies möglich ist.

In einer geschäftlichen oder beruflichen Beziehung ist dieser Aspekt etwas heikel zu handhaben. Er kann ein Indiz dafür sein, daß die Partner gute gemeinsame Arbeit leisten und mit dynamischer Tatkraft viel erreichen werden. Wenn aber die Energie zwischen ihnen sehr stark ist, so kann dies sowohl auf Auseinandersetzungen, Konflikte und Meinungsverschiedenheiten als auch auf ein schädliches und selbstsüchtiges Konkurrenzdenken hindeuten.

Die Composit-Sonne im Sextil mit Composit-Mars

Das Sextil von Sonne/Mars im Composit-Horoskop wird beträchtliche Energie innerhalb der Beziehung hervorrufen. Durch ihr Zusammensein werden die Betreffenden das Gefühl von größerer Tatkraft und Aktivität erhalten. Gemeinsam werden sie mehr leisten und erreichen können, als ihnen getrennt möglich ist; dies trifft besonders dann zu, wenn sie normalerweise keine sehr große Energie besitzen. Sie werden feststellen, daß sie sich gegenseitig sehr gut ergänzen und daß sie bei den meisten Dingen zusammenarbeiten können.

Körperliche Aktivitäten werden beim Zusammensein eine wichtige Rolle spielen, selbst wenn die Betreffenden als Individuen nicht in dieser Richtung orientiert sind. Bei allen körperlichen Aktivitäten, an denen sie sich gemeinsam beteiligen, werden andere Menschen sie für ein Team halten. Sie sollten es vermeiden, untätig herumzusitzen, obwohl dies schwerlich ein Problem sein wird. Bei jeder gemeinsamen Erfüllung einer Aufgabe wird sich sowohl die Fähigkeit der Partner zur Zusammenarbeit als auch das ausgewogene Verhältnis zwischen ihnen als besonders nutzbringend erweisen. Ihr Konkurrenzverhalten sollten sie sich für Menschen außerhalb der Beziehung aufsparen, anstatt es gegeneinander auszuspielen.

101

Höchstwahrscheinlich werden die beiden entdecken, daß sie gemeinsam ein ausgezeichnetes Gespür für richtiges Timing besitzen und günstige Gelegenheiten gut erkennen und Nutzen daraus ziehen können. Diese Eigenschaft sollte unterstützend für die Zusammenarbeit als ein Team verwendet werden.

Die Composit-Sonne im Quadrat mit Composit-Mars

Das Quadrat zwischen Composit-Sonne und Composit-Mars stellt für nahezu jede Beziehung einen schwierigen Aspekt dar. Es werden derart starke Energien erzeugt, daß sie nur mit Mühe in konstruktive Bahnen gelenkt werden können. In der Regel gelangen diese Energien als heftige Konkurrenzgefühle des Ego, Auseinandersetzungen, Meinungsverschiedenheiten und andere Formen der Gegnerschaft an die Oberfläche.

Die betreffenden Partner können den ,,Trick" anwenden, diese Energie nach außen zu lenken, anstatt sie innerhalb der Beziehung wirksam werden zu lassen. Wenn sie zusammen körperlich sehr aktiv sind oder sehr intensiv für ein gemeinsames Ziel arbeiten, dann mag es ihnen gelingen, diesen Aspekt unter positive Kontrolle zu bringen. Wird die Energie jedoch innerhalb der Beziehung gehalten, dann werden sie viele Probleme haben.

Die Energie, welche dieser Aspekt zu erkennen gibt, wird die beiden gemeinsam ziemlich aktiv sein lassen, doch können bestimmte Probleme auftauchen, wenn diese Tatkraft freigesetzt wird. In einem positiven Sinne kann dieser Aspekt ein gesundes Konkurrenzgefühl zwischen den Partnern zur Folge haben, was sich in guten Ergebnissen niederschlagen dürfte. Wenn sie diese Energie jedoch nicht sorgfältig und behutsam einsetzen und nutzen, so kann diese Beziehung möglicherweise überhaupt nicht aufrechterhalten werden. Dieser Aspekt erweist sich günstig in Situationen, wo sich ein ausgeprägtes Konkurrenzgefühl zwischen den Partnern eher zweckdienlich als destruktiv auswirkt. In einem solchen Falle wird alle Energie eingesetzt und nicht in sinnlosen Streitigkeiten und Meinungsverschiedenheiten vergeudet.

Die Composit-Sonne im Trigon mit Composit-Mars

Das Trigon zwischen Sonne und Mars im Composit-Horoskop hat für die Beziehung zur Folge, daß beide Partner über große Energie für die Durchführung von Arbeiten oder Aufgaben jeglicher Art verfügen werden. Das muß nicht heißen, daß diese Beziehung unbedingt durch Arbeit bestimmt wird, sondern besagt nur, daß die Energie verfügbar ist, sollte sie einmal benötigt werden. Die Betreffenden werden Freude an allen Formen von gemeinsamer physischer und sportlicher Aktivität haben, selbst wenn sie einzeln für sich darin nicht sonderlich aktiv sind.

In der gemeinsamen Arbeit an allen erdenklichen Aufgaben wird es zu keinen egoistischen Konflikten kommen, und die Partner werden sich gegenseitig sehr gut ergänzen. Sie werden durch diese Beziehung ihr eigenes Selbstverständnis verbessern und sogar ihr inneres Selbst kräftigen können.

Es wäre vorteilhaft, irgendein praktisches Betätigungsfeld für die gemeinsamen Energien zu finden, welche durch dieses Trigon symbolisch zum Ausdruck kommen. Die Energie wird sich auf eine heilsame Art und Weise äußern, wenn man sie nur läßt. Doch selbst die positivste Energie kann sich in ihr Gegenteil verkehren, wenn sie kein angemessenes Ventil findet. Eine ausgezeichnete Möglichkeit für die Freisetzung dieser Energie würde entweder irgendeine Form von Arbeit oder eine körperliche Betätigung darstellen.

Dieser Aspekt läßt ein Fehlen von ichbezogenen Konflikten zwischen den Partnern und eine Fähigkeit zu kreativer gemeinsamer Arbeit erkennen, wodurch viel geleistet und erreicht wird. Auf alle Aktivitäten, die mit Leichtathletik oder körperlicher Ertüchtigung zu tun haben, sowie auf jegliche Aufgaben, die harte Arbeit erfordern, wirkt sich dieser Aspekt günstig aus.

Die Composit-Sonne in Opposition mit Composit-Mars

Die Opposition zwischen Composit-Sonne und Composit-Mars könnte sich in einer Beziehung als ausgesprochen brauchbar erweisen, wenn nur ihre Energien nicht so schwierig zu zügeln und nutzbar zu machen wären — denn diese Kombination ist von allen Verbindungen zwischen Sonne und Mars die am stärksten konkurrierende, die streitsüchtigste und kampflustigste. Alle Oppositionsaspekte weisen auf eine gewisse Form der Polarisierung zwischen zwei Größen hin, doch dies gilt in besonderem Maße für die Verbindung von Sonne und Mars. Die Sonne steht sinnbildlich für die Kraft des Willens im allgemeinen, während Mars jene als ,,Selbstbehauptung'' bezeichnete Seite des Willens verkörpert.

Dieser Aspekt im Composit-Horoskop bildet wahrscheinlich eine Quelle für Meinungsverschiedenheiten, Streitigkeiten und alle erdenklichen Formen eines ichbezogenen Konkurrenzkampfes. Er deutet im besonderen darauf hin, daß das Energieniveau der beiden Partner sehr unterschiedlich sein wird, was zu Konflikten in jeder Form führen kann. Der eine der beiden möchte etwas auf eine bestimmte Weise und in einem bestimmten Tempo tun, was der andere in seiner Art und mit seiner eigenen Geschwindigkeit angeht.

Die negativen und zerstörerischen Auswirkungen dieses Aspekts lassen sich dadurch abschwächen, daß beide Partner sehr große Selbstsicherheit besitzen. In einem solchen Falle werden sie diese auf Konkurrenz ausgerichtete Energie nicht als eine Bedrohung, sondern als eine Herausforderung auffassen und sich gegenseitig zu höheren Leistungen anspornen. Sie werden immer noch miteinander wetteifern, doch wird sich dies kreativ anstatt zerstörerisch auswirken.

Es braucht nicht eigens betont zu werden, daß die kreative Nutzung dieser Energie in einer Liebesbeziehung am schwierigsten wäre, während sie sich in einer Geschäftsbeziehung oder Freundschaft einfacher handhaben ließe. Eine Ausnahme sollte dabei jedoch besonders erwähnt werden. Wenn einer der beiden Partner den anderen auf irgendeine Weise zu beraten hat, so würde sich dieser Aspekt als äußerst unproduktiv erweisen. In einer derartigen Situation sollte versucht werden, das eigene Ego in den Hintergrund zu stellen. Für eine solche Beziehung sind aufflackernde Konflikte aufgrund von Ichbezogenheit, wie sie dieser Aspekt häufig anzeigt, nicht förderlich.

Die Composit-Sonne in Konjunktion mit Composit-Jupiter

Die Konjunktion von Sonne/Jupiter ist für ein Composit-Horoskop eine der günstigsten Konstellationen und ein Hinweis darauf, daß die betreffenden Partner sich durch ihre Beziehung weiterentwickeln werden. In der Tat werden Wachstum, Ausdehnung und glückliche Fügungen in vielen Bereichen ihres Zusammenlebens zu verzeichnen sein.

Erstens werden diese Menschen miteinander ein allgemeines Gefühl des Wohlbefindens, der gegenseitigen Stärkung, ja sogar des Hegens und Beschützens haben. Eine Konjunktion zwischen Sonne und Jupiter ist ein Zeichen von Zufriedenheit.

Zweitens wird vermutlich materieller Wohlstand herrschen. Eines der wenigen negativen Merkmale dieses Aspektes besteht in der Tat darin, daß die Betreffenden im Rahmen dieser Beziehung ein übergroßes Interesse für den Erwerb von Reichtum und Besitz entwickeln können. In den meisten Fällen wird es dazu jedoch nicht kommen. Selbst wenn diese Menschen nicht wohlhabend sind, werden sie das Gefühl haben, gemeinsam genügend zu besitzen. Allermindestens ist diese Konstellation ein äußerst optimistisch stimmender Aspekt.

Drittens wird dieser Aspekt die Wirkung haben, den geistigen Horizont der Betreffenden, ihr Bewußtsein von sich selbst und vom anderen zu erweitern und ihr Einsichtsvermögen zu vertiefen. Er könnte vielleicht dazu führen, daß sie Reisen unternehmen oder in Verbindung zu fremden Ländern stehen. Dieser Aspekt ist ein deutlicher Hinweis darauf, daß diese Beziehung, welche Grundlage auch immer sie haben mag, positiv sein und sich günstig auf die Beteiligten auswirken wird.

Die Composit-Sonne im Sextil mit Composit-Jupiter

Der Sextil-Aspekt zwischen Sonne und Jupiter im Composit-Horoskop eignet sich hervorragend für Freundschaften. Diese Menschen werden sich im Zusammensein außerordentlich wohl miteinander fühlen und große Zufriedenheit in der Beziehung finden.

Die Betreffenden werden gern ernsthaft miteinander diskutieren und gegenseitig Ideen austauschen; doch selbst ihre Alltagsgespräche werden sich auf wichtige Themenstellungen beziehen, weil der bewußtseinserweiternde Einfluß von Jupiter dazu beiträgt, belangloses Geplauder auf ein Minimum zu reduzieren. Die gesamten Gedankengänge und gemeinsamen Gespräche werden sich letzten Endes um höhere Interessenbereiche drehen, wie beispielsweise ihre Lebensphilosophie und ihre Weltanschauung.

Zusätzlich zu der Erweiterung des geistigen Blickfeldes wird diese Beziehung auch die Skala an Möglichkeiten in der Welt der Realität vergrößern. Diese Planetenstellung wird mit dem assoziiert, was die Menschen gewöhnlich als „Glück" bezeichnen. Doch ist es in Wirklichkeit nicht so sehr Glück als vielmehr eine positive Einstellung, die glückliche Umstände und Erfolg einfach deshalb auf sich zieht, weil die betreffenden Menschen dafür offen sind und erkennen können, wann günstige Möglichkeiten auftreten.

Jupiters Einfluß wird diese Beziehung mit einer starken Atmosphäre von Optimismus und positivem Denken durchdringen, was für die beiden Partner vermutlich zu großem Erfolg als Team führen wird. Auch viele Reisen gehören wahrscheinlich zu den Auswirkungen dieses Aspekts.

Die Composit-Sonne im Quadrat mit Composit-Jupiter

Das Quadrat zwischen Composit-Sonne und Composit-Jupiter wird sehr viel Energie in dieser Beziehung entstehen lassen. Wenn die betreffenden Partner keine angemessenen Ausdrucksmöglichkeiten für diese Energie schaffen, so könnte sie sich als Rastlosigkeit und innere Unbeständigkeit niederschlagen. Dies erklärt sich daraus, daß das Quadrat von Sonne/Jupiter in den von ihm beeinflußten Menschen ein Gefühl entstehen läßt, daß es Dinge gibt, die zu tun sind. Sie werden große Anforderungen an sich selbst und an ihren Partner stellen, was ihre Bemühungen um geistiges Wachstum und Weiterentwicklung betrifft. Unzufrieden mit dem Status quo, werden sie ständig versuchen, sowohl ihre Beziehung miteinander zu verbessern und zu vervollkommnen, als auch darauf bedacht zu sein, diese anderen gegenüber als gut erscheinen zu lassen.

Glücklicherweise wirkt sich diese Verbindung in einer solchen Weise aus, daß die betreffenden Partner dazu in der Lage sein dürften, ihre gesetzten Ziele zu erreichen. Sie sollten jedoch nicht bei anderen den Eindruck zu erwecken suchen, ihre Beziehung sei besser, als sie es in Wirklichkeit ist, oder es ergehe ihnen besser, als dies tatsächlich der Fall ist. Dies überzeugt andere Menschen selten und bringt sie statt dessen zu der Annahme, daß die beiden wohl einen Überlegenheitskomplex haben müßten.

Diese Menschen müssen es jedoch lernen, Geduld zu üben, denn wahrscheinlich werden sie allzu schnell zuviel erreichen wollen. Als Paar können sie sich im Umgang mit anderen leicht übernehmen und sich allzu weit auf unterschiedliche Projekte einlassen. Vor dieser Neigung, in einem derart großen Ausmaß aktiv sein zu wollen, sollten sie auf der Hut sein. Sie besitzen die notwendige Fähigkeit, gemeinsam das zu erreichen, was sie möchten, und sollten sich daher lediglich um etwas mehr Geduld bemühen.

Die Composit-Sonne im Trigon mit Composit-Jupiter

Das Trigon zwischen Sonne und Jupiter im Composit-Horoskop stellt für eine Beziehung einen guten Ausgangspunkt dar und wird für beide Partner eine günstige und positive Erfahrung bedeuten. Sie werden alles das haben, was sie dem Gefühl nach in ihrem Zusammenleben wirklich brauchen — und selbst wenn sie in materieller Hinsicht nichts besitzen, werden sie davon überzeugt sein, daß ihr gemeinsames Leben miteinander schon alle notwendigen Bedürfnisse erfüllt.

Diese Menschen werden feststellen, daß sie sich gemeinsam weitaus adäquater gegenüber der Welt ausdrücken können, als ihnen dies individuell möglich ist. Ihr gegenseitiges Verständnis füreinander wird sich ständig erweitern und ihnen die Klugheit und Offenheit geben, auf kreative Weise mit jeglichen Schwierigkeiten umzugehen, die in ihrer Beziehung auftauchen. Die Kommunikation zwischen ihnen wird freimütig und ungezwungen sein, und ihre Gespräche werden weitgehend Dinge behandeln, von denen beide überzeugt sind und die sie für wichtig halten. Doch selbst in Diskussionen über ernstere Themen, sei es zusammen oder mit anderen, wird kein Gefühl von Gewichtigkeit und Feierlichkeit aufkommen. Die beiden besitzen einen heiteren Optimismus und haben den Eindruck, gemeinsam alles das bewältigen zu können, was die Welt ihnen auferlegen mag — und die Chancen stehen gut, daß sie dies auch tatsächlich können.

Die Betreffenden werden vermutlich gemeinsam reisen und vielleicht ins Ausland gehen oder zu fremden Orten und Völkern Beziehungen unterhalten.

Die Composit-Sonne in Opposition mit Composit-Jupiter

Die Opposition zwischen Sonne und Jupiter im Composit-Horoskop birgt sehr kraftvolle potentielle Möglichkeiten für eine Beziehung in sich, doch bedarf es einer gewissen Anstrengung, dieses Potential aufs beste zu nutzen. Dieser Aspekt weist das Problem auf, daß er die Betreffenden dazu veranlaßt, hohe Anforderungen im Hinblick auf persönliches Wachstum und innere Evolution aneinander zu stellen. Sie werden sehr hohe Idealvorstellungen darüber besitzen, was ihre Beziehung sein sollte, und sich nicht ohne weiteres mit weniger zufriedengeben. Dies kann die Beziehung entweder auseinanderreißen oder zu einer engeren Verbindung führen.

Oppositionen bezeichnen im allgemeinen einen Widerstreit zwischen zwei Kräften, die sich in irgendeiner Art von Konkurrenz zueinander befinden.

Die Gefahr bei dieser Opposition besteht darin, daß durch die hohen gegenseitigen Anforderungen aneinander keiner der beiden dazu in der Lage ist, sich auf natürliche Weise in die Beziehung einzubringen. Andererseits können sie zu der Einsicht gelangen, daß die beste Möglichkeit zur gemeinsamen Weiterentwicklung und Verwirklichung ihrer Ideale für sie darin besteht, sich gegenseitig zu helfen und nicht einfach nur Anforderungen zu stellen. In einem solchen Falle wird dieser Aspekt größere Unterstützung als notwendig bereithalten. Diese positive Seite des Aspekts, wird sie in rechter Weise genutzt, dürfte bei den beiden gemeinsam weitaus schneller zu persönlichem Wachstum führen, als dies bei jedem einzelnen gesondert der Fall wäre.

Die Composit-Sonne in Konjunktion mit Composit-Saturn

Die Konjunktion von Sonne/Saturn in einem Composit-Horoskop ist ein sehr einflußreicher Aspekt. Er deutet darauf hin, daß diese beiden Menschen zum Zwecke einer wichtigen Lernerfahrung zusammengekommen sind. Tatsächlich spielt alles andere keine sonderlich große Rolle. Diese Beziehung kann von langer Dauer sein oder auch nicht; sie kann die Erwartungen, die jetzt an sie gestellt werden, letzten Endes erfüllen oder auch nicht. Die Dynamik dieser Verbindung wird die jeweiligen Erwartungen sich verändern lassen.

Die Erfahrung dieser Beziehung wird den Betreffenden Wahrheiten über sich selbst enthüllen, mit denen sie sich lieber nicht konfrontiert sähen und die sie dazu veranlassen könnten, sich entmutigt zu fühlen. Sie sollten jedoch versuchen, anstatt negativ darauf zu reagieren, mehr über sich selbst zu lernen — gerade auch über ihre Fehler und Schwächen. Wichtig dabei ist, sich nicht selbst oder gegenseitig zu verurteilen, sondern die Gegebenheiten klar und unvoreingenommen zu erkennen und dann zu versuchen, Veränderungen herbeizuführen, wo dies notwendig ist.

In mancher Hinsicht werden die Betreffenden diese Beziehung als begrenzend und einschränkend erfahren. Sie müssen sich selbst fragen, ob sie dadurch eine notwendige Selbstdisziplin erhalten, die ihnen sonst fehlen würde. Oder beschneidet diese Beziehung legitime Formen des Selbstausdrucks, die wirklich zum innersten Wesenskern gehören? Man mag vielleicht zu der gefühlsmäßigen Annahme neigen, daß letzteres zutreffend sei, doch sollte man dabei sehr vorsichtig sein. Es kann durchaus der Fall sein, daß man diese Disziplin braucht und nicht für seine Verpflichtungen eintritt. Wenn diese Erfahrung notwendig ist, so kann diese Beziehung ein Leben lang andauern; ist sie jedoch wirklich allzu einschränkend, so wird sie wahrscheinlich nicht von sehr langer Dauer sein. Der Einfluß einer Konjunktion von Sonne/Saturn kann sich in beiden Richtungen auswirken.

Die Composit-Sonne im Sextil mit Composit-Saturn

Das Sextil zwischen Composit-Sonne und Composit-Saturn verleiht einer Beziehung eine nüchterne und ziemlich verhaltene Grundstimmung, macht sie gleichzeitig jedoch stabil und dauerhaft. Andere Beziehungen mögen vielleicht mehr ins Auge fallen und weniger gehemmt sein, doch wird eine Verbindung mit einem Sextil von Sonne/Saturn diese wahrscheinlich überdauern — vorausgesetzt, daß zwischen den beiden Persönlichkeiten eine grundlegende Anziehung besteht.

Diese Beziehung sollte dem Leben der betreffenden Partner sowohl ein Gefühl von Stabilität und positiver Formgebung als auch das Wissen geben, wo sie miteinander stehen. Wenn einer der beiden zu Impulsivität oder zu vorschnellen Handlungen neigt, so weist dieser Aspekt darauf hin, daß sie gegenseitig eine in positiver Weise mäßigende Wirkung aufeinander ausüben werden. Diese Beziehung wird sie eine Menge über sich selbst erfahren lassen und großen Einfluß auf ihre Denkweise nehmen. In dieser Stärke ist jedoch eine mögliche Gefahr enthalten. Die Betreffenden können mit diesem Aspekt in derart festgefahrene Denkstrukturen geraten, daß sie sich als Paar überhaupt nicht mehr weiterentwickeln werden. Die formgebenden Tendenzen von Saturn dürfen nicht zu Erstarrung und Unbeweglichkeit führen. Wenn ein gewisser Grad an Flexibilität bewahrt werden kann, so dürfte sich diese Beziehung ziemlich positiv gestalten, selbst wenn sie verhältnismäßig ruhig und gedämpft verlaufen wird.

Die Composit-Sonne im Quadrat mit Composit-Saturn

Das Quadrat zwischen Composit-Sonne und Composit-Saturn wird vermutlich mit bestimmten Problemen aufwarten. An erster Stelle ist es ein Hinweis darauf, daß das Leben der betreffenden Menschen zum gegenwärtigen Zeitpunkt völlig aneinander vorbeigeht. Die beiden mögen sich gegenseitig in die Quere kommen und dann nicht flexibel genug sein, den anderen das tun zu lassen, was er möchte. Einer der beiden wird höchstwahrscheinlich einen unterdrückenden Einfluß auf den anderen ausüben und ihn ständig kritisieren und verurteilen. Es erhebt sich die echte Frage, ob sich die beiden gegenseitig so, wie sie sind, akzeptieren können oder nicht.

Es wäre von Nutzen, wenn es in jedem der beiden spontan zu kreativen Veränderungen käme, die ihre Beziehung stabiler und erfreulicher werden ließen, doch sollte die Existenz der Beziehung nicht davon abhängig gemacht werden. Auch wenn dieser Aspekt es erschwert, müssen die Partner dazu in der Lage sein, sich hier und jetzt gegenseitig zu akzeptieren.

Sie sollten bemüht sein, sich gegenseitig nicht übermäßig zu kritisieren und sich eine größere Freiheit des persönlichen Selbstausdrucks zuzugestehen. Wenn sie die störenden Wesensmerkmale des anderen wirklich nicht hinnehmen können, so ist wahrscheinlich ein Abbruch der Beziehung die beste Lösung. Die zwischenmenschlichen Fehden, welche dieser Aspekt hervorrufen kann, werden dazu führen, daß die beiden als Paar unvollkommener sein werden als jeder für sich getrennt — wo doch der einzig triftige Grund für eine Beziehung der ist, das Leben der Betreffenden gemeinsam runder und vollkommener zu machen, als dies individuell der Fall wäre. Allzuviel Kritik und gegenseitiges Herabsetzen kann dies jedoch unmöglich werden lassen.

Composit-Sonne im Trigon mit Composit-Saturn

Das Trigon zwischen Composit-Sonne und Composit-Saturn wirkt sich als positiver, mäßigender Einfluß auf diese Beziehung aus und gibt ihr Struktur und Form. Letzten Endes werden diese Menschen genau wissen, was sie voneinander zu erwarten haben und was sie selbst beisteuern müssen. Gleichzeitig sorgt dieser Aspekt dafür, daß sie beide durch diese Beziehung sehr viel über sich selbst und über den anderen lernen werden.

Obwohl diese Beziehung nicht sehr feurig sein wird, wird sie eine ruhige und schlichte Würde besitzen, die andere bewundern werden, denn dies ist ein Zeichen von Stabilität. Wenn die Betreffenden ein besseres gegenseitiges Einverständnis entwickeln werden, so wird sich ihre Erfahrung dieser Beziehung auf ihr Denken auswirken und ihre Lebensanschauung auf eine solide Grundlage stellen.

Als Paar werden sie Ruhe und Frieden sowie etablierten Lebenformen den Vorzug geben. Gegenüber Experimenten und Konfrontationen mit unbekannten Aspekten ihres eigenen Ichs können sie sich abgeneigt zeigen, doch sollten sie darauf achten, daß Vorsicht nicht zu Ängstlichkeit oder die Vorliebe für vertraute Strukturmuster nicht zu Starrheit wird.

In der Art und Weise, wie sie ihre Gefühle füreinander zum Ausdruck bringen, werden sie sich ziemlich reserviert verhalten, was andere Menschen sogar als ein gewisse Kälte zwischen ihnen ansehen können. Wahrscheinlich brauchen sie jedoch keine häufigen oberflächlichen Beteuerungen und bevorzugen tiefe und aufrichtige Gefühlsäußerungen, die selten in Worte gekleidet werden.

Diese Beziehung dürfte viele andere überdauern, die kraftvoller und dynamischer erscheinen mögen. Weil die Energien, auf welche dieser Aspekt hinweist, langsam freigesetzt werden, können diese Menschen — ungeachtet der Form ihrer Beziehung — lange Zeit gemeinsam miteinander verbringen.

Die Composit-Sonne in Opposition mit Composit-Saturn

Die Opposition zwischen Sonne und Saturn im Composit-Horoskop stellt echte Probleme dar. Dazu gehören: Mangel an gegenseitigem Verständnis, so unterschiedliche Temperamente, um dadurch Schwierigkeiten zu verursachen, eine Tendenz, eher gegeneinander als miteinander zu arbeiten, die Neigung bei einem der Partner, den anderen unnötig zu hindern und einzuschränken, sowie übertriebene gegenseitige Kritiksucht. Mit so gearteten Energien ist es äußerst schwierig, überhaupt eine richtige Beziehung aufrechtzuerhalten.

Die größte Gefahr besteht in der gegenseitigen Kritik und Einschränkung. Derjenige, der von Natur aus der Stabilere ist, ist durchaus in der Lage dazu, den anderen jeglicher Stärke zu berauben, die er haben könnte. Daher kann diese Beziehung die beiden Partner allmählich kraftloser werden lassen, als dies sonst der Fall wäre.

Es ist möglich, daß eine Beziehung mit diesem Planetenstand länger andauert, doch dazu müssen mehrere Voraussetzungen erfüllt werden. Erstens, die Kritik muß sich auf wirklich wichtige Probleme beschränken und darf nicht zu ständiger Nörgelei und Bevormundung ausarten. Zweitens, die Beziehung sollte offen genug sein, damit sich die Betreffenden in ihrem Alltagsleben gegenseitig aus dem Weg gehen und die Spannung zwischen sich verringern können. Drittens, die beiden müssen ihre Standpunkte und Betrachtungsweisen erweitern und größere Toleranz gegenüber dem lernen, was sie beim anderen ablehnen. Viertens, abgesehen von den Problemen, die sie sich gegenseitig bereiten mögen, müssen die Menschen Gefühle von echter Liebe oder Freundschaft füreinander empfinden.

Wenn diese vier unabdingbaren Voraussetzungen nicht in einem beträchtlichen Ausmaß erfüllt werden können, dann ist es unwahrscheinlich, daß diese Beziehung länger bestehen oder auf die Dauer irgendeinen echten Nutzen für die Betroffenen haben wird.

Die Composit-Sonne in Konjunktion mit Composit-Uranus

Mit der Konjunktion von Sonne/Uranus im Composit-Horoskop wird diese Beziehung eine Herausforderung für den innersten Wesenskern der betreffenden Menschen darstellen. Sämtliche Idealvorstellungen über sich selbst, über die eigene Anpassungsfähigkeit an das Leben anderer Menschen sowie auch über das Leben im allgemeinen werden einer ernsthaften Prüfung unterzogen werden. Wenn die beiden Partner stark und selbstsicher sind, werden sie durch diese Beziehung außerordentlich viel erfahren und lernen können; sind sie aber nicht innerlich in sich gefestigt, wird sie wahrscheinlich etwas erschreckend auf sie wirken.

Die Partner sollten nicht erwarten, daß sich diese Beziehung an irgendwelche besondere, schon bestehende Vorbilder hält, sondern sie werden für sich selbst neue Verhaltensmuster aufstellen müssen, die allein für sie beide zugeschnitten sind. Wenn sie auf der Suche nach einer konventionellen, vorhersehbaren Beziehung sind, dann werden sie wahrscheinlich enttäuscht werden. In einer Ehe beispielsweise müßten beide sehr offen und großzügig sein, und

das einzige Ziel für jeden dürfte nur im Glück des anderen, nicht im Festhalten an Gemeinsamkeitsansprüchen liegen. Jede Anstrengung, sich gegenseitig in ein normales eheliches Korsett hineinzuzwängen, wird ein solches Gefühl von Frustration hervorrufen, daß die beiden am liebsten weiterziehen möchten. Dies trifft auch auf Liebesverhältnisse ohne Ehering zu. Sind die Betreffenden Freunde, sollten sie darauf gefaßt sein, sich gegenseitig häufig mit neuen Wesensfacetten zu überraschen.

Wenn sie diese Beziehung als erschreckend oder verwirrend erfahren, dann sollten sie ihre Erwartungen überprüfen und festzustellen versuchen, ob sie nicht Opfer einer Starrheit des Denkens sind. Doch selbst mit dem allerbesten Willen und der größtmöglichen Offenheit des Bewußtseins mag eine Beziehung wie diese nicht lange währen. Tatsächlich ist das Streben nach Dauerhaftigkeit einer der Begriffe, die häufig durch Uranus eine Herausforderung erfahren. Die Betreffenden sollten so wenige Ansprüche wie möglich an diese Beziehung stellen, eine offene Haltung einnehmen und es sich selbst gönnen, durch diese Erfahrung verändert zu werden und mehr aus sich herauszugehen.

Die Composit-Sonne im Sextil mit Composit-Uranus

Das Sextil zwischen Composit-Sonne und Composit-Uranus deutet darauf hin, daß diese Beziehung sich ihren eigenen Weg bahnen, neue Verhaltensmaßstäbe festsetzen und das Denken der jeweiligen Partner verändern wird. Während die meisten Beziehungen in starkem Maße auf die beiden betreffenden Individuen beschränkt bleiben, wird dies offen für den Kontakt mit anderen sein — fast in der Weise, als müßten sie das, was sie haben, mit möglichst vielen anderen Menschen teilen. Wenn es sich um eine sexuelle Beziehung handelt, wird diese daher ziemlich offen und freizügig sein. Eine Freundschaft unter dieser Konstellation wird für die Weltanschauungen der beiden Partner und der sie umgebenden Menschen eine ständige Herausforderung und Anregung darstellen. Selbst wenn keiner der beiden an sich besonders unkonventionell ist, werden sie sich über die unbekannten Aspekte des Lebens und der Erfahrung verwundern, welche die Beziehung erschließen wird.

Es wird ein unaufhörlicher Austausch von Ideen und neuen Gedanken zwischen ihnen stattfinden, der stets lebendig und stimulierend sein wird. Je mehr sie diesen Austausch zulassen, desto besser wird ihre Beziehung sein. Andernfalls werden beide bemerken, daß sie sich in der Gesellschaft des anderen leicht gelangweilt und ruhelos fühlen. Sie sollten es nicht zulassen, daß diese Partnerschaft aufgrund von Bequemlichkeit oder mangelnder Experimentierfreudigkeit in konventionelle Strukturmuster hineingerät. Dadurch würde etwas geschwächt, was für beide eine äußerst anregende und kreative Erfahrung sein sollte.

Die Composit-Sonne im Quadrat mit Composit-Uranus

Das Quadrat zwischen Sonne und Uranus im Composit-Horoskop besagt, daß diese Beziehung für die betreffenden Partner viele Überraschungen bereithalten wird, von denen einige sehr schwierig zu handhaben sein werden.

Die wichtigste Rolle spielt das Problem der mangelnden Stabilität und Unbeständigkeit. Sie werden vermutlich entdecken, daß diese Beziehung den einen oder auch beide Partner äußerst ruhelos und ungeduldig werden läßt und wahrscheinlich zu Verhaltensweisen bringt, die offen jegliche Tradition verletzen. Dies ist ohne Zweifel keine Beziehung, in der irgendeiner Besitzansprüche anmelden kann; jeder muß dem anderen die größtmögliche Freiheit einräumen — und wenn dies dazu führt, daß einer der beiden zu einem anderen Menschen hingezogen wird, dann ist dies der Lauf der Dinge. Dieser Aspekt ist nicht sonderlich günstig für jede Form von Beziehung, wie beispielsweise die Ehe, die traditionelle Erwartungen beinhaltet. Eine Heirat ist möglich, doch würde sie weitaus mehr Flexibilität verlangen, als die meisten Menschen besitzen.

Ein anhaltendes Problem, womit sich die beiden Partner konfrontiert sehen können, ist die nervöse, elektrisch aufgeladene Qualität in ihrer Interaktion miteinander. Diese Eigenschaft wird es ihnen erschweren, sich im gemeinsamen Beisammensein zu entspannen und es sich bequem zu machen. Andererseits werden sie sich zumindest niemals miteinander langweilen.

Dieser Beziehung muß es zugebilligt werden, ungehindert von einschränkenden Erwartungen ihren eigenen Verlauf zu nehmen. Doch selbst dann wird es sich dabei wahrscheinlich um eine sehr unbeständige und nicht vorhersehbare Erfahrung handeln.

Die Composit-Sonne im Trigon mit Composit-Uranus

Das Trigon von Sonne/Uranus im Composit-Horoskop entspricht der Bedeutung, daß die betreffenden Partner durch die gemeinsame Suche nach neuen Wegen des persönlichen Selbstausdrucks größere Stärke erhalten werden. Sie sollten es nicht zulassen, daß ihre Beziehung sich in herkömmliche Strukturmuster einfügt, sondern statt dessen neue Ideen, neue geistige Horizonte erforschen. Wenn möglich, sollten sie zu unbekannten Orten reisen, um dort gemeinsam Erfahrungen zu machen, die sie außerhalb ihrer Beziehung nicht machen könnten.

Wenn es sich um eine Beziehung zwischen Liebespartnern handelt, sollten sie offen für Begegnungen mit anderen Menschen bleiben. Engherzige Vorstellungen von Treue oder Besitzansprüchen sollten kein Hindernis für wertvolle Beziehungen außerhalb von dieser darstellen. Dies sollte jedoch nicht als Freibrief für gegenseitige Unaufrichtigkeit verstanden werden.

Ganz im Gegenteil — diese Beziehung stellt sogar höhere Anforderungen an Ehrlichkeit. Jeder muß nicht nur dem anderen gegenüber, sondern auch mit sich selbst immer ehrlich sein. Auf diese Weise können die Betreffenden mit jeder neuen Erfahrung, die sie machen werden, in geistiger Offenheit und nicht aus einer ängstlichen oder engstirnigen Position heraus umgehen. Sie können sich fest darauf verlassen, daß diese Beziehung sie, miteinander und jeden in sich selbst, mit neuen Lebensbereichen bekanntmachen wird.

Die Composit-Sonne in Opposition mit Composit-Uranus

Die Opposition zwischen Composit-Sonne und Composit-Uranus läßt den Schluß zu, daß diese Beziehung in mancher Hinsicht sehr viel Aufruhr mit sich bringen wird. Es ist keineswegs so, daß sie nicht lohnenswert sein kann, doch vermutlich wird sie nicht sonderlich konventionell oder vorhersehbar ablaufen. Ob diese Verbindung für die beiden Menschen allzu unruhig oder verwirrend sein wird, hängt weitgehend von ihrer Flexibilität und ihrer Offenheit gegenüber neuen Formen der Erfahrung ab. Je traditioneller ihre Vorstellungen über ihr gemeinsames Rollenspiel miteinander sind, desto mehr Verwirrung wird diese Beziehung stiften.

Hier besteht das zentrale Problem darin, daß der eine oder andere von beiden die am meisten gehätschelten und hochgehaltenen Idealvorstellungen seines Partners einer ständigen Herausforderung unterzogen wird. Diese Erfahrung wird sich mit einer unaufhörlichen Umwälzung und Revolution vergleichen lassen. Es wäre fast besser, diesen Aspekt in einem Composit-Horoskop mit seinem Psychiater anstatt mit einem Liebespartner oder Freund zu haben. Die unausgesetzten Herausforderungen werden nur schwerlich irgendeine Art von Stabilität zwischen den Partnern entstehen lassen. Sie werden für den Augenblick das Gefühl haben, Herr der Situation zu sein — und schon hat sich die Gesamtstruktur durch neuhinzugekommene Ereignisse wieder verändert.

Eine weitere mögliche Auswirkung dieses Aspektes besteht darin, daß diese Beziehung eine Herausforderung für die Normen und Wertmaßstäbe der Gesellschaft bedeutet, in der die Betreffenden leben. Andere können sie vielleicht als eine äußerst ungewöhnliche und exzentrische Verbindung betrachten, die sogar eine Bedrohung darstellt. Dieses Problem könnte sich in gewisser Weise als Hilfe für die Beziehung auswirken, weil Druck von außen die beiden enger zusammenschweißen dürfte. Andererseits mag die Situation allzu heikel werden, um mit ihr noch fertigzuwerden. Wenn andere Menschen einer Beziehung allzu ablehnend gegenüberstehen, kann der Druck so groß werden, daß ihm kein Widerstand mehr entgegengesetzt werden kann.

Die Composit-Sonne in Konjunktion mit Composit-Neptun

Mit der Konjunktion von Sonne/Neptun im Composit-Horoskop existiert in dieser Beziehung entweder ein beträchtlicher Idealismus oder eine starke Selbsttäuschung. Die beiden Partner sehen sich mit der Herausforderung konfrontiert, daß sie feststellen müssen, welche dieser Möglichkeiten in ihrem Falle zutrifft und wie sie sich mit dieser Realität arrangieren können.

Es soll beachtet werden, daß Idealismus, wird er zu weit getrieben, sehr nahe an Selbsttäuschung herankommt. Es ist eine Sache, ein ausgeprägtes Bewußtsein dafür zu haben, wie die Dinge eigentlich sein sollten — doch eine ganz andere Sache ist die Annahme, diese Ideale seien auch erfüllt, wenn dies in Wirklichkeit nicht so ist.

Unter diesen Umständen werden die beiden Partner vermutlich das Gefühl von einer äußerst spirituellen Verbindung zwischen sich haben, was auch tatsächlich der Fall sein mag. Dieser Aspekt kann auf eine seelische Übereinstimmung und vollkommene innere Entsprechung hindeuten, wodurch verbale Kommunikation sich als überflüssig erweist. Er kann jedoch auch die Bedeutung haben, daß die Betreffenden nur der Annahme sind, dies verhalte sich so, selbst wenn es in Wirklichkeit nicht so ist. Die Wirkungsweise von Neptun ist sehr wenig auf das Physische bezogen, so daß eine Liebesverbindung unter seinem Einfluß vermutlich eher platonisch als körperlich sein dürfte.

Die zweite Möglichkeit, die der Selbsttäuschung, bedeutet schlicht und einfach, daß sich die Betreffenden nicht direkt miteinander konfrontieren, sondern statt dessen ihre Wunschbilder auf den Partner projizieren. Eine mögliche Äußerung von Neptun kann sich in der Beziehung so zeigen, daß einer der beiden bemüht ist, den anderen vor sich selbst zu „retten". Dies trifft besonders dann zu, wenn der eine ein schwerwiegendes psychologisches oder körperliches Problem hat, das der andere zu heilen versucht. In einer solchen Beziehung ist häufig ein starkes Gefühl von Märtyrertum vorhanden.

Alle diese Taktiken stellen unaufrichtige oder selbstbetrügerische Bemühungen dar, um den tatsächlichen Menschen in der Beziehung aus dem Weg zu gehen — sich selbst und seinem Partner. Wenn diese Verbindung wirklich ein starkes spirituelles oder philosophisches Wesenselement aufweist, so ist dies gut und schön — wenn nicht, dann sollten sich die Betreffenden nicht darüber hinwegtäuschen.

Die Composit-Sonne im Sextil mit Composit-Neptun

Eine Beziehung mit dem Sextil zwischen Composit-Sonne und Composit-Neptun hat die Neigung, sehr starke idealistische Züge anzunehmen. In gewisser Hinsicht eignet sich dieser Aspekt am besten für eine Freundschaft, weil er dazu beiträgt, eine Liebesbeziehung platonisch zu machen. Wenn sich jedoch beide Partner auf einem spirituellen Weg befinden, so wird dieser Aspekt sie in ihren gemeinsamen Bemühungen bestärken.

Ungeachtet dessen, um welche Art von Beziehung es sich handelt — sei es Freundschaft, Liebesverhältnis, Ehe oder etwas anderes —, werden die Betreffenden sehr hohe Idealvorstellungen darüber haben, was sie füreinander sein sollten. Hat dieses Ideal sie ganz und gar erfaßt, so kann es sein, daß sie sich nur widerstrebend mit den gewöhnlichen, „weltlichen" Aspekten des Lebens beschäftigen wollen. Andere mögen diese Beziehung vielleicht als unmöglich oder zumindest als nicht praktikabel ansehen, doch wird dies die Betreffenden nicht sonderlich stören. Sie werden sich dadurch nicht beirren lassen und scheinbar weiter in höheren Regionen schweben. Dies kann natürlich zu weit führen, wenn sie nicht aufpassen. Auf irgendeine Art und Weise müssen sie sich mit der realen Welt auseinandersetzen. Außerdem müssen sie es lernen, miteinander über sämtliche Bereiche ihrer Beziehung zu kommunizieren — nicht nur über die idealen Teilaspekte.

Langfristig gesehen, ist dieser Aspekt nicht allzu schwierig zu handhaben. Der hierdurch angezeigte Idealismus kann eine Beziehung sehr schön werden lassen. Es geht nicht so sehr darum, diesen Idealismus zu unterdrücken oder zu verdrängen, als vielmehr darum, mit der Realität umgehen zu lernen.

Die Composit-Sonne im Quadrat mit Composit-Neptun

Bei einer Beziehung mit dem Quadrat zwischen Sonne und Neptun im Composit-Horoskop ist äußerste Vorsicht geboten. Dieser Aspekt bringt es mit sich, daß die Beziehung zu fehlendem Wirklichkeitssinn und mangelnder Praktikabilität neigt. Im besonderen besteht die Gefahr, daß einer der beiden Partner den anderen hintergehen oder betrügen wird, was zu Enttäuschungen und Desillusionierung führen könnte, wenn es ans Licht kommt. Ungeachtet dessen, wie schön die Beziehung am Anfang auch zu sein scheint, existiert die echte Möglichkeit, daß sie in totaler Ernüchterung enden wird.

Häufig wird der eine Opfer von ständigen Täuschungs- und Betrugsversuchen des anderen, doch kann das sogenannte „Opfer" aufgrund einer unbewußten Neigung zu Märtyrertum teilweise selbst dafür verantwortlich zu machen sein. Kein einziger Aspekt für sich allein macht eine Beziehung ganz und gar unmöglich, doch dieser hier verlangt von beiden eine außerordentlich große Einsicht in die wirklichen Gründe für die zwischen ihnen bestehende Verbindung.

Dieser Aspekt kann die Bedeutung haben, daß sich beide Partner sehr im unklaren darüber sind, was sie mit ihrem Leben anfangen — nicht nur gemeinsam, sondern auch als Individuen. Wenn keiner der beiden weiß, in welcher Richtung sein eigenes Leben verläuft, ist es äußerst unwahrscheinlich, daß die Erfahrung dieser Beziehung ihnen sehr viel nutzen wird.

Eine Beziehung mit diesem Aspekt könnte möglicherweise eine zuverlässige Basis und ein starkes Selbstverständnis als eine spirituelle Verbindung besitzen. An diesem Ziel sollten sich die Betreffenden orientieren, doch sich zuerst vergewissern, ob es sich dabei um eine realistische Möglichkeit handelt.

Die Composit-Sonne im Trigon mit Composit-Neptun

Das Trigon zwischen Composit-Sonne und Composit-Neptun weist auf ein beträchtliches Maß an Idealismus in dieser Beziehung hin. Diese Menschen werden das Gefühl von einer außergewöhnlichen Vereinigung zwischen zwei Seelen, vielleicht sogar von einer spirituellen Verbindung haben. Viele der Gedanken, die sie sich gegenseitig mitteilen möchten, müssen nicht ausgesprochen werden, da der eine schon im voraus weiß, was der andere gerade denkt. Häufig wird der eine damit beginnen, etwas auszusprechen, nur um festzustellen, daß der andere es zur gleichen Zeit sagt. Es besteht, mit anderen Worten, sehr wahrscheinlich eine starke seelische Verbindung zwischen den Betreffenden.

Der vergeistigte Einfluß von Neptun führt zu der Neigung, den Bereich des Physischen zu negieren. Deshalb ist eine Beziehung mit einem stark betonten Neptun, so wie die vorliegende, wahrscheinlich eher platonisch als körperlich. Dennoch wird das große Gefühl von Schönheit in einer derartigen Beziehung in der Regel die Tatsache aufwiegen, daß sie nicht gleichzeitig auf einer physischen und einer spirituellen Ebene wirksam sein kann.

Das mangelnde Interesse am Bereich des Physischen und Materiellen macht hier das hauptsächliche Problem aus. Für eine Freundschaft ist es völlig in Ordnung, auf einer derart hohen Ebene miteinander zu kommunizieren und die praktischen Aspekte nicht weiter zu beachten. In einer Liebesbeziehung, besonders in einer Ehe, müssen jedoch praktische Angelegenheiten erledigt werden, und es mag für die Betreffenden schwierig sein, sich selbst auf diese Ebene herunterzuholen.

Weil Neptun jedoch die Selbstaufopferung regiert, wird eines der stärksten Bindeglieder zwischen diesen Partnern in ihrer Bereitschaft bestehen, dem anderen jederzeit selbstlos zu geben.

Die Composit-Sonne in Opposition mit Composit-Neptun

Die Opposition zwischen Sonne und Neptun in einem Composit-Horoskop läßt eine Reihe von Problemen vergegenwärtigen. In erster Linie hat sie die Bedeutung, daß einer der Partner oder beide es ablehnen, die Beziehung realistisch einzuschätzen. Eine mögliche Erscheinungsform dieses Problems würde darin bestehen, daß jeder der Betroffenen sein eigenes Idealbild auf die Person des Partners projiziert, doch könnte es sich auch in Form von offenen Lügen und Täuschungsmanövern äußern.

Zweitens ist dieser Aspekt von allen Verbindungen zwischen Sonne und Neptun für ein Retter/Opfer-Verhalten am ehesten anfällig — wie es ein bekannter Astrologe für diese Beziehung formuliert hat, daß hier „ein Retter nach einem Opfer oder ein Opfer nach einem Retter sucht". Neptun leugnet die Antriebskräfte des Ego ab und kann daher einen Menschen dazu veranlassen, nach einem Freund oder Liebespartner zu suchen, der durch sein hochherziges Opfer errettet werden kann. Es muß nicht eigens erwähnt werden, daß die betreffende Person für ihre Rettung dadurch „bezahlen" muß, daß sie ständig an die aufopfernden Bemühungen des Märtyrers erinnert wird.

Es kann auch umgekehrt der Fall sein, daß einer der Partner derjenige sein möchte, der gerettet wird, und zu dem anderen als Retter aufblickt; wenn dieser seine Rolle nicht akzeptiert, wird es zu schrecklichen Enttäuschungen kommen.

Die hauptsächlichen Probleme, welche dieser Aspekt darstellt, machen es erforderlich, daß man es lernt, die Beziehung realistisch zu gestalten (was schwierig sein wird) und sich gegenseitig als gleichwertig zu betrachten. Die eigene Selbstaufopferung wird nichts und niemandem helfen und kann durchaus die ganze Beziehung unangenehm und verbittert werden lassen. Die betreffenden Partner sollten sich so aufeinander beziehen, wie sie wirklich sind, und sich gegenseitig keine wirklichkeitsfremden Ziele aufbürden, da diese unvermeidlich zu Selbstbetrug und Enttäuschung führen. Dies veranlaßt uns schließlich zu der nachdrücklichen Warnung: Diese Partner sollten gegenseitig und mit sich selbst ehrlich sein, denn in mangelnder Aufrichtigkeit — sei es unbeabsichtigt oder vorsätzlich — liegt die größte Gefahr bei diesem Aspekt.

Die Composit-Sonne in Konjunktion mit Composit-Pluto

Die Konjunktion von Composit-Sonne und Composit-Pluto besagt, daß diese Beziehung sehr tiefgehende und lang andauernde Wirkungen auf die Betreffenden haben wird, denn Pluto regiert die tiefgründigen und unausweichlichen inneren Umwandlungen.

Dieser Aspekt wird sich in einer von zwei Möglichkeiten auswirken. Die erste besteht darin, daß diese Beziehung eine sehr starke Wirkung auf andere Menschen ausüben wird. Die Betreffenden können entdecken, daß sie gemeinsam andere in einer Art und Weise beeinflussen können, wie es ihnen individuell niemals möglich wäre. Die Auswirkungen von Pluto sind immer mit Stärke verbunden — doch sollte diese Kraft vorsichtig und sparsam eingesetzt werden, da andere auf ihren Mißbrauch heftig reagieren und sich gegen die Betreffenden zusammenschließen werden.

Die zweite Möglichkeit, die völlig unabhängig von der ersten eintreten kann, besteht darin, daß die Beziehung eine starke, nach innen gehende Wirkung haben und für die beiden Partner Ursache für wichtige Veränderungen und

Wandlungsprozesse sein wird. Pluto regiert die Tiefenpsychologie und die Psychologie im allgemeinen, denn mit Hilfe dieser Methode wird eine tiefgreifende Regeneration des Selbst angestrebt. Diese Beziehung kann sich in einer solchen Weise auf die Betreffenden auswirken.

Eine Warnung, besonders für Liebesbeziehungen und Ehen: Dann und wann werden beide Partner das Gefühl haben, alles breche zusammen und die gesamte Beziehung sei am Ende angelangt. Bei einem stark betonten Pluto mag dies lediglich den Beginn einer größeren Veränderung anzeigen, nach deren Abschluß die Betreffenden in eine neue Phase eintreten können, die für beide besser als jemals zuvor sein wird. Wenn derartige Krisenzeiten auftreten, sollten sie um Geduld bemüht sein und es sich nicht zugestehen, impulsiv und aus der Erregung heraus zu handeln.

Die Composit-Sonne im Sextil mit Composit-Pluto

Das Sextil zwischen Sonne und Pluto im Composit-Horoskop deutet darauf hin, daß in dieser Beziehung eine starke Kraft zu Regeneration und innerem Wachstum existiert. Dieser Aspekt gibt den beiden Partnern die konkrete Möglichkeit, ihre Beziehung nach schwierigen Phasen — sei es entweder zwischen sich selbst oder zwischen sich als Paar und der äußeren Welt — wieder neu zu beleben. Dieser Aspekt verleiht Ausdauer und Durchhaltevermögen.

Gleichzeitig ist er eine Gewähr dafür, daß die Erfahrung dieser Beziehung einen starken Einfluß auf die Weltanschauungen und Denkweisen der betreffenden Menschen haben wird. Diese Auswirkungen dürften größtenteils positiver Natur sein und ein tieferes Verständnis jedes einzelnen als Individuum und als Partner innerhalb einer Beziehung einschließen. Jeder wird sich ständig neuer Wesensaspekte bewußt werden, die an die Oberfläche gebracht und von beiden gründlich erforscht werden. In den meisten Fällen ist dies eine ernsthafte Beziehung, was bedeutet, daß die Betreffenden auf einer sehr weit in die Tiefe reichenden Ebene miteinander verbunden sind.

Auf andere mag diese Form der Intensität zwischen den beiden Partnern ein wenig erschreckend wirken, doch sollten sie diesen Ängsten keine besondere Aufmerksamkeit schenken; sie werden schon noch einsehen, daß nichts daran zu fürchten ist. Die Veränderungen, welche die Beziehung in den Partnern bewirkt, sind gut und notwendig und natürliche Früchte aus ihrer eigenen Evolution.

Die betreffenden Menschen sollten sich auf die Tatsache gefaßt machen, daß ihre gewohnten Strukturen, an die Dinge heranzugehen, durch diese Beziehung eine Veränderung erfahren werden. Dieser Aspekt besagt, daß ihnen neue Einsichten über sich selbst enthüllt werden, doch sollten sie keine Angst vor der Auseinandersetzung mit ihnen haben — denn das Ergebnis kann für beide Partner nur von Nutzen sein.

Die Composit-Sonne im Quadrat mit Composit-Pluto

Das Quadrat zwischen Composit-Sonne und Composit-Pluto weist darauf hin, daß diese Beziehung tiefgreifende Auswirkungen haben, doch nicht sonderlich einfach und problemlos verlaufen wird. Die Verbindung von Sonne und Pluto steht kennzeichnend für „Macht" und hat in ihrer einfachsten und schlagendsten Form gewöhnlich die Bedeutung von Machtkämpfen zwischen den betreffenden Menschen. Das Problem besteht darin, daß einer der Partner den starken Wunsch hat, den anderen in etwas zu verwandeln, was dieser nicht ist. Selbst wenn eine Veränderung gefordert wird, so wird die äußere Form, in der sie herbeigeführt wird, den anderen Partner wahrscheinlich zu aktiver Gegenwehr provozieren.

Die Wirkungsweise von Pluto in einer Beziehung geschieht immer auf einer sehr tiefgehenden Ebene und hat ganz und gar nichts Oberflächliches an sich. Wenn dieser Aspekt einer von vielen ist, die Konflikte anzeigen, dann wird es sich zweifellos um eine problematische Beziehung handeln; doch wird er sich weniger zerstörerisch auswirken, wenn andere Aspekte harmonischer sind. Aber auch dann noch wird die Beziehung als eine sehr intensive und tiefreichende Umwandlung durch den anderen und von jedem erlebt werden. Selbst wenn die Betreffenden ihren Partner gar nicht verändern wollen, werden sie es tun. Diese Veränderungen werden sich von den innersten Tiefen bis zu den äußersten Lebensbereichen bemerkbar machen.

Ein Problem, welches bei diesem Aspekt auftauchen kann, besteht in einem ernsthaften Konflikt zwischen der unterschiedlichen Richtungsgebung im Leben. Die beiden Partner werden nicht nur lediglich zwei verschiedenen Lebensweisen folgen, sondern ihre Richtungsgebung wird tatsächlich in Widerstreit zueinander geraten. Dies wird vermutlich der Ausgangspunkt für erhebliche Ego-Konflikte zwischen ihnen sein.

Die einzige Möglichkeit, mit der Energie dieses Aspekts umzugehen, besteht im Vermeiden jeglicher Egospiele. Die betreffenden Partner sollten sich auf echte Konfliktstoffe beschränken und sich nicht gegenseitig an Kleinigkeiten aufreiben, die sie im Grunde gar nicht kümmern, die sie aber dazu verwenden, um Punkte auf Kosten des anderen zu sammeln. Es wird genügend echte Probleme zur Auseinandersetzung geben, als daß noch weitere dazu gefunden werden müßten.

Die Composit-Sonne im Trigon mit Composit-Pluto

Das Trigon zwischen Composit-Sonne und Composit-Pluto ist ein Anzeichen für eine gefühlsmäßige intensive Beziehung, die bei beiden Partnern eine Wendung zum Besseren herbeiführen wird, wenn sie es lernen, sich in Einklang mit ihrem Fluß weiterzubewegen.

Ihre allgemeine Lebenseinstellung und -philosophie wird durch die emotionalen und psychologischen Veränderungen, welche diese Beziehung bewirken wird, sehr stark beeinflußt werden. Die Wirkung auf beide Partner wird ebenso tiefgreifend sein, wie sie durch jede Form von Therapie oder Psychoanalyse erreicht werden könnte. Pluto regiert psychologische Umwandlungsprozesse, und wo auch immer er beteiligt ist, kann man sicher mit tiefgreifenden Veränderungen rechnen.

Diese Beziehung wird die Betreffenden nicht nur innerlich verändern, sie wird auch eine sichtbare Wirkung auf ihre Persönlichkeit und ihre Ausdrucksweise anderen gegenüber haben.

Es ist nicht besonders schwierig, mit diesem Aspekt umzugehen, doch wäre er nicht günstig, wenn man eine sorglos-unverbindliche Beziehung sucht. Aufgrund von Pluto wird diese Partnerschaft bedeutsam und ihrem Charakter nach eher ernst sein, doch wird sie die potentielle Möglichkeit von großer Kreativität in sich tragen.

In einer sexuellen Beziehung wird die Wirkung von Pluto sowohl die gefühlsmäßige Intensität als auch die Betonung auf der Sexualität verstärken. Das Interesse an der Sexualität wird nicht nur aus physischen Gründen, sondern auch wegen der tiefgreifenden emotionalen Wirkungen bestehen, die damit verbunden sind. Beide Partner empfinden den sexuellen Kontakt als eine Erfahrung, die sich auf allen Seinsebenen auswirkt und sie über die gewohnte Realität hinausgehen läßt. Diese Einstellung macht die Sexualität für die Betreffenden weitaus wichtiger, als dies bei anderen der Fall wäre.

Die Composit-Sonne in Opposition mit Composit-Pluto

In einer Beziehung mit der Opposition zwischen Composit-Sonne und Composit-Pluto wird das schwerwiegendste Problem in Machtkämpfen bestehen. Zu manchen Zeiten wird eine solche Beziehung eher wie ein Konkurrenzkampf als wie ein Liebesverhältnis, eine Ehe oder Freundschaft erscheinen. Wenn es zum Abbruch dieser Beziehung kommt, besteht außerdem die echte Gefahr, daß sie in offene Gegnerschaft ausartet.

Einer der Partner oder beide müssen es lernen, den Wunsch nach Beherrschung des anderen zu zügeln. Selbst wenn sie ihr Bedürfnis nach Dominanz dadurch rechtfertigen, daß es ja für eine gute Sache sei, muß es dennoch an die Kandare gelegt werden. Wenn die Kraft von Pluto falsch gebraucht wird, nimmt die Reaktion darauf leicht eine heftige Form an — und ungeachtet dessen, was man selbst annehmen mag, ist bei diesem Aspekt die Wahrscheinlichkeit groß, daß die Kraft falsch eingesetzt wird.

Es ist ebenfalls möglich, daß die beiden Partner zusammen Widerstand bei anderen Menschen wachrufen. Die Energie, welche dieser Aspekt nach außen bringt, läßt andere häufig Furcht vor dem empfinden, was sich zwischen den

Betreffenden abspielt. Diese Möglichkeit ist jedoch nicht so groß wie die Wahrscheinlichkeit von Konflikten innerhalb der Beziehung.

Es besteht die Gefahr, daß aus den Kämpfen um Vorherrschaft einer der Partner so sehr als Verlierer hervorgehen mag, daß es für ihn nicht leicht sein wird, ein Gefühl von gesundem Stolz und Selbstvertrauen wiederzugewinnen. Bei jeder Beziehung, welche diesen Aspekt im Composit-Horoskop aufweist, ist größte Vorsicht geboten. Obwohl eine Verbindung nicht ganz und gar ausgeschlossen sein mag, müssen die gerade beschriebenen Gefahren beachtet werden.

Die Composit-Sonne in Konjunktion mit dem Composit-Aszendenten

Die Konjunktion von Composit-Sonne und Composit-Aszendent ist Kennzeichen einer Beziehung, die vermutlich einen erheblichen Eindruck auf ihre Umgebung machen wird. Andere Menschen werden sich sehr stark darüber bewußt sein, daß zwischen den betreffenden Partnern etwas Bedeutsames geschieht. Das ist deshalb so, weil der Aszendent die Form der Energie regiert, welche die beiden auf ihre Umgebung ausstrahlen, und gleichzeitig eine Menge über die Beziehung selbst aussagt, während die Sonne die grundlegenden Antriebskräfte von Energie in der Beziehung regiert. Als Folge ergibt sich aus dieser Plazierung, daß die grundlegende Energie dieser Beziehung in irgendeiner Weise auf die Umgebung gelenkt wird.

Es mag sein, daß die Betreffenden einfach ein auffallendes Paar sind und andere leicht beeindrucken, ohne sich besonders darum zu bemühen. Es kann jedoch auch der Fall sein, daß die beiden aus bestimmten Gründen versuchen, Eindruck auf die Menschen in ihrer Umgebung zu machen. Als eine Geschäftsbeziehung beispielsweise möchten sie vielleicht allgemein dafür bekannt werden, ein einflußreiches Team zu sein, auf das zu rechnen ist. Dies könnte auch für eine persönliche Beziehung zutreffen — wenngleich auch aus anderen Gründen.

Eines ist in jedem Falle sicher — die beiden werden in jedem Falle darauf bestehen, daß andere sie das sein lassen, was sie als Paar sein möchten. Sie werden sich vermutlich keinen sozialen Zwängen unterwerfen. Tatsächlich ist es sogar wahrscheinlich, daß *sie* es sind, die Druck auf andere ausüben, anstatt sich selbst unterzuordnen.

Das Wichtigste bei dieser Beziehung wird ihre große Integrität sein. Diese Menschen werden ehrlich mit sich selbst sein, und dies wird sicherlich dazu beitragen, die Bewunderung von anderen zu gewinnnen.

Die Composit-Sonne im Sextil mit dem Composit-Aszendenten

Das Sextil zwischen Composit-Sonne und Composit-Aszendent weist darauf hin, daß die beiden Partner Freude am gesellschaftlich-sozialen Austausch mit anderen finden. Dies ist kein Paar, das sich gern auf sich selbst zurückzieht und andere meidet. In der Tat werden sich die Betreffenden mit größerer Wahrscheinlichkeit als die meisten Menschen Freunde suchen, die einen sehr wesentlichen Bestandteil ihrer Beziehung miteinander ausmachen werden.

Sie sind nicht nur gern mit Freunden zusammen, sondern es ist auch für beide sehr wichtig, daß sie die Möglichkeit haben, mit Menschen zu sprechen und Ideen und Mitteilungen auszutauschen. Auch der Kommunikation zwischen sich selbst weisen sie eine ähnlich große Bedeutung zu.

Wahrscheinlich werden diese Menschen gute Freunde sein. Im Rahmen einer sexuellen Beziehung können sie Liebespartner, gleichzeitig aber auch Freunde sein. Dies ist sehr wichtig in einer Beziehung zwischen den Geschlechtern und wird nicht immer erreicht.

Vermutlich werden die beiden Partner in dieser Beziehung eine gewisse Rastlosigkeit erleben, die jedoch nicht problematisch sein wird. Dies ergibt sich einfach daraus, daß sie gern unbekannte Erfahrungen und neue Möglichkeiten, Dinge gemeinsam zu tun, ausfindig machen möchten. Dadurch werden sie veranlaßt, überall umherzuschweifen — sei es entweder wörtlich durch Reisen oder in übertragener Bedeutung dadurch, daß sie gemeinsam ihrer Wißbegierde folgen. Als Folge daraus werden die beiden wahrscheinlich abwechslungsreichere Erfahrungen als viele andere Paare machen. Die erfolgreiche Suche nach Abwechslung und Vielfalt bezeichnet einen Grundton in dieser Beziehung.

Die Composit-Sonne im Quadrat mit dem Composit-Aszendenten

Wenn sich die Composit-Sonne im Quadrat zum Composit-Aszendenten befindet, sind die beiden Partner nicht so sehr daran interessiert, welche Wirkung die Energien ihrer Beziehung auf andere Menschen in ihrer Umgebung haben werden. Sie sind weitaus mehr mit ihrer eigenen Identität innerhalb der Beziehung und der Frage beschäftigt, in welcher Weise diese zu ihrer persönlichen Entwicklung beitragen könnte. Sie werden sich sehr intensiv um ihr persönliches oder berufliches Leben kümmern, wenn es sich dabei um eine berufliche Partnerschaft handelt. Es kann auch der Fall sein, daß ihnen daran gelegen sein wird, durch die Erfahrung dieser Beziehung eine übergeordnete Zielsetzung für ihr Leben zu finden.

In den meisten Fällen erweist sich dieses Quadrat nicht als besonders problematisch. Es gibt keinen Grund dafür, warum sich die Betreffenden nicht auf ihre eigene Entwicklung konzentrieren sollten, anstatt sich Sorgen darüber zu machen, wie ihre Beziehung wohl auf andere wirkt. Wenn diese Haltung jedoch zu weit getrieben wird, kann sie dadurch einige Schwierigkeiten verursachen, daß sie die Beziehungen zu anderen Menschen zerbrechen läßt. Andere können diese beiden Menschen als übermäßig stark mit sich selbst beschäftigt, vielleicht als zu introvertiert betrachten oder — wenn sie ins andere Extrem fallen — zu sehr darum bemüht, über andere dominieren zu wollen.

Weil die Betreffenden zum Glück nicht allzu sehr um den Eindruck besorgt sind, den sie als Paar machen, dürfte es für sie leichter sein, mit den Spannungen umzugehen, die sie unbeabsichtigt bei anderen hervorrufen mögen. Sie sollten bemüht sein, nicht soviele Konflikte mit anderen zu entfachen, daß sie nur noch schwierig mit ihnen zurechtkommen können. Dies wird aber wahrscheinlich nur dann der Fall sein, wenn beide vor nichts zurückschrecken und andere vor den Kopf stoßen, was keine normale Konsequenz aus diesem Aspekt ist.

Die Composit-Sonne im Trigon mit dem Composit-Aszendenten

Das Trigon zwischen Sonne und Aszendent im Composit-Horoskop stellt eine sehr günstige und problemlose Planetenverbindung dar. Sie weist darauf hin, daß die beiden Partner keine Schwierigkeit dabei empfinden werden, sich selbst gegenseitig und anderen gegenüber auszudrücken. Sie strahlen positive Energie aus, und andere Menschen halten sich gern in ihrer Gesellschaft auf, weil auch sie selbst gern mit ihnen zusammen sind. Dies ist mit großer Wahrscheinlichkeit keine nach innen gekehrte Beziehung, die sich weitgehend im verborgenen abspielt.

Gleichzeitig hat das Trigon die Bedeutung, daß es den beiden keine Mühe bereiten wird, im Umgang miteinander sie selbst zu bleiben. In dieser Beziehung muß keiner vorgeben, etwas anderes als das zu sein, was er in Wirklichkeit ist, damit er mit seinem Partner zurechtkommt. Folglich ist dieser Aspekt günstig für das Horoskop einer Liebesbeziehung oder enger Freundschaft.

Das Trigon hat außerdem noch die Bedeutung, daß diese Beziehung eine starke Auswirkung auf das Bewußtsein der betreffenden Menschen haben wird. Sie werden gemeinsam neue Erfahrungen machen, die sonst nicht möglich wären, und vielleicht mögen sie auch weitaus mehr Reisen unternehmen als zu der Zeit, bevor sie sich begegnet sind. Da ihre Lebensanschauungen miteinander vereinbar sind, werden sie es nicht für notwendig halten, sich über die unterschiedliche Art und Weise zu streiten, wie sie die Dinge sehen.

Im allgemeinen wird sich dieser Aspekt förderlich auf den dauerhaften Bestand einer Beziehung auswirken, weil er es den beiden Partnern ermöglicht, sich miteinander und mit anderen wohl zu fühlen.

Die Composit-Sonne in Opposition mit dem Composit-Aszendenten

Die Opposition zwischen Composit-Sonne und Composit-Aszendent läßt sich mit einer Plazierung der Composit-Sonne im siebenten Haus vergleichen. Sie hat die Bedeutung, daß die beiden Partner große Betonung darauf legen, als festgeschweißtes Team zusammen zu sein und der Welt als Paar gegenüberzutreten. Anstatt sich diesen Aspekt als eine Opposition zwischen Sonne und Aszendent vorzustellen, sollte man ihn als eine Konjunktion von Sonne und Deszendent betrachten. In den meisten Fällen ist diese Plazierung hervorragend geeignet für eine enge Beziehung, wie beispielsweise eine Ehe, oder für eine Verbindung, wo die beiden Partner als eine Einheit auftreten müssen, wie dies in einer geschäftlichen Partnerschaft der Fall ist. Sie wirkt sich auch günstig auf jegliche Beziehung aus, die das Geben und Empfangen von Ratschlägen beinhaltet, wie beispielsweise eine Beziehung zwischen Rechtsanwalt — Mandant, Psychologe — Patient und Astrologe — Klient.

Andere werden die beiden als Team oder Partnerschaft betrachten — was sogar dahin führen kann, daß es ihnen merkwürdig erscheinen würde, sie getrennt voneinander zu sehen.

Manchmal können sich die Energien dieser besonderen Kombination außerhalb der Beziehung niederschlagen und Konflikte zwischen den Betreffenden und anderen auslösen. Die Opposition von Sonne/Aszendent kann sowohl ein Anzeichen für offene Konflikte als auch für ein enges Zusammengehörigkeitsgefühl sein, obgleich der Konflikt wahrscheinlich nicht zwischen den Partnern selbst existieren wird. Es ist dafür notwendig, weitere Aspekte in ihrer Beziehung zu untersuchen; wenn das Potential für mögliche Spannungen allgemein hoch ist, wird dieser Aspekt vermutlich eher Konflikt als Zusammengehörigkeit hervorrufen.

Kapitel 6

Der Mond

Die Bedeutung des Mondes im Composit-Horoskop

Der Mond, die natürliche Ergänzung der Sonne, steht sinnbildlich für das Medium, wodurch sich die Energie der Sonne selbst Ausdruck verschafft. Wo auch immer sich die Energieformen der Sonne manifestieren, ist auch der Einfluß des Mondes wirksam.

Der Mond ist derjenige ,,Planet'', der am stärksten mit Emotionen und Gefühlen in Verbindung steht. Natürlich ist er eigentlich kein Planet, sondern ein Satellit der Erde, doch ist er trotzdem als Planet innerhalb des Horoskops wirksam.

In einem Composit-Horoskop zeigt der Mond an, wie gut sich die Beziehung als Medium von Gefühlsäußerungen für die beiden Partner erweist. Können sie miteinander ehrlich und offen über ihre Gefühle sein? Kann der eine von beiden seine Gefühle offen zeigen, ohne daß der andere ihn zurückweist? Oftmals ist es schwierig, sich mit den lunaren Wesensaspekten bei einem anderen Menschen auseinanderzusetzen, weil die Ebene der Gefühlsintensität so grundlegend ist, daß sie sich nicht in die festgelegten Formen einfügt, wie Menschen gewöhnlich miteinander verkehren. In einer engen Beziehung ist es jedoch sehr wesentlich, auch auf dieser Ebene miteinander umgehen zu können. Allein schon aus diesem Grund ist die Stellung des Mondes sehr wichtig für die Beschreibung der inneren Übereinstimmung und Verträglichkeit.

Der Mond steht auch sinnbildlich für Grundstrukturen innerhalb der Persönlichkeit: Gewohnheiten, unbewußt motivierte Verhaltensweisen und deren Ursprünge — Vergangenheit, Herkunft, Familie und familiäres Leben. Ist der Mond im Composit-Horoskop günstig plaziert, werden die beiden Partner empfinden, daß sie etwas gemeinsam haben. Selbst wenn ihre Herkunft ziemlich unterschiedlich ist, werden sie das Gefühl haben, sich aufgrund ihrer Erfahrungen gegenseitig besser verstehen zu können als die meisten Paare. Ein schlecht plazierter Mond kann jedoch ein Gefühl von Entfremdung, von gegenseitiger Verschiedenartigkeit hervorrufen, was es für die beiden schwierig werden läßt, gut miteinander auszukommen.

Die Hausposition des Mondes im Composit-Horoskop zeigt den Bereich an, wo die Betreffenden das Gefühl haben oder haben sollten, daß sie dort am meisten gemeinsam haben. Bei einer ungünstigen Plazierung des Mondes im Horoskop wird seine Hausposition den Bereich der stärksten gefühlsmäßigen Belastung anzeigen.

Die Aspekte mit dem Mond lassen die Qualität der Emotionen und Gefühle erkennen, welche in dieser Beziehung erfahren werden.

Im Gegensatz zur Sonne, die anzeigt, was die Beziehung bewirkt, steht der Mond kennzeichnend für die subjektiven Gefühle der Harmonie und Zuneigung, welche die Partner — selbst in schwierigen Zeiten — füreinander empfinden.

Der Composit-Mond im ersten Haus

Der Composit-Mond im ersten Haus verdeutlicht, daß in dieser Beziehung Gefühle und Emotionen eine sehr hervorstechende Rolle spielen. Dies ist keine kühle oder zurückhaltende Beziehung, in der sich die beiden Partner gegenseitig mit Distanz behandeln — sie werden vielmehr, unter Einsatz all ihrer Gefühle, voll und ganz dabei sein.

Ohne Zweifel ist diese Plazierung günstig für jede Beziehung, in der die Betreffenden auf einer engen, vertrauten Ebene eine Verbindung zueinander herstellen möchten. Sie kann jedoch einige Probleme entstehen lassen, mit denen sie sich auseinandersetzen müssen, wenn sie den größtmöglichen Nutzen aus dieser Planetenstellung ziehen möchten.

Als der den Emotionen zugeordnete Planet betont der Mond bei allem die subjektive Seite. Eine deutlich betonte Mondstellung kann, im günstigsten Falle, auf eine sehr sensitive und einfühlsame Beziehung hinweisen, in der die beiden Partner intuitiv wissen, was jeweils im anderen vor sich geht. Sie besitzen ein tiefes emotionales Einverständnis über die Art und Weise, miteinander auszukommen. Der Mond kann jedoch auch eine derart starke Gefühlsseligkeit und emotionale Abhängigkeit hervorrufen, daß die Betreffenden nicht mehr in der Lage dazu sind, einen Schritt zurückzutreten und sich selbst im Hinblick auf ihre Beziehung unverstellt wahrzunehmen. Mit anderen Worten, ihre Fähigkeit, sich gegenseitig objektiv zu sehen, geht unter ihrer Subjektivität verschüttet. Sie sollten darauf achten, eine derart extreme gefühlsmäßige Verstrickung zu vermeiden.

Der Mond regiert auch die Vergangenheit und den Beitrag, den jeder der beiden aus seiner individuellen Erfahrung in die Beziehung einbringt; daher werden diese Faktoren für sie von großer Wichtigkeit sein. Ein Mond im ersten Haus ist im allgemeinen ein prägnantes Anzeichen für eine bedeutsame persönliche Beziehung. Er dürfte den beiden Partnern ein starkes Gefühl von emotionaler Übereinstimmung vermitteln. Sie werden die Empfindung haben, daß sie zusammengehören und vieles miteinander gemeinsam haben, was auch tatsächlich der Fall sein wird.

Der Composit-Mond im zweiten Haus

Der Composit-Mond im zweiten Haus deutet darauf hin, daß diese Beziehung die Bedürfnisse aufdecken wird, welche die beiden Partner nach emotionaler und materieller Sicherheit haben. Sie mögen tatsächlich aufgrund dieser Bedürfnisse eine Verbindung eingegangen sein.

Die Betreffenden werden ein stark ausgeprägtes Bewußtsein gemeinsamer Werte besitzen, was ihnen als Paar Rückendeckung gegen die unzuverlässige und wechselvolle äußere Welt geben wird. Aufgrund dieses miteinander geteilten Gefühls wird sich ihre Beziehung selbst dann als kraftvoll erweisen, wenn beträchtliche Schwierigkeiten zwischen ihnen existieren. Sie werden nur widerstrebend die emotionale Sicherheit aufgeben wollen, welche der Mond in dieser Position verheißt — auch unter angespannten Bedingungen. Das Bedürfnis nach Sicherheit könnte die beiden zusammenschmieden, selbst wenn dies nicht unbedingt die beste Lösung für sie darstellt.

Ein geringfügigeres Problem, das diese Plazierung hervorrufen kann, äußert sich darin, daß das gemeinsame Bedürfnis nach emotionaler Sicherheit zu einer zwanghaften Anhäufung von materiellen Gegenständen führen kann. Die beiden können ihr Bedürfnis nach emotionaler Sicherheit durch den gemeinsamen Besitz von Dingen zu befriedigen suchen. In diesem Falle wird eine große Anzahl materieller Besitztümer zum Sinnbild für diese Beziehung werden. Über eine bestimmte Grenze hinaus kann Besitz jedoch zu einem Mühlstein um den Hals werden, der die Bewegungsfreiheit einschränkt. Besonders im Falle einer ehelichen Beziehung könnten sich die Betreffenden davon einfangen lassen, aufgrund ihres gemeinsamen Besitzes und nicht um einer guten Beziehung willen zusammenzubleiben. Wie alles übrige muß auch Besitz in seinen Schranken gehalten werden.

Dessen ungeachtet dürfte die Sicherheit, welche diese Beziehung bieten kann, einer ihrer stärksten Pluspunkte sein, der den Zusammenhalt zwischen den beiden Partnern unterstützen sollte, wenn es mulmig wird.

Der Composit-Mond im dritten Haus

Der Mond im dritten Haus läßt erkennen, daß diese Beziehung weitgehend auf Gefühlen beruht. Das dritte Haus entspricht dem Bereich des Denkens in seiner alltäglichen Funktionsweise und kennzeichnet in einer Beziehung die normalen Einstellungen und Ansichten, welche die Betreffenden miteinander gemeinsam haben. Sie denken über sich selbst subjektiver, wenn sie zusammen sind, und werden stärker von ihren Emotionen beeinflußt. Sie kommunizieren miteinander hauptsächlich auf der gefühlsmäßigen und nicht auf der intellektuellen Ebene, so daß die Kommunikation zwischen ihnen wahrscheinlich im wesentlichen nichtverbal verläuft.

Weil diese beiden Menschen ein stark ausgeprägtes Bewußtsein gemeinsamer Ansichten und Standpunkte haben, mag für sie eine betonte Kommunikation auf der verstandesmäßigen, verbalen Ebene vielleicht wirklich nicht notwendig sein. Weil die Kommunikation innerhalb dieser Beziehung aber derart subjektiv und gefühlsbetont ist, kann es gleichzeitig Schwierigkeiten bereiten, rational und objektiv über Dinge zu diskutieren, wenn dies erforderlich ist.

Die Betreffenden können sich ziemlich viel über ihre gemeinsamen Gefühle unterhalten, was in einer persönlichen Beziehung ohne Zweifel von Nutzen ist, wenn man es damit nicht übertreibt und das Gefühl für die richtige Perspektive bewahrt bleibt. Diese Neigung sollte nicht dazu ausufern, aus einer Mücke einen Elefanten zu machen.

In einer Ehe oder Liebesbeziehung werden die beiden wahrscheinlich in einem ungewöhnlichen Ausmaß mit Verwandten zu tun haben, die in irgendeiner Weise zu der gefühlsmäßigen Stabilität dieser Partnerschaft beitragen werden.

Der Composit-Mond im vierten Haus

Das vierte Haus bildet in mancher Hinsicht die natürlichste Position für den Composit-Mond, weil zwischen diesem Haus und dem Krebs, als Tierkreiszeichen des Mondes, eine starke Analogie besteht.

Bei dieser Plazierung ist es äußerst wichtig, daß die beiden Partner einen gemeinsamen Hintergrund oder Erfahrungsbereich miteinander teilen, denn dies wird sich wahrscheinlich als eine starke Kraft des Zusammenhalts erweisen. Vielleicht mögen sie das Gefühl haben, auf sich selbst gestellt zusammen in einer verrückten Welt zu leben, vor der sie nur durch ihre gemeinsame Einstellung und Herkunft beschützt werden. Es ist jedoch nicht so entscheidend, daß beider Hintergrund tatsächlich gleich ist, als daß er ihnen eine ähnliche Grundhaltung der Welt gegenüber mitgegeben hat.

Noch stärker als in einer Beziehung mit einem Mond im zweiten Haus sind die beiden Partner zusammengekommen, um sich gegenseitig emotionale Sicherheit zu geben — und auch hier wiederum wird ihr Wunsch nach Sicherheit die sichtbare Form annehmen, daß sie gemeinsam Grund und Boden oder ein Haus besitzen. Diese Position ist hervorragend geeignet für Ehepartner oder Zimmergenossen, da sie ein ausgeprägtes Bewußtsein des Miteinanderteilens bewirken kann.

Es ist jedoch notwendig, die Betreffenden davor zu warnen, daß ihr Wunsch nach emotionaler Sicherheit und die damit verbundene Tendenz des Strebens nach materieller Sicherheit nicht zu den einzigen Faktoren werden sollten, die sie miteinander verbinden. Auch darf ihr Bedürfnis nach einer gesicherten Beziehung sie nicht dazu verleiten, berechtigte Kritik zu unterdrücken, die sie gegenseitig haben mögen. Jeder Partner sollte wissen, wie sich der andere fühlt — ihre Beziehung ist wahrscheinlich stark genug, um eine Belastung zu verkraften.

Die allergünstige Auswirkung des Composit-Mondes im vierten Haus zeigt sich in einer Beziehung, in der ein gemeinsamer Hausstand gegründet wird. Deshalb ist diese Position im Horoskop einer Ehe vorteilhaft.

Der Composit-Mond im fünften Haus

Der Composit-Mond im fünften Haus läßt vermuten, daß diese Beziehung deshalb besteht, weil beide Partner sich darin wohl fühlen, besonders in gefühlsmäßiger Hinsicht. Das fünfte Haus wird traditionell dem Bereich von Vergnügen und Unterhaltung, von Liebe und Kindern zugeordnet. Man könnte dies auch *die* Position für schöpferische Beziehungen nennen, deren hauptsächliches Ziel der persönliche Selbstausdruck ist. Unverkennbar ist diese Hauspositon günstig für jede Art von persönlicher Beziehung, besonders ein Liebesverhältnis. Die beiden werden außerordentliche Freude an ihrer gegenseitigen Gesellschaft finden und gemeinsam Parties, Theatervorstellungen, Nachtlokale und alle erdenklichen Vergnügungen aufsuchen. Diese Erfahrungen werden für ihr Gefühl von dem, was sie gemeinsam miteinander teilen, von Wichtigkeit sein.

Der hauptsächliche Nachteil bei dieser Position besteht darin, daß es den Betreffenden als schwierig erscheinen mag, sich auf irgend etwas Ernsthaftes festzulegen. Dies kann sich besonders in einer Ehe oder dauerhaften Liebesbeziehung als problematisch erweisen, da man nicht immer Spaß und Spiel haben kann; von einem bestimmten Punkt an müssen sie sich ernsthaft damit beschäftigen, eine gemeinsame Beziehung aufzubauen.

Im Falle einer Ehe werden Kinder vermutlich einen wichtigen Platz im Zusammenleben der Partner einnehmen. Sie werden bei dieser Stellung des Mondes wahrscheinlich Kinder haben wollen und diese auch haben.

Was die angenehmen Seiten in einer Beziehung betrifft, so gehört diese Position zu den günstigeren Plazierungen des Mondes. Sie ist so etwas wie eine Garantie dafür, daß die beiden Partner im Zusammensein miteinander ihre Gefühle voll und ganz und ohne Zwang zum Ausdruck bringen können.

Der Composit-Mond im sechsten Haus

Das sechste Haus entspricht einer ziemlich düsteren und schwermütigen Plazierung für den Composit-Mond. Sie läßt vermuten, daß die beiden Partner das Gefühl haben, sich aufgrund einer bestimmten und notwendigen Aufgabe oder Zielsetzung begegnet zu sein, die nicht unbedingt angenehm sein mag. Einer der beiden kann sich dem anderen in irgendeiner Weise unterlegen fühlen. Deshalb ist diese Plazierung problematisch für jede Beziehung, die von den Partnern verlangt, in gleichem Maße zu geben und zu nehmen — wie dies für die meisten Beziehungen zutrifft. Der eine mag sich vielleicht als Fußabtreter des anderen fühlen, doch wird er dieser Situation vermutlich irgendwann einmal überdrüssig werden und sich gegen den anderen auflehnen.

Die einzige Möglichkeit, diese Position für beide Partner brauchbar zu machen, besteht darin, daß sie in gleichem Maße „Dienstleistungen" miteinander austauschen; auf diese Weise wird verhindert, daß die Beziehung zu einer einseitigen Angelegenheit wird. Dies kann sich als schwieriger erweisen, als es klingt, wenn einer der Betreffenden sich dazu entschlossen hat, den Märtyrer zu spielen — besonders deshalb, weil ein Märtyrer in der Regel irgendeine Art von „Rückzahlung" verlangt, die für den anderen nur sehr schwer zu leisten ist.

Damit verbunden ist die Gefahr, daß einer der Partner, wenn er in gefühlsmäßiger Hinsicht mehr in die Beziehung einbringt als der andere, darüber sehr aufgebracht werden könnte.

Beide Partner müssen — um welchen Preis auch immer — darum bemüht sein, in annähernd gleichem Maße zu geben und zu empfangen. Sonst wird sich diese Beziehung als ziemlich unerfreulich erweisen.

Der Composit-Mond im siebenten Haus

Der Composit-Mond im siebenten Haus ist ein günstiges Anzeichen dafür, daß in dieser Beziehung miteinander geteilte Gefühle einen sehr wichtigen Platz einnehmen werden. Das siebente Haus entspricht dem Bereich der engen Begegnungen und Beziehungen zwischen zwei Menschen, die sowohl positiv (wie beispielsweise Partnerschaften und Ehe) auch als negativ (wie beispielsweise offene Feindschaften) sein können. Wie auch immer die Begegnung miteinander aussehen mag — das Gefühl wird dazu gehören.

Im allgemeinen begünstigt der Mond im siebenten Haus jede enge und vertraute Beziehung, besonders die Ehe oder eine andere Liebesbeziehung, wofür gemeinsam miteinander geteilte Emotionen wichtig sind. Die betreffenden Partner werden das starke Gefühl haben, daß sie als eine Einheit zusammengehören, und ihre emotionale Einstellung gegenüber der äußeren Welt wird ähnlich sein. Diese Position hat die symbolische Bedeutung, daß sich diese beiden Menschen wie eine Person fühlen.

Ähnlich wie beim Composit-Mond im ersten Haus, dem komplementären Gegenstück des Mondes im siebenten Haus, besteht auch hier ein wenig die

Gefahr, daß die Betreffenden in Zeiten von emotionaler Belastung nicht dazu in der Lage sein werden, sich den Blick für ihre Beziehung in der richtigen Perspektive zu bewahren. Wahrscheinlich werden sie allzusehr in ihre persönlichen Gefühle verstrickt sein und nicht wahrnehmen können, was sich tatsächlich zwischen ihnen abspielt. Sie sollten versuchen, eine etwas losgelöste Haltung gegenüber schwierigen Situationen einzunehmen, damit sie sich mit diesen objektiv auseinandersetzen können und nicht völlig davon mitgerissen werden. Wenn ihnen dies gelingt, so dürfte dies für beide Partner eine sehr gute emotionale Beziehung sein.

Der Composit-Mond im achten Haus

Der Composit-Mond im achten Haus deutet darauf hin, daß diese Beziehung sehr nach innen gerichtet ist und der Selbstbetrachtung dient. Die Betreffenden werden viel Zeit auf die Untersuchung ihrer Beziehung als Paar verwenden und bemüht sein, zu einem umfassenden psychologischen Verständnis davon zu gelangen. Dies ist ohne Frage eine positive Eigenschaft für jede Beziehung, wenn sie nicht allzuweit getrieben wird. Diese beiden Menschen sollten einfach darauf achten, sich nicht in den psychologischen Feinheiten ihrer Beziehung zu verlieren.

Diese Hausstellung ist mit Umwandlungsprozessen verbunden, was bedeutet, daß diese Beziehung nachhaltige Veränderungen durchmachen wird, dies teils aufgrund dessen, was die Betreffenden über sich selbst lernen werden, und teils durch den Druck und die Spannung ihrer Emotionen. Manchmal werden beide das Gefühl haben, daß ihre Beziehung einem ganz ähnlichen Zweck wie die Konsultation eines Psychiaters dient — das heißt, sie vermittelt den Betreffenden neue Einsichten und Erkenntnisse über sich selbst.

Außerdem läßt diese Plazierung des Mondes im Composit-Horoskop ein sehr starkes Interesse an Werten entstehen. Wenn die Partner kein gemeinsames Wertsystem als Ausgangspunkt haben, wird es sehr wichtig sein, daß sie eines entwickeln. Ihre miteinander geteilten Wertmaßstäbe mögen sich ausschließlich auf der psychologischen Ebene bewegen, oder sie können auch mehr auf der materiellen Ebene existieren und sich als starkes Interesse an Besitz und Eigentum äußern.

Die größte Stärke dieser Mondplazierung liegt in ihrem Beitrag, den sie für das Selbstverständnis der Betreffenden leisten kann. Ihre größte Schwierigkeit besteht in der Neigung, den schwermütigen Aspekten dieser Beziehung besonderes Gewicht beizumessen und zu ausgiebig über ernsten Dingen zu brüten. Die beiden Partner sollten sich darum bemühen, nicht in einen „Sumpf der Verzweiflung" hineinzugeraten oder sich allzusehr der Innenschau zu widmen. Sie sollten die neuen und sich ständig wandelnden Wesenszüge ihres gemeinsamen Lebens miteinander erforschen und solche Veränderungen begrüßen, anstatt sich vor ihnen zu fürchten.

Der Composit-Mond im neunten Haus

Mit der Stellung des Composit-Mondes im neunten Haus existiert zwischen den Partnern ein starkes Gefühl, daß sie ihre Grundeinstellung gegenüber der Welt und ihre Lebensphilosophie miteinander gemeinsam haben. Folglich sprechen sie gern über ihre Ideen und Ansichten miteinander und machen die Erfahrung, daß ihr Zusammensein sehr stark zur Erweiterung ihres Bewußtseins beiträgt. Selbst wenn ihr Lebenslauf ziemlich unterschiedlich ist, wird die Kommunikation zwischen ihnen kein Problem darstellen. Sie werden diesbezügliche Verschiedenheiten lediglich als eine brauchbare Herausforderung für ihr gegenseitiges Verständnis voneinander betrachten. Es ist möglich, daß sie gemeinsam lange Reisen unternehmen werden oder daß sie sich an einem Ort begegnet sind, der für sie beide fremd war, oder daß sie aus verschiedenen Ländern stammen.

Im günstigsten Falle wirkt sich diese Position vorteilhaft auf den Lernprozeß und das persönliche Wachstum innerhalb einer Beziehung aus. Die beiden werden sich ständig etwas zu vermitteln haben, und selbst wenn ihre Beziehung nicht von Dauer ist, werden sie spüren, daß sie Nutzen daraus gezogen haben.

Wenn diese Position auch für jede Art von Beziehung günstig ist, so erweist sie sich doch am stärksten in Situationen, bei denen die Betonung auf Kommunikation und Ideenaustausch liegt. Sie ist besonders vorteilhaft für Menschen, die zusammen an irgendeinem Projekt arbeiten, gemeinsam schriftstellerisch tätig sind oder in irgendeiner Weise Verhandlungen führen.

In einer persönlichen Beziehung läßt diese Plazierung, für sich genommen, eher Freundschaft als Liebe entstehen, doch selbst in einer Liebesbeziehung wird eine starke geistige Verwandtschaft zwischen den beiden Partnern bestehen.

Der Composit-Mond im zehnten Haus

Der Composit-Mond im zehnten Haus weist darauf hin, daß diese Menschen ein gemeinsames Interesse daran haben, im Leben vorwärtszukommen. Beide möchten sie es zu etwas bringen und haben das Gefühl, daß ihnen dies gemeinsam besser als jedem für sich gelingen könnte. Zum Glück wird der Mond in diesem Haus traditionell damit assoziiert, einen günstigen Eindruck auf die Öffentlichkeit zu machen, so daß sie wahrscheinlich ein gutes gesellschaftliches ,,Image" haben werden. Aufgrund dessen können die potentiellen Möglichkeiten dieser Hausposition besser durch eine geschäftliche als durch eine persönliche Beziehung genutzt werden, obgleich sie sich in jedem der beiden Fälle als recht günstig erweist.

In einer persönlichen Beziehung darf jedoch ein Faktor nicht vergessen werden. Das zehnte Haus ist ein nach außen gerichtetes Haus, das heißt, es beschäftigt sich mit Angelegenheiten, die normalerweise der äußeren Welt zugehörig sind. Wenn ein wichtiges Bestimmungselement des Horoskops im zehnten Haus steht, so deutet dies darauf hin, daß bei den Betreffenden eine Neigung dazu besteht, die Dinge allzusehr nach Äußerlichkeiten zu beurteilen. Der Mond, als Sinnbild für die Gefühle und Emotionen, wird durch diese Tendenz besonders geschädigt, weil der Gefühlsaspekt einer Beziehung eine innere Angelegenheit zwischen den beiden Partnern sein und sich nicht nach außen richten sollte.

Es besteht die Gefahr, daß sich die Betreffenden an Faktoren der äußeren Welt — ihrer Lebenssituation, ihren Berufen, ihrem Vermögen usw. — orientieren und dies als Erklärung für zwischen ihnen auftauchende Probleme heranziehen werden. Sie mögen nach außen blicken, wenn sie eigentlich nach innen schauen sollten. Auch können sie ihr Interesse ganz auf Äußerlichkeiten und oberflächliche Dinge unter Ausschluß von jeder Innerlichkeit richten. Dies ist keine unvermeidliche Konsequenz aus dieser Plazierung, doch eine Gefahr, die man erkennen und mit der man sich auseinandersetzen muß.

Im allgemeinen bedeutet das zehnte Haus eine günstige Position für den Composit-Mond, weil es ein Eckhaus ist, das dem Mond Stärke und Gewicht verleiht. Es gibt der Beziehung außerdem eine dynamische, tatenfreudige Qualität, die Stagnation verhindern kann.

Der Composit-Mond im elften Haus

Der Composit-Mond im elften Haus läßt eine grundsätzliche gefühlsmäßige Zuneigung zwischen den beiden Partnern erkennen, die sich sowohl auf Liebe als auch Freundschaft günstig auswirkt. Die Betreffenden haben ein stark ausgeprägtes Gefühl einer gemeinsamen Zielsetzung und Bestimmung im Leben, was zu ihrer Fähigkeit beitragen wird, gut miteinander auszukommen. Sie werden sich spontan eher als eine Einheit denn als zwei getrennte Einzelwesen betrachten, was für jede Beziehung ohne Frage ein Plus ist.

Da das elfte Haus den Freunden zugeordnet wird, ist diese Position ein deutliches Anzeichen dafür, daß die beiden Partner Freunde außerhalb der Beziehung haben werden. Sie sind gern in Gesellschaft und finden Gefallen an gemeinsamen Unternehmungen. Sie werden nicht nur Freunde im wörtlichen Sinne haben, sondern viele Faktoren in ihrem Zusammenleben werden, ohne irgendeine besondere Anstrengung von ihrer Seite, in freundschaftlicher Art und Weise zur Unterstützung ihrer Beziehung beitragen.

Im allgemeinen zählt diese Plazierung zu den günstigeren Positionen für eine persönliche Beziehung, und sie dürfte den Partnern sowohl Liebe als auch Freundschaft ermöglichen.

Der Composit-Mond im zwölften Haus

Die Stellung des Composit-Mondes im zwölften Haus ist insofern eine fordernde und beanspruchende Position, als daß sie von den beiden Partnern sehr viel Arbeit und Anstrengung verlangt, wozu die meisten Paare nicht bereit sind. Für jede Beziehung ist eine solche Arbeit von Nutzen, doch bei dieser Position muß sie mit unabdingbarer Notwendigkeit geleistet werden.

Ließe man den Dingen ihren Lauf, so würden diese beiden Menschen mit sehr großer Wahrscheinlichkeit ihre Gefühle nicht nur gegenseitig voreinander, sondern auch vor sich selbst verborgen halten. Damit werden die Gefühle zu einer versteckten Quelle für Handlungen und Verhaltensweisen, die keiner von beiden versteht, die sich jedoch äußerst schädlich auf ihre Beziehung auswirken. Gleichzeitig werden sie dazu tendieren, vor anderen Menschen zurückzuschrecken oder zumindest ihre Gefühle vor ihnen zu verbergen, weil sie befürchten, daß diese ihre Geheimnisse aufdecken werden, wenn sie ihnen zu nahe kommen.

Bei dieser Hausposition des Mondes besteht die größte Gefahr allermindestens in gefühlsmäßiger Unaufrichtigkeit und manchmal auch in unverblümter und offenkundiger Unehrlichkeit. Sehr häufig kommt es deshalb zu dieser Situation, weil die Betreffenden tatsächlich nicht wissen, was sich innerhalb ihrer Beziehung abspielt. Vielleicht können verdrängte Ängste vorliegen, und sie wissen nicht, wie sie diesen begegnen sollen, oder sie können sich nicht direkt damit konfrontieren.

Für beide besteht in einem solchen Falle die Notwendigkeit, ganz und gar in die Beziehung einzutauchen, das herauszufinden, was sich in Wahrheit abspielt, und sich direkt und ehrlich damit auseinanderzusetzen. Sie sollten nicht vor dem zurückschaudern, was sie entdecken, denn die Konsequenzen aus mangelnder Ehrlichkeit sich selbst und dem Partner gegenüber sind weitaus schlimmer als alles, was sie verheimlichen mögen.

Wenn sie diese Wahrheit nicht aufzuspüren suchen, wird ihre Beziehung sie zu schwächeren Menschen machen, als sie in Wirklichkeit sind, und ihnen das Gefühl vermitteln, im Leben von Kräften überwältigt worden zu sein, die ihnen unbegreiflich sind. Wenn dann aber diese unterdrückten oder verdrängten Gefühle schließlich doch ans Tageslicht kommen, so werden sie sich zerstörerisch und möglicherweise gewaltsam entladen. Wenn diese Gefühle jedoch allmählich aus einer ehrlichen Suche nach Verständnis und Einsicht aufsteigen, so wird die daraus gewonnene Erkenntnis die Betreffenden weitaus einsichtiger werden lassen als Menschen, die sich nicht einer derartigen Herausforderung aussetzen mußten.

Der Composit-Mond in Konjunktion mit Composit-Merkur

Die Konjunktion von Composit-Mond und Composit-Merkur kann viele bestärkende und nutzbringende Wesenszüge zu einer Beziehung beisteuern.
Sehr vereinfacht ausgedrückt, hat sie die Bedeutung, daß die beiden Partner
offen über ihre Gefühle sprechen können, anstatt sie in sich selbst zurückzuhalten oder zu unterdrücken. Sie werden sich hinsetzen und ein Problem in
einer vernünftigen Art und Weise durchgehen können, wenn immer eine
schwierige Situation aufkommt. Dieser Aspekt bietet jedoch keine Garantie
dafür, daß sich die Betreffenden mit allem völlig rational werden auseinandersetzen können. Diese Fähigkeit hängt weitgehend von der Art ihrer Gewohnheiten ab, die sie miteinander entwickelt haben. Die Konjunktion von
Mond/Merkur kann sich in zwei verschiedenen Formen auswirken, was dadurch bedingt wird, ob die lunare oder die merkurische Tendenz überwiegt.

Wenn die lunare Tendenz die Oberhand hat, werden diese beiden Menschen
über ihre gefühlsbedingten Situationen miteinander sprechen können, doch
werden sie in emotionaler Hinsicht sehr in diese verstrickt und subjektiv sein.
Andererseits werden sie ihre Emotionen und Gefühle wirklich durchleben
und spüren, so daß in der Kommunikation zwischen ihnen etwas Echtes be-
rührt wird — selbst wenn es nicht allzu klar ist.

Wenn die merkurische Tendenz überwiegt, so werden sie unvoreingenomme-
ner und rationaler, gleichzeitig aber auch innerlich weniger davon ergriffen
sein. Sie werden verstandesmäßig an ihre Gefühle herangehen, anstatt sie zu
durchleben und sich direkt mit ihnen auseinanderzusetzen. Folglich wird ihre
Kommunikation, wenngleich problemloser, weniger bedeutungsvoll sein.

Das beste taktische Vorgehen bei diesem Aspekt wird offensichtlich darin bestehen, eine gewisse Art von Gleichgewicht zwischen diesen zwei Extremen
zu erreichen. Wenn die beiden Partner eine solche Ausgewogenheit herstellen
können, werden sie den besten Nutzen aus beiden Einflußbereichen ziehen
können. Diese Position enthält das Potential in sich, sie zu einem günstigen
Aspekt innerhalb des Composit-Horoskops werden zu lassen.

In jedem Falle sollte das andere Extrem vermieden werden, daß die beiden
Partner nämlich ihre gesamte Zeit auf die gemeinsame Erforschung ihrer
Emotionen verwenden. Dies kann sich sehr verzerrend auf ihre Perspektive
auswirken, die Dinge im richtigen Verhältnis zu sehen.

Der Composit-Mond im Sextil mit Composit-Merkur

Das Sextil zwischen Composit-Mond und Composit-Merkur hat die Bedeutung, daß diese Partner offen und problemlos miteinander über ihre Gefühle
sprechen können. Bei diesem Aspekt besteht jedoch ein geringeres Risiko,
daß sie allzu subjektiv sich selbst gegenüber und zu stark nach innen gerichtet
sind.

Dieser Aspekt zeigt an, daß die Betreffenden sowohl auf intellektueller als auch gefühlsmäßiger Ebene miteinander kommunizieren können. Er läßt eine gefühls- und verstandesmäßige Übereinstimmung entstehen, die sie ihre Gefühle und Gedanken in einer solchen Weise miteinander verbinden läßt, daß sie in eine wesensumfassende Kommunikation miteinander treten. Durch diese Fähigkeit werden sie sich gegenseitig kennen- und verstehen lernen und zu Freunden werden, die viel miteinander gemeinsam haben. Diese Beziehung wird es beiden ermöglichen, sich in intellektueller Hinsicht als Individuen weiterzuentwickeln.

Wenn emotionelle Schwierigkeiten zwischen den Partnern auftauchen, wird ihre Fähigkeit zum Gespräch miteinander es ihnen erleichtern, ihre Probleme besser als die meisten anderen Paare herauszuarbeiten. Die unterschiedliche Verwendung und Begriffsbestimmung von Worten gehört zu den schlimmsten Schranken in der Kommunikation zwischen Menschen, doch wird sie hier kein Problem darstellen.

Wenn die Betreffenden sich dieses charakteristische Merkmal zunutze machen, dürften sie — ungeachtet ihrer Ziele — dazu in der Lage sein, aus ihrer Beziehung etwas Schönes und für beide Bedeutungsvolles aufzubauen.

Der Composit-Mond im Quadrat mit Composit-Merkur

Das Quadrat zwischen Composit-Mond und Composit-Merkur läßt für diese Beziehung bestimmte Probleme entstehen. Es weist darauf hin, daß die gefühlsmäßige Verbindung zwischen den beiden Partnern und ihr Verstand in irgendeiner Weise gegeneinander arbeiten. Normalerweise bedeutet dies, daß bei jedem von ihnen der intellektuelle und relativ unvoreingenommene Teil ihrer Erkenntnisfähigkeit durch den gefühlsbetonten und subjektiven Teil überlagert wird. Wenn die Betreffenden nun versuchen, über ein Problem zu sprechen, ergibt sich daraus eine emotionale Auseinandersetzung anstelle einer Diskussion. Sie müssen sich darum bemühen, bei diesen Gesprächen objektiver gegenüber sich selbst und dem anderen zu werden.

Andererseits muß betont werden, daß die Betreffenden keine Geheimnisse voreinander haben. Sie bringen ihre Gefühle offen zum Ausdruck, was selbst in einer schwierigen Beziehung ein Vorteil ist, weil man weiß, woran man miteinander ist. Ihre gefühlsmäßige Kommunikation bleibt nicht auf Streitigkeiten und Meinungsverschiedenheiten beschränkt, das heißt, sie teilen sich auch ihre positiven Gefühle füreinander gegenseitig mit. Doch wiederum existiert das Problem, daß die Kommunikation auf der verstandesmäßigen Ebene nicht allzu klar sein mag. Die beiden werden nicht vom Intellekt bestimmte Verständnismöglichkeiten entwickeln müssen, damit sie ihre Probleme lösen können. Wenn sie dies tun und sich gleichzeitig auch darum bemühen, eine größere innere Loslösung in ihrer Beziehung zu erreichen, dann sollte ihnen die Überwindung jener Probleme möglich sein, welche dieser Aspekt hervorrufen kann. Diese Position gehört nicht zu den schwierigsten

Quadrataspekten, weil sie ein tiefes emotionales Verständnis zwischen den Partnern anzeigen kann.

Der Composit-Mond im Trigon mit Composit-Merkur

Das Trigon zwischen Mond und Merkur in einem Composit-Horoskop deutet darauf hin, daß ein starkes Potential für intellektuelles und emotionales Wachstum aufgrund dieser Beziehung vorhanden ist. Dies bedeutet, daß die betreffenden Partner auf eine positive Art und Weise über ihre Gefühle und Ansichten kommunizieren können und daß sich ihre grundsätzlichen Lebensanschauungen miteinander vereinbaren lassen, wodurch ihre gefühlsmäßige Übereinstimmung gestärkt wird.

Wenn die Situation auftaucht, die von beiden verlangt, sich hinzusetzen und ihre Probleme zu besprechen, so wird ihnen dies ohne Mühe und im richtigen Verhältnis von Objektivität und persönlicher Einbeziehung möglich sein. Sie erkennen, daß das übertrieben verstandesbetonte Herangehen an Gefühlsangelegenheiten eine Gefahr sein kann, und sie sind fähig zu einer Kommunikation sowohl mittels ihrer Gefühle als auch über diese.

Als Paar sind sie gegenüber neuen Ideen und Erfahrungen offen und finden folglich Freude daran, gemeinsam unterschiedliche Bereiche ihres Zusammenlebens zu erforschen. Gleichzeitig haben sie keine Scheu davor, all ihre Gedanken und Vorstellungen frei zu äußern. Zumindest was die Kommunikation betrifft, werden nur wenige Schranken und Hindernisse zwischen ihnen existieren.

Schon mit geringer Anstrengung dürfte es ihnen gelingen, die potentiellen Möglichkeiten zu nutzen, welche dieser Aspekt bietet, und sich durch diese Beziehung in außerordentlichem Maße persönlich weiterzuentwickeln.

Der Composit-Mond in Opposition mit Composit-Merkur

Bei einer Opposition zwischen Composit-Mond und Composit-Merkur besteht die Herausforderung für eine Beziehung darin, daß man es lernen muß, einen Ausgleich zwischen rational-zweckmäßiger und gefühlsbetonter Kommunikation herzustellen. Wenn man die Beziehung ihren natürlichen Tendenzen folgen läßt, wird es sich wahrscheinlich als schwierig erweisen, die beiden Kommunikationsformen miteinander zu verbinden. Es wird den beiden Partnern nicht leichtfallen, über Dinge, bei denen sie gefühlsmäßig engagiert sind, mit irgendeinem Grad an innerer Losgelöstheit und Objektivität zu sprechen. Wenn sie auf der rationalen Ebene miteinander reden, so werden sich ihre Gespräche um Dinge drehen, die für keinen von beiden wirklich bedeutsam sind, so daß eigentlich keine echte Kommunikation stattfindet.

Auf der positiven Seite aber werden die Betreffenden wahrscheinlich keine klärende Diskussion über Dinge unterdrücken, die ihrem Gefühl nach durchgesprochen werden müssen. Das Problem wird jedoch darin bestehen, auf welche Art und Weise diese Dinge nach außen gelangen. In der Regel wird eine derartige Diskussion eine sehr gefühlsbetonte Erfahrung mit ziemlich viel Schall und Rauch und wenig echter Kommunikation sein. Die beiden müssen lernen, eine solche Diskussion sowohl für ihr Verständnis zu nutzen als auch Dampf darin abzulassen. In der Tat werden sie allgemeine Probleme haben, die grundlegende Wahrheit dieser Beziehung objektiv zu begreifen. Ihr Verständnis davon ist nicht direkt falsch, wird jedoch auf eine derart persönliche Formel gebracht, daß niemand sonst, der eigene Partner eingeschlossen, daran teilhaben kann.

Trotzdem ist es möglich, ein Gleichgewicht herzustellen, so daß echte Gefühle deutlich und objektiv vermittelt werden können. Beide werden jedoch lernen müssen, die Dinge dadurch auf eine neue und unterschiedliche Art und Weise zu betrachten, daß sie sich außerhalb ihrer eigenen Selbstbefangenheit stellen und die Position ihres Partners wahrnehmen.

Der Composit-Mond in Konjunktion mit Composit-Venus

Die Konjunktion von Composit-Mond und Composit-Venus ist ein äußerst positiver Aspekt für jede persönliche Beziehung, besonders für ein Liebesverhältnis oder eine Ehe. Sie zeigt ein starkes Gefühl von Liebe zwischen den beiden Partnern an, das diese offen zum Ausdruck bringen werden. Die Beziehung kann sogar etwas von einer traumhaften Qualität an sich haben — so als wäre sie zu schön, um wahr zu sein. Dieser Aspekt ist seinem Wesen nach jedoch so beschaffen, daß diese Beziehung genauso gut sein sollte, wie sie aussieht. Andere Aspekte können einer Beziehung ein Gefühl von Schönheit vermitteln, das in Wirklichkeit Illusion ist, doch dieser Aspekt dürfte das Gefühl auf eine durchaus zufriedenstellende Weise real werden lassen.

Diese Qualität von Schönheit kann vielleicht den Neid und die Mißgunst anderer Menschen auslösen. Es mag für sie den Anschein haben, daß diese Beziehung keine rauhen Kanten hat, obwohl dies natürlich nicht ganz zutreffen wird. Doch sollte die grundlegende innere Kraft dieser Beziehung stark genug sein, selbst die allergrößten Probleme zu überwinden.

Im Falle einer Ehe können die Betreffenden einen starken Wunsch nach Kindern haben, weil dieser Aspekt ihre elterlichen Instinkte bestärkt. Er deutet auch darauf hin, daß sie wahrscheinlich selbst Kinder haben werden, obwohl dies nicht von grundlegender Wichtigkeit bei diesem Aspekt ist.

Auch Schönheit und Kunst werden durch diesen Aspekt gefördert; häufig taucht er in den Composit-Horoskopen von Menschen auf, die gemeinsam künstlerisch arbeiten.

Im allgemeinen gehört diese Position zu den positivsten und nützlichsten Aspekten, die ein Composit-Horoskop für eine erfolgreiche persönliche Beziehung aufweisen kann.

Der Composit-Mond im Sextil mit Composit-Venus

Das Sextil zwischen Mond und Venus in einem Composit-Horoskop weist auf warmherzige und positive Emotionen zwischen den betreffenden Partnern hin. Dieser Aspekt wirkt sich günstig auf Freundschaft und Liebe in jeder Art von persönlicher Beziehung aus. Außerdem deutet er darauf hin, daß sich diese Menschen ihre Zuneigung füreinander problemlos mitteilen können und daß sie in emotionaler Hinsicht im allgemeinen sehr gut harmonieren.

Dieser Aspekt wirkt sich sehr ruhig und angenehm aus. Er wird nicht unvermittelt eine verrückte oder leidenschaftliche Anziehung zwischen den beiden Partnern hervorrufen, sondern eher ein entspanntes Gefühl der Zuneigung. Diese Form von Energie eignet sich besser für eine dauerhafte Beziehung als für eine kurzfristige und möglicherweise stürmische Affäre.

Weist eine Liebesbeziehung diesen Aspekt auf, werden die Betreffenden feststellen, daß sie gleichzeitig Freunde und Liebespartner sind. Freunde mit diesem Aspekt werden eine Zuneigung füreinander empfinden, die tiefer geht, als dies gewöhnlich in einer Freundschaft der Fall ist.

In einer Ehe deutet das Sextil von Mond/Venus darauf hin, daß die Partner Kinder haben möchten und diese wahrscheinlich auch haben werden. Die Konfiguration von Mond und Venus in einem günstigen Winkel zueinander, wie im Falle des Sextils, steht kennzeichnend für Fruchtbarkeit und Mutterschaft — das Zeichen für Mutter Erde. Bei diesem Aspekt besteht eine enge Verbindung zwischen Liebe und Elternschaft.

Insgesamt gesehen, zählt dieser Aspekt zu den allergünstigsten in einem Composit-Horoskop, wenn auch seine Auswirkungen verhältnismäßig ruhig und gedämpft sind.

Der Composit-Mond im Quadrat mit Composit-Venus

Im Unterschied zu den meisten Quadrataspekten kann das Quadrat zwischen Composit-Mond und Composit-Venus eigentlich nicht als ein schwieriger Aspekt bezeichnet werden. Sicherlich bringt es einige Probleme mit sich, doch insgesamt gesehen wirkt sich dieser Aspekt eher positiv auf ein Composit-Horoskop aus. Seine Hauptwirkung zeigt sich in einem Eindruck von unwiderstehlichem Drang zu Beginn dieser Beziehung, das heißt, die beiden Partner empfinden das zwingende Gefühl, daß sie zusammenkommen sollten. Dieser Aspekt läßt eine starke und dauerhafte Anziehung zwischen ihnen entstehen und wirkt, wie alle Aspekte von Mond/Venus, als eine Art „Prellbock" gegen schwierige Phasen innerhalb einer Beziehung.

Hier besteht die einzige wirkliche Schwierigkeit darin, daß die Betreffenden, selbst wenn sie eigentlich nicht zueinander passen, fast wie von einer schicksalhaften Macht zusammengeführt werden können. Diese Anziehungskraft ist völlig unkritisch, doch stark genug, daß eine Bindung entsteht, die sonst eine sehr unbeständige und kurzfristige Affäre sein dürfte. An sich sagt dieser Aspekt noch nichts darüber aus, ob diese Beziehung positiv sein wird, sondern bestimmt lediglich das Vorhandensein dieser kraftvollen Anziehung. Daher müssen die beiden Partner ihre Beziehung gründlich einschätzen und beurteilen lernen. Wenn sie jedoch gut miteinander zurechtkommen, werden die Gefühle der Zuneigung zwischen ihnen das durchschnittliche Maß übersteigen, und ihre Beziehung dürfte von Dauer sein.

Der Composit-Mond im Trigon mit Composit-Venus

Das Trigon zwischen Composit-Mond und Composit-Venus ist ein hervorragender Hinweis auf eine Beziehung, die auf Liebe und Zuneigung beruht. Dieser Aspekt läßt, für sich selbst genommen, darauf schließen, daß die Betreffenden eine sehr große emotionale Übereinstimmung zeigen und daß ihre Beziehung auf beide eine positive Wirkung ausüben wird. Ihre Verbindung wird nicht nur angenehm sein, sondern auch zum persönlichen Wachstum eines jeden beitragen.

Für jede Beziehung auf der Gefühlsgrundlage ist dieser Aspekt ausgesprochen günstig, und für ein Liebesverhältnis ist er geradezu umwerfend. Damit ist aber nicht unbedingt nur eine kurzlebige Affäre verbunden, sondern dies kann auch eine dauerhafte Beziehung bedeuten. Dieser Aspekt läßt einfach ein starkes und intensives Gefühl von Liebe zwischen den beiden Menschen entstehen. Auch im Composit-Horoskop von Ehepartnern ist dies selbstverständlich ein ausgezeichneter Aspekt, der erkennen läßt, daß diese Ehe als eine Liebesbeziehung anfangen und sich fortsetzen wird.

In einer Ehe mag dieser Aspekt den starken Wunsch nach Kindern hervorrufen, weil die hierbei entstandene Liebe ein deutliches Bedürfnis einschließt, Schutz und Fürsorge zu geben. Ein Bedürfnis, das durch eine kraftvolle Verbindung von Venus/Mond — als Sinnbild für biologische Fruchtbarkeit — geschaffen wird, kann durch Kinder befriedigt werden.

Auf einer ganz anderen Ebene kann dieser Aspekt auf materiellen Wohlstand in dieser Beziehung hinweisen, besonders dann, wenn sie mit Kapitalanlagen und geldlichen Spekulationen zu tun hat.

Dieser Aspekt im Composit-Horoskop ist für jede Art von Beziehung doch hauptsächlich für eine Verbindung zwischen Liebespartnern äußerst wünschenswert.

Der Composit-Mond in Opposition mit Composit-Venus

Im großen und ganzen ist die Opposition zwischen Composit-Mond und Composit-Venus ein günstiger Aspekt im Horoskop einer jeden Beziehung, besonders einer Liebesbeziehung. Er weist jedoch einige besondere Eigenschaften auf, die beachtet werden sollten.

An erster Stelle bezeichnet er eine gewisse Unbeständigkeit und mangelnde Stabilität. Obgleich diese Beziehung von Dauer sein mag, wird sie beträchtliche Höhen und Tiefen der Gefühlszustände zu verzeichnen haben, die aber nicht zu ihrer Auflösung führen dürften.

Zweitens kann dieser Aspekt die beiden Partner selbst dann zusammenführen, wenn sie eigentlich sehr verschieden voneinander sind und in der Regel keine Beziehung eingehen würden. Tatsächlich können sie sich ihre unterschiedliche Wesensart gegenseitig ergänzen, doch wird dies nicht auf den ersten Blick zu erkennen sein. Sind sie erst einmal zusammengekommen, werden sie ihre Fähigkeit zur wechselseitigen Ergänzung entdecken, was sie eng miteinander verbinden wird. Die weiter oben erwähnte mangelnde Stabilität ergibt sich aus dem Lernprozeß, die unterschiedlichen Wesenszüge in eine Beziehung miteinander zu bringen.

Dieser Aspekt ruft eine starke magnetische Anziehung hervor, und daher kann er auch zwei Menschen zusammenführen, die derart verschieden erscheinen. Diese Anziehungskraft wird die beiden Partner selbst dann zusammenhalten, wenn die Situation zwischen ihnen schwierig wird — doch gleichzeitig ist gerade sie es, die aufgrund der mit ihr verbundenen Wesensunterschiede einige dieser Schwierigkeiten hervorgerufen hat.

Insgesamt gesehen, dürfte sich dieser Aspekt in einem Composit-Horoskop als ein bedeutsamer positiver Faktor erweisen.

Der Composit-Mond in Konjunktion mit Composit-Mars

Die Konjunktion von Composit-Mond und Composit-Mars hat eine doppelseitige — oder eher zweischneidige — Auswirkung. Einerseits weist sie darauf hin, daß jeder der beiden Partner im anderen sehr starke Gefühle erweckt, doch sie sagt, für sich selbst genommen, noch nichts darüber aus, ob diese Gefühle positiv oder negativ sind.

In einer Liebesbeziehung läßt dieser Aspekt beispielsweise ein sehr starkes gefühlsmäßiges Engagement erkennen. Die Beziehung wird wahrscheinlich in beiden Partnern sowohl positive als auch negative Emotionen auslösen. Sie werden lebhafte Meinungsverschiedenheiten und sogar Kämpfe miteinander haben, doch werden ihre Versöhnungen von gleicher Intensität sein.

Dieser Aspekt an sich sagt noch nichts darüber aus, ob diese Partnerschaft in anderer Hinsicht günstig verlaufen wird. Ist diese Beziehung im wesentlichen positiv, so werden die Betreffenden lediglich die Erfahrung eines verstärkten gefühlsmäßigen Engagements machen — wenn auch mit einer größeren Neigung zu Streitereien. Wenn ihre Beziehung jedoch ansonsten nicht intakt ist, wird sie durch das kämpferische Moment, welches dieser Aspekt hervorruft, zerstört werden. In jedem Falle werden die beiden einige hitzige Augenblicke miteinander erleben, die jedoch, gemeinsam mit all den positiven Seiten dieser Beziehung, einfach akzeptiert werden sollten.

Einer der wesentlichsten Punkte bei diesem Aspekt besteht darin, daß er in einer sexuellen Beziehung sehr viel sexuelle Energie erzeugt und dadurch die Sexualität zu einem starken Band zwischen den betreffenden Partnern machen kann. Obwohl sie wahrscheinlich viele Kämpfe miteinander ausfechten werden, sind selbst diese eine Widerspiegelung der zugrundeliegenden sexuellen Energie.

Der Composit-Mond im Sextil mit Composit-Mars

Das Sextil zwischen Composit-Mond und Composit-Mars ist ein Anzeichen dafür, daß diese Beziehung auf Gefühlen beruht. Der starke Anteil an gefühlsbetonter Energie läßt es für die Betreffenden schwierig werden, den Handlungen oder Worten des anderen keine Beachtung zu schenken. Zum Glück ist diese Energie jedoch nicht sonderlich negativ. In einer sexuellen Beziehung kommt diesem Aspekt in der Tat eine positive Bedeutung zu, weil Mars bestimmte Teile des Energiesystems regiert, aus dem sich die sexuelle Energie aufbaut. Der Mond herrscht natürlich über die Gefühle, und aus beidem ergibt sich, daß dieser Aspekt die für eine positive sexuelle Beziehung benötigten Energien wachruft.

Mit Ausnahme des sexuellen Kontaktes ist diese Verbindung von Mars/Mond in ihrer Ausdrucksform nicht sonderlich auf den Körper bezogen, doch stellt physische Aktivität ein gutes Betätigungsfeld für die Energien dar, welche dadurch hervorgerufen werden. Folglich sollten die Betreffenden nicht untätig herumsitzen, sondern in jeder erdenklichen Form aktiv zu sein versuchen. Wenn eine Arbeit zu leisten ist, kann die Energie dieses Aspektes dabei von Hilfe sein. Dieser Aspekt wirkt sich jedoch nicht besonders günstig für geistige Arbeit aus, denn durch die subjektive Natur des Mondes wird ein logisches und objektives Erfassen von Ideen erschwert; außerdem ist die Mars-Energie allzu dynamisch für die ruhige gedankliche Reflexion, die für die meisten geistigen Arbeiten benötigt wird.

Dieser Aspekt ist vorteilhaft für eine Beziehung, die auf Gefühlen basiert, doch nicht allzu günstig für eine Verbindung, die eine betonte geistige Aktivität oder die Kommunikation von klaren, geordneten und objektiv vorgebrachten Fakten verlangt.

Der Composit-Mond im Quadrat mit Composit-Mars

Das Quadrat zwischen Composit-Mond und Composit-Mars ist ein etwas schwieriger Aspekt für eine Beziehung. Der Mond regiert die grundlegenden Gefühle und Emotionen, die in der Beziehung gegenwärtig sind, während Mars ihre Vitalenergien anzeigt. Will man es genauer ausdrücken, so entspricht Mars derjenigen Energie, womit man seine Individualität behauptet und durchsetzt. Die Auswirkung dieses Quadrats wird sich wahrscheinlich in emotionalen Konflikten zwischen den Betreffenden und dem Gefühl zeigen, daß ihre Individualität einer ständigen Herausforderung durch den Partner ausgesetzt ist. Kämpfe, Wortgefechte und allgemein fehlende Übereinstimmung werden voraussichtlich die Folge daraus sein, wenn sie sich nicht sehr stark um die Überwindung dieses Problems bemühen.

Wenn immer die beiden eine Meinungsverschiedenheit oder ein Kommunikationsproblem haben, platzt ihnen als Reaktion darauf augenblicklich der Kragen. Dieser Wesenszug muß jedoch an die Kandare gelegt werden, denn wenn es einmal soweit kommt, ist jegliche Fähigkeit dahin, das Problem objektiv zu analysieren und eine Lösung zu finden. Die beiden Partner berauben sich jeder Möglichkeit, den Standpunkt des anderen zu begreifen; daraus ergibt sich ein Streit, und die Beziehung wird noch stärker auseinandergerissen. Nur wenn sie ein gewisses Maß an innerer Ruhe bewahren — so schwierig das auch sein mag —, können sie zu einer konstruktiven Lösung ihres Problems gelangen. Zorn und eine übertriebene Subjektivität gehen in dieser Beziehung Hand in Hand.

Wenn die Betreffenden ihre Probleme wirklich lösen möchten, dann sollten sie es vermeiden, aufeinander zornig zu werden. Ohne Frage gibt es Situationen, wo es nützlich und konstruktiv ist, Verärgerung und Zorn ehrlich zu äußern und nicht immer zu unterdrücken. Man sollte mit diesen offenen Unmutsäußerungen jedoch nicht zu weit gehen; bei diesem Aspekt besteht die Wahrscheinlichkeit, daß die beiden Partner nur allzu bereitwillig aus dem Häuschen geraten. Sie sollten einen kühlen Kopf bewahren und sich ihren Zorn für Zeiten aufheben, wo er wirklich berechtigt ist. Sonst wird ihre Beziehung nicht lange fortbestehen oder nicht lohnenswert sein.

Der Composit-Mond im Trigon mit Composit-Mars

Das Trigon zwischen Composit-Mond und Composit-Mars ist ein Zeichen dafür, daß diese beiden Menschen ein starkes emotionales Engagement in die Beziehung einbringen. Jeder von ihnen ruft bei seinem Partner derart tiefe Gefühle wach, daß sie sich gegenseitig nicht ignorieren können. Diese Gefühle werden größtenteils positiv sein, doch ist es wichtig, daß diese Beziehung vielseitige Möglichkeiten für emotionalen Selbstausdruck bietet. Für eine berufliche Partnerschaft, die wechselseitige Gefühle von innerer Losgelöstheit und Objektivität verlangen würde, wäre dies kein sehr günstiger Aspekt. Die Verbindung von Mond und Mars, selbst in einem Trigon, bringt es mit sich, daß die durch sie hervorgerufenen Gefühle stark genug sind, um eine Beziehung subjektiv und persönlich werden zu lassen.

Dieser Aspekt zeigt seine positivsten Auswirkungen in einer Liebesbeziehung, wo er einem ansonsten ruhig und gedämpft verlaufenden Verhältnis eine weitaus größere Gefühlstiefe und inneres Engagement geben kann. In einer sexuellen Beziehung wird sich die Energie aus der Verbindung zwischen Mond und Mars anregend auf die körperliche Sexualität auswirken.

Ein Punkt muß jedoch beachtet werden: keiner der beiden darf den anderen unterdrücken. Zwischen ihnen muß eine völlige Freiheit des Gefühlsausdrucks bestehen. Wenn die Energie dieses Trigons allzulange zurückgehalten wird, würde sie sich wahrscheinlich in explosiver Weise Luft verschaffen.

Der Composit-Mond in Opposition mit Composit-Mars

Die Opposition zwischen Mond und Mars kann ein höchst explosiver Aspekt in einem Composit-Horoskop sein. Sie ist ein Anzeichen für das Ausbrechen von Zorn und Feindseligkeit, was jede Art von Beziehung in eine offene Fehde verwandeln kann. Hier stellt sich die Frage, ob die Betreffenden Freunde und/oder Liebespartner oder ob sie Konkurrenten und/oder Feinde sein möchten. Wenn sie den Energien dieses Aspekts freien Lauf lassen, wird mit größerer Wahrscheinlichkeit letzteres der Fall sein.

Mit Gewißheit steht fest, daß sich diese Menschen niemals damit quälen müssen, ihre Gefühle zu unterdrücken, wenn sie diese eigentlich frei äußern sollten. Das Problem besteht darin, eine schöpferisch-konstruktive Ausdrucksform dafür zu finden, damit es nicht nur bei einem zerstörerischen Ausbruch bleibt, sondern zum persönlichen Wachstum der beiden Partner beitragen kann.

Wenn Schwierigkeiten auftauchen, sollten sie sich darum bemühen, eine kurze Zeit lang Gelassenheit zu bewahren und irgendeinen vernünftigen Sinn in dem Geschehen zu finden. Nur auf diese Art und Weise können sie die Energien dieses Aspekts fest an die Zügel legen. Eine Sache kommt ihnen dabei wenigstens zugute: Wenn Menschen mit dieser Kombination sich aufblähen und in Zorn geraten, ist alles rasch vorbei, weil sich die gesamte negative Energie verausgabt hat. Weil diese Energien aber so häufig hochkommen, wird auf irgendeine Weise doch ein beträchtlicher Schaden angerichtet werden. Die beiden Partner sollten sich selbst die Frage stellen, ob sie wirklich genügende Übereinstimmung zeigen, damit diese Beziehung überhaupt gelingen kann. Die Frage kann mit ja oder nein beantwortet werden, doch sollte sie gestellt werden.
Einige Menschen haben große Schwierigkeiten damit, Zorn oder Feindseligkeit in irgendeiner Form zu äußern, selbst wenn die Beziehung als Auslöser dazu beiträgt. Wenn die Betreffenden zu diesen Menschen gehören, müssen sie es lernen, ihre Gefühle zum Ausdruck zu bringen.

Sollte es ihnen gelingen, die Energien dieser Planetenstellung zu unterdrücken, was ein recht schwieriges Unterfangen ist, so wird sich dies äußerst zerstörerisch auswirken. Es ist bei diesem Aspekt eine wesentliche Bedingung, die wirklichen Gefühle ehrlich zu äußern, doch sollte man sich einfach darum bemühen, sie unter Kontrolle zu halten.

Der Composit-Mond in Konjunktion mit Composit-Jupiter

Die Konjunktion von Mond und Jupiter in einem Composit-Horoskop stellt ein äußerst günstiges Anzeichen für jede Art von persönlicher Beziehung dar. Ihre symbolische Bedeutung kann allgemein als ,,gute Gefühle'' umschrieben werden, das heißt, die beiden Partner fühlen sich wohl miteinander. Sie empfinden Wärme und Herzlichkeit füreinander, und sie können ihre Gefühle ohne Mühe und voller Begeisterung äußern. Wenn einer traurig oder deprimiert ist, wird der andere ihn aufheitern.

Gleichzeitig respektieren beide die Emotionen des anderen. Sie fühlen sich dem Partner gegenüber in einer beschützenden Rolle und versuchen, ihn vor emotionellen Verletzungen durch andere zu bewahren. Dies kann sogar bis zu gegenseitiger Bemutterung führen, die jedoch nicht als Unterdrückung, sondern als hilfreiche Unterstützung erfahren wird. In der Tat sind die Auswirkungen dieses Aspekts sehr weit von jener Art der Bemutterung entfernt, die man eher Bevormundung nennen könnte, denn beide empfinden große Achtung vor der persönlichen Freiheit und den individuellen Rechten des anderen.

Wenn Meinungsverschiedenheiten auftauchen, werden die Betreffenden versuchen, auf eine hochherzige Art und Weise damit umzugehen, und sich kein kleinliches oder engstirniges Verhalten zugestehen. Sie werden die strittigen Punkte offen besprechen und eine Lösung zu finden bemüht sein, die für beide annehmbar ist.

Eine Konjunktion von Mond/Jupiter in einem Composit-Horoskop ist häufig ein Hinweis darauf, daß die beiden Partner in materieller Hinsicht ziemlich erfolgreich oder wohlhabend sein werden, wenn gemeinsamer Besitz ein Teil ihrer Beziehung ist.

Der Composit-Mond im Sextil mit Composit-Jupiter

Das Sextil zwischen Composit-Mond und Composit-Jupiter zeigt an, daß hier ein sehr hohes Potential dafür besteht, in dieser Beziehung Gefühle von Glück und Wohlwollen zu erleben. Es wird ein intensiver Gefühlsaustausch zwischen den Partnern stattfinden, der meistenteils positiv sein wird.
In einer sexuellen Beziehung ist dieser Aspekt eher ein Kennzeichen für gefühlsmäßige Interaktion als für Liebe. In jeder anderen Art von Beziehung weist er auf Gefühle von Glück und Zufriedenheit miteinander hin.

Diese Menschen haben den Eindruck, daß sie sich gegenseitig unterstützen und ähnliche Hoffnungen für die Zukunft miteinander teilen. Außerdem fällt es ihnen leicht, daran zu glauben, daß ihre Ziele sich erfüllen werden, weil das Sextil von Mond/Jupiter Optimismus entstehen läßt; diese optimistische Haltung macht es ihnen umgekehrt auch wiederum leichter, ihre Ziele wirklich zu erreichen. Andere mögen sie als Glückspilze betrachten, doch tatsächlich hat ihr „Glück" seinen Ursprung in positivem Denken.

Der ausdehnende Einfluß von Jupiter auf den Mond hat die Bedeutung, daß sich beide Partner in dieser Beziehung gefühlsmäßig und persönlich weiterentwickeln werden. In einer geschäftlichen oder beruflichen Partnerschaft weist dieser Aspekt auf günstige Verbindungen zur Öffentlichkeit und möglichen finanziellen Erfolg hin. Sowohl eine persönliche als auch eine berufliche Verbindung mit diesem Aspekt wird wahrscheinlich einen positiven Eindruck in den Augen anderer Menschen machen.

Der Composit-Mond im Quadrat mit Composit-Jupiter

Dieses Quadrat zwischen Composit-Mond und Composit-Jupiter gehört zu den wenigen Quadrataspekten, deren Handhabung nicht besonders schwierig ist. Wie alle Verbindungen von Jupiter/Mond zeigt es grundsätzlich positive und wohlwollende Gefühle zwischen den beiden Partnern an. Ihre Beziehung wird etwas Übersprudelndes an sich haben, was andere in ihrer Gesellschaft fröhlich werden läßt. Außerdem werden beide Toleranz gegenüber den Fehlern ihres Partners zeigen. Die einzige echte Schwierigkeit, welche dieser Aspekt hervorruen könnte, besteht in der Tat darin, daß sie allzu unkritisch gegenüber dem anderen sein mögen. Dadurch könnte ihr persönliches Wachstum gemindert werden, doch ist es unwahrscheinlich, daß eine solche Haltung zum Abbruch der Beziehung führen würde.

Die Betreffenden werden Freude am Zusammensein miteinander haben und vielleicht gern gesellig ausgehen und gemeinsame Unterhaltung finden. Dies ist eine Ausdrucksform für die emotionale Überschwenglichkeit dieses Quadrats und ein aktiver Aspekt, der eine gewisse Form der Betätigung verlangt, um sich positiv auswirken zu können. Daher sollte jede Gelegenheit zu gemeinsamen Unternehmungen wahrgenommen werden, damit die Energien dieses Aspekts in vollem Maße genutzt werden können.

Dieser Aspekt kann noch eine weitere Auswirkung haben, die beachtet werden sollte. Wenn die Betreffenden als Individuen in gewisser Hinsicht zu Übertreibung neigen, so wird diese Tendenz durch ihre Beziehung vermutlich verstärkt. Als Paar werden sie sich wahrscheinlich nichts versagen, was sie sich wünschen.

Der Composit-Mond im Trigon mit Composit-Jupiter

Das Trigon zwischen Composit-Mond und Composit-Jupiter wird sich in verschiedenen Bereichen günstig auf diese Beziehung auswirken. Als erstes ist es ein Zeichen dafür, daß sich die beiden Partner ganz allgemein positiv und wohlwollend gegenüberstehen. Sie fühlen sich glücklich miteinander und freuen sich an der Gegenwart des anderen. Sind sie depressiv oder niedergeschlagen, werden sich beide im Zusammensein miteinander besser fühlen.

Zweitens wird dieser Aspekt dazu beitragen, eine warmherzige Zuneigung und ein tiefes gefühlsmäßiges Verständnis zwischen den Partnern zu schaffen, was ihnen durch alle Probleme helfen wird, mit denen sie sich konfrontiert sehen mögen.

Drittens wird diese Beziehung vermutlich einen in spiritueller und moralischer Hinsicht sehr förderlichen Einfluß auf die beiden haben. Die Welt wird ihnen dadurch in einem besseren Licht erscheinen, und sie werden tatsächlich in ihrem Verständnis dessen unterstützt werden, um was es in der Welt geht — nicht in einem Geiste der Resignation, sondern des positiven Optimismus.

In einer Ehe schließt dieser Aspekt den Wunsch nach Kindern ein und erhöht die Wahrscheinlichkeit, daß die Betreffenden Kinder haben werden.

Aufgrund ihrer gemeinsamen Empfindungen von Optimismus und glücklicher Zufriedenheit werden die beiden immer das Gefühl haben, daß ihr Zusammensein für sie von Nutzen ist.

Der Composit-Mond in Opposition mit Composit-Jupiter

Die Opposition zwischen Composit-Mond und Composit-Jupiter ist verhältnismäßig einfach zu handhaben. Sie kann die beiden Partner selbst dann zusammenführen, wenn sie sich wesensmäßig ziemlich voneinander unterscheiden, doch sorgt sie gleichzeitig auch für die Energie zu gegenseitiger Anpassung. Jeder Aspekt zwischen Mond und Jupiter ist ein Hinweis darauf, daß die Partner dazu in der Lage sein werden, die zwischen ihnen bestehenden Unterschiede zu tolerieren.

Eine Opposition ist ein zu Aktivität neigender Aspekt, was bedeutet, daß sich die Betreffenden gemeinsam betätigen werden müssen. Keiner von ihnen wird sehr gern untätig herumsitzen und darauf warten, daß irgend etwas passiert. Sie möchten selbst die Initiative ergreifen und nach Dingen Ausschau halten, die es zu tun gibt. Wahrscheinlich werden sie gern gemeinsam ausgehen und soziale Kontakte pflegen. Jupiter ist gesellig und fühlt sich wohl in Begleitung.

Andere Menschen werden die beiden vermutlich als ein sehr extravertiertes und glückliches Paar ansehen. Sie werden auch anderen gegenüber sehr großzügig sein, wenngleich sie etwas zu extravagant oder verschwenderisch sein mögen.

Bei diesem Aspekt besteht manchmal ein zwanghafter Drang, sich fortwährend unbekümmert und sorglos zu geben. Die Betreffenden haben gern mit Aufregungen zu tun und begeistern sich für recht lautstarke Aktivitäten. Sie mögen nur widerstrebend zur Ruhe kommen und sich einmal mit ernsthaften Angelegenheiten beschäftigen, mit denen sie sich gemeinsam auseinandersetzen sollten. Als Folge davon können sie wichtigen Dingen einfach ihren Lauf lassen. Darin besteht vielleicht die bedenklichste negative Tendenz bei diesem Aspekt, und ihr sollte auch die größte Beachtung geschenkt werden. Im großen und ganzen ist diese Opposition jedoch nicht sonderlich problematisch.

Der Composit-Mond in Konjunktion mit Composit-Saturn

Die Konjunktion von Composit-Mond und Composit-Saturn ruft zwei unterschiedliche Auswirkungen hervor, die beide in einer persönlichen Beziehung etwas schwierig zu handhaben sind.

Auf der einen Seite kann dieser Aspekt eine emotionale Barriere zwischen den Partnern ausrichten, so daß es ihnen schwerfallen wird, auf der Gefühlsebene miteinander zu kommunizieren. Ohne die Unterstützung dieses weitgehend nichtverbalen und subjektiven Dialogs, der eine persönliche Beziehung fest zusammenschmiedet, werden die beiden ihre emotionalen Botschaften, die eigentlich intuitiv erfaßt werden sollten, mühsam Schritt für Schritt entziffern müssen. Daher werden sie sehr viel Zeit darauf verwenden, um das in Worten auszudrücken, was bereits wortlos offensichtlich sein sollte.

Die Betreffenden werden sowohl ihre Beziehung als auch sich selbst gegenseitig ständig analysieren, doch damit ist die Gefahr verbunden, die Dinge schlimmer erscheinen zu lassen, als sie wirklich sind. Sie sollten sich vor dieser Neigung hüten, weil sie eine vollkommen lebens- und entwicklungsfähige Beziehung dem Anschein nach unmöglich machen kann. Die analytische Zergliederung ihrer Beziehung kann den beiden Partnern höchstens dabei helfen, ihre Gemeinsamkeiten besser zu verstehen , doch kann sie niemals intuitive Kommunikation völlig ersetzen.

Auf der anderen Seite kann dieser Aspekt die beiden dazu veranlassen, daß sie gefühlsmäßige Erwägungen vermeintlichen Notwendigkeiten, Pflichten oder Verantwortungen unterordnen und sich selbst die Freude und das Vergnügen eines offenen und gelösten Selbstausdrucks verbieten. Sie sollten gemeinsam versuchen, entspannter zu werden und nicht so ernst an die Dinge heranzugehen.

Schlimmstenfalls kann diese Planetenstellung ein derartiges Gefühl von emotionaler Entfremdung zwischen den Betreffenden verursachen, daß ihre Beziehung keinerlei Entwicklungsmöglichkeiten hat. Auch wenn eine rein verbale oder verstandesmäßige Analyse die subtileren Formen der Kommunikation, welche dieser Aspekt verhindert, niemals völlig ersetzen kann, so ist eine solche Analyse doch der beste Weg, den man einschlagen kann, wenn man versuchen will, miteinander auszukommen.

Der Composit-Mond im Sextil mit Composit-Saturn

Das Sextil zwischen Composit-Mond und Composit-Saturn läßt darauf schließen, daß beide Partner es sehr ernst mit ihrer Beziehung meinen, die sie wahrscheinlich sowohl aus praktischen als auch gefühlsmäßigen Gründen eingegangen sind. Folglich werden sie sehr vorsichtig mit ihrer Beziehung umgehen, und diese wird sich vermutlich ziemlich langsam entwickeln. Aufgrund ihrer Vorsicht und Behutsamkeit wird die Partnerschaft, die sie aufbauen, wahrscheinlich viele andere überdauern.

Im Umgang miteinander sind die beiden sehr nüchtern, was bei anderen den berechtigten Eidnruck erwecken mag, daß sie allzu ernst sind und das Leben nicht mit genügend Humor betrachten. Sie brauchen nicht so vorsichtig zu sein, sondern können es sich durchaus leisten, die Dinge etwas leichter zu nehmen. Tatsächlich können sie sich Freiheiten herausnehmen, die sich andere nicht zugestehen können, weil sie sich selbst so gründlich und umsichtig vorbereitet haben.

Dieser Aspekt gibt einer Beziehung eine gefühlsmäßige Stabilität, die wahrhaft beneidenswert ist. Es wird sich dabei wahrscheinlich um keine besonders auffällige oder überschwengliche Affäre handeln, und anderen mag das Verhalten der beiden Partner als etwas kühl erscheinen. Das bedeutet aber nicht, daß sie keine echte Zuneigung füreinander empfinden, sondern daß sie diese als Paar auf eine andere Art zum Ausdruck bringen. Sie sollten damit fortfahren, die Dinge in ihrer eigenen Weise zu handhaben, und den Vorstellungen anderer keine Beachtung schenken.

Der Composit-Mond im Quadrat mit Composit-Saturn

Das Quadrat zwischen Mond und Saturn in einem Composit-Horoskop ist ein Anzeichen für eine mangelnde gefühlsmäßige Affinität zwischen den beiden Partnern. Sie mögen durchaus dazu in der Lage sein, als Geschäftspartner gemeinsam an verschiedenen Projekten zu arbeiten und sogar auf recht freundschaftlichem Fuße miteinander zu stehen, doch werden sie wahrscheinlich nicht das tiefgehende Verständnis und Einfühlungsvermögen füreinander haben, das für eine tiefe persönliche Freundschaft oder Liebesbeziehung notwendig ist. Dieser Aspekt wirkt sich am wenigsten nachteilig auf eine Beziehung aus, die keine besonders gefühlsbetonte Kommunikation erforderlich macht.

In einer engen persönlichen Verbindung wird dieser Aspekt vermutlich ein Gefühl von emotionaler Entfremdung hervorrufen, so daß die Betreffenden keinen rechten Zugang zueinander finden können. Die warme Vertrautheit und das Zusammengehörigkeitsgefühl, grundlegend für eine solche Beziehung, sind einfach nicht vorhanden.

Trotz dieses Aspekts kann eine Gefühlsbeziehung lange Zeit bestehen bleiben, doch wird sie nicht völlig befriedigend sein, und die beiden Partner können sich einsam miteinander fühlen. Wenn sie zusammen sind, werden sie ziemlich ernst und nüchtern erscheinen, was andere Menschen dazu veranlassen kann, sich darüber zu wundern, ob sie eigentlich zueinander passen. Selbstbeobachtung und tiefgehende Überprüfung ihrer Beziehung können bis zu einem gewissen Grade eine Kompensation darstellen, doch ist intellektuelles Verständnis niemals ein adäquater Ersatz für das, was ein unausgesprochenes, gefühlsmäßiges Einvernehmen sein sollte. Zusätzlich können die depressiven Auswirkungen des Quadrats von Mond/Saturn dazu führen, daß die Betreffenden die Schwierigkeiten, mit denen sie sich tatsächlich konfrontiert sehen, übermäßig hervorheben.

Wenn beide das Gefühl haben, daß sie diese Beziehung für ihr persönliches Wachstum und Fortkommen brauchen, so sollten sie auf alle Fälle daran festhalten, doch gleichzeitig ihre Erwartungen nach einer tiefgehenden Befriedigung auf der Gefühlsebene modifizieren. Wenn sie gerade am Anfang einer solchen Beziehung stehen, so kann es möglich sein, daß sie unter den gegenwärtigen Umständen eine verhältnismäßig losgelöste und enthaftete Form der Bindung brauchen.

Der Composit-Mond im Trigon mit Composit-Saturn

Das Trigon zwischen Composit-Mond und Composit-Saturn bewirkt eine äußerst stabile und feste Beziehung. In einer Liebesverbindung ist aufgrund dieses Aspektes die Liebe der Partner füreinander gleichbleibend und besonnen; handelt es sich um eine Freundschaft, wird sie von Dauer sein. Die stürmisch-romantische, unstete Art von Liebe, nach der viele Menschen suchen, wird dieser Aspekt nicht zu bieten haben. Dies ist ein Anzeichen für eine ernsthafte Beziehung, die nur für jene geneigt ist, die des Herumspielens müde sind und sich etwas Ernstes und Dauerhaftes wünschen. Dieser Aspekt an sich ruft weder Zuneigung und Liebe hervor noch steht er ihnen im Wege; er läßt einfach jegliche Gefühle, die vorhanden sein mögen, beständig und zuverlässig werden.

Diese beiden Menschen werden wahrscheinlich die gemeinsame Haltung vertreten, daß sie ihre emotionalen Bedürfnisse immer einer wirklichkeitsorientierten und pragmatischen Einstellung dem Leben gegenüber unterordnen müssen. Sie akzeptieren das, was sie haben, und stellen keine übertriebenen Forderungen an den Partner. Als Paar nehmen sie das ernst, was die Beziehung zu bieten hat.

Die beiden werden wahrscheinlich auch recht viel über das Wesen ihrer Beziehung nachdenken und ziemlich selbstkritisch sein. Sie scheinen sich ständig die Frage zu stellen: „Warum sind wir eigentlich zusammen?" Wenngleich es von Nutzen ist, sich Gedanken über die wahre Natur einer Beziehung zu machen, sollten sie ihre Kritik daran nicht übertreiben. Dieser Aspekt bietet handfeste Vorzüge, die ihnen zugute kommen und die sie nicht pessimistisch ableugnen sollten.

Der Composit-Mond in Opposition mit Composit-Saturn

Die Opposition zwischen Composit-Mond und Composit-Saturn kann sich für eine persönliche Beziehung, besonders im Hinblick auf die gefühlsmäßige Interaktion zwischen den Partnern, als recht schwierig erweisen. Mond und Saturn versinnbildlichen einander entgegengesetzte Prinzipien, und der Aspekt der Opposition betont diese Gegensätzlichkeit noch.

Die hauptsächliche Gefahr besteht darin, daß die beiden Partner entweder gefühlsmäßig überhaupt nicht miteinander agieren werden oder daß sie kein wechselseitiges Verständnis von der Gefühlsnatur des anderen besitzen. Wenn es ihnen trotz dieses Hindernisses gelungen ist, eine enge Beziehung herzustellen, so werden sie sich in Augenblicken, wo sie am stärksten Einfühlungsvermögen und Wärme brauchen, miteinander einsam fühlen. Sie scheinen sich gefühlsmäßig wie Fremde gegenüberzustehen. Im günstigsten Falle verhalten sie sich distanziert, schlimmstenfalls sind sie überkritisch und intolerant gegenüber den Fehlern des anderen. Je mehr sie vertraute Intimität und Wärme brauchen, desto unbefriedigender wird das Verhältnis wahrscheinlich sein. Dies kann sogar soweit führen, daß sich die Betreffenden in einer kalten und gleichgültigen Art und Weise gegenseitig wie Objekte behandeln.

Bei diesem Aspekt im Composit-Horoskop ist es am besten, von einer Gefühlsbeziehung nicht allzuviel zu erwarten. Eine geschäftliche oder berufliche Verbindung, die keinen sonderlichen Gefühlsaustausch verlangt, ist jedoch nicht ernstlich beeinträchtigt; die Opposition von Mond/Saturn zeigt eher ein fehlendes inneres Engagement als Feindseligkeit an. Eine enge persönliche Beziehung mit diesem Aspekt wird sich jedoch als ernstlich beschränkt oder als völlig unbefriedigend erweisen.

Der Composit-Mond in Konjunktion mit Composit-Uranus

Die Konjunktion von Composit-Mond und Composit-Uranus muß unweigerlich ein gewisses Maß an Aufregung hervorrufen — doch wird sie nicht für Stabilität sorgen. Die betreffenden Partner scheinen um der Aufregung und des Anreizes willen zueinander hingezogen zu werden, welche diese Beziehung zu bieten hat und auf die sie beide angewiesen sind. Wenn die Beziehung diesen Anreiz jedoch verliert, so kann dies durchaus ihr Ende bedeuten

— und so sollte es vielleicht auch sein, denn Uranus stellt eine Herausforderung für die vorgefaßten Meinungen dar und treibt den alten Schlendrian aus den gewohnten Geleisen heraus. Die Existenz dieser Beziehung mag den gleichen Zweck haben.

Andererseits ist es auch möglich, daß diese Konjunktion für etwas Ungewöhnliches oder Atypisches an der Beziehung selbst kennzeichend ist. In einer Liebesbeziehung könnte sie die Bedeutung haben, daß sich normalerweise kein Zusammensein der beiden Partner erwarten ließe. Vielleicht ist ihr Hintergrund oder ihre Herkunft grundlegend verschieden, sei es rassisch, ethnisch oder sozial, oder es besteht ein großer Altersunterschied; vielleicht gehören beide auch dem gleichen Geschlecht an. Wie immer auch der Fall liegen mag — durch Uranus wird er ungewöhnlich. Auch für eine Freundschaft kann diese Eigenschaft kennzeichnend sein.

Der außergewöhnliche Charakter dieser Beziehung mag tatsächlich die mangelnde Stabilität überwinden, die durch Uranus hervorgerufen wird, das heißt, wenn die Beziehung an sich ungewöhnlich ist, so kann sie dadurch dauerhafter als eine übliche Partnerschaft sein.

In einer Ehe oder Liebesbeziehung verlangt dieser Aspekt, daß jeder dem anderen mehr als das gewohnte Maß an Freiheit zugesteht. Jeder Versuch von beiden, starke Besitzansprüche geltend zu machen, wird die Partnerschaft wahrscheinlich aufs Spiel setzen.

Es wird sich hier vermutlich um eine außergewöhnliche Beziehung handeln. Die Betreffenden sollten sie als eine derartige Erfahrung akzeptieren und es ihr zugestehen, sie etwas Neues über das Leben zu lehren.

Der Composit-Mond im Sextil mit Composit-Uranus

Das Sextil zwischen Composit-Mond und Composit-Uranus läßt erkennen, daß diese Beziehung eine Qualität von Offenheit und Freiheit hat oder zumindest haben sollte. Sie dürfte das Denken der Partner verändern und ihnen neue Einsichten in die krativen Möglichkeiten einer Beziehung vermitteln. Die Betreffenden, ob sie nun Freunde oder Liebespartner sind, sollten diese neuen Ideen in ihr Bewußtsein Eingang finden lassen und sich unbekannte Welten erschließen.

Unter keinen Umständen dürfen sie diese Beziehung — was auch immer ihre Grundlage sein mag — in herkömmliche Strukturmuster hineinzwängen, die feststehenden Regeln unterliegen. Diese Partnerschaft kann eine völlig neue Mischform annehmen. Eine sexuelle Beziehung beispielsweise wird vermutlich sehr offen sein und kann sogar andere Menschen einbeziehen; oder dieser Aspekt läßt eine Freundschaft entstehen, die zu manchen Zeiten auch ein Liebesverhältnis sein kann. Zwei Menschen mit diesem Aspekt in ihrem Composit-Horoskop können eine sehr intensive Verbindung zueinander haben, sich dann eine Zeitlang trennen, darauf wieder zusammenkommen und sich immer bewußt sein, daß der andere, wenn nicht im Körper, im Geiste da ist.

Dieser Aspekt kann zwei Menschen zusammenführen, die recht unterschiedliche Ansichten und Denkweisen haben. Sollte dies der Fall sein, so werden sie jedoch miteinander auskommen können, wenn sie genügende geistige Offenheit besitzen, es sich gegenseitig zuzugestehen, ihr Denken in kreativer Weise herauszufordern und möglicherweise verändern zu lassen.

Der Composit-Mond im Quadrat mit Composit-Uranus

Mit dem Quadrat zwischen Composit-Mond und Composit-Uranus wird diese Beziehung — zumindest was die Liebe angeht — vermutlich nicht zu den gefestigten, dauerhaften und langfristigen Bindungen gehören. Dieser Aspekt steht für Gefühlswandlungen und mangelnde Beständigkeit. Eine Liebesaffäre mit diesem Aspekt kann plötzlich aufflackern und sich dann mit gleicher Plötzlichkeit wieder abkühlen. Es kann auch einer der beiden Partner die Vorstellungen und Gefühle des anderen einer unausgesetzten Herausforderung unterziehen, so daß keine Eintracht oder Beständigkeit einzutreten scheint.

Trotzdem kann ein ganz beträchtlicher Nutzen aus einer derartigen Beziehung hervorgehen, solange die Betreffenden nur das in ihr zu finden versuchen, was sie ihnen bieten kann, aber nicht an ihre etwaige Dauer denken. Ihre grundlegenden Denkstrukturen werden auf der Gefühlsebene eine Herausforderung erfahren. Die beiden Partner werden sich gegenüber neuen Ausdrucksformen ihrer Beziehung zueinander öffnen und diese erforschen. Wenn sie dieser Partnerschaft eine Chance geben, wird sie zur Erweiterung ihres Bewußtseins beitragen.

Eine Freundschaft mit diesem Aspekt mag sich dann als ziemlich dauerhaft erweisen, weil sie keine derart beständige und enge Vertrautheit verlangt wie ein Liebesverhältnis. Weil Freundschaft ihrer Natur nach nicht so große Besitzansprüche stellt, fordert sie das rebellische, freiheitsliebende Wesen von Uranus nicht so stark heraus. Doch selbst eine Freundschaft mit diesem Aspekt wird zu einer Veränderung der vorgefaßten Meinungen und herkömmlichen Formen der Beziehung führen.

Wenn sich die betreffenden Partner auf einer Stufe ihres Lebens und ihrer Bewußtseinsbildung befinden, wo sie eine beständige und verläßliche Partnerschaft zu einem anderen Menschen aufbauen möchten, dann ist dies kein sehr günstiger Aspekt. Wenn sie jedoch für jegliche Erfahrung offen sind, die eine Beziehung bieten kann, dann wird dies für sie eine kreative Lernerfahrung sein — wenn auch zeitweise etwas verrückt.

Der Composit-Mond im Trigon mit Composit-Uranus

Das Trigon zwischen Mond und Uranus im Composit-Horoskop hat die Bedeutung, daß beide Partner ihre Gefühle frei zum Ausdruck bringen müssen, damit sich diese Beziehung von ihrer besten Seite zeigen kann. Dieser Aspekt verlangt, daß sie neue Erfahrungen und Möglichkeiten des Gefühls füreinander Einfluß auf ihr Bewußtsein nehmen lassen. Sogar die Beziehung selbst kann sehr ungewöhnliche Formen annehmen. Die Betreffenden sollten den Mut dazu besitzen, für den Umgang miteinander abweichende und außergewöhnliche Verhaltensweisen anzulegen — sonst wird eine Möglichkeit für persönliches Wachstum ungenutzt verstreichen.

Aus dem gleichen Grunde wird diese Beziehung wahrscheinlich eine starke bewußtseinsverändernde Wirkung auf beide Partner haben und ihre Einstellungen gegenüber ihren eigenen Emotionen und denjenigen ihres Partners verwandeln. Auch ihre Weltanschauung und ihre Lebensphilosophie können sehr wohl eine Veränderung erfahren.

Gewisse Eigenschaften einer konventionellen Beziehung, wie beispielsweise Beständigkeit und Voraussagbarkeit, mögen hier nicht vorhanden sein, doch wird trotz dieses Unsicherheitsfaktors vieles von Wert sein. Je mehr Freiheit sich die beiden Partner innerhalb der Struktur ihrer Beziehung zugestehen, desto größeren Nutzen werden sie daraus ziehen; dies kann bis zu dem Punkte führen, daß jede vorhandene Unsicherheit für keinen von beiden eine Rolle spielen wird. In dieser Beziehung ist die Freiheit des persönlichen Selbstausdrucks für beide Partner unbedingt erforderlich und sollte daher besonders vorrangig sein.

Der Composit-Mond in Opposition mit Composit-Uranus

Mit der Opposition zwischen Composit-Mond und Composit-Uranus wird diese Beziehung für beide Partner einer ständigen Herausforderung gleichkommen. Sie wird recht problematisch und wahrscheinlich sehr unbeständig sein. Keiner der beiden wird wirklich wissen, was er vom anderen zu erwarten hat, und sie werden nicht damit rechnen können, traditionelle Rollenerwartungen erfüllt zu sehen. Als Individuen wird jeder der Betroffenen einen anderen eigenen Ort suchen müssen, um sich selbst im Hinblick auf den anderen finden zu können. Doch selbst dann werden sie sich vermutlich nicht an eine beständige und verläßliche Form der Beziehung zueinander gewöhnen können. Daraus ergibt sich, daß eine Partnerschaft mit diesem Composit-Aspekt nicht langlebig sein kann.

Gehört Dauerhaftigkeit jedoch zu den hauptsächlichen Kriterien, wie beispielsweise in einer Ehe, so dürfte es in der Tat am besten sein, diese Beziehung überhaupt gar nicht erst einzugehen. Zumindest sollten die Betreffenden, lange bevor sie eine rechtsgültige Ehe schließen, ein realistisches und zuverlässiges Übereinkommen miteinander treffen. Doch selbst dann kann der gesetzliche Ehevertrag, der jede Beziehung verändert, ihre Verbindung zu etwas ganz anderem werden lassen, als sie sich das erwartet hatten. Beide mögen enttäuscht sein oder sich übermäßig eingeschränkt fühlen.

Dieser Aspekt ist am wenigsten destruktiv, sondern zeigt sich in der Tat sogar positiv in einer Beziehung, an die keine Erwartungen gestellt werden. Beide Partner begegnen einfach jedem Augenblick als einer einzigartigen Erfahrung, die für sich selbst ausgekostet werden muß und keine Verheißung für irgendeine erhoffte Zukunft darstellt. Bei Planetenaspekten zwischen Mond und Uranus ist auf keinen Augenblick Verlaß — besonders nicht als Baustein für die Zukunft.

Die beiden Partner werden sich unentwegt gegenseitig herausfordern, was sie dazu veranlassen wird, ihre am höchsten geschätzten vorgefaßten Meinungen über das Wesen des Lebens und von Beziehungen im besonderen in Frage zu stellen. Allein diese Tatsache pflegt in der Regel schon eine gewisse Unstetigkeit hervorzurufen, wenn die Betreffenden unter dem Schock der neuen Entdeckungen, die ihr Bewußtsein verändern, ins Wanken geraten.

Dieser Aspekt eignet sich mit Gewißheit nicht für eine zuverlässige und sichere Beziehung, doch kann er zu wichtigen Lernerfahrungen führen, wenn die beiden Partner dafür offen sind.

Der Composit-Mond in Konjunktion mit Composit-Neptun

Mit der Konjunktion von Mond und Neptun im Composit-Horoskop sollten beide Partner große Aufmerksamkeit darauf verwenden, die wahre Natur ihrer Beziehung zu verstehen. Dies muß nicht unbedingt eine schlechte Beziehung sein — sie dürfte in der Tat sogar von besonderer Schönheit und hoher Gesinnung sein. Aufgrund der idealistischen Natur von Neptun, wenn er in Verbindung mit dem Mond steht, taucht jedoch ein Problem auf.

Diser Aspekt ist kennzeichnend für die höchste Entwicklungsstufe des gefühlsmäßigen und geistig-spirituellen Idealismus. Die betreffenden Partner werden sich nicht mit den gewöhnlichen und „weltlichen" Formen und Möglichkeiten zufriedengeben, wie Beziehungen in der Regel gehandhabt werden. Beide verlangt es nach weitaus mehr — eine vollständige Vereinigung zweier Seelen in kosmischer Harmonie. Das Problem ist nur, daß sie glauben mögen, diesen Zustand erreicht zu haben, wenn dem nicht so ist. Beide können sich in einem Zustand vollkommener psychologischer Umneblung hinsichtlich ihrer Beziehung befinden und deren Natur ganz und gar nicht verstehen. Daher müssen sie mit großer Sorgfalt darangehen, die Wahrheit herauszufinden. Sie sollten es sich selbst nicht zugestehen, in einem wunderschönen Dunstschleier umherzuirren, der nichts mit der Realität zu tun hat.

Andererseits dürfen sie nicht darauf hereinfallen, übertriebene und unrealistische Forderungen an die spirituelle Qualität ihrer Beziehung zu stellen.

Beide sind sie auch nur Menschen, die ihre schwache menschliche Natur in ihrer Beziehung miteinander akzeptieren müssen.

Wenn es ihnen gelingt, das Gleichgewicht von Soll und Haben zwischen diesen beiden Extremen herzustellen, dann mögen sie durchaus dazu in der Lage sein, eine äußerst hochstehende und spirituell orientierte Beziehung aufzubauen.

Noch eine abschließende Bemerkung: In einer Beziehung zwischen den Geschlechtern führt der unstoffliche und idealistische Einfluß von Neptun zu einer platonischen Verbindung, die niemals auf der physischen Ebene vollzogen wird. Gewöhnlich hat einer der Partner oder haben auch beide die innere Überzeugung, daß eine körperliche Vereinigung die große Reinheit ihrer Beziehung beschmutzen würde. Es ist schwierig, eine sexuelle Beziehung dem Idealismus von Mond/Neptun gerecht werden zu lassen, doch ist der Versuch lohnenswert, die Sexualität zu vergeistigen, ohne ihre Körperhaftigkeit abzuleugnen. Nur dann können die beiden Partner die vollkommene Vereinigung auf allen Ebenen erreichen, in der das höchste Ziel von Neptun besteht.

Der Composit-Mond im Sextil mit Composit-Neptun

Das Sextil zwischen Composit-Mond und Composit-Neptun verleiht einer Beziehung eine betont idealistische, antimaterialistische und nichtkörperhafte Qualität. Wahrscheinlich ist dieser Aspekt mehr für eine Freundschaft oder ein platonisches Liebesverhältnis als für eine Beziehung zwischen den Geschlechtern geeignet. Die Spiritualität der Beziehung wird sehr stark in den Vordergrund gestellt werden. Beide Partner können dazu neigen, sich mit Hilfe des anderen von der normalen Alltagswelt abzuwenden und in Berührung mit einem höheren, idealeren Existenzbereich zu kommen.

Die Kommunikation zwischen den Betreffenden wird weitgehend intuitiv und nonverbal sein, wobei häufig Blicke und fast unmerkliche Gesten an die Stelle von Worten treten werden. Beide werden jedoch das Gefühl haben, sehr gut miteinander zu kommunizieren — vielleicht sogar besser als jene, die auf Worte beschränkt sind. Wenn dies wirklich zutrifft, so haben sie in der Tat eine sehr hochstehende Form von Beziehung. Sie sollten sich jedoch gründlich vergewissern, ob dies bei ihrer Beziehung tatsächlich der Fall ist oder ob sie sich nicht lediglich Selbsttäuschungen hingeben. Sie sollten sich davon überzeugen, daß sie sich wirklich gegenseitig verstehen und nicht in einer Phantasiewelt leben, die sie sich ausgedacht haben.

Die potentiellen Möglichkeiten dieses Aspekts sind günstig, wenn der obige Ratschlag beachtet wird, und die Betreffenden dürften eine Beziehung haben, die in vielerlei Hinsicht ideell und spirituell ausgerichtet ist.

Der Composit-Mond im Quadrat mit Composit-Neptun

Wenn zwei Menschen ein Quadrat zwischen Mond und Neptun in ihrem Composit-Horoskop haben, ist höchste Vorsicht angebracht. Dieser Aspekt ruft die große Gefahr hervor, daß sich einer der Partner oder beide selbst oder gegenseitig täuschen werden, sei es über das Wesen der Beziehung selbst oder über die Wirkung äußerer Umstände auf diese. Er kann eine Situation zur Folge haben, in der einer der beiden auf den Plan getreten ist, um dem anderen bei einem sehr schwierigen psychologischen Problem, wie beispielsweise Alkohol oder Drogen, zu ,,helfen''. Bei einem Quadrat von Mond/Neptun wird der sogenannte Helfer jedoch häufig durch den Wunsch motiviert, einem eigenen persönlichen Problem dadurch zu entfliehen, daß er sich jemand zuwendet, dessen Probleme noch schwerwiegender zu sein scheinen. Diese Situation läßt eine Retter/Opfer-Beziehung entstehen, die ausgesprochen schädlich sein kann, weil die eigentlichen Probleme niemals in Augenschein genommen werden.

Diese Beziehung kann auch eine sehr wirklichkeitsfremde, idealistische Färbung annehmen, wenn sich die beiden Partner wunderschöne Illusionen über sich selbst und den anderen aufbauen. Letzten Endes werden sie aber wahrscheinlich feststellen, daß sie nicht allen Tatsachen ins Auge geblickt haben, wodurch sie völlig desillusioniert und verbittert werden können. Enttäuschung und Fehlschlag der eigenen Ideale ist wahrscheinlich die größte Gefahr, welche dieser Aspekt darstellt. Seinen negativen Auswirkungen kann nur durch eine äußerst strenge, wirklichkeitsbezogene und nüchterne Einschätzung der Beziehung vorgebeugt werden — doch unglücklicherweise bringt die Energie von Mond/Neptun die Tendenz mit sich, ausgerechnet dies zu verhindern.

Der Composit-Mond im Trigon mit Composit-Neptun

In jeder Art von Beziehung mit einem Trigon zwischen Composit-Mond und Composit-Neptun wird der Idealismus ein vorrangiges Motiv sein. Die beiden Partner werden das Gefühl haben, daß die geistig-spirituelle Verbindung zwischen ihnen stärker und gefühlvoller als in jeder gewöhnlichen Beziehung ist. Eine derartige Einheit und Harmonie ist eine echte Möglichkeit, die angestrebt werden sollte, die sich jedoch nicht von selbst einstellen wird. Dieser Aspekt bringt die Hoffnung, die Aussicht auf Spiritualität mit sich — aber noch nicht unbedingt das Faktum. Alle Verbindungen zwischen Mond und Neptun tragen den Keim der Selbst-Täuschung in sich, und dies sollte sehr aufmerksam im Auge behalten werden. Das Trigon setzt jedoch eine Energie frei, die dazu beitragen kann, sowohl das Ideal als auch seine Schau herbeizuführen. Die beiden Partner müssen gleichzeitig sehr realistisch gegenüber sich selbst sein und Mitgefühl für ihre gegenseitigen Schwächen besitzen.

Die Liebe, die sie miteinander erleben, wird eine sehr ideelle und vergeistigte Form haben und kann eher platonisch als sexuell sein. Die Betreffenden werden das starke Gefühl einer wahren Seelenverbindung haben. Viele Gefühls-empfindungen, die gewöhnlich in Worten Ausdruck finden, werden hier auf eine unterbewußte und intuitive Art und Weise kommuniziert werden, die andere nicht einmal bemerken werden. Wenn diese Partner wirklich das ideale Band zwischen sich geschaffen haben, das sie sich wünschen, dann werden sie mehr mittels Intuition kommunizieren können, als dies anderen Menschen durch Worte möglich ist.

Diese Beziehung wird auch ihre Lebensphilosophie beeinflussen und sie mit mehr Idealismus und größerem Interesse für spirituelle Angelegenheiten erfüllen, als dies vorher der Fall war. Der Glaube wird zu einem stärkeren Faktor in ihrer Sichtweise des Universums werden.

Die Forderungen, welche dieser Aspekt an eine Beziehung stellen kann, sind hoch, doch das gleiche gilt auch für seine potentiellen Möglichkeiten. Eine wirklich ideelle und spirituell ausgerichtete Beziehung von höchst außergewöhnlicher Art stellt eine echte Möglichkeit dar. Doch sollten die beiden Partner nicht vergessen, daß ebenso auch eine Beziehung möglich ist, wo sie in einem idealistischen und romantischen Nebelschleier umherschweben. Die Wahl liegt bei ihnen.

Der Composit-Mond in Opposition mit Composit-Neptun

Die Opposition zwischen Composit-Mond und Composit-Neptun kann viele Probleme in eine Beziehung hineinbringen, die sämtlich auf ein zentrales Problem zurückzuführen sind — daß nämlich die Betreffenden ein sehr geringes klares Verständnis über die wirkliche Beschaffenheit ihrer Beziehung besitzen. Dieses mangelnde Verständnis kann vielerlei Formen annehmen, von denen hier zwei der gebräuchlicheren besprochen werden sollen.

Erstens wird dieser Aspekt, von allen Verbindungen zwischen Neptun und Mond, am stärksten durch den Wunsch geprägt, eigenen Problemen mit Hilfe einer ,,Retter/Opfer''-Beziehung zu entfliehen. Das bedeutet, daß beide Partner nach Möglichkeiten und Auswegen suchen, sich ihren eigenen Problemen zu entziehen, was bei dem einen die Form annimmt, den anderen vor sich selbst zu ,,retten'', während jener die entgegengesetzte Rolle akzeptiert, sich retten zu lassen. Da sich jedoch keiner der beiden direkt mit seinen wirklichen Problemen auseinandersetzt, kann es keine Lösung geben. Sie sollten sich um eine gleichberechtigte Partnerschaft bemühen, in der jeder in gleichem Maße gibt und nimmt und sich keiner märtyrerhaft für den anderen aufopfert.

Eine zweite Auswirkung dieses Aspekts kann darin bestehen, daß die beiden Partner grundverschiedene Ansichten über ihre Beziehung haben. Während der eine idealistischen Vorstellungen nachhängt, mag der andere dies für sich ausnutzen und sich hinter dem Rücken des ersten ziemlich unehrlich und treulos verhalten. Das, was als Freundschaft oder Liebesbeziehung angesehen wird, hat in Wirklichkeit damit überhaupt nichts zu tun. Das unlautere Verhalten des einen gegenüber dem anderen kann zu tiefer Enttäuschung und Desillusionierung führen.

Das Hauptproblem hierbei ist in Täuschung und Illusion zu sehen. Wenn dieser Aspekt in einem Composit-Horoskop auftaucht, dann kann die wahre Beschaffenheit dieser Beziehung nur mit größter Nüchternheit und Sachlichkeit eingeschätzt und bestimmt werden. Innerer Abstand und Objektivität sind auf Schritt und Tritt notwendig. Vielleicht besteht die beste Lösung darin, sich mehr als gewöhnlich auf einen Dritten zu verlassen, der den beiden Partnern dabei hilft, ein wirkliches Verständnis zu gewinnen. Sie sollten jedoch vorsichtig sein, wen sie dafür auswählen, und sich nicht durch Idealismus und schwärmerische Vorstellungen in eine Situation hineinmanövrieren, der sie nicht gewachsen sind.

Selbst wenn keine der beiden Erscheinungsformen, wie sie eben beschrieben wurden, auf diese Beziehung zutrifft, sollten die beiden Partner vor anderen Selbsttäuschungen auf der Hut sein, welche die gesunde Basis ihrer Partnerschaft schwächen können.

Der Composit-Mond in Konjunktion mit Composit-Pluto

Die Konjunktion von Composit-Mond und Composit-Pluto ist ein stark wirksamer Aspekt mit der Bedeutung, daß die Gefühle der beiden Partner außerordentlich intensiv sein werden und daß die Beziehung wahrscheinlich nicht oberflächlich und flüchtig ist.

Nicht nur der emotionale Gehalt der Beziehung wird von großer Intensität sein, sondern beide Partner werden auch in sich selbst Gefühlstiefen entdecken, von denen sie vorher nichts gewußt haben mögen. Sie werden Gefühlserfahrungen machen, die sie niemals zuvor erlebt haben, doch sollten sie sich nicht darüber beunruhigen — denn dies werden nicht unbedingt negative Gefühle sein. Dieser Aspekt wirkt sich hauptsächlich in der Weise aus, lediglich diejenigen Gefühle zu intensivieren, die bereits vorhanden sind.

Es gibt jedoch auch einige Auswirkungen, die beachtet werden sollten. Dieser Aspekt kann ein unnötiges Maß an Besitzdenken bei einem der Partner oder bei beiden hervorrufen. Wenn sie sich gegenseitig nicht genügend Freiheit zu persönlichem Selbstausdruck zugestehen, dann kann die Beziehung allzu einengend und erstickend werden.

Möglicherweise werden die Gefühle der Betreffenden hinsichtlich ihrer Beziehung so heftig sein, daß sie nicht dazu fähig sein werden, diese oder sich selbst gegenseitig verstandesmäßig zu beurteilen. Wenn andererseits ein starkes Gefühl von Liebe zwischen den beiden besteht, so wird dieser Aspekt eine äußerst intensive und dauerhafte Form der Zuneigung daraus machen.

Diese Partner sollten nur darauf achten, sich nicht allzusehr mit ihren gegenseitigen Gefühlen zu beschäftigen. Sie werden miteinander etwas Ruhe und Frieden gebrauchen können — nicht nur die stetige Analyse, welche dieser Aspekt gern hervorruft. Sie sollten nicht mit allzu großer Schwere an ihrc Beziehung herangehen, sondern versuchen, die Atmosphäre aufzulockern und sich ruhig und zwanglos an ihrer gegenseitigen Gesellschaft zu erfreuen. Wenn sie ständig auf einer stark gefühlsbetonten Ebene miteinander agieren, werden sie wahrscheinlich sowohl sich selbst als auch ihre Beziehung ausbrennen.

Der Composit-Mond im Sextil mit Composit-Pluto

Das Sextil zwischen Composit-Mond und Composit-Pluto zeigt ein großes Maß an intensiver Innenschau und Selbsterforschung innerhalb einer Beziehung an. Die betreffenden Partner werden verschiedene Aspekte ihrer Beziehung genau durchdenken und einer Betrachtung unterziehen, und dies wird sie zu einer tiefen und klaren Einsicht über sich selbst und ihre Bedeutung füreinander gelangen lassen. Die potentielle Möglichkeit, daß ihnen dies gelingt, ist größer als bei den meisten Paaren. Gleichzeitig werden beide durch ihre Selbsterforschung wahrscheinlich dazu veranlaßt werden, die Art und Weise, wie sie gefühlsmäßig mit dem Leben umgehen, in starkem Maße zu verändern. Auch ihre alltäglichen Vorstellungen über den Lauf der Welt werden durch diese Beziehung nachhaltig beeinflußt werden.

Eine Mond/Pluto-Aspekt dieser Art äußert sich sehr psychotherapeutisch, das heißt, die Auswirkungen dieser Begegnung können der Erfahrung in der Psychotherapie sehr ähnlich sein: ein erweitertes Verständnis und Bewußtsein der innersten Natur des Selbst.

Alles dies wird wahrscheinlich dazu führen, daß beide Partner diese Beziehung als eine der wichtigsten und entscheidenderen in ihrem Leben betrachten, weil sie zu Wachstum und Weiterentwicklung ihrer Bewußtheit beigetragen hat.

Der Composit-Mond im Quadrat zu Composit-Pluto

Das Quadrat zwischen Composit-Mond und Composit-Pluto kann zu einer sehr intensiven Begegnung führen — ob sich diese positiv gestalten wird oder nicht, hängt sehr stark davon ab, wie die Betreffenden damit umgehen werden.

Dieser Aspekt steht insofern für ,,Entwurzelung'', als daß er Dinge aus den Tiefen des Unbewußten an die Oberfläche gelangen läßt, mit denen dann eine Auseinandersetzung erfolgen muß. Die Auswirkungen dieses Aspekts sind jedoch derart intensiv, daß die Beziehung sich vielleicht schon selbst ausgebrannt haben mag, bevor irgend etwas Positives erreicht werden kann. Es

160

muß hier betont werden, daß beide Partner eine starke Neigung dazu haben, sich gegenseitig mit der Psyche des anderen zu beschäftigen. Dies sollten sie jedoch nicht übertreiben oder versuchen, den Psychotherapeuten ihres Partners zu spielen. Diese Taktik ist häufig nur ein Vorwand für ein gar nicht so subtiles Machtspiel zwischen zwei Menschen, die beteuern, daß sie sich nur gegenseitig zu helfen versuchen. Als Folge davon wird sich einer der beiden mit großer Wahrscheinlichkeit in emotionaler Hinsicht von dem anderen beherrscht und an die Wand gedrückt fühlen.

Die gefühlsmäßige Intensität dieses Aspekts kann sich auch auf eine andere Art und Weise auswirken. Sie kann ein derart starkes Engagement zwischen den beiden Partnern entstehen lassen, daß sie gegenseitig auch nicht einen Augenblick lang loslassen können, was zu einer erstickenden Beziehung führt, in der sich keiner von ihnen weiterentwickeln kann.

Sie sollten sich davor hüten, sich gegenseitig gefühlsmäßig zu manipulieren, und sich darum bemühen, eine etwas losgelöstere Haltung einzunehmen und sich gegenseitig ein wenig mehr sich selbst zu überlassen — wie groß die Versuchung auch sein mag, sich einzumischen und Veränderungen vorzunehmen. Sie sollten sich gegenseitig als das lieben, was sie jetzt im Augenblick sind, und nicht im Hinblick auf eine Vorstellung, was sie aus dem anderen machen könnten. Wenn ihnen dies nicht gelingt, dann wäre es vielleicht am besten, die Beziehung aufzulösen.

Der Composit-Mond im Trigon mit Composit-Pluto

Das Trigon zwischen Mond und Pluto im Composit-Horoskop läßt erkennen, daß diese Beziehung eine ungewöhnliche gefühlsmäßige Intensität besitzt, die es für die Betreffenden schwierig werden läßt, in einer innerlich losgelösten und objektiven Art und Weise aufeinander einzugehen. Dies ist an sich noch nichts Schlimmes und kann in der Tat eine sehr wichtige und bedeutungsvolle Beziehung zur Folge haben. Manchmal wird es jedoch schwer sein, eine allzu starke emotionale Befangenheit im Umgang miteinander zu vermeiden. Es mag als Problem erfahren werden, einmal einen Schritt zurückzutreten und die Situation objektiv einzuschätzen, was in jeder Beziehung dann und wann notwendig ist.

Dessen ungeachtet bringt diese Planetenstellung, wenn die beiden Partner eine enge Vertrautheit suchen, eine Gefühlsintensität mit sich, die sie für lange Zeit miteinander verbinden wird. Diese Beziehung kann bei beiden sehr tiefgreifende emotionale Veränderungen herbeiführen, wobei sie Wesenszüge bei sich selbst entdecken werden, von deren Existenz sie vorher nichts gewußt haben mögen. Wird das, was dabei zum Vorschein kommt, in rechter Weise genutzt, wird sie dies in vielen verschiedenen Lebensbereichen zu einem umfassenderen Selbstausdruck befähigen. Wenn einer der beiden eine Neigung dazu hat, zu verstandesmäßig an die Dinge heranzugehen oder allzu kopflastig zu sein, kann seine Fähigkeit zu gefühlsbetontem Erleben beträchtlich vergrößert werden.

Die einzige wahre Schwierigkeit, welche dieser Aspekt hervorrufen kann, ist eine Neigung zu Besitzdenken und gegenseitiger Eifersucht. Abgesehen von diesem Problem und der Notwendigkeit zu größerer Objektivität ist es günstig, wenn ein Composit-Horoskop diesen Aspekt aufweist, besonders wenn es sich um eine enge und persönliche Beziehung handelt.

Der Composit-Mond in Opposition mit Composit-Pluto

Die Opposition zwischen Composit-Mond und Composit-Pluto ist ein Aspekt von außerordentlich starker Gefühlsintensität, der großes persönliches Engagement und heftige Gefühle auslöst. Die Betreffenden brauchen sich bestimmt keine Sorgen darüber zu machen, daß sie keine starke Wirkung aufeinander ausüben; das Problem wird sein, daß sie es vermeiden müssen, diese Wirkung allzu stark werden zu lassen.

Wenn mit dieser Planetenverbindung nicht in der rechten Weise umgegangen wird, so kann sie extreme Eifersucht, Machtkämpfe und übertriebene Besitzansprüche hervorrufen. Als Konsequenz daraus kann einer der beiden die Individualität des anderen völlig unterdrücken oder dies zumindest versuchen. Wenn dies eintritt, wird derjenige, der beherrscht wird, nur sehr schwer damit umgehen können, weil die dabei verwendete Taktik eher subversiv als direkt sein wird. Einer der Betreffenden kann beispielsweise an das Schuldgefühl des anderen appellieren, um ihn dadurch unter Zwang setzen zu können. Die Aggression wird häufig eine mehr passive als aktive Form annehmen, das heißt, derjenige, der manipuliert, mag vorgeben, von dem anderen verletzt worden zu sein, um ihn dann nach seiner Pfeife tanzen zu lassen.

Eine derartige Situation muß um jeden Preis vermieden werden. Der machtvolle Einfluß dieses Aspekts kann zu einer emotionalen Heftigkeit führen, welche die Beziehung zerstören und viele negative Gefühle hinter sich zurücklassen könnte. Wenn die Betreffenden versucht haben, diese Taktik einzusetzen, sollten sie davon Abstand nehmen und sich so aufrichtig und direkt wie möglich verhalten. Die Ergebnisse werden wahrscheinlich besser sein, als sie sich dies vorstellen, und sich zumindest weniger destruktiv auswirken. Jedesmal, wenn man etwas durch Manipulation gewinnt, hat man tatsächlich etwas verloren, weil sich bei der anderen Person immer größere Ressentiments ansammeln, die sich schließlich entladen können, wenn man es am allerwenigsten erwartet.

Wenn einer der Betreffenden selbst das Opfer solcher Methoden des Freundes oder Partners wird, dann sollte er kein Blatt vor den Mund nehmen und das Täuschungsmanöver seines Partners beim Namen nennen. Er sollte erklären, daß er wisse, was gespielt wird, und dies nicht hinnehmen werde. Wenn er durch gefühlsmäßige Manipulation an einem Vorhaben gehindert werden soll, auf das er ein Anrecht hat, so sollte er dies aussprechen und sich nicht von seinen Plänen abbringen lassen. Er sollte es nicht dulden, Opfer irgendeines gefühlsmäßigen Erpressungsversuches zu werden.

Der Composit-Mond in Konjunktion mit dem Composit-Aszendenten

Die Konjunktion von Composit-Mond und Composit-Aszendent kennzeichnet eine Beziehung, in der Emotionen und Gefühle eine sehr herausragende Rolle spielen. Daher wirkt sich dieser Aspekt günstiger auf eine persönliche als auf eine berufliche Beziehung aus, weil die für den Mond charakteristische Subjektivität nicht sehr nützlich für eine Beziehung ist, die klares Denken und Unvoreingenommenheit notwendig macht.

Für eine persönliche Beziehung bedeutet die enge Verbindung zwischen Mond und Composit-Aszendent andererseits, daß die beiden Partner zu einer emotionalen Verständigung und gemeinsamer Gefühlstiefe gelangen können, um die viele andere Paare sie beneiden werden. Sie werden den anderen jederzeit an ihren Stimmungen, Emotionen und Gefühlen teilhaben lassen, so daß es ihnen nicht schwerfallen wird, sich gegenseitig sowohl auf einer inneren als auch auf einer äußeren Ebene zu kennen.

Diese Eigenschaft kann natürlich auch ein Problem darstellen. Sie kann die Betreffenden daran hindern, sich gegenseitig in solchen Zeiten klar und unverstellt wahrzunehmen, wo Objektivität und Unvoreingenommenheit in einem gewissen Grade erforderlich sind. Im Verlauf von Krisenzeiten in der Beziehung können sie derart stark in ihren Emotionen aufgehen, daß keiner von ihnen unterscheiden kann, wer für was verantwortlich zu machen ist. Jeder mag seinem Partner die Schuld an Situationen zuschieben, die in Wirklichkeit sein eigenes Werk sind, was zu heftigen Auseinandersetzungen zwischen ihnen führen kann. Bei diesem Aspekt zwischen Mond und Composit-Aszendent ist es von großer Wichtigkeit, daß viele Anzeichen für eine harmonische Beziehung vorhanden sind. Dieser Aspekt könnte sich als problematisch erweisen, doch wenn andere Hinweise positiv sind, kann er auch ausgesprochen günstig sein.

Der Composit-Mond im Sextil mit dem Composit-Aszendenten

Das Sextil zwischen Composit-Mond und Composit-Aszendent hat die Bedeutung, daß es den beiden Partnern leichtfällt, sich gegenseitig an ihren Gefühlen teilhaben zu lassen und darüber zu kommunizieren. Es gelingt ihnen, zwischen ihrem Bedürfnis nach emotionaler Verständigung und Klarheit und Objektivität gegenüber der Beziehung andererseits ein Gleichgewicht herzustellen. Das Sextil bedeutet, daß sie wahrscheinlich ihren Gefühlen füreinander in Worten Ausdruck geben können, und selbst wenn dies nicht der Fall ist, wird die Botschaft ankommen.

Beide haben ein tiefempfundenes Gefühl, selbst wenn sie dieses vielleicht nicht in Worte fassen, daß ihre Ziele gleichartig sind. Ihre Einstellung gegenüber vielen Dingen ist recht ähnlich, was ihnen ein starkes Gefühl von Zusammengehörigkeit vermittelt. Viele Probleme, zu deren Beilegung andere Paare eine lange Zeit benötigen würden, scheinen für diese beiden Menschen eindeutige Lösungen zu haben und werden auf einer intuitiven Ebene verstanden.

Die Betreffenden können auch ähnliche Gewohnheiten haben, und wenn sie diese ablegen möchten, wird es damit schwierig sein. Dies liegt daran, daß der Mond, der die meiste Zeit über auf einer unbewußten Ebene wirksam ist, eine Art von „Programmierung'' bezeichnet, die in jeden seit der frühen Kindheit eingebaut worden ist. Dies sollte kein allzu großes Problem darstellen, weil das Sextil zwischen Aszendent und Mond dazu beiträgt, daß sich die Gewohnheiten der beiden Partner miteinander vereinbaren lassen. Wenn jedoch aufgrund von schlechten Gewohnheiten oder unbewußten Einstellungen Konflikte entstehen, werden sie einige Schwierigkeiten dabei haben, die notwendigen Veränderungen durchzuführen.

Jegliche Freunde des Paares werden Menschen sein, zu denen sie beide eine Beziehung auf der gefühlsmäßigen Ebene herstellen können. Mit Leuten, die nur geistige Anregung bieten, werden sie nicht glücklich sein, da sie eine Kommunikation auf allen Ebenen suchen.

Der Composit-Mond im Quadrat mit dem Composit-Aszendenten

Das Quadrat zwischen Composit-Mond und Composit-Aszendent legt großen Nachdruck auf emotionale Erfüllung innerhalb einer Beziehung. Ohne starke gefühlsmäßige Interaktion zwischen den beiden Partnern wird diese Verbindung keinerlei Aussichten haben. Deshalb ist es notwendig, daß beide das Gefühl haben, einen ähnlichen geistigen Hindergrund zu besitzen, selbst wenn dieser eigentlich nicht der gleiche ist. Das Entscheidende dabei ist, daß sie aufgrund ihrer geistigen Herkunft eine miteinander zu vereinbarende Haltung gegenüber der Welt einnehmen.

Diese Beziehung wird höchstwahrscheinlich jeden der Partner dazu veranlassen, sehr stark an Faktoren ihrer Vergangenheit festzuhalten; daher ist es wichtig, daß diese so beschaffen sind, sie miteinander zu verbinden und nicht voneinander zu trennen. Leider läßt sich allein anhand dieses Aspektes nicht voraussagen, welche der beiden Möglichkeiten zutreffen wird. Dies kann nur aufgrund ihrer allgemeinen Übereinstimmung beurteilt werden. Auf jeden Fall sollten die Betreffenden auf unbewußte Einstellungen und Verhaltensweisen aus ihrer Vergangenheit achten, die sich störend auf die Art und Weise ihres jetzigen Umgangs miteinander auswirken. Sie sollten gemeinsam im Hier und Jetzt leben und nicht die Vergangenheit zu einem Hindernis werden lassen.

Wenn etwas in ihrer Beziehung nicht glatt verläuft, so werden die Menschen in ihrer Umgebung dies sehr rasch feststellen. Ihre Gefühle als Paar übertragen sich sehr schnell auf andere, selbst wenn gar keine besondere Absicht besteht, diese für sich einzunehmen. Die beiden Partner sind mehr an ihrer gegenseitigen Beziehung auf allen Ebenen als daran interessiert, welchen Eindruck sie auf andere macht. Trotzdem werden sie wahrscheinlich gut mit Menschen außerhalb ihrer Beziehung zurechtkommen.

Der Composit-Mond im Trigon mit dem Composit-Aszendenten

Das Trigon zwischen Composit-Mond und Composit-Aszendent ist ein günstiger Aspekt für jede Art von persönlicher Beziehung. Es zeigt an, daß es diesen beiden Partnern leichtfällt, sich auf der emotionalen Ebene dem anderen gegenüber ganz offen auszudrücken. Sie können sich ihre Gefühle im völligen Vertrauen darauf zeigen, daß der andere diese verstehen oder zumindest akzeptieren wird. Dies ist von Bedeutung, denn durch das Trigon werden gefühlsbetonte Ausdrucksformen sehr wichtig in einer Beziehung. Die Betreffenden werden sich wahrscheinlich nicht kühl und gleichgültig gegeneinander verhalten.

In einer Liebesbeziehung weist dieser Aspekt auf eine sehr positive emotionale Verbindung zwischen den beiden hin. Sie haben gegenseitiges Verständnis für ihre Gefühle und bringen diese auch gern zum Ausdruck. Auf einer sehr tiefgehenden emotionalen Ebene empfinden sie sich als Einheit, was das Band zwischen ihnen noch fester werden läßt.

Auch der Umgang mit Menschen außerhalb der Beziehung vollzieht sich auf einer gefühlsmäßigen Ebene. Andere betrachten die beiden als ein Paar mit stark ausgeprägten Emotionen, die sie ohne Mühe und natürlich zum Ausdruck bringen.

Durch emotionalen Selbstausdruck und ein gegenseitiges Sich-Erfahren auf einer derart tiefen Gefühlsebene werden Verständnis und Toleranz bei beiden zunehmen. Selbst wenn sie sich im großen und ganzen schon nicht sehr kritisch gegenüberstehen, werden sie sogar noch nachsichtiger gegenüber den Besonderheiten des anderen werden, auch wenn jene sie unter anderen Umständen verärgert hätten.

Der Composit-Mond in Opposition mit dem Composit-Aszendenten

Es ist besser, sich diesen Aspekt — die Opposition zwischen Composit-Mond und Composit-Aszendent — so vorzustellen, als sei der Composit-Mond am Deszendenten plaziert. Mit anderen Worten, dieser Aspekt zeigt in Wahrheit nicht die Auswirkungen einer Opposition.

Wie alle Aspekte von Mond/Aszendent weist auch dieser auf eine sehr stark gefühlsbetonte Beziehung hin. Wenn der Mond jedoch direkt auf der Horizontlinie des Composits plaziert ist, wie dies bei Konjunktion und Opposition der Fall ist, dann wird der Gefühlsfaktor noch besonders hervorgehoben. Dies ist ein Zeichen für zwei Menschen, die sich als eine Einheit empfinden können und vielleicht von Zeit zu Zeit völlig das Gefühl von Getrenntheit überwinden mögen, das gewöhnlich zwischen zwei Menschen existiert. Diese Position ist folglich äußerst wertvoll für jede Art von persönlicher Beziehung. Sie eignet sich nicht ganz so gut für eine berufliche Partnerschaft, die ein gewisses Gefühl von innerer Loslösung und Objektivität dem anderen gegenüber erforderlich macht. Die außerordentlich starke Subjektivität in den Auswirkungen des Mondes ist für eine derartige Situation nicht immer günstig.

Auch in einer persönlichen Beziehung müssen die Betreffenden ein Auge auf diese Subjektivität haben. Es gibt eine hauchdünne Grenzlinie zwischen einer starken gefühlsmäßigen Affinität einerseits und einer derart emotionalen Verknüpfung andererseits, die auf verstandesmäßige Urteilskraft völlig verzichtet. Im letzteren Falle können die Betreffenden eine solch extreme Subjektivität an den Tag legen, daß sie Angelegenheiten, die ihre Beziehung betreffen, nicht mehr richtig einschätzen können. Dies ist äußerst unangenehm, wenn andere Faktoren Probleme hervorrufen, denn dann ist eine ungetrübte Wahrnehmung notwendig, um das Richtige zu tun. Die Opposition von Mond/Aszendent kann eine solche klare Sichtweise jedoch unmöglich machen. Wenn dieses Problem aber überwunden werden kann, ist dieser Aspekt für alle Arten von persönlichen Beziehungen hervorragend geeignet.

Kapitel 7

Merkur

Die Bedeutung von Merkur im Composit-Horoskop

Merkur ist der Planet der Geistesaktivität und Kommunikation. In einer Beziehung steht er kennzeichnend für die Qualität und die Art und Weise der Kommunikation zwischen den beiden Partnern. Er sagt auch etwas darüber aus, wie jeder von ihnen die Gedankengänge des anderen beeinflußt und wie sie gemeinsam als Paar denken.

Ein günstig plazierter Merkur zeigt an, daß die Betreffenden ein gewisses Maß an intellektueller Einsicht besitzen und miteinander kommunizieren können. Während es, besonders in einer gefühlsbetonten Beziehung, wünschenswert ist, daß sich zwei Menschen intuitiv und wortlos verstehen, ist es auch äußerst vorteilhaft, wenn sie ohne Mühe und Schwierigkeiten miteinander reden können. Selbst bei größter Übereinstimmung in einer Beziehung ist es unmöglich, daß jeder Partner ohne irgendeine Form des verbalen Austauschs weiß, was im Denken des anderen vor sich geht.

Sehr häufig, besonders in einer Liebesbeziehung, nehmen die betreffenden Partner leider an, daß sie, wenn sie einander wirklich lieben, ein Gefühl dafür haben müßten, was der andere denkt, ohne irgend etwas sagen zu müssen. Diese Einstellung führt jedoch dazu, daß sie sich demgemäß verhalten, was sie voneinander vermuten, und mit ihrem Partner letztlich so umgehen, als wäre dieser eine Hervorbringung ihres eigenen Geistes. Wenn keine Kommunikation'zwischen ihnen stattfindet, bleibt nur das gedanklich erschaffene Vorstellungsbild in Ermangelung eines wirklichen Verständnisses. Eine schlechte Plazierung von Merkur kommt häufig in dieser Form zum Ausdruck.

Im wesentlichen bezeichnet Merkur die Fähigkeit, daß jeder der beiden Partner die Sprache des anderen spricht und seine Gedanken in einer Form zum Ausdruck bringt, die der andere verstehen kann. Dies verlangt in mancher Hinsicht eine Einstimmung des Denkens aufeinander, damit es zu einem Austausch von Gedanken, Vorstellungen und Worten kommen kann. Ein günstig plazierter Merkur ist für jede Beziehung von großem Nutzen.

Composit-Merkur im ersten Haus

Merkur im ersten Haus des Composit-Horoskops zeigt an, daß Kommunikation und gemeinsame Ideen in dieser Beziehung eine wichtige Rolle spielen dürften. Es ist nicht so, daß diese Beziehung lediglich verstandesbetont sein wird, sondern daß Kommunikation und Intellektualität einflußreiche Faktoren darstellen werden. Daher eignet sich diese Plazierung hervorragend für alle Beziehungen, die in irgendeiner Form mit Geschäft oder Handel zu tun haben; sie ist jedoch auch nicht von Nachteil in einer persönlichen Beziehung, die häufig unter einem Mangel an echter Kommunikation leidet. Dies dürfte für die betreffenden Partner kein Problem bedeuten. Merkur im ersten Haus ist gewöhnlich ein Zeichen dafür, daß sich ihr Denken in Übereinstimmung befindet und daß sie nahezu wie ein Person denken können.
Natürlich ist diese Plazierung auch hervorragend für jede Beziehung geeignet, die schriftstellerische Tätigkeit oder eine andere Form der intellektuellen Zusammenarbeit einschließt. Es wird von Wichtigkeit sein, die gemeinsamen intellektuellen Interessen lebendig zu erhalten. Zusammen werden die beiden Partner für die sie umgebende Welt offen sein und ständig den Wunsch haben, neue Aspekte ihrer Vielfalt zu erforschen und zu untersuchen.

Composit-Merkur im zweiten Haus

Composit-Merkur im zweiten Haus hat zwei unterschiedliche Bedeutungen. Entweder stellen geistige Dinge einen hohen Wert für die beiden Partner dar, oder sie verwenden eine beträchtliche geistige Anstrengung auf das, was sie besitzen oder anderweitig wertschätzen.

Wenn die erste Möglichkeit in diesem Falle zutrifft, so hat dies die Bedeutung, daß die Betreffenden als Paar großen Wert auf Bücher, Musikinstrumente, Radio, Fernsehen, Videogeräte oder andere Dinge legen, die ihrer geistigen Unterhaltung oder Anregung dienen können. Auf einer mehr abstrakten Ebene können auch ideelle Vorstellungen und intellektuelle Grundsätze für die beiden Partner von Wert sein.

Wenn die zweite Möglichkeit zutreffender ist, werden sie ziemlich viel Zeit und eine beträchtliche Anstrengung auf die Handhabung des Eigentums verwenden, das sie gemeinsam besitzen. In einem individuellen Geburtshoroskop verweist eine Plazierung von Merkur im zweiten Haus auf Klugheit und Geschicklichkeit im Umgang mit Geld; dies dürfte auch bei einem Composit-Horoskop der Fall sein.

Da es wahrscheinlich ist, daß die beiden Partner großen Wert auf geistige Dinge legen oder ziemlich feststehende Meinungen über das haben, was für sie einen Wert darstellt, ist es sehr wichtig, daß sie bereits in einem frühen Stadium ihrer Beziehung zu einer gewissen Art von Verständigung und Übereinkunft über diese Dinge gelangen. Sonst werden später vermutlich Meinungsverschiedenheiten über diese Punkte auftauchen.

Composit-Merkur im dritten Haus

Die Plazierung von Composit-Merkur im dritten Haus kann sich in einer Beziehung als außerordentlich wertvoll erweisen, weil sie eine mühelose und umfassende Kommunikation zwischen den Partnern sicherstellt. Viele ansonsten intakte Verbindungen erfahren eine Schwächung, wenn die betreffenden Personen nicht die einfachen Dinge ausdrücken können, die zum reibungslosen Verlauf einer Beziehung beitragen. Dies dürfte in diesem Falle für die beiden Partner kein Problem darstellen. Sie haben in der Tat ein starkes Bedürfnis nach gemeinsamer Kommunikation, und es ist wahrscheinlich, daß sie am Anfang aufgrund einer bestimmten geistigen Anziehung zusammengeführt worden sind.

Die beiden haben nicht nur ein starkes Bedürfnis, Ideen und Ansichten miteinander auszutauschen, sondern sie tun dies auch gern in der Gesellschaft von anderen Menschen. Sie haben eine große Vorliebe für alle erdenklichen Formen der geistigen und intellektuellen Interaktion mit ihrer Umgebung. Sie sitzen nicht gern allein bei sich zu Hause, sondern gehen lieber aus, führen Gespräche und suchen Unterhaltung.

Die Betreffenden sollten jedoch darauf achten, daß nicht der heitere und häufig oberflächliche Frohsinn von Merkur an die Stelle der tiefergehenden und bedeutsameren Kommunikation tritt, die jede Beziehung zu ihrem Gelingen braucht. Merkur ist mühelos auf einer unproblematischen und unterhaltsamen Ebene wirksam, daß es ihnen widerstreben mag, auch nur etwas mehr in die Tiefe zu gehen. Wenn es ihnen jedoch gelingt, intellektuelle und gefühlsmäßige Oberflächlichkeit zu vermeiden, dann dürfte die geistige und intellektuelle Verständigung zwischen ihnen ausgezeichnet sein.

Composit-Merkur im vierten Haus

Merkur im vierten Haus eines Composit-Horoskops weist darauf hin, daß die beiden Partner dazu fähig sind, über ihre tiefsten Gefühle und die verborgensten Aspekte ihrer Beziehung miteinander zu kommunizieren — Bereiche, die normalerweise Teil des Unbewußten sind. Dies erklärt sich daraus, daß dem vierten Haus die tiefsten und innersten Aspekte der Dinge zugeordnet werden. Diese Menschen können sich ihre Gedanken darüber mitteilen, wie sich ihre Beziehung gestaltet und was als ihr Wesenskern anzusehen ist. Sie dürften eine außergewöhnliche intellektuelle Bewußtheit von den Gefühlen des anderen haben.

Das vierte Haus regiert auch das Heim — in diesem Falle das gemeinsam errichtete Heim, wenn dies auf die entsprechende Beziehung zutrifft. Da Merkur über Denken und Kommunikation herrscht, hat diese Plazierung die Bedeutung, daß die betreffenden Partner vermutlich ihr Zuhause in intellektueller Hinsicht so anregend wie möglich gestalten. Sie werden sich mit schönen Büchern oder anderen Dingen umgeben, für die sie sich interessieren, wie

169

beispielsweise Materialien für Freizeitbeschäftigung und Kunsthandwerk. Auch bringen sie gern andere Menschen zu guten und anregenden Gesprächen in ihrem Haus zusammen.

Wie es gewöhnlich der Fall ist, wenn sich Merkur in einer Position befindet, die mit Gefühlen verbunden ist, besteht die einzig wirkliche Gefahr darin, daß die beiden Partner allzu verstandesbetont an die tiefen Aspekte ihres inneren Wesens herangehen mögen. Ihre inneren Gefühle können dann lediglich zu Vorstellungen werden und nicht als Teil ihrer alltäglichen Erfahrung existieren. Sie sollten versuchen, sich selbst oder ihre Beziehung nicht allzusehr zu analysieren.

Wenn diese Warnung beachtet wird, so kann ein Merkur im vierten Haus sehr nützlich sein, weil er für die beiden Partner eine Hilfe darstellt, die Kommunikation über ihre Gefühle und ihr inneres Selbst zu verbessern, was sich in den meisten Beziehungen nur mit Schwierigkeiten besprechen läßt.

Composit-Merkur im fünften Haus

Merkur im fünften Haus des Composit-Horoskops zeigt an, daß die betreffenden Partner als Paar von intellektuellen Formen der Entspannung und des Selbstausdrucks angezogen werden. Sie sprechen gern miteinander, nicht nur, um sich das mitzuteilen, was gesagt werden muß, sondern auch aufgrund wirklicher Freude an Gesprächen. Beide unterhalten sich auch gern mit anderen und finden Gefallen an solchen Aktivitäten wie Theater- und Konzertbesuchen oder an der Lektüre guter Bücher in der Gesellschaft des Partners.

Das fünfte Haus wird auch Kindern und ihrer Erziehung zugeordnet. Wenn diese Menschen Kinder haben, werden sie große Sorgfalt auf deren Erziehung verwenden und sicherstellen, daß sie alle geeigneten Möglichkeiten haben und von den entsprechenden Einflüssen umgeben sind. Sie sollten aber darauf achten, daß sie ihre Kinder in intellektueller Hinsicht nicht in der Form erziehen, daß dadurch ihr emotionales Wachstum vernachlässigt wird. Sie müssen lernen, zu ganzheitlichen Menschen zu werden.

Merkur im fünften Haus weist darauf hin, daß die wechselseitige Anziehung der beiden Partner zumindest teilweise auf geistiger Verwandtschaft beruht. Diese Position sagt nichts darüber aus, ob sich ihr Denken auf allen Ebenen ähnlich ist, doch dürfte sich ihre Geisteshaltung wenigstens miteinander vereinbaren lassen. Da ein Erfordernis für das Gelingen einer persönlichen Beziehung darin besteht, ohne Schwierigkeiten miteinander kommunizieren zu können, ist diese Position ein hervorragender Ausgangspunkt.

Composit-Merkur im sechsten Haus

Composit-Merkur im sechsten Haus ist ein Anzeichen dafür, daß die beiden Partner ziemlich viel geistige Energie für Probleme oder Aufgaben einsetzen, die sie gemeinsam zu lösen oder auszuführen haben. Sie werden sämtliche verschiedenartige Möglichkeiten analysieren, erwägen und genau untersuchen, die sich für die Handhabung der Dinge anbieten, die für sie beide wichtig sind und bei denen es sich entweder um materielle oder gefühlsmäßige Belange handeln kann.

Im Falle einer Geschäftsbeziehung, bei der es darum geht, eine bestimmte Aufgabe oder eine Reihe von Aufgaben zu erfüllen, werden die betreffenden Partner systematisch, zweckorientiert und voller Sorgfalt an diese herangehen.

Ist diese Beziehung eine gefühlsmäßige, persönliche Verbindung, wie beispielsweise eine Freundschaft oder ein Liebesverhältnis, dann werden die Betreffenden das, was sie tun müssen, auf eine systematische und gründliche Art und Weise durchführen. In diesem Falle wird dieses Vorgehen jedoch zu einer Verbesserung ihrer Beziehung beitragen, so daß die beiden Partner größeren Nutzen aus ihr ziehen werden. Sie sollten jedoch darauf achten, daß diese Gewohnheit, sich mittels der Vernunft mit Problemen auseinanderzusetzen, nicht zu einer übermäßigen Beschäftigung mit ihren eigenen Problemen führt und ihre gesamte Betrachtungsweise durch das Analysieren ihrer Beziehung geprägt wird.

Planeten im sechsten Haus begünstigen die Neigung, Pflichten und Verantwortlichkeiten besonders hervorzuheben auf Kosten der Freude und Erfüllung, die aus jeder persönlichen Beziehung erwachsen sollten. Ohne Zweifel muß. hier ein Gleichgewicht hergestellt werden, besonders im Falle von Merkur, weil seine Plazierung im Horoskop sehr starken Einfluß auf das allgemeine Verhalten in der Beziehung nimmt.

Composit-Merkur im siebenten Haus

Merkur im siebenten Haus des Composit-Horoskops ist ein Anzeichen dafür, daß sich diese Beziehung als Partnerschaft in geistigen und intellektuellen Belangen sehr gut bewähren wird. Wenn sich die betreffenden Partner beispielsweise zusammengetan haben, um ein Buch zu schreiben (was diese Plazierung von Merkur allerdings nicht im besondern anzeigt), so dürfte ihre Zusammenarbeit als Team sehr gut verlaufen. Gleicherweise dürften sie auch bei jeder Art von geschäftlicher oder kaufmännischer Tätigkeit gut zusammenarbeiten, besonders dann, wenn diese mit Elektronik, Kommunikation, Datenverarbeitung oder Transportwesen zu tun hat.

In einer persönlichen Beziehung weist diese Plazierung auf die Fähigkeit hin, als ein Team zu denken und — zumindest in intellektueller Hinsicht — der

Welt gegenüber als eine geeinte Front aufzutreten. Die beiden Partner besitzen im allgemeinen die Fähigkeit, ihre Gedanken und Ansichten über alles miteinander zu teilen.

Das siebente Haus ist ein Eckhaus, und daher hat jeder Planet, der darin plaziert ist, größere Bedeutung als sonst. Wenn Merkur betont ist, wie hier im siebenten Haus, dann verläuft die Kommunikation zwischen den Betreffenden müheloser und spielt in der Beziehung eine deutlich hervorgehobene Rolle.

Composit-Merkur im achten Haus

Die Position von Merkur im achten Haus des Composit-Horoskops wird diese Menschen zu einer tiefgehenden Überprüfung der psychologischen Kräfte befähigen, die in ihrer Beziehung wirksam sind. Diese Kräfte werden aufgedeckt und mit höchster Bewußtheit untersucht werden. Daher sollten diese beiden Partner besser als viele andere Menschen dazu in der Lage sein, Probleme auszuarbeiten und zu lösen, die vielleicht zwischen ihnen entstehen können. Sie sollten nur darauf achten, bei diesem Vorgehen ein Gefühl für die richtige Perspektive zu bewahren und sich nicht davon mitreißen zu lassen.

Diese Plazierung von Merkur hat auch die Bedeutung, daß die Beziehung wahrscheinlich einen wichtigen Einfluß auf die intellektuelle Entwicklung der beiden Partner nehmen wird. Ihre Denkweise über die Welt wird sich verändern, wenn sich auch aus dieser Plazierung allein nicht sagen läßt, ob diese Wendung zum Besseren oder Schlechteren hin verlaufen wird. Im allgemeinen ist die potentielle Möglichkeit, sich selbst und den anderen zu verstehen, jedoch sehr groß.

Composit-Merkur im neunten Haus

Composit-Merkur im neunten Haus verleiht einer Beziehung eine starke geistige Lebendigkeit und Offenheit gegenüber allen neuen Ideen, die zur Erweiterung der gemeinsamen Bewußtheit beitragen.

Die beiden Partner können ein gemeinsames Interesse an Reisen, Literatur, Philosophie oder Religion haben — Bereiche, für die sie sich nicht in gleichem Maße interessierten, bevor sie ihre Verbindung eingegangen sind. Sie werden, sei es in der Welt der Realität oder in der Welt des Geistes, ausgiebig forschen und umherstreifen wollen. Allermindestens werden die beiden feststellen, daß sich ihre Betrachtungsweise der Welt aufgrund ihrer Beziehung gewandelt hat.

Andere werden anerkennen, daß die Betreffenden intellektuell dazu in der Lage sind, sich über den alltäglichen Kleinkram zu erheben, in den sich die

Menschen so häufig verstricken und der eine Beziehung mit einer Unmenge an Banalitäten überschüttet. Gemeinsam werden sie sich mit großzügigeren Fragen beschäftigen, die sich auf die Welt im allgemeinen beziehen, und sie werden deren Auswirkung auf den einzelnen Menschen, besonders auf sich selbst, verstehen lernen. Folglich werden sie als Paar einen ungewöhnlichen Weitblick besitzen und sich selten einmal von unvorhergesehenen Umständen täuschen lassen.

Im allgemeinen dürften die geistigen Fähigkeiten der betreffenden Partner durch diese Beziehung wachsen und sich erweitern.

Composit-Merkur im zehnten Haus

Der Grundgedanke von Merkur im zehnten Haus des Composit-Horoskops ist das Bewußtsein von der Richtungsgebung oder Zielsetzung im Leben. Aus dieser Position ergibt sich, daß beide Partner ein sehr ausgeprägtes Gefühl einer Zielsetzung innerhalb ihrer Beziehung haben. Zumindest werden sie sehr viel über ihre Ziele diskutieren und nachdenken. Merkur im zehnten Haus sagt nicht viel darüber aus, wie diese Zielsetzung beschaffen sein mag, weist jedoch darauf hin, daß dieser Punkt von Wichtigkeit ist.

Wenn diese Partnerschaft einem geschäftlichen oder beruflichen Zweck dient, so läßt diese Position darauf schließen, daß die Betreffenden auf solchen Gebieten wie Kommunikation, Transportwesen, Erziehung oder Schriftstellerei erfolgreich zusammenarbeiten werden.

Eine persönliche Beziehung ist nicht derart spezifisch orientiert, abgesehen davon, daß Kommunikation auf allen Ebenen wichtig bei der Erfüllung der Zielsetzung sein wird, weshalb die beiden Partner eine Verbindung eingegangen sind. Es wird ein starkes intellektuelles Band zwischen ihnen bestehen. Sie werden gern miteinander dasitzen, Gespräche führen und sich ihre Gedanken mitteilen — und je mehr sie dies tun, desto mehr werden sie sich als Paar weiterentwickeln. Diese Plazierung weist darauf hin, daß die Betreffenden mittels Urteilskraft, Logik, Kommunikation und Denken — den Funktionen von Merkur — ihre größten Entfaltungsmöglichkeiten als Paar erreichen werden.

Composit-Merkur im elften Haus

Merkur im elften Haus des Composit-Horoskops verleiht den beiden Partnern eine sehr hoffnungsvolle Einstellung. Sie denken gern über die Zukunft nach und machen gemeinsame Pläne. Wahrscheinlich erfüllt diese Position sie mit Optimismus über ihre Zukunft als Paar.

In ihrem gemeinsamen Leben werden Freunde eine wichtige Rolle spielen, besonders solche Freunde, mit denen sie Gedanken austauschen und geistreiche und anregende Gespräche führen können. Sie werden Menschen bevorzugen, die intelligent und außerdem ziemlich lebensfroh sind, die ihnen ständig neue Ideen zu bieten haben und nicht festgefahren oder schwerfällig erscheinen. Besonders sagen ihnen jüngere Menschen zu.

Gleichzeitig ist Merkur im elften Haus ein Zeichen dafür, daß die beiden Partner ähnliche intellektuelle Ziele und Ideale haben. Dadurch vergrößert sich ihre Kommunikationsfähigkeit, weil sie nicht sehr viel Zeit darauf verwenden müssen, im Umgang miteinander grundlegende Begriffsdefinitionen vorzunehmen. Aufgrund der Übereinstimmung ihres Denkens sind sie dazu in der Lage, sich gegenseitig weitaus schneller zu verstehen, als dies sonst der Fall wäre.

Composit-Merkur im zwölften Haus

Composit-Merkur im zwölften Haus weist darauf hin, daß die beiden Partner sehr viel über die innerpsychologischen Aspekte ihrer Beziehung nachdenken und sprechen werden. Jeder von ihnen wird sich selbst und den Partner einer gründlichen geistigen Überprüfung unterziehen. Gleichzeitig werden die Betreffenden Personen außerhalb ihrer Beziehung wahrscheinlich nicht an diesem Prozeß teilhaben lassen. Für andere mag die Art und Weise, wie sie miteinander kommunizieren, ziemlich verschwiegen oder sogar heimlichtuerisch erscheinen. Diese Partner werden bemüht sein, alle Probleme innerhalb ihrer Beziehung zu lösen, ohne sich an Außenstehende zu wenden. Diese Position ist günstig für ein psychologisches Selbstverständnis innerhalb einer Beziehung.

Die unaufhörliche Beschäftigung mit den Gedanken des anderen kann jedoch dazu ausarten, mit den Emotionen des Partners sein Spiel zu treiben. Die Betreffenden sollten darauf achten, wie sie die Einsichten nutzen, die sie gewinnen. Wenn sie diese dazu verwenden, sich gegenseitig zu manipulieren, werden sie damit vermutlich Kräfte freisetzen, welche die Beziehung zerstören können. Im besonderen können sie vielleicht die Kommunikation abbrechen und damit beginnen, alles voreinander zu verheimlichen. Dies bedeutet eine äußerst große Gefahr für eine Beziehung, denn mit einem Merkur im zwölften Haus ist die Wahrscheinlichkeit von Argwohn und Mißtrauen sehr hoch.

Composit-Merkur in Konjunktion mit Composit-Venus

Die Konjunktion von Merkur/Venus ist ein ausgezeichneter Aspekt in einem Composit-Horoskop, denn sie ist ein Zeichen dafür, daß die beiden Partner ihre Zuneigung mühelos zum Ausdruck bringen können. Wenn sie sich gegenseitig lieben, wird es ihnen nicht schwerfallen, dies zu äußern, und wahrscheinlich wird irgendeine Art von gefühlsmäßiger Zuneigung zwischen ihnen bestehen.

Dieser Aspekt weist auch darauf hin, daß beide Partner schöne Dinge lieben und ein starkes Gefühl für ästhetische Wertschätzung gemeinsam haben, wie beispielsweise ein allgemeines Interesse an Kunst, worüber sie wahrscheinlich ausführliche Gespräche führen werden.

Ein weiteres günstiges Merkmal dieser Konjunktion besteht darin, daß sie den Betreffenden Sensibilität gegenüber den Gefühlen des anderen und die Fähigkeit gibt, für das, was gesagt werden muß, gute Worte zu finden. Diese Position trägt dazu bei, jene Art von Mißverständnissen zu verhindern, die einzig und allein durch verbale Unbeholfenheit verursacht werden. Das heißt, sie mögen zwar widersprüchliche Vorstellungen und Meinungen haben, aber keine kleinlichen Streitigkeiten über die Art und Weise, wie eine Meinung geäußert wurde.

Dieser Aspekt sollte dazu beitragen, die rauhen Seiten zu glätten, die gelegentlich in jeder Beziehung auftauchen können; doch mag er auch dazu führen, daß die Betreffenden, um die Harmonie nicht zu gefährden, Stillschweigen bewahren, wenn sie zornig oder verärgert sind. Sie sollten nicht zögern und das sagen, was sie empfinden, denn sie werden das, was gesagt werden muß, in der richtigen Art und Weise zum Ausdruck bringen können, und daher sollten sie mit nichts hinterm Berge halten.

Composit-Merkur im Sextil mit Composit-Venus

Durch das Sextil von Merkur/Venus im Horoskop einer Beziehung wird die Kommunikation zwischen den betreffenden Partnern weitaus müheloser und angenehmer, als dies sonst der Fall wäre. Beide betrachten ihre Beziehung als etwas Schönes und möchten sie in dieser Form aufrechterhalten. Folglich suchen sie unnötige Streitigkeiten und kleinliche Auseinandersetzungen zu vermeiden. Sie sollten nur darauf achten, daß sie in ihrem Wunsch, es nicht zu Unstimmigkeiten kommen zu lassen, echten Konfrontationen ausweichen, die in jeder Beziehung notwendig sind. Manchmal führt die freundliche Natur von Venus dazu, daß man davor zurückschreckt, irgend etwas Unangenehmes zu sagen — nicht so sehr aus Feigheit als aus dem einfachen Wunsch heraus, alles Unliebsame zu vermeiden. Dies dürfte jedoch nur ein geringfügiges Problem und kein Grund für größere Schwierigkeiten sein.

Auf der „Habenseite" vermittelt dieser Aspekt die natürliche Fähigkeit, die Gefühle füreinander zum Ausdruck zu bringen. In einer persönlichen Beziehung werden sich die beiden Partner wahrscheinlich sehr liebevoll und zärtlich zueinander verhalten. Dieser Aspekt wirkt sich auch günstig auf Beziehungen aus, die durch literarische oder künstlerische Interessen motiviert werden. Beide werden stark von schönen und unterhaltsamen Dingen angezogen, und diese Einstellung wird sich in der Art und Weise ihres Auftretens der Welt gegenüber widerspiegeln.

Composit-Merkur in Konjunktion mit Composit-Mars

Bei einer Konjunktion von Merkur/Mars im Composit-Horoskop können die Betreffenden damit rechnen, daß sie ihre Gefühle füreinander nachdrücklich zum Ausdruck bringen und sehr stark auf die Worte des Partners reagieren werden. Die Wirkung dieses Aspekts kann von geringfügiger Verärgerung bis hin zu ständigem Konflikt reichen. Diese zweite Wirkungsform müssen die beiden Partner beherrschen lernen.

Es ist möglich, daß sie tatsächlich gern miteinander kämpfen, zumindest auf der verbalen Ebene. Ohne Zweifel werden sie sich auf diese Art und Weise ziemlich viel Luft machen können, was zur Aufrechterhaltung der Beziehung beitragen mag. Es ist unwahrscheinlich, daß sie ihren Unmut unterdrücken und darüber brüten werden, doch wenn sie die Neigung dazu verspüren, sollten sie sich lieber nicht so verhalten. Sie sollten ihre Emotionen frei herauslassen, denn sonst werden diese ihre Beziehung zerstören. Unterdrückter oder verdrängter Ärger wirkt sich natürlich immer destruktiv aus, aber mit der Energie dieses Aspektes stellt er eine besonders große Gefahr dar.

Als Pluspunkt zeigt dieser Aspekt an, daß sich die beiden Partner gegenseitig intellektuelle Anregungen geben und aus ihren festgefahrenen geistigen Geleisen herausholen werden. Auf lange Sicht kann sich dies als sehr nützlich erweisen, obwohl es den Anschein haben mag, daß die dadurch verursachten Unstimmigkeiten in den frühen Phasen zuerst zu einer Schwächung der Beziehung führen.

Composit-Merkur im Sextil mit Composit-Mars

Mit einem Sextil von Merkur/Mars in ihrem Composit-Horoskop werden sich die betreffenden Partner in verbaler und intellektueller Hinsicht besser als Paar behaupten können, als ihnen dies getrennt, als Individuen, möglich wäre. Ihre Denkkapazität scheint sich gegenseitig zu ergänzen und verbindet sich zu einem stärkeren und angriffslustigeren Ganzen. Sie werden sich auch gegenseitig intellektuell anregen und eine größere geistige Aktivität entfalten, als dies vorher der Fall war.

Vermutlich werden sie ihre Gefühle füreinander ziemlich heftig, aber nicht unbedingt zerstörerisch äußern. Tatsächlich wird diese Nachdrücklichkeit beide Partner dazu veranlassen, Dinge zu sagen, die zwischen zwei Menschen ausgesprochen werden sollten, aber häufig nicht werden. Gefühle, die nicht zum Ausdruck kommen, können zum Abbruch einer Beziehung führen, weil sie sich in negative psychologische Energien verwandeln, welche die Bindung zwischen den beiden Partnern allmählich untergraben können. Der offene und freie Ausdruck von Gedanken und Gefühlen wird eine der starken Seiten dieser Beziehung sein. Keiner von beiden wird sich vermutlich von dem anderen unter Druck gesetzt fühlen, und sie werden ein Gleichgewicht zwischen sich herstellen können.

In einer geschäftlichen oder beruflichen Partnerschaft ist dieser Aspekt ein Zeichen für Konkurrenzdenken und die Fähigkeit, in jeder kommerziellen Tätigkeit, besonders in den Nachrichtenmedien, seinen Mann zu stehen.

Dieser Aspekt bezeichnet auch Menschen, die an einer gemeinsamen Aufgabe beteiligt sind. Er ist ausgesprochen günstig für jede Unternehmung, die in beträchtlichem Maße geistige Arbeit einschließt.

Composit-Merkur im Quadrat mit Composit-Mars

Das Quadrat zwischen Merkur und Mars kann sich in einem Composit-Horoskop als recht schwierig erweisen, es sei denn, daß die beiden Partner zu einer gemeinsamen Anstrengung bereit sind, um seine Auswirkungen zu überwinden. Für sich genommen, kann dieser Aspekt eine Menge an verbalen Auseinandersetzungen und Streitigkeiten zwischen ihnen anzeigen, was sogar soweit führen kann, daß sie sich allein um des Kämpfens willen und nicht aufgrund eines echten Problems miteinander streiten. In jeder Beziehung müssen verborgene Gefühle zum Ausdruck kommen, doch sollte dies nicht zu weit getrieben werden. Andernfalls könnten die beiden Partner durch ihre Dispute so mitgenommen und geistig — oder selbst körperlich — derart geschwächt werden, daß es ihnen schwerfallen dürfte, noch eine Rechtfertigung für die Fortsetzung ihrer Beziehung zu finden.

Die Wirkung dieses Aspekts zeigt sich nicht als tatsächliche Unverträglichkeit zwischen den beiden Partnern, sondern macht sie allzu empfindlich gegenüber den störenden Eigenschaften des anderen, so daß sie übermäßig stark auf Verhaltensweisen reagieren, die in Wirklichkeit gar nicht so schlimm sind. Die Gefahr bei diesem Aspekt besteht darin, eine im wesentlichen intakte Beziehung möglicherweise durch Bagatellen zerstören zu lassen.

Es ist hier notwendig, ein Gleichgewicht herzustellen. Die Betreffenden müssen dazu in der Lage sein, ihre Probleme offen zur Sprache zu bringen, doch gleichzeitig darauf zu achten, daß sie über etwas Wichtiges diskutieren und nicht nur eine Ausrede für ständige Streitereien zu ihrem Zeitvertreib finden. Sie sollten sich die Energie für eine echte Auseinandersetzung aufheben und dabei dann alles herauslassen.

Im allgemeinen weist dieser Aspekt in einem Horoskop auf beträchtliche Schwierigkeiten hin, wenn diese Beziehung keine gefestigte Grundlage hat. Wenn jedoch eine wirkliche Bindung zwischen den beiden Partnern besteht, dann müssen sie ihre Energien etwas beherrschen lernen, besonders im Hinblick darauf, was sie zueinander sagen.

Composit-Merkur im Trigon mit Composit-Mars

Das Trigon von Merkur/Mars in einem Composit-Horoskop weist auf eine in geistiger Hinsicht aktive und tatkräftige Beziehung hin, in der keiner der beiden Partner dem anderen geistige Trägheit zugesteht. Sie werden sich gegenseitig in der Fähigkeit und dem Wunsch anspornen, zu lernen und neue Erfahrungen zu machen.

Wenn die Betreffenden gemeinsam irgendeine geistige oder intellektuelle Arbeit ausführen, so wird sich dieser Aspekt als äußerst nutzbringend erweisen. Gleichzeitig wird dieser Aspekt es ermöglichen, wenn einer der beiden ein Problem zur Sprache bringen muß, daß er seine Gefühle freimütig äußert und eine Lösung für das Problem findet. Irgendein hartnäckiger, verbitterter, unausgesprochener Groll, der so häufig eine Beziehung vergiftet, sollte hier nicht existieren. Es mag sogar der Fall sein, daß diese Menschen Freude an Streitgesprächen als einer Methode haben, sich gegenseitig ihren Scharfsinn zu erhalten und nichts als selbstverständlich zu betrachten (obwohl dies ziemlich unwahrscheinlich sein dürfte). Zum Glück wird es ihnen gelingen, ihre Auseinandersetzungen unter Kontrolle zu halten.

Die Offenheit zwischen den betreffenden Partnern und die geistige Anregung, die sie sich gegenseitig geben und deren Notwendigkeit sie beide erkennen, dürften ein entscheidender Faktor dafür sein, diese Beziehung einige Zeit lang intakt zu erhalten.

Composit-Merkur in Opposition mit Composit-Mars

Die Energien der Merkur/Mars-Opposition in einem Composit-Horoskop sind etwas schwierig zu handhaben. Dieser Aspekt ist ein Hinweis auf verbale Meinungsverschiedenheiten und Auseinandersetzungen, die sich ziemlich schädlich auf die Beziehung auswirken können, wenn man nicht richtig mit ihnen umgeht. Es wird Zeiten geben, wo es zu Auseinandersetzungen zwischen den beiden Partnern nicht aufgrund eines wirklichen Streitpunktes kommt, sondern einfach deshalb, weil etwas bei jedem zum Auslöser für die streitsüchtigen Instinkte des anderen wird. In einer derartigen Situation müssen beide lernen, bis zehn zu zählen, bevor sie in Rage kommen.

Wenn diese Beziehung andere gute Eigenschaften aufweist, wird eine Lösung dieses Problems der Mühe wert sein. Die Betreffenden sollten versuchen, sich selbst nicht so wichtig zu nehmen, wenn sie zornig oder ärgerlich werden. Sie sollten klar erkennen, daß das meiste, was sie explodieren läßt, belanglos ist. Wenn sie spüren, wie dieser Zorn aufsteigt, sollten sie, wenn notwendig, das Zimmer einen Augenblick lang verlassen.

Eine positive Seite bei dieser Art von Merkur/Mars-Energie besteht darin, daß ihre Auswirkungen nicht von langer Dauer sind, es sei denn, daß wirklich etwas Ernstes auf dem Spiel steht. In diesem Falle ist es am besten, die

Dinge offen zur Sprache zu bringen und sich mit dem Problem auseinander-zusetzen. Vor allem sollten die Betreffenden ihren Unwillen nicht zu unterdrücken suchen, sondern entweder irgendeine Art von ,,Abkühlungstechnik'', wie die oben beschriebene, anwenden oder ihn herauslassen. Die Unterdrückung oder Verdrängung dieser Energie kann sich ziemlich zerstörerisch auswirken, denn wenn die Energie schließlich doch einmal zum Vorschein kommt, kann sie durchaus die ganze Beziehung, ungeachtet ihrer sonstigen Vorzüge, zerrütten.

Für die Handhabung dieses Aspekts sollten sich die Betreffenden auf zwei taktische Vorgehensweisen konzentrieren: Erstens, ihre Reizbarkeit in einem richtigeren Blickwinkel zu sehen, und zweitens, kein Hehl aus ihrer Verärgerung zu machen, wenn der Streitpunkt von Wichtigkeit ist.

Composit-Merkur in Konjunktion mit Composit-Jupiter

Die Konjunktion von Composit-Merkur und Composit-Jupiter ist ein Hinweis darauf, daß die beiden Partner in intellektueller und geistiger Hinsicht eine sehr große Übereinstimmung zeigen. Dies bedeutet jedoch noch nicht unbedingt auch eine gefühlsmäßige Verträglichkeit, die durch andere Planetenkombinationen herbeigeführt wird. Trotzdem wird dieser Aspekt mit dazu beitragen, daß diese Beziehung von Bestand sein wird und daß beide Partner Nutzen aus ihr ziehen werden. Mehr als andere Paare werden sie die Fähigkeit dazu besitzen, ihre Beziehung in die richtige Perspektive zu rücken und zu erkennen, was wirklich von Wichtigkeit ist.

Sie werden auch feststellen, daß ihre bewußtseinsmäßige Entwicklung durch ihre Partnerschaft außerordentlich stark gefördert wird, das heißt, sie werden sich mehr und mehr über die sie umgebende Welt und ihre Stellung darin bewußt werden. Wenn die Betreffenden große Zukunftspläne haben, wird dieser Aspekt sie darin beträchtlich unterstützen. In dieser Hinsicht werden sie gemeinsam besser fahren als jeder getrennt für sich.

Durch ihr Zusammensein kann sehr wohl die Anregung für ein Interesse an Philosophie, Religion oder Metaphysik entstehen oder die Möglichkeit zu Reisen herbeigeführt werden. Zumindest sollten beide Partner das Gefühl haben, daß ihr Zusammensein eine positive Lernerfahrung hat, selbst wenn andere Faktoren in der Beziehung schließlich ihren Abbruch herbeiführen werden.

Composit-Merkur im Sextil mit Composit-Jupiter

Das Sextil von Merkur/Jupiter im Composit-Horoskop trägt dazu bei, ein positives Freundschaftsgefühl zwischen den beiden Partnern aufgrund ihrer allgemeinen geistigen und intellektuellen Übereinstimmung herzustellen. Sie werden auffallende Parallelen in der Art und Weise ihres Denkens feststellen.

Selbst wenn ihre Meinungen auseinandergehen, ergänzen sich ihre Gedanken und Vorstellungen in einer solchen Form, daß sie gemeinsam ein Ganzes bilden, das größer als seine einzelnen Teile ist.

Ihr Zusammensein wird sich anregend auf ihre idealistischen Gefühle der Welt gegenüber auswirken. Aufgrund des positiven Standpunktes, den dieser Aspekt kennzeichnet, können die Betreffenden tatsächlich feststellen, daß sich ihre Pläne leichter verwirklichen lassen, selbst wenn diese scheinbar idealistisch und undurchführbar sind.

Beide werden bemerken, daß diese Partnerschaft zu einer Erweiterung ihres Bewußtseins über die sie umgebende Welt führt und sie die Dinge deutlicher erkennen läßt, als dies vorher der Fall war. Sie können sich gegenseitig darin unterstützen, Gesetzmäßigkeiten im Leben wahrzunehmen, über die sie sich bisher nicht im klaren gewesen sind. Gleichzeitig werden ihre Ansichten darüber, wie die Menschen eigentlich sein sollten, durch diese Beziehung großzügiger werden; sie werden zu gegenseitiger Toleranz neigen, weil irgendein Faktor in ihrer Partnerschaft sie erkennen läßt, daß diese Welt Raum für alle erdenklichen Verschiedenheiten bietet. In vieler Hinsicht werden sie Lehrer des anderen sein.

Composit-Merkur im Quadrat mit Composit-Jupiter

Das Quadrat zwischen Composit-Merkur und Composit-Jupiter gehört in seiner Handhabung zu den problemloseren Quadrataspekten. Nahezu das einzig ernsthafte Problem, das es erkennen läßt, ist eine mögliche Tendenz zu übertriebenem Idealismus. Es kann die beiden Partner dazu veranlassen, höhere Erwartungen an ihre Beziehung zu stellen, als diese erfüllen kann. Dieser Aspekt läßt jedoch auch eine optimistische und positive Gemütsverfassung entstehen, wodurch die Wahrscheinlichkeit größer wird, daß sich die Dinge so wenden werden, wie die Betreffenden es sich wünschen — selbst wenn dies große Anforderungen stellt. Häufig zeigt sich die Wirkung von Jupiter darin, daß etwas nur deshalb geschieht, weil man von der festen Annahme ausgeht, daß es geschehen muß. Darin äußert sich die Kraft des positiven Denkens.

Eine weitere Auswirkung dieser Planetenverbindung besteht darin, daß die beiden Partner, wenn Probleme zwischen ihnen auftauchen, nur schwer feststellen können, was eigentlich nicht stimmt. Dazu kommt es, weil Jupiter den Blick auf wichtige Dinge als Ursache des Problems lenkt, selbst wenn es aus einem alltäglichen, offensichtlich unbedeutenden Vorfall entstanden ist. Wenn irgend etwas nicht richtig läuft, sollten die Betreffenden nicht immer davon ausgehen, daß irgendein großes „kosmisches Problem" der Grund dafür ist. Die wirkliche Ursache kann etwas sein, was beide als ziemlich banal empfinden und was in der Tat auch der Fall sein mag. Sie sollten dieser Angelegenheit jedoch Beachtung schenken und sich vor Augen führen, um wieviel leichter sie das Problem lösen werden, wenn es tatsächlich belanglos ist.

Abgesehen von diesen beiden geringfügigen Problembereichen dürfte dieser Aspekt die beiden Partner zu großem Optimismus über ihre Beziehung veranlassen, und mit dieser Haltung sollten sich alle Schwierigkeiten, die auftauchen können, wieder glätten lassen.

Composit-Merkur im Trigon mit Composit-Jupiter

Das Trigon von Merkur/Jupiter im Composit-Horoskop ist ein ausgesprochen günstiger Hinweis auf eine gute intellektuelle und geistige Beziehung. Die betreffenden Partner dürften feststellen, daß ihre Lebensanschauungen sehr ähnlich sind oder sich zumindest gegenseitig ergänzen. Selbst wenn sie gerade erst im Begriff sind, sich kennenzulernen, werden sie nicht sehr viel Zeit auf die Klärung grundlegender Fragen verwenden müssen. Zumindest auf einer intellektuellen Ebene werden sie sehr rasch miteinander vertraut sein.

Gleichzeitig wird diese Beziehung eine stark bewußtseinserweiternde Wirkung auf die Betreffenden ausüben, und sie werden die Welt in einer Weise wahrnehmen können, wie sie diese niemals zuvor gesehen haben. Dies mag in einem wörtlichen Sinne zutreffen, so daß sie gemeinsam mehr als vorher Reisen unternehmen werden, weil sich die Gelegenheit dazu aus ihrer Bekanntschaft ergeben hat. Allermindestens dürfte diese Beziehung in beiden Partnern eine Neugier und ein Interesse an der Welt wecken, wie es vorher nicht der Fall gewesen ist.

Dieser Aspekt ist auch für jede Art von geschäftlicher oder beruflicher Partnerschaft besonders gut geeignet. Merkur und Jupiter in Kombination miteinander regieren Erfolg im Handels- und Geschäftswesen. Als Team werden die beiden die Fähigkeit besitzen, die Gesamtzusammenhänge zu erkennen und die Vorgänge in einer Art und Weise zu deuten, die sich sehr nützlich im Geschäftsleben auswirkt.

Composit-Merkur im Opposition mit Composit-Jupiter

Die Opposition zwischen Composit-Merkur und Composit-Jupiter ist eine der weniger problematischen Oppositionen. Wie alle Aspekte zwischen Merkur und Jupiter trägt sie zur Bewußtseinserweiterung bei und läßt die beiden Partner toleranter und großzügiger werden, besonders im Hinblick auf gegenseitige Fehler, die sonst Anlaß zu Unstimmigkeiten bieten könnten. Allermindestens verhindert dieser Aspekt Kleinlichkeit, wenn es zu Meinungsverschiedenheiten kommt. Die Betreffenden beschränken sich auf die schwerwiegenderen strittigen Punkte, die zwischen ihnen auftauchen.

Eine Auswirkung dieses Aspekts aber, auf die sie ihr Augenmerk richten sollten, besteht darin, daß sie vielleicht in waghalsige Unternehmungen hineingeraten können, die einfach eine Nummer zu groß sind, als daß sie verwirklicht werden könnten. Dies wirkt sich besonders verhängnisvoll in einer geschäftlichen oder beruflichen Partnerschaft aus. Die Planetenkombination von Merkur und Jupiter steht für große Ideen — Ideen, die nicht immer wirklich praktikabel sind, aber auf den ersten Blick verführerisch scheinen. In einer persönlichen Beziehung stellt dies kein so ernstliches Problem dar, obwohl es sich in einer Ehe auf die finanzielle Geschicklichkeit auswirken kann.

Ein weiterer Bereich möglicher Schwierigkeiten ist darin zu sehen, daß diese Partner allzu hohe Anforderungen an ihre Beziehung stellen können. Obwohl sie gegenseitige Toleranz zeigen, erwarten sie Leistungen, die in keiner Beziehung erreicht werden können. Sie sollten versuchen, mit ihren Erwartungen auf dem Boden der Wirklichkeit zu bleiben.

Abgesehen von diesen beiden möglichen Problemquellen ist dieser Aspekt jedoch nicht ungünstig für ein Composit-Horoskop. Beide Partner dürften eine Menge aus dieser Beziehung lernen, ohne daß sie sehr schwierige Zeiten durchzustehen hätten.

Composit-Merkur in Konjunktion mit Composit-Saturn

Die Konjunktion von Merkur/Saturn im Composit-Horoskop schließt ein sehr hohes Potential und gleichzeitig große Gefahren in sich ein. Mit beiden Möglichkeiten ist im gleichen Maße zu rechnen, und die beiden Partner werden sich für ihren eigenen Weg entscheiden müssen.

Wir wollen uns zuerst mit den Gefahren beschäftigen. Saturn versinnbildlicht das Prinzip von Begrenzung und Disziplin. Schlimmstenfalls kann er sich einengend und beschränkend auf alles das auswirken, was mit ihm in Verbindung steht — in diesem Falle Denken und Bewußtsein, wofür Merkur symbolisch steht. Mit diesem Aspekt können die Einstellungen und Ansichten, welche die beiden Partner gemeinsam der Welt und sich selbst gegenüber vertreten, starr und unnachgiebig werden.

Als Folge daraus könnten sie in ritualisierte Spiele und Verhaltensmuster hineingeraten, die allmählich immer weniger Verbindung mit der Realität haben. Das wirkliche Leben verändert sich, während sie selbst auf der Stelle treten.

Diese Starrheit und Unbeweglichkeit muß nicht unbedingt auftauchen, wenn die Betreffenden sich über ihre Denk- und Kommunikationsstrukturen sehr bewußt sein können. Sie müssen jederzeit die Kommunikation miteinander aufrechterhalten und darin deutlich und genau sein. Dieser Aspekt ist nicht so glücklich für eine intuitive Form der Kommunikation; daher sollten die Partner das aussprechen, was sie meinen. Wenn ihnen dies als Paar gelingt, so sollte es ihnen möglich sein, in den Genuß der Vorteile dieses Aspekts zu kommen.

Die positive Seite dieses Aspekts besteht darin, daß die Kommunikation der Partner miteinander sehr viel Struktur und Disziplin haben dürfte. Sie können effektiver als die meisten Menschen für die Zukunft planen, weil sie jede Möglichkeit in Betracht ziehen. Ihre gemeinsamen Planungen sind sehr sorgfältig, gründlich und methodisch. Obwohl andere Menschen diese beiden als etwas zu vorsichtig ansehen mögen, sollten sie dem keine Beachtung schenken, sondern so an ihre Angelegenheiten herangehen, wie es am besten für sie ist.

Composit-Merkur im Sextil mit Composit-Saturn

Das Sextil von Merkur/Saturn in einem Composit-Horoskop kann sich äußerst nutzbringend auf die Art und Weise auswirken, wie die Betreffenden als ein Paar denken und die Dinge analysieren. Dieser Aspekt läßt sie mit Vorsicht die Zukunft planen und an verschiedene Bereiche des Alltagslebens herangehen, und dies kann mit dazu beitragen, ihren Erfolg zu sichern. Wenn die beiden Partner eine Aufgabe in Angriff nehmen, so wird ihnen diese nicht aufgrund einer glücklichen Fügung, sondern durch sorgfältige und methodische Planung gelingen. Sie überlassen nichts dem Zufall und werden daher nur sehr wenige unangenehme Überraschungen erleben. Doch sollten sie darauf achten, daß ihre Vorsicht nicht gleichzeitig auch die Möglichkeit von angenehmen Überraschungen zunichte macht. Sie sollten offen gegenüber neuen Erfahrungen sein, obschon sie ihre Vorsicht beibehalten.

Am Anfang müssen in den meisten Beziehungen einige Hindernisse für ein gegenseitiges Verständnis überwunden, muß ein gemeinsamer Standpunkt gefunden werden. Nach dieser Phase werden die betreffenden Partner feststellen, daß ihre Gedanken und Gefühle füreinander konstant bleiben und sich gemäß der Richtlinien weiterentwickeln, die sie aufgestellt haben. Dies kann natürlich etweder positiv oder negativ aussehen, was davon abhängt, welche Art von Gefühlen sie zu Beginn eingebracht haben. Bei einem ungünstig verlaufenden Anfang wird eine Veränderung des Standpunktes bei dieser Planetenstellung schwierig sein; mit einem guten Auftakt wird sich die Beziehung jedoch in dieser Weise fortsetzen.

Composit-Merkur im Quadrat mit Composit-Saturn

Das Quadrat zwischen Merkur und Saturn in einem Composit-Horoskop kann echte Probleme für eine Beziehung darstellen, weil es sinnbildlich für grundlegende Kommunikationsschwierigkeiten steht. In den meisten Fällen besteht das Problem nicht darin, daß die beiden Partner nicht miteinander kommunizieren können, sondern daß sie es einfach nicht versuchen. Sie können jedoch die schlimmsten Auswirkungen dieses Aspekts umgehen, wenn sie sich um Kommunikation bemühen. Sie sollten nicht davon ausgehen, daß der eine schon weiß, was der andere denkt, sondern versuchen, alles das zu sagen, was sie denken, und dies klar und deutlich ausdrücken.

Die betreffenden Partner müssen jedoch achtsam sein, denn wenn dieser Aspekt die Kommunikation nicht völlig unterbindet, so kann er sie dazu bringen, an negativen Anlässen festzuhalten. Ihre einzige Kommunikation besteht dann in Klagen oder Beschwerden, und dies geschieht in einer möglichst provozierenden Art und Weise. Andererseits können sie auch an geringfügigen Streitpunkten herumkritteln und nichts über wirkliche Probleme sagen.

Als Paar müssen diese Menschen regelmäßig über alles kommunizieren und nicht nur Beschwerden und Kritik anbringen. Sonst wird jeder der beiden das Gefühl haben, daß es keinen Grund dafür gibt, eine Beziehung fortzusetzen, welche diese Anstrengung nicht wert ist. Wenn sie jedoch den inneren Kontakt zueinander aufrechterhalten, wird es nicht dazu kommen.

Composit-Merkur im Trigon mit Composit-Saturn

Das Trigon von Merkur/Saturn im Composit-Horoskop vermittelt den beiden Partnern eine ernsthafte und nüchterne, aber realistische Sichtweise der Welt. Sie neigen nicht zu Wunschvorstellungen voneinander, sondern ihre gegenseitige Achtung stützt sich auf die verläßliche Realität dessen, was sie füreinander bedeuten. Eine Beziehung mit diesem Aspekt wird vermutlich mehr auf pragmatische Erwägungen als auf Idealen, übertrieben Hoffnungen oder romantischen Illusionen beruhen. Etwas an der Stabilität und Sicherheit dieser Verbindung wird die betreffenden Partner bestechen, besonders dann, wenn es mit anderen vorangegangenen Beziehungen nicht geklappt hat. Dieser Aspekt kann sich als sehr günstig in einer geschäftlichen oder beruflichen Partnerschaft erweisen, da sich diese Art von praktischem Interesse sehr nutzbringend auswirken kann.

In einer persönlichen Beziehung trägt dieses Interesse an der praktischen Realität zu Direktheit und Geradlinigkeit bei, doch sollten sich die beiden Partner dadurch nicht in ihrer Fähigkeit einschränken lassen, sich miteinander zu freuen und auch die leichteren Seiten des Lebens zu genießen. Sie sollten sich nicht von pragmatischen Belangen unter Ausschluß des kreativen Selbstausdrucks innerhalb ihrer Beziehung erdrücken lassen. Sie mögen vielleicht das Gefühl haben, daß dieser persönliche Selbstausdruck keinem nutzbringenden Zweck dient, doch wenn er fehlt, wird die Beziehung leblos erscheinen.

Die Auswirkungen dieses Aspekts können häufig dazu beitragen, daß eine Beziehung schwierige Zeiten durchsteht; da die betreffenden Partner ihrer inneren Natur nach nicht zu Idealismus neigen, werden sie vermutlich weniger enttäuscht sein, wenn es Probleme zwischen ihnen gibt. Anstatt davon zu träumen, wie die Dinge sein sollten, werden sie gemeinsam daran arbeiten, etwas Konkretes aufzubauen.

Composit-Merkur in Opposition mit Composit-Saturn

Die Opposition zwischen Merkur und Saturn in einem Composit-Horoskop hat die Bedeutung, daß sich die beiden Partner sehr nachdrücklich bemühen müssen, wenn sie einen gemeinsamen Standpunkt begründen wollen. Dieser wird sich nicht von selbst, ohne eine gewisse Anstrengung von ihrer Seite, einstellen.

Wenn sie sich darum bemühen, das Geschehen in bestimmte Bahnen zu lenken, wird diese Planetenverbindung Unstimmigkeiten hervorrufen, denn die Standpunkte und Betrachtungsweisen der beiden Partner sind grundsätzlich verschieden und lassen sich nicht ohne weiteres miteinander aussöhnen. Wenn sie dieses Problem bewältigen wollen, werden sich beide darum bemühen müssen, den Standpunkt des anderen anzuerkennen und zu verstehen, worauf er sich gründet, anstatt ihn einfach kurzerhand zu verwerfen. Eine völlige Einigung mag für die Betreffenden nicht immer möglich sein, aber zumindest können sie gegenseitig die Ansichten des anderen respektieren.

Dafür ist Kommunikation notwendig, doch dieser Aspekt kann selbst schon die einleitenden Schritte dazu verhindern. Auf einer geistigen Ebene könnten die beiden Partner mit zwei Schiffen verglichen werden, die in der Nacht aneinander vorbeigleiten und sich nicht einmal bemerken, oder wenn sie doch ihre gegenseitige Aufmerksamkeit erregen, mag es nur zum Austausch von verbalen Sperrfeuern kommen.

Daher sollten die Betreffenden miteinander kommunizieren und dies in der positiven Absicht tun, die Einstellung des anderen wenigstens zu verstehen. Wenn ihnen dies nicht möglich ist, werden sie mit Sicherheit Probleme miteinander haben, was auch immer sie versuchen werden.

Composit-Merkur in Konjunktion mit Composit-Uranus

Die Konjunktion von Composit-Merkur und Composit-Uranus wirkt sich förderlich darauf aus, eine Beziehung — zumindest was die intellektuelle Ebene angeht — anregender zu machen. Die beiden Partner werden sich ständig gegenseitig herausfordern und auf neue Möglichkeiten aufmerksam machen, wie die Welt zu betrachten ist. Auf eines können sie sich ganz sicher verlassen — in irgendeinen immer gleichen Trott werden sie nicht hineingeraten.

Es gibt nur eine einzige Gefahr, die dieser Aspekt mit sich bringen kann: Die beiden Partner können sich so sehr an die Aufregung gewöhnen, die sich sich gegenseitig bereiten, daß sie sich nicht den gewohnheitsmäßigen Alltagsbelangen ihrer Beziehung widmen können. Zum Glück wirkt sich dieser Aspekt am stärksten auf der intellektuellen Ebene aus und muß daher nicht unbedingt die gefühlsmäßige Grundlage einer persönlichen Beziehung berühren.

Dieser Aspekt erweist sich als äußerst nützlich in einer beruflichen Partnerschaft, die auf geistiger und intellektueller Kreativität beruht, wie beispielsweise die Zusammenarbeit zweier Menschen, aus der etwas Neues und Einfallsreiches hervorgehen soll. Gemeinsam stehen Merkur und Uranus in Verbindung mit den Wissensgebieten von Technik und Mathematik sowie mit Erfindungen im allgemeinen.

Für eine persönliche Beziehung kann dieser Aspekt aufgrund seiner unaufhörlichen Reizwirkung vielleicht etwas nervenaufreibend sein. Eine entspannte und behagliche Form des Zusammenseins, wie sie die meisten Paare brauchen, mag nur schwer zu finden sein. Einige Menschen haben jedoch tatsächlich eine Vorliebe für ständige Aufregung, welche dieser Aspekt mit sich bringt, und vielleicht werden auch diese beiden Partner ihren Spaß daran haben.

Composit-Merkur im Sextil mit Composit-Uranus

Das Sextil von Merkur/Uranus im Composit-Horoskop weist darauf hin, daß diese Beziehung auf beide Partner eine anregende Wirkung ausüben wird. Sie werden die Feststellung machen, daß sie gegenseitig ihre gewohnten Gedankengänge in einer Art und Weise herausfordern, die eher interessant und lohnenswert als ärgerlich oder problematisch ist. In Gespräch und Gedankenaustausch zeigt sich eine kraftvolle und lebendige Qualität, wie sie sich in den meisten Beziehungen nicht finden läßt. Diese Menschen gehen gern miteinander aus und machen neue Erfahrungen, vor allem in intellektueller und geistiger Form.

Dieser Aspekt wirkt sich am vorteilhaftesten in jeder Art von geschäftlicher oder beruflicher Partnerschaft aus, die intellektuelle Kreativität und innovatorische Fähigkeiten verlangt. Dabei spielt es keine Rolle, in welchem Ausmaß die Betreffenden diese Eigenschaften als Individuen besitzen — sie werden feststellen, daß diese durch ihr Zusammensein hervortreten.

In einer persönlichen Beziehung kann dieser Aspekt mit verhindern helfen, daß die beiden Partner in routinemäßige Geleise hineingeraten, und dadurch kann er dazu beitragen, daß ihre Beziehung kraftvoll und lebendig bleibt. Er ist auch ein positives Anzeichen für eine grundsätzliche intellektuelle Übereinstimmung, die sich in jeder persönlichen Verbindung günstig auswirkt.

Composit-Merkur im Quadrat mit Composit-Uranus

Das Quadrat zwischen Merkur und Uranus in einem Composit-Horoskop weist auf Rastlosigkeit und Unruhe im gemeinsamen geistigen Leben dieser Partner hin, was in zwei verschiedenen Formen zum Ausdruck kommen kann.

Es mag der Fall sein, daß konventionelle Vorstellungen und Ansichten für die Betreffenden als Paar sehr unbefriedigend sind und sie sich in einem ständigen Zustand der Auflehnung dagegen befinden. Andere Menschen dürften diese beiden für intellektuelle Exzentriker halten, die keinen Gedanken für bare Münze nehmen, sondern immer tiefer graben und analysieren wollen, um die tiefere Bedeutung und die verborgenen Implikationen dessen herauszufinden, was andere sagen. Diese Ausdrucksform des Aspekts ist leichter zu handhaben, weil die Energie nach außen gelenkt und nicht zu einer trennenden Kraft zwischen den Partnern wird.

Mit der anderen Erscheinungsform ist schwieriger umzugehen, weil sie auf eine Spaltung der Beziehung hinausläuft. Dieser Aspekt kann die Betreffenden mit großer Ungeduld und Auflehnung gegenüber der Denkweise ihres Partners erfüllen. Wenn immer der eine etwas sagt, stimmt der andere automatisch damit nicht überein — und dies geschieht mit der dogmatischen Nachdrücklichkeit, die für Uranus kennzeichnend ist. Doch trotz dieser Unstimmigkeiten bleiben die beiden Partner zusammen, weil sie sich gegenseitig gern herausfordern und anstacheln.

Das Problem besteht darin, daß diese Lebensform, sofern die Beziehung nicht irgendwelche anderen ausgleichenden Faktoren aufweist, schließlich einmal ermüdend werden und die Partner zur Trennung veranlassen könnte. Selbst wenn die Kränkungen intellektueller Natur sind, kann man nur eine bestimmte Anzahl davon verkraften. Es wäre besser für die Betreffenden, die Energie nach außen zu lenken, anstatt sie zwischen sich wirksam sein zu lassen.

Composit-Merkur im Trigon mit Composit-Uranus

Das Trigon von Merkur/Uranus im Composit-Horoskop verspricht eine in intellektueller Hinsicht lebendige Beziehung, die beide Partner in ihrer Betrachtungsweise der Welt stark beeinflussen wird. Zu den hauptsächlichen Wirkungen dieser Beziehung gehört es, daß sie die Betreffenden dazu veranlaßt, auf die Welt von einem neuen Standpunkt aus und mit weniger starren Vorurteilen zu blicken. Während dieser Aspekt an sich noch nicht anzeigt, ob diese Beziehung von Dauer sein wird, läßt er erkennen, daß beide Partner irgendeine wertvolle Erfahrung aus ihr ziehen werden. Es ist immer gut, wenn der eigene Standpunkt eine Herausforderung erfährt, und die Herausforderung, welche dieser Aspekt bietet, wird die Betreffenden in geistiger Hinsicht nicht am Boden zerstören, sondern eine wohltuende geistige Anregung bedeuten.

Wie einige der anderen Aspekte von Merkur/Uranus ist diese Planetenstellung von besonderem Nutzen in einer geschäftlichen oder beruflichen Verbindung, in der es die Aufgabe der beiden Partner ist, neue und ungewöhnliche Problemlösungen zu finden. Merkur und Uranus regieren gemeinsam Erfindungen und Entdeckungen.

Doch selbst in einer persönlichen Beziehung kann sich dieser Aspekt für die Lösung von Problemen als nützlich erweisen. Anstatt die altgewohnten, „geprüft und als gut befundenen" Methoden der Problemlösung auszuprobieren, die häufig nicht funktionieren, werden die betreffenden Partner neue Möglichkeiten entdecken, die etwas mehr Erfolg haben dürften, besonders deshalb, weil sie zu ihren individuellen Bedürfnissen in Beziehung stehen. Auf jeden Fall können sie mit einer geistig anregenden Beziehung rechnen.

Composit-Merkur in Opposition mit Composit-Uranus

Die Opposition zwischen Merkur und Uranus in einem Composit-Horoskop läßt für die beiden Partner in geistiger Hinsicht außerordentlich unruhige Lebensumstände entstehen. Sie sollten nicht die Erwartung haben, daß diese Beziehung ein friedlicher Ort sei, wohin sie sich vor den Herausforderungen der Außenwelt zurückziehen können. Ihre Partnerschaft wird selbst eine ständige Herausforderung darstellen und verhindern, daß sie in starre Denkstrukturen hineingeraten — und dies wird nicht gerade auf eine sehr behutsame Art und Weise geschehen.

Dieser Aspekt schließt ein hohes Potential für persönliches Wachstum in sich ein, wenn beide Partner dazu bereit sind, ihre Sichtweise genügend zu erweitern, daß sie die neuen Erfahrungen einbeziehen kann, welche diese Beziehung mit sich bringt. Einige Menschen finden tatsächlich Gefallen an unaufhörlichen geistigen Anregungen und Reizen, obwohl die meisten dies nicht zugeben werden. Sie mögen sich vielleicht über den Mangel an Ruhe und Frieden beklagen, doch in der Tat geraten nur sehr wenige Menschen in eine Uranus-Beziehung dieser Art hinein, wenn sie es nicht in dieser Weise haben wollen. Sie sollten sich diese Tatsache eingestehen, damit sie das beste aus ihrer Beziehung machen können.

In dieser Verbindung mit Merkur kann der Einfluß von Uranus dazu führen, daß die Betreffenden ihren Spaß daran haben, sich gegenseitig zu Reaktionen auf unverschämte Bemerkungen zu reizen — nur weil sie sehen wollen, was dann passieren wird. Dies ist die Eigenschaft des „Spaßvogels", die sowohl Uranus als auch Merkur zu eigen ist und die der Oppositionsaspekt in der auffallenden Art und Weise zutage treten läßt. Entscheidend dabei ist, sich gegenseitig nicht allzu ernst zu nehmen, denn wenn man dies tut, kann man den anderen vielleicht unnötig kränken, ohne dies zu beabsichtigen.

Composit-Merkur in Konjunktion mit Composit-Neptun

Die Konjunktion von Merkur/Neptun im Composit-Horoskop ist eine merkwürdige Verbindung planetarischer Einflüsse. Merkur steht symbolisch für die Prinzipen des rationalen Denkens — Genauigkeit, Ordnung und Logik —, während Neptun die mystischen und spirituellen Grundwahrheiten des Universums, mit all ihren scheinbar paradoxen und vernunftwidrigen Merkmalen, versinnbildlicht. Neptun kann sich in zweifacher Weise auf Merkur auswirken. Einerseits kann er die logische Vorgehensweise von Merkur völlig aufheben und nichts als Verwirrung, Selbsttäuschung und unklares Denken übriglassen. Andererseits kann er dem intellektuellen Wahrnehmungsvermögen von Merkur ein höheres Wissen des Universums hinzufügen, womit Neptun letztlich in Verbindung steht.

Die erste Wirkungsform bringt Chaos, die zweite große Sensibilität und Empfänglichkeit mit sich. Leider läßt sich nicht mit Bestimmtheit voraussagen, welches Potential sich in einer Beziehung konkretisieren wird; beide Möglichkeiten sind für die Betreffenden in gleichem Maße zugänglich.

Es wird für diese Menschen nicht leicht sein, ihre Bedeutung füreinander genau zu bestimmen. Selbsttäuschung gehört zu den großen Gefahren bei einer Merkur/Neptun-Verbindung. Gewöhnlich nimmt diese gern die Form von übermäßiger Idealisierung an, der Verwechslung zwischen dem, was man gerne möchte, mit dem, was wirklich ist. Wenn man schließlich mit der Realität konfrontiert wird und plötzlich die Tatsachen erkennt, wird man vielleicht außerordentlich enttäuscht sein.

Die beste Methode, an diese Situation heranzugehen, besteht für die beiden Partner darin, im Hier und Jetzt ihrer Beziehung zu leben. Sie sollten nichts von der Zukunft erwarten und keinen Idealen nachhängen. Wenn sie ihre Antennen richtig einsetzen und sich über das augenblickliche Geschehen bewußt sind, werden die positiven Wirkungen dieses Aspekts zum Vorschein kommen. Neptun kann ihnen nur dann ein Erkennen der Wahrheit vermitteln, wenn sie ihre Aufmerksamkeit auf die gegenwärtige Situation gerichtet halten, während das Leben in einer Traumwelt künftiger Erwartungen nur zu Enttäuschung führen wird.

Eine geschäftliche oder berufliche Beziehung mit diesem Aspekt sollte möglichst vermieden werden. Derartige Partnerschaften erfordern Direktheit und Aufrichtigkeit oder zumindest einen klaren Kopf und ein eindeutiges Verständnis davon, wo man selbst im Hinblick auf den anderen steht. Zu den möglichen Ausnahmen gehören kreative oder künstlerische Verbindungen, wobei die schöpferische Imagination eine sehr wichtige Rolle für das Gelingen der Beziehung spielt.

Composit-Merkur im Sextil mit Composit-Neptun

Das Sextil von Merkur/Neptun in einem Composit-Horoskop weist darauf hin, daß die beiden Partner nach irgendeinem intellektuellen oder geistigen Ideal innerhalb dieser Beziehung suchen. Bestenfalls kann dieser Aspekt spontane, nicht-verbale Kommunikation zwischen ihnen, ein direktes, intuitives Verständnis der Gedanken des anderen hervorrufen. Wenn er sich am wenigsten fruchtbar auswirkt, kann er die Bedeutung haben, daß einer der Partner oder beide ihre Beziehung übermäßig idealisieren, anstatt sie in ihrer

Realität zu erleben; selbst wenn diese Realität an sich gar nicht so schlecht sein mag, wird sie nicht als das angenommen, was sie eigentlich ist.

Dieser Aspekt ist jedoch nicht sonderlich schwierig zu handhaben. Selbst bei einer im extremen Maße idealisierten Wunschvorstellung wird vermutlich immer noch genügend wirklichkeitsbezogene Kommunikation zwischen den beiden Partnern existieren, so daß es nicht zu niederschmetternder Enttäuschung kommt, wenn sich das Trugbild auflöst.

Idealismus wird immer ein starker Faktor für diese Beziehung darstellen, selbst wenn die Betreffenden bei den meisten Dingen mit den Füßen auf dem Boden bleiben. An diesem Idealismus gibt es nichts auszusetzen, denn manchmal kann schon der Glaube an ein Ideal dazu beitragen, daß es sich auch verwirklicht. Darin besteht eine positive Auswirkung, die sich bei diesem Aspekt erwarten läßt.

Composit-Merkur im Quadrat mit Composit-Neptun

Bei einem Quadrat zwischen Merkur und Neptun im Composit-Horoskop müssen die beiden Partner in enger Verbindung mit der Realität bleiben; andernfalls wird dieses Quadrat vermutlich ziemlich verheerende Auswirkungen haben.

Zunächst einmal ist mit diesem Quadrataspekt die hohe Wahrscheinlichkeit verbunden, daß unbewußte Kräfte eine große, aber versteckte Rolle dabei spielen, in welcher Form die betreffenden Partner diese Beziehung erleben, so daß sie in einem ungewöhnlichen Maße nicht die Wahrheit, sondern das darin sehen werden, was sie möchten. Dies kann sogar soweit führen, daß sie ihren Partner nicht so erleben, wie er tatsächlich ist, sondern statt dessen die Erfahrung eines Bildes machen, das sie in ihrer Vorstellung mit sich herumtragen.

Als zweite Auswirkung verursacht dieser Aspekt außerordentlich große Verwirrung über Ziel und Zweck dieser Beziehung. Beispielsweise könnte eine Partnerschaft, in der es um geschäftliche Interessen geht, mit persönlichen Belangen vermischt werden und umgekehrt; oder eine Freundschaft könnte durch die Bemühung geschädigt werden, aus ihr ein Liebesverhältnis zu machen.

Ein weiteres Problem, das sich aus diesem Aspekt ergeben kann, besteht in unklarer oder vorsätzlich unaufrichtiger Kommunikation zwischen diesen Partnern — mit anderen Worten, in Lügen. Diese Lügen können wissentlich oder unbeabsichtigt, sich selbst, dem anderen oder Menschen außerhalb der Beziehung gegenüber sein. Wenn die Betreffenden schließlich mit der Realität konfrontiert werden, dies muß eigens betont werden, so kann dies ziemlich destruktive Formen annehmen.

190

Wenn es den beiden Partnern gelingt, ihre verschiedenen Realitätsebenen voneinander zu trennen, so werden sie die Vorteile aus dieser Planetenverbindung genießen können, die in größter Sensibilität und Bewußtheit dem Partner gegenüber und in der Fähigkeit zu wortloser Kommunikation bestehen. Ansonsten dürfte sich diese Beziehung als sehr enttäuschend erweisen.

Composit-Merkur im Trigon mit Composit-Neptun

Das Trigon von Merkur/Neptun in einem Composit-Horoskop gibt den beiden Partnern eine äußerst hochentwickelte Sensibilität füreinander sowie die Fähigkeit zu nicht-verbaler und intuitiver Kommunikation. Sie werden zueinander weniger als die meisten Paare sagen müssen, da ihre Gedanken instinktiv in einer natürlichen Harmonie miteinander zu operieren scheinen. Jeder weiß, was der andere fühlt, selbst wenn sie voneinander getrennt sind.

Außerdem sind die Betreffenden sehr idealistisch gegenüber ihrer Beziehung eingestellt, so daß sie ihnen von größerer Schönheit erscheint, als andere dies von ihr annehmen. Dies ist kein schwärmerischer Idealismus, sondern eine idealistische Haltung, die auf intellektueller und geistiger Harmonie beruht. Sie mögen die Schwächen ihres Partners durchaus realistisch sehen, haben jedoch ein gemeinsames Idealbild, wie die Dinge sein sollten, und dies ist einer der Faktoren, der sie miteinander verbindet. Die Erfahrung dieser Partnerschaft mag sich anregend auf ihre dichterischen Neigungen auswirken. Beide werden die Welt mit erhöhter Sensibilität und Bewußtheit betrachten. Die einzige Warnung, welche bei dieser Planetenstellung notwendig ist, lautet, nicht die tatsächlichen Gegebenheiten des Augenblicks unberücksichtigt zu lassen. Die Betreffenden sollten ihre Ideale nicht mit der gegenwärtigen Realität verwechseln, sondern sie als Ziel im Auge behalten, auf das sie hinarbeiten. Dann werden sich die Auswirkungen dieses Aspekts auf die Dauer als sehr nützlich erweisen.

Composit-Merkur in Opposition mit Composit-Neptun

Oppositionen wirken sich auf Beziehungen stärker als andere Aspekte aus, und die Opposition zwischen Merkur und Neptun kann viele Probleme mit sich bringen, wenn sich die Betreffenden nicht ihrer Wirkungen bewußt sind. Diese Planetenverbindung in einem Composit-Horoskop kann sehr unrealistische Vorstellungen über ihre Beziehung hervorrufen.

Dieser mangelnde Wirklichkeitssinn kann mehrere Formen annehmen. Zu seinen am meisten verbreiteten Auswirkungen gehört es, daß einer der beiden Partner dem anderen nicht die Wahrheit sagt. Dies geschieht in einem gewissen Grade in jeder Beziehung, doch kann es sich hier wirklich destruktiv auswirken, weil sie den einen dazu veranlaßt, bezüglich des anderen in einer Trugwelt zu leben. Wenn die Wahrheit schließlich offenkundig wird, ist der irregeführte Partner bitter enttäuscht und unglücklich. Damit die schlimmsten Auswirkungen dieses Aspekts unschädlich gemacht werden können, müssen sich die beiden Partner ohne Zweifel zumindest darum bemühen, sich gegenseitig die Wahrheit zu sagen.

Doch selbst mit der allerbesten Absicht können sie sich immer noch gegenseitig täuschen; sie müssen sich daher in jeglichem Umgang miteinander einen kompromißlosen Maßstab für Wahrhaftigkeit und Realitätssinn zu eigen machen. Darin besteht die hauptsächliche Herausforderung bei diesem Aspekt. Wenn sie sich selbst nicht dazu erziehen können, sollten sie nicht über die kleinen Überraschungen aufgebracht sein, die ihnen enthüllen, daß ihre Beziehung nicht das ist, was sie von ihr geglaubt haben. Mit diesem Aspekt in ihrem Composit-Horoskop können sie es sich nicht leisten, die Realität aus den Augen zu verlieren und ungehemmt ihren Phantasievorstellungen nachzuhängen. In dieser Partnerschaft werden sie damit vermutlich jedesmal eine Enttäuschung erfahren.

Composit-Merkur in Konjunktion mit Composit-Pluto

Die Konjunktion von Merkur/Pluto in einem Composit-Horoskop verbindet die geistigen und intellektuellen Funktionen von Merkur mit den kraftvollen und transformierenden Eigenschaften von Pluto. Gemeinsam zeigen diese Planeten an, daß diese Beziehung vermutlich einen starken Einfluß auf die Denkweise der beiden Partner ausüben wird. Sie werden in ihrer Beziehung Aspekte ihres eigenen Wesens und ihres Zusammenlebens miteinander analysieren, über die sie sich in vorangegangenen Partnerschaften einfach keine Gedanken gemacht hätten. Dieser Aspekt ist ein Anzeichen für geschärfte psychologische Bewußtheit, die sich in einer Beziehung als sehr nützlich erweisen kann, wenn sie nicht bis hin zu dem Punkte übertrieben wird, daß Kleinigkeiten in einem verzerrten Licht erscheinen und unverhältnismäßig aufgebauscht werden.

Bei dieser Verbindung von Pluto/Merkur gibt es jedoch auch noch eine problematischere Seite, die sorgfältig beachtet werden muß. Dadurch können geistige Machtkämpfe zwischen den beiden Partnern hervorgerufen werden, das heißt, einer von ihnen wird versuchen, die Gedanken und Ansichten des anderen total zu beherrschen. Es läßt sich allein von diesem Aspekt nicht sagen, welche Person die dominierende sein wird. Häufig ist dieses Verhalten in der Tat auch bei beiden festzustellen, wobei der eine in einer offenkundigen, unverhohlenen Art und Weise den Ton angibt, während der andere passive, subtilere Methoden einsetzt und sich beispielsweise in die Position des scheinbaren Opfers hineinmanövriert, um damit das Mitleid von Außenstehenden zu gewinnen. Jede der beiden ,,Parteien'' kann sich einer dieser Taktiken zu unterschiedlichen Zeiten bedienen. Dies ist kein unvermeidliches Ergebnis aus diesem Aspekt, doch sollten die Betreffenden diese Möglichkeit erkennen und sie zu vermeiden suchen.

Eine weitere mögliche Wirkungsform dieses Aspekts besteht darin, daß seine Energie nach außen gelenkt werden kann. Wenn dies geschieht, dann werden die beiden Partner vielleicht bemerken, daß sie auf die Gedanken und Ansichten anderer Menschen Einfluß nehmen können. Von besonderem Nutzen pflegt dieser Aspekt im Composit-Horoskop von Personen zu sein, deren Aufgabe es ist, auf die öffentliche Meinung einzuwirken, wie beispielsweise in Werbung, Public Relations oder Politik. Hier ist der Einfluß dieses Aspekts ein machtvolles Hilfsmittel, das je nach Absicht zum Nutzen oder Schaden eingesetzt werden kann.

Composit-Merkur im Sextil mit Composit-Pluto

Mit dem Sextil von Merkur/Pluto im Composit-Horoskop erhalten die beiden Partner tiefe psychologische Einsichten und ein Verständnis der normalerweise verborgenen Kräfte, die innerhalb einer Beziehung wirksam sind. Merkur regiert das rationale Denken, während Pluto mit den verborgenen Kräften der Transformation in Verbindung steht. Das Sextil ermöglicht ein verstandesmäßiges Begreifen dieser versteckten Einflüsse, so daß sich die beiden Partner wirklich auf einer rationalen Ebene mit ihnen auseinandersetzen können, anstatt nur einfach ihre Auswirkungen zu spüren und nicht zu wissen, wie sie damit umgehen sollen.
Gleichzeitig — und zum Teil aufgrund dieser Eigenschaft — wird diese Beziehung die Denkweise der Betreffenden dem Leben gegenüber verändern; sie werden dadurch andere Aspekte der menschlichen Psychologie erfahren, auf die sie vorher vielleicht nicht gestoßen sind und die sie daher nicht verstanden haben. Diese Erfahrung wird sich voraussichtlich für keinen von beiden schädlich auswirken, und sie werden wahrscheinlich großen Nutzen aus neuen Erkenntnissen ziehen können.

Dieser Aspekt ist ein Anzeichen dafür, daß die beiden Partner eine intellektuelle Bindung eingehen werden, die sie für einige Zeit auf kreative Art und Weise zusammenführen wird. Selbst im schlimmsten Falle wird dieser Aspekt beiden die Möglichkeit geben, Nutzen aus dieser Beziehung zu ziehen, auch wenn sie dies nicht sofort erkennen mögen.

Composit-Merkur im Quadrat mit Composit-Pluto

Das Quadrat zwischen Composit-Merkur und Composit-Pluto stellt an jede Beziehung gewisse Herausforderungen, von denen die größte darin besteht, gegenseitig die Ansichten des anderen tolerieren zu lernen. Ähnlich wie die Konjunktion, doch mit weniger mildernden Faktoren, bringt dieser Aspekt intellektuelle Machtkämpfe mit sich, da jeder der beiden Partner versucht, dem anderen seine eigene Denkweise überzustülpen. Einer von ihnen kann jedoch durchaus die Beziehung dadurch schwächen oder zerstören, daß er den anderen dazu zwingt, um seine Freiheit zu kämpfen, damit er sich dem Despotismus des Merkur/Pluto-Effektes entziehen kann.

Wenn die Betreffenden jedoch um dieses Problem wissen, gibt es eine andere Auswirkung dieser Planetenverbindung, die in vorteilhafter Weise genutzt werden kann. Wenn jeder von ihnen seine eigenen Ansichten genügend erweitern kann, daß sie diejenigen seines Partners mit einbeziehen können, dann werden beide die Fähigkeit besitzen, den Standpunkt des anderen wirklich zu verstehen und seine Wahrnehmung der Wirklichkeit zu einem Teil ihrer eigenen Wahrnehmung zu machen.

Auch hier wiederum kann, wie bei der Konjunktion, die Energie nach außen gelenkt werden, so daß die beiden Partner immer den Versuch machen werden, auf die Meinungen anderer Menschen Einfluß zu nehmen. Damit ist auch die Gefahr verbunden, daß sie eine negative Reaktion herausfordern und daß sich andere Menschen, die unwillkürlich geistige Bevormundung fürchten, ihren Ideen widersetzen könnten. Auch hier besteht das Gegenmittel wiederum darin, den eigenen Standpunkt genügend zu erweitern, damit er die Sichtweise anderer einbeziehen und ihre Ansichten zu einem Teil des eigenen Verständnisses werden lassen kann.

Composit-Merkur im Trigon mit Composit-Pluto

Das Trigon von Merkur/Pluto in einem Composit-Horoskop kann den beiden Partnern ein tiefes und subtiles Verständnis davon vermitteln, um was es in ihrer Beziehung geht, und dieses Wissen kann sich als sehr nützlich erweisen. Diese Beziehung wird nicht aufgrund mangelnder Einsicht scheitern, obwohl sie gefährdet sein könnte, wenn sich die Betreffenden nicht zu dieser Einsicht bekennen. Das Trigon von Merkur/Pluto ermöglicht ein Verständnis selbst verborgener psychologischer Kräfte, die normalerweise nicht zugänglich für Menschen sind, die eine enge Verbindung zueinander haben.

Diese Beziehung wird sowohl auf die Ausdrucksformen der Betreffenden gegenüber anderen Menschen als auch auf ihre Möglichkeiten des Selbstverständnisses starken Einfluß nehmen. Sie werden auf neue Aspekte ihres eigenen Innenlebens stoßen, über die sie sich nicht bewußt waren, und durch diese Einsichten eine Bereicherung erfahren, wenn sie diese wirklich anerkennen und nicht zurückweisen.

Die wache Bewußtheit, die sich aus diesem Aspekt ergeben sollte, wird sich auch anregend auf das Interesse auswirken, neue Dimensionen sowohl der äußeren als auch der inneren Welt zu erforschen, und dieses Interesse wird die Weltanschauung beider Partner beträchtlich erweitern.

Composit-Merkur in Opposition mit Composit-Pluto

Die Opposition zwischen Composit-Merkur und Composit-Pluto wird sehr heftige Konflikte zwischen den beiden Partnern hervorrufen, wenn sie sich nicht um eine Erweiterung ihres Bewußtseins von dieser Beziehung bemühen.

Eine typische Situation sieht so aus, daß während einer Auseinandersetzung einer von ihnen damit beginnen wird, den anderen psychoanalytisch auseinanderzunehmen, und mit einer sehr plausibel erscheinenden Fallgeschichte aufwarten wird — dies vermeintlich in dem Interesse, irgendeine Schwäche ans Tageslicht zu bringen und sie auf objekte Art und Weise zu untersuchen. In Wirklichkeit aber wird die Wahrheit bei jeder Gelegenheit fast unmerklich verdreht, so daß derjenige, der eigentlich analysiert werden soll, als Verlierer aus dem Kampf hervorgeht. Der sogenannte ,,Analytiker'' unternimmt ebenfalls den Versuch, dem anderen seine eigene Denkweise aufzuzwingen.

Dieser Vorgang ist insofern um so verheerender, als daß die Wahrheit, geringfügig abgeändert, als Waffe eingesetzt wird, wodurch es noch erschwert wird, sich zu verteidigen. Schließlich aber wird ein kritischer Höhepunkt erreicht sein, das Opfer dieser Vorgehensweise wird sich zur Wehr setzen und aus dieser Beziehung ausbrechen — selbst wenn dies gegen den ,,gesunden Menschenverstand'' zu verstoßen scheint, wie der andere Partner es wahrnimmt.

Da jedoch mindestens einer von beiden die Wahrheit völlig begreift, ist es ein Jammer, wenn dieses Wissen nicht dafür eingesetzt wird, um ein größeres Verständnis zu schaffen, anstatt damit den anderen beherrschen zu wollen. Darin besteht in der Tat das Mittel, wie mit den negativen Folgen dieses Aspekts umzugehen ist. Die Betreffenden sollten ihre Erkenntnis der Wahrheit nicht gegen ihren Partner einsetzen, sondern diese Wahrheit damit noch zu vertiefen suchen. Das gleiche gilt auch für den Umgang des Paares mit Menschen außerhalb ihrer Beziehung, da auch dieser Aspekt den beiden Partnern die Fähigkeit gibt, Einfluß auf andere auszuüben.

Composit-Merkur in Konjunktion mit dem Composit-Aszendenten

Die Konjunktion von Composit-Merkur und Composit-Aszendent steht kennzeichnend für eine Beziehung, in der Kommunikation und gemeinsame Ideen eine sehr wichtige Rolle spielen. Die betreffenden Partner führen gern Gespräche miteinander, und die Kommunikation zwischen ihnen ist klarer als bei vielen anderen Paaren; sie geben sich gegenseitig gedankliche Anregungen.

Aus dem gleichen Grunde verbessert diese Konjunktion auch die Kommunikation mit anderen Menschen außerhalb der Beziehung. Daher ist dieser Aspekt günstig im Composit-Horoskop von Personen, die im Nachrichtenwesen oder irgendeiner Art des Handels zusammenarbeiten, besonders unter Einbeziehung des Gütertransports.

Zum Glück werden die Betreffenden in dieser Partnerschaft aller Voraussicht nach nicht in starre Verhaltensmuster verfallen. Merkur ist ein Planet der Unruhe, was bedeutet, daß die beiden immer nach neuen Herausforderungen und Erfahrungen Ausschau halten werden. Sie werden so viele unterschiedliche Erfahrungen wie nur möglich machen wollen, doch keine Neigung dazu verspüren, sich in irgendeine von ihnen sehr tief hineinzubegeben.

Oberflächlichkeit, ja Seichtheit ist das negativste Kennzeichen von Merkur, obwohl dies keine entsetzlich schlimme Unvollkommenheit ist. Die betreffenden Paare werden sich nicht gründlich mit den Dingen beschäftigen; obwohl sich ihre gemeinsamen Erfahrungen auf vieles erstrecken mögen, werden sie häufig nur mit der Oberfläche in Berührung kommen. Auf diese Art und Weise werden sie vieles von dem Reichtum einbüßen, der nur dann erfahren werden kann, wenn das Leben in seiner Tiefe gelebt wird. Dies gilt in besonderem Maße für die Gefühlsebene. Die beiden Partner sollten sich nicht durch Oberflächlichkeit tieferer gemeinsamer Gefühlserfahrungen berauben.

Composit-Merkur im Sextil mit dem Composit-Aszendenten

Das Sextil von Merkur/Aszendent im Composit-Horoskop ist ein Anzeichen dafür, daß die beiden Partner vermutlich in physischer und/oder geistiger Hinsicht ziemlich viel herumkommen. Merkur ist der Planet des Reisens, und das Sextil wird traditionell dem dritten Haus zugeordnet, welches ebenfalls das Reisen regiert. Damit werden Reisen in dieser Beziehung sehr stark in den Vordergrund gestellt. Es muß jedoch betont werden, daß dies nicht unbedingt auf die wörtliche Bedeutung beschränkt bleibt; es kann sich dabei auch um geistige Reisen, um Begegnungen mit neuen Ideen und Denkweisen handeln.

Die beiden Partner legen eine Ruhelosigkeit des Denkens an den Tag, die es höchst unwahrscheinlich werden läßt, daß sie sich auf irgendwelche starren Denkstrukturen festlegen werden. Doch gleichzeitig besteht auch die Gefahr, daß sie aufgrund ihrer Rastlosigkeit Mühe haben werden, sich auf irgendeine dauerhafte Beziehung einzulassen. Zum Glück wird die Unruhe bei diesem Aspekt die Beziehung wahrscheinlich nicht schwächen, sondern lediglich weniger voraussagbar machen.

Die beiden Partner haben sehr ausgeprägte Vorstellungen davon, was sie in dieser Beziehung erreichen möchten, und über diese Gedanken unterhalten sie sich gern miteinander. Weil sie sich über ihre Wünsche so sehr im klaren sind, können sie die geeignetste Handlungsweise für die Erreichung dieses Ziels festlegen.

Für beide spielen Freunde eine wichtige Rolle, doch müssen diese anregend sein; von schwerfälligen oder langweiligen Menschen sind sie nicht gern umgeben. Sie haben Freude an lebhaften Neckereien mit anderen, weil dadurch ihre eigenen Denkprozesse eine Belebung erfahren. Dies findet Anklang bei ihrem Bedürfnis nach neuen Erfahrungen, besonders auf der intellektuellen Ebene.

In einer persönlichen Beziehung kann dieser Aspekt vielleicht den intellektuellen Gedankenaustausch auf Kosten einer engen, gefühlsbetonten Kommunikation hervorheben. Die Betreffenden sollten versuchen, nicht intellektuell an ihre Gefühle heranzugehen, sondern es sich statt dessen zugestehen, ihre Gefühle einfach als Gefühle zu erleben.

Ansonsten wird sich die Kommunikation zwischen ihnen besser als durchschnittlich gestalten, und dieser Aspekt wird in jeder Art von Beziehung eine erhebliche Hilfe bedeuten.

Composit-Merkur im Quadrat mit dem Composit-Aszendenten

Das Quadrat zwischen Composit-Merkur und Composit-Aszendent ist in seiner Handhabung ein verhältnismäßig problemloses Quadrat. Es läßt erkennen, daß die beiden Partner Diskussionen darüber führen werden, welcher allgemeinen Zielsetzung diese Beziehung in ihrem Leben dient. Sie beschränken diese Gespräche aber mehr auf sich selbst, als andere Paare dies tun dürften. Wie bei allen Composit-Aspekten zwischen dem Aszendenten und Merkur ist die Kommunikation zwischen ihnen recht gut. Sie sollten nur darauf achten, nicht so sehr von sich selbst in Anspruch genommen zu sein, daß sie die Kommunikation mit anderen vernachlässigen. Sie sind ein einmaliges Paar, wie andere auch, und deren Erfahrung kann für sie ebenfalls eine Hilfe sein.

Das Quadrat zwischen Composit-Merkur und dem Composit-Aszendenten ist ein Hinweis darauf, daß die Betreffenden auf das, was sie miteinander tun, ein ungewöhnliches Interesse verwenden. Sie sind außerordentlich stark damit beschäftigt, ihre gemeinsamen Ziele zu analysieren. Doch sollten sie versuchen, nicht allzusehr mit dem Intellekt zu arbeiten und die Analyse zu einem Ersatz dafür werden zu lassen, das Leben einfach so direkt zu erfahren, wie es ist. Sie sollten es vermeiden, allzuviel Zeit darauf zu verwenden, Sinn und Bedeutung ihrer Beziehung in Begriffe zu fassen. Die analytische Seite von Merkur kann sich in einer persönlichen Partnerschaft ziemlich destruktiv auswirken, wenn die überaus wichtige Gefühlserfahrung der verstandesmäßigen Analyse untergeordnet wird, die nur ein Ersatz für wirkliches Verständnis ist.

Composit-Merkur im Trigon mit dem Composit-Aszendenten

Das Trigon von Composit-Merkur und Composit-Aszendent ist für jede Art von Beziehung ein sehr günstiger Aspekt. Es hat die positive Auswirkung, die Selbsterkenntnis und das wechselseitige Verständnis zwischen den beiden Partnern zu vertiefen, und es ermöglicht ihnen eine bedeutungsvolle Kommunikation. Die Betreffenden können die wesentlichen Gefühle über ihre Beziehung mühelos zueinander äußern, was anderen Menschen häufig Schwierigkeiten bereitet. Beide verstehen es, die richtigen Worte zum richtigen Zeitpunkt auszusprechen. Insoweit als es überhaupt möglich ist, die tiefen inneren Gefühle zum Ausdruck zu bringen, die in einer persönlichen Beziehung entstehen, sind diese Menschen in der Lage dazu.

Gleichzeitig wird sich diese Beziehung bewußtseinserweiternd auf die beiden Partner auswirken. Durch ihre Zusammensein werden sie vielen neuen Erfahrungen ausgesetzt sein und durch ein größeres Verständnis und eine höhere Bewußtheit über die sie umgebende Welt beide Nutzen daraus ziehen. Sie werden sowohl gegenüber den Unterschieden zwischen sich selbst als auch zwischen sich und anderen eine größere Toleranz entwickeln. Sie werden zu der Sichtweise gelangen, daß derartige Differenzen lediglich Herausforderungen für ihr eigenes Verständnis darstellen und keine echte Bedrohung für ihre Lebensweise sind, als was sie von vielen Menschen angesehen werden.

Es kann durchaus der Fall sein, daß intellektuelle Interessen, wie beispielsweise Erziehung und Philosophie, in dieser Beziehung eine wichtige Rolle spielen werden. In diesen Bereichen wird ihre grundlegende geistige und intellektuelle Affinität die beiden Partner zu großen gemeinsamen Leistungen befähigen. Selbst wenn diese Partnerschaft in keiner Hinsicht mit Arbeit oder Beruf zu tun hat, werden gemeinsame Interessen eine sehr wichtige Rolle dabei spielen, die Betreffenden zusammenzuführen und auch zusammenzuhalten.

Composit-Merkur in Opposition mit dem Composit-Aszendenten

Die Opposition zwischen Composit-Merkur und Composit-Aszendent sollte nicht als eine Opposition im üblichen Sinne betrachtet werden. Es ist besser, sie als eine Konjunktion von Composit-Merkur und Composit-Deszendent anzusehen. Dieser Aspekt hat zwei sehr unterschiedliche Ausdrucksformen, die sich beide aus dem gleichen Prinzip ableiten lassen. In dieser Beziehung ist das Denken der Betreffenden auf eine sehr intensive und persönliche Weise mit dem Partner beschäftigt.

Einerseits kann dieser Aspekt die Form einer sehr tiefgehenden und bedeutsamen intellektuellen Verbindung zwischen den beiden Partnern annehmen. Sie scheinen fast wie ein Wesen zu denken, teilen die gleichen Ansichten miteinander oder ergänzen sich komplementär in ihren Gedanken. Dies bedeutet, daß die beiden als eine Einheit und in effektiverer Form mit anderen kommunizieren können, als ihnen dies als Individuen möglich wäre.

Andererseits kann die Opposition zwischen Composit-Merkur und Composit-Aszendent die Form von lebhaften intellektuellen Meinungsverschiedenheiten und Konflikten zwischen den Betreffenden annehmen. Es verhält sich nicht nur einfach so, daß sie nicht miteinander übereinstimmen, sondern daß sie tatsächlich etwas sehr Lebenswichtiges aus diesem Widerspruch ableiten. Andere mögen vielleicht annehmen, daß sie sich gegenseitig fertigmachen, doch in Wirklichkeit befinden sie sich in einem Wettstreit. Als

,,geistiges Reizmittel'' ist jeder von ihnen auf den anderen angewiesen, selbst wenn dies unter dem Vorwand geschieht, aufeinander zornig zu sein und sich gegenseitig satt zu haben.

Es wird häufig nicht richtig erkannt, daß Gegenspieler die gleiche Art von enger und persönlicher Zweierbeziehung wie Partner im gewöhnlichen Sinne bilden können. Mit diesem Aspekt können die Betreffenden Gegenspieler oder auch friedlich zusammen lebende Partner sein. In beiden Fällen sind sie zur gegenseitigen Bestärkung ihrer Denkweise und ihres Umgangs mit der Welt aufeinander angewiesen — entweder dadurch, daß sie diese in positiver Weise unterstützen, oder indem sie die Vorstellungen des anderen als negativen Bezugspunkt verwenden, gegen den sie sich zur Wehr setzen. In beiden Fällen würde es diesen Menschen schwerfallen, ohne den anderen zu agieren. Besonders dann, wenn sie den Weg des ,,Gegenspielers'' eingeschlagen haben, müssen sie dem Rechnung tragen.

Kapitel 8

Venus

Die Bedeutung von Venus im Composit-Horoskop

Venus spielt offensichtlich in jeder Art von Partnerschaft eine wichtige Rolle, weil sie sowohl die Liebe als auch die Fähigkeit regiert, Beziehungen herzustellen, und zwar besonders solche, die auf Emotionen beruhen. Wenn Venus schlecht plaziert ist, so mögen die betreffenden Partner vielleicht eine dauerhafte Beziehung, aber eine ohne große Liebe haben. Wenn Venus andererseits einflußreich und günstig plaziert ist, andere Beziehungsfaktoren aber nicht allzu positiv sind, dann können die beiden Partner sehr stark voneinander angezogen werden, auch wenn sie eigentlich nicht zueinander passen. Daraus entsteht dann eine sehr stürmische, aber kurzlebige Beziehung.

In ihrer tiefsten Bedeutung steht Venus sinnbildlich für dasjenige Prinzip im Universum, das zwei Größen aufgrund natürlicher und spontan wirksamer innerer Kräfte zueinander hinzieht — ganz in der Weise, wie sich positive und negative Aufladung gegenseitig anziehen. Kein von außen kommender Druck oder Zwang ist dafür notwendig. Die Kraft von Venus wirkt jedoch nur dann anziehend, wenn sich die beiden Größen selbst voll und ganz als Individuen innerhalb des Universums definiert haben. Auf den Menschen bezogen, hat dies die Bedeutung, daß man sich selbst gefunden haben muß, um einen anderen Menschen lieben zu können. Wenn man nach den Vorstellungen anderer Leute lebt, was man sein sollte, und ohne Berücksichtigung der eigenen inneren Impulse, dann wird man nicht wirklich genügend „ganzheitlich" sein, um einen anderen lieben zu können.

Die Position von Venus im Composit-Horoskop zeigt an, inwieweit diese Beziehung den beiden Partnern die Möglichkeit zum Selbstausdruck durch Liebe geben wird. Sie beschreibt auch, welchen Bereich ihrer Lebensumstände sie am stärksten in diese Erfahrung einbeziehen möchten. Man muß nicht unbedingt eine günstig plazierte Venus haben, damit eine Beziehung von Dauer sein kann, doch wird eine solche die Partnerschaft lohnenswert machen.

Composit-Venus im ersten Haus

Composit-Venus im ersten Haus kennzeichnet eine Beziehung, die sich auf Liebe und Zuneigung gründet. Sie beruht nicht unbedingt auf Sexualität, obwohl diese Position ohne Zweifel für jede sexuelle Beziehung günstig ist. Letztlich gründet sich die Anziehung von Venus nicht auf denjenigen Wesensmerkmalen, in denen sich die beiden Partner ähnlich sind, sondern auf jenen, wo sie sich unterscheiden. Dies führt zu einer Verbindung von sich gegenseitig ergänzenden Teilen, die ein Ganzes bilden, das stärker und dauerhafter als jedes seiner einzelnen Teile ist.

Composit-Venus im ersten Haus hat die Bedeutung, daß die beiden Partner eine derartige Beziehung bilden. Sie wurden sehr stark voneinander angezogen, als sie sich zuerst begegneten, auch falls sie den Grund dafür nicht sofort erkannten, und wenn sie sich gegenseitig besser kennenlernen, bleibt diese starke Anziehungskraft erhalten.

Die Emotionen, die durch Venus geweckt werden, äußern sich ruhig, sind eher freundlich als von wilder Leidenschaftlichkeit. Trotzdem sind sie in ihrer eigenen Weise intensiv und weitaus dauerhafter als manche Gefühle von größerer Heftigkeit. Diese Art von Zuneigung wird eine Beziehung über lange Zeit unterstützen und aufrechterhalten. Aufgrund dieser Plazierung ist es den Betreffenden möglich, sich gegenseitig die gelegentlichen Kränkungen zu verzeihen, die in jeder Partnerschaft auftauchen.

In einigen Fällen kann eine Venus im ersten Haus ein Hinweis darauf sein, daß die beiden Partner um einer kreativen Zielsetzung willen zusammengekommen sind. Diese Aufgabe könnte von der gemeinsamen Arbeit in einem künstlerischen Handwerk bis hin zu Landwirtschaft oder auch der Erziehung von Kindern reichen. In irgendeiner Weise wird diese Partnerschaft die schöpferischen Antriebskräfte von Venus mehr als in den meisten Fällen zum Ausdruck bringen.

Composit-Venus im zweiten Haus

Composit-Venus im zweiten Haus zeigt die Liebe zu schönen Dingen und den Wunsch nach ihrem persönlichen Besitz an. In einer persönlichen Beziehung, in der die betreffenden Partner gemeinsames Eigentum besitzen, hat diese Position ganz einfach die Bedeutung, daß die beiden Freude am Besitz von schönen oder künstlerischen Gegenständen haben. Darin spiegelt sich die Tatsache wider, daß sie der Schönheit und Kunst einen hohen Wert beimessen. Selbst wenn sie kein gemeinsames Eigentum besitzen, wie beispielsweise im Falle einer Freundschaft, wird diese Betonung auf dem Wert schöner Dinge vorhanden sein. Venus legt auch Nachdruck auf Komfort und Behaglichkeit, und daher wird dieses Paar sich in einer Umgebung wohl fühlen, die weich, behaglich und warm und gleichzeitig auch schön ist.

Übrigens ist Venus im zweiten Haus in jeder Art von Beziehung ein günstiges Anzeichen dafür, daß die betreffenden Partner sowohl die oben erwähnten Dinge als auch das Geld dafür haben werden, um diese zu bezahlen. Diese Plazierung kann ein Hinweis auf Reichtum oder allermindestens darauf sein, daß man das hat, was auch immer man braucht.

In einer geschäftlichen oder beruflichen Partnerschaft läßt diese Position auf finanziellen Erfolg schließen, besonders in Bereichen, die mit Unterhaltung, Kunst oder Vergnügen und Schönheit in Verbindung stehen.

Composit-Venus im dritten Haus

Venus im dritten Haus des Composit-Horoskops weist darauf hin, daß die beiden Partner gemeinsam ein intellektuelles Interesse an Kunst haben, über das sie sich als Individuen nicht bewußt gewesen sein mögen. Sie denken an das Schöne im Leben und sind bemüht, sich selbst in ihrem Zuhause und an ihrem Arbeitsplatz soviel wie möglich mit schönen Dingen zu umgeben, oder aber sie suchen gern Orte auf, wo sie diese schönen Dinge finden können. Auch führen sie gern Gespräche über solche Themen wie Malerei, Dichtung oder Musik und können sich gegenseitig die Anregung für ein Interesse an den schönen Künsten geben.

Venus im dritten Haus hat außerdem die Bedeutung, daß die betreffenden Partner in Verbindung mit ihren Gefühlen sind, daß sie miteinander über ihre Beziehung sprechen und ihre Empfindungen in Worte fassen können. In der Tat können sie möglicherweise stärker dazu neigen, über Liebe und Freundschaft zu sprechen, als praktisch irgend etwas dafür zu tun. Es besteht die Gefahr, daß sie die Liebe auf einer oberflächlichen, intellektuellen Ebene abfertigen und sie nicht auf einer tiefen Gefühlsebene voll und ganz erfahren werden. Sie sollten sich unter allen Umständen darum bemühen, ihre Emotionen nicht ihrem Intellekt unterzuordnen. Dennoch dürfte sich diese Fähigkeit zur Verbalisierung von Gefühlen, welche durch diese Plazierung von Venus ermöglicht wird, auf die Dauer als wertvoll erweisen.

Composit-Venus im vierten Haus

Die Auswirkungen von Venus im vierten Haus des Composit-Horoskops werden in den intimsten und innersten Bereichen einer Partnerschaft empfunden. Auf der psychologischen Ebene haben die Betreffenden ein großes Interesse an Schönheit in ihrer engsten Umgebung, und dies wiederum schlägt sich in ihrem Wunsch nieder, ihr Heim oder anderen gemeinsamen Besitz so geschmackvoll, schön und behaglich wie möglich zu gestalten. Selbst wenn sie nicht vermögend sind, wird es ihnen wahrscheinlich gelingen, ein gepflegtes Zuhause zu schaffen.

Wenn die Betreffenden kein gemeinsames Heim besitzen, werden die Auswirkungen von Venus im vierten Haus weniger offensichtlich sein. Dies ist aber ein Eckhaus, so daß ein in ihm befindlicher Planet größere Bedeutung als bei einer anderen Planzierung hat. Venus im vierten Haus weist allgemein darauf hin, daß die Prinzipien von Liebe und Schönheit in dieser Beziehung stark ausgeprägt und hervortretend sind, wenn sie auch deutlicher in dem persönlichen Privatleben der beiden Partner als in ihrer Lebensweise gegenüber der äußeren Welt zum Ausdruck kommen. Diese Plazierung ist im allgemeinen ein ausgesprochen günstiges Merkmal für eine enge Liebesbeziehung.

Composit-Venus im fünften Haus

Composit-Venus im fünften Haus ist eines der deutlichsten Anzeichen dafür, daß diese Beziehung mit Liebe oder zumindest mit Freundschaft verbunden sein wird. Das fünfte Haus entspricht dem Bereich von Liebesverhältnissen, von persönlichem Selbstausdruck und Kindern. Venus, als Planet der Liebe, Zärtlichkeit und Schönheit, besitzt daher eine natürliche Affinität zu dieser Hausposition. Sie kennzeichnet eine Beziehung zwischen zwei Menschen, die wirklich Freude an ihrem Zusammensein haben und sich miteinander wohl fühlen. Sie werden eine große Vorliebe für Vergnügen haben und gern miteinander ausgehen, besonders zu Theaterbesuchen und anderen Formen der Unterhaltung.

Die Plazierung von Venus im fünften Haus ist mit Heiterkeit und Sorglosigkeit verbunden. Ihr einziger wirklicher Mangel, der aber nicht allzu schwierig zu überwinden ist, besteht vielleicht darin, daß sie nicht mit der Art von Energie versorgt, die für eine langfristige und ernsthafte ,,Alltags''-Beziehung, wie beispielsweise eine Ehe, notwendig ist. Mit dieser Hausposition werden sich die Betreffenden vielleicht nur widerstrebend der schwierigen und manchmal unangenehmen Aufgabe aussetzen, eine dauerhafte Beziehung aufzubauen, was nicht mit soviel Spaß wie die gemeinsamen Freuden und Vergnügen verbunden ist. Wenn sie diesen Mangel an Ernsthaftigkeit jedoch überwinden können, wird Venus im fünften Haus für beide Partner eine Gewähr für eine erfreuliche und liebevolle Beziehung darstellen.
Im Falle einer Ehe werden die Betreffenden ihre Kinder sehr lieben und ein herzliches Verhältnis zu ihnen haben.

Composit-Venus im sechsten Haus

Das sechste Haus des Composit-Horoskops ist für die Ausdrucksform von Venus nicht gerade die einfachste Position. Dieses Haus wird Arbeit, Pflicht, Verantwortung und dem Dienen zugeordnet, was nicht so ohne weiteres mit der Vorliebe von Venus für Schönheit, Anmut, Leichtigkeit und Vergnügen in Einklang zu bringen ist. Das sechste Haus ist im gewissen Grade ein Haus der Selbst-Unterdrückung, während Venus ein Planet des freien Selbst-Ausdrucks ist.

204

Innerhalb dieser Beziehung wird die Bedeutung von Liebe und Zärtlichkeit dem untergeordnet, was die betreffenden Partner als wichtigere oder praktischere Belange ansehen mögen. In einer Ehe beispielsweise könnte diese Position von Venus die beiden dazu veranlassen, ,,um der Kinder willen'' oder vielleicht auch wegen der Fortführung eines gemeinsamen Geschäftes oder Arbeitsprojektes zusammenzubleiben.

Venus im sechsten Haus zeigt keine mangelnde Zuneigung zwischen den Partnern an, sondern hat lediglich die Bedeutung, daß in ihrer Verbindung nicht der Liebe die höchste Priorität zukommt. Sie sollten jedoch nicht vergessen, daß keine persönliche Beziehung ausschließlich aus Nützlichkeitserwägungen heraus fortbestehen kann. Auch die leichteren Gefühle des persönlichen Selbstausdrucks müssen sich äußern können, damit der Fortbestand der Beziehung überhaupt nur ermöglicht ist.

Noch eine weitere Folge dieser Hausposition sollte Erwähnung finden. Die Liebe der beiden Partner füreinander mag vielleicht zum Teil auf dem Gefühl beruhen, daß sie füreinander etwas ganz Besonderes tun können, was der andere jeweils braucht, was aber über sein persönliches Wohlbefinden hinausgeht.

Composit-Venus im siebenten Haus

Composit-Venus im siebenten Haus ist ein günstiges Anzeichen dafür, daß es sich hierbei um eine persönliche Beziehung handelt, die in einem erheblichen Ausmaß auf Zuneigung beruht. Es mag noch weitere Gründe für diese Partnerschaft geben, aber Liebe ist ohne Zweifel einer der wichtigsten. Diese Position von Venus leistet keine Garantie für den Erfolg einer Beziehung, doch wirkt sie unterstützend. Nach der Plazierung von Sonne und Mond ist dies einer der allerwichtigsten Faktoren im Horoskop einer Liebesbeziehung.

Die Betreffenden werden ein stark ausgeprägtes Gefühl gemeinsamer Emotionen und Empfindungen und ein großes Bedürfnis nach gemeinsamen Erfahrungen haben. Sie werden sich selbst als eine Einheit, ein Paar und nicht als zwei einzelne Individuen betrachten. Sie möchten so oft wie möglich zusammensein und Dinge gemeinsam tun.

Die einzige Gefahr, auf welche sie bei dieser Position achten sollten, besteht darin, daß sie vielleicht zu allzu großem Entgegenkommen neigen, das heißt, daß sie versuchen werden, selbst dann einander beizupflichten, wenn einer von ihnen einen berechtigten Grund zur Klage hat. Anstatt dies jedoch zu äußern, wird er sich darüber ausschweigen, damit der Frieden und die Harmonie der Beziehung erhalten bleiben. Wenn dies jedoch allzu häufig geschieht, hat sich die freundschaftliche Atmosphäre schließlich verbraucht, und alle möglichen Ressentiments brechen heraus, ohne daß es möglich wäre, sie im Zaume zu halten. Die betreffenden Partner sollten sich nicht durch ihren Wunsch nach Ruhe und Harmonie an der Auseinandersetzung über wichtige

Streitfragen hindern lassen. Sie sollten ihre Meinung offen sagen — eine gute Beziehung kann dadurch nicht ernstlich beeinträchtigt werden.

Composit-Venus im achten Haus

Mit Composit-Venus im achten Haus wird die Liebe und Zuneigung zwischen den beiden Partnern eine Intensität besitzen, die häufig bei einer Plazierung in den anderen Häusern fehlt. Diese Position bedeutet jedoch noch keine Garantie für eine Liebesbeziehung, sondern zeigt bloß gefühlsmäßige Intensität im Hinblick auf Liebe an.

Traditionell gesehen, ist das achte Haus das Haus des Todes, obwohl damit nicht immer die wörtliche Bedeutung des physischen Todes verbunden ist. Das achte Haus bezieht sich ebensosehr auf die Erschaffung von etwas Neuem wie auf die Zerstörung von etwas Altem. Daher steht Venus im achten Haus sinnbildlich für die enge Verbindung von Liebe und Tod, oder genauer, von Liebe und Regeneration, Erneuerung.

In einer Liebesbeziehung wird die Gefühlskraft der Liebe von ziemlicher Intensität sein und die Eigenschaft besitzen, beide Partner auf eine grundlegende Art und Weise zu verwandeln. Sie werden die Liebe als eine regenerierende Erfahrung erleben, die sie zu einem neuen Menschen werden läßt. Eine sexuelle Beziehung wird diese Intensität im besonderen Maße besitzen. Diese Liebe wird nicht leichtbeschwingt und heiter, sondern etwas sehr Ernsthaftes sein, was beide Partner in allen Bereichen von Geist, Körper und Seele völlig in Anspruch nehmen wird.

Auf einer ganz anderen Ebene kann sich das achte Haus auch auf gemeinsame finanzielle Mittel und Besitztümer beziehen. Venus verspricht materiellen Wohlstand innerhalb dieser Partnerschaft. Häufig heißt es, daß Venus Geld regiert, und wenn dies auch manchmal in Frage gestellt wird, ruft Venus doch die Fähigkeit hervor — besonders wenn sie im zweiten und achten Haus steht —, Geldmittel auf sich zu ziehen. Diese Plazierung ist besonders dann günstig, wenn die beiden Partner jemals finanzielle Hilfe von anderen benötigen.

Composit-Venus im neunten Haus

Mit Composit-Venus im neunten Haus besteht mehr die Neigung, Liebe und Zuneigung zu intellektuellen Themen zu machen, über die man spricht und nachdenkt, anstatt sie wirklich zu empfinden. Das neunte Haus des Composit-Horoskops stellt die umfassende Lebensanschauung dar, welche die beiden Partner miteinander teilen — ihre gemeinsamen Einstellungen und die Art und Weise ihres intellektuellen Austauschs. Folglich besteht die Gefahr, daß sie in dieser Beziehung vielleicht allzu intellektuell an ihre Gefühle herangehen mögen. Liebe ist eine eher distanzierte Erfahrung als etwas, was im Innersten empfunden und miteinander geteilt wird.

Als Kompensation dafür untersuchen jedoch beide genau die Natur ihrer Gefühle und sind besser als die meisten Menschen dazu fähig, ihre Beziehung füreinander zu verstehen. Sie werden sich wahrscheinlich nicht in einer unbewußten und unangemessenen Art und Weise gegeneinander verhalten und können über ihre Beziehung auf einem sehr hohem Niveau miteinander kommunizieren.

Liebe kann — ganz ähnlich wie im mittelalterlichen Ritterkodex — in dieser Partnerschaft ein philosophisches Ideal werden. Die Betreffenden neigen dazu, in intellektuellen Begriffen zu denken und beträchtliche Aufmerksamkeit auf die Verwirklichung ihrer Ideale zu verwenden.

Die Erfahrung dieser Beziehung kann auch bei beiden dazu führen, die sie umgebende Welt deutlicher wahrzunehmen und sich ihrer bewußter zu werden. Venus im neunten Haus kann Liebe als ein Mittel der Bewußtseinserweiterung anzeigen. Einer oder beide Partner werden aufgrund dieser Beziehung mit einem breiteren Erfahrungsspektrum konfrontiert sein.

Composit-Venus im zehnten Haus

Das zehnte Haus des Composit-Horoskops ist ein Eckhaus, und damit erhält die Wirkungsweise von Venus hier besonderes Gewicht. Die Erfahrung von Liebe innerhalb dieser Beziehung wird sich sehr stark auf das Leben der beiden Partner auswirken.

Das zehnte Haus regiert die Zielsetzungen, derentwegen die Beziehung existiert, das Wesen ihrer individuellen Eigenart und ihre Rolle in der Gesellschaft als Ganzes. Auf der psychologischen Ebene wird diese Partnerschaft beiden zu entdecken helfen, wie sie ihr Leben anfassen sollen. Ihre Liebe zueinander dürfte ihnen Bestärkung und größeres Selbstvertrauen geben.

Zum Teil aufgrund dieser wechselseitigen Bestärkung werden die Betreffenden sich in der Gesellschaft anderer Menschen sehr offenkundig zugetan sein. Sie werden als ein Liebespaar oder, im Falle einer Freundschaft, als sehr enge Freunde angesehen werden. Diese Beziehung zeigt sich offen vor der Welt und versteckt sich nicht vor den Augen anderer.

Gleichzeitig wird diese Beziehung sie das Wesen der Liebe und die Verbindung zu anderen auf einer engen, persönlichen Ebene lehren. Allein durch die Praxis können die Betreffenden lernen, was es heißt, mit einem anderen Menschen zusammenzuleben, und dies ist eine der Zielsetzungen in dieser Partnerschaft.

Auf einer ganz anderen Ebene kann Venus im zehnten Haus auch die Bedeutung haben, daß die beiden Partner aufgrund irgendeiner praktischen Absicht zusammengekommen sind, die mit den Künsten, mit Unterhaltung oder Luxusgütern in Verbindung steht und entweder Hobby oder Beruf sein kann.

Composit-Venus im elften Haus

Die Stellung von Composit-Venus im elften Haus ist eine der besten Plazierungsmöglichkeiten für eine enge, persönliche Beziehung. Das elfte Haus ist das Haus der Freundschaft, und allermindestens wird Venus hier dazu beitragen, daß die Betreffenden Freunde werden. Die gefühlsmäßige Tiefe dieser Beziehung ist jedoch nicht allein auf Freundschaft beschränkt; diese Position kann auch ein Zeichen für eine tiefgehende Liebesverbindung sein. In gewisser Hinsicht ist sie günstiger als eine Venus im fünften Haus, weil die beiden Partner nicht nur ineinander „verliebt sind", sondern sich gleichzeitig auch gegenseitig lieben; das heißt, sie haben eine starke, dauerhafte Zuneigung füreinander, verbunden mit jenem wohlbekannten, häufig kurzlebigen Gefühl des Berauschtseins.

Das elfte Haus wird auch den Hoffnungen und Wünschen zugeordnet, und Venus ist hier ein günstiges Anzeichen dafür, daß die beiden Partner miteinander übereinstimmende Ideale besitzen. Weil sie beide die gleichen Dinge suchen, wird ihr Zusammensein sie darin unterstützen, diese auch zu finden. Dieser Aspekt kann auch die Bedeutung annehmen, daß die Betreffenden entweder das Gefühl von Liebe oder ihre Beziehung idealisieren, was dann zu einem Problem werden kann, wenn einer von ihnen zu einer wirklichkeitsfremden Einstellung gegenüber Gefühlen neigt. Wenn jedoch beide sich selbst ziemlich realistisch gegenüberstehen, werden sie diese Partnerschaft als etwas Schönes und Ideales erleben, weil ihre Erfahrung auf wahrhaftigen Gegebenheiten beruht.

Composit-Venus im elften Haus ist eines der besten Zeichen für eine ausgewogene und harmonische Beziehung jeder Art.

Composit-Venus im zwölften Haus

Composit-Venus ist einer der unproblematischen Planeten, die im zwölften Haus plaziert sein können. Es sind Probleme damit verbunden, doch gleichzeitig gibt es auch starke Seiten.

Diese Plazierung läßt erkennen, daß die betreffenden Partner, selbst wenn sie starke Gefühle der Zuneigung füreinander empfinden werden, diese nicht demonstrativ zur Schau stellen mögen. Andere Menschen werden vielleicht nicht einmal wissen, wie sie gefühlsmäßig zueinander stehen. Venus im zwölften Haus kann ein Zeichen für eine heimliche Beziehung sein.

Dieses Haus wird auch dem Unbewußten zugeordnet, jenen Bereichen des Lebens und der Erfahrung, die aus dem bewußten Denken verdrängt worden sind. Mit der Stellung von Venus im zwölften Haus kann diese Beziehung in einem erheblichen Ausmaß von unbewußten Faktoren in beiden Partnern bestimmt werden. Es mag schwierig sein, die Dynamik dieser Verbindung zu verstehen, und die Betreffenden können Dinge aus unerfindlichen Dingen tun; dies kann natürlich entweder gut oder schlecht sein, was von der Art ihres Tuns abhängt. In jedem Falle sollten sie zu verstehen suchen, was sich hinter ihrer Beziehung versteckt — wenn auch nur, um größere Beherrschung über sich selbst zu gewinnen.

Auf der unbestreitbar positiven Seite kann diese Plazierung beiden Partnern dabei helfen, ihre egoistischen Motivationen innerhalb der Beziehung zu überwinden. Sie gibt jedem von ihnen die Möglichkeit, dem anderen gegenüber nachzugeben, wenn dies wünschenswert ist. Sie können sich selbst als eine Einheit sehen und ihre persönlichen Interessen ihren Interessen als Paar unterordnen. Diese Fähigkeit kann viele Probleme beseitigen, die auftauchen werden.

Composit-Venus in Konjunktion mit Composit-Mars

Bei einer Konjunktion von Venus/Mars im Composit-Horoskop werden die Betreffenden heftig tobende Gefühle zwischen sich feststellen. Dies ist eine Beziehung von leidenschaftlicher Intensität, die vermutlich zumindest teilweise auf sexuellen Antriebskräften beruht, selbst wenn beide das gleiche Geschlecht haben. Damit ist nicht gesagt, daß dies eine homosexuelle Beziehung sein wird, sondern daß etwas von der gefühlsmäßigen Intensität in Verbindungen zwischen den Geschlechtern auch in dieser Partnerschaft gegenwärtig sein wird.

Eine sexuelle Beziehung wird sehr intensiv sein und ein starkes Bedürfnis nach physischem Ausdruck haben; es ist geradezu unwahrscheinlich, daß sie platonisch sein wird. Venus und Mars verkörpern symbolisch das Weibliche und das Männliche in der Sexualität. Wenn sie in Konjunktion stehen, so hat dies die Bedeutung, daß weibliches und männliches Prinzip zusammenwirken.

Alle gefühlsmäßigen Reaktionen zwischen den Partnern werden durch diese Konjunktion beträchtlich verstärkt: Zorn, Kummer und vor allem die Liebe ist von größerer Intensität. Es ist sehr schwierig für Menschen mit diesem Aspekt in ihrem Composit-Horoskop, gleichgültig gegeneinander zu bleiben. Selbst wenn sie zu Feinden werden sollten, was durchaus geschehen könnte, würden sie heftige Feinde sein. Die starke Anziehung zwischen ihnen hindert sie daran, sich auf irgendeine Art losgelöst und unparteiisch gegenüberzustehen.

Composit-Venus im Sextil mit Composit-Mars

Das Sextil von Venus/Mars ist ein positiver Aspekt in einem Composit-Horoskop, denn es zeigt für diese Partnerschaft ein günstiges Gleichgewicht zwischen dem Drang nach vollem individuellem Selbstausdruck (Mars) und dem Bedürfnis nach Beziehungen mit anderen (Venus) an. Häufig befinden sich diese beiden Bedürfnisse in Konflikt miteinander, und die Erfüllung des einen führt zur Verleugnung des anderen. Einige Menschen können beispielsweise zu anderen nur dann eine Beziehung herstellen, wenn sie sich selbst unterdrücken; manche wiederum können sich nur dadurch selbst zum Ausdruck bringen, daß sie versuchen, den anderen zu beherrschen, anstatt auf einer Basis der Ebenbürtigkeit eine Verbindung zu ihm einzugehen. Mit dem Sextil von Venus/Mars ist jedoch die Fähigkeit zu persönlichem Selbstausdruck *nicht trotz*, sondern *mittels* der Beziehung gegeben, was für jede Art von Partnerschaft äußerst hilfreich ist.

Dieser Aspekt zeigt seinen größten Nutzen jedoch in einer persönlichen Beziehung zwischen den Geschlechtern. Er ist besonders mit dem sexuellen Selbstausdruck verbunden, denn Sexualität ist diejenige Form der persönlichen Selbstäußerung, die eine Beziehung zu einem anderen Menschen braucht — und Venus und Mars sind ,,sexuelle'' Planeten. Im Horoskop einer Liebesverbindung trägt dieser Aspekt dazu bei, die sexuelle Übereinstimmung zu sichern und die physische Liebe zu einem ungezwungenen Vergnügen zu machen.

Selbst im Falle einer Freundschaft, wo Sexualität keine Rolle spielt, läßt das Sextil von Venus/Mars ein sich komplementär ergänzendes Energiegleichgewicht zwischen den beiden Partnern erkennen, was zum Fortbestand ihrer Beziehung beiträgt.

Composit-Venus im Quadrat mit Composit-Mars

Das Quadrat zwischen Venus und Mars in einem Composit-Horoskop schließt als Potential sowohl positive als auch negative Möglichkeiten in sich ein. In einer sexuellen Beziehung kann die physische Liebe dadurch besser und befriedigender als gewöhnlich werden. Durch seine Einwirkung fühlen sich Menschen von unterschiedlichem Geschlecht häufig unwiderstehlich voneinander angezogen. Es gibt jedoch keine Garantie dafür, daß diese Beziehung problemlos und friedlich verlaufen wird. Diese Planetenverbindung wartet mit der Schwierigkeit auf, daß die Sexualität für einen Partner sehr leicht zu einem Mittel werden kann, über den anderen zu dominieren. Es ist sehr wichtig, daß es nicht dazu kommt, weil dieses Beherrschenwollen beträchtliche Probleme in einer Beziehung hervorrufen kann, die ein Potential für wechselseitige Befriedigung in sich einschließt.

In anderen Formen der Partnerschaft wird die hauptsächliche Herausforderung bei diesem Aspekt darin bestehen, daß es den Betreffenden schwerfallen wird, ein Gleichgewicht zwischen ihrer individuellen Persönlichkeit und ihrem Wunsch nach einer Beziehung zueinander herzustellen. Ihr Konkurrenzdenken kann sich hin und wieder störend auf die Kooperation auswirken. Sie werden gegenseitig starke Gefühle — Gefühle von Ärger und Zorn, Traurigkeit und Glück usw. — in sich wachrufen, die manchmal nur schwer zu meistern sein werden.

Es ist möglich, daß einer der beiden Partner eine dominierende Mars-Rolle ergreifen wird, während der andere eine eher passive Venus-Rolle annimmt. Dies ist völlig in Ordnung, wenn beide mit der Situation zufrieden sind — doch sollten sie sich vergewissern, daß sie es auch tatsächlich sind. Es wäre für jeden von ihnen besser, sich gegenseitig in der dominierenden und in der passiven Rolle abzuwechseln. Auf diese Weise würde die Symbolik dieses Aspekts in einer nützlichen und konstruktiven Form zum Ausdruck kommen.

Composit-Venus im Trigon mit Composit-Mars

Das Trigon zwischen Venus und Mars gehört zu den günstigeren Aspekten in einem Composit-Horoskop. Ganz ähnlich wie das Sextil hat es die Bedeutung, daß zwischen der individuellen Antriebskraft des Ego und dem Bedürfnis nach Beziehung ein Gleichgewicht besteht; das heißt, daß die betreffenden Partner ohne das Gefühl des Verlusts ihrer Individualität miteinander zurechtkommen können. In der Tat werden beide die Feststellung machen, daß diese Beziehung sie darin unterstützt, sich selbst in einer umfassenderen Weise Ausdruck zu verschaffen — dies ganz im Gegensatz zu vielen Beziehungen, die einschränkend auf den persönlichen Selbstausdruck wirken.

Dieser Aspekt kann sich deutlicher in Beziehungen zwischen den Geschlechtern entwickeln, denn dann kann sich der ,,sexuelle'' Charakter der beiden Partner ungehindert äußern. Das Trigon zwischen Venus und Mars verstärkt das Bedürfnis nach körperlicher Sexualität und läßt diese befriedigend werden. Beide Partner werden in der Sexualität sehr große Erfüllung erfahren und sich gemeinsam darum bemühen, diese noch zu verbessern. Sie werden sich gegenseitig wirklich ergänzen und nicht jene Abweichungen bei der Sexualität erleben, die viele sexuelle Beziehungen erschweren.

In der Fähigkeit zu gegenseitiger Ergänzung ist für jede Art von Beziehung einer der Vorteile dieses Aspekts zu sehen. Jeder der beiden Partner ist dort stark, wo der andere schwach ist, und daher werden sie gemeinsam stärker sein, als sie es allein wären.

Composit-Venus in Opposition mit Composit-Mars

Die Opposition zwischen Venus und Mars in einem Composit-Horoskop ruft eine starke magnetische Anziehungskraft zwischen zwei Menschen — besonders zwischen den Geschlechtern — hervor. Selbst bei gleichem Geschlecht wird vermutlich eine Art von magnetischer Anziehung vorhanden sein, bei der man bei genauerer Untersuchung auf eine irgendwie sexuelle Eigenschaft stoßen würde. Jeder der Betreffenden könnte das Gefühl haben, daß der andere einen außerordentlich wichtigen Wesenszug besitzt, der ihm selbst fehlt.

Dieser Aspekt läßt häufig eine starke Bindung zwischen zwei Menschen entstehen, doch bietet er keine Gewähr dafür, daß ihre Beziehung ruhig und glatt verlaufen wird. Einerseits kann er Erwartungen hervorrufen, denen sehr schwer gerecht zu werden ist, so daß ein ständiges Gefühl des Kämpfens und der Anstregung vorhanden sein wird, anstatt die Dinge einfach sie selbst sein zu lassen. Gleichzeitig kann der Gedanke, das zu bekommen, wovon man glaubt, daß es der Partner zu geben hat, zu einem solchen Problem für das Ego werden, daß die Bereitschaft zur Kooperation für das Gelingen der Beziehung nicht mehr vorhanden ist. Wenn die betreffenden Partner nicht sehr vorsichtig sind, können sie sich bei dem Versuch ertappen, gegenseitig etwas voneinaner zu bekommen, anstatt gemeinsam etwas miteinander zu erschaffen.

In einer sexuellen Beziehung ist sexuelle Befriedigung und Erfüllung das, was jeder durch den anderen zu bekommen versucht, denn die Opposition von Venus/Mars ist ein sehr stark sexueller Aspekt. Diese Neigung aber, Sexualität als etwas zu betrachten, was man von dem anderen bekommt, wird sich gerade in diesem Punkt als Hindernis erweisen, wenn man dieses Denkmuster nicht nachdrücklich wieder selbst durchbricht. Wenn beide Partner erkennen, daß sexuelle Erfüllung etwas ist, was sie dann in der Beziehung finden werden, wenn sie sich gemeinsam darum bemühen werden, dann werden sie das bekommen, was sie möchten, und es wird von Nutzen sein. Körperliche Sexualität ist bei diesem Aspekt, noch mehr als gewöhnlich, ein außerordentlich wichtiger Faktor innerhalb einer Beziehung. Wenn die beiden Partner nicht die Notwendigkeit zu echter Kooperation vergessen, sollten sie das finden können, was sie suchen.

Composit-Venus in Konjunktion mit Composit-Jupiter

Die Konjunktion von Venus/Jupiter ist einer der besten Aspekte, den man in einem Composit-Horoskop überhaupt haben kann. Ungeachtet dessen, worin die Aufgabe und Zielsetzung einer Partnerschaft besteht, wird dieser Aspekt zu ihrer Verwirklichung beitragen. Im Falle einer beruflichen Verbindung wird diese Konjunktion materiellen Erfolg mit sich bringen.

Beide Partner werden das Gefühl haben, daß diese Beziehung sie stärkt und das Leben sich leichter ertragen läßt. Sie werden ein größeres Gefühl von Zufriedenheit und Optimismus haben, was dazu beitragen wird, daß die Dinge für sie einen günstigen Verlauf nehmen, auch wenn andere sie wahrscheinlich für Glückspilze halten werden. Natürlich läßt „Glück" sich häufig auf eine positive Einstellung zurückführen.

In einer persönlichen Beziehung mit diesem Aspekt sind Liebe und Zuneigung überreichlich vorhanden und werden mühelos geäußert. Die Gefühle von Wärme und Herzlichkeit existieren bei diesen Partnern unabhängig davon, was sie füreinander tun; sie lieben sich gegenseitig als das, was sie sind, und nicht im Hinblick auf das, was der andere sein oder tun sollte — eine ungewöhnlich ideale Situation. Jeder von ihnen akzeptiert die Schwächen seines Partners in einem bemerkenswerten Ausmaß und zeigt Toleranz gegenüber jenen Kleinigkeiten, die viele Menschen nur schwer verkraften können. Sie sind bereit dazu, sich gegenseitig den Freiraum zu geben, das zu tun, was auch immer sie möchten, und ihre Erfahrung voneinander wird nicht durch allzu große Erwartungen behindert.

Keine Beziehung ist natürlich vollkommen, und selbst mit diesem Aspekt können sich Schwierigkeiten einstellen. Doch wird sein Vorhandensein in einem Composit-Horoskop dazu beitragen, daß sich die Beziehung in einer positiven Art und Weise entwickelt, und auch beide Partner in ihrem persönlichen Wachstum darin unterstützen.

Composit-Venus im Sextil mit Composit-Jupiter

Das Sextil zwischen Composit-Venus und Composit-Jupiter weist auf eine zärtliche und liebevolle Beziehung hin. Es ist besonders günstig im Horoskop einer Freundschaft, Liebesbeziehung oder Ehe und ein Zeichen dafür, daß sich die beiden Partner aufrichtig mögen und sich selbst und dem anderen gegenüber positiv eingestellt sind. Jupiter ist der Planet des Wachstums, Venus der Planet der Liebe, und ihre Verbindung kann daher als „Wachstum durch Liebe" gedeutet werden. Die gefühlsmäßige Intensität, welche dieser Aspekt anzeigt, kann sich überall von Freundschaft bis hin zu einem sehr intensiven Liebesverhältnis ausdrücken, ist jedoch keine sonderlich sexuell betonte Liebe. Sie ist eher ein positives Gefühl von Wärme und Herzlichkeit zwischen den beiden Partnern und braucht keinerlei andere Begründung für ihre Existenz.

Auf einer anderen Ebene eröffnen sich durch das Sextil zwischen Venus und Jupiter günstige Möglichkeiten. Die beiden Partner haben das Geschick, die rechten Schritte zum richtigen Zeitpunkt in einer solchen Art und Weise zu tun, daß sich die Dinge — sowohl in materieller als auch in gefühlsmäßiger Hinsicht — positiv für sie gestalten werden. Anderen mag dies vielleicht als „Glück" erscheinen, doch in Wirklichkeit schaffen die Betreffenden ein günstiges Umfeld für angenehme und erfreuliche Geschehnisse. Diese können sich nicht ereignen, wenn sie keinen Bereich erhalten, wo sie existieren können. Mit anderen Worten, man muß den Optimismus spüren, der erkennen läßt, wann günstige Gelegenheiten auftauchen. Das Sextil von Venus und Jupiter zeigt an, daß die betreffenden Partner gemeinsam jene Art von Optimismus besitzen.

Composit-Venus im Quadrat mit Composit-Jupiter

Das Quadrat zwischen Venus und Jupiter in einem Composit-Horoskop zählt in seiner Handhabung zu den unproblematischsten Quadrataspekten. Jupiter und Venus sind so verträglich miteinander, daß eine Verbindung ihrer Einflüsse auf eine negative Art und Weise nahezu ausgeschlossen ist. Das Quadrat ist ein aktiver Aspekt, das heißt, es bezeichnet praktische Schritte, die in die Tat umgesetzt werden. Im Falle von Venus und Jupiter läßt es darauf schließen, daß die beiden Partner zu ihrer eigenen Unterhaltung und aus Freude an der Gesellschaft des anderen in gemeinsamer Aktivität Vergnügen und Entspannung suchen werden. Sie werden eine schöne und elegante Umgebung lieben und alles daransetzen, sich diese auch zu verschaffen. Die einzige, möglicherweise negative Eigenschaft bei dieser Planetenverbindung besteht darin, daß Eleganz, Komfort und Unterhaltung in dieser Partnerschaft größere Priorität als andere, wesentlichere Faktoren erlangen können.

Eine weitere Schwierigkeit, die manchmal bei dieser Planetenverbindung auftaucht, existiert darin, daß ihre sehr starke Energie zwei Menschen zusammenführt, die nicht zueinander passen. Das Quadrat von Venus/Jupiter hat seiner Qualität nach kein Unterscheidungsvermögen und sagt an sich nichts darüber aus, ob eine Partnerschaft angemessen ist oder nicht. Es bezeichnet lediglich die Wahrscheinlichkeit einer starken Anziehung zwischen zwei Menschen.

Trotzdem können die Betreffenden — ungeachtet der ursprünglichen Gründe für ihr Zusammenkommen — mit einer zärtlichen und liebevollen Beziehung rechnen, und diese Zuneigung wird sie auch in schwierigen Zeiten zusammenhalten lassen.

Composit-Venus im Trigon mit Composit-Jupiter

Das Trigon von Venus/Jupiter im Composit-Horoskop ist einer derjenigen Aspekte, die wirklich zum Gelingen einer Beziehung, besonders einer persönlichen Partnerschaft, beitragen. In der Tat wird auch eine berufliche Verbindung gleichzeitig mit größter Wahrscheinlichkeit zu einer persönlichen Beziehung werden. Das Trigon von Venus/Jupiter ist ein deutliches Anzeichen für ein herzliches Gefühl der Zuneigung zwischen zwei Menschen.

Insbesondere wird diese Beziehung eine starke idealistische Kraft besitzen, welche die beiden Partner gegenseitig und sich selbst gegenüber mit Optimismus erfüllen wird. Diese optimistische Haltung wird mit dazu beitragen, die ideale Lage der Dinge herbeizuführen, die sie sich erwarten. Sie werden feststellen, daß ihre Beziehung sie beide in ihrem persönlichen Wachstum als Individuen unterstützen wird, da sie ständig ihre besten Eigenschaften hervortreten läßt. Dieser Aspekt ist mit einem Gefühl von Mühelosigkeit und Friedlichkeit verbunden. Keiner von beiden scheint unvernünftige Forderungen an den Partner zu stellen, doch kann dies manchmal ein anderes Problem mit sich bringen. Wenn einer von ihnen eine wirklich entscheidende Veränderung vornehmen muß, so mag der andere vielleicht aus Furcht davor, die friedliche Atmosphäre zu stören, nur zögernd die Sprache darauf bringen.

Trotzdem ist dies eine Beziehung, die den Betreffenden das Gefühl geben wird, daß sie sich in der Gesellschaft ihres Partners entspannen und sie selbst bleiben können. Diese Verbindung dürfte sich für beide als erfolgreich und lohnenswert erweisen, aus welchen Gründen auch immer sie zusammengekommen sind.

Composit-Venus in Opposition mit Composit-Jupiter

Dieser Aspekt von Venus/Jupiter gehört zu den unproblematischsten Oppositionen, da er zwischen den beiden Partnern eine starke Anziehung hervorruft, die eine positive Beziehung umso wahrscheinlicher werden läßt. Die einzige Schwierigkeit, auf die zu achten ist, besteht darin, daß die Betreffenden manchmal nicht genau das finden mögen, was sie von der Beziehung oder der anderen Person erwarten. Doch dürfte das, was sie tatsächlich erhalten, vollkommen zufriedenstellend sein, weshalb dieser Punkt kein großes Problem darstellt.

Eine persönliche Beziehung wird den größten Nutzen aus diesem Aspekt ziehen, denn er steht kennzeichnend für Gefühle von Herzlichkeit und Zuneigung zwischen zwei Menschen. Doch selbst eine berufliche Partnerschaft wird die gleichen positiven Gefühle aufweisen, was die Beziehung mehr persönlich und vertrauter werden läßt. In diesem Falle kann jedoch eine Situation entstehen, in der die persönlichen Gefühle mit der ursprünglichen Zielsetzung der Partnerschaft in Konflikt geraten. An diesem Punkt werden die Betreffenden vielleicht entscheiden müssen, ob die persönliche oder die berufliche Beziehung für sie von größerer Wichtigkeit ist.

Selbst wenn diese Partner unterschiedlicher Meinung sind oder, was der Fall sein mag, in eine freundschaftliche und scherzhafte Form des Wettstreits hineingeraten, werden sie ihre grundsätzlich positiven Gefühle füreinander bewahren. Sie werden es nicht zulassen, daß ihre Beziehung durch Meinungsverschiedenheiten beeinträchtigt wird.

Der entscheidendste Punkt bei diesem Aspekt besteht darin, daß er eine starke Anziehung zwischen den betreffenden Partnern hervorruft. Aufgrund des aktiven Charakters der Opposition wird höchstwahrscheinlich einer von ihnen oder werden beide die Initiative ergreifen, diese Beziehung in Gang zu bringen, damit sie sich entwickeln und für beide von Nutzen sein wird.

Composit-Venus in Konjunktion mit Composit-Saturn

Die Konjunktion von Venus/Saturn in einem Composit-Horoskop kann Probleme für eine Partnerschaft, besonders für eine persönliche Beziehung, darstellen. In beruflichen Verbindungen wird sie sich nicht so erschwerend auswirken.

Saturn verkörpert sinnbildlich das Grundprinzip der Realität — zumindest wie die meisten Menschen dies sehen. Als planetarischer Einfluß hemmt er die warmherzige und sich selbst Ausdruck verleihende Natur von Venus und kann eine Beziehung sehr kühl und nüchtern machen. Selbst wenn starke Gefühlsempfindungen zwischen den beiden Partnern existieren, wird die Äußerung dieser Gefühle aus irgendeinem Grunde immer hinter mehr praktischen Rücksichten und Erwägungen zurückstehen. Einer von beiden mag vielleicht das Gefühl haben, daß trotz gegenseitiger Zuneigung füreinander nicht der richtige Zeitpunkt oder der geeignete Ort für ein Zusammensein gegeben ist; vielleicht würde dadurch eine andere Person hintergangen, zu der bereits eine persönliche Beziehung besteht. Dieser Aspekt kann insbesondere verhindern, daß eine sexuelle Beziehung jemals vollzogen wird, und zwar nicht aus einem Mangel an Gefühl, sondern aufgrund der eben erwähnten Rücksichten.

Dieser Aspekt kann noch eine andere, völlig unterschiedliche Wirkung haben. Die Zuneigung der Betreffenden kann ihren Ausdruck finden und eine sexuelle Beziehung vollzogen werden, doch dies wird in einer sehr unterkühlten und verhaltenen Art und Weise geschehen. Da ist wenig von der Spontaneität und dem Überschwang zu bemerken, die man als kennzeichnend für ein Liebesverhältnis ansehen mag. Dennoch sind die Gefühle aufrichtig, und anstelle einer Affäre, die sich selbst ausbrennt, wie dies bei einigen der Fall ist, kann durch Saturns verlangsamende Wirkung eine beständige und dauerhafte Beziehung daraus hervorgehen. Ein potentielles Liebesverhältnis wird vielleicht in eine platonische Beziehung umgewandelt. Die gleiche abkühlende und festigende Wirkung kann auch im Falle einer Freundschaft festgestellt werden.

Es besteht kein Grund zu der Annahme, daß dieser Aspekt eine befriedigende Partnerschaft unmöglich macht, doch wird er sie verlangsamen und kühl erscheinen lassen. Letztlich müssen die beiden Partner entscheiden, was sie sich von dieser Verbindung erhoffen. Wenn sie eine leidenschaftslose, beständige und verläßliche Beziehung möchten, so können sie diese haben; wenn sie jedoch eine aufregende und romantische Affäre suchen, so werden sie diese mit einem solchen Aspekt nicht finden.

Composit-Venus im Sextil mit Composit-Saturn

Das Sextil von Venus/Saturn in einem Composit-Horoskop wird sich in gewisser Weise einschränkend auf eine Beziehung auswirken, was von einem nachhaltigen Gefühl der Distanz zwischen den beiden Partnern bis hin zu einer verhaltenen, aber ansonsten sehr zärtlichen und liebevollen Bindung reichen kann. Eine Liebesbeziehung mit diesem Aspekt mag vielleicht dauerhafter als die meisten sein, doch werden die Betreffenden nicht nur mit Freude, sondern auch mit einer Art von „Pflichtgefühl" an diese herangehen. Im Falle einer Ehe könnte dieser Aspekt die beiden Partner dazu veranlassen, der Kinder zuliebe oder aus irgendeinem ähnlichen Grund auch dann zusammenzubleiben, wenn andere Paare sich bereits getrennt hätten.

216

Die Zuneigung zwischen diesen Menschen äußert sich ruhig und ohne großes Getue und wird von ihnen vielleicht überhaupt nicht offenkundig gezeigt. Dazu sollte es jedoch nicht kommen, weil die Betreffenden selten die Gefühle des anderen wirklich kennen, wenn diese nicht in eindeutiger Form zum Ausdruck gebracht werden. Mit diesem Aspekt sollten sie sich insbesondere nicht darauf verlassen, daß ihr Partner ihre Botschaft über die Intuition empfängt.

Dennoch können diese Menschen eine sehr positive Beziehung haben, solange sie die Mühe auf sich nehmen, sich gegenseitig wissen zu lassen, daß sie im Geiste noch da und nicht bereits in irgendeine eigene Welt abgeschwebt sind.

In einer geschäftlichen oder beruflichen Partnerschaft wirkt sich dieser Aspekt günstig auf solche Tätigkeiten wie Gebrauchsgraphik und alle Arten von angewandter Gestaltung aus.

Composit-Venus im Quadrat mit Composit-Saturn

Das Quadrat zwischen Venus und Saturn kann ein äußerst unbequemer Aspekt für ein Composit-Horoskop sein, was in hohem Grade davon abhängt, was die Betreffenden von dieser Beziehung erwarten. Er kann verhindern, daß eine ansonsten positive Liebesverbindung jemals physisch vollzogen wird. Die Verhältnisse scheinen sich dem entgegenzustellen — entweder sind die Umstände nicht günstig, oder einer von beiden zeigt sich leidenschaftlich, während der andere kühl bleibt. In einer Beziehung mit größeren Problemen kann dieser Aspekt das entscheidende Anzeichen dafür sein, daß diese Partnerschaft von keinem Gesichtspunkt aus als zufriedenstellend betrachtet werden kann.

Im ersten Falle kann dies eine sehr glückliche Beziehung sein — selbst wenn sie nicht alles das einschließen mag, was die Betreffenden sich von ihr wünschen. Wenn sie ihre Erwartungen verändern können, wird es vielleicht ausreichende Gründe geben, eine solche Beziehung einzugehen. Wenn immer dieser Aspekt in einem Composit-Horoskop auftaucht, ist es in der Tat am besten, ohne irgendwelche Erwartungen vorzugehen und alles so zu akzeptieren, wie es kommt. Erwartungen sorgen lediglich für eine feste Form, an der man seine Enttäuschung festmachen kann, wenn sich die Realität nicht wunschgemäß gestaltet. Diese Partnerschaft kann sich als äußerst zufriedenstellend erweisen, wenn die Betreffenden ihr nicht allzu viele Forderungen aufbürden, was sie sein müßte, um überhaupt gelingen zu können. Alles kann ganz in Ordnung sein, wenn beide dazu bereit sind, das zu akzeptieren, was auch immer sie bekommen.

Composit-Venus im Trigon mit Composit-Saturn

Das Trigon von Venus/Saturn im Composit-Horoskop kann sich als eine von zwei Möglichkeiten auf die beiden Partner auswirken. Auf der „Habenseite" läßt es ein Gefühl von Beständigkeit zwischen ihnen entstehen, das sich von Tag zu Tag sehr wenig verändert. Wenn sie in ihren Gefühlsäußerungen auch nicht das ungehemmteste und überschwenglichste Paar sein mögen, so sind ihre Empfindungen füreinander doch echt und verläßlich. Dies gilt sowohl für eine Freundschaft als auch für ein Liebesverhältnis.

In einer beruflichen Partnerschaft kann sich dieses Trigon sogar als sehr nützlich erweisen. Saturn regiert das Geschäftsleben, und die Verbindung von Venus und Saturn durch ein Trigon bedeutet im wörtlichen Sinne eine Geschäftsbeziehung. In diesem Zusammenschluß besteht ein Gleichgewicht zwischen der Funktion des persönlichen Selbstausdrucks — etwas, was beiden zu eigen ist, weil es ihnen entspricht — und der Funktion, gemeinsam ein besonderes Vorhaben durchzuführen. Diese Art von Gleichgewicht trifft auch auf alle anderen Formen der Partnerschaft zu. Die Betreffenden können zusammen arbeiten und sich gemeinsam am Leben erfreuen, was ein ganz eindeutiges Plus ist.

Auf der „Sollseite" kann dieser Aspekt sie dazu veranlassen, sich in ständig wiederholenden Verhaltensmustern zu verfangen. Die andere Seite der gefühlsmäßigen Beständigkeit ist die Tendenz, in ausgefahrene Gleise hineinzugeraten, so daß die Beziehung langweilig und zur Routine wird. Bei einem Trigon von Venus/Saturn kommt man aus allem, in was man gemeinsam hineingeraten ist, nur schwer wieder heraus. Wenn die Betreffenden feststellen, daß dies geschieht, müssen sie sich darum bemühen, das von ihnen geschaffene Verhaltensmuster zu durchbrechen und einen neuen Standpunkt sich selbst und ihrer Beziehung gegenüber zu finden.

Häufig ist es eine gute Idee, sich eine Zeitlang zu trennen, beispielsweise getrennt voneinander Ferien zu machen, um die Dinge auf eine andere Weise wahrnehmen zu können. Die betreffenden Partner sollten sich keine Sorgen darüber machen, daß dies ihrer Beziehung ein Ende setzen wird. Die Chancen stehen gut, daß jene Faktoren, die sie am Anfang überhaupt zusammengeführt haben, sie auch wieder dorthin zurückbringen werden — und wenn nicht, so wird auch dies die richtige Lösung sein.

Dieser Aspekt kann sich sehr günstig auf das Zusammenleben zwischen zwei Menschen auswirken. Ihre Beziehung mag vielleicht nicht gerade eine der aufregendsten sein, doch können sie sich zumindest in einer privaten Art und Weise darauf verlassen.

Composit-Venus in Opposition mit Composit-Saturn

Die Opposition zwischen Venus und Saturn im Composit-Horoskop hat die Bedeutung, daß zwischen den Partnern ein entscheidendes Hindernis für Gefühlsäußerungen besteht. Dies macht eine Beziehung zwar nicht unmöglich, aber problematisch. Vielleicht mögen sie sich gegenseitig auch einfach nicht, doch wenn sie dies tun, ist es aus irgendeinem Grunde schwierig für sie, dies auszusprechen. Vielleicht hat einer oder haben beide von ihnen Hemmungen oder sind schlichtweg zu schüchtern, oder möglicherweise hat auch irgendein äußerer Umstand diese Schranke errichtet. Wenn dies beispielsweise dem Potential nach eine sexuelle Beziehung ist, so mag einer von ihnen noch in anderer Weise gebunden sein, was es erschwert, seine Gefühle dem Partner gegenüber einzugestehen.

Es kann auch der Fall sein, daß sie starke Gefühle füreinander empfinden, doch zu unterschiedlichen Zeiten; immer dann, wenn der eine interessiert ist, zeigt der andere kein Interesse. Eine sexuelle Beziehung mit diesem Aspekt im Horoskop wird im allgemeinen nicht vollzogen, und wenn dies doch der Fall ist, wird vermutlich ein anderer ernsthafter Mangel als Hindernis im Wege stehen.

Eine Partnerschaft mit diesem Aspekt ist höchstwahrscheinlich dann von Erfolg, wenn die beiden Menschen eigentlich nicht allzu vertraut miteinander werden möchten. Das ist schön und gut, doch sollten sie sich dieser Tatsache bewußt sein und nicht versuchen, aus der Beziehung etwas zu machen, was sie nicht sein kann. Es ist sehr wichtig, daß beide dazu bereit sind, alles das zu akzeptieren, was sich auch immer ergibt. Sie sollten dieser Partnerschaft nicht alle möglichen Erwartungen aufbürden — sie kann sich sehr positiv entwickeln, aber ebensogut auch im Sande verlaufen. Ohne Zweifel wird sie gewisse Einschränkungen aufweisen, doch wenn die betreffenden Partner aufgeschlossen und vorurteilslos an sie herangehen, werden sie all das Positive aus ihr erhalten, was sie zu bieten hat. Andernfalls werden sie nur die scheinbar schwierige Seite dieser Beziehung erfahren.

Composit-Venus in Konjunktion mit Composit-Uranus

Bei einer Konjunktion von Venus/Uranus im Composit-Horoskop werden die beiden Partner gewisse Punkte berücksichtigen müssen, damit sie den größtmöglichen Nutzen aus ihrer Verbindung ziehen können.

Im Falle einer sexuellen Beziehung ist es sehr wahrscheinlich, daß ihre Gefühle füreinander plötzlich entstehen. Dies ist keine Zuneigung, die sich über einen langen Zeitraum hinweg langsam aufbaut, sondern tatsächlich fast unmittelbar eintritt. Selbst eine Freundschaft mit diesem Aspekt kommt rasch zustande.

Doch sollten die Betreffenden, ungeachtet der gefühlsmäßigen Intensität, erkennen, daß jeder Versuch, an dieser Beziehung festzuhalten und sie dauerhaft zu machen, wahrscheinlich zum Scheitern verurteilt ist. Sie muß nicht unvermeidlich eine kurzfristige Affäre sein, doch wenn sie von Dauer sein soll, müssen sich die beiden Partner gegenseitig eine Menge Spielraum geben. Je mehr Freiheit sie sich selbst und dem anderen zugestehen, desto besser wird ihre Beziehung sein. Wenn sie versuchen, sich gegenseitig einzuschränken, werden sie wahrscheinlich alles das zerstören, was sich an Positivem aus ihrer Verbindung ergeben könnte. Beide müssen sowohl gegenüber starken Gefühlen für andere als auch gegenüber allen möglichen Gefühlen zwischen sich selbst große Offenheit zeigen.

Eine Beziehung wie diese bringt feststehende Denkstrukturen ins Wanken und gibt beiden Partnern die Möglichkeit, irgend etwas Neues in sich zu entdecken. Sie kann und wird voraussichtlich aufregend sein, doch wird sie sich nicht nach einem Drehbuch entwickeln, das man im Kopf haben mag — und wenn schließlich der Augenblick gekommen ist, wo sie ein Ende nehmen muß, sollte man loslassen, da sie ohnehin nicht festzuhalten ist. Vielleicht wird sie ja auch gar nicht auf solche Weise enden, doch darf diese Möglichkeit nicht zu einem bestimmten Faktor in den Überlegungen der betreffenden Partner werden. Diese Beziehung mag durchaus ihr Leben verändern. Sie sollten sich selbst die Freiheit zugestehen, sich dorthin zu bewegen, wohin es sie dabei führt.

Composit-Venus im Sextil mit Composit-Uranus

Das Sextil von Venus/Uranus im Composit-Horoskop weist auf eine Beziehung hin, die in ihren Ausdrucksformen sehr freizügig und offen ist. Jeder der Betreffenden hat die Freiheit, er selbst zu sein, und wird den Partner nicht als seinen Besitz betrachten. Wahrscheinlich werden sie irgendein unkonventionelles Übereinkommen miteinander treffen, das andere für sehr außergewöhnlich halten werden. Dies wird es auch sein, doch wird sich darin ausdrücken, was sich die Betreffenden wünschen — wobei die Vorstellungen anderer keine Rolle spielen werden.

Gleichzeitig wird diese Partnerschaft ihre Denkweise verändern, denn die Erfahrung damit wird beide dazu veranlassen, die Welt in einem neuen Licht zu betrachten. Dies an sich wird sie nur widerstrebend irgendwelche festgesetzten Regeln befolgen lassen — jene Richtlinie ausgenommen, die sie für sich selbst aufgestellt haben. Selbst die gebräuchlichsten Unterscheidungen, wie beispielsweise Freundschaften oder Liebesverhältnisse (ungeachtet des Geschlechts), werden keinesfalls auf die gewöhnliche Art und Weise beachtet werden. Eine Liebesbeziehung wird gleichzeitig auch eine Freundschaft sein.

In dieser Partnerschaft sollten sich die betreffenden Menschen den wechselnden Strömungen der Geschehnisse anvertrauen. Wenn diese nicht daran gehindert wird, ihre eigenen Gesetzmäßigkeiten aufzustellen, dürfte sie als ziemlich positiv erfahren werden.

Composit-Venus im Quadrat mit Composit-Uranus

Mit dem Quadrat zwischen Venus und Uranus im Composit-Horoskop können sich die betreffenden Partner vertrauensvoll auf das Unerwartete gefaßt machen. Wenn dieser Aspekt vorhanden ist, kann eine Beziehung plötzlich auflodern und dann mit unglaublicher Geschwindigkeit wieder verglimmen. Jeder Ansatz, eine solche Verbindung zur Erfüllung schmalspuriger Erwartungen zu nutzen, ist zum Scheitern verurteilt. Von dem normalen Blickpunkt aus betrachtet ist sie in der Tat von außerordentlich großer Unbeständigkeit. Für die beiden Partner wäre es am besten, bei dieser Beziehung insbesondere mit nichts sicher zu rechnen. Es verhält sich nicht so, daß sie für sie nichts von Wert sein wird, doch ist sie vermutlich nicht das, was sie sich erwarten.

Wenn sie nach einer ruhigen, verläßlichen und dauerhaften Verbindung suchen, werden sie diese wahrscheinlich hier nicht finden — es sei denn, daß sie an einer Beziehung ohne feste Fügung und nahezu ohne Regeln wirklich Gefallen finden und diese schätzen können. Wenn sie sich selbst die Gelegenheit zu einer derartigen Erfahrung geben können, so sollten sie dies unter allen Umständen tun, doch nicht vergessen, daß sie ständigen Herausforderungen ausgesetzt sein werden.

Eine Beziehung mit diesem Aspekt schlägt meistens deshalb fehl, weil einer der Betreffenden versucht, an irgend etwas darin festzuhalten. Dadurch fühlt sich der andere gefangen und lehnt sich gegen die Einschränkungen auf. Eine derartige Beziehung muß jedoch auch nicht unbedingt eine langfristige Zielsetzung haben, sondern kann eine Liebelei sein, die ebenso schnell vergeht, wie sie begonnen hat — und in diesem Falle muß man es dann dabei bewenden lassen.

Häufig hat eine solche Beziehung einen sehr ungewöhnlichen Charakter und kann sogar eine offene Herausforderung für die gesellschaftliche Konvention darstellen. Viele außereheliche Liebesaffären weisen diesen oder einen ähnlichen Aspekt auf. In gewisser Weise lebt diese Beziehung gerade aus dieser verbotenen Qualität. Wenn die Betreffenden ihre alten Partnerschaften zugunsten einer solchen Verbindung auflösen, werden sie die Entdeckung machen, daß mit der Legitimität die prickelnde Zwanglosigkeit verlorengegangen ist. Die beiden Partner verlieren das Interesse aneinander, und ihre Affäre ist beendet. Eine Freundschaft mit diesem Aspekt bleibt in dem Maße weiter bestehen, wie sie jedem von ihnen eine Ausstiegsmöglichkeit aus der gewohnten Alltagsroutine bieten kann.

Gemäß ihren eigenen Bedingungen ist eine Beziehung mit diesem Aspekt meistens auf die eine oder andere Art ganz erfolgreich. Wenn die Betreffenden eine solche Verbindung jedoch dauerhaft gestalten möchten, dann müssen sie von einer sehr offenen und ungesicherten Position aus mit einem Minimum an Einschränkungen vorgehen.

Composit-Venus im Trigon mit Composit-Uranus

Das Trigon von Venus/Uranus kann sich im Composit-Horoskop einer jeden Art von persönlicher Beziehung als sehr nützlich erweisen — vorausgesetzt, daß beide Partner dazu bereit sind, sich gegen Konventionen zu stellen und einen eigenen Weg einzuschlagen. Denn diese Beziehung hat eine besondere Qualität an sich, die andere als außergewöhnlich, ja sogar als exzentrisch betrachten würden; ein Faktor ihres Zusammenseins erfüllt beide mit Abneigung dagegen, irgend etwas in der ganz normalen Welt zu tun oder zu sein.

Eine sexuelle Beziehung mit diesem Aspekt wird voraussichtlich sehr offen und freizügig sein; das heißt, beide Partner werden einander vielleicht weitere Beziehungen zum anderen Geschlecht gestatten. Es mag auch einfach der Fall sein, daß beide dazu bereit sind, sich gegenseitig eine weitaus größere Bewegungsfreiheit als üblich zuzugestehen. Es gibt noch zahllose andere Möglichkeitern für ein Paar, sich ungewöhnlich zu verhalten. Entscheidend dabei ist, daß es den betreffenden Partnern freisteht, sich nicht an das herkömmliche Drehbuch für ihre Beziehung — Liebesverhältnis, Freundschaft, Ehe oder eine andere Form — zu halten.

Diese Partnerschaft hat eine positive Qualität an sich, die aber nur dann zum Vorschein kommen wird, wenn die Betreffenden ihren eigenen Weg einschlagen. Uranus ist der Planet der Freiheit und unkonventionellen Zwanglosigkeit; doch kann er auch die Bedeutung von Unbeständigkeit annehmen, wenn er zur Nachahmung konventioneller Ausdrucksweisen gezwungen wird, da er auch der Planet der Rebellion und Auflehnung ist.

Allermindestens wird dieser Aspekt den beiden Partnern das Erlebnis einer Beziehung ermöglichen, die sich von jeder anderen unterscheidet, die sie vorher erfahren haben mögen. Wenn sie sich diesem Erleben öffnen, wird es positiv sein.

Composit-Venus in Opposition mit Composit-Uranus

Die Energien der Opposition zwischen Composit-Venus und Composit-Uranus sind ziemlich schwierig zu handhaben. Normalerweise ruft dieser Aspekt eine sehr aufregende Beziehung hervor, die nur von kurzer Dauer ist. Als typisches Merkmal wird diese außerordentlich starke Höhen und Tiefen aufweisen und die betreffenden Partner nicht zur Ruhe kommen lassen. Dies gilt im besonderen Maße für Liebesverhältnisse. Andere persönliche Beziehungen sind weniger davon betroffen, obwohl auch sie zeitweise sehr spannungsgeladen und zerrissen sein werden. Das Ausmaß dieser inneren Zerrissenheit steht gewöhnlich in direkter Verbindung mit dem Gard der Vertrautheit bei diesem Verhältnis.

Die beiden Partner werden im Hinblick auf gesellschaftliche Stellung, Alter, Bildung oder irgendeinen vergleichbaren Faktor vielleicht sehr stark voneinander abweichen — und in der Regel wird gerade der Reiz des Ungewöhnlichen diese Beziehung in Gang halten. Folglich wird auch jeder Versuch, eine normale oder gewohnte Bindung daraus zu machen, ihr Scheitern herbeiführen.

Diese Beziehung kann vielleicht rasch aufflackern und dann ganz plötzlich wieder verlöschen. Die beiden Partner sollten sich, wenn dieser Aspekt vorhanden ist, auf nichts im besonderen verlassen. Es verhält sich nicht so, daß sie keinerlei Nutzen aus dieser Partnerschaft ziehen können, doch ist es am besten, sie so anzunehmen, wie sie kommt, und nicht in der Zukunft leben zu wollen. Eine Ehe mit diesem Aspekt im Horoskop wird problematisch sein — es sei denn, daß beide dazu bereit sind, sich gegenseitig sehr viel Freiheit zuzugestehen.

Einer Freundschaft mit dieser Planetenstellung ist häufig größerer Erfolg beschieden, weil die Rollen darin weniger ritualisiert sind und die Betreffenden größere Freiheit haben. Uranus hat die Angewohnheit, festgefahrene Geleise ins Wanken zu bringen, was sich als einflußreiche Kraft auf eine Freundschaft auswirken kann.
Ungeachtet dessen, welche Art von Beziehung dies sein wird, sollten die betreffenden Partner sie den Verlauf nehmen lassen, den sie selbst einschlagen möchte.

Composit-Venus in Konjunktion mit Composit-Neptun

Mit der Konjunktion von Venus/Neptun in einem Composit-Horoskop kann die Zuneigung der beiden Partner füreinander, wenn sie nicht aufpassen, bis an die Grenze der Unwirklichkeit idealisiert werden. Diese Verbindung von Venus und Neptun kann eine wunderschöne Illusion sein — oder auch die vollkommene mystische Vereinigung, was ohne Zweifel ein Ideal darstellt, das nicht ohne Schwierigkeiten erreicht wird.

Eine Liebesbeziehung mit diesem Aspekt beginnt gewöhnlich mit einem Ausbruch romantischer Liebesglut, denn die Aspekte zwischen Venus und Neptun gehören zu den schwärmerischsten von allen astrologischen Konstellationen. Unglücklicherweise spielt sich eine derartige Beziehung meistens jedoch nicht zwischen zwei tatsächlichen Individuen, sondern zwischen zwei Phantasiegeschöpfen ab, die sich die betreffenden Personen voneinander bilden. Sie sollten sich davon überzeugen, daß ihre Liebe einem wirklichen Menschen und nicht einem imaginären Wunschbild gilt, das ihr Partner für sie verkörpert. Die Wirkung von Neptun kann ihre Enttäuschung noch verstärken, wenn schließlich die trübe Realität an die Stelle der schönen Illusion tritt.

Wenn die beiden Partner gegenseitig tatsächlich nahe an ihr Idealbild herankommen, so werden sie eine wunderschöne Beziehung von der Art haben, die zu Gesang und Poesie inspiriert. Doch sollten sie ehrlich zu sich selbst sein — solche idealen Situationen sind ziemlich rar.

Neptun ist ein „körperloser" Planet und kann daher ein Verhältnis, das sonst ein sexuelles wäre, in eine platonische Beziehung verwandeln. Der physische Aspekt der Sexualität genügt in irgendeiner Weise nicht den Ansprüchen des spirituellen Idealismus von Neptun. Häufig wird dieser Aspekt die tiefste Liebe, aber keine Sexualität mit sich bringen. Selbst eine Freundschaft wird diese idealistische Eigenschaft besitzen, doch in diesem Falle wird der physische Aspekt weniger ein Problem sein.

Als wichtiger Hinweis ist bei diesem Aspekt nicht zu vergessen, realistisch zu sein.

Composit-Venus im Sextil mit Composit-Neptun

Wie alle Aspekte zwischen Venus und Neptun im Composit-Horoskop verstärkt auch das Sextil die idealistischen und romantischen Tendenzen in einer Beziehung. Eine Freundschaft wird zu mehr als einer nur gewöhnlichen Begegnung, da jeder der Betreffenden den anderen auf eine nahezu „magische" Art und Weise idealisiert. In der Tat wirkt sich dieser Aspekt günstiger auf Freundschaften als auf ein Liebesverhältnis aus, weil er — wie auch die übrigen Verbindungen von Venus/Neptun — mehr zu einer Beziehung ohne Sexualität neigt. Neptun ist auf der unkörperlichen, immateriellen Ebene wirksam und entzieht sich physischen Erscheinungsformen, die Sexualität eingeschlossen.

Dennoch hat dieser Aspekt nicht die Bedeutung, daß die Möglichkeit einer sexuellen Beziehung zum Scheitern verurteilt ist. Er besagt lediglich, daß diese außer ihren sexuellen und physischen Aspekten einen nachdrücklichen spirituellen Grundton aufweisen wird. Dies kann für beide Partner eine sehr schöne Beziehung sein, wenn sie mit den Füßen auf dem Boden bleiben — zumindest ein ganz klein wenig. Sie dürfte beiden die Augen für die subtileren Aspekte der sie umgebenden Welt öffnen und sie der Schönheit gegenüber empfänglicher werden lassen. Durch diese Partnerschaft werden sie auch die Erfahrung ihrer eigenen inneren Schönheit machen können. Im besten Falle kann dies eine Verbindung zwischen wahren Seelengefährten sein, die sowohl spirituell als auch physisch zusammengehören.

Composit-Venus im Quadrat mit Composit-Neptun

Das Quadrat zwischen Composit-Venus und Composit-Neptun verlangt, daß die beiden Partner sich über die wirkliche Natur ihrer Beziehung völlig im klaren sind. Wenn sie keine Vorsicht walten lassen und sich selbst nicht genau einschätzen, könnten sie möglicherweise sehr enttäuscht werden. Mit diesem besonderen Venus/Neptun-Aspekt mögen sie leicht annehmen, dem Ideal ihres Lebens — hauptsächlich in einem romantischen Sinne — begegnet zu sein. Die „große Liebe" ist da! Alles mag vollkommen und ideal erscheinen, doch dann kann, ziemlich unvermittelt, eine Zeit kommen, wo sich alles als recht verschieden von dem erweisen wird, was man sich vorgestellt hatte. Neptun ist gleichzeitig der Planet der Illusion und des Ideals, und unter seinem Einfluß wird die Unterscheidung zwischen diesen beiden für die betreffenden Partner vermutlich sehr schwierig sein. Tatsächlich kann dies eine ausgesprochen positive Beziehung sein, aus der sie großen Nutzen ziehen werden — obwohl sie diese auch im günstigsten Falle sicherlich idealisieren werden. Doch selbst eine wirklich gute Beziehung kann gleichzeitig auch die vollkommene Illusion bedeuten. Ohne daß sie es selbst wissen, mögen die beiden Partner vielleicht gänzlich unfähig sein, sich gegenseitig als das zu sehen, was sie wirklich sind. Beide müssen sich vergewissern, ob der andere auch wirklich real vorhanden ist, das heißt: Haben sie eine Beziehung zueinander oder zu einem idealisierten Vorstellungsbild? Ist das spirituelle Element, das sie gegenseitig in sich und in ihrer Beziehung wahrnehmen, auch tatsächlich vorhanden oder nicht?

Diese Situation müssen die Betreffenden sehr eingehend untersuchen, denn sie dürfen sich keinen Illusionen hingeben. Ihre Beziehung kann entweder sehr gut oder sehr wirklichkeitsfremd sein — die Wahrheit müssen sie herausfinden.

Composit-Venus im Trigon mit Composit-Neptun

Das Trigon zwischen Composit-Venus und Composit-Neptun weist auf eine im hohen Grade idealisierte Beziehung hin. Wenn dies ein Liebesverhältnis ist, wird es sehr romantisch dabei zugehen, und bei einer Freundschaft werden die Betreffenden wahrscheinlich ihre Eigenschaften gegenseitig idealisieren. In beiden Fällen wirkt sich irgendein Faktor dieser Beziehung anregend auf ihre spirituelle Wesensseite aus, so daß sie sowohl sich selbst gegenseitig als auch die sie umgebende Welt in einer idealisierten Art und Weise wahrnehmen werden. Diese Partnerschaft wird vielleicht auch große Kreativität in einem von beiden auslösen und ihn dazu befähigen, Gedichte oder Musikstücke zu schreiben. Es ist jedoch wahrscheinlicher, daß sie nur den Wunsch danach wecken wird, schöpferisch zu sein, und nicht tatsächlich auch die Fähigkeit dazu gibt.

Venus und Neptun haben gemeinsam die Bedeutung der ,,schönen Illusion'', doch dürfte in einem Trigon das Wort ,,Ideal'' angemessener als ,,Illusion'' sein. Allerdings müssen die betreffenden Partner auch hier darauf bedacht sein, in Verbindung mit der Welt des Alltags zu bleiben; jede Beziehung, wie ideal sie auch immer sein mag, muß sich mit einigen alltäglichen Detailproblemen auseinandersetzen, die dem schönen Ideal nicht ganz gerecht werden mögen. Mit diesem Aspekt werden die beiden Partner vielleicht sogar die körperliche Sexualität als allzu irdisch und grobstofflich ablehnen. Dieser Aspekt wird häufig, wie viele andere Konstellationen von Neptun, durch eine platonische Beziehung charakterisiert. Spielt die körperliche Sexualität eine Rolle, so wird sie in hohem Grade idealisiert.

Die Auswirkungen dieses Aspekts sind wirklich nicht negativ, obwohl andere Menschen diese beiden Partner für etwas verrückt halten mögen. Ihre Beziehung sollte sich eigentlich sehr schön und erfreulich gestalten — doch damit sie erfolgreich in der materiellen Welt bestehen kann, dürfen sie nicht all ihre Zeit in der Idealwelt ihrer Träume verbringen.

Composit-Venus in Opposition mit Composit-Neptun

Die Opposition zwischen Venus und Neptun im Composit-Horoskop verlangt von den betreffenden Partnern große Vorsicht, wenn sie diese Beziehung eingehen, wobei es nicht darauf ankommt, ob dies nun ein Liebesverhältnis, eine Freundschaft, Ehe oder eine andere Verbindung ist. In allen diesen Fällen werden ihre Gefühle füreinander sehr vergeistigt und idealisiert sein. Zumindest in den anfänglichen Phasen scheint diese Beziehung eine Vollkommenheit zu besitzen, die sie niemals mit einem anderen Menschen erfahren haben; es kann auch eine Spiritualität zwischen ihnen existieren, der sie niemals zuvor begegnet sind. Häufig wird einer von beiden den anderen als einen spirituellen Führer betrachten, der als Wegweiser aus der Verwirrung des gewöhnlichen Lebens in einen neuen, höheren spirituellen Bereich fungieren kann.

Hier aber taucht die Frage auf, in wen diese Menschen eigentlich verliebt sind. In jeder Liebesbeziehung werden Wesenselemente des eigenen inneren Selbst auf den Partner projiziert, das heißt, man erfährt diese charakterlichen Merkmale als außerhalb von sich selbst. Das aber, was man in dem anderen sieht, ist häufig nur eine Widerspiegelung von sich selbst, so daß man sein eigener Liebespartner ist. In einer erfolgreichen Beziehung ist nun die Entsprechung zwischen der anderen Person und dem projizierten Vorstellungsbild groß genug, um die Täuschung gelingen zu lassen. In manchen Partnerschaften besteht jedoch nur wenig oder gar keine Übereinstimmung zwischen geistigem Bild und wirklicher Person. Folglich wird sich, wenn die Wahrheit erkannt wird, große Ent-Täuschung einstellen. Bedauerlicherweise ist die Opposition von Venus/Neptun dieser Art von Ernüchterung in besonderem Maße ausgesetzt, weil die Ideale anfangs zu hochfliegend sind, so daß die Enttäuschung noch größer sein wird.

Die betreffenden Partner sollten nicht versuchen, ihr Seelenheil in ihrem Freund oder Liebespartner zu finden. Sie sollten sich in dieser Beziehung mit einem menschlichen Wesen zufriedengeben und anderswo nach ihrem Guru suchen. Nur ganz wenige Menschen können derartige Erwartungen erfüllen, und daher sollte die wahre Natur der anderen Person akzeptiert werden. Die Betreffenden werden vielleicht eine weitaus schönere Realität entdecken, als sie dies in ihren Vorstellungen für möglich gehalten hätten.

Composit-Venus in Konjunktion mit Composit-Pluto

Die Konjunktion von Venus/Pluto im Composit-Horoskop läßt die Kraft der Liebe als ein Mittel der inneren Transformation erkennen. In dieser Beziehung — ob sie nun eine Freundschaft oder ein Liebesverhältnis ist — suchen die betreffenden Partner noch etwas mehr als Liebe im herkömmlichen Sinne. Sie hoffen, mit anderen Worten, auf eine sehr intensive Erfahrung, die sie verändern und innerlich umwandeln wird — hoffentlich für immer, aber zumindest für die Dauer der Partnerschaft. Folglich sind alle Einzelheiten ihres Zusammenseins von äußerster Wichtigkeit und nichts wird auf die leichte Schulter genommen.

In einer sexuellen Beziehung gehen diese Partner mit einer solchen Intensität an den physischen Liebesakt heran, daß diese Erfahrung sehr eindrucksvoll und schön werden kann. Andererseits kann dadurch der Sexualität eine so übertriebene Bedeutung zukommen, daß die gesamte Beziehung am erfolgreichen Verlauf eines jeden sexuellen Kontaktes hängt.

Auf jeden Fall wird dies voraussichtlich keine oberflächliche oder flüchtige Beziehung sein. Die betreffenden Partner werden auf intensive Weise miteinander verbunden sein. Leider kann diese Intensität jedoch manchmal eine eigenartige und nicht wünschenswerte Form annehmen. Die Liebe kann sich in einen Machtkampf verwandeln, wenn einer oder beide von ihnen versuchen, die Beziehung als ein Werkzeug für die Manipulation des anderen einzusetzen. Das Opfer ist machtlos, irgend etwas daran zu verändern, und eine merkwürdige Spannung von Liebe/Haß baut sich auf. Bisweilen fühlt sich einer der Partner durch den anderen erniedrigt, wird jedoch gleichzeitig von einer seltsamen Faszination angezogen. Wenn eine derartige Situation schließlich zur Explosion kommt, kann sich dies verheerend auswirken.

Aus dem, was eben gesagt wurde, ergibt sich ohne Frage, daß mit dieser Beziehung nicht zu spielen ist. Die Betreffenden müssen diese Partnerschaft mit der ernsthaften Absicht eingehen, etwas Positives daraus zu machen. Sie werden großen Einfluß aufeinander haben, den sie gut einsetzen sollten.

Composit-Venus im Sextil mit Composit-Pluto

Das Sextil von Venus/Pluto im Composit-Horoskop ist ein stark transformierender Aspekt, doch wirkt er sich nicht in einer derart fordernden Art und Weise aus. Seine grundlegende Bedeutung besteht darin, daß diese Beziehung sowohl die Denkweise der betreffenden Partner über die Welt als auch ihre persönlichen Ziele verändern wird. Beide werden durch diese Partnerschaft verwandelt werden, doch mögen sie sich vielleicht im Verlaufe dieses Vorgangs nicht darüber bewußt sein. Als einziges werden sie bemerken, daß ihre Gefühle eine Tiefe besitzen, die nicht häufig in einer Beziehung anzutreffen ist.

Selbst eine Freundschaft mit diesem Aspekt wird ein stärkeres Empfinden eines gefühlsmäßigen Engagements als gewöhlich aufweisen. Die meisten Freundschaften, besonders zwischen Männern, haben eine eher flüchtige Qualität und zeigen keine besondere Zuneigung, sondern nur ein Gefühl von freundschaftlicher Unverbindlichkeit. Mit diesem Aspekt werden jedoch Emotionen selbst in einer Freundschaft unverkennbar vorhanden sein.

In einer sexuellen Beziehung kommen die Eigenschaften dieses Aspekts besonders offenkundig zum Ausdruck. Die gesamte Partnerschaft, und im besonderen Maße der physische Teil daran, wird zu einem Mittel, über die Grenzen des gewöhnlichen Alltagslebens hinauszugehen. Dies ist jedoch keine Flucht, denn die Bewußtheit der Betreffenden wird nicht vermindert, sondern erhöht sich.

Die Gefühle, die sie dabei empfinden, werden das Gewohnte als etwas Außergewöhnliches erscheinen lassen, und die alltäglichen Belange werden eine große Bedeutung erhalten.

Die Betreffenden sollten diese Beziehung nicht leichtfertig angehen, aber auch keine Angst davor haben. Sie kann in besonderem Maße lohnenswert sein.

Composit-Venus im Quadrat mit Composit-Pluto

Das Quadrat von Venus/Pluto im Composit-Horoskop ist seiner Bedeutung nach die ,,Macht der Liebe'' oder die ,,Macht in der Liebe''. Diese Beziehung sollte nicht auf die leichte Schulter genommen werden, weil hier einflußreiche Kräfte wirksam sind. Es können einige sehr ungewöhnliche und schwierige Gefühlsstrukturen entstehen, bei welchen einer der beiden Partner der Faszination des anderen erliegt und völlig unter seine Kontrolle gerät. Selbst wenn er sich dessen bewußt ist, was sich da abspielt, scheint er nichts daran ändern zu können. In den Gefühlen können sich Liebe und Haß vermischen.

Meistens zeigt sich die Auswirkung nicht derart intensiv, doch auch dann gibt es immer noch Probleme. Selbst in einer weniger ungewöhnlichen Beziehung kann sich einer von beiden die gemeinsame Liebe als Mittel für die Manipulation und Beherrschung des anderen zunutze machen. Dabei kommt es häufig zu verheerenden Folgen, wenn der unterdrückte Partner sich zu befreien versucht. Wenn eine solche Beziehung auseinanderbricht, läßt sie Gefühle der Verbitterung zurück, die größer als bei einer anderen Trennung sind.

Diese Partnerschaft kann auch viele positive Seiten haben. Das gefühlsmäßige Engagement bei den Betreffenden ist intensiv, und beide zeigen ein sehr tiefgehendes Interesse füreinander. In einer sexuellen Beziehung wird dem physischen Liebesakt eine große Bedeutung zugemessen. Wenn diese Partner die oben beschriebenen Psycho-Spiele vermeiden können, so kann ihre Beziehung fruchtbar und lohnenswert sein. Sie sollten darauf bedacht sein, nicht gegenseitig mit ihren Gefühlen herumzuspielen. Selbst wenn es ihnen schwerfallen wird, den anderen auch einmal in Ruhe zu lassen, müssen sie dies lernen oder den Konsequenzen aus negativen Gefühlen und wechselseitigen Beschuldigungen ins Auge sehen.

Composit-Venus im Trigon mit Composit-Pluto

Wie alle Aspekte von Venus/Pluto im Composit-Horoskop ruft auch das Trigon in jeder Art von Beziehung Gefühle von außerordentlicher Intensität hervor. Bei diesem Aspekt ist es aber vielleicht einfacher, die Energien unter Kontrolle zu bringen und dennoch die starken Seiten einer solchen Partnerschaft zu erhalten.

In einer Liebesbeziehung zwischen den Geschlechtern wird es den Betreffenden keine Mühe bereiten, ihre Gefühle füreinander offen zu zeigen. Sie werden es genießen, zu lieben und geliebt zu werden. Diese Erfahrung wird sie verändern und ihre Welt sowie ihre Wahrnehmung davon in etwas Neues verwandeln. Sie werden vielleicht nicht erkennen können, wie sich ihr Leben verändert hat, doch wird diese Wandlung eintreten. Höchstwahrscheinlich wird ihr Standpunkt dem Leben gegenüber eine Veränderung erfahren, was äußerst wichtig sein kann, weil dieser Standpunkt die Art und Weise der Reaktion auf die Welt bestimmt.

Mit einem Trigon von Venus/Pluto hat die Liebe eine nahezu psychotherapeutische Wirkung auf die beiden Partner; selbst eine Freundschaft mit diesem Aspekt wird eine transformierende Eigenschaft haben.

Der sexuellen Liebe kommt in dieser Partnerschaft eine sehr wichtige Rolle zu. In einer Ehe können Kinder eine größere Bedeutung als gewöhnlich haben; sie werden als Verknüpfung mit der Zukunft betrachtet, was auf irgendeine Weise sicherstellt, daß die beiden Partner unsterblich sein werden. In der Regel haben Eltern — unbewußt — diesen Gedanken an ein ewiges Leben aufgrund ihrer Kinder, doch in diesem Falle werden sich die Betreffenden wahrscheinlich dessen sehr bewußt sein.

Das Trigon von Venus/Pluto überträgt eine Eigenschaft von Intensität, die zwei Menschen fest miteinander verbinden und ihrer Beziehung mehr als gewöhnliche Bedeutung zuweisen kann.

Composit-Venus in Opposition mit Composit-Pluto

Bei der Opposition zwischen Venus und Pluto im Composit-Horoskop ist sehr große Vorsicht angebracht. Diese Beziehung besitzt eine eigentümliche Intensität, die beide Partner merkwürdige und im allgemeinen unbewußte Gefühle erfahren und zum Ausdruck bringen läßt. Auf irgendeine Weise holt diese Verbindung alle möglichen tiefvergrabenen Emotionen ans Tageslicht, mit denen man eigentlich gar nichts zu tun haben möchte. Im günstigsten Falle kann dieser einflußreiche Faktor bei beiden Partnern zum Anlaß dafür werden, zu neuen und glaubwürdigeren Menschen zu werden, als sie dies vorher gewesen sind. Schlimmstenfalls aber werden sie nur ein gegenseitiges Spiel mit ihren Emotionen treiben, und dies wird beiden ziemlich negative Gefühle über sich selbst einbringen.

Dies ist keine alltägliche und seichte Beziehung. Sind die Betreffenden Liebespartner, so werden ihre Gefühle füreinander — sowohl positive als auch negative — sehr stark sein. Sind sie Freunde, so wird ihre Freundschaft sehr tief und eindringlich sein. Selbst wenn sie Feinde sind, was bei diesem Aspekt eine Möglichkeit darstellt, werden sie sich gegenseitig auf eine tiefgehende und sehr wahrscheinlich positive Art und Weise beeinflussen — obwohl dies zu diesem Zeitpunkt nicht unbedingt offensichtlich sein wird.

Mit derart heftigen Emotionen sollten die betreffenden Partner — welche Art von Beziehung sie auch immer haben mögen — nicht leichtfertig miteinander umgehen, da sie sich gegenseitig außerordentlich stark unterstützen oder verletzen können. Als typisches Beispiel kann einer von ihnen den Guru oder Psychotherapeuten spielen und sich die Einsichten, die er dabei gewinnt, zunutze machen, um seinen Partner zu bedrohen oder zu manipulieren. Es ist jedoch kein guter Einfall, sich in seinen Psychoanalytiker zu verlieben oder der Psychoanalytiker des eigenen Liebespartners zu sein. Statt dessen sollten sich die Betreffenden darum bemühen, ihre Liebe einfach nur unmittelbar zu erleben. Die Gefühle zwischen ihnen sind einflußreiche Kräfte, die sich zum Nutzen oder Schaden auswirken können und mit denen sie daher in kluger Weise umgehen sollten.

Composit-Venus in Konjunktion mit dem Composit-Aszendenten

Die Konjunktion von Composit-Venus und Composit-Aszendent ist ein äußerst günstiger Aspekt für jede Art von persönlicher Beziehung, besonders für ein Liebesverhältnis oder eine Ehe. Sie zeigt an, daß sich die beiden Partner in vieler Hinsicht gegenseitig ungewöhnlich ergänzen und daß sie als Paar ein Ganzes bilden, das stärker als seine beiden Teile ist.

Liebe und Gefühlsausdruck sind in dieser Partnerschaft sehr stark ausgeprägt. Selbst eine flüchtige Beziehung wird voller Zärtlichkeit sein. Eine berufliche oder geschäftliche Verbindung wird gleichzeitig auch eine Freundschaft, doch ohne die schwierigen persönlichen Verwicklungen sein, die eine berufliche Partnerschaft manchmal zerstören können. In jeder Art von Beziehung können die beiden Partner miteinander kooperieren, und jeder gleicht das wieder aus, was der andere vermissen läßt.

Die Menschen in ihrer Umgebung werden wahrnehmen, wie die Betreffenden gefühlsmäßig zueinander stehen, und diese Tatsache wird ihre Beziehung zu anderen verbessern. In der Gesellschaft eines liebenden Paares fühlen sich andere Menschen wohl.

Unter bestimmten Umständen kann die Konjunktion von Venus und dem Composit-Aszendenten Geld und andere Formen von Besitz auf sich ziehen. Alles in allem ist dies ein ausgezeichneter Hinweis für jede Beziehung.

Composit-Venus im Sextil mit dem Composit-Aszendenten

Das Sextil zwischen Composit-Venus und dem Composit-Aszendent ist ein hervorragender Aspekt für eine persönliche Beziehung. Vor allem ist er kennzeichnend für eine liebevolle Freundschaft, ob die Betreffenden nun Liebespartner oder lediglich Freunde sind. Es bereitet keinem von beiden Mühe, dem anderen seine Gefühle zu zeigen, und ohne Zögern oder Verlegenheit werden auch jene Emotionen enthüllt, die eine Beziehung gelegentlich problematisch machen können. Diese Menschen werden sich miteinander immer unbefangen und wohl fühlen.

In Zeiten von Spannung und Belastung sind beide in erster Linie um die Fortdauer ihrer Beziehung besorgt und gehen daher bereitwillig die notwendigen Kompromisse ein, um dies sicherzustellen. Das einzige Problem, das es zu beachten gilt, besteht darin, daß die Energie von Venus vielleicht so entgegenkommend und versöhnlich gestimmt sein mag, daß ein Partner nachgeben wird, wenn er eigentlich seinen Standpunkt behaupten sollte, um die Selbstschätzung und Achtung zu bewahren. Zum Glück neigen jedoch beide Partner zu diesem Verhalten, so daß es wenigstens nicht immer der gleiche ist, der nachgibt. Doch selbst dann sollten die Betreffenden es sich in ihrem Wunsch nach einer glatt verlaufenden Beziehung nicht zugestehen, Spannungen und Energien zurückzuhalten, die zum Ausdruck kommen sollten — auch wenn diese eigene Ungelegenheiten verursachen. Dies wird dann zu einem ernsthafteren Störfaktor, wenn es noch weitere Anzeichen für Schwierigkeiten im Horoskop gibt.

Diese Beziehung kann möglicherweise mit irgendeinem künstlerischen oder ästhetischen Wirkungsbereich in Verbindung stehen, wozu Musik, die darstellenden Künste oder irgendein Zweig der Unterhaltungsindustrie gehören können. Mit Gewißheit werden die beiden Partner von solchen Aktivitäten angezogen werden, besonders dann, wenn sie schon vorher Interesse dafür gezeigt haben.

Composit-Venus im Quadrat mit dem Composit-Aszendenten

Das Quadrat zwischen Composit-Venus und dem Composit-Aszendenten gehört nicht zu den schwierigen Quadraten, sondern ist im Gegenteil ein sehr nützlicher Aspekt für ein Composit-Horoskop. Diese Verbindung von Venus/Aszendent ist ein Zeichen für eine sehr liebevolle und zärtliche Beziehung.

Diese Planetenverbindung wird sich insbesonders im Heim der betreffenden Partner niederschlagen; das gemeinsame Zuhause wird in dieser Beziehung ein Ausdruck ihrer Gefühle füreinander sein. Es wird ein Ort sein, wohin sich die beiden von der äußeren Welt zurückziehen können — nicht im Sinne einer Flucht, sondern als Refugium, wo sie sich auf den nächsten Tag vorbereiten können. Sie werden alles, was in ihrer Macht steht, daransetzen, ihr Heim durch schöne Kunst- und Schmuckgegenstände, durch bequeme Möbel und gutes Essen angenehm und behaglich zu gestalten — und dieser Komfort entspricht nicht einfach Genußsucht, sondern ist eine ehrliche Ausdrucksform ihrer Wünsche, sich gegenseitig so behaglich wie möglich fühlen zu lassen.

Manchmal wirkt sich die Energie dieses Quadrats auch außerhalb des häuslichen Bereichs aus. Anstatt daß sie sich in der persönlichen Welt, im Zuhause Ausdruck verschafft, kann sie sich durch das gesellschaftliche und öffentliche Leben der betreffenden Partner äußern. Sie werden dann ihre Liebe nicht auf sich selbst beschränken, sondern ihre Beziehung sehr offen und zugänglich gestalten, so daß andere aufhorchen und zwei Menschen bemerken werden, die sehr großen Wert aufeinander legen.

In einer beruflichen Partnerschaft kann dieser Aspekt die Bedeutung annehmen, daß die Betreffenden einer Beschäftigung nachgehen, die mit Kunst und Schönheit oder der Unterhaltungsindustrie in Zusammenhang steht.

In einer Beziehung ohne eindeutig festlegbares Heim bedeutet dieser Aspekt, daß die beiden Partner das Gefühl haben, ihre Liebe füreinander sei auf eine starke Ähnlichkeit ihrer Vergangenheit zurückzuführen. Viele Lebensumstände vor ihrer Begegnung haben ihnen etwas Gemeinsames vermittelt, was sie jetzt miteinander verbindet.

Composit-Venus im Trigon mit dem Composit-Aszendenten

Das Trigon zwischen Composit-Venus und Composit-Aszendent ist einer der günstigsten Aspekte, den man in einem Composit-Horoskop überhaupt haben kann, vor allem für eine Liebesbeziehung oder eine Ehe. Es zeigt an, daß die beiden Partner Freude miteinander haben und daß sich ihre Liebe auf der Fähigkeit gründet, daß jeder in der Gesellschaft des anderen er selbst bleiben kann. Jeder von ihnen akzeptiert seinen Partner als das, was er ist, und stellt keine unaufhörlichen Forderungen an den anderen, sich in einer Art und Weise zu verändern, die unmöglich ist. Beide begreifen — und zwar nicht in einem Geiste der Resignation, sondern der Freude —, daß der andere das ist, was er ist.

Aufgrund dieser Einstellung zeigen die Betreffenden Toleranz gegenüber den Fehlern des anderen und lassen sich in diesen Punkten gegenseitig in Ruhe, anstatt Konflikte herbeizuführen. Es ist nicht nur so, daß sie positive Gefühle füreinander haben, sondern die Art und Weise ihres gegenseitigen Empfindens erweitert auch ganz allgemein ihr Verständnis des Lebens.

Auf einer anderen Ebene finden sie Gefallen an gemeinsamen Vergnügen. Sie gehen gern miteinander aus und besuchen das Theater, Nachtlokale und andere Orte der Unterhaltung. Wenn sie sich aus geschäftlichen oder beruflichen Gründen zusammengeschlossen haben, werden sie in Berufen, die mit diesen Bereichen in Zusammenhang stehen, im allgemeinen recht erfolgreich sein. Bei einem Individuum kann dieser Aspekt ein Zeichen für künstlerische Begabung sein, und in einer Beziehung mag er vielleicht die Bedeutung haben, daß die beiden Partner in irgendeiner Weise an den Künsten interessiert sind.

Unter jeglichen Umständen dürfte dieser Aspekt dazu beitragen, eine Partnerschaft erfreulich und lohnenswert zu machen.

Composit-Venus in Opposition mit dem Composit-Aszendenten

Die Opposition zwischen Composit-Venus und Composit-Aszendent läßt die Möglichkeit einer Partnerschaft von wirklicher Liebe erkennen und ist einer der besten Aspekte, den man im Composit-Horoskop einer Liebesbeziehung oder Ehe haben kann. Er kann einer Beziehung durch die schlimmsten Situationen helfen, die überhaupt nur auftreten können.

Ungeachtet dessen, weshalb die Betreffenden zusammengekommen sind, wird dieser Aspekt eine Liebesbeziehung zwischen ihnen entstehen lassen. Beide werden das Gefühl haben, daß sie sich gegenseitig auf eine eindeutige, aber nicht näher bestimmbare Art und Weise ergänzen und daß sie gemeinsam stärker sind, als sie dies getrennt wären. Dies entspricht nicht nur lediglich dem äußeren Schein, sondern auf ihrer höchsten Ebene bezeichnet Venus die Anziehung zwischen zwei Menschen, die sich wahrhaft komplementär ergänzen; das heißt, ihre Unterschiede lassen keine Schranken und Hindernisse zwischen ihnen aufkommen, sondern ermöglichen gerade ihr Zusammenwirken im Leben. Jeder von ihnen besitzt das, woran es dem anderen mangelt und was er benötigt. Die Plazierung von Venus am Composit-Deszendenten ist ein starkes Anzeichen dafür, daß die beiden Partner eine sich derart komplementär ergänzende Gemeinschaft bilden.

Kapitel 9

Mars

Die Bedeutung von Mars im Composit-Horoskop

Das Grundprinzip von Mars steht sinnbildlich für die Antriebskraft des Ego, für diejenige Energie, mit deren Hilfe sowohl gegenüber der Welt als auch gegenüber anderen Menschen ein Bewußtsein der Individualität aufrechterhalten wird. Durch die Art und Weise der Interaktion mit anderen werden unvermeidlich Vorstellungen von der eigenen individuellen Besonderheit gebildet. Ohne irgendeine Form von aktiver innerer Energie wäre man nicht dazu in der Lage, Begegnungen mit anderen überhaupt standzuhalten und wäre dazu gezwungen, sich aus dem Leben insgesamt zurückzuziehen — und dies trifft in der Tat auch bei einigen Menschen zu.

In einer Beziehung oder Partnerschaft wird der Versuch unternommen, irgendeine Art von positiver Verbindung miteinander herzustellen, doch häufig stellen sich dem durch das Ego bestimmte Kräfte in den Weg. Wer ein gesundes Selbstbewußtsein hat, wie ein günstig plazierter Mars es anzeigt, wird nur wenig Schwierigkeiten im Umgang mit anderen Menschen haben. Bei einem schlecht plazierten Mars ist das eigene Selbstgefühl jedoch unzureichend entwickelt, und der Betreffende wird in Konflikte geraten, die es unmöglich machen, eine Beziehung zu anderen einzugehen. Ein Konflikt zwischen zwei Menschen entsteht immer dann, wenn der eine im Bewußtsein der Individualität des anderen, das heißt, in dessen Ego, einen schwachen Punkt herausfordert.

In einem Composit-Horoskop bezeichnet Mars die Fähigkeit, innerhalb der Beziehung ein geeignetes Umfeld zu schaffen, in dem sich beide Partner voll und ganz ausdrücken können, ohne sich gegenseitig zu bedrohen und zerstörerische Konflikte heraufzubeschwören. Etwas oder vielleicht ziemlich viel an Konflikt ist in einer Beziehung unvermeidlich und sollte *per se* nicht unterdrückt werden. Doch müssen die Antriebskräfte des Ego bei den Partnern innerhalb einer Beziehung grundsätzlich miteinander vereinbar sein, denn sonst kann nichts erreicht werden.

In einer sexuellen Beziehung regiert Mars auch die Sexualenergie. Für das Gelingen einer sexuellen Beziehung ist es erforderlich, daß sowohl Venus — die Fähigkeit, eine Verbindung einzugehen — als auch Mars — die Antriebskraft des Ego — günstig plaziert sind. In einer erfolgreichen sexuellen Beziehung macht die Ego-Komponente einen nicht geringen Anteil aus. Wenn die Beziehung nicht jedem der Partner Ausdrucksmöglichkeiten bietet, wird sie fehlschlagen. Ein ungünstig aspektierter Mars in einem Composit-Horoskop steht kennzeichnend für mangelnde Antriebskräfte des Ego, was sich auf die Fähigkeit der Betreffenden auswirken wird, miteinander zurechtzukommen, und in einer sexuellen Beziehung die Qualität der körperlichen Sexualität beeinträchtigen wird.

Composit-Mars im ersten Haus

Composit-Mars im ersten Haus stellt die Forderung, daß sich beide Partner in dieser Beziehung voll und ganz zum Ausdruck bringen können. Dies sollte in jeder Beziehung der Fall sein, doch ist er hier von noch größerer Wichtigkeit. Es wäre am besten, wenn die betreffenden Partner eine gemeinsame Tätigkeit finden könnten, die ihnen beiden liegt — und je aktiver diese in körperlicher Hinsicht ist, desto besser. Diese Beziehung ist reich an Energie, die in irgendeiner Weise eingesetzt werden muß.

Wenn die Betreffenden eine gemeinsame Zielsetzung finden können, wird sich ihre gemeinsame Energie auf diese anstatt aufeinander konzentrieren. Sie werden zusammen sehr viel leisten können und in diesem Prozeß Freude miteinander haben. Es geht kein Weg an der Tatsache vorbei, daß diese Beziehung Aktivität verlangt.

Unglücklicherweise kann Mars, wenn diese Energien nicht in der rechten Weise gehandhabt werden, Streitigkeiten und Konflikt anzeigen. Es verhält sich nicht unbedingt so, daß sich die betreffenden Partner gegenseitig nicht mögen, obwohl auch dies der Fall sein könnte, sondern daß die Beziehung denjenigen Dingen, die für jeden individuell wirklich von Bedeutung sind, keinerlei Relevanz zugesteht. Es gibt den einen Partner, den anderen Partner und ihre Beziehung, und sie alle scheinen nur sehr wenig gemeinsam zu haben.

Wenn dieses Problem berücksichtigt wird, so kann dies eine ausgezeichnete Plazierung für jede Art von Beziehung sein, die im besonderen darauf ausgerichtet ist, eine Arbeit durchzuführen oder eine Aufgabe zu erfüllen, wie beispielsweise eine berufliche Partnerschaft.

Composit-Mars im zweiten Haus

Mars im zweiten Haus des Composit-Horoskops weist auf eine Beziehung hin, in der sich der wechselseitige Ego-Ausdruck der beiden Partner um den Erwerb von Dingen dreht, an denen aber nicht unbedingt festgehalten wird. Das zweite Haus entspricht dem Bereich der ,,Ressourcen'', und zwar sowohl in materieller als auch in psychologischer Hinsicht.

Hier liegt eine Neigung vor, mit diesen Reserven leichtsinnig umzugehen, wie beispielsweise Geld allzu schnell auszugeben oder Risiken mit Besitz einzugehen. Es verhält sich so, als würden die beiden Partner damit prahlen, daß sie mit ihrem Besitz alles das tun können, was sie möchten. Das Problem besteht darin, daß beide damit einverstanden sein müssen, was mit ihrem gemeinsamen Eigentum geschieht. Wenn sie sich nicht darüber einigen können, so dürfte es zu ernsthaften Kontroversen über Eigentum, Besitz und finanzielle Mittel kommen. Selbst wenn die Beziehung ansonsten zufriedenstellend ist, könnte die Art und Weise des Umgangs mit Geld und Besitz zu einer ernstlichen Bedrohung für die Harmonie zwischen den Partnern werden. Es ist sehr wesentlich, daß sie über diesen strittigen Punkt so früh wie möglich zu einem gewissen Einverständnis gelangen.

Selbst wenn sie darin übereinstimmen, sollten sie sorgfältig darauf achten, was sie mit ihren Ressourcen anfangen, denn sonst werden sie vielleicht feststellen, daß die Mittel, die sie für irgend etwas brauchen, sich verflüchtigt haben.

Mars im Composit-Horoskop steht in Verbindung mit dem gemeinsamen Ego-Ausdruck; seine Stellung im zweiten Haus hat die Bedeutung, daß dieser mittels Eigentum, Besitz und Geld erreicht werden wird. Die betreffenden Partner sollten mit großer Sorgfalt planen, wie das, was sie möchten, zu erreichen ist, und ganz sicher darin sein, mit ihrem Besitz auch etwas anzufangen, denn das wird durch diese Hausposition angezeigt.

Das zweite Haus kann auch Werte in einem intellektuellen Sinne bezeichnen. Die beiden Partner sollten sich vergewissern, ein bewußtes Einverständnis über ihre Wertsysteme zu besitzen, wie auch immer diese beschaffen sein mögen, denn sonst könnten diese zu einem Streitpunkt werden, der sie trennt.

Composit-Mars im dritten Haus

Mars im dritten Haus des Composit-Horoskops zeigt mehrere Ausdrucksbereiche in einer Beziehung an. Erstens regiert das dritte Haus den ,,niederen Geist'', das Denken in seiner gewohnheitsmäßigen, alltäglichen Funktionsweise. Wenn die beiden Partner nicht gut miteinander auskommen, steht diese Plazierung von Mars kennzeichnend für Wortgefechte, Kontroversen und allgemeine intellektuelle Meinungsverschiedenheiten. Das Problem besteht darin, daß sich jeder von beiden derart stark mit seinen eigenen Vorstellungen und Ansichten identifizieren mag, daß er eine Herausforderung seiner Überzeugungen als eine Herausforderung für seinen innersten Wesenskern betrachten wird. Auch Gewohnheiten und andere tief verwurzelte Verhaltensmuster könnten zu einem Streitpunkt in dieser Beziehung werden. Die betreffenden Partner müssen für sich selbst und gegenseitig klären, was innerlich in ihnen vorgeht; sie müssen, mit anderen Worten, sehr viel Selbsterkenntnis besitzen.

Das dritte Haus regiert auch die unmittelbare Umgebung und die Verwandtschaft. Wenn sich diese Beziehung positiv gestaltet, so hat dies einfach die Bedeutung, daß die beiden Partner mit ihrer nächsten Familie und Verwandtschaft aktiv und nachdrücklich verbunden sind. Wenn die Geschehnisse jedoch eine negative Wendung nehmen, so mögen sie ständig mit ihrer unmittelbaren Umgebung im Streit liegen, beispielsweise in Form von unaufhörlichen Auseinandersetzungen mit Verwandten. Auch hier ist es wiederum notwendig, daß beide auf unbewußte Denkgewohnheiten achtgeben.

Composit-Mars im vierten Haus

Das vierte Haus regiert die persönlichen Lebensgrundlagen: die eigene innere Basis, das Heim, das unbewußte Denken, die Eltern und Schwiegereltern. Mars im vierten Haus des Composit-Horoskops macht sich dann am stärksten bemerkbar, wenn seine Energie nicht reibungslos wirksam ist. Wenn sich die Mars-Energie in einer ausgeglichenen Form äußert, werden sich die beiden Partner ihrer kaum bewußt sein; sie werden in einem natürlichen Einverständnis und einer von innen kommenden Ausgeglichenheit an einem Strang ziehen.

Wenn die Mars-Energie jedoch nicht glatt und reibungslos wirksam ist, so werden die betreffenden Partner eine Anzahl von Schwierigkeiten zu lösen haben. Zunächst liegen die Ursachen für ihre Ego-Konflikte tief innerhalb ihrer Beziehung verborgen, so daß es schwer sein wird, sie ausfindig zu machen und ans Tageslicht zu bringen. Die Anlässe für Konflikte sind in Dingen zu suchen, die als derart selbstverständlich betrachtet werden, daß sich die Betreffenden ihrer nicht einmal bewußt sind. Aus diesem Grunde müssen sie selbst ihre elementarsten Voraussetzungen in Frage stellen, wenn sie herausfinden wollen, auf welche Art und Weise sie ihre Beziehung untergraben.

Die Auswirkungen dieser Energie werden in den grundlegendsten Aspekten ihres Lebens wahrnehmbar sein. Wenn diese Partner zusammen leben, könnte sich die Energie in Form von Streitgesprächen im Haus und über das Zuhause niederschlagen. Die beiden dürften unterschiedliche Vorstellungen darüber haben, was ein Heim sein sollte, und dies könnte zu einer ernsthaften Ursache für Konflikte werden; wenn sie verheiratet sind, werden möglicherweise die Eltern der unmittelbare Anlaß für Streitigkeiten sein. Doch weder im Zuhause noch in den Eltern ist in Wirklichkeit das Problem zu suchen. Die grundlegende Schwierigkeit besteht darin, daß ihre unbewußten Vorstellungen und Begriffsbildungen über verschiedene Dinge ihnen nur dann klar werden, wenn sie eine Herausforderung erfahren und hinterfragt werden. Es wird eine sehr tiefgehende Selbsterforschung nötig sein, um an diese Probleme heranzukommen.

Composit-Mars im fünften Haus

Das fünfte Haus ist für Mars in einem Composit-Horoskop eine sehr angemessene Hausstellung, doch müssen die Bedürfnisse, die er hervorruft, erfüllt werden. Diese Position entspricht einem betonten persönlichen Selbstausdruck, der in dieser Beziehung ausreichende Möglichkeiten erhalten muß. Die beiden Partner müssen sich gegenseitig viel Freiraum zugestehen, damit jeder mit einem Maximum an Einmischung er selbst sein kann. Wenn sie einander alle möglichen Beschränkungen auferlegen, wird es zu erheblichen Konflikten kommen. Mars steht mit Ego-Energien in Verbindung, die kein Problem entstehen lassen, wenn sie zum Ausdruck kommen. Wenn sie jedoch nicht ausgedrückt werden, können sie viele Schwierigkeiten hervorrufen.

Es wäre für die beiden Partner hervorragend, zusammen so aktiv wie möglich zu sein und sich eine gemeinsame Reihe von Zielen zu setzen, worauf sie ihre ganze Kraft verwenden. Auf diese Art und Weise kann die Energie, die sonst zu einer Ursache für Konflikte werden dürfte, die beiden miteinander verbinden.

In einer sexuellen Beziehung kann sich diese Position als außerordentlich nützlich erweisen — vorausgesetzt, daß die Betreffenden den obigen Ratschlag befolgen. Das fünfte Haus entspricht dem Bereich der Liebesverhältnisse, während Mars, gemeinsam mit Venus, die sexuelle Energie regiert. Wenn die betreffenden Partner in einer sexuellen Beziehung mit dieser Hausstellung auf der sexuellen Ebene nicht gut zusammenpassen, wird vermutlich auch in keinem anderen Bereich Harmonie herrschen. Die Energie, die in der Sexualität eingesetzt werden sollte, wird statt dessen zu einer Quelle von sehr entzweienden Ego-Konflikten.

Composit-Mars im sechsten Haus

Mit einer Stellung von Composit-Mars im sechsten Haus werden die betreffenden Partner das Bewußtsein von einer gemeinsam zu leistenden Arbeit haben. Das sechste Haus wird der Arbeit zugeordnet, und in einem Composit-Horoskop kennzeichnet es die Pflichten und Verantwortungen, welche die beiden Partner mittels dieser Beziehung erfüllen müssen.

Wie bei allen Planeten im sechsten Haus des Composit-Horoskops besteht die Schwierigkeit bei dieser Position darin, daß das Pflichtgefühl der beiden Partner häufig die Empfindungen von Heiterkeit und Freude unter sich begraben wird, die in einer Beziehung gegenwärtig sein sollten. Die Betreffenden mögen damit beginnen, ihre Partnerschaft als eine Belastung, als eine Reihe von Aufgaben und nicht als etwas zu betrachten, an dem man um seiner selbst willen Freude haben kann. Diese Betrachtungsweise ist sehr schwächend und erweist sich als besonders schwierig in einer sexuellen Beziehung.

Diese Position ist am wenigsten problematisch für eine geschäftliche oder berufliche Verbindung, deren einziger Zweck die Arbeit ist. Doch selbst in diesem Falle müssen die beiden Partner Freude an ihrem Zusammensein haben, damit ihre Arbeit sowohl zu einer Form des persönlichen Selbstausdrucks als auch zu einer Verpflichtung werden kann. Das sechste Haus legt stärkeres Gewicht auf den notwendigen Aspekt der Arbeit als auf ihren Aspekt der Selbstäußerung.

Wenn die beiden Partner nicht das Gefühl haben, durch ihr Zusammensein etwas ziemlich Handfestes zu leisten, wird es ein Problem der Entzweiung geben. Die Freude aneinander oder das Gefühl bei beiden, sich durch diese Beziehung weiterzuentwickeln, reicht im allgemeinen nicht aus, um die Forderungen dieser Plazierung von Mars zufriedenzustellen. Hier muß Arbeit geleistet werden.

Composit-Mars im siebenten Haus

Mars im siebenten Haus des Composit-Horoskops kann ein Hinweis darauf sein, daß die beiden Partner ein starkes Gefühl einer gemeinsamen Zielsetzung besitzen. Andererseits kann dies auch einen völligen Widerspruch in der Zielsetzung bis hin zu dem Punkte bedeuten, daß diese Menschen keine Freunde oder Liebespartner, sondern offensichtlich Gegner sind. Sie werden entweder den gefühlsmäßigen Eindruck haben, daß ihre Energien durch ihr Zusammensein weitaus besser zum Ausdruck kommen, als wenn sie getrennt wären, oder aber sie werden sich in einem hochgradigen Zustand des Konflikts zueinander befinden. Die Art und Weise, welchen Verlauf ihre Beziehung nehmen wird, hängt in großem Umfang davon ab, daß sie eine gemeinsame Ausdrucksmöglichkeit finden und etwas entdecken, was sie zusammen tun können. Das siebente Haus ist der Bereich der Partner und offenen Feinde. Selbst im allerschlimmsten Fall werden die Betreffenden ganz genau wissen, welche Stellung sie zueinander haben.

Es ist natürlich auch möglich, daß diese beiden Wirkungsformen gemeinsam auftreten. Dadurch entsteht eine Liebe/Haß-Beziehung, in welcher die Gefühle der beiden Partner füreinander jäh zwischen Liebe und Haß hin- und herschwanken.

Die Stellung von Mars in diesem Haus läßt erkennen, daß die Ego-Energien innerhalb dieser Beziehung sehr stark ausgeprägt sind. In dieser Situation ist es nicht immer leicht für den einen Partner, auf die Wünsche des anderen einzugehen. Das Märtyrer-Spiel, das für so viele Beziehungen kennzeichnend ist und wobei der eine immer schmollend dem anderen nachgibt, wird hier nicht funktionieren.

Diese Hausposition verlangt, daß die beiden Partner ein gleichberechtigtes Verhältnis zueinander haben. Jeder Versuch, sich selbst über den Partner zu stellen, wird eine sehr spannungsgeladene Situation ergeben. Die Betreffenden sollten sich gegenseitig genügend Freiraum geben, um Erfüllung innerhalb der Beziehung zu finden und darüber hinaus auch etwas, wofür sie gemeinsam arbeiten können. Dann wird diese Position von Mars eher eine Hilfe als ein Hindernis bedeuten.

Composit-Mars im achten Haus

Composit-Mars im achten Haus ist ein Hinweis darauf, daß die beiden Partner in dieser Beziehung ihr Ego in einer Art und Weise zum Ausdruck kommen lassen, die sie dazu zwingt, nach neuen Einsichten in das Wesen ihrer Lebensform zu suchen. Das achte Haus des Horoskops ist sehr vielschichtig. Es ist das Haus der inneren Transformation und der psychologischen Energien, die jeglichen größeren Veränderungen innerhalb des Selbst zugrunde liegen. Jeder der beiden Partner wird in der Begegnung mit dem anderen eine Herausforderung erfahren — nicht unbedingt auf eine destruktive Art und Weise, aber in einer Form, die persönliches Wachstum und Weiterentwicklung notwendig machen wird.

Das achte Haus steht auch sinnbildlich für Regeneration und Erneuerung, und Mars in diesem Haus kann sehr viel sexuelle Energie für die Regeneration des Selbst durch die Erschaffung einer anderen Person hervorrufen. In dieser Beziehung wird die Sexualität eine sehr wichtige Rolle spielen und kann sogar zu einem Medium für die innere Umwandlung der beiden Partner werden.

Dies ist auch das Haus der gemeinsamen Geldmittel, wodurch es in einer Beziehung sehr große Bedeutung erhält. In einigen Fällen kann es zwischen den Partnern zu Konflikten über Geld oder Besitz kommen. Damit dieses Problem umgangen wird, müssen die beiden lernen, klein beizugeben und darauf zu achten, daß keine belanglosen Ego-Äußerungen zu Hindernissen für die Beziehung werden. Sie sollten sich darum bemühen, sich nicht allzusehr mit ihrem Besitz zu beschäftigen, denn wenn sie sich zu stark damit identifizieren, wird er zum Ausgangspunkt von Problemen werden.

Composit-Mars im neunten Haus

Composit-Mars im neunten Haus, dem Feld des höherentwickelten Geistes und der langen Reise, zeigt ein starkes Interesse für Ideen, Überzeugungen und Lebensphilosophien in dieser Beziehung an; das heißt, für beide Partner sind ihre Vorstellungen und Glaubensanschauungen von sehr großer Bedeutung, und dies wird durch ihr Zusammensein sogar noch verstärkt. Wenn ihre Ideen und Einstellungen dem Leben gegenüber miteinander übereinstimmen, so werden sie gemeinsam sehr nachdrücklich darum bemüht sein, diese zu wahren und zu versuchen, andere von der Richtigkeit ihres Tuns zu überzeugen.

241

Wenn ihre Ansichten sich nicht miteinander vereinbaren lassen, dann werden sie eine Menge Energie auf den Versuch verwenden, sich gegenseitig von ihrer Meinung zu überzeugen und durch dieses Vorgehen viele Konflikte hevorrufen. Das Universum ist tatsächlich weiträumig genug, daß es sowohl die Gedankengebäude beider Partner als auch die Anschauungen jener Menschen einschließen kann, mit denen sie nicht übereinstimmen. Doch werden sie sich dies wahrscheinlich nicht klarmachen und der Meinung sein, daß ihre eigenen Anschauungen nicht stimmen können, wenn die Vorstellungen anderer Menschen wahr sind und umgekehrt. Voraussichtlich werden sie auf Opposition und Widerspruch fast so reagieren, als stünde ihr Leben auf dem Spiel. Vor diesem Verhalten sollten sie sich in acht nehmen und versuchen, ihre Ansichten in einer solchen Weise zu erweitern, daß sie auch die Auffassungen anderer Menschen einbeziehen können.

Die Plazierung von Mars kann auch ein Hinweis darauf sein, daß die beiden Partner eine gemeinsame Tätigkeit ausüben, die Reisen über lange Entfernungen einschließt; sie kann auch die Bedeutung einer Zusammenarbeit in irgendeinem wissenschaftlichen oder intellektuellen Bereich haben.

Composit-Mars im zehnten Haus

Mars im zehnten Haus des Composit-Horoskops hat die Bedeutung, daß die Mars-Energie durch diese Beziehung in erfolgreicher Weise zum Ausdruck gebracht werden muß, denn sonst wird es voraussichtlich Schwierigkeiten geben. Das zehnte Haus entspricht der vollständigsten Ausdrucksform des Ego und steht symbolisch für das, was man tun muß, damit man im Leben weiterkommt. In einem Composit-Horoskop steht das zehnte Haus damit in Verbindung, wie gut jeder der Partner seine Zielsetzung im Leben innerhalb der Beziehung zum Ausdruck bringen kann. Mit der Stellung von Mars in diesem Haus wird die Kernfrage der Motivation des Ego hier von noch größerer Bedeutung als in den meisten Partnerschaften sein.

Die Betreffenden müssen sich gegenseitig viel Freiraum zugestehen, damit jeder von ihnen seinen eigenen Weg verfolgen kann. Es wäre für keinen von beiden eine gute Idee, auf seine Bestimmung im Leben zu verzichten, um es damit seinem Partner zu ermöglichen, seinen eigenen Zielen nachzugehen. Diese Verhaltensweise würde sich letztlich als wunder Punkt erweisen, der den Bruch der Beziehung herbeiführen könnte. Jeder von beiden muß, während sie zusammen sind, sein eigener Herr sein können. Ohne Zweifel wird es dabei von Nutzen sein, wenn die Betreffenden ähnliche Vorstellungen darüber haben, was sie mit ihrem Leben anfangen möchten. Wie auch immer ihre Ambitionen aussehen werden — in dieser Beziehung werden sie ein Angelpunkt sein.

Wenn die beiden Partner in dieser Frage übereinstimmen können, so wird ihnen die Energie von Mars im zehnten Haus gute Dienste leisten. Sie werden an geschäftliche oder andere gemeinsame Aktivitäten sehr unternehmungslustig und energiegeladen herangehen, und sie dürften dabei hervorragende Ergebnisse erzielen. Sie sollten jedoch Sorge dafür tragen, daß sie nicht die Kontrolle über diese Energien verlieren, denn dadurch könnte sehr viel Opposition und Widerspruch von anderen hervorgerufen werden, was sich schädlich auf ihre stärksten Interessen auswirken würde.

Composit-Mars im elften Haus

Composit-Mars im elften Haus zeigt an, daß die beiden Partner gern mit anderen Menschen in Gruppen zusammenarbeiten werden. Dies ist ein Hinweis darauf, daß sie größere Befriedigung aus ihrer Arbeit und ihren Energien ziehen werden, wenn sie das Gefühl haben, daß ihre Tätigkeit Teil eines größeren Ganzen ist. Gemeinsam werden sie sich mit verschiedenen Gruppenprojekten, Bewegungen und Situationen identifizieren, in denen das individuelle Ego dem Gruppenausdruck untergeordnet wird. Es fällt beiden leichter, ihre persönlichen Energien durch ihre Beziehung auf diese Art und Weise vollständig zum Ausdruck zu bringen.

Diese Position kann auch ein Hinweis darauf sein, daß die Betreffenden versuchen werden, ihre Freunde oder Bekannten zu bevormunden, was die Situation für sie ziemlich schwierig werden läßt. Ungeachtet dessen, wo Mars im Horoskop plaziert ist, müssen seine Energien mit Vorsicht behandelt werden, damit sie keine Streitigkeiten und Auseinandersetzungen mit anderen Menschen verursachen.

Das elfte Haus wird auch den Idealen und Hoffnungen im Leben zugeordnet. Mars in dieser Position läßt erkennen, daß sich die beiden Partner sehr angestrengt um das bemühen werden, was auch immer sie im Leben erreichen möchten. Folglich ist es sehr wichtig, daß sie ähnliche oder zumindest sich gegenseitig ergänzende Ziele im Leben haben; sonst werden Meinungsverschiedenheiten über diese Kernfrage vermutlich Ursache für erhebliche Konflikte sein.

Composit-Mars im zwölften Haus

Composit-Mars im zwölften Haus stellt die unumgängliche Bedingung auf, daß die beiden Partner ein genaues Verständnis davon besitzen, welche Wünsche sie an diese Beziehung und aneinander haben. Sie müssen darüber zu einer bewußten Verständigung und Übereinkunft gelangen. In den meisten Partnerschaften werden solche Vereinbarungen stillschweigend getroffen und nicht ausdrücklich festgesetzt oder niedergeschrieben, doch für diese Menschen dürfte sich eine schriftliche Abmachung als sehr vorteilhaft erweisen. Sie werden dadurch vielleicht entdecken, daß sie alle möglichen Forderungen mit einbezogen haben, von denen sie dies niemals geglaubt hätten. Wenn sie diese Forderungen nicht klar und deutlich aufstellen, so können sie sich darauf verlassen, daß jedesmal ein Konflikt entsteht, wenn eine davon übertreten wird — selbst wenn keiner von beiden den Grund dafür genau begreifen wird.

Die wörtliche Bedeutung von Mars im zwölften Haus könnte als „unbewußte Formen des Ego-Ausdrucks" formuliert werden. Das zwölfte Haus ist nicht eigentlich unbewußt, sondern es zeigt häufig Signalzeichen an, die mit sehr großem Nachdruck in die Welt ausgesendet, aber nicht eingestanden werden; mit deren Konsequenzen aber, ob sie nun eingestanden werden oder nicht, wird man leben müssen.

Das gleiche trifft auch auf eine Beziehung zu: Mars im zwölften Haus ist ein Hinweis darauf, daß die betreffenden Partner Ursachen für Konflikte in die Beziehung Eingang finden lassen, welche diese ernstlich schwächen könnte; dabei wirkt es sich noch erschwerend aus, daß es im allgemeinen sehr unklar ist, warum diese Probleme überhaupt existieren. Wenn die Betreffenden nicht angestrengt herauszufinden versuchen, was sie wirklich voneinander erwarten, werden sie nur schwer in Erfahrung bringen können, warum sie Konflikte miteinander haben. Sie werden vielleicht feststellen, wenn sie ihre Wünsche verbalisieren, daß diese voller Widersprüche, Rückversicherungen und vertraglicher Vorkehrungen stecken, die nicht zu erfüllen sind. Nur dann, wenn sie die Mühe auf sich nehmen, ihre Erwartungen genau zu untersuchen, werden sie möglicherweise verstehen können, was sie wirklich voneinander wollen und ob ihre Bedürfnisse erfüllt werden können.

Composit-Mars in Konjunktion mit Composit-Jupiter

Die Konjunktion von Mars/Jupiter im Composit-Horoskop zeigt eine Beziehung an, die entweder in physischer oder in psychologischer Hinsicht über sehr viel Energie verfügt. Die beiden Partner sind gern aktiv und betätigen sich gemeinsam. Einige Paare mögen diese Energie durch die gemeinsame Teilnahme an sportlichen Veranstaltungen, andere durch gemeinsame Arbeit einsetzen. Eines steht jedenfalls fest: Alles, was sie zusammen tun, wird von Erfolg getragen sein. Dies ist ein Glücksaspekt — oder zumindest werden andere es auf diese Art und Weise wahrnehmen. Tatsächlich verhält es sich so, daß die beiden Partner in ihren gemeinsamen Aktivitäten ein gutes Gespür für die richtige zeitliche Koordinierung besitzen und daher die bestmöglichen Ergebnisse erzielen werden. Außerdem gehen sie an all ihre Tätigkeiten mit Optimismus und der Erwartung auf Erfolg heran, was sie darin unterstützt, ihre Ziele zu erreichen.

Die Konjunktion von Mars/Jupiter läßt eine Beziehung entstehen, die sich günstig auf den Ego-Ausdruck auswirkt, das heißt, die betreffenden Partner können das tun, was sie wirklich tun möchten, und jeder von ihnen kann die Art von Person sein, die er tatsächlich sein will. Dieser Aspekt wird sich auch förderlich darauf auswirken und sicherstellen, daß die Endergebnisse ihrer Bemühungen für alle Beteiligten positiv sein werden.

In einer sexuellen Beziehung trägt dieser Aspekt dazu bei, den körperlichen Ausdruck der Liebe zwischen den Partnern gut und zufriedenstellend zu machen. Der sexuelle Ausdruck dient als solide Grundlage für die gesamte Beziehung, ohne doch ihr einziges positives Merkmal zu bleiben. Der Erfolg auf diesem Gebiet wird zu einer Basis von Erfolg und Gelingen insgesamt, was andere sehr wohl mit Neid erfüllen mag. Es hat den Anschein, als würde sich alles, was diese Menschen gemeinsam tun, zum Besten wenden.

Composit-Mars im Sextil mit Composit-Jupiter

Das Sextil von Mars/Jupiter im Composit-Horoskop ist ein positiver Hinweis darauf, daß die Ego-Motivation der beiden Partner innerhalb der Beziehung auf harmonische Art und Weise miteinander verbunden sein wird; das heißt, jeder von ihnen kann das tun und das sein, was er möchte, ohne der gemeinsamen Beziehung damit in die Quere zu kommen. In der Tat zeigt dieser Aspekt in der Regel an, daß ihr Zusammensein beide darin fördert, sie selbst zu sein und das zu tun, was sie möchten.

Die Symbolik der Verbindung von Mars/Jupiter bedeutet „vom Glück begünstigtes Handeln". Diese Menschen werden gut zusammenarbeiten, gemeinsam gut denken und die glückliche Neigung besitzen, die gleichen Dinge zur gleichen Zeit zu wollen oder Ziele anzustreben, die sie gemeinsam verfolgen können. Durch all diese Aktivitäten wird ihre Partnerschaft gefestigt. Wenn sie Freunde sind, wird dieser Aspekt dazu beitragen, gute Freunde aus ihnen zu machen; wenn sie Liebespartner sind, werden sie gleichzeitig auch Freunde sein, was für ein Liebesverhältnis ziemlich ungewöhnlich ist.

Dieser Aspekt vermittelt einer Beziehung eine seltene Eigenschaft von Optimismus. Die betreffenden Partner gehen davon aus, daß die Dinge glücken, und durch ihre Erwartung wird dies auch auf irgendeine Art und Weise geschehen. Als Paar werden sie sich selbst hohe Ziele setzen, doch diese werden innerhalb ihrer Reichweite liegen. Manchmal wird die Anstrengung, die sie dafür aufbringen — selbst wenn sie tatsächlich vorhanden ist — nicht einmal wahrnehmbar sein. Alles ergibt sich einfach mit solcher Leichtigkeit, daß sie sich zu diesem Zeitpunkt keiner Anstrengung bewußt sind. Dieser Aspekt kann, ungeachtet ihrer Zielsetzung, zum Gelingen einer Beziehung beitragen.

Composit-Mars im Quadrat mit Composit-Jupiter

Im Unterschied zu den meisten Quadrataspekten ist das Quadrat von Mars/Jupiter in einem Composit-Horoskop bei weitem nicht so schwierig zu handhaben. Es verleiht den beiden Partnern sehr viel Energie und läßt sie Dinge gern gemeinsam tun. Es ist in der Tat unbedingt erforderlich, daß sie sich an Zusammenarbeit gewöhnen, da ein zugrundeliegendes Element freundschaftlichen Konkurrierens zwischen ihnen existiert, das sie verstehen müssen, wenn sich ihre Beziehung in positiver Weise gestalten soll.

In den frühen Phasen der Beziehung werden die Betreffenden vielleicht durch das gegenseitige freundschaftliche Necken und Anstacheln irritiert sein, bis sie erkennen, daß es harmlos ist. Wenn sie sich mehr an ihren Stil als Paar gewöhnt haben, werden sie feststellen, daß sie sich gegenseitig dazu veranlassen, sich mehr anzustrengen und mehr zu leisten, als ihnen getrennt möglich wäre. Die Ego-Konflikte, die auf irgendeine Art und Weise entstehen, werden zum Ursprung von vermehrter Energie.

Wenn sie sich andererseits nicht um Zusammenarbeit und gemeinsame Aktivitäten bemühen, wird diese Energie immer noch gegenwärtig sein, doch dann wird sie vermutlich zu einem entzweienden Element und zum Ausgangspunkt von Hader und Konflikt werden. Sie wird vielleicht nicht ernstlich die Gefühle der Betreffenden füreinander untergraben, wird jedoch ein unnötiges Reizmittel sein. Je mehr die beiden zusammenarbeiten, desto nutzbringender wird sich diese Energie einsetzen lassen. Sie können es sich nicht leisten, sich gegenseitig zärtlich in die Augen zu blicken oder, wenn es sich um Freunde handelt, herumzusitzen und gemeinsam zu grübeln. Diese Partnerschaft verlangt Aktivität.

Composit-Mars im Trigon mit Composit-Jupiter

Das Trigon zwischen Mars und Jupiter ist eines der bestmöglichen Trigone in einem Composit-Horoskop, denn es zeigt an, daß zwischen den Partnern Harmonie besteht. Sie sind gern zusammen und gemeinsam tätig, was zu einem größeren Verständnis eines jeden von sich selbst und von seinem Partner beiträgt. Diese Beziehung ist mit persönlichem Wachstum verbunden. Beide Partner werden bemerken, daß sie in der Gegenwart des anderen ohne Rechtfertigung oder Erklärung sie selbst sein können. Wenn einer von ihnen deprimiert ist, wird sein Partner ihn aufmuntern, und ein Gefühl von Glück und Zufriedenheit wird alles das durchdringen, was sie gemeinsam tun.

Ihr Optimismus und Überschwang wird sich auch auf ihre Aktivitäten ausdehnen — so als wären sie Midas, dessen Berührung alles in Gold verwandelt. Dies ist in Wirklichkeit kein Glück, obwohl andere dies annehmen werden, sondern ein Gespür für den richtigen Zeitpunkt und ein Wissen um die eigenen Fähigkeiten, das sich entwickelt, während jeder sich selbst durch den anderen besser kennenlernt. Sie rechnen nicht damit, daß die Dinge fehlschlagen, und dies tun sie auch nicht.

In einer Ehe wird dieser Aspekt dazu beitragen, die Kindererziehung zu einer positiven Erfahrung werden zu lassen. Die betreffenden Partner werden höchstwahrscheinlich Kinder haben und diese als die „Früchte" ihrer Beziehung zärtlich lieben. In der Tat wird dieser Aspekt jegliche Früchte aus einer Beziehung, wie auch immer sie beschaffen sein mögen, in positiver Weise gestalten.

Composit-Mars im Opposition mit Composit-Jupiter

Dieser Aspekt zwischen Mars und Jupiter im Composit-Horoskop ist in seiner Handhabung eine der problemlosesten Oppositionen. Er läßt innerhalb einer Beziehung sehr viel Energie entstehen, die irgendeine Art von Betätigungsfeld oder „Ventil" erhalten muß. Wird diese Energie zurückgehalten oder unterdrückt, so kann sie Probleme verursachen.

Damit die Energie dieses Aspektes genutzt werden kann, ist es notwendig, daß die beiden Partner zusammen aktiv sind. Wenn immer dies zweckmäßig ist, müssen sie Dinge gemeinsam tun und ihre Fähigkeiten in einen Topf werfen; sie werden dann die Feststellung machen, daß sie zusammen Aufgaben durchführen können, die ihnen getrennt als Individuen niemals möglich gewesen wären, da jeder von ihnen im anderen körperliche Energie wachruft.

Wenn diese Partner jedoch kein gemeinsames Betätigungsfeld finden, so kann die Energie ein Konkurrenzgefühl hervorrufen, was eher zu einer Auflösung ihrer Beziehung als zu ihrer Festigung führen wird. Die Energie von Mars/Jupiter ist sehr körperbetont und findet häufig ihren besten Ausdruck in leichtathletischer Betätigung, wie beispielsweise in gemeinsamen sportlichen Spielen. Außerdem bieten sportliche Aktivitäten eine Ausdrucksform für das natürlich vorhandene Konkurrenzgefühl bei diesem Aspekt. Die Betreffenden werden sich gegenseitig auf eine heitere und freundschaftliche Art und Weise zu Tatendrang anspornen. Sie mögen sich vielleicht gegenseitig necken und zum besten haben, doch dieses Konkurrenzgefühl wird sich nur dann als destruktiv erweisen, wenn sie es zu unterdrücken versuchen.

Wenn die beiden Partner kooperativ zusammenarbeiten, werden die besten Möglichkeiten der Energien dieses Aspektes in ihrer Beziehung zutage treten.

Composit-Mars in Konjunktion mit Composit-Saturn

Besonders in einer persönlichen Beziehung kann es sehr schwierig sein, mit der Konjunktion von Mars/Saturn in einem Composit-Horoskop umzugehen. Das Grundprinzip der Verbindung dieser Planeten ist die „gehemmte Aktion". In einer Beziehung sind die Symptome dafür Gefühle der Enttäuschung und Sinnlosigkeit bei einem oder beiden der Partner. Irgendein Faktor ihres Zusammenseins macht es einfach unmöglich für sie, sich frei und ungezwungen zu äußern.

Mars regiert die Antriebskräfte des Ego, diejenigen Energien, mit deren Hilfe ein Mensch seine Stellung in der Welt durchsetzt. In einer Mars/Saturn-Beziehung kommt jedoch jeder der beiden Partner der Ego-Motivation des anderen ständig in die Quere. Es mag vielleicht bissige Bemerkungen, sarkastische Äußerungen, böswillige Seitenhiebe und andere versteckte Taktiken geben, aber niemals eine offene und ehrliche Konfrontation, welche die Luft reinigen und die negativen Energien freisetzen würde, die sich in einer Beziehung aufbauen.

Eine weitere Auswirkung dieses Aspektes in einer sexuellen Beziehung besteht darin, daß sich der eine Partner immer dann zärtlich und verliebt fühlt, wenn der andere kühl und distanziert ist. Eine langfristige Beziehung kann dieses Problem überstehen, doch die Betreffenden werden es lernen müssen, mit einer Situation „verschobener Phasen" zu leben.

Mit diesem Aspekt ist es am schwierigsten, genau das zu tun, was getan werden muß: Die beiden Partner müssen einander in Ruhe lassen und sich gegenseitig Raum zum Atmen zugestehen. Es ist besonders wichtig, daß sie unkonstruktive Kritik vermeiden, vor allem dann, wenn sie sich als konstruktiv ausgibt. Jeder von ihnen muß auch Nachsicht gegenüber den Höhen und Tiefen des anderen zeigen, selbst wenn er seine eigenen Stimmungen und Gefühlslagen zeitlich nicht darauf einstellen kann. Beide Partner sollten auf diese Stimmungsschwankungen vorbereitet sein und sie nicht allzu persönlich nehmen.

Composit-Mars im Sextil mit Composit-Saturn

Das Sextil zwischen Mars und Saturn im Composit-Horoskop ist nicht sehr leicht zu behandeln; es verfügt jedoch über einige Stärken, vor allem in einer beruflichen Partnerschaft, in der besonders exakte und gewissenhafte Arbeiten durchgeführt werden müssen.

In einer persönlichen Beziehung besteht die große Gefahr, daß die beiden Partner in ausgefahrene Verhaltensmuster hineingeraten, aus denen sie nur schwerlich wieder herauskommen. Jedesmal, wenn sich einer von ihnen in einer bestimmten Art und Weise verhält, kann man fest damit rechnen, daß der andere in einer bestimmten, feststehenden Form reagiert, die sich niemals verändert. Dieser Aspekt steht kennzeichnend für die Gewohnheiten, die — soweit es um Beziehungen geht — nicht sonderlich positiv sind. Häufig haben diese Gewohnheiten sehr wenig mit den betreffenden Partnern als Individuen zu tun, und diese werden sich wahrscheinlich gegenüber anderen Menschen ganz unterschiedlich verhalten; irgendein Faktor existiert jedoch in dieser Beziehung, der sie beide zu merkwürdigen Verhaltensweisen veranlaßt. Keiner von beiden gesteht dem anderen zu, er selbst zu sein. Diese kleinen negativen Rituale entwickeln sich in einer solchen Weise, daß die Betreffenden ihr Zusammensein auf einer alltäglichen Basis handhaben können.

Die einzige Möglichkeit, mit diesem Aspekt in erfolgreicher Weise umzugehen, besteht für beide darin, daß sie sich derjenigen Handlungen bewußt werden, welche die Reaktionen bei ihrem Partner hervorrufen. Eine Lösung dieses Problems ist möglich, denn dieser Aspekt wirkt sich keineswegs verhängnisvoll auf eine Beziehung aus, sondern macht lediglich eine gewisse Anstrengung erforderlich. Glücklicherweise besteht eine der nützlichen Wirkungen dieses Aspektes darin, daß die Betreffenden ziemlich viel Geduld im Umgang miteinander zeigen werden.

Composit-Mars im Quadrat mit Composit-Saturn

Selbst in einem ansonsten günstigen Composit-Horoskop erweist sich das Quadrat zwischen Mars und Saturn als ziemlich problematisch, denn es zeigt an, daß die beiden Partner einander völlig entgegengesetzte Zielsetzungen haben. Schlimmstenfalls kann dieser Aspekt dazu führen, daß jeder dem anderen in einem derart unerträglichen Ausmaß in die Quere kommt, daß sie sich überhaupt nicht miteinander vertragen können. Bestenfalls wird es Reibereien geben, weil sich der eine niemals in der gleichen Geistesverfassung wie der andere befindet. Dieser Aspekt führt jedoch meistens keinen offenen Streit herbei, sondern verursacht in der Regel negative Gefühle, die unter der Oberfläche brodeln, ohne jemals ans Tageslicht zu gelangen. Gelegentlich werden diese Gefühle jedoch den Siedepunkt übersteigen, und es wird zu einer kräftigen Explosion zorniger Worte zwischen den Partnern kommen.

Mit diesem Aspekt im Composit-Horoskop gibt es für die Betreffenden offensichtlich einiges zu tun. Als erstes müssen sie die Kommunikationskanäle zwischen sich öffnen. Sie werden dazu neigen, ihren Ärger und Zorn selbst dann zu verbergen, wenn dies nicht gut ist. Sie sollten es lernen, ihren Ärger herauszulassen und ihn damit zu überwinden. Es ist besser, seinem Herzen häufiger und dafür weniger heftig Luft zu machen, als den Unmut lange Zeit über zurückzuhalten und zu unterdrücken. Die betreffenden Partner sollten genau das aussprechen, was ihnen auf der Seele liegt, und versuchen, ihre Entrüstung nicht in Form von kleinen bissigen Bemerkungen zu äußern.

In einer sexuellen Beziehung ruft dieser Aspekt häufig Unterschiede in der zeitlichen Koordinierung hervor. Die Gefühlslage des einen wird immer von der Stimmung des anderen abweichen, doch beide werden dann, wenn sie etwas mögen, auch darauf bestehen. Offensichtlich muß hier einer nachgeben, was in diesem Falle schwierig sein wird. Wenn jedoch jeder von beiden, zumindest gelegentlich, sich dazu entschließen kann, ohne viel Aufhebens einzulenken, dann wird sich ihre Beziehung dadurch in außerordentlichem Maße verbessern.

Composit-Mars im Trigon mit Composit-Saturn

Das Trigon zwischen Composit-Mars und Composit-Saturn zählt in seiner Handhabung nicht zu den problemloseren Trigonen. Es trägt dazu bei, diese Partner auf Verhaltensmuster des persönlichen Selbstausdrucks zu fixieren, die selbst dann weiterhin wirksam sind, wenn sie ganz und gar fehl am Platze sind. Ähnlich wie das Sextil zeigt auch dieser Aspekt Gewohnheiten in einer Beziehung an. Die betreffenden Partner neigen zu der Entwicklung starrer Denkweisen, von denen sie nur sehr schwer wieder loskommen können, und daher ist es problematisch für sie, die Dinge so wahrzunehmen, wie sie in Wirklichkeit sind.

Beide müssen flexibel über ihre Beziehung denken lernen und es vermeiden, in einer automatischen und unbewußten Art und Weise aufeinander zu reagieren. Wie stark auch immer die Neigung dazu sein mag, so zu reagieren, wie sie dies in der Vergangenheit getan haben, sollten sie jedoch versuchen, ihren Partner so zu betrachten, als hätten sie ihn noch niemals zuvor gesehen. Sie werden bemerken, daß jede neue Situation, mit der sie in derselben alten und feststehenden Art und Weise umgegangen sind, tatsächlich etwas ganz anderes ist und in einer sehr unterschiedlichen Form behandelt werden sollte. Diese Vorstellung sollten sie auch bei sich selbst zur Anwendung bringen, ihr Verhalten beobachten und versuchen, die gleichen Dinge zu meiden, die sie früher immer getan haben. Nur durch Selbstbetrachtung werden sie dazu in der Lage sein.

In jeder persönlichen Partnerschaft, doch besonders in einer sexuellen Beziehung, ist es wichtig, daß sich die beiden Partner gegenseitig den Raum geben, das zu sein, was sie sind. Wenn sie einander nur unter bestimmten Bedingungen akzeptieren können, dann sollten sie sich aus dieser Beziehung lösen. Wenn jeder von ihnen dem anderen die Freiheit des persönlichen Selbstausdrucks zugestehen kann, dann werden viele der negativen Auswirkungen dieses Aspektes überwunden werden können.

Composit-Mars in Opposition mit Composit-Saturn

Die Opposition zwischen Mars und Saturn im Composit-Horoskop läßt einen ernstlichen Konflikt zwischen den Lebensstilen der betreffenden Partner erkennen und wartet mit einer ganzen Reihe von Hindernissen für ihre Beziehung auf, die es zu überwinden gilt. In den allermeisten Fällen nimmt dieser Konflikt die Form von Einseitigkeit an, so daß einer der Partner sämtliche Gefühlsregungen zeigt oder beide sich in ihren Rollen abwechseln mögen. Einer von ihnen wird den anderen sehr gern haben, während sich dieser abweisend verhält, und gerade dann, wenn sich der erste Partner abwendet, wird sich der andere plötzlich für ihn erwärmen. Dieser Aspekt zeigt auch, was noch wichtiger in einer sexuellen Beziehung ist, Unterschiede im Rhythmus und zeitlicher Abstimmung an.

Eine Beziehung mag vielleicht einige Zeit lang bestehen bleiben, wobei der eine Partner sehr große Zuneigung zeigt, während der andere nur mit wachsenden Forderungen reagiert und selbst sehr wenig als Gegenleistung einbringt. In einem solchen Falle wird die Kommunikation zwischen den Partnern sehr mangelhaft sein, denn beide befürchten, daß der andere sie entweder zurückweist oder nicht das sein läßt, was sie sind. Aufgrund dieser Ängste werden sie sich mit wichtigen Streitpunkten, mit denen sie sich direkt auseinandersetzen sollten, überhaupt nicht konfrontieren. Wenn die Situation angespannt wird, wie es in jeder Beziehung, aber hier im besonderen passiert, herrscht eisiges Schweigen. Keiner von beiden will irgend etwas sagen, so als wäre die Äußerung eines jeden Wortes allzu peinlich und schmerzhaft. In beiden brodeln jedoch Enttäuschungen und Seelenqual, ohne daß sie dem Luft machen könnten.

Das naheliegendste Heilmittel für dieses Problem besteht darin, daß sich die beiden Partner gegenseitig in Ruhe lassen und jegliche Schwierigkeiten, die zwischen ihnen auftauchen, frei und offen zum Ausdruck bringen. Sie sollten mit nichts hinter dem Berg halten, denn es ist besser, sich gelegentlich einmal anzuraunzen, als völlig zu verstummen. Sie sollten sich gegenseitig Freiraum lassen und ihre Kritik auf wirkliche Streitpunkte beschränken. In jeder Partnerschaft ist ein gewisser Ego-Konflikt unvermeidlich, doch hier wird er stärker als gewöhnlich sein. Die Betreffenden müssen diesen Konflikt in Betracht ziehen und damit rechnen, doch wenn er eintritt, sollten sie ihn nicht so ernst nehmen, wie sie vielleicht geneigt sein werden.

Composit-Mars in Konjunktion mit Composit-Uranus

Die Konjunktion von Mars/Uranus im Composit-Horoskop steht kennzeichnend für völlig unerwartete und merkwürdige Vorkommnisse, so daß diese Verbindung keine gewöhnliche Partnerschaft sein wird. Es mag der Fall sein, daß diese Beziehung zum Teil deshalb existiert, um damit Auflehnung und Widerstand gegen etablierte Lebensweisen und Verhaltensmuster in der äußeren Welt zum Ausdruck zu bringen; die beiden Partner haben sich zusammengetan, um der Welt Trotz zu bieten und ihre Verachtung zu zeigen. Dies ist natürlich ein Extremfall, aber selbst eine alltäglichere Beziehung — worin auch immer ihre Zielsetzung bestehen mag — wird sich auf eine ungewöhnliche Art und Weise entwickeln.

Wenn die Beziehung diese Eigenschaft der Herausforderung und Weltverachtung nicht besitzt, dann mag es zu vielen Höhen und Tiefen sowie unerwarteten Veränderungen in ihr kommen. Dies ist kein idealer Aspekt für eine dauerhafte und verläßliche Verbindung. Die Betreffenden mögen sich unter unvorhergesehenen Umständen oder zu einem sehr ungelegenen Zeitpunkt begegnet sein. Im Falle einer sexuellen Beziehung besteht für einen von ihnen vielleicht schon eine andere Bindung, welche durch diese neue Begegnung in heftiger Weise auseinanderbrechen wird.

Mit diesem Aspekt im Composit-Horoskop versteht es sich von selbst, daß die beiden Partner mit ihrer Beziehung auf eine sehr flexible Art und Weise umgehen müssen. Wie bei den meisten Verbindungen im Uranus, werden sie das akzeptieren müssen, was sie bekommen. Sie sollten diese Beziehung ihren eigenen Verlauf nehmen lassen und sie nicht mit einer Menge von Erwartungen belasten. Wenn sie nicht die Freiheit besitzen, sich dorthin zu bewegen, wohin auch immer ihre natürlichen Energien sie führen, sollten sie diese Verbindung vielleicht gänzlich meiden. Diese Beziehung könnte sich in emotionaler Hinsicht als recht bedenklich erweisen, besonders dann, wenn noch ein weiteres Verhältnis besteht, das sich mit ihr nicht vereinbaren ließe.

Composit-Mars im Sextil mit Composit-Uranus

Das Sextil zwischen Mars und Uranus im Composit-Horoskop ist ein Hinweis darauf, daß bestimmte Faktoren dieser Beziehung das Leben der betreffenden Partner verändern werden — nicht unbedingt in hohen kosmischen Bahnen, aber dennoch auf bedeutungsvolle Art und Weise. Aufgrund dieser Erfahrung werden sie feststellen, daß ihre alten Verhaltensweisen ständig in Frage gestellt und und zur Veränderung gezwungen werden. Die Ergebnisse werden jedoch nicht zerstörerisch, sondern in positiver Weise herausfordernd und interessant sein. Ungeachtet der Zielsetzung ihrer Beziehung werden diese Menschen auch Freunde sein und gemeinsam den starken Wunsch haben, neue Richtungen einzuschlagen.

Manchmal mag all das Neue daran natürlich etwas erschreckend sein. Einige Faktoren dieser Beziehung halten sich einfach nicht an das gewohnte Drehbuch, doch sollten sich die betreffenden Partner keine Sorgen darüber machen. Wenn sie sich mit dem natürlichen Verlauf dieser Beziehung weiterbewegen, dürfte sich diese in zufriedenstellender Weise entwickeln.

Bestenfalls wird dieser Aspekt den beiden Partnern neue Möglichkeiten bieten, aus denen sie aber nur dann Nutzen ziehen können, wenn sie dazu bereit sind, bisher unbekannte Wege einzuschlagen. Diese Beziehung wird sie nicht nur aus ihrem alten Schlendrian heraustreiben, sondern ihnen auch zu der Einsicht verhelfen, warum sie einen solchen Ansporn bekommen sollten.

Ungeachtet dessen, wie merkwürdig, unvoraussagbar oder chaotisch diese Beziehung auch erscheinen mag — durch diesen Aspekt wird sie eine neue Dimension erhalten, die es lohnenswert macht, bis zum Schluß dabeizubleiben.

Composit-Mars im Quadrat mit Composit-Uranus

Das Composit-Horoskop dieser Partner enthält das Quadrat zwischen Mars und Uranus. Die Vorzüge und Schwächen eines jeden Aspektes im Composit-Horoskop sind in starkem Maße von den Zielen der betreffenden Personen abhängig. Eine persönliche Beziehung mit diesem Aspekt wird höchstwahrscheinlich dann gelingen, wenn nur wenige Erwartungen an sie gestellt werden, denn wenn sie nicht dem entspricht, was von ihr erwartet wird, mag sie leicht als Fehlschlag betrachtet werden. Mit dem Quadrat zwischen Mars und Uranus in ihrem Composit-Horoskop zeigen sich diese beiden Partner besonders unwillig gegenüber Zielen, die erreicht werden „müssen''. Diese Beziehung wird ihren eigenen Verlauf nehmen, und Erwartungen werden sich nicht so ohne weiteres darin einnisten können.

Dies ist kein besonders günstiger Aspekt, wenn die Betreffenden eine Ehe ins Auge gefaßt oder die Hoffnung haben, irgendeine andere Art von dauerhafter Bindung einzugehen. Auch eignet er sich beispielsweise nicht sehr gut für eine Geschäftsbeziehung, in der festgesetzte Ziele zu erreichen sind. Eine derartige Partnerschaft ist nicht ausgeschlossen, aber die Betreffenden müssen sehr viel Spielraum für das Unerwartete und für plötzliche Veränderungen lassen. Je mehr sie eine Beziehung mit diesem Aspekt einschränken, desto höher ist die Wahrscheinlichkeit, daß sie Probleme verursachen wird. Fast mit Gewißheit ist hier ein Faktor vorhanden, der sich gegen die gesellschaftliche Konvention richtet. Wenn diese Tatsache für einen der beiden Partner ein Hindernis darstellt, wird sie sich als noch problematischer erweisen.

Auf der positiven Seite steht eines mit Sicherheit fest: Wenn diese Menschen nach einer anregenden Beziehung suchen, die neue Impulse in ihr Leben bringen wird, so haben sie diese hier gefunden. Sie sollten sich nur genügend Bewegungsfreiheit lassen.

Composit-Mars im Trigon mit Composit-Uranus

Das Trigon von Mars/Uranus im Composit-Horoskop ist ein Symbolzeichen dafür, daß beide Partner durch diese Beziehung neue Wege des persönlichen Selbstausdrucks einschlagen und finden werden. Sie werden unkonventionell sein und nicht das tun, was andere von ihnen erwarten, doch wird sie dies nicht sonderlich beunruhigen, denn sie werden das tun, was sie selbst tun möchten.

Diese Beziehung wird ihre gesamte Betrachtungsweise der Welt beeinflussen und sie diese von einer neuen Perspektive aus sehen lassen. Ihre alten Sichtweisen werden eine Wandlung erfahren, und diese neue Perspektive wird sie auch zu neuen Handlungsformen veranlassen.

Eine Liebesbeziehung wird von diesem Aspekt in sehr starkem Maße beeinflußt sein, denn sie wird offener als die meisten anderen sein. Besitzdenken darf es hier nicht geben, und die beiden Partner müssen sich gegenseitig sehr viel Freiheit zugestehen, daß jeder er selbst sein kann. Wenn sich einer von ihnen eingeschränkt fühlt, wird sich große Ratlosigkeit ausbreiten, was die Beziehung instabil werden läßt. Mit einer ruhigen, beständigen und voraussagbaren Verbindung kann man hier nicht rechnen, und es gibt Zeiten, wo man überhaupt nicht weiß, auf was man sich gefaßt machen muß. Diese Partnerschaft kann jedoch sehr anregend sein, worin auch immer ihre Bestimmung liegen mag. Es wäre schade, diese Begegnung nicht das zeigen zu lassen, was sie zu bieten hat.

Composit-Mars in Opposition mit Composit-Uranus

Die Opposition zwischen Mars und Uranus im Composit-Horoskop verlangt von den beiden Partnern eine ziemlich große Flexibilität — leider weitaus mehr, als die meisten Menschen besitzen. Mit diesem Aspekt ist es sehr schwierig, sich nicht einzumischen und die Dinge sich selbst zu überlassen. Die Betreffenden werden in der Regel in eine Situation sehr starker Konkurrenz zueinander hineingeraten, in der sie ständig versucht sein werden, sich gegenseitig zu reizen und anzustacheln. Es verhält sich fast so, als würden sie ihren Partner zur Explosion bringen wollen. Der persönliche Selbstausdruck eines jeden wird für den anderen zu einer Herausforderung.

Manchmal nimmt auch die Beziehung an sich eine so ungewöhnliche Wendung, daß es sehr schwierig sein wird, sie in der normalen Gesellschaft aufrechtzuerhalten. Andere Menschen können ein derart ,,unmögliches'' Verhältnis oft nicht tolerieren, weil es für ihre Betrachtungsweise des Lebens eine solche Herausforderung bedeutet. Irgend etwas an der Art und Weise des gemeinsamen Auftretens dieser Partner bietet der Gesellschaft im ganzen Trotz.

Offensichtlich sollte eine Beziehung mit diesem Aspekt eine soziale Umgebung finden, die außergewöhnlich große Toleranz gegenüber dem Ungewöhnlichen zeigt. Gleichzeitig müssen auch die beiden Partner außergewöhnlich tolerant gegenüber dem Ungewöhnlichen sein. Häufig gibt es dann Probleme, wenn sie versuchen, diese Beziehung zu etwas Normalem und Alltäglichem zu machen, was weder wünschenswert noch möglich ist. Die Spannungen, die sie zu dem werden lassen, was sie ist, sind derart stark, daß sie zum Ausdruck kommen müssen; sonst wird diese Beziehung derart spannungsgeladen werden, daß sie nicht weiter fortbestehen kann. Wenn die betreffenden Partner sie erhalten möchten, sollten sie nicht versuchen, eine Veränderung herbeizuführen. Wenn sie diese Begegnung nicht so akzeptieren können, wie sie ist, sollten sie lieber ganz davon ablassen.

Composit-Mars in Konjunktion mit Composit-Neptun

Die Konjunktion von Mars/Neptun in einem Composit-Horoskop ist kein einfacher Aspekt, denn er bezeichnet die Vereinigung von zwei planetarischen Kräften, die sich nicht so ohne weiteres miteinander verbinden lassen. Das Problem besteht darin, daß sich Neptun auf der Ebene der ,,irdischen'' Realität, auf der die Mehrzahl von uns die meiste Zeit über agiert, verwirrend, schwächend und entkräftigend auswirkt. Mars ist der Planet der eigenen Stärke und steht in einem Composit-Horoskop sinnbildlich dafür, welchen Beitrag die Beziehung für den Ego-Ausdruck eines jeden Partners leisten kann. Mit der Konjunktion dieser Planeten wird es für die Betreffenden schwierig sein, positive Bestärkung voneinander zu erhalten.

Häufig läßt dieser Aspekt eine Beziehung entstehen, in der sich beide Partner minderwertig, erfolglos und geschwächt fühlen. Vielleicht haben sie den Eindruck, als Individuen kraftloser zu werden, als sie dies vorher gewesen sind. Einer von ihnen mag derart labil werden, daß er in völlige Abhängigkeit von dem anderen gerät. Ihre feinseligen Gefühle kommen in der Regel nicht offen zum Ausdruck, sondern äußern sich dadurch, im Partner ein Schuldgefühl zu wecken oder ihn seiner Selbstachtung zu berauben.

Auf einer höheren Ebene bringt Neptun jedoch spirituelle Bewußtheit und Selbsterkenntnis mit sich. Dieser Planet wirkt sich ziemlich verheerend auf das normale Alltagsbewußtsein aus, doch wenn die beiden Partner über ihre enge Verknüpfung mit der alltäglichen Welt hinausgehen und die Botschaft von Neptun empfangen können, dann werden sie vielleicht eine vollkommen neue Art und Weise des Umgangs mit der Welt entdecken. Dies ist die einzige Möglichkeit, wie mit diesem Aspekt zu verfahren ist. Die Betreffenden müssen einen Bewußtseinszustand erreichen, in welchem sie sich im Umgang miteinander von den Antriebskräften ihres Ego freimachen können. Dies heißt aber nicht, daß sie ihre Ego-Motivation unterdrücken sollten, sondern daß diese statt dessen wirklich bedeutungslos wird. Wenn sie diese Kräfte lediglich unterdrücken oder verdrängen, werden sie die ganze Zeit über als Märtyrer auftreten — und das märtyrerhafte Verhalten ist eine der versteckten Aggressionstaktiken, auf welche dieser Aspekt manchmal hinweist.

Composit-Mars im Sextil mit Composit-Neptun

Das Sextil von Mars/Neptun im Composit-Horoskop zeigt häufig an, daß die beiden Partner aufgrund einer idealistischen Aufgabe oder Zielsetzung zusammengekommen sind. Dies ist ein Aspekt der Freundschaft, aber keiner gewöhnlichen Freundschaft, denn diese Menschen sind nicht einfach aus Freude an der Gesellschaft des anderen zuammen, sondern weil sie gemeinsam etwas leisten wollen. Höchstwahrscheinlich wird dies keine Tätigkeit im gewöhnlichen physischen Sinne sein, sondern es wird sich viel eher um eine spirituelle oder psychologische Arbeit handeln. Die eigentliche Aufgabe einer solchen Beziehung besteht darin, daß sich bei beiden Partnern die begriffliche Vorstellung und das Erleben der Realität aufgrund ihrer gemeinsamen Tätigkeit verändern. Sie werden mit ihrem Leben anders umgehen, nachdem sie sich kennengelernt haben. Diese Veränderung kann entweder positiv oder negativ sein, so daß es von ihnen abhängt, für eine positive Wendung zu sorgen.

Bei diesem Aspekt liegt die Herausforderung für die beiden Partner darin, daß sie im Hinblick auf ihre gegenseitigen Absichten Klarheit bewahren. Wie bei allen Neptun-Aspekten besteht hier die große Gefahr, daß sie in Verwirrung geraten und aus dieser Verwirrung heraus verkehrt handeln. Im Unterschied zu den schwierigen Aspekten zwischen Mars und Neptun — der Konjunktion, dem Quadrat und der Opposition — ist das Sextil im allgemeinen jedoch kein Hinweis darauf, daß die Betreffenden vorsätzlich Verwirrung oder Täuschung herbeiführen. Wenn sie sich aber nicht gemeinsam um ein Verständnis bemühen, was sie miteinander zu tun haben, können ihre Ziele und Absichten leicht verworren werden.

In seiner höchsten Ausdrucksform bezeichnet dieser Aspekt die Möglichkeit, daß diese Partner durch ihre Verbindung miteinander eine spirituelle Umwandlung erfahren werden. Selbst wenn die Geschehnisse merkwürdig oder verwirrend erscheinen, sollten sie nicht dagegen ankämpfen, sondern einfach versuchen, diese zu begreifen und zu akzeptieren, bis sich die Zielsetzung ihrer Beziehung deutlich zeigt.

Composit-Mars im Quadrat mit Composit-Neptun

Das Quadrat zwischen Mars und Neptun im Composit-Horoskop kann sich als reichlich problematisch erweisen. Es ist ein Anzeichen dafür, daß sich die beiden Partner aufgrund ihrer Absichten und der Art und Weise ihrer Interaktion miteinander gegenseitig in der Effektivität schwächen. Gewöhnlich verhält sich einer von ihnen in einer solchen Weise, daß er damit den anderen in Verwirrung bringt oder irreführt, doch können auch beide eine in negativer Hinsicht bestärkende Wirkung aufeinander ausüben; es ist ziemlich wahrscheinlich, daß sie wechselseitig aufeinander Einfluß nehmen werden.

Das Problem besteht darin, daß jeder von beiden den erfolgreichen Selbstausdruck des anderen als ein Bedrohung für sich selbst ansieht. Einer von ihnen mag vielleicht befürchten, daß der andere seine Individualität unterdrücken und auslöschen wird, doch handelt es sich dabei mehr um Angst als um eine faktische Tatsache. Die Beziehung kann auch beide mit konkreten Problemen konfrontieren, von denen sie nicht wissen, wie sie diesen zum gegenwärtigen Zeitpunkt entgegentreten sollen.

Die einzige Möglichkeit, mit diesem Aspekt umzugehen, besteht darin, mit den Ego-Spielen aufzuhören, was leichter gesagt als getan ist, weil diese Spiele in der Regel unbewußt ausgeführt werden und sich keiner der Partner des Geschehens bewußt ist.

In einem Extremfall können sich die Betreffenden gegenseitig bewußt täuschen und hinters Licht führen. In einer Ehe könnte dies durch Untreue geschehen, in einer Freundschaft in Form von Handlungen, die vorsätzlich gegen die Interessen des Freundes verstoßen.

Wenn dies der einzige Problembereich zwischen den beiden Partnern ist, so kann die Verbindung immer noch ziemlich lohnenswert sein. Ist dies jedoch nur eine von vielen Schwierigkeiten, so dürfte es am besten sein, die Beziehung ganz abzubrechen. Wenn sie bereits begonnen hat und fortgesetzt werden soll, so besteht die einzige Verteidigungsmaßnahme darin, vollkommen ehrlich zueinander zu sein und gleichzeitig in dieser Ehrlichkeit ziemlich sanft miteinander umzugehen.

Composit-Mars im Trigon mit Composit-Neptun

Das Trigon zwischen Mars und Neptun im Composit-Horoskop kann ein Hinweis auf eine Beziehung sein, die durch das Streben nach einem Ideal motiviert wird, oder es kann auch einfach die Bedeutung haben, daß sich diese Partner nicht im klaren darüber sind, was zu tun ist. Mangel an Klarheit über ihre Ziele kann jeden von ihnen dazu veranlassen, sich in einer Art und Weise zu verhalten, die vermutlich von dem anderen mißverstanden wird, oder sogar unbeabsichtigt gegeneinander oder gegen die Beziehung zu arbeiten. Außergewöhnliche Klarheit über ihr gemeinsames Tun ist daher für die Betreffenden unerläßlich.

Häufig ist es der Fall, daß diese beiden Partner ein spirituelles Ziel suchen. Ungeachtet dessen, welcher Art von Beziehung dies ist, darf ihre Suche nach einem spirituellen Ideal jedoch nicht die praktischen Erfordernisse ihrer Partnerschaft in Vergessenheit geraten lassen.

In seiner glücklichsten Form kann dieser Aspekt die beiden Partner darin unterstützen, ihre Ideale zu realisieren, wenn ihre Bewußtheit sehr hoch ist. Sie werden vielleicht feststellen, daß ihr Zusammensein die höchstentwickelte Form ihres persönlichen Selbstausdrucks fördert und daß sie durch ihre gemeinsamen Erfahrungen neue Einsichten in die Welt gewinnen. In seinem ungünstigsten Falle kann dieser Aspekt verschwommene Zielvorstellungen verursachen, so daß sich keiner der beiden Partner genügend mit den praktischen Problemen beschäftigen wird, wie ihre Beziehung in Gang bleibt. Sie werden eine Lösung dafür finden müssen, welchen Verlauf sie zwischen ihnen nehmen wird.

Composit-Mars in Opposition mit Composit-Neptun

Die Opposition zwischen Mars und Neptun im Composit-Horoskop zeigt die Notwendigkeit von großer Klarheit und vollkommener Ehrlichkeit zwischen den beiden Partnern an. In dieser Beziehung haben die Handlungen und Worte, die bei anderen Paaren als kleine Notlügen durchgehen, Auswirkungen, die zu den Absichten dahinter in keinem Verhältnis mehr stehen. Wenn diese Absichten auch noch böswillig sind, dann werden die Konsequenzen sogar noch schlimmer sein, denn im ungünstigsten Falle steht dieser Aspekt sinnbildlich für gegenseitige Schwächung; das heißt, wenn nicht beide versuchen, ihr Verhalten zu verändern, werden sie sich gegenseitig in einen Zustand der Verwirrung, Unklarheit und mangelnden Sicherheit über nahezu alles bringen, was sie zwischen sich aufgebaut haben. Diese schwächende Wirkung wird auch auf andere Bereiche übergreifen und beide Partner in ihrem eigenen Leben weniger tatkräftig und effektiv werden lassen.

Im äußersten Extremfall ist dieser Aspekt ein Indiz für eine Beziehung, in der einer von beiden seinen Partner hinters Licht führt und in versteckter Weise seinen stärksten Interessen entgegenarbeitet, während dieser weiterhin glaubt, daß alles in Ordnung sei. Andererseits können die beiden vielleicht auch bloß in einer solchen Art und Weise aufeinander reagieren, daß sie sich damit gegenseitig ihr Selbstvertrauen schwächen und sich schwieriger behaupten können. Manchmal zeigt dieser Aspekt ein Drogen- oder Trinkerproblem an, das in irgendeiner Weise durch die Beziehung verstärkt wird.

Wenn die Betreffenden wirklich aus den Schwierigkeiten herauskommen möchten, welche dieser Aspekt verursacht, gibt es dafür nur eine einzige Möglichkeit; sie müssen sich jedoch dessen sicher sein, daß sie dieses Problem auch wirklich lösen wollen, denn die negativen Auswirkungen dieser Planetenverbindung rühren häufig daher, daß zwei Menschen in diese Art von Beziehung verstrickt bleiben möchten.

Ein Teil der Wesensnatur von Mars drückt sich in dem Gefühl aus, daß man immer recht haben muß und daß es nicht notwendig ist, sich selbst zu verurteilen, wenn man unrecht hat. Dies ist eigentlich mit Selbstbehauptung oder Durchsetzungsvermögen gemeint. Neptun bildet grundsätzlich eine Antithese zu Mars, denn er steht mit der Existenzebene in Verbindung, in der es keine Notwendigkeit oder Gelegenheit dafür gibt, die eigenen Ego-Spiele zu verteidigen. Der Versuch, sich selbst zu behaupten und durchzusetzen, ruft lediglich jenen Widerstand hervor, der sich in den „negativen" Auswirkungen der Verbindung von Mars/Neptun niederschlägt.

Für die Auseinandersetzung mit diesem Aspekt müssen sich die betreffenden Partner stärker mit der Wahrheit darüber beschäftigen, was eigentlich in ihrer Beziehung abläuft, und zwar ungeachtet dessen, ob ihnen dies „richtig" oder „falsch" erscheinen mag. Sie müssen die Wahrheit erkennen, doch „recht" zu haben ist nur etwas, was sie zu brauchen glauben, damit es ihnen selbst besser geht — zu einer Lösung ihrer Probleme wird es nicht beitragen. Wenn sie diesen Grundgedanken in ihrer Partnerschaft anerkennen, werden sie einen langen Weg antreten, der in die Richtung führt, die Auswirkungen dieses Aspektes zu mildern.

Composit-Mars in Konjunktion mit Composit-Pluto

Die Konjunktion von Mars/Pluto im Composit-Horoskop ist ein sehr einflußreicher und machtvoller Aspekt, denn sie zeigt eine starke Antriebskraft innerhalb der Beziehung an, die sich auf mancherlei Art und Weise äußern kann. Die betreffenden Partner sollten erkennen, daß eine jede dieser Ausdrucksformen in einer individuellen Beziehung möglich ist und daß es bei ihnen liegt, welche davon sie sich schaffen möchten.

Die beiden werden vielleicht deshalb zusammengekommen sein, um eine besondere Aufgabe zu erfüllen, die sehr große Anstregung erfordert und bestimmte Bedingungen in ihrem eigenen Leben oder im Leben der sie umgebenden Menschen verändern soll. Dies ist ein Aspekt starker Transformation, die entweder schöpferisch oder zerstörerisch sein kann. Gemeinsam haben diese Menschen die Kraft, alles das in ihrem Leben umzuformen, was sie anstreben. Da es sicher ist, daß sie diese Kraft auf etwas lenken werden, sollten sie sich ihrer bewußt sein, damit sie sich das, was sie umformen möchten, selbst wählen können.

Wenn sich die Betreffenden dieser Energie nicht bewußt sind, so kann sich diese in Form eines Machtkampfes zwischen den beiden zeigen, wobei der eine versucht, den anderen zu beherrschen. ,,Ich würde dich ja viel lieber mögen, wenn . . .'' ist eine gebräuchliche Wendung bei diesem Aspekt. Es ist möglich, daß sie sich gegenseitig in schöpferischer Weise verwandeln, doch wird dies wahrscheinlich nur dann geschehen, wenn sie versuchen, aus Liebe und nicht aus Egoismus heraus eine Veränderung herbeiführen. Dieser Aspekt ist an sich nicht selbstsüchtig, doch häufig werden derart kraftvolle Energien zu ausschließlich egoistischen Zwecken herangezogen, denn hier konzentriert sich gewöhnlich die Energie — gleichgültig, für wie uneigennützig oder spirituell man sich selbst auch halten mag.

Das Ego läßt die schädlichsten Energien von Pluto hervortreten; daher ist es am besten, diese nicht in seinen Dienst zu stellen, denn sie sind zu stark, als daß das Ego damit umgehen könnte. Trotzdem hat die Verbindung von Mars/Pluto genau diese Bedeutung. Um die Auswirkungen dieser Planetenstellung zu mildern, müssen sich die betreffenden Partner gegenseitig lieben und akzeptieren, denn sonst werden sie einander wahrscheinlich sehr viel Unrecht zufügen.

Die andere Möglichkeit, wie diese Energien·in produktiver Weise zu nutzen sind, ist weiter oben erwähnt worden. Die beiden Partner können diese von sich weg auf die Welt lenken und gemeinsam an einer Sache arbeiten, die Veränderungen ihrer Umwelt herbeiführen wird. Doch auch hier ist es sehr wichtig, daß sie dies aus einer Haltung der Liebe und Toleranz heraus tun, denn sonst werden sie solchen Widerstand bei anderen auslösen, daß sie vielleicht durch äußere Kräfte Fehlschläge erleiden werden.

Composit-Mars im Sextil mit Composit-Pluto

Das Sextil zwischen Composit-Mars und Composit-Pluto gibt den beiden Partnern die potentielle Fähigkeit zur eigenen Transformation durch die Beziehung, die sie miteinander eingehen. Jeder wird im anderen ein Gefühl von Willenskraft und Zielstrebigkeit mehr in einer sich wechselseitig ergänzenden als in einer konkurrierenden Art und Weise wachrufen, und dadurch werden beide ihre Kräfte als Individuen zum Ausdruck bringen können, ohne sich gegenseitig in die Quere zu kommen.

Gleichzeitig wird jeder von ihnen feststellen, daß sie durch Interaktion miteinander ein tieferes Verständnis über die Bewegungen des anderen erlangen werden, und diese Erfahrung wird ihnen die Fähigkeit zu Veränderungen geben.

Dieser Aspekt fördert nicht nur den individuellen Ego-Ausdruck, sondern ermöglicht gleichzeitig auch die Kooperation in allem, was die Betreffenden zusammen erreichen möchten. Sie sind gemeinsam zu harter Arbeit fähig, denn sie rufen gegenseitig Energien in sich wach, von deren Existenz sie vorher nichts gewußt haben mögen. Die beiden werden jedes Problem und jede Aufgabe in kompetenter Art und Weise angehen, denn bevor sie damit beginnen, haben sie sich schon gründlich mit seiner Eigenart beschäftigt, und gleichzeitig werden sie auch ihre sämtlichen schöpferischen Energien in den Dienst dieser Aufgabe stellen.

Die größte Aufgabe, der sich diese Menschen gemeinsam gegenübersehen, mag vielleicht ihre eigene schöpferische Transformation sein. Sie werden für dieses Vorhaben jedoch die gleichen schöpferischen Energien wie für jedes andere einsetzen und dadurch gewährleisten, daß ihre Partnerschaft für beide in vielerlei Hinsicht nutzbringend sein wird.

Composit-Mars im Quadrat mit Composit-Pluto

Das Quadrat zwischen Mars und Pluto in einem Composit-Horoskop macht eine gewisse Vorsicht und Rücksichtnahme innerhalb einer Beziehung erforderlich. Die Ego-Kräfte lassen zwischen diesen Partnern hohe Wogen schlagen, denn durch ihre Interaktion miteinander fordern sie sich auf irgendeine Art und Weise ständig gegenseitig heraus. Dies bedeutet auch, daß beide sehr viel Energie darauf verwenden, auf Kosten des anderen recht zu behalten. Folglich kann dieser Aspekt die heftigste Art von Konkurrenz zwischen zwei Menschen hervorrufen, und dies bis zum Grade sowohl physischer als auch psychologischer Auseinandersetzungen. Wenn die Energien dieses Aspektes in einer unbewußten Form innerhalb einer Beziehung wirksam sind, so können sie zu erheblicher Gewalttätigkeit führen. Es ist daher ohne Zweifel von größer Wichtigkeit, sich ihrer bewußt zu sein.

Die beiden Partner haben sehr unterschiedliche Lebensziele, und wenn sie sich gegenseitig Hindernisse in den Weg legen möchten, wird ihnen dies sicherlich gelingen. Sie werden nur dann miteinander auskommen können, wenn sie anerkennen, daß es für jeden von ihnen genügend Raum in der Welt gibt, nach seinen Wünschen zu handeln. Es gibt nicht allein genügend Raum in der Welt, sondern wenn sie die Bereitschaft dazu zeigen, können sie auch innerhalb ihrer Beziehung den Raum für ihre unterschiedlichen Ziele finden. Beide müssen jedoch dazu bereit sein, sich darum zu bemühen, denn sonst dürfen sie sich nicht darüber beklagen, wenn diese Beziehung für beide ein Schlag ins Gesicht ist. Dieser Aspekt trägt nicht dazu bei, daß zwei Menschen mühelos und spontan miteinander zurechtkommen; dafür müssen sie schon selbst sorgen.

Composit-Mars im Trigon mit Composit-Pluto

Das Trigon zwischen Mars und Pluto im Composit-Horoskop ist ein Anzeichen für eine Menge an kraftvoller Energie innerhalb dieser Beziehung, welche das Leben der beiden Partner verändern kann, wenn sie dies zulassen möchten. Vor allen Dingen werden sie bei jeder Art von gemeinsamer Arbeit miteinander kooperieren und die Aufgabe durchführen können. Sie werden vielleicht die Feststellung machen, daß sie als Paar gemeinsam eine größere Ausdauer haben als jeder für sich allein. Außerdem läßt etwas an der Art und Weise ihrer Interaktion miteinander bei beiden den stärkeren Wunsch entstehen, die sie umgebenden Bedingungen zu verändern und Einfluß auf ihre Welt zu nehmen. In manchen Beziehungen kann sich dies anregend auf geschäftlichen oder beruflichen Ehrgeiz auswirken.

In einer sexuellen Beziehung begünstigt dieser Aspekt eine starke physische Ausdrucksform. Die direkte körperliche Äußerung ihrer Liebe wird für beide Partner von sehr großer Wichtigkeit sein; vermutlich werden sie nicht der ruhigen, ätherischen und romantischen Schule der Liebeswerbung angehören. Gemeinsam mit der physischen Ausdrucksform besteht für diese Liebesbeziehung jedoch auch die Notwendigkeit, eine sozusagen „transzendentale" Erfahrung zu sein, welche die Betreffenden aufgrund der Intensität ihrer Gefühle über die gewöhnliche Realität hinausführt.

Beide Partner werden durch diese Beziehung, wie auch immer sie beschaffen sein mag, wahrscheinlich eine innere Wendung erfahren. Eine Ausdrucksform davon wird ein gemeinsames Interesse an der Beschäftigung mit verschiedenen Arten der Heilung und Regeneration — besonders an Yoga, weil er den physischen Körper betrifft — sowie an Psychotherapie sein.

Composit-Mars in Opposition mit Composit-Pluto

Mit der Opposition zwischen Mars und Pluto im Composit-Horoskop wird es in jeder Art von Beziehung für die betreffenden Partner schwierig sein, Konflikte und Machtkämpfe zu vermeiden. In Extremfällen könnte es sogar zu physischer Gewalttätigkeit kommen.

Die Gründe für die extremen Auswirkungen dieses Aspektes erklären sich folgendermaßen: Mars steht in enger Verbindung mit der Motivation oder Antriebskraft des Ego, wodurch sich das Individuum selbst voll und ganz zum Ausdruck bringt. Pluto, einer der äußeren Planeten jenseits von Saturn, hat mit Faktoren innerhalb des Universums zu tun, die sich außerhalb des Normalbewußtseins befinden, aber einen starken konditionierenden Einfluß auf uns ausüben. Pluto steht sinnbildlich für die Energie von intensiven und tiefgreifenden Transformationen. Wenn Mars und Pluto einander entgegengesetzt sind, verbindet sich diese Energieform auf unharmonische Art und Weise mit den Antriebskräften des Ego oder, um es weniger philosophisch auszudrücken, eine kosmische Kraft wird ausschließlich persönlichen und selbstsüchtigen Motivationen unterworfen. Wenn man auch nicht unbedingt die Antriebskräfte des Ego mit rein persönlichen und selbstsüchtigen Zielen gleichsetzen sollte, so zeigt sich darin doch ihre gebräuchlichste Auswirkung.

Will man mit dieser Energie auf eine konstruktive Art und Weise umgehen, so ist es notwendig, die Rollen von Pluto und Mars umzukehren, so daß die

Antriebskräfte des Ego durch den kosmischen Einfluß von Pluto umgewandelt werden. Wenn nicht beide Partner dazu bereit sind, werden sie sehr unangenehme Erfahrungen machen. Sie dürfen sich der Veränderung und inneren Umwandlung durch diese Beziehung nicht widersetzen. Keiner von uns beiden sollte sich darüber ärgern, wenn sein Partner bei irgend etwas den Vogel abschießt, denn dies wird nur Konflikte und Machtkämpfe herbeiführen, die außerordentlich heftig sein können. Beide sollten von dem Versuch ablassen, aufeinander Einfluß nehmen zu wollen, doch darin übereinstimmen, sich gegenseitig einen solchen Einfluß zuzugestehen, das heißt, ihn nicht bewußt herbeizuführen, sondern ihn geschehen zu lassen.

Composit-Mars in Konjunktion mit dem Composit-Aszendenten

Die Konjunktion von Composit-Mars und Composit-Aszendent kann entweder der Ursprung für Stärke oder für Schwierigkeiten sein. Sie steht kennzeichnend für eine Beziehung mit stark ausgeprägten Ego-Energien, und daher ist es sehr wichtig, daß die beiden Partner gut miteinander auskommen; leider sagt dieser Aspekt an sich noch nichts darüber aus, ob dies der Fall sein wird oder nicht.

Wenn noch weitere Schwierigkeiten zwischen ihnen existieren, dann ist dieser Aspekt ein Hinweis darauf, daß es einige recht auffallende Widersprüche und Meinungsverschiedenheiten zwischen ihnen geben wird. Beide sind viel zu sehr damit beschäftigt, Individuen mit ihren eigenen Standpunkten und Betrachtungsweisen zu sein, als daß sie wirklich eine Verbindung zueinander herstellen könnten. Wahrscheinlich werden sie sich gegenseitig eher reizen, als einander ein Gefühl des Wohlbefindens zu vermitteln; auch kann keiner von beiden eine derart irritierende Situation einfach so ohne weiteres hinnehmen, denn beide machen gern sehr viele Worte darüber, worin eine Ursache des Problems zu sehen ist. Wenn sich die Energie dieses Aspektes in dieser problematischen Art und Weise auswirkt, müssen die beiden Partner zuerst einmal klären, ob sie überhaupt eine Beziehung eingehen möchten oder nicht. Es mag ihnen noch nicht in den Sinn gekommen sein, sich diese Frage zu stellen, doch sollten sie dies jedenfalls tun!

Wenn andere Anzeichen günstig sind, kann sich die Stellung von Composit-Mars am Aszendenten sehr nützlich auf eine Beziehung auswirken und fast die gegenteilige Bedeutung des eben Gesagten annehmen; daraus ergibt sich, daß sich die beiden Partner in ihrem Ich gegenseitig bestärken werden. Gemeinsam werden sie eine sehr starke Verbindung bilden, die andere Menschen vielleicht als eine überwältigende Opposition wahrnehmen werden. Es muß nicht eigens betont werden, daß dies ein hervorragendes Anzeichen für jede Partnerschaft ist, die eine Arbeit zu leisten hat. Mars ist der Planet der Energie, und die Konjunktion von Mars und dem Composit-Aszendenten hat die Bedeutung, daß die Betreffenden gegenseitig in sich Energie wachrufen, die zur Durchführung ihrer Arbeit beiträgt; außerdem arbeiten sie gut als Team zusammen, was ihnen ebenfalls dienlich ist.

Wie man sieht, hat dieser Aspekt zwei Seiten. In gewissem Grade steht es in der Macht der betreffenden Partner, darüber zu bestimmen, welche seiner Ausdrucksformen sie erfahren werden. Wenn sie ihr sehr starkes Ego in den Dienst ihrer Beziehung stellen können, werden sie ein sehr einflußreiches Team abgeben; andernfalls werden sie keinen großen Nutzen davon haben.

Composit-Mars im Sextil mit dem Composit-Aszendenten

Das Sextil zwischen Composit-Mars und Composit-Aszendent bringt die Wahrscheinlichkeit mit sich, daß diese beiden Partner in jeder Hinsicht als ein sehr aktives Paar bekannt sein werden. Mars ist der Planet der Energie und erhält im Sextil mit dem Composit-Aszendenten die Bedeutung, daß sich diese Beziehung anregend auf die Energien in beiden Partnern auswirken wird — Energie für Arbeit, für Spiel und für alles, was sie gemeinsam tun möchten. Sie zeigen sich auch in psychologischer Hinsicht aktiv, denn jeder von ihnen besitzt die Fähigkeit, den anderen aus trägen Verhaltensmustern und gewohnheitsmäßiger Routine aufzuscheuchen, die jeder für sich getrennt entwickelt hat. Es gibt immer irgend etwas zu tun, und diese beiden sind — sowohl als Paar als auch im Hinblick auf andere Menschen — zur Arbeit bereit.

Die Energie, die sie gegenseitig in sich wachrufen, könnte bei einem anderen Paar vielleicht eine konkurrierende Form annehmen, doch ihnen gelingt es, als Team zusammenzuarbeiten und keine Energie in unnötigem Wettstreit zu vergeuden. Dieser Aspekt steht kennzeichnend für Kooperation.

Gleichzeitig regen diese Partner gegenseitig ihr Denkvermögen an. Beide werden in geistiger Hinsicht aktiver werden und eher zu neuen Erfahrungen bereit sein, mit denen sie sich intellektuell auseinandersetzen können.

Die Energie, die sie gegenseitig in sich wachrufen, überträgt sich auf andere Menschen in ihrer Umgebung, so daß auch diese ihre Gesellschaft als sehr anregend empfinden werden. Wo diese beiden in der Nähe sind, kommt etwas zustande.

Offensichtlich zeigt dieser Aspekt seine besten Seiten in Situationen, wo Arbeit geleistet werden muß, und besonders günstig wirkt er sich auf eine berufliche Partnerschaft aus.

Composit-Mars im Quadrat mit dem Composit-Aszendenten

Das Quadrat zwischen Composit-Mars und Composit-Aszendent kann sich als sehr problematisch erweisen. Es läßt erkennen, daß die Verfolgung egoistischer Ziel wahrscheinlich zwischen die beiden Partner treten wird. Irgendein Faktor an dieser Beziehung läßt jeden von ihnen seine eigenen Ego-Energien und ihre Förderung oder Behinderung durch diese Partnerschaft scharfsinnig wahrnehmen. Wenn die Betreffenden auf einer unbewußten Ebene miteinander agieren, werden sie leider die Feststellung machen, daß diese Beziehung ihren Ego-Energien im Wege steht, das heißt, es wird für jeden von ihnen schwierig sein, im Beisein des anderen „seine eigene Sache zu machen".

Vielleicht werden sich diese Menschen ständig über scheinbar belanglose Dinge miteinander streiten, die tatsächlich aber an die Stelle von tieferen psychologischen Spannungen treten, die sie gegenseitig nicht zum Ausdruck bringen. Diese Spannungen werden sich höchstwahrscheinlich in Form von Meinungsverschiedenheiten über ihr gemeinsames Zuhause (wenn ein solches existiert) oder über ihre Lebensziele im allgemeinen äußern, wobei die letztere Möglichkeit schon näher an das wahre Problem herankommt. Meinungsverschiedenheiten über das Heim oder andere Aspekte des persönlichen Privatlebens sind nur nebensächliche Streitpunkte.

Entscheidend ist, warum diese Menschen zusammen sind. Es mag vollkommen triftige Gründe für diese Beziehung geben, und ihr Zusammensein kann für beide eine sehr gute Erfahrung bedeuten. Sie müssen sich diese Frage jedoch sowieso einmal stellen, weil die von Natur aus konkurrierenden Energien von Mars sie zu der Annahme veranlassen können, daß sie überhaupt nicht zusammenpassen, selbst wenn tatsächlich ein tiefes Bedürfnis nach Gemeinsamkeit besteht. Diese Partnerschaft verlangt eine sehr hohe Bewußtheit und Selbsterkenntnis.

Composit-Mars im Trigon mit dem Composit-Aszendenten

Das Trigon zwischen Composit-Mars und Composit-Aszendent ist ein positives Anzeichen dafür, daß sich jeder der Partner frei gegenüber dem anderen äußern kann, ohne Kompromisse machen zu müssen. In dieser Beziehung können beide sie selbst sein und ihr Ego voll und ganz ohne Vorbehalt im Beisein des anderen zum Ausdruck bringen. Jeder hat in seinem Leben genügend Raum für seinen Partner, und keiner muß vorgeben, etwas anderes zu sein, als er in Wirklichkeit ist. Außerdem arbeiten diese Menschen gut als Team zusammen. Gemeinsam bestärken und ergänzen sie sich gegenseitig, so daß sie gleichzeitig Individuen sein und als eine Einheit zusammenarbeiten können.

Diese Beziehung wird in den beiden Partnern sehr viel physische Energie wachrufen, die irgendeine Ausdrucksform finden muß. Sie sollten nicht untätig herumsitzen, wenn sie zusammen sind, sondern statt dessen etwas Praktisches tun. In gemeinsamer Aktivität finden die Energien, die sie gegenseitig in sich hervorrufen, ihren besten Ausdruck. Wenn es sich hierbei um eine geschäftliche oder berufliche Partnerschaft handelt oder wenn die Betreffenden irgendeine andere Arbeit durchzuführen haben, wirken sich die Energien von Mars besonders günstig aus. Die gemeinsame Arbeit scheint wenig oder überhaupt keine Selbstaufopferung zu erfordern, denn für diese beiden Menschen ist eine solche Arbeit die vollkommenste Art des persönlichen Selbstausdrucks. Diese Partnerschaft läßt erkennen, daß sie als Paar eine höherentwickelte Form des persönlichen Selbstausdrucks erlangen werden, als beide von ihnen jemals in Beziehungen mit anderen Menschen finden können.

Composit-Mars in Opposition mit dem Composit-Aszendenten

Die Opposition zwischen Composit-Mars und Composit-Aszendent ist als gleichbedeutend mit einer Konjunktion von Mars und Composit-Deszendent anzusehen. Dieser Aspekt hat zwei unterschiedliche Ausdrucksmöglichkeiten, und eine jede von ihnen können diese Partner in ihrer Beziehung erleben. Dies kann entweder eine sehr vollkommene Verbindung ihrer individuellen Energien in einer schöpferischen und tatkräftigen Partnerschaft oder aber ein unausgesetzter Wettstreit zwischen ihnen sein, so als wären sie nur zusammen, um sich gegenseitig herauszufordern und anzustacheln.

In jedem Falle können sich diese beiden Menschen dessen sicher sein, daß sie eine enge Einheit miteinander bilden werden — wenn sich auch als einzige Frage erhebt, ob ihre Verbindung destruktiv oder schöpferisch sein wird. Eines steht jedenfalls fest: Es ist unbedingt notwendig, daß diese Partner ihre Energien auf eine Aufgabe oder ein Ziel außerhalb ihrer Beziehung lenken.  Wenn sie nicht mit gemeinsamen Aktivitäten beschäftigt sind, werden sich die Energien von Mars voraussichtlich eher zerstörerisch als konstruktiv auswirken; finden sie keinen nach außen gerichteten Ausdruck, so weden sie sich nach innen, in die Beziehung hinein, richten.

Selbst wenn es den Betreffenden gelingt, die kraftvolle Energie von Mars nach außen zu lenken, können sie vielleicht noch mit einer weiteren Gefahr zu tun bekommen, wenn sie nicht aufpassen. Sie werden möglicherweise Feindseligkeiten von Menschen außerhalb ihrer Beziehung erfahren. Die Ursache dafür ist zum Teil in den starken Energien zu sehen, die sie in die Welt setzen, und zwar häufig, ohne diese selbst zu begreifen. Wenn die Betreffenden feststellen, daß andere ihnen entweder als Paar oder als Individuen feindlich gegenüberstehen, sollten sie sorgfältig überdenken, was sie vielleicht selbst zu diesem Problem beitragen mögen. Es mag natürlich sein, daß andere einfach deshalb feindselig sind, weil diese Menschen ganz echt und aufrichtig sie selbst sind. In diesem Falle können sie nicht allzuviel daran ändern, doch wenn sie in aktiver Form selbst zu den Anfeindungen beitragen, können sie vielleicht eine andere Situation herbeiführen.

Kapitel 10

Jupiter

Die Bedeutung von Jupiter im Composit-Horoskop

Jupiter im Composit-Horoskop bezeichnet diejenigen Bereiche, die eine verläßliche Grundlage für persönliches Wachstum und Weiterentwicklung durch die Partnerschaft bereitstellen werden. Ein stark plazierter Jupiter leistet mit eine Gewähr dafür, daß sich beide Partner — wie auch immer ihre Beziehung verlaufen und was mit ihr geschehen mag — dessen bewußt sein werden, wie sehr ihr Zusammensein ihnen geholfen hat.

Die Hausposition von Jupiter legt fest, welcher Aspekt einer Beziehung als Bereich des persönlichen Wachstums besonders hervorgehoben wird. Die beiden Partner werden sich auf diesen Bereich zum Zwecke der gegenseitigen Unterstützung verlassen können, und dieser wird im Unterschied zu anderen Aspekten ihrer Beziehung keinen Anlaß für Konflikte und Schwierigkeiten geben.

Trotzdem sollte das, was Jupiter in eine Partnerschaft einbringt, nicht als völlig selbstverständlich betrachtet werden. Es besteht immer die Gefahr, daß sich die Betreffenden in dem Bereich, wofür Jupiter bezeichnend ist, vielleicht übermäßig verausgaben werden, so daß er zu einem Ausgangspunkt von Schwierigkeiten werden kann. Wenn die Energie von Jupiter leicht und mühelos fließt, wird sie wahrscheinlich keinerlei Störungen verursachen; wenn sie jedoch mühsam und beschwerlich fließt, dann mag es zu Problemen kommen, die in der Regel durch irgendeine Art von Unmäßigkeit oder Übertreibung herbeigeführt werden. In jedem Falle stellt Jupiter im allgemeinen keine Hauptquelle für Unannehmlichkeiten in einem Horoskop dar, und man kann sich gewöhnlich darauf verlassen, daß er günstige Ergebnisse herbeiführt.

Composit-Jupiter im ersten Haus

Composit-Jupiter im ersten Haus bedeutet eine ganz allgemein günstige Plazierung für jede Art von Partnerschaft. Jupiter ist der Planet des inneren Wachstums und der persönlichen Entwicklung, und seine Position im ersten Haus zeigt an, daß diese Beziehung beide Partner darin unterstützen wird, ihre Individualität besser und vollkommener zu realisieren.

267

Zusätzlich zu diesen allgemeinen Kennzeichen kann diese Plazierung jedoch auch noch eine speziellere Bedeutung annehmen. Jupiter wird auch Recht und Gesetz, Ethik, Idealen, Religion und Philosophie zugeordnet. Die Position dieses Planeten im ersten Haus ist ein Hinweis darauf, daß einer oder mehrere dieser Bereiche für diese Beziehung von Wichtigkeit sind. Allermindestens können die betreffenden Partner erwarten, daß sie auf irgendeine Weise betont idealistisch eingestellt sein werden. Diese Hausstellung läßt auch eine Art von Optimismus entstehen, der dazu beitragen wird, daß sie mit ihren Erwartungen Erfolg haben werden. Gemeinsam als Paar bieten sie Energien auf, die es ermöglichen werden, idealistische Erwartungen zu erfüllen, selbst wenn andere diese als übermäßig hoch ansehen mögen.

Für die beiden Partner dürfte dies eine optimistische, glückliche und fruchtbare Beziehung sein. Selbst wenn sie sich auflöst, werden sie keine tiefen Gefühle der Verbitterung empfinden, denn beide sind sich darüber bewußt, daß sie erheblichen Nutzen aus dieser Verbindung gezogen haben. Ihre Bewußtheit über das Leben wird sich weiterentwickelt und erhöht haben, und dies ist mehr, als viele Paare von sich behaupten können.

Composit-Jupiter im zweiten Haus

Jupiter im zweiten Haus des Composit-Horoskops ist eine hervorragende Position für alle Angelegenheiten, die mit Eigentum und Besitz innerhalb der Partnerschaft in Zusammenhang stehen. Sie ist nicht unbedingt ein Anzeichen dafür, daß die Betreffenden wohlhabend sein werden, doch weist sie darauf hin, daß sie genügend von all dem haben werden, was sie sich wünschen; mit anderen Worten, Geldmittel werden für sie voraussichtlich keinerlei Grund für Unsicherheit bedeuten. Auf geschäftliche Verbindungen wirkt sich diese Position von Jupiter besonders günstig aus.

Das einzige Problem, das es hierbei zu beachten gilt, besteht darin, daß Jupiter zu übertriebenem Materialismus, sowohl individuell als auch in einer Beziehung, führen kann. Dies kann die beiden Partner zum Verzicht auf Dinge veranlassen, die für ihr Glück und ihre Zufriedenheit wichtig sind, weil sie statt dessen zu Wohlstand kommen wollen.

Eines der glücklichen Merkmale dieser Hausposition ist darin zu sehen, daß Geldverdienen und der Erwerb von Besitz keine Bereiche von innerer Unruhe und Besorgnis darstellen, so daß sich die Betreffenden von diesen Problemen frei machen und anderen gegenüber materielle Großzügigkeit zeigen können.

Es mag vielleicht die Gefahr bestehen, daß sie leichtfertig mit Geld umgehen und es unklug verwenden werden. Dazu kommt es jedoch nicht aufgrund unglücklicher Umstände, sondern weil sie gern Risiken eingehen. Wenn sie sich einmal die Zeit nehmen, innezuhalten und nachzudenken, werden sie wissen, was in einer solchen Situation zu tun ist. Vorsicht und Erfolg im Umgang mit Geld sollten für sie wichtiger als der aufregende Kitzel des Hasardspiels werden.

Composit-Jupiter im dritten Haus

Composit-Jupiter im dritten Haus ist ein Anzeichen dafür, daß diese Beziehung das Bewußtsein der betreffenden Partner in ihrem Alltagsleben erweitern und ausdehnen wird. Das dritte Haus ist der Bereich des Denkens in seiner gewohnheitsmäßigen, alltäglichen Funktionsweise, in den automatischen und unbewußten Verhaltensweisen. Dieser Teil des Geistes ist mit routinemäßigen Gewohnheiten und Denkweisen beladen, die verhindern können, aus plötzlich auftauchenden Gelegenheiten den vollen Nutzen zu ziehen. Diese Partnerschaft wird dazu beitragen, solche Gewohnheiten auf eine sehr angenehme und nützliche Art und Weise zu verändern; im allgemeinen sind die Veränderungen, die Jupiter herbeiführt, nicht von umstürzlerischer oder verwirrender Art.

Enge Denkgewohnheiten und starre Anschauungen werden durch das Erleben dieser Beziehung eine Erweiterung erfahren. Sie wird den beiden Partnern neue Möglichkeiten des Verhaltens gegenüber alltäglichen Dingen erschließen, so daß sich deren Handhabung verbessern dürfte. Sie werden vielleicht bemerken, daß sie gemeinsam ein stärkeres Interesse an Philosophie und anderen geistig weiterführenden Wissensgebieten zeigen werden. Ein Composit-Jupiter im dritten Haus ist ein Anzeichen für eine Partnerschaft, die zur Bewußtseinserweiterung beitragen wird.

Composit-Jupiter im vierten Haus

Jupiter im vierten Haus des Composit-Horoskops weist darauf hin, daß im Falle einer Ehe oder Liebesbeziehung das gemeinsame Zuhause als ein Mittelpunkt der Sicherheit und des Wohlbefindens sehr wichtig sein wird. Beide Partner werden sich, konkret gesprochen, am glücklichsten in einem großen Heim fühlen, wo sie sehr viele Menschen gastlich aufnehmen und beherbergen können. In einer solchen Umgebung sind sie in der Regel außerordentlich großzügig und gastfreundlich und haben doch immer genug für jeden, der sich einfindet. Diese Hausposition von Jupiter versinnbildlicht die Unterstützung und Sorge für andere Menschen durch Teilen.

In psychologischer Hinsicht wird diese Beziehung beide Partner innerlich bestärken und ihnen im Umgang mit der äußeren Welt ein Gefühl der Sicherheit und des Vertrauens geben. Sie werden vielleicht nicht genau verstehen, wie dies zugeht, doch können sie sich fest darauf verlassen, daß sie sich auf diese Art und Weise gegenseitig eine Hilfe sind. Ungeachtet dessen, auf welche Schwierigkeiten diese beiden Menschen in der äußeren Welt stoßen mögen, werden sie sich immer um Beistand aneinander wenden können. Diese Beziehung wirkt in außerordentlichem Maße bekräftigend und unterstützend.

Wenn die betreffenden Partner gemeinsam Land oder Immobilien besitzen, zeigt Jupiter im vierten Haus an, daß sie solchen Besitz im Überfluß haben werden und daß er vermutlich eine Hauptquelle für ihren Wohlstand sein wird.

Composit-Jupiter im fünften Haus

Composit-Jupiter im fünften Haus ist ganz allgemein ein positives Anzeichen für das Gelingen einer jeden Art von Partnerschaft, doch besonders für eine Freundschaft oder Liebesbeziehung. Diese Plazierung hat die Grundbedeutung, daß sich beide Partner durch ihr Zusammensein weiterentwickeln und zu glücklicheren Menschen werden, weil sie einfach sie selbst sein können. Diese Position entspricht einem Selbstausdruck des gegenseitigen Wohlwollens. Es dürfte den Betreffenden möglich sein, sich miteinander voll und ganz zu entspannen und ihre gegenseitige Gesellschaft zu genießen, und jeder von ihnen wird das Gefühl haben, daß der andere ihm für das Unterstützung bietet, was er ist. Sie werden ihre Zuneigung füreinander warmherzig und mühelos zum Ausdruck bringen, und es wird nur ein Minimum an negativen Herausforderungen und Versuchen geben, den Partner zu treffen, selbst wenn sie Schwierigkeiten miteinander haben.

Gleichzeitig werden beide diese Beziehung als ziemlich idealistisch ansehen und die Überzeugung haben, daß sie gemeinsam die höchsten ethischen Wertmaßstäbe anlegen sollten. Das Ehrgefühl wird ein bedeutsames Anliegen für sie sein, und sie werden nicht in einer solchen Weise eine Verbindung eingehen, daß sie sich damit gegenseitig in ihrem Wert herabmindern.

Es ist möglich, daß diese Beziehung aufgrund eines gemeinsamen Interesses an Religion, Philosophie, Metaphysik oder dem Rechtswesen zustande gekommen ist, doch dürften die betreffenden Partner, ungeachtet der anfänglichen Gründe für ihr Zusammenkommen, eine in stärkerem Maße zufriedenstellende Beziehung als gewöhnlich miteinander haben.

Composit-Jupiter im sechsten Haus

Composit-Jupiter im sechsten Haus weist auf eine Beziehung hin, in welcher der Dienst an anderen zu einem Ideal geworden ist. Beide Partner fühlen sich verpflichtet, der Menschheit zu helfen, und sie werden diese Verpflichtung bereitwillig und mit Würde auf sich nehmen. Dies ist wahrscheinlich keine Bürde, die ihnen von außen auferlegt wird, sondern wenn sie kommt, werden sie diese Aufgabe freudig übernehmen.

In einer geschäftlichen oder beruflichen Verbindung hat diese Plazierung von Jupiter die Bedeutung, daß die beiden Partner alles Notwendige für ein erfolgreiches Gelingen dieser Beziehung tun werden, ohne sich dabei ausgenutzt zu fühlen. Aus diesem Grunde werden sie vermutlich, ungeachtet ihrer Ziele, Erfolg haben.

In jeder Partnerschaft zeigt diese Plazierung an, daß die Betreffenden in ungewöhnlichem Maße dazu bereit sind, sich gegenseitig zu helfen und füreinander von Nutzen zu sein; es muß nicht eigens betont werden, daß dies auch für sie selbst nur eine Hilfe sein kann.

270

Ein Faktor sollte jedoch nicht vergessen werden: Die symbolische Bedeutung von Jupiter verlangt, daß alles das, was gegeben wird, auch freiwillig und uneingeschränkt gegeben wird. Wenn einer der beiden Partner versucht, dem anderen mehr Pflichten aufzubürden, als dieser anzunehmen bereit ist, so wird es vielleicht zu erheblichen Schwierigkeiten kommen. Derjenige, der die Beschränkung erfährt, wird das Gefühl haben, daß jegliche Freiheit zunichte sei und damit beginnen, sich anderswo nach freien Möglichkeiten des persönlichen Selbstausdrucks umzusehen. Ansonsten dürfte sich diese Plazierung als eine Quelle der Kraft für beide Partner erweisen.

Composit-Jupiter im siebenten Haus

Jupiter im siebenten Haus eines Composit-Horoskops ist eine sehr günstige Plazierung für die meisten Beziehungen. Sie hat die Bedeutung, daß die beiden Partner vermutlich das Gefühl haben werden, ihr Zusammensein sei das allerwichtigste Hilfsmittel für ihr persönliches Wachstum. Sie sind davon überzeugt, daß sie sich beide durch ihre Beziehung schneller als ohne diese weiterentwickeln können. In der Tat werden sie ihre Partnerschaft wahrscheinlich idealisieren, doch nicht in einem solchen Maße, daß es unmöglich wird, diesem Ideal noch gerecht zu werden.

Selbst wenn die Betreffenden ihr Zusammensein idealisieren, werden sie nicht völlig von Besitzdenken bestimmt; sie wissen sehr wohl, daß sie sich gegenseitig Raum zum Atmen geben müssen. In der Tat besteht das einzig mögliche Problem bei dieser Plazierung darin, daß unter bestimmten Umständen einer von beiden mehr Freiheit beanspruchen mag, als der andere zu geben bereit ist. Wenn in einer solchen Situation der restriktive Partner dem anderen jedoch diese Freiheit in einem besonderen Falle gewähren kann, so wird sich alles in der rechten Weise entwickeln.

Normalerweise wird sich diese Plazierung von Jupiter sehr günstig auswirken. Die betreffenden Partner mögen vielleicht in ihren Verhaltensmaßstäben hohe Anforderungen aneinander stellen, doch vermutlich werden sie auch das erhalten, was sie in dieser Hinsicht verlangen.

Composit-Jupiter im achten Haus

Jupiter im achten Haus des Composit-Horoskops, dem Bereich der tiefergehenden Veränderungen im Leben und des gemeinsamen Besitzes, ist ein Hinweis darauf, daß beide Gebiete Bereiche des persönlichen Wachstums sein werden. In dieser Beziehung werden beide Partner niemals aufhören, sich weiterzuentwickeln und zu verändern, denn durch die Erfahrung ihres Zusammenseins werden sie einer ständigen Umwandlung ausgesetzt sein. Selbst wenn sie sich auseinanderentwickeln, wie es jedem Paar geschehen kann, werden sie sich ohne große Schwierigkeiten in dem Wissen trennen, daß ihre Beziehung gut, wenn auch nicht dauerhaft gewesen ist.

Diese Plazierung von Jupiter kann sich auch in der Weise auswirken, daß die betreffenden Partner im Umgang mit Besitz oder Geldmitteln im allgemeinen eine ziemlich glückliche Hand haben, solange wie sie zusammenarbeiten. Diese Plazierung wirkt sich ausgesprochen positiv im Horoskop einer geschäftlichen oder beruflichen Verbindung aus, besonders wenn diese in irgendeinem Umfang auf Finanzierung von außen angewiesen ist.

Im Falle einer Ehe werden diese Menschen vielleicht Erbschaften machen oder sonstige finanzielle Unterstützung von anderen erhalten. In jedem Falle dürfte es ihnen wenig Mühe bereiten, sich gemeinsam Geld zu leihen, wenn immer sie es brauchen.

In einer sexuellen Beziehung trägt diese Plazierung mit dazu bei, daß die Sexualität für beide Partner eine Quelle der Bestärkung ist, selbst wenn es zeitweise Probleme gibt.

Diese Hausposition wird eine Partnerschaft weder zusammenfügen noch zerbrechen lassen, doch kann sie dazu beitragen, schwierige Zeiten durchzustehen, da sie die Erfüllung materieller Bedürfnisse erleichtert.

Composit-Jupiter im neunten Haus

Jupiter im neunten Haus des Composit-Horoskops ist hier in vielerlei Hinsicht „in seinem Element'', das heißt, dieses Haus zeigt die natürlichste Entsprechung zu der Bedeutung von Jupiter. Das neunte Haus ist der Bereich des höheren Bewußtseins, der erweiterten Bewußtheit, der Philosophie und der Lebensanschauung im allgemeinen sowie auch der langen Reisen, und alle diese Interessen werden auch Jupiter zugeordnet.

Diese Plazierung weist auf eine Beziehung hin, die das Bewußtsein der beiden Partner in vielerlei Hinsicht erweitern wird, da sie ihnen neue Perspektiven und neue Erfahrungen bietet. Es mag der Fall sein, daß sie zu irgendeinem Zeitpunkt gemeinsam ausgiebig reisen werden, doch ist die Wahrscheinlichkeit weitaus größer, daß sich der Einfluß dieses Aspektes in Form von ausgeprägten intellektuellen Interessen im allgemeinen zeigen wird. Gleichzeitig werden diese Menschen eine Weltanschauung entwickeln, in der Ehrgefühl und ethische Grundsätze eine sehr wichtige Rolle spielen werden. Sie werden sehr entschiedene Ideale haben und sich wahrscheinlich gemeinsam intensiv darum bemühen, die Verhältnisse in einer Weise zu verändern, wie sie ihrer Ansicht nach im Idealfall sein sollten.

Am allerwichtigsten im Hinblick auf ihre unmittelbare Erfahrung ist der Faktor, daß dies eine Beziehung des persönlichen Wachstums sein wird; ungeachtet der Geschehnisse werden beide zu vollkommeneren Menschen werden, als sie dies vorher gewesen sind. Wenn Jupiter im neunten Haus auch keine Garantie für eine dauerhafte Beziehung bietet, so hat er doch die Bedeutung, daß diese für beide Partner sehr wertvoll und nützlich sein wird.

Im besonderen begünstigt diese Hausstellung jede Verbindung, die sich mit intellektuellen oder erzieherischen Belangen beschäftigt.

Composit-Jupiter im zehnten Haus

Jupiter im zehnten Haus des Composit-Horoskops zeigt eine ganze Reihe möglicher Wirkungsformen, die von der Art und Weise dieser Verbindung abhängen.

In einer persönlichen Beziehung läßt diese Hausstellung ein starkes Interesse an Zielen und gesellschaftlichem Status erkennen. Diese Partnerschaft wird sich um irgendeine Art von Zielbewußtsein drehen, das von sehr weltlichen bis hin zu den hochherzigsten Zwecken reichen kann. In einer Ehe beispielsweise können beide ein ungewöhnlich starkes Interesse daran zeigen, in der Gesellschaft vorwärtszukommen, das heißt mit anderen Worten, an sozialem Aufstieg; dieser Aspekt kann auch anzeigen, daß die beiden Partner ohne irgendeine Anstrengung von ihrer Seite aus eine hohe gesellschaftliche Stellung einnehmen werden.

Die Betreffenden werden auch besonders Nachdruck auf Integrität und Ehrenhaftigkeit legen; zumindest werden sie diese Wertbegriffe als wichtig betrachten. In einigen Horoskopen wird sich jedoch eine mehr negative Auswirkung von Jupiter zeigen, die zu einer Haltung der Überheblichkeit und Arroganz gegenüber anderen Menschen führt, welche ihnen nicht dienlich sein werden. Sie kann auch ein scheinheiliges Verhalten hervorrufen, so daß sich die Betreffenden den Anschein geben werden, in irgendeiner Weise moralisch höherstehend zu sein, als sie in Wirklichkeit sind. Jupiter läßt sie moralischer Fragen bewußt werden, selbst wenn sie im praktischen Leben seinen moralischen Kriterien nicht gerecht werden können.

In einer beruflichen Partnerschaft kann diese Plazierung von Jupiter ein sehr deutliches Anzeichen für Erfolg sein, und zwar besonders in Bereichen, die das Rechtswesen, Religion, Philosophie, die Hochschulausbildung oder außenpolitische Interessen betreffen. Auch auf nahezu jedem anderen Tätigkeitsgebiet ist sie ein positives Anzeichen für Erfolg. Außerdem läßt diese Plazierung erkennen, daß die gemeinsame Arbeit mit einem hohen Grad an Integrität und Ehrenhaftigkeit ausgeführt werden wird, was in ganz erheblichem Ausmaß zu ihrem schließlichen Gelingen beitragen wird. Die Errungenschaften und Leistungen dieser Menschen werden nicht das Ergebnis von Zufall oder Glück sein.

Composit-Jupiter im elften Haus

Jupiter im elften Haus des Composit-Horoskops bedeutet für jede Beziehung eine hervorragende Plazierung. Sie zeigt an, daß zwischen diesen Partnern positive Gefühle existieren und daß sie sich gegenseitig Gelegenheit bieten werden, persönlich zu wachsen und sich menschlich weiterzuentwickeln. Jeder regt in starkem Maße den Idealismus des anderen an, und sie werden sich sehr intensiv um die Verwirklichung ihrer Ideale bemühen. Das elfte Haus ist der Bereich der Ideale und Hoffnungen oder, in einem Composit-Horoskop, der gemeinsamen Ideale der beiden Partner.

Da das elfte Haus sinnbildlich für Freundschaft steht, ist Jupiter hier ein ausgesprochen positives Anzeichen für warmherzige und freundschaftliche Gefühle zwischen diesen Menschen. Die Beziehung wird für beide ganz allgemein ausgezeichnete Konsequenzen haben. Für ein Liebesverhältnis oder eine Ehe wird diese Hausposition eine hervorragende Voraussetzung sein. Es bestehen nicht nur positive Gefühle zwischen den betreffenden Partnern, sondern vermutlich wird ihnen auch in materieller Hinsicht das Glück hold sein; dies rührt daher, weil ihre gegenseitige Gesellschaft ihnen großen Optimismus verleiht und jene Art von positivem Denken entstehen läßt, das günstige Umstände herbeiführt. Als Paar werden sie unter den Menschen, die sie kennen, gute Freunde haben, und die Verhältnisse in ihrer Umgebung werden sich vorteilhaft auf ihre Beziehung auswirken.

Composit-Jupiter im zwölften Haus

Jupiter im zwölften Haus des Composit-Horoskops steht mit mehreren Bereichen einer Partnerschaft in Verbindung. Das zwölfte Haus regiert diejenigen Kräfte, die unbewußt wirksam sind, und ihren Einfluß auf den Erfolg oder Fehlschlag einer Beziehung. Es regiert auch die Schritte, die jeder der beiden Partner unternehmen mag und die Einfluß auf ihre Zukunft als Paar nehmen können. Gewöhnlich sind dies unbewußte Handlungen oder Verhaltensweisen, die einzugestehen sie sich weigern, wenn sie nicht dazu gezwungen werden.

Zum Glück ist Jupiter in diesem Haus ein Anzeichen dafür, daß unbewußte Handlungen ein geringeres Problem als in den meisten Beziehungen darstellen. Die betreffenden Partner zerstören ihre Beziehung nicht in der Art und Weise, wie so viele andere zunichte gemacht werden. Obwohl sie zeitweise Schwierigkeiten miteinander haben mögen, können sie zumindest offen über ihre Probleme reden. In der Tat besteht eine Auswirkung von Jupiter darin, daß diesen beiden Menschen ein Zugang zu Problemen möglich ist, die von den meisten Paaren verborgen gehalten werden. Solche Probleme können in einer Beziehung gerade deshalb große Schwierigkeiten verursachen, weil sie nicht erkannt und eingestanden werden.

Das zwölfte Haus ist auch das Haus der geheimen Feinde, das heißt, von Menschen, in denen man unbeabsichtigt einfach dadurch eine Abneigung hervorruft, man selbst zu sein. Doch die Präsenz von Jupiter trägt auch hier dazu bei, daraus kein Problem entstehen zu lassen. Er läßt die Betreffenden ihrer Handlungen bewußt sein, so daß sie bei anderen Menschen überhaupt erst gar keine Abneigung hervorrufen werden. Eine ganze Reihe von Problemen, die in einer Beziehung auftauchen können, werden durch diese Plazierung von Jupiter gemildert.

Composit-Jupiter in Konjunktion mit Composit-Saturn

Die Konjunktion von Jupiter/Saturn im Composit-Horoskop kann mehr als nur eine einzige Auswirkung zeigen. Einerseits kann sie eine Beziehung sehr unbeständig und veränderlich werden lassen. In diesem Falle scheinen die beiden Partner nicht dazu in der Lage zu sein, bei irgendeinem strittigen Punkt vorwärts oder rückwärts zu gehen, so daß sie ständig zwischen einander ausschließenden Möglichkeiten hin- und herschwanken werden. Vielleicht können sie auch nicht herausfinden, ob sie in ihrer Beziehung glücklich sind oder nicht oder ob sich diese in Richtung der Ziele entwickelt, die sie ihr gesetzt haben. Durch ihre Unsicherheit werden diese Menschen außerordentlich starke Höhen und Tiefen erleben. Diese Konjunktion wird sich in einer solch negativen Weise auf jede Beziehung auswirken, die nicht in sehr guter Verfassung ist. Schwächen, die durch andere Aspekte hervorgerufen werden, werden durch diese Planetenstellung verstärkt, da sie zu einer Hervorhebung von Unbeständigkeit neigt.

Andererseits können diese beiden Planeten in einer verhältnismäßig gefestigten Partnerschaft ein Gleichgewicht herstellen. Die extrovertierte und zu Übertreibung neigende Natur von Jupiter kann durch die Behutsamkeit und Vorsicht von Saturn etwas in Schach gehalten werden, so daß die betreffenden Partner in ihren gemeinsamen Unternehmungen einen vorsichtigen Optimismus zeigen werden. Sie machen sehr behutsame Zukunftspläne und nehmen sich niemals zuviel vor, denn es ist ihnen immer bewußt, daß die Dinge eine ganz andere Wendung als erwartet nehmen können.

Da der Idealismus von Jupiter durch den pragmatischen Charakter von Saturn abgeschwächt wird, akzeptieren sich diese beiden Partner gegenseitig so, wie sie sind, und stellen nicht allzu viele weitere Forderungen aneinander. Sie werden vielleicht nicht annehmen, daß diese Beziehung vollkommen sei, doch andererseits glauben sie auch eigentlich nicht daran, daß eine solche Vollkommenheit überhaupt existiert, und daher beanspruchen sie diese nicht.

Für sich genommen, ist dies kein Aspekt, der eine Partnerschaft gelingen oder scheitern lassen kann. Er wird eine gute Beziehung stärken und eine schwache noch unbeständiger machen.

Composit-Jupiter im Sextil mit Composit-Saturn

Das Sextil zwischen Jupiter und Saturn im Composit-Horoskop stellt ein asusgezeichnetes Gleichgewicht zwischen praktischen und idealistischen Interessen in einer Beziehung dar. Die gegenseitigen Erwartungen der beiden Partner sind ausgewogen und realistisch, und doch fühlt sich keiner von ihnen zu Kompromissen in seinen Zielen gezwungen, damit sie beide miteinander auskommen können.

Dieselbe Art von Gleichgewicht spiegelt sich in der Art und Weise wider, in der die Betreffenden gemeinsam an weitreichende Planungen herangehen. Auch hier setzen sie sich wiederum realistisch Ziele und arbeiten mit unermüdlicher Geduld, um diese zu erreichen, wobei sie weder zu schnell noch zu langsam vorgehen.

Wenn diese Menschen Probleme miteinander haben, so gelingt es ihnen zu vermeiden, darüber in Zorn zu geraten. Im Gegensatz zu so vielen Paaren handeln sie nicht voreilig und unbesonnen, was die Dinge nur schlimmer werden läßt, sondern haben die Neigung, geduldig auf den richtigen Zeitpunkt zu warten und dann die Situation mittels Gespräch und innerer Ruhe sich abkühlen zu lassen.

Als Freunde werden sie bemerken, daß ihre Verbindung bei beiden die stärksten Seiten hervortreten läßt. Das Gleichgewicht, wofür dieser Aspekt sinnbildlich steht, ermöglicht es ihnen, die Übertreibungen und Extreme eines jeden gegenseitig wieder aufzuwiegen. Dies wirkt sich besonders günstig aus, wenn einer von ihnen für sich allein sehr impulsiv oder unbesonnen handelt. In dieser Partnerschaft werden die Betreffenden ein weitaus gemäßigteres Vorgehen bei sich selbst feststellen, ohne daß sie sich durch ihren Partner zurückgehalten fühlen.

Composit-Jupiter im Quadrat mit Composit-Saturn

Das Quadrat zwischen Jupiter und Saturn im Composit-Horoskop weist darauf hin, daß die beiden Partner gewisse Schwierigkeiten dabei haben werden, zwischen Optimismus und Idealismus auf der einen Seite und Nützlichkeitsdenken und/oder Pessimismus andererseits ein Gleichgewicht herzustellen. Höchstwahrscheinlich wird sich dies im Zusammensein dieser Menschen in Form von starken Gefühls- und Stimmungsschwankungen zeigen. Manchmal werden sie sehr positiv und optimistisch gegenüber ihrer Beziehung eingestellt sein, während sie zu anderen Zeiten daran zweifeln werden, ob diese jemals gelingen kann. Die meisten Paare machen diesen Entwicklungsprozeß in einem gewissen Ausmaß durch, doch in diesem Falle wird er schwerwiegender als in den meisten Beziehungen sein. Bedenkliche Höhen und Tiefen werden vermutlich eine ernsthafte Bedrohung für die Stabilität dieser Beziehung darstellen.

Einer der mitbestimmenden Einflüsse hinter diesem Problem mag darin bestehen, daß einer von beiden seinen Partner als „Miesmacher" sieht, der dem Audruck von Begeisterung und spontaner Selbstäußerung ständig einen Dämpfer aufsetzt. Es wird vielleicht nicht immer derselbe sein, der diese Wirkung ausübt, sondern beide mögen sich in diesen Rollen abwechseln. Trotzdem wird dies Stimmungsschwankungen zur Folge haben.

Beide Partner müssen sich um mehr Geduld und Nachsicht füreinander bemühen, denn Ungeduld ist ebenfalls eines der Probleme, welche durch diesen
Aspekt hervorgerufen werden. Wenn immer ihre Stimmungslage sich zu ver-
schlechtern beginnt, sollten sich die Betreffenden gemeinsam hinsetzen und
herauszufinden suchen, wodurch diese Situation verursacht wird. Wenn beide ihrem Temperament nach vielleicht auch nicht ganz zusammenpassen,
sollte dies aber nicht ihre Beziehung vereiteln.

Composit-Jupiter im Trigon mit Composit-Saturn

Das Trigon zwischen Jupiter und Saturn im Composit-Horoskop verleiht dieser Beziehung eine Eigenschaft der Stabilität, die ziemlich beneidenswert ist.
Diese Partner zeigen sich Tag für Tag gleichbleibend und vermeiden extreme
Stimmungsäußerungen. Sie können sich immer darauf verlassen, daß der andere für sie da ist. Beide haben die Fähigkeit, sich gegenseitig als das zu akzeptieren, was sie sind, und ihre Schwächen zu tolerieren. Die Forderungen,
die sie aneinander stellen, sind ausreichend, so daß sie sich darum bemühen
müssen, diese zu erfüllen, doch nicht so hoch, als daß es unmöglich wäre,
ihnen zu genügen.

Ihre Erwartungen als Paar werden durch ihr Verständnis vom Wesen der
Dinge in einer guten Mittellage gehalten. Sie gehen sehr geduldig miteinander
um und sind dazu bereit, ihren Problemen die Zeit zu lassen, sich von selbst
zu lösen. Da sie nicht impulsiv handeln, umgehen sie manche der Schwierigkeiten, die andere Paare erleben, wenn sie der augenblicklichen Regung einer
schlechten Laune folgen und dadurch ihre Beziehung schädigen.

Wenn diese Menschen gemeinsame Zukunftspläne machen müssen, so tun sie
dies mit der gleichen Sorgfalt und Gründlichkeit, ohne übertriebene Vorsicht
zu zeigen. Sie handeln nur, nachdem sie alle Faktoren genau erwogen haben,
und gewöhnlich werden sie zum richtigen Zeitpunkt aktiv, denn sie haben gemeinsam ein ausgezeichnetes Gespür für zeitliche Koordinierung.

Wenn sich die betreffenden Partner diese Fähigkeit zunutze machen, so dürften sie — ungeachtet der ursprünglichen Ziele ihrer Beziehung — besser als
viele andere Paare dazu fähig sein, schwierige Zeiten heil zu überstehen.

Composit-Jupiter in Opposition mit Composit-Saturn

Die Opposition von Jupiter/Saturn in einem Composit-Horoskop hat die Bedeutung, daß die beiden Partner ein Gleichgewicht herstellen müssen. Sie haben die natürliche Neigung, zwischen extrem gegensätzlichen Stimmungen,
wie beispielsweise tiefem Pessimismus und starkem Optimismus, hin- und
herzuschwanken. Ihr gemeinsamer Wunsch als Paar, positiver und selbstbe-
wußter vor der Welt aufzutreten, steht immer auf Kriegsfuß mit ihrem Gefühl von Vorsicht und einem Bedürfnis nach gründlicher Überprüfung. Sie

möchten alle „Hintertürchen" in ihrem Leben gegen Umstände zustopfen, von denen sie vielleicht übervorteilt werden könnten.

Häufig ist es der Fall, daß beide Partner für sich zwei einander widersprechende Tendenzen verkörpern, wobei einer von ihnen die mehr nach außen gehende Rolle übernimmt, während der andere die größere Vorsicht zeigt. Es ist für die Betreffenden schwierig, Geduld und Nachsicht füreinander aufzubringen, denn die Spannung zwischen ihnen, die in irgendeiner Weise zum Ausdruck kommen muß, tritt gewöhnlich in Form von Unduldsamkeit und übertriebener Kritiksucht zutage.

Es muß nicht eigens betont werden, daß diese beiden Partner lernen müssen, im Umgang miteinander Geduld zu üben. Sie müssen einander Raum geben und versuchen, sich gegenseitig nicht in der Freiheit des persönlichen Selbstausdrucks einzuschränken. Wenn jeder von ihnen seine Stimmungsschwankungen offen zeigen kann, ohne dabei ständig auf den Widerstand seines Partners zu stoßen, so dürften die Betreffenden dazu fähig sein, in einem gewissen Grad von Harmonie miteinander zu leben und unnötige Höhen und Tiefen zu vermeiden.

Composit-Jupiter in Konjunktion mit Composit-Uranus

Eine Partnerschaft mit der Konjunktion von Jupiter/Uranus im Composit-Horoskop kann verschiedene Auswirkungen dieses Aspektes erfahren.

Vor allen Dingen werden sich die Partner in dieser Beziehung gegenseitig sehr viel Raum zum Atmen geben müssen. Dies muß jedoch nicht unbedingt ein Problem sein, da sie wahrscheinlich in erster Linie deshalb eine Verbindung miteinander eingegangen sind, weil sie gegenseitig eine gewisse Eigenschaft von Freisein und ein Fehlen von Einschränkung und Hemmung wahrgenommen haben. Dies ist ganz eindeutig keine Beziehung für Menschen, die sich aneinanderklammern möchten.

Dieser Aspekt steht nicht nur sinnbildlich für Freiheit, sondern auch für neue Entdeckungen. Das Streben nach unbekannten Formen des persönlichen Selbstausdrucks und neuen Lebensanschauungen wird ein wesentlicher Faktor für diese Beziehung sein. Die beiden Partner sollten sich selbst und einander den Freiraum zugestehen, die Erfahrung dieser Entdeckungen machen zu können, und sich nicht durch gesellschaftliche Konvention und etablierte Verhaltensweisen daran hindern zu lassen. Sie haben die Fähigkeit, neue Dinge im Leben zu entdecken und den Nutzen aus ihrer Erfahrung an andere weiterzugeben.

Alle diese Punkte betreffen sowohl berufliche Partnerschaften als auch persönliche Beziehungen. Je mehr Freiheit die betreffenden Partner — ungeachtet der Gründe für ihr Zusammensein — für die uneingeschränkte Entdeckung neuer Wege haben, desto größer wird ihre Fähigkeit zu Kreativität und Erfüllung sein. Jeder Versuch, diese Beziehung an die Bilder im Kopfe anzugleichen, wird ihr unnötige Grenzen setzen und sie gleichzeitig sehr ungefestigt werden lassen. Wenn einem der Partner die Freiheit verweigert wird, welche dieser Aspekt verlangt, so wird er dazu gezwungen sein, sie außerhalb der Beziehung zu finden.

Composit-Jupiter im Sextil mit Composit-Uranus

Mit dem Sextil zwischen Jupiter und Uranus im Composit-Horoskop wird sich diese Beziehung auf eine ungewohnte, freie und erneuernde Art und Weise von anderen unterscheiden. Gemeinsam werden diese Partner neue Richtungen einschlagen und sich nicht an die herkömmlichen Strukturmuster für ihre Art von Beziehung halten.

In einem Liebesverhältnis mit diesem Aspekt werden diese beiden Menschen beispielsweise freier und stärker individualistisch sein, als dies gewöhnlich der Fall ist. Die Neigung, sich aneinanderzuklammern, die viele Beziehungen aufgrund des mangelnden Raumes zum Atmen scheitern läßt, wird hier sehr gering sein. Ein Liebesverhältnis mit diesem Aspekt wird auch mit größerer Wahrscheinlichkeit den Ausdruck von Liebe und Zuneigung gegenüber anderen tolerieren.

Diese Beziehung weist auch ein starkes idealistisches Element auf, das beide Partner in ihren Hoffnungen bestärkt, daß sich Dinge bewahrheiten und in Erfüllung gehen, die es zwar niemals gegeben hat, die aber möglich sein könnten. Diese Menschen haben das Gefühl, daß es keinen Grund dafür gibt, warum diese Dinge *nicht* existieren sollten. Es fällt ihnen nicht schwer, das Leben auf eine neue Art und Weise zu betrachten und sich abweichend von anderen Menschen zu verhalten. Selbst der äußere Rahmen dieser Partnerschaft wird vermutlich kein gewöhnlicher sein; die Fähigkeit der Betreffenden zur Wahrnehmung von Möglichkeiten, die sich durch neue Denkweisen auftun, wirkt anziehend auf Gleichgesinnte, und sie werden eine angemessene Umgebung für sich selbst finden.

Dieser Aspekt wirkt sich besonders nützlich auf jede Beziehung aus, die Neuerungsdenken und Erfindungsgabe verlangt. Er unterstützt die Entwicklung der beiden Partner als Individuen aufgrund der persönlichen Freiheit, die er vermittelt.

Composit-Jupiter im Quadrat mit Composit-Uranus

Das Quadrat zwischen Jupiter und Uranus im Composit-Horoskop hat die Bedeutung, daß sich die beiden Partner in dieser Beziehung gegenseitig viel Spielraum zugestehen müssen. Wenn einer von ihnen den anderen auf irgendeine Art und Weise „besitzen" oder in seiner Freiheit einschränken will, ist dieser Aspekt ungünstig. Bei diesem Versuch wird der Partner sich lossagen,

279

weil er sich in seiner Bewegungsfreiheit nicht einengen lassen will. Diese Beziehung macht für beide das Freisein von übermäßiger Einschränkung durch den anderen unerläßlich.

Selbst im günstigsten Falle wird diese Partnerschaft vermutlich eine bestimmte Eigenart aufweisen, die sie sehr ungewöhnlich macht und von der Norm abweichen läßt. Andere Menschen werden die Betreffenden nicht ohne weiteres als ein Liebespaar, als Freunde, Ehepartner oder was sonst immer einordnen können, denn ihre Beziehung wird nicht den gewohnten Aufputz dieses Typus zeigen.

Selbst unter den allergünstigsten Umständen wird diese Partnerschaft nicht zu den am meisten gefestigten und voraussagbaren Verbindungen gehören. Sie wird ihren eigenen Kurs einschlagen, was erhebliche Höhen und Tiefen mit sich bringen kann.

Diese Partner sollten darum bemüht sein, sich gegenseitig Freiheit zu geben und ihre Beziehung sich nach ihrer eigenen Gesetzmäßigkeit entwickeln zu lassen. Sie werden dann vielleicht feststellen, daß sie sozusagen als Entschädigung für den Verzicht auf unbedingte Verläßlichkeit, Voraussagbarkeit, Besitzansprüche usw. eine ganz außergewöhnliche und sehr anregende Erfahrung gewinnen werden. Damit sie eine solche jedoch erleben können, müssen beide dazu bereit sein, viele ihrer Erwartungen darüber aufzugeben, wie ihre Beziehung verlaufen sollte.

Composit-Jupiter im Trigon mit Composit-Uranus

Dieser Aspekt ist ein Anzeichen für eine Beziehung, die ihre eigene und unverwechselbare Form des Selbstausdrucks finden wird. Wie die übrigen Verbindungen zwischen Jupiter/Uranus läßt auch er erkennen, daß sich diese Partnerschaft zu keinen etablierten Strukturmustern bekennen wird. Trotzdem hat sie nichts an sich, wovor sich die Betreffenden fürchten müßten; diese Beziehung kann sehr kreativ sein — solange wie sie dazu bereit sind, sie ihren eigenen Gang einschlagen zu lassen.

Dieser Aspekt steht kennzeichnend für neue und schöpferische Möglichkeiten, an die Dinge heranzugehen. Er bringt Hoffnung und Vertrauen auf eine andere, auf eine vielversprechende Zukunft, auf frische und unverbrauchte Ideen und Betrachtungsweisen der Welt zum Ausdruck. Beide Partner werden, was auch immer die Gründe für ihr Zusammenkommen sind, mit neuen Vorstellungen und Gedanken konfrontiert werden, was sie daran hindern wird, in irgendwelche ausgefahrenen Geleise hineinzugeraten.

Eine Liebesbeziehung mit diesem Aspekt wird sich in mancherlei Hinsicht nicht an das festgelegte Drehbuch halten. Beispielsweise werden sich diese Partner gegenseitig weitaus mehr Freiheit geben, als dies die meisten Menschen zu tun pflegen. Sie mögen vielleicht sogar ein Übereinkommen treffen, das andere Beziehungen außerhalb ihrer Partnerschaft zugesteht, solange wie eine aufrichtige Bindung und innere Verpflichtung zwischen ihnen existiert. Sie werden großen Wert auf Ehrlichkeit und Aufrichtigkeit legen und diese auch aufrechterhalten können, da sie sich gegenseitig nicht einengen werden; mit anderen Worten, sie werden sich gegenseitig genügend Bewegungsfreiheit lassen, so daß sie nicht ,,untreu'' werden müssen. Zudem werden sie gleichzeitig Liebespartner und auch Freunde sein, was eine sehr positive Wirkung auf eine Liebesbeziehung hat.

Composit-Jupiter in Opposition mit Composit-Uranus

Durch die Opposition zwischen Jupiter und Uranus im Composit-Horoskop mag es den beiden Partnern — ungeachtet der Gründe, weshalb sie zusammen sind — schwerfallen, eine gefestigte und dauerhafte Verbindung miteinander einzugehen. Dieser Aspekt läßt eine Situation entstehen, in der die individuelle Freiheit und Unabhängigkeit für jeden von ihnen wichtiger als die Ziele ihrer Partnerschaft sein können. Daher müssen sie sich gegenseitig sehr viel Freiraum lassen, damit die Spannung auf ein Minimum herabgesetzt und verhindert wird, daß einer von beiden das Bedürfnis verspürt, ausbrechen zu müssen.

Eine sexuelle Beziehung oder Ehe dürfte in der Regel durch diesen Aspekt am stärksten beeinträchtigt werden, weil eine derartige Verbindung ihrem inneren Wesen nach die Freiheit am meisten eingrenzt. Damit die Betreffenden als Paar eine Überlebenschance haben, werden sie ein sehr ungewöhnliches Entgegenkommen füreinander zeigen müssen. Das Entscheidende hierbei ist, daß sie keine Scheu davor haben dürfen, irgendeine Übereinkunft zu treffen, wodurch ihre Beziehung weiterbestehen kann, selbst wenn die Bedingungen dieses Abkommens ziemlich ungewöhnlich sind. Je mehr sie versuchen, sich selbst in normale Strukturmuster hineinzuzwängen, desto stärker wird das Gefühl von Einengung sein. Man dürfte diesen Aspekt beispielsweise in einer offenen Ehe finden, in der beide Partner sich in gegenseitigem Einverständnis Beziehungen zu anderen zugestehen.

Andere persönliche Beziehungen werden durch die Energie dieses Aspektes weniger beeinflußt, doch selbst in diesem Falle sollten die Betreffenden ein kleinliches Besitzdenken vermeiden, denn ein solches stellt eine schwerwiegende Bedrohung für den Fortbestand ihrer Partnerschaft dar.

Wenn beide es zulassen können, daß diese Beziehung ihren natürlichen Verlauf nimmt, so mag diese für sie ziemlich lohnenswert sein; ist ihnen dies nicht möglich, so dürfte es am besten sein, sich voneinander fernzuhalten.

Composit-Jupiter in Konjunktion mit Composit-Neptun

Die Konjunktion von Jupiter/Neptun im Composit-Horoskop ist ein Indiz dafür, daß die primären Belange und Interessen dieser Menschen „nicht von dieser Welt" sind; ihre Beziehung zueinander wird einigermaßen ungewöhnlich sein und eine starke spirituelle Komponente aufweisen. Die beiden Partner werden vielleicht das Gefühl haben, daß sie deshalb zusammengekommen sind, damit sie etwas über ihr innerstes Seelenleben ergründen. Diese Ansicht beruht nicht unbedingt auf Selbsttäuschung, doch sollten sie darauf bedacht sein, in Verbindung mit der Realität zu bleiben. Selbst wenn sie der Meinung sein mögen, daß die „irdische" Welt nicht ihre Sache sei, kann sich die mangelnde Beachtung dieser Angelegenheiten in ernsthafter Weise negativ auf ihre Beziehung auswirken. Andererseits sollten sie auch ihr Gefühl von einer spirituellen Gemeinschaft nicht unbeachtet lassen. In seiner höchsten Erscheinungsform kann dieser Aspekt eine wichtige und positive Lernerfahrung herbeiführen.

Dieser Aspekt kann jedoch auch eine völlig andere Wirkung zeigen. Das Prinzip der Verbindung von Jupiter/Neptun beeinflußt auch das Glücksspiel — nicht nur im wörtlichen Sinne von „Las Vegas", sondern auch in der allgemeineren Bedeutung des Eingehens von Risiken. Durch ihn entsteht ein Gefühl des Wohlbefindens, welches den beiden Partnern den Eindruck vermittelt, daß sie gar nicht verlieren *können*. Wenn sie dieser Energie aber so blindlings vertrauen, können sie leider tatsächlich die Verlierer sein. Sie sollten optimistisch und positiv bleiben, aber nicht unklug handeln, sondern sich ihren Realitätssinn bewahren und ihr Verständnis der wirklichen Gegebenheiten nicht durch den freudigen Idealismus dieser Beziehung forttragen lassen. Dieser Ratschlag ist von besonderer Wichtigkeit in jeder Partnerschaft, die mit Geldverdienen zu tun hat.
Mit den Auswirkungen dieses Aspektes sollten die Betreffenden ihrer Welt einen würzigen Anstrich hinzufügen, aber sich dadurch nicht in ihrer Sichtweise trüben lassen.

Composit-Jupiter im Sextil mit Composit-Neptun

Das Sextil zwischen Jupiter und Neptun im Composit-Horoskop ist ein Anzeichen für eine idealistische Beziehung. Dieser Idealismus wirkt sich voraussichtlich nicht destruktiv aus, sondern wird den beiden Partnern eine spirituelle Eigenschaft geben, die sie aus der irdischen Welt heraus in ihre eigene Welt der Schönheit und Vollkommenheit führen kann. Dieser Aspekt bezeichnet tiefe Freundschaft, selbst in einer sexuellen Beziehung, doch kann er in einem solchen Verhältnis Schwierigkeiten verursachen, da er dazu neigt, ein Liebesverhältnis platonisch werden zu lassen. Seine Energien sind so weit von der physischen Welt entfernt, daß sie sich nicht leicht und mühelos mit der körperlichen Sexualität verbinden lassen. Wenn diese Verbindung jedoch hergestellt wird, dann gewinnt die physische Sexualität eine spirituelle Dimension, die ziemlich außergewöhnlich sein kann.

Im Umgang mit praktischen Alltagsdingen kann dieser Aspekt mit gewissen Problemen aufwarten, die jedoch nicht unüberwindlich sind. Die beiden Partner müssen lernen, sich keiner Verachtung oder Geringschätzung für die irdische Wirklichkeit hinzugeben. Sie sollten die Belange der sie umgebenden Welt nicht aus den Augen verlieren, selbst wenn ihre Beziehung ihnen die Flucht daraus ermöglicht. Es ist wunderschön, sich über die gewöhnliche Welt hinausführen zu lassen, doch sollten sie in jedem Falle hier unten bleiben, da es eine Menge zu tun gibt.

Composit-Jupiter im Quadrat mit Composit-Neptun

Das Quadrat zwischen Jupiter und Neptun in einem Composit-Horoskop läßt es sehr wichtig werden, daß die beiden Partner wissen, wo sie im Hinblick aufeinander stehen, und daß sie nicht in übertriebener Weise idealistischen Hirngespinsten nachhängen. Die Situation zwischen ihnen muß durch und durch ehrlich und direkt sein. Ein Autor hat diese Planetenverbindung als ,,falsches oder scheinbares Glück'' umschrieben und die klare Warnung ausgesprochen, daß gerade dann, wenn diese Beziehung am schönsten zu sein scheint, ihre trügerische Natur deutlich hervortritt, und große Enttäuschung die Folge ist. Die Gefahr, daß es dazu kommt, ist am stärksten in einem Liebesverhältnis, das so anfällig gegenüber Illusionen ist.

Die beiden Partner sollten jedoch nicht ständiges Mißtrauen gegenüber einer Beziehung hegen, die glücklich zu sein scheint. Dieser Aspekt deutet lediglich darauf hin, daß sie die Wahrheit eingestehen sollten, wenn diese zum Vorschein kommt. Es verhält sich nicht so, daß die Realität durch die Energie dieses Aspektes verborgen wird, sondern daß die Betreffenden dem wahren Sachverhalt nur nicht offen ins Auge blicken wollen — selbst wenn sie diesen im Grunde ihres Herzens kennen. Das Problem besteht eigentlich nicht als ,,Illusion'' in der oben verwendeten Bedeutung, sondern zeigt sich in dem Widerstreben, sich mit unangenehmen Dingen zu beschäftigen, und in der Abneigung, sich mit der realen Welt auseinanderzusetzen.

Das Glück dieser Menschen wird mit diesem Aspekt nicht falsch oder unwahr sein; wenn sie ein Gefühl von Glück spüren, so ist es echt — doch sollten sie zu erkennen versuchen, ob sie es auch wirklich fühlen. Wenn sie sich schleichender Probleme und uneingestandener Ängste bewußt werden, dann sollten sie sich mit diesen offen auseinandersetzen, da sie nicht von selbst verschwinden werden.

Sie dürfen jedoch nicht vergessen, daß selbst das Quadrat zwischen diesen beiden Planeten seinem Wesen nach optimistisch ist, was es ihnen ermöglichen wird, mit den schwierigen Phasen umzugehen — wenn sie sich einmal dazu entschlossen haben, sich mit ihnen auseinanderzusetzen.

Composit-Jupiter im Trigon mit Composit-Neptun

Wie alle Aspekte von Jupiter/Neptun hat das Trigon eine idealistische Grundstimmung, und hier tritt die spirituelle Seite dieser Verbindung am stärksten zutage. Diese Menschen haben das Gefühl, daß sie zusammengekommen sind, um zu lernen. Es kann sogar eine bewußte Lehrer/Schüler-Beziehung zwischen ihnen bestehen, die sie miteinander verbindet. In der bestmöglichen Ausdrucksform dieses Aspektes werden sie sich jedoch in den Rollen abwechseln, das heißt, der gleiche Partner wird nicht immer dieselbe Funktion ausüben. Dies kann jedoch nicht bewußt angestrebt werden, sondern muß von selbst geschehen.

Selbst in einem Liebesverhältnis wird diese spirituelle Komponente unzweifelhaft vorhanden sein, was dazu führen mag, daß diese Beziehung eher platonisch als physisch ist; doch auch in einer sexuellen Beziehung wird die Sexualität auf eine sehr geistig-spirituelle Art und Weise erlebt werden.
Beide Partner werden von sehr großem Optimismus über ihr gemeinsames Leben erfüllt sein, obwohl andere Menschen die Gründe dafür nicht erkennen mögen. Sie werden vielleicht der Meinung sein, daß diese beiden in einem Wolkenkuckucksheim leben und sich überhaupt nicht um die reale Welt kümmern — wobei eine gewisse Wahrheit in dieser Ansicht enthalten sein mag. Die Betreffenden werden einen Ausgleich zwischen Dingen des Alltags und ihrem Idealismus finden müssen. Sie sollten bemüht sein, in Verbindung mit der Realität zu bleiben, auch wenn ihre Beziehung ihnen Erfahrungen ermöglicht, die ziemlich weit von der gewöhnlichen physischen Welt entfernt sind und die ihnen dabei helfen können, diese Welt richtig zu erkennen und einzuschätzen. Die meisten Menschen sind viel zu sehr von ihrem eigenen Leben in Anspruch genommen, als daß sie etwas wahrnehmen könnten, was sich außerhalb ihres eigenen Gesichtskreises befindet und was ihnen soviel mehr geben würde, wofür es sich zu leben lohnt. Diese Dinge sollten die betreffenden Partner durch ihre Beziehung erfahren.

Composit-Jupiter in Opposition mit Composit-Neptun

Mit der Opposition zwischen Jupiter und Neptun in ihrem Composit-Horoskop müssen sich diese Partner selbst die Frage stellen, ob sie wirklich wissen, wie es um ihre Beziehung steht. Höchstwahrscheinlich werden sie sich selbst gegenseitig und ihre Beziehung idealisieren, anstatt sich mit den wirklichen Gegebenheiten auseinanderzusetzen. Dabei zeigt dieser Aspekt nicht an, daß die Tatsachen etwas sind, wovor man sich fürchten müßte, sondern daß es vielmehr den Betreffenden widerstrebt, auf irgendeine Weise direkt mit ihnen konfrontiert zu werden. Es mag sein, daß ihnen die Wahrheit nicht interessant genug erscheint, um sich damit zu beschäftigen, doch sollten sie dies tun; sonst ist es möglich, daß ein falsches Gefühl von Sicherheit und Wohlbehagen entsteht, und wenn ihre Illusionen dann in sich zusammenstürzen werden, wie dies in einer derartigen Situation häufig der Fall ist, werden sie ausgesprochen ernüchtert und desillusioniert sein.

Desillusion und Enttäuschung sind mit diesem Aspekt nicht unvermeidlich, doch ist ihre Wahrscheinlichkeit weitaus größer, wenn sich die betreffenden Partner nicht mit der Wahrheit auseinandersetzen. Sie sollten miteinander kein Spiel treiben, denn dadurch werden sie sich nur gegenseitig täuschen und verletzen. Noch einmal sei betont, daß sie es vermeiden sollten, einander zu idealisieren. Ihr Partner ist ein wirklicher Mensch mit echten Stärken und Schwächen, die sie akzeptieren lernen müssen. Der Idealismus hat seinen Stellenwert, und der von Natur aus idealistische Charakter dieser Beziehung wird durch die Wahrheit nicht zunichte gemacht werden, auch wenn die Betreffenden dies befürchten. Ihr Optimismus und Idealismus werden sie beide durch schwierige Zeiten führen, wenn sie sich selbst kennen und wissen, was sie aneinander haben. Wenn sie dieses Verständnis nicht besitzen, werden sie nur Enttäuschung finden.

Composit-Jupiter in Konjunktion mit Composit-Pluto

Die Konjunktion von Jupiter/Pluto im Composit-Horoskop zeigt an, daß die beiden Partner zusammengekommen sind, um gemeinsam etwas zu leisten. Wenn Jupiter und Pluto in dieser Form miteinander verbunden sind, so stehen sie symbolisch für eine ausgeprägte Motivation, Erfolg zu haben und wichtige Ziele zu erreichen. Auch die Bedeutung von einer starken Antriebskraft ist möglich.

Diese Beziehung kann viele unterschiedliche Bestimmungen haben, wie beispielsweise Liebe und Zuneigung, Sicherheit, Freundschaft usw., doch in jedem Falle hat ihre Existenz etwas mit einer gemeinsamen Aktivität zu tun. Dies ist einer der allerbesten Aspekte für jede Art von Geschäftsverbindung, weil die beiden Partner gut zusammenarbeiten können und gemeinsam viel leisten. Dies ist ein deutliches Anzeichen für Erfolg und finanziellen Gewinn, wenn darin ein Ziel besteht.

Die Betreffenden sollten jedoch daran denken, daß sie ihre Taktiken — wie bei jeder starken Pluto-Energie — mit Vorsicht einsetzen und alle Formen von rücksichtslosem Verhalten vermeiden müssen; sie werden sonst Widerstand gegenüber ihren Bemühungen hervorrufen, was sie sichtlich darin aufhalten könnte, ihre Wünsche zu realisieren.

In einer Liebesbeziehung äußert sich diese Energie in Form eines starken Verlangens, Veränderungen herbeizuführen, persönlich zu wachsen und die eigene Welt zu erweitern. Diese beiden Menschen werden sich gegenseitig zu verändern suchen, und durch diese Erfahrung werden sie eine sehr starke innere Umwandlung erleben. Diese Planetenverbindung ist ihrem Wesen nach aber derart beschaffen, daß diese Veränderungen keine Schwierigkeiten für die Beziehung darstellen werden. Das persönliche Wachstum, das jeder mit Hilfe des anderen erreicht, wird sich positiv auswirken, wie beide Partner von Anfang an erkennen werden.

Composit-Jupiter im Sextil mit Composit-Pluto

Das Sextil zwischen Jupiter und Pluto im Composit-Horoskop ist ein Aspekt für persönliches Wachstum und günstige Möglichkeiten. Er wird die beiden Partner dazu befähigen, Situationen in vorteilhafter Weise zu nutzen, und sie in dem unterstützen, was sie zu erreichen bemüht sind.

Ungeachtet des Charakters ihrer Beziehung werden sie durch eine Freundschaft miteinander verbunden sein, die ihnen ein größeres Gefühl von Vertrauen und die Fähigkeit gibt, ihre Ziele im Leben zu verfolgen. Gleichzeitig wird diese Partnerschaft ihre Einsicht vertiefen und sie die ihnen zugänglichen Möglichkeiten deutlicher wahrnehmen lassen. Dies wird wiederum ein wachsendes Interesse bei ihnen herbeiführen, mehr über sich selbst erfahren und lernen zu wollen, damit sie ihre günstigen Möglichkeiten weiterhin vergrößern können.

Wahrscheinlich werden die Betreffenden die Feststellung machen, daß ihr inneres Wachstum andere Menschen anziehen wird, die ebenfalls an ihrer Weiterentwicklung interessiert sind und mit denen sie sogar noch mehr als das entdecken können, wonach sie suchen.
Eines sollten sie sich jedoch klar machen: Dieser Aspekt hat nicht so sehr mit ,,Glück'' als mit innerem Wachstum zu tun. Er sorgt dafür, daß die beiden Partner jene Art von positiver Haltung einnehmen werden, die zur Entstehung von Umständen beiträgt, aus denen sie Nutzen ziehen können; mit anderen Worten, obwohl sie Glückspilze zu sein scheinen, haben sie sich in der Tat nur ihre eigenen günstigen Möglichkeiten durch die Beziehung geschaffen, die sie miteinander eingegangen sind.

Composit-Jupiter im Quadrat mit Composit-Pluto

Durch das Quadrat zwischen Jupiter und Pluto im Composit-Horoskop kann es den beiden Partnern Schwierigkeiten bereiten, miteinander zurechtzukommen, weil jeder den Erfolg des anderen als eine Bedrohung für sich selbst ansieht. Daraus ergibt sich ein typisch ,,plutonischer Machtkampf'' und nicht die kooperative Partnerschaft, welche die Betreffenden im Idealfall gern haben möchten. Erfolg in irgendeiner Form ist ein sehr wichtiges Anliegen in dieser Beziehung. Die Energie von Jupiter/Pluto steht sinnbildlich für die Willensstärke und Kraft, zu wachsen und zu expandieren, Erfolg zu haben und es zu etwas zu bringen. Diese Energie kann nicht untätig existieren, ohne den Versuch zu machen, in irgendeiner Art und Weise auf die Welt einzuwirken.

Dies gilt sowohl für die Beziehung der beiden Partner zueinander als auch zu der äußeren Welt. Es bereitet ihnen Schwierigkeiten, die Dinge sich selbst zu überlasen und nicht einzugreifen, wodurch die Gefahr entsteht, daß sich einer von ihnen gegen den anderen wenden oder daß sich die Welt gegen beide zur Wehr setzen wird.

Diese Menschen müssen es lernen, ihren Ehrgeiz und ihre Willensenergie zu mäßigen. Das, was sie gemeinsam erreichen möchten, ist nichts Falsches, doch haben sie nicht die Geduld, es schrittweise in Angriff zu nehmen. Dadurch wird ein Gefühl von Druck oder Zwang bei anderen Menschen oder beiden Partnern selbst hervorgerufen, wenn die Energie dieses Aspektes in ihre Beziehung gelenkt wird, und dieses Gefühl läßt Probleme entstehen. Wenn die Betreffenden lernen, mit größerem Geschick und Zartgefühl vorzugehen, dann werden sie eher das bekommen können, was sie sich voneinander und von der Welt im allgemeinen wünschen.

Composit-Jupiter im Trigon mit Composit-Pluto

Das Trigon zwischen Composit-Jupiter und Composit-Pluto ist ein hervorragender Aspekt für jede Beziehung, in der die beiden Partner gemeinsam an irgendeiner Aufgabe arbeiten oder Veränderungen in der sie umgebenden Welt herbeiführen müssen. Dies ist ein Erfolgsaspekt, der glückliche Umstände mit sich bringt — nicht durch eine Fügung des Schicksals, sondern durch ein ausgezeichnetes Gespür für den richtigen Zeitpunkt, das sich daraus ergibt, wenn sich zwei Menschen in ihren Fähigkeiten gegenseitig ergänzen. Dies ist auch ein Aspekt der Voraussicht: Die beiden Partner können Entwicklungen wahrnehmen, die sie später vielleicht beeinträchtigen werden, während sich diese noch in ihren früheren Stadien befinden und bevor sie einen Punkt erreicht haben, wo nichts mehr daran zu ändern ist.

Diese Menschen ergänzen sich gegenseitig auf eine sehr schöpferische Art und Weise in ihren Ambitionen. Sie möchten gemeinsam Veränderungen in ihrer Welt herbeiführen und werden durch ihre Beziehung die Stärke und Fähigkeit gewinnen, mit deren Hilfe sie alles erreichen werden, wonach sie streben.

Selbst wenn sie miteinander durch schwierige Zeiten gehen, wird die Energie dieses Aspektes es ihnen ermöglichen, sich selbst gemeinsam aus diesen herauszuziehen. Dieser Aspekt kann weitgehend zu der allgemeinen Stabilität einer Partnerschaft beitragen.

Composit-Jupiter in Opposition mit Composit-Pluto

Die Opposition zwischen Jupiter und Pluto im Composit-Horoskop weist die beiden Partner auf die dringende Notwendigkeit hin, sich in den individuellen Moivationen ihres Egos etwas zurückzuhalten. Wenn sie dies nicht tun, so wird ihre Beziehung aus nichts anderem als Konkurrenzkampf und ständigen Versuchen von gegenseitiger Beherrschung bestehen. Irgendein Faktor an dieser Verbindung wirkt als Antrieb, sich gegenseitig kontrollieren und beherrschen zu wollen. Die beste Lösung wäre darin zu sehen, miteinander zu kooperieren und diese Energie nach außen zu lenken. Doch selbst in diesem Falle müssen die betreffenden Partner vorsichtig zu Werke gehen, weil die starken Energien von Pluto leicht dazu führen können, Widerstand bei anderen wachzurufen; sie könnten daher möglicherweise all ihre Zeit damit verbringen, sich gegenüber anderen Menschen zu behaupten, und selbst nur sehr wenig erreichen.

In Extremfällen kann die Energie dieses Aspektes Schwierigkeiten mit Behörden, ja sogar Gesetzeskonflikte verursachen. Es mag vielleicht nicht klar sein, wie es dazu kommt, doch können die Betreffenden dessen sicher sein, daß die Energien von ihnen beiden und der Art und Weise ihres gemeinsamen Agierens ausgehen.

Es bleibt ihnen keine andere Wahl, als diese Antriebskräfte in sich selbst beherrschen zu lernen und, sei es aufeinander oder sei es auf andere, in einer subtileren Art und Weise einzuwirken. Wenn die Energien dieses Aspektes unter einer halbwegs vernünftigen Kontrolle gehalten werden, so können sie sich als recht nützlich erweisen, da sie den Partnern die Antriebskraft und Leistungsfähigkeit geben, das zu erreichen, was sie durchsetzen möchten. Das Problem liegt einfach darin, diese Energien auf kleiner Flamme unter dem Punkt zu halten, wo sie mehr Schwierigkeiten verursachen als beheben können.

Composit-Jupiter in Konjunktion mit dem Composit-Aszendenten

Die Konjunktion von Composit-Jupiter und Composit-Aszendenten ist für jede Art von Beziehung ein sehr positiver Aspekt. Ungeachtet dessen, was sich möglicherweise zwischen den beiden Partnern einmal ereignen kann, wird dies eine Beziehung des persönlichen Wachstums sein, und aufgrund von ihr wird es beiden auf eine entscheidende Art und Weise besser ergehen, als dies vorher der Fall gewesen ist. Wenn Jupiter, das Prinzip des Wachstums und der Entwicklung, eine starke Stellung im Composit-Horoskop innehat, so trägt dies mit dazu bei, eine positive Beziehung zu gewährleisten. In einer geschäftlichen oder beruflichen Verbindung ist dieser Aspekt ein Anzeichen für finanziellen Erfolg. In einer persönlichen Partnerschaft läßt er die Betreffenden eine positive Einstellung zueinander und zu ihnen beiden als Paar einnehmen.

Mit diesem Aspekt kommt es nicht zur Ablenkung durch nebensächliche Angelegenheiten. Beide Partner werden ihre Beziehung von einer großzügigen Perspektive aus betrachten. Weil sie begreifen, daß ihr Zusammensein wichtiger ist, als gegeneinander Punkte zu sammeln, wie dies für soviele andere Paare zutrifft, lassen sie keine kleinliche Verärgerung die Oberhand bei sich gewinnen. Folglich zeigen sie eine weitaus größere Toleranz als die meisten Paare.

Diese Menschen werden feststellen, daß ihr Zusammensein ihren Erfahrungshorizont erweitert, und gemeinsam werden sie neue Aspekte der Welt entdecken, die zu ihrer persönlichen Weiterentwicklung beitragen werden.

Selbst wenn diese Beziehung nicht von Dauer ist, wird jeder von beiden die wichtige Rolle anerkennen, die sie für seine persönliche Erfahrung gespielt hat. Daher werden sie froh darüber sein, daß sie eine solche Erfahrung gemacht haben.

In vielen Fällen kann dieser Aspekt darauf hinweisen, daß diese Partner aufgrund gemeinsamer intellektueller Interessen zusammengeführt worden sind. Oft zeigt Jupuiter im besonderen eine sehr ausgeprägte und tiefgehende Form des persönlichen Wachstums auf einer intellektuellen Ebene an.

Composit-Jupiter im Sextil mit dem Composit-Aszendenten

Das Sextil zwischen Composit-Jupiter und Composit-Aszendent ist ein positives Anzeichen dafür, daß diese Beziehung es den beiden Partnern ermöglichen wird, in jeder von ihnen gewünschten Form zu wachsen und sich persönlich weiterzuentwickeln. In jeder Beziehung wirkt sich dieser Aspekt sowohl auf geistige und spirituelle Entfaltung als auch auf materiellen Wohlstand günstig aus. Das Verhätlnis zwischen den Betreffenden ist natürlich und ohne Anspannung, weil jeder von ihnen als sicher annimmt, daß sein Partner ihn so akzeptiert, wie er ist, und Sorge für ihn trägt. Ungeachtet ihrer sonstigen Verbindung werden diese Menschen auch immer Freunde füreinander sein.

Diese Beziehung wird beide in ihren Idealen anregen und ihnen auch den notwendigen Optimismus über sich selbst und ihren Partner geben, der sie darin unterstützen wird, ihre Ziele zu erreichen. Ihre Idealvorstellungen über sich selbst und ihre Beziehung sind folglich nicht unrealistisch, und es wird ihnen gelingen, auf diese hinzuarbeiten. Beide erweitern gegenseitig ihren geistigen Horizont in der Art, daß sie eine günstige Gelegenheit, wenn eine solche auftaucht, erkennen und zu ihrem Vorteil nutzen können. Dies geschieht jedoch nicht in Form einer Ausbeutung oder Ausnutzung, sondern wenn sie eine solche Möglichkeit wahrnehmen, wissen sie, wie diese zu gebrauchen ist.

In dieser Beziehung wird es nicht das Problem von routinemäßigen Denkgewohnheiten geben, die sich einer Partnerschaft oft dadurch als Hindernis in den Weg stellen, daß sie zwei Menschen dazu veranlassen, sich unbewußt zu reizen und gegeneinander aufzubringen. Diese beiden Partner besitzen die Fähigkeit, diese Gewohnheiten in ihrem wirklichen Wert wahrzunehmen, der gewöhnlich nicht allzu groß ist; dies trägt außerordentlich stark dazu bei, die potentiell rauhen Stellen in jeder Beziehung zu glätten.

Composit-Jupiter im Quadrat mit dem Composit-Aszendenten

Normalerweise in das Quadrat zwischen Composit-Jupiter und Composit-Aszendent ein positiver Aspekt, der zum Gelingen einer Beziehung beiträgt, so daß sich die beiden Partner gegenseitig in dem von ihnen gewählten Lebensweg unterstützen können, anstatt einander in die Quere zu kommen. Dies wird auf zweierlei Art und Weise erreicht.

Einerseits besitzen die beiden Partner ein gewisses Verständnis davon, was sie mit ihrem Leben anfangen, zumindest, was sie gegenseitig betrifft. Außerdem wissen sie ebenfalls, wie sie zusammenarbeiten müssen, damit sie sich gegenseitig unterstützen und fördern. Aufgrund dieser Faktoren bedeutet dieser Aspekt in einer geschäftlichen oder beruflichen Partnerschaft oft eine Hilfe.

Andererseits macht dieser Aspekt es den beiden Partnern leicht, sich gegenseitig in ihrem innersten persönlichen Leben zu bestärken. Sie unterstützen sich in emotionaler Hinsicht und sind bemüht, sich gegenseitig in schwierigen Zeiten beizustehen, wozu auch Phasen von gefühlsbedingten Problemen gehören. Jeder von ihnen hat die Fähigkeit, seinen Partner zu einer positiven Einstellung sich selbst gegenüber zu veranlassen.

Es können jedoch manchmal Probleme auftauchen, und wenn dies der Fall ist, kehren sich viele der positiven Auswirkungen des Quadrates von Jupiter/Aszendent in ihr Gegenteil um. Anstatt, daß sich die beiden Partner gegenseitig in ihrem Ich unterstützen und einander auf ihrem Lebensweg helfen, nutzt einer von ihnen den anderen zu seinem Vorteil aus, so daß dieser vielleicht die zweite Geige zum Ego-Trip seines Partners spielen muß. In einem normalen Horoskop werden die negativen Ausdrucksformen dieses Quadrates nicht mit allzu großer Wahrscheinlichkeit auftauchen, doch ist die Möglichkeit einer Gefährdung groß genug, als daß sie erwähnenswert sein sollte.

Composit-Jupiter im Trigon mit dem Composit-Aszendenten

Das Trigon zwischen Composit-Jupiter und Composit-Aszendent ist für jede Art von Beziehung ein hervorragender Aspekt. Es ist ein Zeichen dafür, daß die beiden Partner dazu in der Lage sind, aus sich selbst heraus ein Wesen auf einer höheren Ebene — die Beziehung an sich — entstehen zu lassen. Außerdem sind sie dazu bereit, in diese Partnerschaft alles das hineinzugeben, was notwendig ist, damit sie für beide zu einer positiven Erfahrung werden kann.
Mit diesem Aspekt in ihrem Composit-Horoskop werden die Betreffenden erkennen, daß die kleinlichen Veränderungen und Meinungsverschiedenheiten, die in jeder Beziehung vorkommen, nicht wichtig genug sind, als daß sie dort Unstimmigkeiten rechtfertigen könnten, wo ansonsten eine sehr gute Situation existieren würde. Die beiden Partner haben eine positive Einstellung zueinander und gegenüber ihrem Zusammensein, und jeder von ihnen bemüht sich darum, auch den anderen eine bejahende Haltung sich selbst gegenüber finden zu lassen. Jedes irritierende Wesensmerkmal, das den einen oder den anderen Partner stört, wird durch konstruktives Wachstum und nicht mittels Kritik berichtigt.

Die Betreffenden zeigen sich gegenseitig an ihrer persönlichen Weiterentwicklung interessiert, und daraus ergibt sich, daß diese Beziehung durch Wachstumsprozesse charakterisiert wird. Ungeachtet dessen, was sich zwischen den Partnern auf die Dauer ereignen wird, werden sie anerkennen, daß diese Erfahrung für beide positiv gewesen ist.

Durch ihr Zuammensein werden ihnen neue Erfahrungen und Möglichkeiten erschlossen werden. Jupiter ist ein Planet des erweiterten Bewußtseins, und wenn er in einem Composit-Horoskop eine starke Stellung einnimmt, wie es hier der Fall ist, wird die Beziehung die beiden Partner darin unterstützen, ihre Bewußtheit der Welt gegenüber weiter auszubilden.

Dieser Aspekt kann sich auch auf der materiellen Ebene manifestieren, insofern als die positiven Energien, die er erkennen läßt, sowohl materiell als auch geistig-spirituell nützliche Dinge anziehen, wenn diese benötigt werden.

Composit-Jupiter in Opposition mit dem Composit-Aszendenten

Die Opposition zwischen Jupiter und Aszendent im Composit-Horoskop sollte nicht als eine gewöhnliche Opposition, sondern als eine Konjunktion des Composit-Deszendenten mit Jupiter angesehen werden. Anstatt, wie viele Oppositionen, schwierig zu sein, ist dies ein sehr positiver und unproblematischer Aspekt in einem Composit-Horoskop.

Dieser Aspekt deutet darauf hin, daß sich die beiden Partner als ,,Team'' für wechselseitiges persönliches Wachstum zusammengefunden haben. Dieses Wachstum kann eine oder auch beide von zwei verschiedenen Möglichkeiten annehmen.

Die erste Ausdrucksform der Jupiter-Energie ist auf der psychologischen und spirituellen Ebene zu sehen. Hier deutet die Position von Jupiter am Composit-Deszendenten darauf hin, daß sich die beiden Partner durch alle widrigen Umstände hindurch gegenseitig bestärken und unterstützen und gleichzeitig auch an den positiven Seiten im Leben des anderen teilhaben werden. Dieser Aspekt sorgt auch für mehr positive Seiten und ,,Lichtpunkte'' in dieser Beziehung, als dies sonst der Fall gewesen sein dürfte. Die Betreffenden haben nicht übermäßig viel aneinander auszusetzen, und jede Kritik, die sie üben, wird aus einer konstruktiven Geisteshaltung heraus angebracht und aufgenommen. Bei beiden Partnern wird die Bewußtheit und das Verständnis von sich selbst und der Welt zunehmen. Ungeachtet dessen, welchen Verlauf diese Beziehung nimmt, werden beide sie als eine positive Erfahrung ansehen.

Die zweite Ausdrucksform zeigt sich auf der materiellen Ebene. Dieser Aspekt deutet darauf hin, daß in dieser Partnerschaft ziemlicher Wohlstand herrschen wird, was ebenfalls eine Folge aus den gleichen Energien ist, wie sie eben beschrieben worden sind. Der Optimismus und die positive Haltung, welche durch diesen Aspekt hervorgerufen werden, ziehen alles das an materiellen Dingen an, was die beiden Partner brauchen mögen — und sie werden ziemlich viel bekommen, wovon sie glauben, daß sie es brauchen können.

Kapitel 11

Saturn

Die Bedeutung von Saturn im Composit-Horoskop

Saturn ist immer ein sehr vielschichtiges und kompliziertes Symbol mit vielen Bedeutungen, von denen einige schwierig zu behandeln sind. Zunächst einmal steht er oft sinnbildlich für jene Bereiche der Beziehung, die vermutlich eine Quelle der Unsicherheit darstellen. Dieses Attribut kann die Handhabung von Saturn sehr schwierig werden lassen, weil es kennzeichnend für Ängste steht, die eine negative Energie erzeugen können, wodurch sich die allerschlimmsten Möglichkeiten bewahrheiten. Die betreffenden Partner müssen lernen, gegenüber jenen Bereichen der Beziehung, die am stärksten von Saturn beeinflußt sind, eine entspannte Haltung einzunehmen.

Saturn verweist auch auf die Begrenzungen der Partnerschaft, die häufig größer erscheinen, als sie tatsächlich sind. Saturn ist ein Prinzip der Hemmung und versinnbildlicht diejenigen Aspekte der Realität, die unsere Bemühungen um Ausdehnung und Wachstum einschränken. Durch den Widerstand von Saturn wird folglich alles sowohl in der Welt der Materie als auch in der Welt der Psyche dazu gezwungen, eine feste und begrenzte Form anzunehmen. Die Position von Saturn im Composit-Horoskop wird sehr viel Aufschluß darüber geben, welche Bereiche der Beziehung höchstwahrscheinlich fest strukturiert und sogar erstarrt sein können, wenn der Einfluß von Saturn ungehindert zum Tragen kommt.

Saturn zeigt nicht immer nur ein schwieriges Gesicht. Sehr häufig verweist er auch auf eine beständige und dauerhafte Beziehung. Die meiste Zeit über wird die Reaktion auf Saturn einfach darin bestehen, daß man die Realität akzeptiert, die er auferlegt, und nichts Unmögliches erwartet. Dadurch wird der enttäuschte Idealismus verhindert, der soviele Liebesbeziehungen problematisch werden läßt. In solchen Fällen ersetzt Saturn den Überschwang durch Verläßlichkeit.

Zu anderen Zeiten wird Saturns Einfluß jedoch eine Beziehung nahezu unmöglich werden lassen. Wenn dies eintritt, so ist dies eine Realität, die akzeptiert werden muß. Wenn die betreffenden Partner mit der Erfahrung von Saturn in der rechten Weise umgehen, so kann sie eine der wichtigsten Möglichkeiten darstellen, wodurch sie lernen, wie sie sich in bestimmten Situationen gemeinsam verhalten werden. Es muß jedoch anerkannt werden, daß dieser Prozeß nicht immer sonderlich angenehm verläuft.

Composit-Saturn im ersten Haus

Saturn im ersten Haus eines Composit-Horoskops kann sich ziemlich unangenehm, wenn auch nicht unbedingt tödlich auf eine Beziehung auswirken. Unter entsprechenden Umständen kann er sich als sehr nützlich erweisen, da er zwei Menschen in einem dauerhaften Zusammenschluß miteinander verbinden kann. Seine Wirkung hängt davon ab, wie mit diesen Energien umgegangen wird.

Unter jeglichen Umständen schiebt Saturn im ersten Haus den beiden Partnern einen Riegel vor, in welchem Maße sie sich selbst nach außen auf die Welt projizieren können, das heißt, seine Auswirkung besteht darin, eine Beziehung sehr in sich abgeschlossen und selbstgenügsam werden zu lassen. Andere werden nicht wissen, was in gefühlsmäßiger Hinsicht zwischen diesen Menschen vorgeht. Wenn sie Schwierigkeiten miteinander haben, werden sie dazu neigen, diese vor anderen verborgen zu halten: selbst wenn sie sehr gut miteinander auskommen und ziemlich glücklich sind, wird dies nicht sofort in die Augen springen. Die Betreffenden werden immer ein ruhiges und reserviertes Auftreten zeigen, was nicht viel über ihre wirklichen Gefühle aussagt.

Im ungünstigsten Falle kann Saturn im ersten Haus Schranken zwischen den Partnern errichten, die sowohl die verbale als auch die nonverbale Kommunikation miteinander sehr erschweren werden. Dies kann sich wie eine Wand zwischen ihnen auswirken. Im allgemeinen ist dies nicht die günstigste Plazierung für Saturn in einem Composit-Horoskop. Wenn eine solche Plazierung jedoch vorliegt und die Betreffenden sich dazu entschlossen haben, die Beziehung einzugehen, so ist die beste Lösung darin zu sehen, wenn sie soviele Schranken wie möglich niederreißen und über alles miteinander kommunizieren. Jeder sollte soweit wie möglich Anteil an seinem Partner nehmen.

Composit-Saturn im zweiten Haus

Saturn im zweiten Haus eines Composit-Horoskops vermittelt einer Beziehung gewöhnlich ein starkes Gefühl von materieller Unsicherheit. In den alten Büchern wurde Saturn im zweiten Haus eines Individualhoroskops als ein Anzeichen für Armut oder Mangel aufgefaßt. Doch weisen viele Millionäre eine Saturnstellung im zweiten Haus auf, und in der Tat hat gerade diese Plazierung sie dazu veranlaßt, vor allen Dingen ein großes Vermögen anzusammeln. Sie haben sich so vor der Armut gefürchtet, daß sie sich durch die Anstrengung, ihr zu entrinnen, fast selbst aufgerieben haben.

Das gleiche trifft auch für ein Composit-Horoskop zu. Geld steht für die beiden Partner im Mittelpunkt des Interesses und ist daher auch eine mögliche

Problemquelle, selbst wenn sie genug davon haben. Sie werden vielleicht so vorsichtig in der Handhabung finanzieller Angelegenheiten sein, daß sie sich keine Freude am Leben gönnen. In ähnlicher Weise kann auch die Angst davor, Geld zu verlieren, alle möglichen Auseinandersetzungen über dieses Thema hervorrufen, so daß Geld zu einer sehr entzweienden Streitfrage zwischen ihnen wird.

Natürlich kann diese Plazierung von Saturn auch zur Folge haben, daß die beiden Partner keine ausreichende materiellen oder finanziellen Mittel besitzen; doch ist es in diesem Falle ihre negative Einstellung, die in Wirklichkeit die günstigen Möglichkeiten vertreibt, Geld zu verdienen oder sich die materiellen Mittel zu sichern, die man erstrebt. Die Betreffenden mögen derart konservativ sein, daß sie nicht einmal die offensichtlichen Gelegenheiten erkennen, etwas gegen ihre Probleme zu unternehmen. Sie halten an den althergebrachten Formen fest, wie sie die Dinge tun, weil sie mit ihnen vertraut sind — selbst wenn ihnen diese in der Vergangenheit einen schlechten Dienst erwiesen haben.

Obgleich sie mit materiellen Mitteln immer vorsichtig umgehen werden, müssen sie lernen, gegenüber neuen Gelegenheiten aufgeschlossen zu sein und von einem positiven Standpunkt aus zu handeln. Diese Einstellung wird eine entscheidende Hilfe sein.

Composit-Saturn im dritten Haus

Saturn im dritten Haus des Composit-Horoskops deutet darauf hin, daß die beiden Partner darauf achten müssen, in dieser Beziehung nicht in starre Denkstrukturen hineinzugeraten. Dies trifft sowohl auf ihre Denkweise als Paar als auch auf die Art ihres Denkens voneinander zu. Diese Hausposition kann beispielsweise anzeigen, daß zwischen den Betreffenden eine echte Kommunikationsschranke besteht, weil jeder von ihnen auf bestimmte Formen des Denkens und Kommunizierens derart fixiert ist, daß er sich davon nicht freimachen und zuhören kann, was sein Partner sagt. Diese Menschen sollten bedenken, daß es immer notwendig ist, die Sprache des anderen zu sprechen. Wie vortrefflich sie sich auch immer in ihrer eigenen Sprache ausdrücken können, wird dies solange nicht von Nutzen sein, wie ihr Partner sie nicht versteht.

Leider ist eine Kommunikationslücke genau das Problem, das Saturn im dritten Haus wahscheinlich hervorrufen wird. Die Betreffenden müssen jede Neigung aufgeben, die sie glauben läßt, daß ihre Denkweise derjenigen ihres Partners überlegen sei, weil die Kommunikation dadurch nur noch weiter erschwert wird.

Saturn im dritten Haus kann die beiden Partner auch dazu veranlassen, mit Begeisterung ihre direkte Umwelt durchzustrukturieren — eine Tendenz, die aus den eben besprochenen Denkgewohnheiten entsteht. Die geistige Ordnungsliebe spiegelt sich in der Art und Weise wider, in der sie ihre Welt planmäßig organisieren. Sie können Unordnung nicht ausstehen und werden alles tun, was in ihren Kräften steht, um diese zu verhindern.

In einer persönlichen Beziehung kann Saturn im dritten Haus auch Schwierigkeiten mit Verwandten herbeiführen. Widerum besteht auch hier die beste Lösung darin, wenn die betreffenden Partner ihre Denkweise verändern und sich um eine Kommunikaticn in der gleichen Sprache wie die Menschen bemühen, mit denen sie reden.

Composit-Saturn im vierten Haus

Composit-Saturn im vierten Haus wird seine schwerwiegendsten Konsequenzen in einer Ehe oder Liebesbeziehung zeigen, in der die beiden Partner miteinander zusammenleben möchten. In dieser Position kennzeichnet Saturn eine mangelnde innere Übereinstimmung, die ein Zusammenleben sehr schwierig werden läßt. Es wird zwar nicht ausgeschlossen sein, aber in diesem Bereich werden die größten Probleme existieren.

Selbst wenn der Einfluß von Saturn unter Kontrolle ist, wird er seine Auswirkungen zeigen. Das häusliche Leben dieser Menschen wird von Kargheit und Strenge gekennzeichnet sein, das heißt, sie werden ihr Heim sehr einfach, schlicht und peinlich sauber halten. Daran gibt es nichts auszusetzen, solange wie dies keine äußere Widerspiegelung von einer inneren Kälte ist.

In jeder Art von Beziehung mit dieser Stellung von Saturn im vierten Haus wird es ein Gefühl von Distanz zwischen den beiden Partnern geben, so als wären sie unfähig, gegenseitig auf einer sehr tiefen, inneren Ebene miteinander in Berührung zu kommen. Wenn sie bewußt Probleme erleben, werden sie sehr tief graben müssen, um die Erklärung dafür zu finden. Diese Probleme sind nicht oberflächlich, und eine oberflächliche Lösung kann ihnen nicht beikommen. Beide Partner werden ihre tiefsitzenden inneren Ängste überwinden müssen, damit sie sich in völligem Vertrauen aufeinander verlassen können. Es ist deshalb wahrscheinlich kein schlechter Plan, wenn sie sich gegenseitig nach und nach besser kennenlernen und es damit nicht eilig haben. Unter günstigen Umständen kann Saturn eine Beziehung sehr dauerhaft werden kassen.

Composit-Saturn im fünften Haus

Saturn im fünften Haus des Composit-Horoskops wird es einer Liebesbeziehung oder Ehe nicht allzu leicht machen, über die allerersten Anfänge hinauszukommen. Das fünfte Haus wird Spaß und Leichtigkeit, Vergnügungen und dem persönlichen Selbstausdruck zugeordnet; außerdem ist es der Bereich der Liebesverhältnisse. Ohne Zweifel ist Saturn hier nicht gerade in seinem Element, denn seine Schwere und Ernsthaftigkeit lassen sich mit dem fünften Haus nicht sonderlich gut vereinbaren. Diese Plazierung bestärkt die Neigung, das leichtbeschwingte Gefühl von Freude einzuschränken, das eine Liebesbeziehung eigentlich zeigen sollte, und diese Freude den Rücksichten auf Pflicht und Verantwortung unterzuordnen.

Jede Beziehung mit Saturn in diesem Haus wird von Gefühlen der Verpflichtung und Notwendigkeit eingehüllt sein. Die beiden Partner scheinen das Gefühl zu haben, daß unter anderen Umständen gar keine Beziehung zwischen ihnen existieren würde — doch da die Dinge nun einmal so liegen, wie sie sind, wollen sie sich eben damit abfinden und das Beste daraus machen. Soviel kann auch zugunsten der betreffenden Partner gesagt werden: Sie werden sich wirklich darum bemühen, das Beste aus dieser Situation zu machen, da sie dem Leben gegenüber realistisch eingestellt sind. Dies ist keine idealistische Liebesromanze. Wahrscheinlich nehmen sie das Leben viel zu ernst, was auf die Dauer dazu führen wird, daß sie Probleme im Vergleich zu ihrer wirklichen Bedeutung unverhältnismäßig übertreiben.

Eine Ehe mit dieser Hausplazierung läßt aufgrund der vorangegangenen Diskussionen den Schluß zu, daß es den beiden Partnern Schwierigkeiten bereiten mag, ihre Liebe füreinander frei und offen zum Ausdruck zu bringen. Dies ist jedoch auch das Haus der Kinder, und Saturn an dieser Stelle führt vielleicht zu einer Ablehnung von Kindern oder kann zumindest Probleme mit ihnen verursachen. Es wäre für die Betreffenden sehr gut, nur ein oder zwei Kinder einzuplanen; wenn sie sich auf dieses eine Kind oder die beiden konzentrieren, dann kann sich diese Hausplazierung in ihren besten Möglichkeiten zeigen.

Composit-Saturn im sechsten Haus

Saturn im sechsten Haus des Composit-Horoskops hat sowohl Stärken als auch Schwächen zu bieten. Dies ist das Haus der Pflicht, Verantwortung und Arbeit und in dieser Eigenschaft eine ausgezeichnete Position für Saturn, der mit vielen der gleichen Werte in Verbindung steht. Gleichgültig, worin der Zweck ihres Zusammenseins besteht, dürften diese beiden Partner dazu in der Lage sein, den von ihnen verlangten Pflichten und Verantwortungen in ihrem Leben gerecht zu werden. Dies ist offensichtlich eine günstige Plazierung für jede Art von beruflicher Partnerschaft, weil hier gearbeitet und etwas geleistet wird.

In einigen Fällen mag das Gefühl von Pflicht und Schuldigkeit dazu neigen, die anderen Bereiche der Beziehung zu erdrücken und sie in Plackerei, in eine widerwillig angenommene Verpflichtung zu verwandeln, anstatt eine spontan freudige und überzeugende Angelegenheit zu sein. Dies wird sowohl im schlechten als auch im guten Sinne eine ,,Arbeitsbeziehung'' sein. Wenn eine solche Situation vorliegt, müssen die Betreffenden irgendeinen Weg finden, eine größere Leichtigkeit zwischen ihnen herzustellen, denn sonst wird ihre Beziehung auf die Dauer keine Chance haben.

Schlimmstenfalls kann eine von Saturn im sechsten Haus geprägte Verbindung beiden Partnern das Gefühl geben, entweder durch den anderen oder durch das innere Wesen der Beziehung selbst unterjocht zu werden. Wenn es jemals zu diesem Punkt kommt, besteht die einzige Lösung darin, die Verbindung für eine Zeitlang abzubrechen, bis die Betreffenden ein Gefühl für die richtige Perspektive im Verhältnis zueinander zurückgewinnen können.

Composit-Saturn im siebenten Haus

Saturn, der Planet der Trennung und Unterdrückung, im siebenten Haus, dem Bereich der Ehe, könnte für eine solche Beziehung als unbedingt verhängnisvoll erscheinen, doch ist dies nicht der Fall. Er ist in dieser Stellung mit jeder Art von Partnerschaft ziemlich gut vereinbar, obwohl er gewisse Probleme entstehen läßt.

Einerseits kann er die beiden Partner zusammenhalten, weil er darauf hindeutet, daß sie sich gemeinsam mit gewissen Schwierigkeiten und Verpflichtungen auseinandersetzen werden müssen. Für sich genommen, läßt diese Hausposition nicht erkennen, ob Liebe das Band ist, das die beiden zusammenhält, wenngleich dies aufgrund anderer Ursachen der Fall sein mag. Die verbindenden Kräfte von Saturn sind Erfordernisse, die in der Welt der Realität erfüllt werden müssen. Zusätzlich zu allen Gefühlen der Zuneigung, die sie füreinander empfinden mögen, sind die Betreffenden durch Pflichten, Verbindlichkeiten und Verantwortungen aneinander gebunden. In der Tat kann Saturn im siebenten Haus zwei Menschen selbst dann zusammenhalten, wenn jeder eigentlich seiner Wege gehen möchte.

Diese Plazierung kann aber auch darauf hinweisen, daß es unter gewissen Umständen zu gar keiner Beziehung kommen wird. Wenn Saturn im siebenten Haus jedoch tatsächlich auf der Ebene des ,,Übeltäters'' wirksam ist, dann ist es höchst unwahrscheinlich, daß diese beiden Menschen überhaupt erst zusammenkommen möchten. Wenn sie sich schon dazu entschlossen haben, eine Beziehung miteinander einzugehen, dann haben sie damit bereits bewiesen, daß Saturn in ihrem Composit-Horoskop nicht auf der übelwollenden Ebene wirksam ist.

Composit-Saturn im achten Haus

Saturn im achten Haus des Composit-Horoskops bezieht sich sowohl auf den gemeinsamen Besitz und die Geldmittel als auch auf die größeren persönlichen Prozesse der inneren Wandlung und Regeneration.

Was den ersten Bereich betrifft, so können die Wirkungen von Saturn im achten Haus insofern seinen Wirkungen im zweiten Haus ähnlich sein, als daß die beiden Partner ein großes Gefühl von Unsicherheit über die gemeinsamen materiellen Mittel haben mögen. Sie können beispielsweise besorgt sein, nicht genügend Geld zu haben — und wie im Falle des zweiten Hauses kann diese Unsicherheit sie tatsächlich dazu veranlassen, ihre Konzentration in einem solchen Ausmaß auf Geld zu richten, daß sie zu Wohlstand kommen. Das eigentliche Problem ist hier die Unsicherheit, nicht irgendein Geldmangel. Es ist jedoch denkbar, daß die Betreffenden Probleme mit dem Geld anderer Menschen haben könnten, wie beispielsweise mit Banken, Finanzierungsgesellschaften usw., und wahrscheinlich wäre es gut, um diese, wenn möglich, einen Bogen zu machen.

Wenn wir uns dem Bereich der Regeneration zuwenden, der durch das achte Haus symbolisiert wird, so kann Saturn hier darauf hinweisen, daß sich die beiden Partner den tiefen Transformationsprozessen widersetzen werden, die in jeder Beziehung stattfinden müssen. Das achte Haus ist das Haus des Todes, sowohl in realer als auch in bildlich-übertragener Bedeutung; es kennzeichnet, mit anderen Worten, sehr wesentlich und grundlegend Veränderungen, die so beschaffen sind, daß das Leben danach nicht mehr das gleiche wie vorher sein wird.

Diese beiden Partner werden sich aber vermutlich vor solchen Veränderungen scheuen und versuchen, feste Strukturen in ihrem Leben zu errichten, die Veränderung in jeder Art verhindern werden. Dieses Verhalten ist jedoch nicht ratsam, weil es sehr schwierig ist, sich gegen die Wandlungsprozesse des achten Hauses zu sträuben, und Widerstand sie nur umso katastrophaler werden läßt, wenn sie dann doch eintreten. Die Betreffenden sollten dem Leben nicht von einer starren Position aus entgegentreten, sondern entspannt und offen für jegliche Veränderungen sein, die sich ergeben mögen, denn diese werden wahrscheinlich eine Wendung zum Besseren bringen.

Composit-Saturn im neunten Haus

Saturn im neunten Haus des Composit-Horoskops kann sich als sehr nützlich erweisen. Er steht kennzeichnend für eine sehr sorgsame und vorsichtige Haltung dem Leben gegenüber. Die beiden Partner werden ihre Zukunft sehr sorgfältig und gründlich planen, so daß sie wahrscheinlich keine unliebsamen Überraschungen von der äußeren Welt aufgrund von Unachtsamkeit erleben werden. Sie besitzen gemeinsam einen ausgeprägten Wirklichkeitssinn; das soll nicht heißen, daß ihnen die Fähigkeit zum Idealismus abgeht, aber sie halten diesen gut unter Kontrolle. Ihre Betrachtungsweise und Einstellung gegenüber der Welt der Realität ist sehr stark durchstrukturiert.

Die beiden sollten jedoch auf der Hut gegen gewisse negative Auswirkungen dieser Position sein. Wenn sie es zulassen, daß der Einfluß von Saturn in diesem Haus allzu stark wird, so kann dies zu einer solchen geistigen Engstirnigkeit und übertriebenen Vorsicht führen, daß die Betreffenden die echten Möglichkeiten übersehen werden, die ihr Weg ihnen bringt.

Diese Plazierung kann auch darauf hinweisen, daß jeder von beiden eine feste Stellung im Leben bezogen hat und nicht so ohne weiteres davon abrücken kann — besonders wenn es um Dinge geht, die den Partner betreffen. Diese Menschen sollten sich sehr davor hüten, daß sie mit Saturns Stellung in diesem Haus nicht an einen Punkt gelangen, wo sie sich nicht mehr mit der Betrachtungsweise des anderen befassen und auseinandersetzen können. Ebenso wie das dritte ist auch das neunte Haus ein Bereich der Kommunikation, doch wenn Saturn allzu einflußreich ist, wird die Kommunikation zwischen den Partnern völlig zum Erliegen kommen. Dies ist für jede Beziehung ein schlechtes Zeichen.

Die Betreffenden müssen, entweder im Hinblick aufeinander oder auf andere Menschen, ein engstirniges und borniertes Denken vermeiden, da dies letztlich jede Partnerschaft zerstören kann.

Composit-Saturn im zehnten Haus

In mancherlei Hinsicht ist Saturn hier in seinem eigenen Haus plaziert. Die Stellung von Composit-Saturn im zehnten Haus hat die Bedeutung, daß der Charakter und die Bestimmung dieser Beziehung für die beiden Partner von sehr großer Wichtigkeit sein werden. Sie werden ihre Ziele ganz genau kennen und sich sehr angestrengt darum bemühen, diese zu erreichen. Diese Plazierung ist möglicherweise günstiger für eine berufliche als für eine persönliche Beziehung, doch wird sie in beiden Fällen keinen Schaden anrichten.

Die betreffenden Partner werden gemeinsam sehr hart dafür arbeiten, damit sie es unter ihren eigenen Bedingungen, wie diese auch beschaffen sein mögen, zu etwas bringen. Beide werden gefühlsmäßig davon überzeugt sein, daß es notwendig ist, so hart zu arbeiten, auch wenn dieses Gefühl vielleicht übertrieben sein mag.

Manchmal kann Saturn in dieser Position diese Menschen zu der Annahme veranlassen, daß die Last der Welt auf ihnen liege. Sie werden sich, ob dies tatsächlich zutrifft oder nicht, gemeinsam ziemlich intensiv darum bemühen müssen, dorthin zu gelangen, wo sie hinkommen möchten. Der Erfolg wird sich nicht von selbst und mühelos einstellen, doch wird er sich dann zeigen, wenn die Betreffenden mit Sorgfalt und Fleiß arbeiten und keine schnellen Abkürzungen einschlagen wollen. Das Gelingen dieser Partnerschaft, worin auch immer ihre Zielsetzung liegen mag, hängt davon ab, daß die gemeinsame Arbeit achtsam und peinlich genau erledigt wird. Wenn diese Partner ihre Arbeit nicht sorgfältig ausführen und damit ein festes Fundament für künftige Handlungen legen, werden sie später auf Schwierigkeiten stoßen.

Wenn sie diesen Ratschlag befolgen, wird ein Saturn im zehnten Haus es andererseits ermöglichen, daß sie ihre Ziele mit großem Erfolg erreichen werden. Dies ist keine schlechte Position für Saturn, aber sie verlangt, daß die beiden Partner ziemlich viele Verpflichtungen übernehmen.

Composit-Saturn im elften Haus

Im elften Haus des Composit-Horoskops ist Saturn in einem der Beziehungshäuser plaziert, denn das elfte Haus steht sinnbildlich für Freundschaft. Dies
kann sich sowohl auf die freundschaftlichen Gefühle der beiden Partner füreinander als auch auf ihre gemeinsamen Freunde als Paar beziehen.

Im ersten Falle schließt Saturn die Freundschaft zwischen diesen Menschen
nicht aus, doch gibt er ihr eine etwas kühle Ausdrucksform; trotzdem können die Betreffenden aber eine sehr dauerhafte Beziehung miteinander haben. Sie werden sich vielleicht ziemlich reserviert gegeneinander verhalten,
doch auch dies schadet gar nichts, da es eine längere Dauer dieser Partnerschaft zuläßt. Saturn im elften Haus kann ein Hinweis auf eine sehr langan-
haltende Verbindung sein.

Das elfte Haus ist auch der Bereich der Ideale, Hoffnungen und Wünsche.
In einigen Fällen kann Saturn darauf hindeuten, daß die beiden Partner sehr
unterschiedliche Ideale haben und daß sie gewöhnlich nicht in der gleichen
Art und Weise auf die Dinge reagieren. Dies kann ihre Zuneigung füreinander vermindern und die Beziehung ziemlich schwierig werden lassen.

Wenn wir uns dem zweiten Aspekt des elften Hauses zuwenden, den Freunden außerhalb der Beziehung, so kann man sagen, daß Saturn, wenn er in
positiver Weise wirksam ist, auf wenige äußere Freunde hinweist, doch die
Freundschaft zu ihnen wird eng und dauerhaft sein. Wenn Saturns Einfluß
sich jedoch nicht günstig auswirkt, dann werden die Betreffenden vielleicht
überhaupt keine Freunde außerhalb ihrer Beziehung haben, und dies wahrscheinlich aufgrund einer gewissen Starrheit, die es ihnen unmöglich macht,
andere an ihrem Leben teilhaben zu lassen.

Composit-Saturn im zwölften Haus

Für Saturn ist das zwölfte Haus eine der schwierigsten Positionen im
Composit-Horoskop. Aus dieser Plazierung ergibt sich, daß es den betreffenden Partnern schwerfallen wird, in einer offenen und direkten Art und Weise
miteinander umzugehen. Ihre Reaktionen aufeinander verlaufen automatisch, so als würden sie aus unbewußten ,,Programmen'' heraus handeln, die
sie weder verstehen noch sonderlich mögen. Oft können sie sich gegenseitig
fragen: ,,Was hat mich denn nun eigentlich dazu gebracht, mich dir gegenüber so zu verhalten?'' Sie werden vielleicht auch den Eindruck haben, daß
sich die Beziehung als Ganzes sehr eingehend auf ihren individuellen Lebensstil auswirkt, und fühlen sich durch diese Erfahrung gehemmt und unterdrückt. In diesem Falle wäre es am besten, weiteren Kontakt zu vermeiden.

Wenn sich diese Menschen jedoch dafür entscheiden, daß sie gemeinsam einen Nutzen füreinander haben und ihre Beziehung fortsetzen möchten, so
müssen sie in der folgenden Weise vorgehen: Vor allen Dingen sollten sie er-

kennen, daß viele der subversiven Taktiken, die sie gegeneinander einsetzen, nicht beabsichtigt sind. Sie scheinen gegenseitig beieinander mechanische „Programme" auszulösen, die selbst dann ablaufen, wenn sie der Situation gar nicht angemessen sind. Daher müssen beide eine sehr große Toleranz gegenüber diesen Strukturmustern entwickeln — nicht nur denen des Partners, sondern auch den eigenen gegenüber. Es ist keineswegs besser, sich selbst fortwährend die Schuld zu geben, als dem anderen die Verantwortung zuzuschieben.

Wenn die beiden Partner lernen können, Nachsicht gegenüber diesen Verhaltensstrukturen zu zeigen, dann werden sie deren Wirkungen auch nicht mehr so ernst nehmen. Dies wiederum wird ihnen dabei helfen, daß sie die Hintergründe dafür verstehen lernen und wissen, wie damit umzugehen ist. Als erstes ist es dafür erforderlich, daß sie die Verhaltensweisen, welche die Beziehung schädigen, nicht so ernst nehmen, weil sie sich dann nicht soviele Sorgen darüber machen müssen, wie sie sich selbst verteidigen können, wenn sie gemeinsam ihre Probleme ananlysieren werden. Sie werden statt dessen all ihre Energien darauf konzentrieren können, eine Erklärung für ihre Probleme zu finden. Wenn sie sich darum bemüht haben, sind sie schon ein gutes Stück auf dem Wege vorangekommen, ihre Beziehung in Gang zu bringen, denn das Entscheidende dabei ist die anfängliche Verpflichtung dafür.

Composit-Saturn in Konjunktion mit Composit-Uranus

Die Konjunktion von Saturn/Uranus im Composit-Horoskop weist auf Spannung und Konflikt zwischen den beiden Partnern hin. Der eine von ihnen möchte frei und unbehindert sein, während der andere diesen Wunsch einschränkt. Diese Situation ist explosiv und kann zu plötzlichen Zornesausbrüchen führen, wenn seit langem unterdrückte Spannungen an die Oberfläche kommen. Solche Ausbrüche von Energie können unvermittelt auftauchen und eine Beziehung auseinanderbrechen lassen, die einige Zeit lang ruhig und glatt zu verlaufen schien. Der Ausgang kommt sowohl für die Betroffenen als auch für die Menschen in ihrer Umgebung überraschend.

Mit dieser Konjunktion in ihrem Composit-Horoskop ist es für die Partner empfehlenswert, nicht mit ihren Gefühlen hinterm Berge zu halten. Wenn immer Spannungen zwischen ihnen entstehen, sollten sie darüber sprechen und nicht die Hoffnung haben, daß sie schon von selbst verschwinden werden, denn dem wird nicht so sein. Probleme, mit denen man sich nicht unverzüglich beschäftigt und auseinandersetzt, senken sich in verborgene Tiefen herab und brechen dann später, wenn der Druck allzu groß wird, ohne Vorwarnung explosionsartig hervor.

Die Neigung dieser Partner, ihre Gefühle zurückzuhalten, kann sich jedoch während kurzer Spannungsphasen oder schwieriger Situationen als sehr nützlich erweisen. Es wird bisweilen den Anschein haben, als würden die beiden alles miteinander verkraften können. Wenn eine solche Phase vorbei ist, sollten sie sich aber vergewissern, daß alle Geschehnisse und gefühlsmäßigen Konsequenzen dieses Zeitraums abgeklärt sind, denn sonst werden diese Teil eines etwaigen Gefühlsausbruchs sein.

Composit-Saturn im Sextil mit Composit-Uranus

Das Sextil zwischen Composit-Saturn und Composit-Uranus ist ein Aspekt der Ausdauer und des Durchhaltevermögens. Die beiden Prinzipien von Saturn und Uranus, die ihrer Natur nach einander ziemlich entgegengesetzt sind, zeigen sich hier in einem schöpferischen Gleichgewicht. Dieser Aspekt gibt einer Beziehung die Eigenschaften von Ausdauer und Geduld sowie die Fähigkeit, sehr viel an Spannung und Belastung durchzustehen. Die beiden Partner lassen sich nicht durch vorübergehenden Ärger irritieren, so daß sie nicht bei jeder winzigen Schwierigkeit, die zwischen ihnen auftaucht, aus dem Häuschen geraten; lediglich den größeren Problemen schenken sie Beachtung. Die Geduld mag aber zu weit getrieben werden, und es kann sich Spannung zwischen ihnen aufbauen, wenn sie nicht irgendeine Möglichkeit finden, diese freizusetzen; die explositionsartigen Gefühlsausbrüche, zu denen es dann schließlich doch kommt, werden ziemlich spektakulär sein.

In der sie umgebenden Welt erkennen diese beiden Menschen ein Gleichgewicht zwischen dem Unerforschten, dem Neuen und Ungewohnten einerseits und den alten, verläßlichen Werten der Vergangenheit andererseits. Dieser Standpunkt führt auch zu einer ausgewogenen Denkweise innerhalb ihrer Beziehung. Wenn sie gemeinsam etwas planen, so gehen sie diese Aufgabe in einer praktischen und disziplinierten Art und Weise an, die es dennoch zuläßt, daß sie neue Prinzipien aufgreifen und zur Anwendung bringen.

Obgleich dieser Aspekt, für sich genommen, noch keine sehr starke Anziehung zwischen den Partnern herbeiführt, wird er zu der Stabilität ihrer Verbindung beitragen.

Composit-Saturn im Quadrat mit Composit-Uranus

Das Quadrat zwischen Composit-Saturn und Composit-Uranus ist in den Horoskopen der in den frühen fünfziger Jahren Geborenen ziemlich gebräuchlich. Dieser Aspekt mag vielleicht zum Teil für die allgemeine Instabilität von Partnerschaften in dieser Generationsgruppe verantwortlich sein, denn er kennzeichnet eine heftige Spannung, die häufig zu Beziehungsabbruch und Trennung führt.

Wenn dieser Aspekt eine starke Stellung im Composit-Horoskop einnimmt, dann wird es den betreffenden Partnern schwerfallen, mit den zwischen ihnen auftauchenden Spannungen umzugehen. Anstatt daß sie sich mit jeder Reizung und Veränderung auseinandersetzen, wenn diese entsteht, lassen sie Spannungen sich bis hin zu einem Punkt aufbauen, wo sie am Ende ihrer

Kräfte angelangt sind. Ohne Zweifel müssen diese Menschen es lernen, sich dann mit ihren Problemen zu beschäftigen, wenn sie entstehen, ohne daß diese sich aufbauen können. Sie mögen vielleicht der Annahme sein, daß die unverzügliche Auseinandersetzung mit ihnen noch größere Unannehmlichkeiten verursachen wird, weil Gereiztheit und Verärgerung so häufig vorkommen. Unglücklicherweise aber gehören häufige und kleinliche Irritationen zu den Auswirkungen dieses Quadrates; dennoch wird es mit diesen weitaus schlimmer, wenn sie unterdrückt oder verdrängt werden, weil sie dann überhaupt nicht mehr geklärt werden können. Wenn es zugelassen wird, daß die Situation diesen Punkt erreicht, ist jegliches Gefühl erloschen, und es gibt kaum noch etwas zu retten. Soweit sollte man es nicht kommen lassen.

Composit-Saturn im Trigon mit Composit-Uranus

Das Trigon zwischen Composit-Saturn und Composit-Uranus läßt keine sonderlich freie und offene Beziehung entstehen. Immer wird eine gewisse untergründige Spannung und ein Gefühl von Einschränkung zwischen diesen Partnern bestehen. Trotzdem können sie diese Spannung in ziemlich kreativer Weise nutzen, da sie es ihnen ermöglicht, sich mit Problemen zu beschäftigen, womit sich die meisten Paare gar nicht auseinandersetzen können. Dies gelingt jedoch nur dann, wenn zwischen den spannungsgeladenen Phasen lange Zeiträume des Loslassens und Ent-Spannens liegen; wenn dies nicht der Fall ist, dann wird sich die Spannung schließlich immer höher aufbauen und explosionsartig entladen, was der Beziehung ein für allemal ein Ende setzen wird.

Dieser Aspekt wirkt sich günstig auf die Planung und den systematischen Aufbau des gemeinsamen Lebens der Partner aus. Uranus läßt sie neue Möglichkeiten erkennen, wie die Dinge zu tun sind, während Saturn dafür sorgt, daß sie umsichtig und gründlich vorgehen. Gleicherweise werden sich auch ihre gemeinsamen Ansichten über die Welt in einem ausgewogenen Gleichgewicht zwischen dem Alten und dem Neuen halten, so daß sie das Beste aus beiden Bereichen erfahren werden.

Dieser Aspekt könnte sich als sehr nutzbringend erweisen, wenn die betreffenden Partner in der Absicht zusammengekommen sind, andere zu lehren. Alle Verbindungen von Saturn/Uranus verleihen eine gewisse Befähigung zum Lehren, doch am besten eignet sich das Trigon dafür. Ein Lehrer muß immer darum bemüht sein, zwischen der Vermittlung von Wissen und Disziplin (Saturn) einen Ausgleich zu finden. Durch das Trigon in ihrem Composit-Horoskop ergänzen sich die beiden Partner gegenseitig, so daß sie gemeinsam diese Fähigkeit besitzen werden, selbst wenn sie in jedem von ihnen individuell nicht so gut entwickelt ist.

Composit-Saturn in Opposition mit Composit-Uranus

Die Opposition zwischen Composit-Saturn und Composit-Uranus kann sich für eine Beziehung als ziemlich problematisch erweisen. Sie deutet auf einen Spannungszustand hin, der sich aus der Tatsache ergibt, daß einer von beiden das Gefühl hat, der andere wolle seinen persönlichen Lebensstil total in einen Schraubstock hineinzwängen, während der „restriktive" Partner den ersten als eine aufrührerische und zerstörerische Kraft erlebt. Wenn noch große Kommunikationsschwierigkeiten zwischen den Betreffenden hinzu kommen, so daß der innere Druck nicht freigesetzt wird, hat man eine höchst spannungsgeladene Situation erhalten. Wahrscheinlich wird es diesen Menschen sogar schwerfallen, sich im Beisein des anderen zu entspannen.

Wenn diese Beziehung über das Anfangsstadium hinauskommt, wird bei diesem Aspekt immer noch das bedenkliche Problem existieren, daß sich Spannung aufbaut, anstatt nach und nach abgelassen zu werden. Dieses Problem führt dazu, daß viele derartige Partnerschaften plötzlich und ohne vorherige Anzeichen ein Ende finden. Dies ist eindeutig eine Situation, wo es nur die einzige Lösung gibt, daß man lernt, schrittweise „Dampf abzulassen" und sich Luft zu machen. Diese Menschen sollten häufig darüber sprechen, was zwischen ihnen vorgeht und dabei versuchen, so ehrlich wie nur möglich zu sein. Ihr hauptsächliches Ziel sollte darin bestehen, die Wahrheit ganz genau festzustellen und keine Vorteile gegeneinander erzielen zu wollen. Auf diese Art und Weise wird es ihnen gelingen, die Energie herauszulassen und die Spannung freizusetzen, bevor sie einen bedenklichen Punkt erreicht; sonst wird diese Partnerschaft nicht sehr glücklich verlaufen oder von Dauer sein.

Composit-Saturn in Konjunktion mit Composit-Neptun

Die Konjunktion von Composit-Saturn und Composit-Neptun kann mit einigen merkwürdigen und schwierigen Problemen aufwarten. Mit ziemlicher Wahrscheinlichkeit wird diese Beziehung beide Partner in ihren gewohnten Betrachtungsweisen der Welt in Frage stellen und herausfordern. Diese Herausforderung wird nicht stürmisch und revolutionär verlaufen, wie es für Uranus charakteristisch ist, sondern eher die Form einer ruhigen und fast unmerklichen Veränderung annehmen, so daß die beiden Partner eines Tages feststellen werden, daß sie überhaupt nicht mehr verstehen, was eigentlich vorgeht. Beide werden mit Sicherheit Verwirrung und möglicherweise Angst vor dem zeigen, was sich nicht begreifen. Eine stark plazierte Konjunktion von Saturn/Neptun ist nicht gerade günstig, wenn die Betreffenden in einer Situation aufeinander angewiesen sind, die große geistige Kraft und Einsicht verlangt, wenn etwas geleistet oder erreicht werden soll.

Es gibt eine Möglichkeit, mit den Energien dieses Aspektes in einer Beziehung umzugehen, wenn die beiden Partner es lernen können, außerordentlich flexibel zu sein. Die Verbindung von Saturn/Neptun kennzeichnet, in welcher Weise sie ihre Wahrnehmung der Realität durchgliedern und zusammenfügen. Wenn sie sich selbst dazu bringen können, zu entspannen und mit diesen Energien zu fließen, so kann diese Beziehung ihnen eine vollkommen neue Möglichkeit bieten, ihrer Welt Struktur zu geben; dadurch wird sich ihre Fähigkeit, mit dem Leben umzugehen und fertig zu werden, in beträchtlichem Maße vergrößern. Deshalb kann diese Beziehung wertvoll und nützlich sein — wenn sie auch nicht immer sonderlich angenehm sein wird. Beide Partner werden sich aber diesem Aspekt ihrer Beziehung heftigst widersetzen und von Furcht, Verwirrung, Unsicherheit und besonders von Selbstzweifeln bedrängt werden. Jeder von ihnen mag das Gefühl haben, daß sein Glaube an sich selbst durch das Verhältnis seines Partners untergraben werde.

Wenn dies hier der Fall ist, dann wird durch die Situation etwas bei diesen Menschen enthüllt, was nicht stark genug ist. Anstatt davor zu fliehen, sollten sie versuchen, Einsichten in das Geschehen zu gewinnen. Selbst wenn sie der Meinung sind, durch diese Beziehung fürchterlichen Schaden erlitten zu haben, sollten sie anerkennen, daß sie eine schwache Seite besitzen, der sie sich widmen müssen. Diese sollten sie erkennen lernen, damit sie sich in Zukunft nicht immer wieder damit auseinandersetzen müssen.

Die Energie dieser Verbindung von Saturn/Neptun wird das bisherige Selbstverständnis der Betreffenden in einer Partnerschaft in die Brüche gehen lassen, doch kann sie auf die Dauer auch eine neue und wahrheitsgemäßere Verstehensweise hervorrufen.

Composit-Saturn im Sextil mit Composit-Neptun

Das Sextil zwischen Composit-Saturn und Composit-Neptun deutet darauf hin, daß es den Partnern in dieser Beziehung gelingen wird, ein Gleichgewicht zwischen dem Ideellen und dem Realistischen, zwischen Ideal und Wirklichkeit aufrechtzuerhalten. Im Falle einer persönlichen Beziehung werden sie beispielsweise versuchen, das, was sie von sich selbst und voneinander wissen, so einzusetzen, daß sie Fortschritte machen und sich zu dem entwickeln können, was sie einmal werden möchten. Sehr häufig besteht die Wirkung einer harmonischen Verbindung von Saturn/Neptun, wie diese es ist, darin, daß die Betreffenden auf ein Ideal hinarbeiten, indem sie sich auf die eine oder andere Weise selbst verleugnen. Dieser Aspekt steht sinnbildlich für Askese und Entsagung. Als eine Möglichkeit, dieses Prinzip zu verstehen, kann man es sich als die Idealisierung (Neptun) von Disziplin und schmuckloser Kargheit (Saturn) vorstellen. Als Paar können diese beiden Menschen mit sehr wenig auskommen, weil sie sehr wenig haben möchten.

Der gleiche Hang zur Kargheit und Strenge läßt es auch unwahrscheinlich werden, daß dies eine sexuelle Beziehung sein wird, wenn nicht viele andere Anzeichen dafür existieren. Der Grund dafür ist nicht in inneren Widerständen und Verdrängungen zu sehen, wie dies gewöhnlich bei Saturn der Fall ist, sondern erklärt sich daraus, daß Neptun die physische Welt ableugnet und diese Planetenverbindung Strenge und Nüchternheit idealisiert. Ein Paar mit diesem Aspekt würde wahrscheinlich nicht einmal den Wunsch nach einer sexuellen Beziehung haben.

Auch andere Arten von Partnerschaften mit diesem Aspekt werden verhalten und diszipliniert sein; doch wird sich diese Tatsache nicht trennend auswirken, sondern kann die Betreffenden tatsächlich sogar zusammenhalten.

Composit-Saturn im Quadrat mit Composit-Neptun

Wenn das Quadrat zwischen Saturn und Neptun eine starke Stellung innerhalb des Composit-Horoskops einnimmt, kann es einige Schwierigkeiten geben, da dieser Aspekt dazu neigt, das (Selbst-) Vertrauen zu untergraben und Angst und Unsicherheit hervorzurufen. Die Wirkung von Neptun zeigt sich darin, die solide, physische Grundlage der Welt dadurch aufzulösen und zu schwächen, daß er die Dinge ungewiß und unklar erscheinen läßt — und den gleichen Einfluß übt dieser Aspekt auch auf eine Beziehung aus.

Manchmal besteht ein Konflikt zwischen Realismus und Idealismus in dieser Beziehung. Es mag den Anschein haben, daß das Ideal, wonach die beiden Partner streben — beispielsweise wie ihre Beziehung oder ihre gefühlsmäßige Einstellung zueinander sein sollte oder irgendein anderes Ideal, wofür sie sich gemeinsam einsetzen möchten —, durch die Verhältnisse und Bedingungen in der realen Welt ganz und gar unmöglich gemacht wird. Häufig kann diese Überzeugung die beiden Partner pessimistisch oder deprimiert werden lassen. Dieser Aspekt ist nicht gerade bekannt dafür, einen guten, leichtbeschwingten Sinn für Humor hervorzurufen.

Die Betreffenden dürfen jedoch nicht vergessen, daß die Situation selten einmal so schlecht ist, wie sie mit diesem Aspekt erscheinen mag. Viele der scheinbar deprimierenden Umstände sind nichts weiter als Illusion, und daher müssen sie diese Täuschung umgehen und zu der wahren Realität Zugang finden, mit der es gewöhnlich gar nicht so schlimm bestellt ist. Diese Menschen sollten nicht die Bedingungen akzeptieren, so wie sie sich auf den ersten Blick in dieser Beziehung zeigen, und nicht die Suche nach dem aufgeben, was sie sich wünschen. Wenn sie sich doch in dieser Weise verhalten, so werden sie sich damit nur gegenseitig schwächen und in ihrer Fähigkeit untergraben, mit der Welt klarzukommen — und dies ist offensichtlich nicht gerade ein wünschenswertes Ergebnis.

Composit-Saturn im Trigon mit Composit-Neptun

Das Trigon zwischen Composit-Saturn und Composit-Neptun erzeugt Strenge und Einfachheit im persönlichen Selbstausdruck, Selbstverleugnung oder sogar Askese und Entsagung. Wenn dieser Aspekt im Horoskop deutlich betont ist, so ist es unwahrscheinlich, daß die beiden Partner allein „aus Spaß an der Freude'' eine Beziehung miteinander eingegangen sind. Es ist weitaus wahrscheinlicher, daß sie dabei eine höhere Absicht im Auge hatten, die vielleicht Disziplin und die Ausrichtung auf eine Ideal einschließen kann. Sie können auch deshalb zusammengekommen sein, um gemeinsam einer spirituellen Zielsetzung zu folgen. Doch selbst wenn ihre Aufgabe geschäftlicher oder beruflicher Natur ist, werden diese beiden Menschen sich sehr angestrengt darum bemühen, ihr Vorhaben zu realisieren, und sich selbst nur sehr wenig gönnen. Vielleicht mögen auch Arbeit und Disziplin selbst das Ideal sein, wonach sie streben.

Ohne Zweifel läßt sich diese Ausdrucksform gewöhnlich nicht in einer Liebesbeziehung finden, eine idealisierte und platonische Verbindung einmal ausgenommen. Die Selbstverleugnung und Disziplin, welche für diesen Aspekt charakteristisch sind, werden jedoch spontane Selbstäußerung und keine erzwungene Bedingung sein, womit sich die Betreffenden nur widerwillig abfinden können.

Composit-Saturn in Opposition mit Composit-Neptun

Die Opposition zwischen Composit-Saturn und Composit-Neptun läßt darauf schließen, daß die beiden Partner ziemlich widersprüchliche und unvereinbare Ideale haben und sich gegenseitig in ihren Realitätsbegriffen ständig in Frage stellen und herausfordern werden. Die Gefahr besteht darin, daß sie ihr Selbstvertrauen gegenseitig systematisch bis hin zu dem Punkt schwächen, wo beide weniger dazu imstande sein werden, mit der Welt umzugehen, als sie dies vorher gewesen sind. Negative Saturn/Neptun-Energien können sowohl zu Furcht, Depression, Schwermut und einem Gefühl von Sinnlosigkeit als auch zu materieller Not und Entbehrung führen. Die materielle Entbehrung ergibt sich jedoch gewöhnlich als Folgeerscheinung aus den negativen psychologischen Energien, die dieser Aspekt hervorruft. Man muß erst darauf vertrauen, daß etwas möglich ist, bevor man sich an seine Fersen heften wird.

Diese beiden Menschen müssen erkennen lernen, daß sie ihre Beziehung wahrscheinlich schlimmer erscheinen lassen, als sie es ist. Sie sollten sich sehr davor hüten, aus einer Mücke einen Elefanten zu machen und ihre Probleme unverhältnismäßig stark zu übertreiben. Darin besteht eine der Hauptgefahren bei diesem Aspekt.

Gleichzeitig ist es unbedingt notwendig, daß sie ganz und gar ehrlich zueinander sind. Andernfalls wird ihre Beziehung jedesmal, wenn sie entdecken, daß ihr Partner sie getäuscht oder belogen hat, immer schwächer und kraftloser werden, bis schließlich nur noch Argwohn und Mißtrauen übriggeblieben ist.

Composit-Saturn in Konjunktion mit Composit-Pluto

Die Konjunktion von Saturn/Pluto im Composit-Horoskop deutet darauf hin, daß die beiden Partner vielleicht gemeinsam schweren Zeiten entgegensehen mögen und sehr hart darum kämpfen werden müssen, sich über Wasser zu halten. Diese Probleme werden aber schwerlich in der Beziehung selbst eintreten, sondern es ist wahrscheinlicher, daß die beiden Partner Schwierigkeiten mit der äußeren Welt erleben werden.

Sie mögen beispielsweise Phasen mit finanziellen Engpässen oder Zeiträume durchzustehen haben, wo sich alles gegen sie zu wenden scheint. Dieser Aspekt verleiht jedoch gleichzeitig auch eine außerordentlich starke Widerstandskraft gegen mißliche Umstände. Gleichzeitig werden diese Partner eine Art von robustem Durchhaltevermögen besitzen, um das die Menschen sie beneiden werden. Sie werden das überstehen, was andere zu Fall bringt.

Obgleich dieser Aspekt nicht der einfachste ist, kann er eine Beziehung aufgrund der Robustheit, die er überträgt, tatsächlich sogar stärken. Wenn die beiden Partner gemeinsam eine Reihe von Schwierigkeiten durchgestanden haben, mögen sie gleichzeitig entschiedener davon überzeugt sein, daß sie zusammenbleiben sollten. Man könnte vielleicht sagen, daß sie auf widrige Umstände günstig ansprechen; diese sind eine Herausforderung, der sie die Stirn bieten können und die sie wachsen läßt.

Composit-Saturn im Sextil mit Composit-Pluto

Das Sextil zwischen Composit-Saturn und Composit-Pluto kann dieser Beziehung eine beachtliche Überlebenskraft geben. Es ist, für sich genommen, kein Hinweis darauf, daß die beiden Partner zueinander hingezogen werden, doch wenn dem so ist, so kann dieser Aspekt ihnen dabei helfen, mit den schwierigen Phasen fertig zu werden, die in jeder Beziehung einmal auftauchen können. Saturn wirkt sich gleichzeitig verlangsamend und bestärkend auf die Transformationsprozesse aus, die durch Pluto versinnbildlicht werden; daraus ergibt sich, daß diese Partnerschaft widerstandsfähiger gegenüber den negativen Auswirkungen der Veränderungen ist, die sich im Umkreis der beiden Partner abspielen mögen.

Andererseits muß aber betont werden, daß dieser Aspekt eine Beziehung auch resistenter gegenüber positiven Veränderungen machen kann. Alle Sextile und Trigone wirken sich bis zu einem gewissen Grade hemmend auf Veränderungen aus, während einer der Schlüsselbegriffe hinter der Verbindung von Saturn/Pluto die Veränderung von Struktur ist. Daher hemmen die Energien des Sextils die normale Ausdrucksform dieser Planetenverbindung.

Während die Ausdauer und Zähigkeit, welche dieser Aspekt der Beziehung verleiht, wünschenswert sind, sollten sich die betreffenden Partner vergewissern, daß sich diese nicht zu Härte und Starrheit entwickeln. Sie sollten sich selbst immer offen gegenüber notwendigen Veränderungen halten, denn sonst werden sie feststellen, daß ihre Beziehung unglaubwürdig geworden ist — nichts weiter als ein Wust von gewohnheitsmäßigen Reaktionen aufeinander und kaum echten Gefühlen oder wirklichen Denkprozessen.

Composit-Saturn im Quadrat mit Composit-Pluto

Das Quadrat zwischen Composit-Saturn und Composit-Pluto verursacht Schwierigkeiten. Einer der beiden Partner wird das Gefühl haben, daß er in Ketten kämpft, die der andere geschmiedet hat, daß die Beziehung einschränkend ist und sich hemmend auf seine natürliche Weiterentwicklung auswirkt. Dies wird höchstwahrscheinlich nicht einseitig sein, sondern jeder von beiden wird den anderen zu unterschiedlichen Zeiten auf diese Weise beeinträchtigen.

Vielleicht mögen die Energien dieses Aspektes aber auch nicht direkt erfahren werden. Die Verbindung von Saturn/Pluto scheint die Wirkung zu haben, eine Knappheit oder einen Mangel an irgend etwas hervorzurufen, was lebenswichtig erscheint, so daß die beiden Partner nicht immer das haben werden, was sie möchten oder brauchen — ob dies nun materielle Bequemlichkeit oder psychologischer Beistand ist. Irgendein Faktor in der Dynamik ihrer Interaktion miteinander läßt diese Situation entstehen. Als Folge daraus ist ihre Bewegungsfreiheit sehr stark behindert, und sie werden sich gegenseitig die Schuld an diesem Problem geben.

Die Betreffenden sollten jedoch erkennen, daß die Dynamik ihrer Partnerschaft, und nicht die Person des anderen, das Problem ist; beide leisten, mit anderen Worten, ihren Beitrag zu der Situation. Bevor sie sich diese Tatsache nicht eingestehen, werden sie keinerlei Probleme klären können, die sich ihnen in den Weg stellen.

Eine derartige Beziehung kann sich ziemlich unerfreulichen Verhältnissen ausgesetzt sehen, die sich meistens in der Form von wachsender gefühlsmäßiger Kälte und Distanz zwischen den beiden Partnern zeigen. Von dort aus können sie leicht zu dem Punkt gelangen, wo sie sich heftig gegen den anderen zur Wehr setzen und um jeden Preis aus der Beziehung ausbrechen möchten. Wenn irgend etwas für ihre Verbindung spricht und sie diese wieder in Gang bringen wollen, so müssen sie erkennen, wie sie diese Situation geschaffen haben. In welcher Form schränken sie sich gegenseitig ein — nicht nur durch Handlungen, sondern auch durch ihre Geisteshaltung? Schwächen sie einander auf irgendeine Art und Weise? Sie sollten sich selbst diese Fragen stellen, und zwar nicht, um sich gegenseitig Recht oder Unrecht zu beweisen, sondern nur um der Wahrheit willen.

Composit-Saturn im Trigon mit Composit-Pluto

Das Trigon zwischen Composit-Saturn und Composit-Pluto verleiht einer Beziehung eine gewisse Zähigkeit und Festigkeit, was sich sowohl zum Guten als auch zum Schlechten hin auswirken kann. Auf der positiven Seite befähigt dieser Aspekt die beiden Partner dazu, mit ziemlich schwierigen Zeiten fertig zu werden, ohne sich davon unterkriegen zu lassen. Sie können ziemlich viele Härten einstecken — sei es voneinander oder sei es von der äußeren Welt. Sie entwickeln eine Betrachtungsweise der Welt und ihrer Beziehung, die zu ihrem Verständnis beiträgt, warum die Verhältnisse unangenehm sein können, und sie widersetzen sich dem Gefühl von Panik, das manchmal eine Beziehung zerstört, wenn es mulmig wird.

Andererseits ist es möglich, mit diesem Aspekt starr und nicht mehr anpassungsfähig zu werden. Ungeachtet dessen, wie groß der Druck auch sein mag, werden die Betreffenden vielleicht überhaupt nicht mehr dazu fähig sein, sich dem zu beugen und die notwendigen Anpassungen vorzunehmen, welche die Fortdauer ihrer Beziehung ermöglichen und Zufriedenheit auf beiden Seiten zur Folge haben könnten.

Diese Menschen sollten unbewußte Gewohnheiten im Umgang miteinander zu vermeiden suchen. Ihre Beziehung macht es — wie jede andere auch — erforderlich, daß sie von Zeit zu Zeit Veränderungen vornehmen; aufgrund der gewohnheitsmäßigen Strukturen, die sie unbewußt miteinander aufgebaut haben, neigen sie jedoch dazu, sich gegen diese Veränderungen zu sträuben. Sie sollten es lernen, an jede Situation so heranzugehen, als hätten sie diese noch niemals zuvor erlebt, und die gleiche neue und unverbrauchte Taktik darauf anzuwenden, die sie beim erstenmal dafür herangezogen hätten. Wahrscheinlich werden sie erkennen, daß diese Situation nun eine ganz andere ist und daß sie ihr eine Ähnlichkeit zugeschrieben haben, die tatsächlich gar nicht existiert hat.

Composit-Saturn in Opposition mit Composit-Pluto

Wenn die Opposition zwischen Composit-Saturn und Composit-Pluto eine starke Stellung im Horoskop einnimmt, so kann sie ziemlich viel Spannung zwischen den beiden Partnern verursachen, die sich in Form von recht explosiven und leidenschaftlichen Gefühlsausbrüchen äußern wird.

Zu diesem Problem kommt es, weil die Starrheit und Unbeweglichkeit von Saturn mit der unwiderstehlich verwandelnden Kraft von Pluto zusammenstößt. Eine Analogie dafür läßt sich in der Theorie von der Kontinentalverschiebung finden, wobei sich die kontinentalen Landmassen fast unbemerkt zusammenschieben, der angesammelte Druck aber Gebirge in die Höhe schleudert und Erderschütterungen von erschreckender Heftigkeit erzeugt. Eine Beziehung, wo dieser Aspekt hervorgehoben ist, läßt sich damit vergleichen. Beide Partner verändern sich ständig, zwar langsam, aber kraftvoll und nachhaltig, doch agieren sie in einer solchen Weise, daß es ihnen schwerfällt, Veränderungen geschehen zu lassen. Das hat zur Folge, daß sich diese nicht nach und nach, sondern ganz plötzlich in Form einer alles überschwemmenden „Sintflut" äußern.

Wenn es zu einem Gefühlsausbruch kommt, dann deshalb, weil einer von beiden jegliche Hoffnung verloren hat, daß es möglich sei, mit dem anderen klarzukommen und irgendeine Art von konstruktiver Veränderung herbeizuführen. Wenn der Druck allzu groß wird, wird derjenige schließlich in Zorn geraten und seinem Herz Luft machen — nicht, um damit seinen Partner zu verändern, sondern um den übermächtigen Gefühlen freien Lauf zu lassen, die sich aufgespeichert haben.

Wenn einer der beiden Partner starr und unbeugsam ist, dann muß er lernen, dies nicht zu sein. Er darf es nicht zulassen, daß seine Vorstellungen und Überzeugungen unverändert und hartnäckig fortbestehen, und sollte damit nicht warten, bis der Druck so groß ist, daß er die Situation nicht mehr so ohne weiteres im Griff hat.

Composit-Saturn in Konjunktion mit dem Composit-Aszendenten

Die Konjunktion von Composit-Saturn und Composit-Aszendent kann mehrere, sehr unterschiedliche Wirkungen zeigen, was von anderen Faktoren in der Beziehung abhängig ist.

Auf der positiven Ausdrucksebene kann dieser Aspekt ein Anzeichen für eine Beziehung sein, die so fest zusammengehalten wird, daß fast nichts sie zerbrechen lassen kann. Dies rührt nicht einmal daher, weil eine positive Anziehung zwischen den betreffenden Partnern existiert, sondern weil sie auf eine intensive Art und Weise, die schicksalhaft oder in starkem Maße vorherbestimmt zu sein scheint, miteinander verbunden oder sogar verstrickt sind. Selbst wenn einer von beiden aus dieser Beziehung ausbrechen wollte, so dürfte dies unglücklicherweise aufgrund von materiellen Umständen, psychologischen Bedürfnissen oder anderen Faktoren, die sich dem eigenen Einfluß zu entziehen scheinen, problematisch sein. Dieses charakteristische Merkmal der Konjunktion von Saturn/Aszendent erweist sich dann als nützlich, wenn die übrige Beziehung im wesentlichen intakt ist, und ist weniger günstig bei einer zweifelhaften Bindung.

Wenn einer der beiden Partner diese Beziehung als eine „Falle" erlebt, aus der er sich gern befreien würde, dies aber nicht kann, müssen die Betreffenden überprüfen, warum sie zusammen sind. Bisweilen bleiben Menschen aus Gründen miteinander verbunden, die mit Glück nichts mehr zu tun haben. Wenn diese Partner ihre Beziehung sorgfältig untersuchen, dann werden sie vielleicht feststellen, daß sie beide irgendeinen anderen Nutzen aus dieser Situation ziehen; diesen werden sie nur ungern aufgeben wollen, selbst wenn die Partnerschaft an sich unbefriedigend sein mag.

Auf einer anderen Ausdrucksebene kann die Konjunktion von Composit-Saturn und Composit-Aszendent, wenn nur eine geringe Interaktion zwischen den beiden Partnern besteht, das entscheidende Indiz dafür sein, daß sie für eine lebensfähige Verbindung nicht genug miteinander gemeinsam haben. Wenn sie daran interessiert sind, eine Liebesbeziehung oder Ehe einzugehen, dann sollten sie sich unbedingt vergewissern, daß andere, ausgesprochen positive Merkmale in ihrer Partnerschaft diesen Aspekt wieder aufwiegen können; doch selbst unter den besten Umständen wird es wahrscheinlich die Bedeutung annehmen, daß der gefühlsmäßige Kontakt zwischen diesen Menschen begrenzt ist.

Composit-Saturn im Sextil mit dem Composit-Aszendenten

Das Sextil zwischen Composit-Saturn und Composit-Aszendent kann entweder eine positive, stabilisierende Wirkung auf eine Partnerschaft haben, oder es kann eine Beziehung ziemlich starr und unbeweglich werden lassen. In jedem Falle führt dieser Aspekt dazu, daß sich Strukturen bestärken und festigen. Dies ist offensichtlich günstig für die positiven Elemente in einer Beziehung, doch nicht für die weniger positiven Wesenszüge. Es besteht die Gefahr, daß sich die beiden Partner in einem Netz schlechter Gewohnheiten dermaßen verfangen könnten, daß sie überhaupt nicht mehr über ihr Verhalten nachdenken. Anstatt daß sie aufhören, darüber nachzudenken, was sich wirklich abspielt, werden sie vielleicht einfach unbewußt handeln. Dies kann möglicherweise zur Folge haben, daß viele ihrer Verhaltensweisen im Umgang miteinander der Situation nicht angemessen sein mögen, was Probleme zwischen ihnen verursachen wird.

Dieser Aspekt kann auch die Kommunikation zwischen den Betreffenden beschränken, dies aber nicht in einer wirklich nachteiligen Art und Weise; die Wirkung besteht darin, daß sich die Kommunikation auf die wesentlichen und grundlegenden Dinge konzentriert. Anstatt sich mit leichtem Geplauder und Geschätz zu beschäftigen, wird sich das Gespräch hauptsächlich um Dinge drehen, die beide als wichtig betrachten.

In dieser Beziehung sind die Ideale pragmatisch. Diese Menschen sind eifrig darauf bedacht, es mit der ,,Wahrheit'' zu tun zu haben; anstatt sich müßigen Spekulationen darüber hinzugeben, was sein *könnte,* befassen sie sich mit dem, was ist. Dies schließt auch sie beide gegenseitig ein, was bedeutet, daß ihre Beziehung nicht die romantischste sein mag; doch zumindest sind sie dazu bereit, sich mit dem, was sie haben, zufriedenzugeben. Aus diesem Grunde wird ihre Beziehung vielleicht dauerhafter als solche sein, für die eine romantische Einstellung charakteristisch ist.

Aufgrund der gleichen Haltung wirkt sich dieser Aspekt auch sehr positiv auf eine geschäftliche Partnerschaft aus, in der eine starke gefühlsmäßige Interaktion als zweitrangig hinter der klaren und objektiven Berücksichtigung der Fakten zurücktritt, womit es die Betreffenden zu tun haben.

Composit-Saturn im Quadrat mit dem Composit-Aszendenten

Das Quadrat von Composit-Saturn zum Aszendenten kann die Ursache für echte Probleme in einer Beziehung sein. Es deutet darauf hin, daß es den beiden Partnern ziemlich schwerfallen wird, miteinander zu kooperieren und ihre Zielsetzungen im Leben aufeinander abzustimmen, so daß sie gemeinsam daran arbeiten können. Im Composit-Horoskop zeigt dieser Aspekt eine Entfremdung zwischen den Partnern an.

Nur andere, sehr positive Elemente in dieser Beziehung können die negativen Wirkungen dieses Aspekts wieder aufwiegen. Er kann beiden das Gefühl geben, daß ihre Erfahrungen in der Vergangenheit sie zu so völlig unterschiedlichen Menschen gemacht haben, daß es schwer sein wird, sich in der Gegenwart einig zu werden und zusammenzufinden. Ihre persönlichen und inneren Lebenserfahrungen im allgemeinen weichen so voneinander ab, daß es ihnen große Probleme bereiten wird, sich gegenseitig zu verstehen, wodurch sich das generelle Gefühl von Verschiedenartigkeit und Entfremdung noch verstärkt.

Im Falle einer Ehe oder einer anderen Beziehung mit einem gemeinsamen Zuhause in irgendeiner Form ist dieses Heim vermutlich kein sehr lohnender Ort. Keiner von beiden ist gewillt, für die Schaffung einer angenehmen Umgebung genügend persönliche Gefühle und Emotionen einzubringen. Auf der materiellen Ebene ist dies eine Widerspiegelung des inneren Gefühls von Sterilität, das die beiden Partner in dieser Beziehung empfinden.

Noch ein weiterer Faktor kann sich bei diesem Aspekt störend auf den glatten Verlauf einer Beziehung auswirken. Die beiden Partner mögen vielleicht den Eindruck haben, daß äußere Umstände ihrer Beziehung eine solche Last von Pflichten und Verantwortungen aufgebürdet haben, so daß sie sich nicht entspannen und an der Gesellschaft des anderen einfach erfreuen können. Immer herrscht da das Gefühl, daß zuerst noch irgend etwas anderes getan werden muß.

Selbst in der besten Beziehung wird dieser Aspekt vermutlich Probleme im wechselseitigen Akzeptieren und Verstehen verursachen. Wenn auch andere Bereiche dieser Partnerschaft nicht allzu positiv sind, sollten sich die Betreffenden ganz ehrlich die Frage stellen, was sie sich eigentlich von dieser Beziehung versprechen und ob es möglich ist, dies zu erreichen.

Composit-Saturn im Trigon mit dem Composit-Aszendenten

Das Trigon zwischen Composit-Saturn und Composit-Aszendent wird eine sehr stabilisierende Wirkung auf eine gute Beziehung haben, doch einen hemmenden Einfluß auf eine nicht so harmoische Verbindung ausüben. Wenn die Energien von Saturn in einer positiven Art und Weise wirksam sind, wie dies bei dem Trigon-Aspekt häufig der Fall ist, so fördern sie die Stabilität und tragen zu einem Gleichmaß in der Beziehung bei. Dieser Aspekt verhindert große Stimmungsschwankungen von höchstem Glück zu tiefster Traurigkeit oder von sehr positiven zu sehr negativen Gefühlsempfindungen. Dies geschieht jedoch auf Kosten einer gewissen Spontaneität und Begeisterung. Eine saturnisch geprägte Beziehung, selbst eine gute, ist von größerer Nüchternheit als die meisten Partnerschaften und mehr an praktischen Gegebenheiten als an Idealen und romantischen Wunschbildern interessiert.

Auf der positiven Seite sind diese beiden Partner dazu fähig, sich gegenseitig in einer gleichbleibenden Art und Weise agieren zu lassen. Sie vermitteln einander das Gefühl von Disziplin. Im günstigsten Falle macht dieser Aspekt es ihnen möglich, im Umgang miteinander ganz ehrlich sie selbst zu sein, doch sich gleichzeitig Beschränkungen auszuerlegen. Sie verspüren in ihrem Zusammensein nicht die Neigung, sich in einer völlig freien und ungezwungenen Art und Weise zu verhalten.

Wenn die Energie dieses Aspektes jedoch in einer negativen Form wirksam ist, dann kann jeder von beiden ein ernsthaftes Hindernis für den persönlichen Selbstausdruck des anderen darstellen. Sie mögen, was noch schlimmer ist, in einer solch starren Haltung zueinander befangen sein, daß es schwierig sein wird, Veränderungen in dieser Beziehung herbeizuführen. Gleichzeitig können diese Energien beide Partner dazu veranlassen, auch in ihrer Einstellung gegenüber der Welt starrer und unbeweglicher zu werden.

Es wird zum Teil von ihrer Bereitschaft abhängen, miteinander offen und ehrlich umzugehen, welche Wirkungsform dieses Aspekts sie voraussichtlich kennenlernen werden.

Composit-Saturn in Opposition mit dem Composit-Aszendenten

Die Opposition von Composit-Saturn zum Aszendenten sollte als eine Konjunktion von Saturn und Composit-Deszendent betrachtet werden. Dieser Aspekt ist sehr wichtig, weil der Deszendent ein sehr einflußreicher Punkt im Horoskop einer Beziehung ist. Leider ist er, was seine Handhabung angeht, für die meisten Menschen auch ein schwieriger Aspekt, denn er bringt es mit sich, daß sich diese Partner nicht als ,,Team'' miteinander verbinden können. Beide haben das Gefühl, daß zwischen ihnen große Hindernisse und Schranken existieren, die es erschweren, eine Beziehung zueinander herzustellen. Dieses Problem kann sich aus zwei verschiedenen Ursachen ableiten.

Es mag der Fall sein, daß äußere Umstände die Beziehung unmöglich machen. Menschen in ihrer Umgebung können versuchen, die Betreffenden an einem Zusammenleben zu hindern, vielleicht deshalb, weil einer von ihnen an eine andere Partnerschaft gebunden ist, welche diese ausschließt. Besonders im Falle von Liebespartnern mag auch ein großer Altersunterschied bestehen, wodurch eine Verbindung erschwert wird.

Es ist jedoch auch möglich, daß die beiden Partner einfach keine grundlegende Affinität und Anziehung füreinander besitzen. Saturn am Composit-Deszendenten kann ein Anzeichen für ein Gefühl von gegenseitiger Fremdheit sein.

Wenn andere Bereiche in dieser Beziehung positiv sind, werden diese Menschen vermutlich auf das erste Problem stoßen — Personen oder Umstände, die ihre Verbindung zu verhindern suchen. Wenn es mit ihrer Partnerschaft jedoch in anderer Hinsicht nicht gut bestellt ist, so ist dieser Aspekt ein Indiz dafür, daß diese Beziehung wahrscheinlich nicht sehr lohnenswert sein wird, weil die Betreffenden grundsätzlich einfach nicht zusammenpassen. In jedem Falle müssen sie ihr Verhältnis mit diesem Aspekt sehr gründlich überprüfen, damit sie erkennen können, ob ihr Wunsch, die Hindernisse zu überwinden, die es ihnen bietet, wirklich stark genug ist.

Kapitel 12

Uranus

Die Bedeutung von Uranus im Composit-Horoskop

Uranus ist der Planet des Unkonventionellen und des Ungewohnten — zumindest in seinen gebräuchlichen Erscheinungsformen. Er kann auch andere Sichtweisen der Realität vermitteln, die zu Lern- und Wachstumsprozessen beitragen werden. Unglücklicherweise vollzieht sich dies gewöhnlich in Form einer verwirrenden Überrumpelung, welche die bisher vertretenen Anschauungen über das Leben völlig umzustürzen scheint. Uranus wird häufig als der Planet der unangenehmen Überraschungen betrachtet. Die einzige Möglichkeit, damit in einer positiven Art und Weise umzugehen, ist darin zu sehen, eine sehr offene Einstellung beizubehalten und das Leben so wenig wie möglich durchstrukturieren zu wollen. Natürlich ist eine gewisse Struktur notwendig, aber Uranus verlangt, eine sehr flexible Haltung gegenüber der Welt zu bewahren.

In einer Partnerschaft ist es von wesentlicher Bedeutung, diejenigen Bereiche, die am stärksten von Uranus beeinflußt werden, weitaus offener und freier zu halten, als dies sonst zugelassen werden dürfte. Die Aspekte mit Uranus im Composit-Horoskop zeigen in der Regel den Bereich der Beziehung an, wo die beiden Partner loslassen müssen. Dies heißt nicht, daß sie ihn einbüßen werden, doch müssen sie ihn seinen eigenen Verlauf nehmen lassen und dürfen nur ein Minimum an Erwartungen daran stellen. Im besonderen stehen Venus/Uranus-Aspekte sinnbildlich für Beziehungen, die nicht daran gehindert werden dürfen, ihren eigenen Kurs einzuschlagen.

Die Hausposition zeigt an, wo Uranus am stärksten wirksam ist und welcher Bereich mit der größten Behutsamkeit behandelt werden muß. Jeder Versuch, eine im wesentlichen von Uranus geprägte Eigenschaft an Richtlinien oder Erwartungen anzupassen, wird nur Störung und Aufruhr verursachen; unter Druck wird die Energie von Uranus widerspenstig und pocht darauf, alles genau entgegengesetzt zu den eigenen Wünschen zu tun.

Uranus ist einfach eine Energie, die darauf besteht, daß man ihr freien Lauf läßt, und die Fähigkeit, damit umzugehen, hängt davon ab, wie frei man selbst ist.

Composit-Uranus im ersten Haus

Mit der Position von Uranus im ersten Haus des Composit-Horoskops wird diese Partnerschaft ein stark ausgeprägtes Bedürfnis nach Ausdrucksfreiheit besitzen. Allermindestens wird sie in hohem Maße individualistisch geprägt sein.

Es mag der Fall sein, daß diese Beziehung ganz plötzlich beginnen wird oder daß man eine Verbindung dieser beiden Menschen normalerweise nicht erwarten würde. Ihr Zusammensein wird jedenfalls auf beide eine umwälzende Wirkung haben und ihnen Aspekte ihrer selbst enthüllen, von deren Existenz sie nicht einmal gewußt haben mögen. Aus dem gleichen Grunde wird auch das Leben der Menschen in ihrer Umgebung beeinflußt werden.

Die Gefahr bei dieser Plazierung besteht darin, daß die betreffenden Partner oder Menschen in ihrer Nähe versuchen werden, diese Beziehung an etablierte Verhaltensmuster anzupassen. Dies wirkt gewöhnlich als Auslöser für die negative Seite von Uranus, die Instabilität und Unkonventionalität um ihrer selbst willen zur Folge hat. Uranus steht gleichbedeutend für Rastlosigkeit und den Wunsch, sich keinesfalls in voraussagbare Strukturen einfangen zu lassen. Beide Partner neigen dazu, sich in solchen Situationen leicht zu langweilen und dann daraus ausbrechen zu wollen.

Nur wenn die Betreffenden dazu bereit sind, an diese Erfahrung mit einer völlig offenen Geisteshaltung und frei von Erwartungen heranzugehen, werden sie den größtmöglichen Nutzen daraus ziehen können. Dieser ,,Nutzen" wird in einer herausfordernden Erfahrung bestehen, die es ihnen ermöglichen wird, für die Dauer der Beziehung persönlich zu wachsen und ihr Bewußtsein zu erweitern.

Composit-Uranus im zweiten Haus

Composit-Uranus im zweiten Haus des Horoskops kann darauf hindeuten, daß die beiden Partner ihre finanziellen Mittel auf eine ungewöhnliche Art und Weise erwerben oder daß diese Mittel selbst ungewöhnlich sein werden. Er kann auch die Bedeutung haben, daß die materiellen und finanziellen Aspekte dieser Partnerschaft ungesichert sein werden. Die konkreten Ausdrucksformen dieser Energie hängen weitgehend von der Art dieser Beziehung ab.

In einer geschäftlichen oder beruflichen Verbindung beispielsweise konnte Uranus im zweiten Haus einfach die Bedeutung haben, daß die beiden Partner mit einer Neuerung beschäftigt sind, vielleicht eine neue Erfindung oder Technik, woraus sie ihr Einkommen beziehen. In einer persönlichen Beziehung kann er die Bedeutung annehmen, daß die Betreffenden ein sehr unkonventionelles Wertsystem haben und Besitz ganz unterschiedlich als andere Menschen betrachten. Im besonderen werden sie vermutlich das Gefühl haben, daß Besitz eine Belastung darstellt, die möglichst vermieden werden sollte, was zur Folge hat, daß sie nur sehr wenige Dinge besitzen werden. Es kann dadurch auch ein Wunsch angezeigt werden, außergewöhnliche Gegenstände zu sammeln, die sich andere Menschen nicht zulegen.

In jeder Beziehung besteht jedoch die bei weitem wahrscheinlichste Möglichkeit in materieller und finanzieller Unbeständigkeit. Diese ergibt sich aus der Neigung der beiden Partner, materiellen Besitz und den Umgang mit Geld als eine „Zumutung" anzusehen. Wenn sie ihrer finanziellen Situation keine Beachtung schenken, wird es mit dieser bergab gehen. In einem solchen Falle müssen sie als erstes erkennen, daß sie sich nicht in einer angemessenen Form um Geld und materielle Dinge kümmern. Als zweites müssen sie dann versuchen, diese so handhaben zu wollen, daß sie nicht mehr als ein derartiges Problem erlebt werden. Bei jeder planetarischen Energie muß man zuerst die Wirkungsweise erkennen und sich dann mit ihrem Fluß zu bewegen lernen.

Composit-Uranus im dritten Haus

Uranus im dritten Haus des Composit-Horoskops weist auf eine Beziehung hin, die sich umwälzend auf die grundlegenden Denkweisen der Partner über das Leben auswirken wird. Man darf nicht vergessen, daß die Wirkungen von Uranus, obwohl stets wahrnehmbar, nicht immer gewaltig und umstürzlerisch sind; sie können sich von ganz geringfügigen bis hin zu großen Folgen erstrecken. Diese Beziehung wird in irgendeiner Form das Denken der beiden Partner verändern, und vielleicht werden sie versuchen, ihre neuen Betrachtungsweisen der Welt anderen zu vermitteln und damit auch deren Denken zu verändern.

Wie bei jeder Situation, wo Uranus an hervorgehobener Stelle steht, müssen die Betreffenden die Neigung aufgeben, ihre Verbindung an ihre Erwartungen anpassen zu wollen. Wenn sie dies versuchen, dann wird der unbeständige Aspekt von Uranus mit ins Spiel kommen. Die Kommunikation zwischen den Partnern wird unberechenbar und explosiv sein, und sie werden sich gegenseitig oft in Zorn bringen. Nach einer Weile dürften sie sogar feststellen, daß ihr Zusammensein sie nervös und gereizt macht, anstatt daß sie sich miteinander wohl fühlen, wie es — zumindest in einer persönlichen Beziehung — sein sollte.

Natürlich existieren einige Beziehungen in erster Linie deshalb, damit der eine Partner das Bewußtsein des anderen in Frage stellen und herausfordern kann, doch sind diese oft nicht von langer Dauer, und in einer engen persönlichen Partnerschaft ist eine derartige Situation nicht unbedingt wünschenswert.

Die Betreffenden müssen sich, wie immer bei Uranus, im Fluß mit seiner Energie bewegen und sich dorthin tragen lassen, wohin es sie führt. Besonders bei dieser Hausposition ist es unwahrscheinlich, daß Uranus sie irgendwo hinführen wird, wo sie nicht sein möchten oder sein sollten.

Composit-Uranus im vierten Haus

Uranus im vierten Haus des Composit-Horoskops steht kennzeichnend für eine Partnerschaft, deren Basis ein außergewöhnliches Heim ist. In einer persönlichen Beziehung, besonders in einer Liebesverbindung oder Ehe, kann dies die Bedeutung annehmen, daß das Zuhause selbst ungewöhnlich ist, oder daß das Zusammenleben der beiden Partner ungewöhnliche Züge aufweisen mag. Ein Paar, das unverheiratet zusammen lebt, könnte beispielsweise diese Plazierung von Uranus haben — aber nur dann, wenn die Betreffenden selbst diese Situation als unkonventionell oder der Moral entgegengesetzt betrachten. Andere Paare, für die ein solches Zusammenleben der natürlichste und eindeutigste Schritt zu sein scheint, dürften mit geringerer Wahrscheinlichkeit diese Position von Composit-Uranus im vierten Hause haben. Diese Plazierung hat die Bedeutung, daß die beiden Partner ihr unkonventionelles Verhalten durch ihr gemeinsames Heim zum Ausdruck bringen.

Es mag auch der Fall sein, daß ihr häusliches Leben nicht vorhersehbar und unbeständig ist, daß sie, wenn immer sie zusammentreffen, nicht wissen, womit sie zu rechnen haben. Diese Situation kann die beiden, gelinde gesagt, sehr unruhig werden lassen, denn das vierte Haus steht sinnbildlich für denjenigen Aspekt ihres gemeinsamen Lebens, der die Grundlage für alles übrige bildet. Er ist das verläßliche Zentrum, von wo aus sie sich aufmachen, um der Welt entgegenzutreten, und wohin sie wieder zurückkehren, um Ruhe und Entspannung zu finden. Wenn dieser Ort ihnen keine Ruhe bietet, so kann die Beziehung sehr unerfreulich sein.

Bevor die beiden Partner gemeinsam einen Hausstand begründen, müssen sie zuerst ermitteln, welcher Einfluß in ihrem Falle wirksam ist. Wenn die zweite Wirkung vorliegt, sollten sie ihre Pläne vielleicht nochmals überdenken. Ihre Beziehung kann durchaus bestehenbleiben, doch sollten sie ihre Wohnungen getrennt halten.

In anderen Arten von Partnerschaften hat diese Plazierung lediglich die Bedeutung, daß sich die Betreffenden in irgendeinem inneren Wesenszug ständig gegenseitig in Frage stellen und herausfordern werden. Dies kann sich günstig auf eine wertvolle Lernerfahrung auswirken oder die beiden Partner einfach sehr unruhig miteinander werden lassen.

Composit-Uranus im fünften Haus

Wenn Composit-Uranus im fünften Haus plaziert ist, so wird eine Parterschaft vielleicht eine ungewöhnliche Form annehmen müssen, damit sie sich selbst voll und ganz zum Ausdruck bringen kann. Die Art und Weise, wie sich dies gestaltet, hängt von der Beschaffenheit dieser Beziehung ab.

Im Falle einer Liebesbeziehung oder Ehe werden die beiden Partner wahrscheinlich feststellen, daß sie sich gegenseitig weitaus mehr Bewegungsfreiheit geben müssen, als dies unter solchen Umständen üblich ist. Ein Liebesverhältnis mit dieser Hausposition mag besser daran sein, wenn keine Ehe daraus wird. Beide Partner schätzen ihre Freiheit sehr hoch ein und möchten nicht von den Verpflichtungen eingeschränkt werden, die ein rechtskräftiges Abkommen mit sich bringt.

Wenn sich die Betreffenden aber doch zur Heirat entschließen, so müssen sie sich gegenseitig sehr viel Freiheit zugestehen. Beispielsweise dürfen sie die Ehe oder die Vereinbarung zwischen sich nicht zu einem Hindernis für andere Beziehungen werden lassen, doch muß die Erlaubnis, die sie sich gegenseitig dazu erteilen, ganz und gar aufrichtig sein. Sonst wird der Partner spüren, daß es nicht wirklich so gemeint ist, und damit beginnen, sein Tun zu verbergen — was die Beziehung natürlich noch schneller ins Verderben stürzen wird. Es verhält sich nicht so, daß diese Plazierung von Uranus Affären außerhalb dieser Partnerschaft verlangt, sondern daß diese nicht als Hindernis empfunden werden darf. Es ist jedem von beiden freigestellt, sich selbst auf diese eine Beziehung zu beschränken, doch kann nicht der Partner ihn darauf festlegen.

Andere Arten von Beziehungen werden diese Plazierung von Uranus in Form eines Wunsches erfahren, sich in ungewöhnlicher Weise zu vergnügen und selbst zum Ausdruck zu bringen. Diese Menschen werden für sich außergewöhnliche Formen des Vergnügens und der Unterhaltung ausfindig machen. Beispielsweise könnten sie ein gemeinsames Interesse an ausgefallenen Kunstformen entwickeln oder, wenn sie zusammen sind, sich gern ein wenig verrückt und ausgelassen oder unkonventionell verhalten. Dies kann natürlich auch für eine Liebesbeziehung oder Ehe gelten.

Composit-Uranus im sechsten Haus

Die Stellung von Composit-Uranus im sechsten Haus entspricht nicht gerade der geeignetsten Plazierung. Das sechste Haus in einem Composit-Horoskop steht sinnbildlich für die Pflichten und Verantwortungen in einer Partnerschaft. Uranus, von Natur aus rebellisch, neigt dazu, sich gegen die Aufbürdung all solcher Lasten zur Wehr zu setzen. Die offensichtlichste Wirkung dieser Plazierung zeigt sich darin, daß die Verpflichtungen der Partner gegeneinander oder gegenüber anderen Menschen vermutlich Ursachen für eine Entzweiung innerhalb der Beziehung sein werden. Einer oder beide Partner werden sich ständig in einem Zustand der Auflehnung gegenüber diesem Aspekt ihrer Verbindung befinden.

Es ist jedoch auch möglich, daß die beiden Partner ihren Verpflichtungen vielleicht auf eine sehr ungebräuchliche Art und Weise nachkommen werden. Sie sind nicht ungehalten über das, was getan werden muß, sondern können nur nicht ertragen, es in einer ganz bestimmten Form ausführen zu müssen.

In diesem Falle ist es für beide ratsam, wenn jeder den Partner die Verpflichtungen auf seine eigene Art und Weise ausführen läßt, solange wie die Aufgaben dabei erfüllt werden.

Diese Plazierung von Uranus erweist sich als äußerst nützlich in einer beruflichen Partnerschaft, die sich mit irgendeiner wissenschaftlichen oder technischen Arbeit beschäftigt oder in jeder Beziehung, wo eine neue Lösung für eine Problemstellung gefunden werden muß. Ein Bedeutungsaspekt dieser Plazierung besteht darin, daß ein Vorhaben in einer neuen oder ungewohnten Art und Weise durchgeführt wird. Dieses Prinzip ist auch auf eine persönliche Beziehung anwendbar, und die beiden Partner werden die Bekanntschaft der besten Seiten von Uranus im sechsten Haus machen, wenn sie immer neue und ungewöhnliche Lösungen für jegliche Probleme zwischen sich herauszufinden suchen.

Composit-Uranus im siebenten Haus

Uranus im siebenten Haus eines Composit-Horoskops hat die Bedeutung, daß die beiden Partner — gleichgültig, ob ihre Beziehung beruflich, geschäftlich, eine Ehe oder Freundschaft ist — gemeinsam neue Wege einschlagen werden. Dies kann sich sowohl auf die Struktur ihrer Verbindung als auch darauf beziehen, wie sie diese handhaben werden.

In einer Ehe kann Uranus im siebenten Haus zum Ausgangspunkt für Schwierigkeiten werden, wenn die beiden Partner nicht den Mut dazu besitzen, mit den Dingen in ihrer eigenen Weise zu verfahren und sich nicht über herkömmliche Ehebegriffe den Kopf zu zerbrechen. Uranus verlangt, daß sie eine Übereinkunft miteinander treffen, die ausschließlich und allein ihre eigene sein wird. Wenn sie versuchen, sich nach rein traditionellen Richtlinien zu verhalten, so können sie damit Zwänge verursachen, die ihre Beziehung sehr labil und unbeständig werden lassen. Tatsächlich zeigt diese Plazierung in einem Ehe-Horoskop in ihrer gebräuchlichsten Form eine unbeständige und kurzlebige Ehe an, und dies trifft auch für jede andere Art von Beziehung mit einer Stellung von Uranus im siebenten Haus zu.

In jeder Partnerschaft mit dieser Plazierung müssen sich die Betreffenden gegenseitig ein ungewöhnlich hohes Ausmaß an Handlungsfreiheit gewähren, und dies besonders im Hinblick auf andere Menschen. Versuche der gegenseitigen Einschränkung werden nur den Druck gegen den Fortbestand der Paarbeziehung verstärken.
Die beiden Partner tun auch gut daran, wenn sie sich gegenseitig für neue, abweichende und unkonventionelle Ziele einsetzen, wie beispielsweise für humanitäre oder politische Reformen oder etwas Vergleichbares. Doch gleichgültig, wofür sie sich entscheiden, sollte es keinen Zweifel daran geben, daß sie sich in dieser Weise verhalten, weil sie es selbst so möchten, und nicht, weil „man" es so erwartet. Die Energie von Uranus läßt es nicht ohne weiteres zu, etwas allein aus Gründen der Konvention zu tun.

Composit-Uranus im achten Haus

Wie es bei allen Plazierungen im achten Haus der Fall ist, wirkt auch Composit-Uranus in dieser Hausposition auf zwei verschiedene Bereiche der Beziehung ein. In erster Linie beeinflußt er die beiden Partner in ihrer Handhabung der größeren inneren Umwandlungsprozesse, die sich in jeder Beziehung von Zeit zu Zeit vollziehen müssen. An zweiter Stelle wirkt er sich auch auf die Art und Weise aus, wie die Betreffenden die Frage ihrer gemeinsamen Ressourcen — finanzielle Mittel, Eigentum und Besitz — erleben und wie sie damit umgehen.

Für den ersten Bereich kann Uranus im achten Haus darauf hindeuten, daß die beiden Partner wichtige Veränderungen als unerwünschte Zerreißproben erfahren, die sie um jeden Preis vermeiden möchten. Eine solche Einstellung kann die Situation nur verschlimmern, denn sie läßt jene Art von geistiger Starrheit erkennen, die mit Uranus so wenig verträglich ist. Wenn diese Menschen flexibler sein und an Veränderungen mit einer offenen Geisteshaltung herangehen können, so wird es ihnen gelingen, jeglichen Schwierigkeiten zu trotzen, die auftauchen mögen. Selbst im günstigsten Falle werden die Veränderungen voraussichtlich ziemlich plötzlich und unvorhersehbar eintreten.

Das achte Haus zeigt letzten Endes Wachstum auf einer am weitesten in die Tiefe reichenden Ebene an: ein persönliches Wachstum, das sich dann ergibt, wenn eine alte Einstellung verschwindet und einer neuen weicht. Es ist das Haus des Todes und der Erneuerung des Selbst — Tod nicht unbedingt in der wörtlichen Bedeutung, sondern als Schwinden und Vergehen irgendeines Elementes im Leben. Je starrer und unbeugsamer man sich diesen Situationen entgegenstellt, die für den innersten Wesenskern der Beziehung eine Herausforderung bedeuten, desto größer ist die Wahrscheinlichkeit, daß die Beziehung selbst dies nicht überleben wird.

Für den Bereich des gemeinsamen Eigentums und der finanziellen Mittel kann diese Plazierung von Uranus — ganz ähnlich wie seine Plazierung im zweiten Haus — darauf hinweisen, daß die beiden Partner Besitz mehr als eine Last denn als eine günstige Möglichkeit für ihre persönliche Weiterentwicklung betrachten. Sie mögen daher ihren materiellen Angelegenheiten nicht genügend Beachtung schenken, was zur Folge hat, daß diese zum Ausgangspunkt für Streit und Entzweiung werden. Die Betreffenden müssen entweder lernen, mit dem materiellen Aspekt in ihrem Leben umzugehen, oder sie müssen eine Möglichkeit finden, dessen Macht über sie auf ein Minimum zu reduzieren.

Composit-Uranus im neunten Haus

Uranus im neunten Haus des Composit-Horoskops weist darauf hin, daß diese Beziehung die Ansichten der beiden Partner über die Welt in Frage stellen und einer Herausforderung unterziehen wird. Das neunte Haus steht sinnbildlich dafür, wie der Geist die Welt bewußt wahrnimmt und Entscheidungen und Urteile darüber trifft, die auf einer höheren Weltsicht und Philosophie beruhen. In einem Composit-Horoskop bezeichnet dieses Haus die Fähigkeit der Partner in der Beziehung, als Paar und gleichzeitig individuell ihre Betrachtungsweide der Welt zu erweitern und auszudehnen.

Uranus in dieser Hausposition bedeutet sowohl eine günstige Gelegenheit als auch eine Herausforderung. Die beiden Partner werden vielleicht erhebliche Uneinigkeit in ihren Lebensanschauungen zeigen, was anfangs stetige Schwierigkeiten verursachen mag. Diese beiden Menschen werden lernen müssen, einander voll und ganz zu verstehen und ihre Ansichten so zu erweitern daß sie diejenigen ihres Partners einschließen können. Dies wird ihnen eine echte ,,Wachstums''-Beziehung ermöglichen. Wenn sie jedoch nicht dazu in der Lage sind, dann werden intellektuelle, philosophische und selbst spirituelle Meinungsverschiedenheiten die tiefste und alleinige Ursache für Streit und Entzweiung zwischen ihnen werden.

Wenn die beiden es lernen, die Lebensanschauungen des Partners mit einzubeziehen, so werden sie wahrscheinlich zu einem Standpunkt gelangen, der sich von den Ansichten der Menschen in ihrer Umgebung ziemlich unterscheiden wird. Sie werden möglicherweise als ein Paar von Außenseitern betrachtet, deren Ideen mit den Vorstellungen anderer Menschen nicht so recht zusammenpassen. Daran ist nicht viel zu ändern, doch sollten sich die Betreffenden nicht den Kopf darüber zerbrechen, denn daraus wird wahrscheinlich kein echtes Problem entstehen. Vielleicht werden sie sogar Gefallen an dieser Rolle finden; es ist ziemlich interessant, die Wirkungen von neuen Ideen auf andere zu beobachten.

Composit-Uranus im zehnten Haus

Bei einer Stellung von Composit-Uranus im zehnten Haus des Horoskops kann die Bestimmung dieser Partnerschaft darin liegen, die Ansichten und selbst die Lebensformen der Menschen in ihrer Umgebung herauszufordern und in revolutionärer Weise zu verändern. Eine solche Beziehung kann außerdem auch das eigene Leben der betreffenden Partner von Grund auf umgestalten.

Das zehnte Haus ist der Bereich des sozialen Status, der Lebensziele im allgemeinen (wie sie wirklich sind und nicht so, wie man sie sich wünscht, was der Funktion des elften Hauses entspricht) und der Rolle innerhalb der Gesellschaft. Dies trifft sowohl auf Composit-Horskope als auch auf individuelle Geburtshoroskope zu. Uranus hat hier die Bedeutung, daß diese Bereiche eine ungewöhnliche Richtung einschlagen können oder daß sie eine mögliche Ursache für mangelnde Stabilität und Entzweiung sein werden.

Diese Plazierung von Uranus kann erkennen lassen, daß sich die beiden Partner einfach gern an ihrem eigenen und höchst individuell geprägten Lebenstil orientieren, doch andererseits kann auch ihre Lebensanschauung so beschaffen sein, daß andere sie für buchstäblich revolutionär halten werden. Im letzteren Falle sollten sich die Betreffenden davor hüten, keine unnötige Opposition gegenüber ihren Ansichten wachzurufen. Sie mögen vielleicht das Gefühl haben, daß es wichtig sei, einen gewissen Widerstand zu erwecken, doch sollten sie sichergehen, daß das, was von ihnen entfacht wird, auch von ihnen beabsichtigt ist. Uranus im zehnten Haus kann auch plötzliche Veränderungen in ihrem eigenen sozialen Status hervorrufen, wie beispielsweise ein jäher und verheerender gesellschaftlicher Abstieg, der eine Folge davon sein kann, daß die Betreffenden die Kontrolle über ihre Aktivitäten verloren haben. Eines steht mit Sicherheit fest: Diese Beziehung muß ihren eigenen Gesetzmäßigkeiten folgen können.

Composit-Uranus im elften Haus

Uranus im elften Haus des Composit-Horoskops läßt erkennen, daß sich die bestimmenden Ideale dieser Menschen von den gewöhnlichen Wunschbildern in einer Partnerschaft dieser Art ziemlich unterscheiden. Das elfte Haus steht stellvertretend für die Ideale einer Beziehung (im Gegensatz zu den tatsächlichen Absichten und Zielsetzungen, die sich aus dem zehnten Haus ergeben) und für die Art der gemeinsamen Freunde des Paares. Diese Partner haben ihre eigenen Motive für ihr Zusammensein und sich dafür entschieden, nicht nach den gleichen Dingen zu streben, die andere im Leben suchen.

Während die meisten Menschen aufgrund von Liebe, Kameradschaft oder sexueller Anziehung heiraten, dürften die betreffenden Partner mit dieser Plazierung eine Ehe in der Absicht eingehen, sich gegenseitig intellektuelle Anregung zu geben oder sich gemeinsam für eine gute Sache einzusetzen oder aus irgendeinem anderen ungewöhnlichen Grunde. Diese Tatsache beeinträchtigt keineswegs die Lebensfähigkeit dieser Beziehung, wie auch immer diese beschaffen sein mag. Wenn die Motive stark genug sind, werden sie ebenso zweckdienlich wie konventionellere Beweggründe sein.

Die Betreffenden werden vielleicht auch die Feststellung machen, daß sie als Paar von einem anderen Freundeskreis angezogen werden — Menschen, mit denen sie niemals in engere Berührung gekommen wären, wenn diese Beziehung ihnen nicht eine neue Möglichkeit erschlossen hätte. Darin zeigt sich eine Widerspiegelung der Tatsache, daß diese Partnerschaft neue Erwartungen an das Leben und eine größere Offenheit gegenüber einer Vielfalt an Erfahrungen mit sich gebracht hat.

Composit-Uranus im zwölften Haus

Composit-Uranus im zwölften Haus läßt Situationen entstehen, welche die Betreffenden erst dann begreifen werden, wenn sie sich bewußtseinsmäßig weiterentwickelt haben. Das zwölfte Haus steht in Verbindung mit unbewußten oder kaum bewußten Handlungen, welche die beiden Partner begehen und die möglicherweise einmal sehr wichtige Konsequenzen für sie haben werden. Das Problem ist darin zu sehen, daß diese Konsequenzen in fast gar keinem Zusammenhang zu den Handlungen zu stehen scheinen, die sie heraufbeschworen haben. In der Tat scheinen diese Auswirkungen in der Regel vom Schicksal hervorgerufen zu sein und sich einer bewußten Kontrolle zu entziehen. Die Betreffenden können sich jedoch darauf verlassen, daß sie zu ihrer Entstehung beigetragen haben, und daher ist es sehr wichtig, daß sie eine Einsicht in das Geschehen bekommen.

Uranus im zwölften Haus deutet darauf hin, daß die beiden Partner zerstörerische oder trennende Energien aussenden. Sie fügen anderen Menschen Kleinigkeiten zu, die für sich selbst oder jene gar nicht offensichtlich sein mögen. Sie bringen andere in Zorn oder lassen vielleicht das Gefühl von Gereiztheit oder Irritation entstehen. Es ist schwierig, das Problem an bestimmten Anlässen und Ursachen festzumachen, doch bauen sich die Energien solange auf, bis etwas zusammenbricht. Dies hat zur Folge, daß die beiden in ernstlicher Weise von äußeren Störungen beeinträchtigt werden, die mit ihnen in keinem offensichtlichen Zusammenhang zu stehen scheinen.

Es mag der Fall sein, daß sie in irgendeine schwierige Situation hineingeraten sind, worüber sie ziemlich aufgebracht sind, was sie aber nicht zugeben können. Sie versuchen sich den Anschein zu geben, daß sie mit dieser Situation fertig werden, senden aber ständig Störsignale an andere aus, die ihren Unwillen und ihren Wunsch nach Auflehnung bekunden. Dadurch werden unangenehme Störungen angezogen, die ihrer Form nach subtil sein mögen, aber nicht unbedingt geheimnisvoll und unerklärlich sind. Die Betreffenden sollten nicht den Versuch machen, diejenigen Faktoren ihres Lebens zu verheimlichen, die sie gern abwandeln oder verändern wollen oder gegen die sie sich auflehnen möchten. Sie sollten diese Energien in irgendeiner Art und Weise zum Ausdruck bringen.

Composit-Uranus im Quadrat mit Composit-Neptun

Das Quadrat zwischen Composit-Uranus und Composit-Neptun taucht in den Horoskopen der Kinder der frühen fünfziger Jahre auf, die als junge Erwachsene die Drogenkultur zu ihrem Höhepunkt führten, bevor sie langsam abklang. Das Problem, das durch Drogen und die Drogenkultur gekennzeichnet wird, ist das Problem des Wesens der Realität. Einer der Schlüsselbegriffe für die Verbindung von Uranus/Neptun ist „revolutionärer Idealismus", der sich nicht mit der bloßen Existenz begnügt, sondern versucht, Einfluß auf die Welt auszuüben und an der Lebensweise der Betreffenden teilzuhaben.

Diese Beziehung wird vielleicht ein grundlegendes Gefühl der Verunsicherung und Desorientiertheit aufweisen. Im Idealfall sollten die beiden Partner sich selbst und einander genau kennen, doch statt dessen tappen sie hier mit nahezu allem völlig im Dunkeln — sich selbst eingeschlossen. Dieser Aspekt wird ihnen noch größere Schwierigkeiten dabei bereiten, sich selbst zu finden, wenn sie es nicht lernen können, zu nüchternen und praktischen Idealisten zu werden.

Das einzige Problem bei den Idealen dieser Menschen besteht darin, daß sie selbst dann, wenn sie sich realisieren lassen, keinem nützlichen Ding und Zweck dienlich sein dürften. Sie mögen diese Ideale vielleicht als Fluchtmittel aus einer Realität verwenden, die tatsächlich gar nicht so feindlich ist, womit sie sich aber nicht auseinandersetzen wollen. Vielleicht befürchten sie, daß die Wahrheit für sie allzu überwältigend ist und daß sie, wenn sie dazu gezwungen werden, sich mit ihr zu konfrontieren, etwas einbüßen werden, was für sie eine sehr wichtige Rolle spielt. Dies sind jedoch eher Befürchtungen als Tatsachen. Wenn sie lernen können, gemeinsam in der realen Welt zu leben, wird ihnen alles besser glücken und von der Hand gehen.

Composit-Uranus im Trigon mit Composit-Neptun

Das Trigon von Uranus/Neptun taucht sehr häufig in den Horoskopen der in den späten dreißiger und frühen vierziger Jahren Geborenen auf. Wie bei vielen derartigen Aspekten äußerte sich das Trigon mit Uranus/Neptun weitaus deutlicher, als die damit geborene Generation heranwuchs, und nicht zum Zeitpunkt seines Auftretens. Seine symbolische Bedeutung verweist auf veränderte Bewußtseinszustände. Es ist diese Altersgruppe gewesen, die zuerst ein sehr starkes Interesse an LSD und anderen psychdelischen Drogen sowie an der allgemeinen Frage der Bewußtseinserweiterung gezeigt hat.

In einer Beziehung, wo dieser Aspekt an hervorgehobener Stelle plaziert ist, werden die beiden Partner wahrscheinlich in der Art und Weise, wie sie eine Verbindung zueinander herstellen, neue Bewußtseinsformen zu erforschen suchen. Sie mögen an spirituellem Wachstum, Mystik, Okkultismus oder anderen derartigen Phänomenen Interesse zeigen.

Diese Partnerschaft wird vermutlich außergewöhnlich idealistisch sein, besonders deshalb, weil bei vielen dieser Menschen Neptun im Tierkreiszeichen Waage — dem Zeichen der Beziehungen — steht. Sie werden ihre Verbindung vielleicht als eine Möglichkeit erfahren, über die Grenzen des Gewohnten und Normalen hinausgehen. In diesem Falle sollten sie darauf achten, daß sie keine allzu großen Anforderungen an die Beziehung stellen und von ihrem Partner übermenschliche Fähigkeiten verlangen. Sie werden weder in einem anderen Menschen noch in einer Beziehung Göttlichkeit finden. Am besten suchen sie in sich selbst danach und unterstützen sich gegenseitig darin, dies hervortreten zu lassen.

Composit-Uranus in Opposition mit Composit-Neptun

Die Opposition zwischen Uranus und Neptun tritt nur in den Composit-Horoskopen von Menschen auf, die zu Anfang des zwanzigsten Jahrhunderts geboren sind.

Dieser Aspekt läßt erkennen, daß entweder die Ideale oder die Illusionen der Betreffenden Veränderung und Aufruhr in ihrer Beziehung hervorrufen werden. Er kann anzeigen, daß einer oder beide Partner sich nicht mit dem abfinden wollen, was sie als „trübe Realität" betrachten. Sie werden versuchen, radikale Veränderungen in der Beziehung durchzuführen, an die es sich nur schwer anpassen läßt. Dieser Aspekt ist ein deutliches Anzeichen für unduldsamen Idealismus.

Bisweilen kann dieser Aspekt ideologische Konflikte innerhalb einer Beziehung erkennen lassen, das heißt, große Meinungsverschiedenheiten und Auseinandersetzungen zwischen den Partnern über grundlegende philosophische Vorstellungen und Überzeugungen. In diesem Falle halten beide hartnäckig an ihrem eigenen Standpunkt fest und empfinden es als schwierig, zu einem Kompromiß zu gelangen. Sie müssen gegenseitig eine stärkere Anteilnahme für die Position des anderen entwickeln, so daß sie selbst dann, wenn sie nicht übereinstimmen, verstehen können, warum der Partner zu seinen besonderen Überzeugungen kommt. Zumindest können sie lernen, auf eine freundschaftliche Art und Weise unterschiedlicher Meinung zu sein.
In einigen Fällen kann dieser Aspekt schwerwiegende psychologische Störungen in einer Beziehung anzeigen, besonders dann, wenn er mit Composit-Mond oder Composit-Merkur in Verbindung steht. Ein Schlüsselbegriff für diese Opposition lautet „veränderte Bewußtseinszustände", wie beispielsweise im Falle von Drogenproblemen, psychischen Erkrankungen oder Alkoholismus. Ein derartiger Zustand wird sich negativ auf diese Parterschaft auswirken.

Composit-Uranus im Sextil mit Composit-Pluto

Das Sextil von Uranus/Pluto taucht sehr häufig in den Geburts- und Composit-Horoskopen von Menschen auf, die in den frühen vierziger Jahren geboren sind. Im allgemeinen wird dieser Aspekt im Composit-Horoskop keinen besonderen Einfluß auf eine Beziehung ausüben.

Die symbolische Bedeutung des Sextils von Uranus/Pluto ist „revolutionäre Veränderung", doch ist das Sextil keine Planetenverbindung von sehr heftiger Wirksamkeit. Es deutet darauf hin, daß diese Beziehung die Fähigkeit zu Wachstum und Weiterentwicklung besitzt, wenn sie sich mit neuen Situationen konfrontiert sieht, und läßt auch den Schluß zu, daß sich die beiden Partner tatsächlich mit neuen Verhältnissen auseinandersetzen werden müssen. Sie werden dies wahrscheinlich aber als eine positive Herausforderung betrachten, weil sie die Veränderung dem Status quo vorziehen.

Ihre gemeinsame Lebensanschauung und die Art und Weise, wie sie mit der Welt ringsherum umgehen, wird sehr stark von ihrem Wunsch bestimmt, jede Situation genau zu überprüfen und neue Verhaltensweisen daraus zu entwickeln. Sie geben sich nicht mit den üblichen Methoden zufrieden, wie Probleme zu handhaben sind, die zwischen ihnen auftauchen. Wenn es sich hierbei um eine Liebesbeziehung oder Ehe handelt, wird ihnen höchstwahrscheinlich ein von außen kommender Therapeut dabei helfen, die störenden Einflüsse in ihrer Partnerschaft zu entdecken. Sie werden aus solchen Begegnungen durch persönliches Wachstum und erweitertes Bewußtsein wirklichen Nutzen ziehen.

Composit-Uranus im Quadrat mit Composit-Pluto

Das Quadrat zwischen Composit-Uranus und Composit-Pluto ist in den Horoskopen der in den frühen dreißiger Jahren Geborenen ziemlich verbreitet. Es war einer der Aspekte, die kennzeichnend für die große Wirtschaftsdepression waren, und verkörpert in der Tat diejenige Energie, welche diesen Zeitraum so revolutionär werden ließ. Während der dreißiger Jahre hinterließ der Faschismus tiefe Spuren in Europa, und selbst in den Vereinigten Staaten suchten viele Menschen nach radikalen Lösungen für die wirtschaftlichen Probleme ihrer Zeit. Auch die durchgreifenden und umwälzenden Veränderungen von Präsident Roosevelts Wirtschafts- und Sozialpolitik des „New Deal" waren charakteristisch für das Quadrat von Uranus/Pluto.

In einem Composit-Horoskop weist dieser Aspekt darauf hin, daß es in dieser Partnerschaft Phasen von großer Veränderung geben wird. Der Durchgang durch das Uranus/Pluto-Quadrat in den Einzel- und Beziehungshoroskopen geschah in den Jahren 1973 und 1974. Während dieses Zeitraums wurde die dafür charakteristische Energie von vielen Paaren als eine Notwendigkeit empfunden, entweder die Basis ihrer Beziehung radikal zu verändern oder sich voneinander zu trennen.

Wo auch immer dieser Aspekt im Composit-Horoskop plaziert ist, liegt ein Bereich vor, in dem die beiden Parter eine beträchtliche Flexibilität und Bereitschaft zur Anpassung zeigen müssen. Wenn sie versuchen, sich gegen die Veränderungen zu sträuben, die in ihrer Beziehung eintreten müssen, dann werden sie einen gewaltsamen Umbruch erleben, der eine Fortdauer ihrer Partnerschaft sehr problematisch machen wird. Wenn sie andererseits anpassungsfähig sind und die Herausforderungen akzeptieren können, so wird ihr Verhältnis eine Belebung und Erneuerung erfahren und wie eine völlig neue Beziehung sein. Pluto ist gleichbedeutend mit dem Tod für die alte Ordnung, doch auch mit der schöpferischen Geburt einer neuen Form. Man muß es lernen, dieser Veränderung erwartungsvoll entgegenzusehen.

Composit-Uranus in Konjunktion mit dem Composit-Aszendenten

Die Konjunktion von Composit-Uranus und Composit-Aszendent steht kennzeichnend für eine Beziehung, die wahrscheinlich einen starken Einfluß auf das Leben der betreffenden Menschen nehmen wird. Die Art dieser Einwirkung kann eine ganz unterschiedliche Form annehmen, die zum großen Teil von der eigenen Einstellung der Partner abhängen wird.

Vor allen Dingen wird diese Beziehung die beiden mit Sicherheit einer von Grund auf neuen Art von Erfahrung aussetzen. Sie werden nicht die sanfte Bewußtseinsanhebung von Jupiter, sondern die eher dissonante und nervenaufreibende Wirkungsweise von Uranus — desjenigen Planeten, der alle grundlegenden Richtlinien darüber, was es mit dem Leben auf sich hat und wie es gelebt werden sollte, in Frage stellt und einer Herausforderung unterzieht. Die Reaktion auf die Energien von Uranus wird dadurch bestimmt, wie starr und unbeugsam die beiden Partner sind. Je flexibler sie sich gegenüber Veränderungen und neuen Erfahrungen verhalten, desto konstruktiver wird Uranus sich vermutlich zeigen. Wenn die Betreffenden aber ziemlich starr und unbeweglich sind, können seine Auswirkungen verheerend sein.

Eine Beziehung mit diesem Aspekt wird weitreichende Veränderungen im Leben dieser Menschen verursachen. Es mag der Fall sein, daß man ein Zusammenkommen dieser beiden Partner normalerweise nicht erwarten würde, vielleicht aufgrund einer unterschiedlichen sozialen Herkunft oder Vergangenheit. Es kann auch möglich sein, daß einer von beiden den anderen unausgesetzt herausfordert. Manchmal kann dieser Aspekt die Bedeutung annehmen, daß die Betreffenden genau aus dem Grunde zusammengekommen sind, weil diese Beziehung eine Herausforderung ihrer gewohnten Denkweisen darstellt. Sie wird zu einer Form der Auflehnung gegen die Welt und läßt damit ein Problem entstehen.

Dieser Aspekt zeigt häufig mangelnde Stabilität in einer Beziehung an, und zwar einfach deshalb, weil diese Menschen — bewußt oder unbewußt — eine Verbindung miteinander eingegangen sind, um ihre gewohnten Lebensstrukturen in Frage zu stellen oder umzustürzen. Dies ist solange schön und gut, bis sie versuchen, sich gemeinsam, in irgendeiner geregelten Form häuslich einzurichten. Dann kann vielleicht die gleiche Rastlosigkeit, die ihre Beziehung entstehen ließ, ihrer Auflösung dienen.

Eine Partnerschaft mit diesem Aspekt im Composit-Horoskop muß immer eine lose und unstrukturierte Verbindung bleiben. Wenn die Betreffenden sie nicht ihren eigenen und unverwechselbaren Kurs einschlagen lassen, wird sie sich nicht als sehr beständig oder dauerhaft erweisen.

Composit-Uranus im Sextil mit dem Composit-Aszendenten

Das Sextil zwischen Composit-Uranus und Composit-Aszendent kennzeichnet eine Beziehung, die in mancher Hinsicht einmalig und unverwechselbar sein wird. Sie wird die beiden Partner dazu veranlassen, in neuen Bahnen über das Leben zu denken, die sie sich niemals vorgestellt hätten, bevor sie einander begegnet sind. Sie werden diese Veränderung jedoch nicht als eine Zerreißprobe erfahren, sondern sie wird statt dessen wie ein frischer Wind sein, der durch ihre Köpfe und ihr Leben fährt und mit allen alten und überlebten Verhaltensweisen und Vorstellungen aufräumt.

Eine Wirkung dieser Veränderung wird darin bestehen, daß diese Menschen Wesenszüge und Faktoren in der sie umgebenden Welt wahrnehmen werden, die sie niemals zuvor festgestellt haben, und dadurch werden sie ihre Fähigkeit vergrößern können, mit dem Leben in einer angemessenen Weise umzugehen. Das Sextil zwischen Uranus und dem Composit-Aszendenten wirkt sich verhängnisvoll auf alte Gewohnheiten in einer Beziehung aus, kann jedoch ohne diese sehr nützliche Dinge erweisen.

Eine weitere Veränderung wird sich voraussichtlich in dem gesellschaftlichen Umgang dieser Partner zeigen. Beide werden in zunehmendem Maße die Nähe von Menschen suchen, in denen die neuen Lebensformen, die sie entdeckt haben, konkreten Ausdruck finden.

Es darf aber nicht vergessen werden, daß jede Aktivitätsform von Uranus die Schwierigkeit mit sich bringt, weiterhin an alten und hochgeschätzten, aber großenteils unbewußten Anhaftungen und Neigungen festzuhalten — an Dingen, die man beibehalten möchte, obwohl sie keinen wirklichen Zweck im Leben erfüllen. Selbst bei einem Sextil-Aspekt wird Uranus vermutlich Umstände hervorrufen, die ein solches Festhalten unmöglich machen werden. Wenn die betreffenden Partner bereitwillig loslassen können, dann werden sie die Auswirkungen dieses Aspekts als ganz und ganz erfrischend und anregend erfahren. Wenn den beiden das Loslassen schwerfällt, dann werden sie in dieser Beziehung vielleicht Zerrissenheit und Verwirrung feststellen, wenn auch noch nicht in den unsanften Form, wie sie der Quadrat-Aspekt bietet.

Composit-Uranus im Quadrat mit dem Composit-Aszendenten

Das Quadrat von Composit-Uranus zum Aszendenten kann als Aspekt in einem Composit-Horoskop für ziemlich große Zerrissenheit stehen. Es kennzeichnet eine Beziehung, die deshalb unbeständig ist, weil sie mit ständigen Herausforderungen aufwartet, deren Handhabung für die beiden Partner schwierig sein mag. Vor allen Dingen kann dies bedeuten, daß ihre Richtungsgebung im Leben so grundlegend voneinader abweicht, daß sie schwerlich eine Einigung herbeiführen können. Leider werden sie dieses Problem auch nicht dadurch klären können, daß sie die Dinge einfach auf sich beruhen lassen. Jeder von ihnen zeigt die Neigung, den anderen — entweder bewußt oder unbewußt — zu reizen und sein Ego herauszufordern, und beide scheinen sich gegenseitig als typische Vertreter einer etablierten Ordnung zu betrachten, gegen die es sich aufzulehnen gilt.

In einem ansonsten günstigen Horoskop kann die Kernfrage dieser Auflehnung die Bedeutung haben, daß sich die Betreffenden einem anderen zum Trotz zusammengetan haben. Wenn sie beispielsweise Liebespartner sind, werden sie vielleicht gegen ihre Eltern rebellieren. Eine derartige Beziehung existiert schlicht und einfach als Ausdruck der Rebellion und Empörung gegen bestehende Normen und Wertmaßstäbe. Dies kann sich als eine starke bindende Kraft zwischen den beiden erweisen, bis sie am Ende ihrer rebellischen Phase angelangt sind. Solange die explosive Energie von Uranus nach außen gelenkt wird, werden keine größeren Probleme zwischen ihnen existieren — doch wird der Tag kommen, wo sie sich miteinander beschäftigen und auseinandersetzen müssen und in diesem Stadium werden sie wahrscheinlich vor den Schwierigkeiten stehen, die im ersten Absatz beschrieben worden sind.

Die einzige Möglichkeit, mit Uranus umzugehen, besteht in einer sehr großen Offensive gegenüber Faktoren, die außerhalb der gewohnten Betrachtungsweise liegen — und dazu gehören auch Wesensmerkmale des Partners. Wenn diese beiden Menschen ihre Ansichten über die Welt erweitern und neue Herausforderungen akzeptieren können, dann dürfte es ihnen gelingen, die Energie dieses Aspektes für sich zu gebrauchen.

Composit-Uranus im Trigon mit dem Composit-Aszendenten

Das Trigon von Composit-Uranus zum Aszendenten steht kennzeichnend für eine Beziehung, die für beide Partner sehr anregend wirken und ihnen dabei helfen wird, eine neue Orientierung gegenüber der Welt zu finden. Vielleicht sind sie durch ein Gefühl von köstlicher Verwegenheit angesichts der Tatsache ihres Zusammenkommens zueinander hingezogen worden. Sie werden miteinander die Freiheit zu neuen und abweichenden Ausdrucksformen finden, an die sie sich niemals zuvor gewagt hätten. Alles dies aber ist gut und richtig, und sie brauchen sich über die negativen Folgen keine Sorgen zu machen.

Diese Beziehung verlangt von beiden Partnern eine flexible und anpassungsfähige Geisteshaltung. Wenn sie sich für nichts außerhalb einer festgelegten Routine begeistern können, wird dies wahrscheinlich keine sehr glückliche Partnerschaft sein. In einem solchen Falle werden sie an ihr vorbeigehen, werden sie damit eine günstige Gelegenheit zu ihrer eigenen Bewußtseinserweiterung ungenutzt verstreichen lassen.

Vorausgesetzt, daß beide Partner in geistiger Hinsicht flexibel sind, werden sie als Paar von neuen Denkweisen angezogen, die sie vorher nicht ins Auge gefaßt haben dürften und von denen sie jetzt gerade aufgrund ihres stimulierenden Charakters gefesselt werden. In dieser Partnerschaft können sie Langeweile absolut nicht vertragen, doch wird dies wahrscheinlich kein Problem darstellen. Uranus regiert sowohl die tatsächliche Elektrizität als auch Dinge, die sich ihrer Natur nach wie ,,elektrisiert" anfühlen. Dieser Charakter von ,,elektrischer Aufladung" wird die Beziehung durchdringen und ihr einen Reiz geben, der beiden Partnern die ganze Mühe lohnen wird.

Composit-Uranus in Opposition mit dem Composit-Aszendenten

Die Opposition zwischen Composit-Uranus und Composit-Aszendent sollte als eine Konjunktion zwischen Uranus und dem Composit-Deszendenten betrachtet werden, der ein sehr bedeutsamer Punkt für das Verständnis einer Beziehung ist. Uranus am Composit-Deszendenten läßt erkennen, daß es sehr große Schwierigkeiten bereiten wird, diese Partnerschaft in die Form irgendwelcher gewohnter oder konventioneller Strukturmuster zu bringen. Deshalb ist dies oft ein Zeichen für eine unbeständige Verbindung, die viele bedenkliche Höhen und Tiefen und sogar mehrfach auseinandergehen und wieder zusammenkommen mag. Wenn die beiden Partner ans Heiraten oder an irgendeine andere rechtsgültige Vereinbarung denken, dann wären sie gut beraten, sich dies ganz genau zu überlegen. Der Versuch, eine Beziehung wie diese in irgendeine Art von gesetzmäßig festgelegtem Schema einzupassen, wird vermutlich zum Auslöser für ihre unbeständigsten Aspekte werden.

Diese Partnerschaft wird solange einen guten Verlauf nehmen, wie sie das Leben der Betreffenden in revolutionärer Weise verändert, was anfangs der Fall sein wird, und wie sie Aufregung bietet. Wenn der anfängliche Reiz jedoch verflogen ist, werden sie vielleicht Probleme haben, weil jede Art von Routine ein ,,Fluch" für diese Beziehung ist. Im Falle einer Ehe dürfen sich die beiden Partner nur so wenige Vorschriften wie möglich machen. Es mag sich sogar als notwendig erweisen, Beziehungen zu anderen Menschen außerhalb dieser Partnerschaft als etwas Selbstverständliches gelten zu lassen. Auf jeden Fall dürfen die Betreffenden diese Möglichkeit nicht verhindern wollen. Wenn einer von ihnen sich durch diese Verbindung eingeschränkt zu fühlen beginnt, so ist dies der Anfang ihrer Schwierigkeiten. Jeder kann nur sich selbst, aber nicht dem Partner Regeln auferlegen.

Ein weiteres Problem, das mit diesem Aspekt auftreten kann, besteht darin, daß die beiden Partner von Menschen außerhalb ihrer Beziehung eine Herausforderung erfahren können. Dazu mag es kommen, weil sie diese selbst in irgendeiner Form unwissentlich herausgefordert haben oder sich dessen sogar ganz bewußt sein mögen. Andere werden vielleicht den Versuch machen, diese Beziehung zu stören oder auseinanderzubringen, doch wenn ihr Einfluß nicht allzu groß wird, mag sich dies sogar als eine vebindende Kraft zwischen den Partnern erweisen. Natürlich könnten die Umstände auch den Punkt erreichen, daß es ihnen unmöglich wird, weiter zusammenzubleiben.

Mit diesem Aspekt in ihrem Composit-Horoskop benötigen die beiden Partner viele positive und verbindende Faktoren in ihrer Beziehung, wenn diese über einen längeren Zeitraum andauern soll.

Kapitel 13

Neptun

Die Bedeutung von Neptun im Composit-Horokop

Neptun im Composit-Horoskop stellt eine Energie dar, die für die meisten Menschen ziemlich schwierig zu handhaben ist. Sein Einfluß zeigt sich in zwei gesonderten Bedeutungsbereichen, die letztlich miteinander verknüpft sind, obwohl an der Oberfläche kein Zusammenhang zwischen ihnen zu bestehen scheint.

In erster Linie ist Neptun mit Desillusionierung, Täuschung, Selbstbetrug, Falschheit und dem allmählichen Wegrücken und Verschwinden von Dingen verbunden. Doch gleichzeitig steht er auch sinnbildlich für alles, was man zu Recht oder Unrecht idealisiert — für das spirituelle und mystische Element, das tatsächlich sogar in noch stärkerem Maße als Venus die Ursache für Liebe in ihrer am meisten vergeistigten Bedeutung ist. Diese zweiseitige Natur läßt den Umgang mit Neptun so schwierig werden.

In einem erheblichen Ausmaß beruht alle wirkliche Liebe auf der Idealisierung irgendeines Wesenszuges im anderen Menschen. Dies ist die eine Seite von Neptun. Man muß jedoch auch die tatsächliche Situation berücksichtigen und darf den anderen nicht zu einer Person machen, die er gar nicht ist. Neptun ist seiner inneren Natur nach so beschaffen, daß man häufig zu Übertreibungen neigt und den Partner in einen ,,Mythos'' verwandelt, und wenn die Wahrheit aufgedeckt wird, stellt sich herbe Enttäuschung ein. Wäre die Energie von Neptun jedoch nicht in einem gewissen Ausmaß wirksam gewesen, so wäre man überhaupt erst gar nicht von jenem Menschen angezogen worden.

In einer Beziehung kann manches nicht in Worten ausgesprochen werden. Es ist daher notwendig, daß die beiden Partner ein gewisses inneres Verständnis voneinander besitzen, denn sonst werden sie niemals besonders gut miteinander kommunizieren können. Auch diese Art von Sensibilität und Empfänglichkeit innerhalb einer Beziehung wird von Neptun regiert — und auch hier kann wiederum seine zweifache Natur dazu veranlassen, mit dieser Sensibilität zu weit zu gehen, bis ein Punkt erreicht ist, wo Dinge erfunden werden, die gar nicht existieren, oder die Bedeutung dessen, was ist, übertrieben wird.

Wie kann hier ein Gleichgewicht bewahrt werden? Die Antwort darauf ist in einem Aspekt von Neptun zu finden, der den Schlüssel zu seinem wirklichen Verständnis liefert. Neptun verkörpert eine gänzlich selbstlose Energie, die sich nicht bereitwillig für die Forderungen des menschlichen Ego einspannen läßt. Wenn ein starker Wunsch des Ego besteht, daß etwas in einer bestimmten Weise sein soll, so wird Neptuns Beteiligung daran gefährlich werden. Je mehr das Ego eine Situation erzwingen muß, desto mehr wird Neptun zu Selbsttäuschungen darüber verleiten. Die eigenen Wünsche scheinen eine Sperre vor der klaren Wahrnehmung zu errichten, weil man allzusehr in der Situation befangen und verstrickt ist. Neptun läßt die beiden Partner häufig glauben, die Verhältnisse wären schon so, wie sie sich diese wünschen — selbst wenn dies nicht der Fall ist.

Wenn sie jedoch lernen können, die Situation so zu akzeptieren, wie sie ist, dann wird Neptun sie darin unterstützen, auch noch mehr zu lernen. Wenn sie ihre Ideale aufrechterhalten und sich trotzdem noch mit der Realität auseinandersetzen können, mag Neptun ihnen sogar dabei helfen, ihre Ideale zu verwirklichen.

Die Position von Neptun im Horoskop sagt etwas über diejenigen Bereiche der Beziehung aus, die idealisiert werden — und dies vielleicht in einer gefährlichen Art und Weise. Sie zeigt die Tiefe der geistig-spirituellen Kommunikation und das Ausmaß an, in dem jegliche Kommunikation durch die gegenseitigen Illusionen voneinander unterbrochen wird.

Composit-Neptun im ersten Haus

Mit der Stellung von Composit-Neptun im ersten Haus eines Horoskops besteht die große Gefahr, daß die beiden Partner nicht verstehen, um was es in ihrer Beziehung überhaupt geht. Jeder von ihnen wird vielleicht ganz unterschiedliche Auffassungen von dieser Beziehung haben, doch keiner von beiden wird sich des Unterschiedes bewußt sein. Möglicherweise haben sie auch eine ziemlich klare Vorstellung über die Richtung, die sie als Paar einschlagen sollten, doch fällt es ihnen schwer zu erkennen, wo sie zu einem bestimmten Zeitpunkt stehen.

Typisch für die Probleme, die Neptun auslöst, ist eine Situation, die in einer Liebesbeziehung auftreten kann. Einer der Partner denkt, alles sei herrlich und ideal — und die Welt mag dem zustimmen, denn Neptun im ersten Haus kann sowohl die Betreffenden selbst als auch andere hinters Licht führen. Dann aber wird derjenige entdecken, daß etwas von Grund auf falsch gelaufen sein muß, wenn er eines Morgens aufwacht, um festzustellen, daß der andere ihn verlassen hat — und vielleicht schon seit Monaten unglücklich gewesen ist.

Ein weiteres verbreitetes Musterbeispiel für Neptun, das hier zutrifft, wenn es auch noch charakteristischer für das siebente Haus ist, zeigt sich darin, daß einer der beiden Partner sich selbst opfert, um den anderen vor irgendeinem Problem zu „retten", oder daß sich auch beide „in den Dienst der Welt stellen". Dies ist gewöhnlich die krasseste Form der Selbsttäuschung, weil dieses Verhaltensschema als geschicktes Manöver für die Lösung eigener Probleme herangezogen wird — andere werden auf diese Art und Weise nicht „gerettet". Leider sind die möglichen Quellen der Selbsttäuschung ohne Ende und Zahl. Die Position von Neptun im ersten Haus weist lediglich darauf hin, daß sich diese beiden Partner um eine wirklichkeitsnahe Beziehung bemühen müssen und ihre Ideale nicht die Fähigkeit, die Wahrheit zu erkennen, unter sich begraben dürfen. Doch gleichzeitig dürfen sie diese Ideale auch nicht aufgeben.

Composit-Neptun im zweiten Haus

Bei einer Position von Neptun im zweiten Haus des Composit-Horoskops wird zwischen den Partnern wahrscheinlich eine gewisse Unklarheit darüber herrschen, was sie als wichtig betrachten, denn das zweite Haus bezieht sich auf alles das, was man als Wert einschätzt; zumeist, aber nicht ausschließlich, sind dies materielle Mittel. Ist Neptun hier plaziert, dann kann es für diese beide Menschen einfach unklar sein, was für sie einen Wert darstellt. Vielleicht werden sie dies nicht einmal wissen und müssen dies in einem solchen Falle herausfinden — denn wenn sie nicht wissen, was sie für wichtig halten, werden sie es erst dann bemerken, wenn jemand es ihnen wegnimmt.

Neptun im zweiten Haus kann aber auch eine große Verwirrung über den Umgang mit Geld und Besitz anzeigen. Die beiden Partner mögen bedenkliche Fehlvorstellungen haben oder sich in völliger Unkenntnis darüber befinden, wie sie mit dem, was ihnen gehört, umzugehen haben. Aufgrund der doppelseitigen Natur von Neptun werden sie aber vielleicht auch ein geradezu unheimliches Gespür dafür besitzen, wo Geld zu finden ist und es an völlig unwahrscheinlichen Orten wittern. Bei dieser Plazierung ist es sehr wichtig, daß die beiden alle Angelegenheiten, die durch das zweite Haus regiert werden, genau überprüfen, damit sie feststellen können, ob sie die erste oder die zweite Wirkungsweise erfahren.

Eine der beiden folgenden Situationen wird auf diese Menschen zutreffen: Im ersten Falle wird materieller Besitz für sie nicht von sehr großer Bedeutung sein, so daß sie keine Probleme damit haben dürften. Spielt er andererseits eine wichtige Rolle, dann sollte dies nicht in einem derartigen Ausmaß der Fall sein, weil dies den Betreffenden wahrscheinlich Probleme bereiten wird. Neptun leugnet nicht so sehr die Dinge im allgemeinen ab, als daß er solche Dinge verweigert, an die eine allzu große Anhaftung besteht.

Composit-Neptun im dritten Haus

Neptun im dritten Haus des Composit-Horoskops wird gewöhnlich als für den Geist verwirrend erfahren, denn in seinen niederen Erscheinungsformen ist Neptun ein Planet der Verwirrung. Das dritte Haus wird derjenigen Geistesaktivität zugeordnet, die auf einer alltäglichen Ebene, routinemäßig und ohne allzu große Bewußtheit von sich selbst, wirksam ist.

In einer Beziehung kann Neptun im dritten Haus sehr bedenkliche Kommunikationsprobleme, zumindest verbaler Natur, zwischen den Partnern hervorrufen. Es bereitet ihnen Schwierigkeiten, das in Worte zu fassen, was sie äußern möchten. Es ist allerdings schon merkwürdig genug, daß Neptun die nonverbale, intuitive Kommunikation tatsächlich sogar verbessern mag, während er die verbale Kommunikation untergräbt. Die betreffenden Partner können in der Tat ein sehr gutes, intuitives Verständnis von dieser Beziehung besitzen, selbst wenn sie nicht darüber sprechen können.

Sie sollten sich vor versteckten Minderwertigkeitsgefühlen hüten, die sie davon abhalten können, das zum Ausdruck zu bringen, was sie sagen möchten. Sie haben ein Anrecht darauf, miteinander zu sprechen und sich verständlich zu machen.

Weil das dritte Haus der Bereich der unmittelbaren Umgebung ist, kann sich Neptuns verwirrende Wirkung hier auch auf die Menschen im Umfeld dieser Beziehung übertragen. Sie werden sich vielleicht in einer Weise verhalten, die den beiden Partnern nicht ganz einsichtig ist, oder erwecken den Eindruck, sie täuschen zu wollen. In einer Ehe oder Liebesbeziehung kann insbesondere die Verwandtschaft solche Unannehmlichkeiten bereiten. Der Weg, den es hier einzuschlagen gilt, ist der, mit jedem kommunizieren zu lernen — auch wenn dies schwierig sein mag.

Composit-Neptun im vierten Haus

Das vierte Haus ist eine der vieldeutigsten und unklarsten Plazierungen für Composit-Neptun. Wenn diese Beziehung so beschaffen ist, daß sie ein konkretes Heim haben könnte, so wird darin wahrscheinlich ein Ideal für die beiden Partner bestehen, um welches sie sich sehr angestrengt bemühen werden. ,,Wie schön wäre es doch, ein eigenes Heim zu haben'' oder ,,Ein Haus so wie dieses'' werden sie sagen und gemeinsam Luftschlösser bauen. Gleichzeitig neigen sie aber dazu, alles das vollkommen zu ignorieren, was tatsächlich in ihrem Zuhause vor sich geht. Häufig ist das, was da geschieht, wichtig, und sie sollten darüber informiert sein, doch sind sie allzusehr in ihre persönliche Traumwelt versunken.

Manchmal deutet Neptun im vierten Haus darauf hin, daß keiner der beiden Partner, obwohl ihr persönliches Leben miteinander recht problematisch geworden ist, dieser Tatsache irgendwelche Beachtung schenkt.

Wie immer bei Neptun, ist es weder möglich noch wünschenswert, daß die Betreffenden ihre Ideale aufgeben. Es ist jedoch notwendig, daß sie die Realität erkennen lernen und ihre Ideale gemeinsam mit der Realität ohne Konflikt in ihrer Welt gleichzeitig nebeneinander existieren lassen. In seiner höchsten Ausdrucksform kann Neptun im vierten Haus ein Hinweis darauf sein, daß spirituelle Ideale die eigentliche Basis dieser Beziehung ausmachen. Wenn dies der Fall ist, dann werden die meisten der oben beschriebenen Probleme für die betreffenden Partner nicht so schwerwiegend sein.

Composit-Neptun im fünften Haus

Neptun im fünften Haus eines Composit-Horoskops wird seine stärkste Wirkung auf eine persönliche Beziehung ausüben, hauptsächlich auf ein Liebesverhältnis oder eine Ehe. In solchen Fällen bezeichnet er unter den günstigsten Umständen eine besonders idealisierte und verfeinerte Form von Liebe. Die unstofflichen Tendenzen von Neptun mögen vielleicht sogar einen derart großen Einfluß haben, daß die Beziehung platonisch sein wird. In dieser Weise zeigt sich die positive Auswirkung von Neptun.

Es kommt jedoch weitaus häufiger vor, daß einer der Partner diese Beziehung in einem allzu romantischen Licht sieht. Für ihn scheint alles vollkommen, ideal und in Butter zu sein, wenn tatsächlich ernsthafte Probleme existieren, die von einem Schleier romantischer Verklärung verdeckt werden. Eine solche Beziehung kann, solange sie andauert, sehr schön sein, doch das Ende naht gewöhnlich als großer ,,Knall" von Enttäuschung, wenn sich die Wahrheit herausstellt und der ideale Liebespartner bestenfalls als gewöhnlicher Mensch und schlimmstenfalls als Flegel erkannt wird.

Neptun kann sowohl das Faktum als auch die Illusion einer im höchsten Maße spirituellen Verbindung hervorrufen, und zwar besonders von jener Art, wo der eine der beiden Partner den anderen als einen ,,Retter" betrachtet. Wenngleich diese Ansicht in einigen Fällen gerechtfertigt sein mag, so besteht doch das Problem, daß die beiden keine Beziehung zwischen Gleichgestellten zueinander herstellen, wie sie dies tun sollten, damit diese Begegnung zu ihrem persönlichen Wachstum beitragen kann. Die Energie von Neptun kann auch die umgekehrte Richtung einschlagen, wobei einer der Partner aufgrund eines ernsten Problems, das er selbst hat, seine Zeit damit verbringt, sich um den anderen zu kümmern. Auch dies ist wiederum keine Verbindung zwischen ebenbürtigen Partnern.

Wie es bei Neptun üblich ist, müssen die Betreffenden lernen, sowohl mit der Realität als auch mit ihren Idealen zu leben. Gleichzeitig müssen sie sich dessen ganz sicher sein, daß sie sich wirklich gegenseitig beistehen und nicht nur dadurch, daß sie dem Partner anscheinend helfen, und dabei ihre eigenen Probleme ausarbeiten. Eine Hilfe, die mit einer solchen Geisteshaltung gegeben wird, ist keinerlei Unterstützung und dient lediglich dazu, die Probleme weiter fortbestehen zu lassen.

Composit-Neptun im sechsten Haus

Composit-Neptun im sechsten Haus deutet darauf hin, daß die beiden Part
ner ein sehr hochstehendes Ideal des Dienstes für andere haben können oder
daß sie sonst im unklaren darüber sein mögen, welche Tätigkeiten von ihnen
als Paar erwartet werden. Das sechste Haus ist der Bereich von Verantwortung, Pflichten und Arbeit, und Neptun läßt diese zu einer möglichen Quelle
von Verwirrung werden. Manchmal kann Neptun im sechsten Haus ein Indiz
dafür sein, daß diese Beziehung Störungen von rätselhafter Herkunft erlebt.
In vielfacher Hinsicht ist diese Hausplazierung jedoch nicht schlecht, da sie
— ebenso wie Neptun — fordert, etwas anderes über die eigenen Wünsche zu
stellen.

Arbeit, oder auch ganz einfach die Erledigung von Dingen, wird für ein Paar
mit dieser Plazierung so etwas wie ein philosophisches Ideal. Doch dürfen die
Betreffenden nicht vergessen, daß jede Partnerschaft in einem bestimmten
Umfang für die berechtigten Forderungen der Individuen nach persönlichem
Selbstausdruck Sorge tragen muß. Nicht alles kann nur einer ,,höheren'' Sache dienen. Die eigenen Bedürfnisse sind legitim, ob sie nun als solche anerkannt werden oder nicht, und müssen erfüllt werden.

Wenn die beiden Partner allzusehr von dem Ideal des Dienstes — sei es füreinander oder im Hinblick auf andere — in Anspruch genommen werden, so
kann dies zu einer sehr subtilen Form von Groll und Unwillen führen, wobei
einer oder beide von ihnen den Märtyrer spielen. Jedesmal, wenn einer etwas
für seinen Partner tut, läßt er diesen in einer Art und Weise dafür ,,bezah-
len'', die gar nicht so subtil, aber schwierig zu handhaben ist. Es ist schön
und gut, wenn die Betreffenden es mit ihrem Ideal des Dienens ehrlich meinen, doch sollten sie sich selbst die Möglichkeit geben, auch das, was sie
brauchen, in dieser Beziehung zu bekommen.

Composit-Neptun im siebenten Haus

Mit der Position von Neptun im siebenten Haus des Composit-Horoskops
werden die beiden Partner sehr sorgfältig darauf achten müssen, daß sie den
wirklichen Charakter dieser Beziehung verstehen, besonders wenn es sich um
eine solche Partnerschaft wie eine Ehe oder eine geschäftliche Verbindung
handelt. Durch diese Plazierung kann eine derartige Beziehung ganz anders
als das erscheinen, was sie in Wirklichkeit ist.

Neptun trägt dazu bei, einen der wesentlichsten Aspekte des siebenten Hauses zu untergraben, nämlich die enge Zweierbeziehung zwischen ebenbürtigen Partnern. Ist Neptun in diesem Haus plaziert, wird jene Art von Beziehung häufig das ,,Retter/Opfer''-Schema aufweisen, wie es von einem
Astrologen bezeichnet wird. Einer der Partner sucht nach jemand, der ihn
aus seinen Problemen errettet, während der andere nach jemand Ausschau
hält, den er retten kann. In Wirklichkeit sind beide in einer gleichermaßen

schlechten Verfassung, weil keiner von ihnen auf einer gleichberechtigten Ebene eine ganz direkte Verbindung herstellen kann.

Typisch für dieses Symptombild ist die „selbstlose" Ehefrau, die für ihren armen, dem Alkohol verfallenen Ehemann sorgt und sich selbst scheinbar keinerlei Aufmerksamkeit schenkt. Doch kann man sich darauf verlassen, daß beide tatsächlich genau das aus der Situation herausziehen, was sie sich wünschen, weil keiner von ihnen die Verantwortung einer normalen Beziehung übernehmen muß, was sie eigentlich brauchen würden.

Neptun im siebenten Haus kann auch einfach ein Hinweis auf eine Beziehung sein, in der sich jeder der beiden Partner mit dem anderen nicht als einer realen Person auseinandersetzt, sondern in der Form eines idealen Vorstellungsbildes, das er nicht aus der tatsächlichen Erfahrung mit dem anderen Menschen, sondern aus seinem eigenen Inneren abgeleitet hat. Eine derartige Beziehung ist dazu verurteilt, in einer größeren Enttäuschung zu enden, wenn der eine entdeckt, daß der andere gar nicht das Ideal ist, das er gesucht hat.

Neptun im siebenten Haus kann jedoch auch noch auf eine Beziehung hindeuten, die eine starke spirituelle Bindung hat und in der die beiden Partner ein tiefgehendes, intuitives Verständnis voneinander besitzen; dies erfordert aber ein Erkennen und Akzeptieren der Wahrheit über sich selbst und über den anderen.

Composit-Neptun im achten Haus

Neptun im achten Haus eines Composit-Horoskops zeigt an, daß die materiellen Mittel, welche die Partner gemeinsam besitzen oder die für sie beide von Belang sind, in dieser Beziehung größeren Anlaß für Verwirrung und Unsicherheit bieten können. Die Energie von Neptun ist ihrer Natur nach immateriell, so daß in demjenigen Bereich des Horoskops, der von Neptun beeinflußt wird, Schwierigkeiten mit materiellen Dingen auftreten werden. Weil das achte Haus den gemeinsamen Ressourcen zugeordnet wird, wird diese Auswirkung hier in besonders starkem Maße empfunden.

Offensichtlich wird dies eine geschäftliche oder berufliche Verbindung am meisten beeinträchtigen, doch werden die finanziellen Angelegenheiten in einer jeden Partnerschaft — ausgenommen eine sehr flüchtige Freundschaft — davon betroffen werden. Alle Bereiche, die mit Geschäften und finanziellen Transaktionen zu tun haben, sollten mit einer gewissen Vorsicht angegangen werden. Neptun ist der Planet der Täuschung und des Betrugs, und auf diese Gefahren können die Betreffenden in ihren finanziellen Abwicklungen stoßen.

Neptun hat jedoch auch hier, genauso wie in den anderen Häusern, zwei Seiten. Er kann ebenfalls ein Indiz für eine sehr große intuitive Bewußtheit über finanzielle und materielle Angelegenheiten sein, und es läßt sich sehr schwer sagen, wann er eine dieser beiden Auswirkungen zeigen wird. Da bleibt nur die Lösung, sehr vorsichtig zu Werke zu gehen, bis man weiß, in welcher Form Neptun wirksam ist. Selbst wenn sich die Beziehung im allgemeinen positiv für die beiden Partner gestaltet, sollten sie sich auf eine gelegentliche unangenehme Überraschung gefaßt machen.

Das achte Haus ist auch der Bereich der größeren inneren Umwandlungen, die innerhalb einer Beziehung auftreten können. Neptun kann hier darauf hindeuten, daß verborgene und unsichtbare Faktoren in der Umwelt der beiden Partner Veränderungen herbeiführen, die schwierig zu begreifen sind. Sie werden eine sehr große Klarheit des Denkens besitzen müssen, damit sie solche Faktoren untersuchen können.

Composit-Neptun im neunten Haus

Neptun im neunten Haus des Composit-Horoskops ist ein Hinweis darauf, daß diese Beziehung ein außerordentlich starkes Interesse an Idealen hat. Das neunte Haus ist der Bereich der höheren Geistesaktivität — des Geistes, so wie er die Welt betrachtet und sich dessen bewußt ist. Dieses Haus bezieht sich auf die Lebensphilosophie im allgemeinen und die geistige Struktur, mittels derer die beiden Partner sich die Welt erklären und deuten. Neptun an dieser Stelle gibt dem ganzen Bereich einen mystischen und religiösen Einschlag oder doch zumindest eine Vorliebe für die Beschäftigung mit übersinnlichen oder spirituellen Dingen. In einem Composit-Horoskop könnte diese Plazierung darauf hindeuten, daß die beiden Partner in dieser Beziehung ein sehr starkes Interesse an solchen Fragen zeigen.

Möglicherweise kann das neunte Haus auch darauf hinweisen, daß ihre Ansichten über die Welt aufgrund dieser Partnerschaft unklar und verworren sind. Es besteht die Gefahr, daß sie die Welt entweder durch eine rosarote Brille oder — genau umgekehrt — von einem unnötig pessimistischen Standpunkt aus betrachten könnten. In beiden Fällen weist das neunte Haus darauf hin, daß die beiden Partner in einer Art und Weise mit der Welt umgehen, die ganz und gar nicht realistisch ist und die sie daher Enttäuschungen aussetzt. Es gibt nichts gegen Idealismus einzuwenden, doch sollten die Ideale nicht mit den tatsächlichen Gegebenheiten verwechselt werden.

Composit-Neptun im zehnten Haus

Neptun im zehnten Haus des Composit-Horoskops kann ein Ausgangspunkt für Probleme sein, da er große Verwirrung darüber anzeigt, was diese Beziehung eigentlich genau ist und wie sie sich in die Welt im ganzen einfügt. Eine Ausdrucksform von Neptun im zehnten Haus zeigt sich darin, daß die beiden Partner von allen möglichen Dingen beeinträchtigt werden können, die andere überhaupt gar nicht bemerken. Oberflächlich betrachtet, mag diese Beziehung völlig intakt erscheinen, doch dieser äußere Eindruck überdeckt Situationen, die andere Mensch zu einer ganz unterschiedlichen Meinung über diese Partner veranlassen würden, wenn sie Kenntnis davon hätten. Die Betreffenden sollten nicht einer Beziehung in die Falle gehen, die ganz und gar trügerischer Schein ohne irgendeine Substanz dahinter ist.

Neptun im zehnten Haus kann auch ein Indiz dafür sein, daß die beiden Partner keinerlei klares Gespür dafür besitzen, welche Richtung ihre Beziehung einschlägt oder worin ihre Zielsetzung besteht. In einem Individual-Horoskop wird dieses Haus dem Beruf zugeordnet; damit vergleichbar sagt das zehnte Haus in einem Composit-Horoskop etwas darüber aus, welchem Sinn und Zweck eine Beziehung für die betreffenden Partner dient. Durch Neptun wird es erschwert, diese Bestimmung klar und deutlich wahrzunehmen.

Andererseits ist es auch möglich, daß diese Plazierung auf die tatsächliche Zielsetzung dieser Beziehung hinweist. Neptun ist der Planet der Transzendierung des Ego — des Vorgangs, über die eigenen, eng gesteckten Ziele hinauszugehen. Er trägt zu einer stärkeren Beschäftigung mit den eigenen Bedürfnissen in einem größeren metaphysischen Zusammenhang bei. Im zehnten Haus des Composit-Horoskops kann Neptun möglicherweise eine Beziehung anzeigen, in der es jeder der beiden Partner lernen muß, als eine Möglichkeit zur Erfüllung der höheren Bedürfnisse auf die eigenen Wünsche zugunsten derjenigen eines anderen zu verzichten. Diese Hausposition kann auch darauf hinweisen, daß die Betreffenden auf einer berufsmäßigen Ebene ein sehr starkes Interesse an metaphysischen oder spirituellen Aktivitäten zeigen.

Composit-Neptun im elften Haus

Neptun im elften Haus des Composit-Horoskops zeigt eine in ungewöhnlichem Maße idealistische Beziehung an. Das elfte Haus ist der Bereich der Hoffnungen und Wünsche, und gemeinsam mit Neptun, dem Planet der Ideale, ergibt sich hier eine äußerst idealistische Verbindung. Die Betreffenden sollten sich davor in acht nehmen, daß sie keine übertrieben hohen Erwartungen an diese Beziehung stellen, und sich darum bemühen, eine Verbindung zu ihrem Partner herzustellen, so wie er wirklich ist und nicht, wie sie sich ihn vorstellen oder erträumen.

Wie in den anderen Häusern, die Partnerschaften betreffen, kann Neptun auch hier eine Beziehung, die normalerweise eine sexuelle gewesen wäre, in ein platonisches Verhältnis verwandeln. Der Grund dafür ist in Neptuns unstofflicher Wesensnatur zu sehen. Beide Partner mögen das Gefühl haben, daß körperliche Liebe für die Art von Idealismus, den sie gemeinsam haben, nicht rein genug ist.

Als Haus der Freundschaft kann das elfte Haus auch auf die Art von Freunden hinweisen, welche diese Partner durch ihr Zusammensein anziehen. Neptun läßt erkennen, daß diese Freunde vermutlich Menschen sein werden, die in irgendeiner Hinsicht „neptunisch" geprägt sind. Sie werden vielleicht sehr künstlerisch oder sensibel oder an okkulten oder übersinnlichen Phänomenen interessiert sein, oder sie mögen auch einfach unzuverlässig oder unaufrichtig sein; sie könnten sogar eine Verkörperung dieser beiden Extreme sein. Neptuns Plazierung im Horoskop entspricht demjenigen Bereich, wo die Betreffenden die größte Klarheit zeigen und verstehen müssen, was sich wirklich abspielt, weil dort die Wahrscheinlichkeit der Selbsttäuschung am allergrößten ist.

Composit-Neptun im zwölften Haus

Nach der astrologischen Tradition entspricht das zwölfte Haus der natürlichen Position von Neptun. Daher wird sich diese Plazierung im Composit-Horoskop wahrscheinlich als relativ problemlos erweisen. Sowohl Neptun als auch das zwölfte Haus stehen sinnbildlich für das Bedürfnis, über sich selbst hinauszugehen und mit einem Universum höherer Ordnung in Verbindung zu treten. Unter den günstigsten Umständen weist Neptun im zwölften Haus darauf hin, daß beide Partner dazu in der Lage sind, einander und der Beziehung das zu geben, was dafür notwendig ist, damit die Dinge die bestmögliche Entwicklung nehmen können. In kritischen Augenblicken, wenn es wirklich zählt, kann jeder von ihnen die Forderungen seines Ego außer acht lassen und das tun, was getan werden muß, ohne dabei seine eigenen gefühlsmäßigen Interessen wahren zu müssen. Beide sind dazu bereit und dazu fähig, zum Nutzen der gemeinsamen Sache Opfer zu bringen, wenn dies notwendig ist.

Merkwürdigerweise kann sich dies jedoch auch als ein Fehler herausstellen, wenn man es übertreibt. Die negative Seite dieses Prinzips ist die Märtyrerhaltung, eine besondere Form der passiven Aggressivität. Derjenige Partner mit dieser Einstellung fügt sich immer den Forderungen des anderen, während sich dieser gleichzeitig so schuldig wie nur möglich fühlt, da er eine Schwäche ausnutzt. Diese Haltung kann insofern ganz offen und aufrichtig sein, als daß einer von beiden tatsächlich der Meinung ist, eine gerechte Chance von seinem Partner nicht zu verdienen, und daher nicht für seine Rechte eintritt.

Ungeachtet dessen, wie selbstlos diese Partner zu sein glauben, dürfen sie nicht vergessen, daß sie beide aus dieser Beziehung einen konkreten Nutzen ziehen müssen, denn sonst wird sie für keinen von ihnen sinnvoll sein. Letzten Endes werden dann doch uneingestandene, versteckte Aggressionen ans Tageslicht kommen und die Beziehung zu untergraben beginnen.

Composit-Neptun in Konjunktion mit dem Composit-Aszendenten

Die Konjunktion von Composit-Neptun mit dem Aszendenten hat eine zweifache Bedeutung, und im Laufe der Beziehung wird die eine oder die andere Ausdrucksform zum Vorschein kommen. In beiden Fällen bringt jedoch ein stark plazierter Neptun, so wie es dieser ist, den Idealismus als wesentlichen Faktor mit ins Spiel. Doch muß man die Frage stellen, um welche Art von Idealismus es sich dabei handelt und wie er sich auf die Fähigkeit auswirkt, die wahren Gegebenheiten zu erkennen.

In seiner höchsten Ausdrucksform zeigt dieser Aspekt an, daß eine starke spirituelle Verbindung zwischen diesen Partnern besteht. Ein unsichtbarer Faden verbindet die beiden miteinander, so daß jeder von ihnen empfinden kann, was der andere denkt, ohne daß sie sehr viele Worte machen müssen. Gewöhnlich sind sie dazu bereit, fast alles füreinander zu tun, und sie haben das Gefühl, wirklich zu einem Wesen vereint worden zu sein, was letztlich die höchste Ausdrucksform von Liebe darstellt.

In einer derart idealistischen Partnerschaft liegt die Betonung jedoch auf der spirituellen Verbindung. In einer Beziehung, die sonst eine sexuelle sein dürfte, kann dieser Aspekt den Betreffenden ein solch starkes Interesse für das Geistig-Spirituelle geben, daß sie dieses nicht durch körperlichen Kontakt „beschmutzen" möchten — oder zumindest erscheint es ihnen in dieser Weise. Daher kann dieser Aspekt ein Anzeichen für eine platonische Beziehung sein.

Unglücklicherweise wird eine derart ideale Verbindung im allgemeinen nicht realisiert. Weitaus häufiger weist dieser Aspekt auf eine Beziehung hin, die ein außergewöhnliches Maß an Illusion und Selbsttäuschung aufweist. Die wunderschöne Selbstlosigkeit der Idealvorstellung wird zum eigenen Märtyrertum verfälscht, das häufig als Mittel zur Beherrschung des anderen eingesetzt wird.

In der Regel besteht das Problem darin, daß einer der Partner zu dem anderen nicht den Kontakt wie zu einem wirklichen lebendigen Wesen herstellt. Statt dessen erschafft er sich ein geistiges Idealbild und will den anderen, ob dies nun angemessen ist oder nicht, in dieses hineinzwängen. Er wird jedoch eine große Enttäuschung erleben, wenn die wahre Identität des anderen zum Vorschein kommt. Wo Neptun stark plaziert ist, wird sich dieses Thema stetig wiederholen. Die Betreffenden müssen damit aufhören, nach einem Ideal zu suchen und gewillt sein, ihren Partner so anzuerkennen, wie er tatsächlich ist. Nur dann können sie das Beste aus ihrer Beziehung machen, und dadurch wird es ihnen vielleicht möglich sein, die höhere Ausdrucksform dieses Aspektes zu erfahren.

Composit-Neptun im Sextil mit dem Composit-Aszendenten

Das Sextil zwischen Composit-Neptun und Composit-Aszendent hebt die idealistische und die feinfühlige Seite dieser Beziehung hervor. Diese beiden Partner besitzen eine weitaus größere Sensibilität gegenüber den Bedürfnissen des anderen, als dies bei den meisten Paaren der Fall ist, und sie werden sich auf einer intuitiven Ebene gegenseitig gut ergänzen können. Ein Großteil der Kommunikation, die zwei Menschen gewöhnlich füreinander in Worte fassen müssen, ist für diese beiden schon ohne Worte offensichtlich. Dies erspart sehr viel Zeit, wenn es darum geht, dieser Partnerschaft eine gemeinsame Basis zu geben. Die Betreffenden sollten nur darauf achten, daß ihre idealistische Einstellung dem anderen gegenüber nicht unrealistisch wird. Sie müssen die Realität dessen anerkennen, was sie füreinander sind, und dürfen nicht an irgendeiner Illusion hängen.

Wenn dies eine potentiell sexuelle Beziehung ist, so kann dieser Aspekt die Betreffenden eher zu Freunden als zu Liebespartnern werden lassen. Er kann ein Anzeichen für ein platonisches Verhältnis sein, und zwar teilweise deshalb, weil beide das Gefühl haben, daß das geistig-spirituelle Band zwischen ihnen durch physischen Kontakt „befleckt" werden könnte. Es mag auch der Fall sein, daß sie die emotionalen Irrungen und Wirrungen scheuen, die aus einer sexuellen Beziehung entstehen würden. Diese Einstellung ist jedoch nicht auf einen Wunsch nach Freiheit zurückzuführen, sondern weil sie ihre „wunderschöne Freundschaft" nicht durch die Art von Belangen, welche die Sexualität mit ins Spiel bringt, beeinträchtigen möchten.

Gleichzeitig kann die Erfahrung dieser Beziehung bewirken, daß beide Partner einen größeren Idealismus gegenüber der Welt im allgemeinen empfinden. Dieser Aspekt kann ein Anzeichen dafür sein, daß sie die Welt „durch eine rosarote Brille" sehen. Auch hier wiederum müssen sie aufpassen, daß ihren Realitätssinn nicht unter ihrem Idealismus begraben wird. Sie mögen dazu neigen, die Mängel in ihrer unmittelbaren Umgebung zu beschönigen, was sich auf die Dauer als ziemlich schädlich für ihre Beziehung erweisen könnte.

Wenn die Betreffenden mit den Füßen auf dem Boden bleiben können, ohne das Gefühl für das Schöne zu verlieren, das Neptun mit sich bringen kann, dann dürften sie keine allzu großen Unannehmlichkeiten mit diesem Aspekt erfahren und gleichzeitig auch seine guten Eigenschaften kennenlernen.

Composit-Neptun im Quadrat mit dem Composit-Aszendenten

Das Quadrat von Composit-Neptun zum Aszendenten kann ein recht schwieriger Aspekt sein. Er hat die Bedeutung, daß die beiden Partner Mühe dabei haben werden, wenn sie genau herausfinden wollen, um was es in ihrer Beziehung überhaupt geht. Aus dem gleichen Grunde werden sie vielleicht auch nicht allzu fest darauf bauen, daß ihre Verbindung von Dauer sein wird. In einer Beziehung wie dieser herrscht ein tiefes Gefühl von Unsicherheit — Unsicherheit über sich selbst und über den Partner.

Wenn die Betreffenden zusammenleben, werden sie möglicherweise feststellen, daß ihr häusliches Leben diese Unsicherheit konkret zum Ausdruck bringt. Sie können niemals genau herausfinden, was in ihrer engsten Umgebung vor sich geht, und selbst wenn ihnen dies gelingt, sind sie niemals davon überzeugt, ob sie sich nicht selbst zum Narren halten.

In einer Beziehung, die ein Zusammenleben einschließt, mag es den beiden Partnern ziemlich große Schwierigkeiten bereiten, wenn sie genau festlegen wollen, worin ihre gemeinsamen Ziele bestehen. In welcher Richtung möchten sie sich entwickeln, als Individuen wie auch als Paar? Dieses Problem kann durch hochgeschraubte Idealvorstellungen darüber, was sie gemeinsam tun sollten, in gewisser Weise kompensiert werden.

Wenn diese Beziehung ansonsten intakt ist, können die schlimmsten Eigenschaften dieses Aspektes umgangen werden. Nachdem die Verwirrung beigelegt ist und die Partner gelernt haben, Ruhe und Frieden miteinander zu erleben, werden sie eine tiefe spirituelle Verbindung zwischen sich aufbauen können. Eine solche Bindung entsteht aus der Fähigkeit, das empfinden zu können, was im Innern des Partners vor sich geht. Beide werden jedoch viele Probleme ausarbeiten und lösen müssen, bevor sie dazu in der Lage sind.

Composit-Neptun im Trigon mit dem Composit-Aszendenten

Das Trigon zwischen Composit-Neptun und Composit-Aszendent zeigt eine Beziehung an, in der idealistische und spirituelle Elemente sehr stark ausgeprägt sein werden.

Im Falle einer Partnerschaft zwischen Mann und Frau kann dieser Aspekt ein Anzeichen für eine platonische Beziehung sein. Hier wird, ebenso wie bei den anderen Verbindungen von Neptun/Aszendent, dem Unstofflichen auf Kosten des Physisch-Stofflichen besondere Bedeutung beigemessen. Neptun hat eine sehr starke Eigenschaft der Weltverneinung. Selbst wenn diese Beziehung nicht platonisch ist, wird immer noch eine nachdrückliche Betonung auf dem Geistig-Spirituellen liegen.

Eine damit verbundene Ausdrucksform, die aber auf jede Art von Beziehung zutrifft, ist darin zu sehen, daß einer der beiden Partner in sehr starkem Maße davon überzeugt sein mag, der andere sei ihm als eine Art von „spiritueller Führer'' gesandt worden. Dies wird mit ziemlicher Wahrscheinlichkeit den Tatsachen entsprechen, doch müssen die Betreffenden verstehen, daß diese „Führung'' in beiden Richtungen verlaufen wird. Dies ist keine einseitige Lehrer/Schüler-Beziehung, sondern eine wechselseitige Lehrsituation. Diese Partnerschaft kann auch das Interesse für okkulte und metaphysische Studien anregen.

In einer Liebesbeziehung zeigt sich häufig eine starke Neigung zu übertriebener Romantik und Schwärmerei. Beide Partner werden vielleicht einander und ihre Verbindung in einem ganz und gar unvernünftigen Ausmaß idealisieren. Sie sollten damit sehr vorsichtig sein und sich vergewissern, daß sie zu ihren wirklichen Partner und nicht zu irgendeiner Illusion, die sie sich selbst erschaffen haben, eine Beziehung herstellen.

In einer Ehe deutet dieser Aspekt bisweilen darauf hin, daß die betreffenden Partner ein Problem mit einem ihrer Kinder haben können, gewöhnlich in Form einer Allergie oder einer ähnlichen langfristigen, leichten Körperschwäche. Diese mag nicht sehr bedenklich sein, doch sollte ihr Beachtung geschenkt werden.

Im allgemeinen kann dieser Aspekt eine Beziehung sehr schön, wenn auch nicht gänzlich realistisch werden lassen. Die beiden Partner sollten sich darum bemühen, dieses Element des Schönen zu unterstreichen, ohne sich von ihrem eigenen Idealismus hinreißen zu lassen.

Composit-Neptun in Opposition mit dem Composit-Aszendenten

Die Opposition zwischen Composit-Neptun und Composit-Aszendent entspricht eigentlich einer Konjunktion von Neptun mit dem Composit-Deszendent, in dem ein sehr bedeutsamer Punkt für das Verständnis einer Beziehung zu sehen ist.

Dieser Aspekt kann eine ganze Reihe von Auswirkungen haben, von denen die meisten ziemlich schwierig zu handhaben sind. Vor allen Dingen läßt er durchblicken, daß irgendein Faktor dabei eine wirkliche Beziehung zwischen gleichberechtigten Partnern verhindert. Sehr häufig ist der Fall gegeben, daß einer von beiden die Beziehung mit der Vorstellung eingegangen ist, sich selbst aufzuopfern, um damit dem anderen zu ,,helfen''. Die Anführungszeichen werden hier benutzt, weil diese ,,Hilfe'' in der Regel dafür sorgen soll, daß der ,,gerettete'' Partner auf seinen ,,Helfer'' angewiesen bleibt. Eine sehr subtile Form der Selbstsucht ist hier unter dem Vorwand der Selbstaufopferung wirksam.

Manchmal kann diese Symbolik die Form annehmen, daß einer der Betreffenden ein Alkoholiker ist oder eine andere Art von psychologischer Störung aufweist, die sehr viel Beachtung und sogenannte Aufopferung von seiten seines Partners verlangt.

Bei anderen Gelegenheiten kann sich die Auswirkung dieses Aspekts einfach darin zeigen, eine Beziehung sehr unrealistisch werden zu lassen. Es besteht die Gefahr, daß die beiden Partner nicht zueinander eine Verbindung herstellen, sondern zu irgendeinem Idealbild, das sie sich voneinander in ihren Köpfen erschaffen haben. Anstatt sich mit einer realen Person auseinanderzusetzen, bürden sie sich gegenseitig dieses Vorstellungsbild auf.

Es gibt noch eine weitere mögliche Ausdrucksform dieses Aspekts. Es mag der Fall sein, daß die beiden Partner ziemlich realistisch zueinander eingestellt sind, nicht aber als Paar gegenüber anderen Menschen außerhalb ihrer Beziehung, mit denen sie in Verbindung treten müssen. Dies trifft besonders auf Personen zu, an die sie sich um Rat wenden, wie beispielsweise Rechtsanwälte, Ärzte oder Berater. Aus irgendeinem Grunde sind die Ratschläge, die von diesen Leuten kommen, eher irreführend als nützlich. Die Betreffenden sollten sehr vorsichtig zu Werke gehen, wenn sie mit solchen Personen zu tun haben, und ihre Ratschläge nicht kritiklos annehmen. Sie können möglicherweise auch auf Schwierigkeiten mit anderen Menschen stoßen, die ihrer Beziehung nicht offen, aber durch verstohlene Handlungen entgegenarbeiten.

Mit diesem Aspekt im Horoskop ist es sehr entscheidend, daß keiner der beiden Partner Phantasievorstellungen und Hirngespinsten über Dinge nachhängt, mit denen eine realistische Auseinandersetzung erfolgen muß.

Kapitel 14

Pluto

Die Bedeutung von Pluto im Composit-Horoskop

Pluto ist der Planet des Todes und der Erneuerung. In einem Composit-
Horoskop steht er sinnbildlich für jene Energien, die dazu führen, daß eine
Beziehung folgenschwere Phasen von Veränderung und Wandlung durch-
macht. Wenn Pluto wirksam ist, geht eine Form von Existenz zu Ende, und
eine neue Ordnung kommt zur Entstehung. Seine Aktivität ist unbedingt not-
wendig, um die Stagnation zu verhindern, die dann eintritt, wenn eine alte
Lebensform ihren Zweck überdauert hat. Das Alte muß beseitigt werden, um
Platz für den neuen Existenzzustand zu schaffen, der sich anschließen wird.
Im Umgang mit Pluto muß man alles das loslassen, was gerade die ,,plutoni-
sche'' Krise durchläuft, Wenn man etwas festzuhalten versucht, was im
Grunde genommen schon abgestorben ist, wird man es nicht für sich retten
können, sondern die Situation nur schlimmer machen.

Pluto ist mit einer derart großen Macht wirksam, daß er von seinem Aspekt
,,Tod und Erneuerung'' getrennt und rein als Kraft oder Energie erfahren
werden kann. Dieser machtvolle Einfluß ist eine Folge aus der Unvermeid-
lichkeit von Plutos transformierender Eigenschaft. Die von Pluto regierten
Wandlungsprozesse ergeben sich aus der inneren Natur dessen, was verwandelt wird. Seine Wirkung ist ein ebenso fester Bestandteil einer Wesenheit,
wie es Gewicht, Größe und Farbe für ein Objekt ist. Alles Leben schließt in
sich die ganze Folge von Umständen ein, die letzten Endes seine gesamten
grundlegenden Veränderungen hervorrufen werden, wozu auch sein Tod gehört. Die Kraft Plutos kommt von innen heraus.

In einer Beziehung wird Pluto häufig in Form von Machtkonflikten zwischen
den beiden Partnern erfahren. In einer sexuellen Beziehung verleiht er außerdem noch den Emotionen besonderen Nachdruck und Einfluß und läßt jedes
Geschehnis sehr dramatisch und bedeutungsvoll werden. Diese Heftigkeit ist
eine der schwierigsten Eigenschaften dieses Planeten, weil sie die Perspektive
der Betreffenden völlig verzerren kann.

Die Hausposition von Pluto zeigt denjenigen Bereich der Beziehung an, wo
es mit der größten Wahrscheinlichkeit zu einem Machtkonflikt kommen
wird, sei es zwischen den beiden Partnern oder sei es mit der äußeren Welt.

Sie weist außerdem darauf hin, welcher Bereich der Beziehung höchstwahrscheinlich durch das Zusammensein Veränderungen erfahren und, als Folge davon, Krisen hervorrufen wird.

Die Aspekte mit Pluto lassen erkennen, ob diese Energien als problematisch oder mühelos zu handhaben erfahren werden und welche anderen Energiestrukturen mit ihr verbunden sein werden.

Composit-Pluto im ersten Haus

Pluto im ersten Haus eines Composit-Horoskops deutet darauf hin, daß diese Beziehung versuchen wird, sich selbst mit einigem Nachdruck auf die Welt zu projizieren, und daß sie in der Absicht existiert, Veränderungen in der sie umgebenden Welt herbeizuführen. Sie wird außerdem eine starke Wirkung auf die beiden Partner ausüben.

Es ist möglich, daß diese Menschen irgendeine Art von Reform zustande bringen möchten, oder es mag auch einfach der Fall sein, daß sie die Macht besitzen wollen, in starkem Maße auf ihre Umwelt einzuwirken. In beiden Fällen sollten sie sehr vorsichtig dazu zu Werke gehen, wie sie die Kraft einsetzen, welche diese Partnerschaft in ihnen wachrufen wird. Wenn die Energien von Pluto allzu mächtig werden, laufen sie darauf hinaus, massiven Widerstand bei anderen Menschen heraufzubeschwören, die sich gegen die Betreffenden wenden und versuchen werden, ihre Bemühungen zunichte zu machen.

Diese Energie kann auch eine Kraft sein, welche die beiden Partner von Grund auf verwandeln wird. Pluto regiert die größeren psychologischeren Transformationsprozesse, die mit der Psychotherapie in Verbindung zu bringen sind. Eine Partnerschaft mit dieser Plazierung ruft häufig größere Veränderungen bei den Betreffenden hervor, die jenen von der Therapie herbeigeführten sehr ähnlich sind; mit anderen Worten, diese Beziehung wird voraussichtlich eine sehr nachdrückliche Wirkung auf die beiden Partner haben. Diese Plazierung kann auf die Dauer nur dann ein ernstliches Problem verursachen, wenn jene versuchen, sich den Wirkungen von Pluto zu widersetzen. Sie sollten für alles offen sein, was geschieht, und nicht dagegen ankämpfen wollen. Wenn sie lernen, sich *mit* dieser Energie zu bewegen, wird ihre Beziehung sich so gestalten, wie es sein sollte.

Composit-Pluto im zweiten Haus

Mit der Position von Composit-Pluto im zweiten Haus werden die beiden Partner vielleicht die Feststellung machen, daß der Erwerb von Besitz und Eigentum zu einer starken und alles andere überragenden Leidenschaft wird. Es hat den Anschein, als würden sie die materielle Welt unbewußt als die Quelle aller Macht betrachten. Beide haben das Gefühl, diesen Bereich unter

Kontrolle halten zu müssen, damit sie nicht die Herrschaft über ihr eigenes Leben verlieren. Ein allzu großes Interesse für den Erwerb von Eigentum und Besitz kann sich jedoch gerade zu einem Faktor entwickeln, der das Leben beherrscht, und auf diese Weise dazu führen, daß die Betreffenden genau jene Kontrolle verlieren, die sie gesucht haben.

Diese Plazierung wirkt sich jedoch nicht immer auf der materiellen Ebene aus. Sie kann auch ein Hinweis darauf sein, daß diese Beziehung in beiden Partnern ein ausgeprägtes Gefühl für Werte zur Geltung bringt oder daß diese Werte, wenn sie nicht darin übereinstimmen können, eine Ursache für die Konflikte sein werden. Ungeachtet dessen, ob sie darin Übereinstimmung zeigen oder nicht, wird diese Partnerschaft mit großer Wahrscheinlichkeit ihr Bewußtsein von Werten verändern. Diese Tatsache an sich kann bereits Konflikte zwischen ihnen hervorrufen, wenn sie nicht die Flexibilität entwickeln können, die für die Anpassung an das Wertsystem des Partners notwendig ist.

Besitz oder materielle Mittel können noch in anderer Hinsicht zu einem bestimmenden Faktor in dieser Beziehung werden und maßgebend daran mitwirken, die Bewegungsfreiheit oder die Entwicklung als Paar einzuschränken; Besitz und Eigentum können auch zu einem alles beherrschenden Streitpunkt in ihrem Leben werden. Dieses Problem ist letzten Endes auf die übertriebene Beschäftigung mit ihren Wertsystemen zurückzuführen, was bereits besprochen worden ist. Sie müssen lernen, materiellen Mitteln genau diejenige Bedeutung beizumessen, die ihnen zusteht — aber keine größere. Pluto im zweiten Haus läßt diese Belange häufig allzu wichtig werden.

Composit-Pluto im dritten Haus

Composit-Pluto im dritten Haus ist ein Hinweis darauf, daß diese Beziehung eine tiefgehende Wirkung auf das Denken der beiden Partner ausüben wird. Umgekehrt werden die Betreffenden wahrscheinlich auch das Denken anderer Menschen in ihrer Umgebung beeinflussen. Pluto im dritten Haus läßt tiefe und eingehende Gedankengänge erkennen, deren Absicht es ist, jene Kräfte zu verstehen, die hinter den Geschehnissen zu suchen sind.

Will man es konkreter ausdrücken, so werden die betreffenden Partner wahrscheinlich eine ganze Menge Zeit damit verbringen, über ihre Beziehung an sich zu diskutieren und genau zu untersuchen, wodurch sie „in Schwung" gehalten wird. Sie werden auch tiefer in sich selbst hineinblicken, weil sie ergründen möchten, was sie zu ihrer Verhaltensform in dieser Beziehung veranlaßt. Das Endergebnis aus dieser Innenschau könnte eine erhebliche Vertiefung ihres Verständnisses sowohl voneinander als auch von sich selbst sein.

Eine Gefahrenquelle ist in den anderen Seite von Pluto im dritten Haus zu sehen — eine Seite, deren Auswirkungen auf ein Mindestmaß reduziert oder am besten insgesamt umgegangen werden sollten. Da das dritte Haus der

Kommunikation zugeordnet wird, kann Pluto hier ein Anzeichen dafür sein, daß einer der Partner oder beide versuchen werden, das Denken und Empfinden des anderen nach ihren eigenen Vorstellungen und Überzeugungen zu formen. Die meisten Menschen versuchen dies in einem gewissen Ausmaß, doch hier besteht die Gefahr, daß die Anstrengungen, den Partner überzeugen zu wollen, eine stets gegenwärtige und alles-durchdringende Bedeutung bis hin zu dem Punkte erhalten, daß der andere den Eindruck haben mag, einer Gehirnwäsche ausgesetzt zu sein, und die einzige Lösung in einer Flucht aus dieser Situation sieht. Ohne Zweifel kann dies eine sehr große Gefahr für die Beziehung darstellen.

Es ist auch möglich, daß die beiden Partner diese Energie nach außen lenken und andere Menschen mit Erfolg darin beeinflussen werden, sich ihren Standpunkt zu eigen zu machen. Wenn sie dabei geschickt und mit Feingefühl vorgehen, ist nichts daran auszusetzen, doch sollten sie vor einem Gegenschlag anderer auf der Hut sein.

Composit-Pluto im vierten Haus

Das vierte Haus kann für Pluto eine sehr bedeutsame und kritische Position in einem Composit-Horoskop darstellen. Es deutet darauf hin, daß in den innersten Tiefen dieser Beziehung machtvolle und einflußreiche Kräfte wirksam sind, die sich in ihren tatsächlichen Auswirkungen beträchtlich voneinander unterscheiden können. Beispielsweise regiert das vierte Haus die Vergangenheit, und daher können die betreffenden Partner die Feststellung machen, daß sich der konditionierende Einfluß ihrer früheren Lebensumstände stärker als gewöhnlich auf den Verlauf ihrer Beziehung auswirken wird.

Das vierte Haus regiert auch die tiefsten Schichten des Unbewußten, so daß die beiden aus sehr tiefgründigen, unbewußt motivierten Denkstrukturen heraus handeln werden, die den Verlauf ihrer Beziehung verändern werden. es ist sehr wichtig, daß sie feststellen, ob sich solches ereignet. Wenn sie nachweislich ermitteln können, daß einige ihrer Probleme nicht durch äußere Geschehnisse, sondern durch ihre individuellen geistigen Strukturen verursacht werden, dann können sie die Auseinandersetzungen mit diesen Problemen in Angriff nehmen.
In einer Liebebsbeziehung oder Ehe können ein Elternteil oder mehrere diese Partnerschaft in ungewöhnlichem Maße beeinflussen. Leider läßt sich allein aus der Hausposition von Pluto nicht sagen, ob dieser Einfluß positiv oder negativ sein wird.

Das vierte Haus regiert auch das Heim, und in einer Beziehung, die ein deutlich erkennbares Zuhause hat, kann hier die Erfahrung von sehr wirkungsvollen Kräften gemacht werden. Das Problem ist darin zu sehen, daß dies eigentlich ein Ort sein sollte, wohin sich die beiden Partner vor Druck und Spannung zurückziehen, doch mit Plutos Stellung im vierten Haus könnte das Heim gerade der Ort sein, wo die Spannungen am heftigsten sind.

Ungeachtet dessen, welche Wirkung Pluto im vierten Haus zeigt, wird er gleichzeitig für eine Lösung seiner Probleme sorgen, da er den betreffenden Partnern den Wunsch und die Fähigkeit dazu eingibt, zu den Tiefen ihres eigenen inneren Wesens vorzudringen. Sie sollten damit nur nicht soweit gehen, daß sie jegliche Perspektive über das Leben zu verlieren beginnen.

Composit-Pluto im fünften Haus

Composit-Pluto im fünften Haus zeigt seine intensivste Ausdrucksform in einer persönlichen Partnerschaft oder Liebesbeziehung, die tiefe Gefühlsempfindungen einschließt. Das fünfte Haus wird dem persönlichen Selbstausdruck, der eigenen inneren Wirklichkeit zugeordnet. Pluto in dieser Stellung zeigt an, daß es in dieser Beziehung für die beiden Partner außergewöhnlich wichtig ist, sich selbst voll und ganz zum Ausdruck bringen zu können, da die Motivation zur Selbstäußerung bei jedem von ihnen sehr stark ausgeprägt ist.

In einem Liebesverhältnis kann diese Plazierung äußerst kraftvolle Emotionen bezeichnen, die den Betreffenden das Gefühl vermitteln, daß ihre Beziehung etwas ganz Ungewöhnliches sei. Es muß jedoch darauf hingewiesen werden, daß Pluto, für sich genommen, noch nicht angibt, welche Art von Gefühlen so stark ausgeprägt sind. Wenn die Liebe zwischen diesen Partnern so stark ist, wird sie durch Pluto im fünften Haus intensiviert werden, doch Pluto wird auch heftige Gefühle der Zwietracht und Dissonaz verstärken. Alle dominierenden Gefühlsbewegungen werden mit Nachdruck erfahren werden.

In einer sexuellen Beziehung wird die körperliche Sexualität eine größere Bedeutung als gewöhnlich annehmen und als eine ,,Flucht'' aus der Alltagswelt erlebt werden. Dies ist jedoch eine ziemlich schwere Bürde, die der Sexualität da auferlegt wird, und wenn es mit der Beziehung auf der physischen Ebene nicht klappt, werden die Betreffenden wahrscheinlich ernsthafte Schwierigkeiten miteinander haben. Pluto im fünften Haus ist kein Indiz für eine platonische Beziehung.

Die Partnerschaft selbst mag, zumindest unterbewußt, als ein Mittel zur Selbst-Erneuerung betrachtet werden, aus der ein ganz neuer Mensch hervorgehen wird. Auch dies bürdet einer Beziehung eine ziemlich schwere Verantwortung auf, doch kann sie diese Zielsetzung durchaus erfüllen.

Composit-Pluto im sechsten Haus

Pluto im sechsten Haus des Composit-Horoskops legt den Nachdruck auf Pflichten und Verantwortungen, auf die Arbeit, die ausgeführt werden muß. In einer Beziehung kann diese Arbeit darin bestehen, was diese Menschen zur Aufrechterhaltung ihrer Partnerschaft tun müssen.

Die tatsächliche Auswirkung dieser Plazierung gestaltet sich unterschiedlich. Einerseits kann sie in beiden Partnern einen starken Wunsch nach der Durchführung und Erledigung von Dingen wecken. Sie sorgt für eine Art von Ehrgeiz, der nicht unbedingt vorwärtskommen, sich aber beschäftigt halten will. In einer persönlichen Beziehung werden die Betreffenden vielleicht davon überzeugt sein, daß sie unaufhörlich daran arbeiten müssen, damit ihre Beziehung in Bewegung bleibt, und daß diese nur durch ständige Bemühung wachsen und sich weiterentwickeln wird.

Es kann jedoch auch der umgekehrte Effekt eintreten, wobei die unausgesetzte Notwendigkeit zur Aktivität die Beziehung einschnürt und das Pflichtgefühl einem freudigen Selbstausdruck in die Quere kommt. Die beiden Partner mögen das Gefühl haben, daß sie sich immer die größte Mühe geben müssen, wenn sie irgend etwas erreichen wollen; es herrscht ein ständiges Gefühl von Anstrengung und Kampf.
Es hängt weitgehend von der individuellen Einstellung gegenüber der Verantwortung ab, welche von diesen beiden Wirkungen eintreten wird. Wenn die Betreffenden sich darum bemühen, einander ihre Bedürfnisse zu erfüllen, so wird sich ihre Beziehung entwickeln können. Darin wird auch die Konfrontation mit ihren größten Herausforderungen bestehen, doch sind diese Grundlage für das Wachstum in einer Partnerschaft.

Composit-Pluto im siebenten Haus

Composit-Pluto im siebenten Haus kann zwei ganz entgegengesetzte Wirkungen zeigen. Einerseits kann er erkennen lassen, daß sich die beiden Partner sehr angestrengt darum bemühen, eine lebensfähige Beziehung herzustellen. Zu diesem Zweck werden sie alle notwendigen Veränderungen bei sich selbst vornehmen und sind sich gleichzeitig beide darüber bewußt, daß dies eine gemeinsame Anstrengung ist und keiner von ihnen einen unfairen Anteil an dieser Last trägt. Sie erkennen, daß diese Beziehung einen großen Einfluß auf sie beide ausübt, und werden sie als eine Möglichkeit für ein neues, ein regeneriertes Leben erfahren. Diese Wirkung läßt sich erwarten, wenn die Partnerschaft ansonsten recht gut ist.

Wenn jedoch sehr viele Spannungen und Belastungen existieren, so wird eine ganz andere Wirkung zutage treten. In diesem Falle wird jeder der Partner ständig den Versuch machen, über den anderen zu dominieren; es wird, mit anderen Worten, ein Machtkampf vorliegen. Wenn einer von beiden diesen Kampf gewinnt, so wird sich der andere sehr stark unterdrückt fühlen, was wahrscheinlich zu weiteren Mißhelligkeiten führen wird. Der ,,Verlierer'' wird vielleicht sein Los hinnehmen und in unzufriedenem Groll in dieser Beziehung verharren, wobei er jede Gelegenheit dazu ergreift, dem anderen das Leben schwerzumachen. Andererseits könnte er sich auch einfach absetzen, anstatt es auf eine verlustbringende Konfrontation ankommen zu lassen. Wenn keiner von beiden gewinnt, wird sich der Kampf lediglich immer weiter fortsetzen.

Die meisten Paare erleben eine Mischung aus den positiven und den negativen Wirkungen von Pluto im siebenten Haus. Wenn sie diese Beziehung in Gang halten möchten, dann sollten sie sich weiterhin gemeinsam um Wachstum und Entwicklung bemühen und versuchen, das Gefühl von Druck und Spannung herabzusetzen.

Composit-Pluto im achten Haus

Das achte Haus entspricht Plutos natürlicher Position unter den Häusern, doch zeigt sich der Effekt davon lediglich darin, seine Wirkungsweise — sei es zum Nutzen oder zum Schaden — intensiver werden zu lassen. Eine Beziehung mit Pluto im achten Haus wird viele größere Veränderungen und Zeiten der Transformation erleben. Jedes gefühlsmäßige Engagement, das die betreffenden Partner zueinander haben mögen, erhält eine größere Intensität.

In einer Partnerschaft mit dieser Plazierung werden die innersten psychologischen Antriebskräfte und Motivationen ans Tageslicht kommen und einer Prüfung unterzogen. Dieser Vorgang mag vielleicht nicht immer angenehm sein, doch ist es trotzdem zu begrüßen, wenn dies von Zeit zu Zeit geschieht. Wenn die Partner diesen Prozeß zulassen, so werden sie eine ganze Menge über sich selbst lernen, und dies kann nur von Nutzen sein. In mancherlei Hinsicht wirkt diese Beziehung als Spiegel, der ihnen das Bild ihrer eigenen Seele zurückwirft. Daran sollten sie denken, wenn sie sich versucht fühlen, sich gegenseitig die Schuld für ihre eigenen Probleme zuzuschieben.

Eine sexuelle Beziehung mit Pluto im achten Haus wird von einer besonderen Intensität sein. Die Sexualität wird mehr als einfach nur Sexualität sein, sondern gleichzeitig auch ein Durchgangstor, ein Weg zur Überschreitung des eigenen Selbst; das heißt, die betreffenden Partner können die Sexualität als ein Mittel dazu verwenden, sich weg von den normalen Belangen der Realität in eine Erfahrung führen zu lassen, die darüber hinausweist — eine Erfahrung, die letztlich jeder machen sollte, damit sein Leben Sinn erhält. In einer derartigen Beziehung gewinnt die körperliche Sexualität eine sehr starke philosophische und metaphysische Bedeutung, die weit über den physischen Charakter des Geschlechtsaktes hinausgeht.

Pluto ist jedoch eine Energieform, die nicht leicht in Worten zum Ausdruck gebracht werden kann, und daher werden sich die beiden Partner wahrscheinlich in philosophischer Hinsicht keine allzu großen Gedanken machen. Sie werden einfach das Gefühl haben, daß die Sexualität für sie von größerer Wichtigkeit als für die meisten anderen Paare ist.

In anderen Beziehungen kann Pluto im achten Haus ein merkwürdiges Band zwischen den beiden Partnern erschaffen, das sie selbst dann zusammenzuhalten scheint, wenn sie die gar nicht möchten. Vielleicht werden sie den Eindruck haben, in dieser Beziehung gefangen zu sein, obwohl dies in Wirklichkeit nicht der Fall ist. Es ist weitaus wahrscheinlicher, daß beide eine unverständliche Befriedigung aus ihrem Verhalten gegeneinander ziehen und daß auf dieser Basis tatsächlich sogar eine gegenseitige Abhängigkeit entstanden ist. Wenn sie ehrlich zu sich selbst sind, werden sie erkennen, was zwischen ihnen vorgeht, und damit umgehen können. Nicht das blinde Geschick hat diese Beziehung erschaffen, sondern — durch ihre eingestandenen und uneingestandenen Bedürfnisse — die beiden Partner selbst.

Composit-Pluto im neunten Haus

Pluto im neunten Haus eines Composit-Horoskops weist darauf hin, daß sich die beiden Partner in ihrer Betrachtungsweise der Welt in einer sehr grundlegenden Form gegenseitig beeinflussen werden. Gleichzeitig werden sie auch die Fähigkeit dazu besitzen, auf die Menschen in ihrer Umgebung in der gleichen Art und Weise einzuwirken.

Pluto im neunten Haus versinnbildlicht eine Energie, die andere vom eigenen Standpunkt ,,überzeugen'' möchte. Das Wort ,,überzeugen'' steht hier deshalb in Anführungszeichen, weil für jene, die überzeugt werden sollen, der Ausdruck ,,einknüppeln'' angebrachter erscheinen mag. Die beiden Partner werden eine starke Wirkung aufeinander haben und gemeinsam großen Einfluß auf andere Menschen ausüben. Es besteht die Notwendigkeit für sie, darauf eine besondere Anstregung zu verwenden, die über das hinausgeht, was sich schon ganz von selbst ergibt — dies wäre in der Tat sogar keine besonders gute Idee.

Die Energie von Pluto sollte niemals in den Dienst des Ego eingespannt werden. Die Betreffenden sollten nicht versuchen, diese Energie dafür einzusetzen, anderen Menschen zu beweisen, daß sie im Recht sind — und damit nichts anderes als ihr Ego zu bestärken. Die meisten Menschen möchten die Wahrheit erkennen, um recht zu behalten, und nicht deshalb, weil sie Verständnis und Einsicht für sich selbst gewinnen wollen. Wenn die Energie von Pluto jedoch in dieser Absicht benutzt wird, was mit der Position im neunten Haus sehr wahrscheinlich ist, dann werden andere dazu provoziert, den Betreffenden zu beweisen, daß sie im Unrecht sind — und darum werden sie sich sehr angestrengt bemühen, selbst auf die Gefahr hin, jene wirklich zu verletzen und zu kränken.

In einer Beziehung besteht das große Risiko, daß sich diese Partner zueinander oder gegenüber anderen Menschen in ihrer Umgebung in dieser Weise verhalten werden. Daraus kann sich eine sehr schwierige Situation ergeben, weil die notwendige Kommunikation durch Wortgefechte ums ,,Rechthabenwollen'' ersetzt wird und die Dinge, die gesagt werden müssen, nicht ausgesprochen werden.

Wird Pluto im neunten Haus unter angemessener Kontrolle gehalten, so kann er die Bedeutung annehmen, daß die beiden Partner eine ungewöhnlich tiefe Einsicht in die grundlegende psychologische Beschaffenheit ihrer Beziehung besitzen. Sie können dieses Wahrnehmungsvermögen dafür nutzen, um notwendige Veränderungen in ihrer Partnerschaft vorzunehmen und sich der veränderlichen Welt ringsumher anzupassen.

Composit-Pluto im zehnten Haus

Pluto im zehnten Haus eines Composit-Horoskops ist ein Hinweis darauf, daß in dieser Beziehung eine sehr kraftvolle Energie existiert, die in starkem Maße daran orientiert ist, irgendein Ziel zu erreichen. Die Beschaffenheit des Ziels, das diese beiden Partner anstreben, wird von der Natur ihrer Beziehung abhängen, doch in jedem Falle wird es mit Veränderungen in der sie umgebenden Welt zu tun haben.

Pluto im zehnten Haus hat die Bedeutung, daß diese Partnerschaft auf irgendeine Weise die Ambitionen der Betreffenden als Paar verstärken wird. Andere Menschen werden das Gefühl haben, daß die beiden sehr viel Energie ausstrahlen, selbst wenn sie getrennt nicht einen solchen Eindruck hinterlassen. Gleichzeitig wird diese Beziehung ihre Richtungsgebung im Leben verändern und umwandeln sowie den Wunsch bei ihnen verstärken, ihre Ziele zu erreichen.

Wenn die beiden Partner diese Hausposition richtig gebrauchen, so besteht ein günstiges Anzeichen dafür, daß sie gemeinsam etwas Bedeutungsvolles leisten werden. Möglicherweise werden sie Einfluß im Geschäftsleben oder in der Politik gewinnen oder vielleicht auch einfach nur unter den Menschen ihrer Umgebung. Es mag auch sein, daß sie die Auswirkungen dieser Plazierung am stärksten im Umgang miteinander empfinden, da diese Erfahrung ihnen zu entdecken hilft, was sie eigentlich mit ihrem Leben anfangen möchten, und sie auch darin unterstützt, dies konkret in Angriff zu nehmen.

Es besteht jedoch einige Gefahr, wenn diese Energie nicht in der rechten Weise gehandhabt wird. Pluto im zehnten Haus kann sich als destruktiv erweisen, und seine Wirkung wird sich dann darin zeigen, das Ansehen der Betreffenden und möglicherweise noch einen grundlegenderen Aspekt in ihrem Leben völlig zunichte zu machen. Dazu kommt es in der Regel, weil sie sich in irgendeiner Weise entweder anderen oder dem Partner gegenüber rücksichtslos verhalten haben. Pluto kann hier darauf hindeuten, daß ihnen niemand dabei im Wege stehen darf, wenn sie das anstreben, was sie erreichen möchten. Wenn sie dabei jedoch auf eine stärkere Persönlichkeit oder auf eine Situation stoßen, die ihnen über den Kopf wächst, dann kommt es zu verheerenden Folgen.

Die einzige Möglichkeit, damit umzugehen, besteht darin, diese Rücksichtslosigkeit unter Kontrolle zu halten. Wenn die beiden Partner ihre Absichten und Ziele verfolgen, die sie sich gesteckt haben, so dürfen sie dabei nicht die Bedürfnisse und Wünsche anderer Menschen vergessen und sollten sich auch gegenseitig mit der gleichen Rücksichtnahme behandeln.

Composit-Pluto im elften Haus

Composit-Pluto im elften Haus bringt in eine Beziehung Ideale und Hoffnungen hinein, an welchen den betreffenden Partnern sehr viel gelegen ist
und wofür sie sich sehr nachdrücklich einsetzen werden. Beide haben das Gefühl, daß sie nicht zufällig zusammengekommen sind und daß ihre Verbindung von großer Bedeutung für ihr Leben ist. Sie besitzen ein sehr starkes
gefühlsmäßiges Engagement gegenüber ihren Idealen und werden, wenn notwendig, dafür kämpfen, um sie gegen alles und jeden zu behaupten. Aus dem
gleichen Grunde werden sie sich gemeinsam angestrengt um das bemühen,
was sie erreichen möchten.

Diese Art von Intensität wird andere Menschen mit ähnlichen Neigungen anziehen, und da das elfte Haus auch der Bereich der Freunde ist, weist diese
Plazierung von Pluto darauf hin, daß die Freunde dieser Partner entweder
sehr gefühlsbetonte Menschen sind oder daß sie irgendeine Art von kraftvol-
lem Einfluß besitzen oder auch beides. Diese Kraft kann von einer intensiven
Ausstrahlung von Energie bis hin zu einer tatsächlichen Machtstellung auf
der materiellen Ebene reichen, beispielsweise im Geschäftsleben oder in der
Regierung. Pluto ist in seiner inneren Wesensnatur nach eher etwas verschwiegen, und daher werden die Freunde, welche diese beiden Partner anziehen, wahrscheinlich keine Menschen sein, die in der Welt allgemein bekannt sind, sondern ihren Einfluß eher hinter den Kulissen geltend machen.
Pluto im elften Haus mag auch ein Hinweis darauf sein, daß sich die beiden
Partner für größere humanitäre Bewegungen engagiert haben, deren Anliegen es ist, die Welt zu verändern und zu verbessern, wie beispielsweise refor-
mistische und revolutionäre Bewegungen, Bestrebungen zur allgemeinen Be-
wußtseinshebung und ähnliches.

Composit-Pluto im zwölften Haus

Composit-Pluto im zwölften Haus läßt erkennen, daß diese Beziehung alle
nur möglichen, vorher verborgenen psychologischen Eigenheiten ans Licht
bringen wird, was in beiden Partnern eine tiefgreifende innere Umwandlung
erforderlich machen wird. Glücklicherweise deutet diese Position auch darauf hin, daß die Betreffenden starkes Interesse an der gemeinsamen Arbeit
auf dieser Ebene haben werden. Selbst wenn sie großen Widerstand gegenüber einigen anderen Faktoren in dieser Beziehung zeigen, so werden sie sich
doch nicht der Idee widersetzen, diese psychologischen Besonderheiten überhaupt erst einmal aufzudecken. Die innere Transformation ist eines der Ziele
in dieser Beziehung, und beide Partner wissen dies.

Mit all dem, was zwischen ihnen aufgerollt wird, sollten sie sich unverzüglich
beschäftigen, denn die Energien von Pluto können lange Zeit über schwelen,
wenn man sich nicht sofort ihrer annimmt; wenn sie aber vor sich hin schwelen, dann brechen sie zu guter Letzt mit einer derart erbitterten Wut und feu-
riger Heftigkeit hervor, daß eine Beziehung nur schwerlich weiterbestehen
kann.

Eine andere Wirkung dieser Position äußert sich in Form eines „Durchsickerns" von Energie, so daß die beiden Partner unwissentlich eine intensive und kraftvolle Energie ausstrahlen. Andere reagieren jedoch darauf und weichen oft erschrocken davor zurück, weil sie nicht wissen, was diese Energie zu bedeuten hat. Diese Situation veranlaßt andere Menschen häufig dazu, hinter ihrem Rücken gegen die betreffenden Partner vorzugehen.

Das zwölfte Haus wird traditionell den geheimen Feinden zugeordnet, deren Gegnerschaft gewöhnlich in der eben beschriebenen Art und Weise hervorgerufen wird. Die Handlungen und Verhaltensweisen dieser Partner lösen aus irgendeinem Grunde eine Reaktion bei anderen Menschen aus, die jene zu Gegenmaßnahmen veranlaßt. Wenn sie sich damit auseinandersetzen wollen, so ist es notwendig, daß sie sich anderen gegenüber ganz offen und ehrlich verhalten und sie genau darüber aufklären, was sie in jeder Situation zu tun beabsichtigen.

Composit-Pluto in Konjunktion mit dem Composit-Aszendenten

Die Konjunktion von Composit-Pluto und Composit-Aszendent ist ein Anzeichen für eine tiefgehende Beziehung. Hier sind starke und einflußreiche Kräfte am Werk, die sich entweder in einer sehr positiven oder sehr negativen Form oder auch in einer Verbindung aus beidem niederschlagen können. Pluto, das Sinnbild für Tod und Erneuerung, wirkt sich sehr kraftvoll und eindringlich aus. Daher können diese Partner damit rechnen, daß ihre Beziehung Energien in ihnen beiden wachrufen wird, von deren Existenz sie wahrscheinlich noch nie etwas gewußt haben.

Unter den allergünstigsten Umständen wird diese Partnerschaft in jedem von ihnen Kräfte hervortreten lassen, die ihr Leben von Grund auf verändern und sie auf einen völlig neuen Weg führen werden. Sie werden diese Beziehung mit einer Intensität erleben, die sich auf jeden Bereich ihres Lebens auswirken wird. Wenn zwei Menschen in einer stark von Pluto geprägten Beziehung miteinander verbunden sind, werden sie häufig eine außerordentlich große Faszination füreinander empfinden, die alle sonstigen Erwägungen beiseite schiebt.

Manchmal wird diese Faszination als ein unheilvolle Macht erfahren, die auf einen dunklen Weg herabführt, und häufig ist gerade dieses Gefühl von Unheil und Übel die Quelle der Faszination. Pluto an sich ist keineswegs negativer als auch die übrigen Planeten, doch sind seine Energien derart stark, daß sie sich über ethische Erwägungen und Rücksichten hinwegsetzen können. Von daher rührt der Charakter des „Bösen" an Plutos Faszination.

Pluto hat eine negative Seite, welche die betreffenden Partner hauptsächlich dann erleben können, wenn ihre Beziehung in anderer Hinsicht nicht sonderlich intakt ist. Er kann heftige Machtkämpfe zwischen den beiden anzeigen, bei denen der eine Partner das Gefühl hat, von dem anderen gehe eine unwiderstehliche Kraft aus, die ihn seiner Willensfreiheit beraube. Eine solche Beziehung kann durch die angestrengten Bemühungen des einen Partners zerstört werden, sich von der faszinierenden Anziehungskraft des anderen loszureißen. Unter diesen Umständen ist häufig große Verbitterung mit der Trennung verbunden.

Ohne Zweifel ist die Energie in dieser Beziehung sehr kraftvoll und einflußreich. Wenn die Betreffenden sie nicht in kluger Weise nutzen, könnte sie für beide große Schwierigkeiten hervorrufen. Doch stellt sie gleichzeitig auch eine wichtige Gelegenheit für sie dar, die Erfahrung einer Beziehung zu machen, welche ihr ganzes Leben verändern kann.

Composit-Pluto im Sextil mit dem Composit-Aszendenten

Das Sextil zwischen Composit-Pluto und Composit-Aszendent ist ein Hinweis darauf, daß diese Beziehung beide Partner dazu veranlassen wird, sich selbst in ihren Tiefen zu analysieren und den Charakter ihrer Beziehung genau zu untersuchen. Diese Menschen setzen sehr wenig als gegeben voraus und suchen ständig nach Möglichkeiten und Wegen, sich selbst als Individuen und gemeinsam als Paar zu verändern und zu vervollkommnen. Die Analyse, der sie sich unterziehen, wird jedoch keine oberflächliche, intellektuelle Übung sein, sondern sie wird in ihr Herz als auch in ihren Geist eindringen. Die Veränderungen, die in beiden vorgehen, werden alle Ebenen ihres Daseins berühren.

Es wird sich dabei nicht um einen negativen Vorgang handeln. Wesensbestandteile der Persönlichkeit werden verschwinden, aber diese Veränderung wird als gut und notwendig erfahren und sich ganz natürlich aus dem Lauf der Geschehnisse ergeben. Diese innere Wandlung vollzieht sich durch allmähliche Entwicklung, durch ,,Evolution'', anstatt durch plötzliche Umwälzung, durch ,,Revolution''. Sie wird für beide Partner sehr tiefgehend, sehr kraftvoll und von sehr großem Nutzen sein.

Eine Konsequenz aus diesem Aspekt ist darin zu sehen, daß die Hoffnungen und Erwartungen der Betreffenden an das Leben sich wahrscheinlich verändern werden. Ihre früheren Ziele beruhten darauf, was sie zu jener Zeit gewesen sind, und weil diese Beziehung sie verändert, wird auch das, was sie suchen und wonach sie streben, eine Veränderung erfahren.

Wenn die beiden Partner Gespräche miteinander führen, so werden sie ernste und keine oberflächlichen oder nur der Unterhaltung dienenden Themen besprechen. Andere Menschen mögen sie vielleicht als übertrieben ernsthaft ansehen, doch erklärt sich dies daraus, daß sie die Wichtigkeit des Geschehens in ihrer Beziehung erkennen und keine Zeit mit Banalitäten vergeuden möchten. Und das ist richtig so — zumindest für diese beiden Menschen. Für ihr Leben wird diese Partnerschaft ein starkes persönliches Wachstum mit sich bringen.

Composit-Pluto im Quadrat mit dem Composit-Aszendenten

Das Quadrat zwischen Composit-Pluto und Composit-Aszendent zeigt die Gefahr eines bedenklichen Ego-Konfliktes zwischen den beiden Partnern auf allen Ebenen ihrer gemeinsamen Interaktion an. Es verhält sich nicht lediglich so, daß sie sich voneinander unterscheiden und verschiedenartige Ziele haben — wenn dies der Fall wäre, könnten sie sich ja einfach gegenseitig keine weitere Beachtung schenken. Doch unglücklicherweise haben beide ein unwiderstehliches Verlangen, sich in das Leben des anderen einzumischen. Einer von ihnen wird den Versuch machen, den anderen zu beherrschen, oder vielleicht werden sich auch beide darum bemühen, der dominierende Teil zu sein. Das Problem besteht hier darin, daß sie lernen müssen, sich gegenseitig in Ruhe und auf sich selbst gestellt zu lassen.

Wenn dieser Wettstreit zwischen den Partnern sich fortsetzt, wird einer von ihnen schließlich als ,,Verlierer'' daraus hervorgehen, der nur noch dadurch ,,gewinnen'' kann, daß er sich von der Beziehung lossagt. Dann wird das Ringen um Unabhängigkeit zu einem weiteren der vielen Kämpfe, die für diese Partnerschaft kennzeichnend sind. Die Energien werden so heftig und ungestüm, daß nur noch Verbitterung und wechselseitige Beschuldigungen übrigbleiben, wenn diese beiden Menschen sich voneinander trennen.

Zum Glück gibt es bei diesem Aspekt auch noch eine andere Seite, und die betreffenden Partner sollten sich darum bemühen, diese zur Entwicklung zu bringen. Dieser Aspekt kann auch anzeigen, daß beide sich gegenseitig innerlich und äußerlich verwandeln — dies aber auf eine positive Art und Weise. Die Lösung dafür ist, es einfach geschehen zu lassen. Sie können dies nicht als ein ,,Projekt'' in Angriff nehmen, denn der Transformationsprozeß des Partners kann niemals ein egoistisches Vorhaben oder Ziel sein. Wenn es auch ganz natürlich sein mag, sich miteinander zu beschäftigen und Anteilnahme zu zeigen, so darf doch die Entwicklung des Partners nicht zu einem Angelpunkt für das eigene Ego werden. Man muß es einfach zulassen, daß sich dieser Entwicklungsprozeß ganz von selbst entfalten kann, wie er es ohne Zweifel tun wird.

Wenn die Energien von Pluto für selbstsüchtige und egoistische Zwecke eingesetzt werden, dann haben sie die Neigung, böswillig und feindselig zu werden. Es muß Pluto zugestanden werden, eine Kraft der Natur zu bleiben und nicht für ausschließlich persönliche Motive eingespannt und nutzbar gemacht zu werden.

Composit-Pluto im Trigon mit dem Composit-Aszendenten

Das Trigon zwischen Composit-Pluto und Composit-Aszendent läßt eine sehr gefühlsbetonte und intensive, aber konstruktiv aufbauende Beziehung erkennen. Jegliche Gefühle, welche diese Partner füreinander empfinden, werden sie nachdrücklich zum Ausdruck bringen. Da sie ihre Probleme nicht verbergen oder unterdrücken, wird eine Menge an Druck und Spannung freigesetzt, die der Beziehung Schaden zufügen würden, wenn man sie zurückhielte. Wenn diese Menschen Liebespartner sind, dann bringen sie ihre Liebe mit tiefer Intensität und Gefühlsbetonung zum Ausdruck, denn dies wird keine leichtherzige Affäre sein.

Das gefühlsmäßige Engagement zwischen diesen Menschen ist intensiv, und folglich sind auch die Energien, die freigesetzt werden, wenn es zwischen ihnen nicht stimmt, von sehr großer Heftigkeit. Sie schrecken vor nichts zurück, wenn es darum geht, ihre Gefühl zu äußern, und können dazu neigen, die Dinge übermäßig zu dramatisieren. Wenn sie dies tun, werden sie jedoch die Feststellung machen, daß eigentlich belanglose Angelegenheiten unverhältnismäßig stark aufgebauscht werden.

Diese beiden Partner erfahren die Liebe als eine Möglichkeit, über die Grenzen der alltäglichen Welt hinauszugehen, und darin ist der Grund für ihre große Intensität und Gefühlstiefe zu sehen. Für sie ist die Liebe eine Sache auf Leben und Tod.

Ungeachtet der Gründe für ihr Zusammensein werden sie sich ständig mit der allumfassenden Bedeutung ihrer Partnerschaft beschäftigen. Sie werden sehr großen Wert darauf legen, damit sie verstehen, um was es dabei geht und wie sich ihre Beziehung in ihr Leben einfügt; doch werden sie sich dabei nicht mit einem ausschließlich intellektuellen Verständnis zufriedengeben, sondern sie möchten dies gefühlsmäßig spüren und mit Körper und Seele erfassen. Dieser Aspekt regt zu einem Interesse an den Geheimnissen des Lebens an, und die betreffenden Partner werden ihre Beziehung als eines jener Geheimnisse wahrnehmen, die es zu begreifen gilt.

Composit-Pluto in Opposition mit dem Composit-Aszendenten

Die Opposition zwischen Composit-Pluto und dem Aszendenten sollte als eine Konjunktion von Pluto und dem Composit-Deszendenten angesehen werden, der als Punkt des Composit-Horoskops von sehr großer Bedeutung ist.

Pluto am Deszendenten kann sehr unterschiedliche Wirkungen zeigen, was davon abhängt, wie es mit der Beziehung insgesamt klappt. In jedem Falle wird diese Verbindung, ob sie nun gut oder schlecht ist, sehr intensiv sein. Diese Menschen werden sich gegenseitig ganz und gar nicht auf die leichte Schulter nehmen oder unterschätzen. Wenn sie einander lieben, so werden sie sich leidenschaftlich lieben; wenn sie einander hassen, so wird ihr Haß eine ebenso starke Leidenschaft zeigen. Es mag ihnen jedoch Schwierigkeiten bereiten, sich gegenseitig unvoreingenommen und innerlich losgelöst zu betrachten.

Schlimmstenfalls zeigt dieser Aspekt einen ununterbrochenen Machtkampf zwischen den beiden Partnern an, wobei keiner von ihnen dazu in der Lage ist, den anderen in Ruhe zu lassen. Sie könnten möglicherweise all ihre Zeit damit verbringen, daß sie versuchen, sich gegenseitig zu beherrschen und gleichzeitig zu vermeiden, selbst bevormundet zu werden. Eine derartige Beziehung kann sich zu einer Situation von beispielloser Härte und Verbitterung entwickeln.

Bisweilen wird sich die Energie von Pluto nach außen richten, und in diesem Falle werden die Betreffenden in Machtkämpfe mit anderen verwickelt werden. Entweder werden jene die beiden Partner nicht das sein lassen, was sie sind, oder umgekehrt werden diese beiden den anderen Menschen das gleiche nicht zugestehen. Manchmal deutet dieser Aspekt darauf hin, daß sehr einflußreiche Feinde gegen diese Beziehung vorgehen.

Ungeachtet dessen, ob diese Partner versuchen, andere Menschen oder sich selbst gegenseitig zu beherrschen, ist die Ursache dafür die gleiche. Diese Beziehung ruft in beiden Energien wach, die es nicht zulassen werden, daß die Dinge so bleiben, wie sie sind. Die Betreffenden müssen lernen, daß sich die Veränderungen, die sie suchen und anstreben, durch natürliche und allmähliche Entwicklung, nicht aus ihrem Drängen heraus ergeben müssen. Die Energien von Pluto werden durch ihre eigene egoistische Verflechtung damit problematisch. Selbst wenn sie nicht bewußt damit umgehen, werden Plutos Energien wirksam sein, doch werden sie eine weitaus bessere Entwicklung nehmen, wenn das Ego nicht in so starkem Maße daran beteiligt ist.

Wenn diese Partner lernen, sich nicht einzumischen und die Dinge auf sich selbst beruhen zu lassen, so können sie mit dieser Beziehung eine außerordentlich bedeutsame Begegnung erleben, die ihr Leben von Grund auf verändern und sie auf einen ganz neuen Weg führen wird.

Kapitel 15

Die Mondknoten

Die Bedeutung der Mondknoten im Composit-Horoskop

Die Mondknoten sind seit langem eine Quelle für Kontroversen zwischen Astrologen gewesen. Eine Vielzahl von Abteilungen und Beschreibungen wurden vorgeschlagen, doch hat es wenig Übereinstimmung gegeben. In der abendländischen Astrologie zumindest hat das Ergebnis aus der Spekulation über die Mondknoten darin bestanden, daß der nördliche Mondknoten irgendwie „positiv", der südliche Mondknoten irgendwie „negativ" sei. Einige Astrologen sind noch weiter gegangen und haben von den Mondknoten in Zusammenhang mit karmischen Strukturen gesprochen, doch haben sie sich nicht sehr klar über die jeweilige Bedeutung geäußert.

Es hat jedoch eine Ausnahme gegenüber diesem allgemeinen Trend gegeben, und das ist der deutsche Astrologe Alfred Witte gewesen, der Begründer der Hamburger (oder Uranischen) Schule der Astrologie, dessen Arbeit durch Reinhold Ebertin und die Kosmosbiologie bestätigt worden sei. Ihre Vorgehensweise hat darin bestanden, die Unterscheidung zwischen dem nördlichen und dem südlichen Mondknoten zu reduzieren und sie zusammen als eine Achse zu behandeln, um die herum sich Planetenstrukturen anordnen. Gemeinsam regieren die beiden Mondknoten Vereinigungen, Verbindungen, Zusammentreffen, Gruppen und Beziehungen und haben daher sehr viel mit Partnerschaften jeder Art zu tun. Wenn diese Theorie stimmt, dann ist sie für das in diesem Buch behandelte Thema offensichtlich von Wichtigkeit, und nach meiner eigenen Erfahrung scheint es sich dabei um eine korrekte Interpretation zu handeln. Ich würde jedoch nicht behaupten, daß diese Darstellung der Mondknoten die einzig zutreffende unter Ausschluß aller übrigen ist, da nichts an ihrer Beschaffenheit darauf hinweist; mit Sicherheit gehört sie jedoch zu den wichtigsten Deutungsmethoden der Mondknoten und sollte dafür in Betracht gezogen werden.

Ich habe persönlich das Gefühl, daß zwischen dem nördlichen und dem südlichen Mondknoten eine gewisse Unterscheidung gemacht werden muß, die aber nur dann klar hervortritt, wenn ein Planet mit einem Mondknoten in Konjunktion und zu dem anderen in Opposition steht. Ansonsten ist der Planet mit beiden Mondknoten in gleicher Weise verbunden, und es ist unmöglich, einen Unterschied zwischen ihnen zu machen. Wenn jedoch eine solche

Konjunktion mit einem der Mondknoten vorliegt, dann scheint der nördliche Mondknoten mehr Einfluß auf die Bildung von Vereinigungen und Gruppen zu haben, während der südliche Mondknoten stärker zu ihrer Auflösung beiträgt.

Weil die beiden Mondknoten immer in Opposition zueinander stehen, sind nur die folgenden Verbindungen mit Planeten möglich:

1.   Ein Planet kann eine Konjunktion mit dem nördlichen oder mit dem südlichen Mondknoten bilden. Hier ist die Unterscheidung notwendig, mit welchem Mondknoten sich der Planet in Konjunktion befindet.

2.   Ein Planet kann eine Trigon/Sextil-Verbindung zu den beiden Mondknoten haben. In diesem Falle ist es gleichgültig, zu welchem Mondknoten der Planet das Trigon oder das Sextil bildet.

3.   Ein Planet kann zu beiden Mondknoten im Quadrat stehen. Natürlich bringt das Quadrat zu einem Mondknoten gleichzeitig das Quadrat zu dem anderen mit sich.

Die folgenden Seiten bringen Beschreibungen für diese verschiedenen Kombinationsmöglichkeiten. Weil es sich bei den Mondknoten nicht um Planeten handelt, stehen sie auch nicht in der gleichen Art und Weise sinnbildlich für Energien, wie dies die Planeten tun. Sie lassen sich insofern eher mit den Häusern vergleichen, als daß sie einen Ort oder eine Situation bezeichnen, wo sich eine planetarische Energie niederschlägt. Daher sind die Energieformen, die in den Mondknoten-Aspekten miteinander verbunden werden, verhältnismäßig einfach, und folglich sind auch die Abteilungen für die Mondknoten in diesem Kapitel bei weitem nicht so ausführlich wie die Beschreibungen für die Planeten. Auch ist die Wirkungsweise der Mondknoten in den einzelnen Häusern bisher noch nicht eindeutig geklärt, und alles, was sich hier sagen ließe, wäre ziemlich hypothetisch. Daher enthält dieser Text keine Darstellungen für die Hauspositionen der Mondknoten, obwohl sich dies in einer künftigen Ausgabe dieses Buches ändern mag.

Die Aspekte mit den Mondknoten können sehr bedeutsam sein, weil sie so stark mit der Bildung und Gestaltung von Beziehungen verbunden sind. Sie dürfen jedoch nicht als ebenso einflußreich wie die Planetenaspekte betrachtet werden und lassen für sich selbst genommen, wahrscheinlich noch keine Beziehung entstehen oder scheitern. Sie fügen lediglich noch weitere Feinheiten zu einem Bild hinzu, das bereits in großen Zügen durch die Planeten in den Häusern und ihre Aspekte ermittelt worden ist. Die wichtigsten Aspekte unter Einschluß der Mondknoten sind solche, wo sich ein Planet in Konjunktion mit dem nördlichen oder dem südlichen Mondknoten befindet. Die Aspekte von Trigon/Sextil und Quadrat wirken sich bedeutend weniger intensiv aus.

Obwohl es nicht in allen Fällen ausdrücklich festgestellt wird, trifft es immer zu, daß die Energie der Mondknoten-Aspekte entweder zwischen den zwei betroffenen Personen oder zwischen ihnen und der Außenwelt wahrgenommen werden kann. Einige Darstellungen betonen die Wirkungen zwischen den beiden Partnern, während andere das hervorheben, was sich zwischen ihnen und der Außenwelt abspielt; doch sollte man im Gedächtnis behalten, daß die Wirkung gewöhnlich in beide Richtungen gehen kann.

Noch ein weiterer Faktor sollte erwähnt werden. In allen gegenwärtig existierenden Ephemeriden ist die Position des *mittleren* Mondknotens angegeben, das heißt, des Mondknotens, so wie er wäre, wenn die Umlaufbahn des Mondes nicht durch die Gravitationskraft von Sonne und Mond ernstlich gestört würde. Tatsächlich erfährt dieser Orbit jedoch eine Störung, und der wirkliche oder sich aus dieser Störung ergebende Mondknoten kann bis zu 1°45' von dem mittleren Mondknoten abweichen. Bei der Arbeit mit Näherungswerten reicht diese Differenz nicht dazu aus, als daß sie von Wichtigkeit wäre, und in Composit-Horoskopen liegen die Werte gewöhnlich ausreichend dicht beieinander. Bei exakter Arbeit mit Direktionen und Transiten habe ich jedoch festgestellt, daß der wirkliche Mondknoten genauer als der mittlere Mondknoten ist. Die hier in diesem Buch wiedergegebenen Horoskope enthalten den wirklichen Mondknoten, der von einem Computer aus den Bestimmungselementen des Mondes berechnet und durch eine Standardformel, welche die Positionen von Sonne, Mond und mittlerem Mondknoten in Relation zueinander einschließt, korrigiert worden ist. Die Tabellen, die sehr einfach zu benutzen sind und nicht anderes als Addition und Subtraktion erforderlich machen, befinden sich — gemeinsam mit den ursprünglichen Formeln, auf welchen diese Tabellen beruhen — im ersten Band von Carl W. Stahls *Beginner's Manual of Sidereal Astrology.* Der wirkliche Mondknoten hat seiner inneren Natur nach nichts „Siderisches" an sich, doch sind die Vertreter dieser Richtung die ersten gewesen, die sich durch die Arbeit von Cyril Fagan, dem bedeutenden irischen Astrologen und Begründer der abendländischen Schule der Siderischen Astrologie, dieses Sachverhaltes bewußt geworden sind.

Aspekte zwischen Sonne/Mondknoten

Alle Aspekte von Sonne und Mondknoten weisen auf eine Partnerschaft hin, die viele wichtige Verbindungen mit anderen Menschen entstehen läßt; mit anderen Worten, Beziehungen zu anderen werden eine außergewöhnlich wichtige Rolle für die Aufrechterhaltung der Beziehung zwischen diesen Partnern spielen.

Die Sonne in Konjunktion mit dem nördlichen und in Opposition mit dem südlichen Mondknoten. Die beiden Partner werden viele bedeutsame Begegnungen mit anderen erleben, besonders mit Männern in einer einflußreichen sozialen Stellung. Diese Begegnungen werden ihre Verbindung fördern und ihr zusätzliche Stärke geben.

Die Sonne im Trigon/Sextil mit den Mondknoten. Dieser Aspekt hat eine sehr ähnliche Bedeutung wie die Konjunktion mit dem nördlichen Mondknoten, ist jedoch ein nicht ganz so starkes Anzeichen dafür.

Die Sonne im Quadrat mit den Mondknoten. Dieser Aspekt erhöht die Möglichkeit, daß die beiden Partner Ego-Konflikte miteinander haben können oder daß sie den Wunsch verspüren mögen, sich von anderen zurückzuziehen, was zu Schwierigkeiten in ihrer eigenen Beziehung führen könnte. Jeder Sonne/Mondknoten-Kontakt hat die Bedeutung, daß andere Menschen für diese Partnerschaft eine wichtige Rolle spielen, und daher sollten die Betreffenden versuchen, die dadurch entstehenden Konflikte auf ein Mindestmaß zu verringern. Ungeachtet ihrer Intention wird ihre Beziehung in starkem Maße von anderen abhängig sein.

Die Sonne in Konjunktion mit dem südlichen und in Opposition mit dem nördlichen Mondknoten. Die betreffenden Partner werden möglicherweise die Feststellung machen, daß einige prominente Persönlichkeiten, oder vielleicht auch Männer im allgemeinen, dem Fortbestand ihrer Beziehung feindlich gegenüberstehen. Sie werden jedoch nicht unbedingt Erfolg dabei haben, die beiden Partner auseinanderzubringen, wenn die Beziehung nicht in anderer Hinsicht ungefestigt ist.

Aspekte zwischen Mond/Mondknoten

Die Aspekte zwischen Mond und Mondknoten weisen im allgemeinen auf die Bedeutung von Seelenverbindungen und von gefühlsbetonten Verbindungen hin, sei es entweder zwischen den beiden Partnern oder sei es zu Menschen außerhalb ihrer Beziehung. Sie können auch ein Anzeichen dafür sein, daß Frauen außerhalb der Partnerschaft eine sehr wichtige Rolle für deren Fortbestand spielen.

Der Mond in Konjunktion mit dem nördlichen und in Opposition mit dem südlichen Mondknoten. Dieser Aspekt läßt erkennen, daß es sich hier um eine Verbindung handelt, die auf Gefühlen beruht, und daß beide Partner ein starkes Empfinden von einer Seelenverbindung gemeinsam haben. Sie können auch tiefe emotionale Bindungen zu anderen Menschen haben, besonders zu Frauen, die umgekehrt zur Stärkung ihrer Partnerschaft beitragen werden.

Der Mond im Trigon/Sextil mit den Mondknoten. Dieser Aspekt hat eine sehr ähnliche Bedeutung wie der vorangehende, doch zeigt er nicht ganz so starke Auswirkungen.

Der Mond im Quadrat mit den Mondknoten. Auch dieser Aspekt weist auf eine sehr stark gefühlsbetonte Verbindung hin. Hier besteht jedoch eine erhebliche Gefahr, daß diesen Partnern aufgrund ihrer übermäßigen Subjektivität ein klares Verständnis ihrer Beziehung schwerfallen wird. Dies kann bedeuten, daß ihre Beziehung fast völlig über Emotionen läuft, dies aber nicht auf eine sehr harmonische Art und Weise.

Der Mond in Konjunktion mit dem südlichen und in Opposition mit dem nördlichen Mondknoten. Ganz ähnlich wie das Quadrat ist auch dieser Aspekt ein Hinweis darauf, daß emotionale Uneinigkeit dazu führen wird, die beiden Partner zu entzweien. Es ist auch möglich, daß Frauen dieser Beziehung feindlich gegenüberstehen werden, doch wenn diese ansonsten intakt ist, dürfte dies kein großes Problem sein.

Aspekte zwischen Merkur/Mondknoten

Diese Aspekte weisen im allgemeinen darauf hin, daß die geistige und intellektuelle Affinität für die Herstellung dieser Beziehung sehr entscheidend ist. Obwohl die Kommunikation in jeder Partnerschaft eine wichtige Rolle spielt, ist dies bei diesen Aspekten in außergewöhnlichem Maße der Fall. Auch Beziehungen zu anderen werden stark durch intellektuelle Erwägungen beeinflußt sein. Wenn wir sagen, daß die Mond/Mondknoten-Aspekte Seelenverbindungen bezeichnen, dann stehen die Merkur/Mondknoten-Aspekte kennzeichnend für geistige und intellektuelle Verbindungen.

Merkur in Konjunktion mit dem nördlichen und in Opposition mit dem südlichen Mondknoten. In dieser Beziehung ist das Bedürfnis nach Kommunikation und nach gemeinsamen intellektuellen Erfahrungen sehr stark ausgeprägt. Die geistige Anziehung und Affinität mag ein ausschlaggebender Faktor dabei gewesen sein, die beiden Partner zusammenzuführen. Sie werden auch ungewöhnlich viele intellektuelle Verbindungen zu Menschen außerhalb ihrer Beziehung haben.

Merkur im Trigon/Sextil mit den Mondknoten. Dieser Aspekt hat eine sehr ähnliche Bedeutung wie der vorangehende, doch sind seine Auswirkungen schwächer.

Merkur im Quadrat mit den Mondknoten. Auch dieser Aspekt steht kennzeichnend für das Bedürfnis nach intellektueller und geistiger Affinität zwischen den Partnern, doch ist er gleichzeitig auch ein Hinweis darauf, daß mangelnde Übereinstimmung gewisse Probleme in dieser Beziehung verursachen kann.

Merkur in Konjunktion mit dem südlichen und in Opposition mit dem nördlichen Mondknoten. Bei diesem Aspekt ist es unbedingt notwendig, daß sich die beiden Partner um eine sehr klare Kommunikation miteinander bemühen. Sonst könnten Bemerkungen, die ihnen unbewußt entschlüpfen, zu einem Problem für ihre Beziehung werden.

Aspekte zwischen Venus/Mondknoten

Alle diese Aspekte stehen kennzeichnend für eine Liebesverbindung, und keiner von ihnen ist sonderlich schwierig zu handhaben. Freundschaften mit diesem Aspekt werden sehr liebevoll und zärtlich sein, auch wenn sie nicht auf sexueller Anziehung beruhen.

Venus in Konjunktion mit dem nördlichen und in Opposition mit dem südlichen Mondknoten. Dieser Aspekt ist ein sehr deutliches Anzeichen für eine Liebesverbindung oder tiefe Freundschaft. Die beiden Partner werden das starke Gefühl haben, einander auf sehr positive Art und Weise zu ergänzen, und geben sich Mühe, diese Eigenschaft weiter auszubauen, damit sie ihre Beziehung sogar noch verbessern.

Venus im Trigon/Sextil mit den Mondknoten. Dieser Aspekt zeigt sich sehr ähnlich wie die Konjunktion mit dem nördlichen Mondknoten, doch nicht ganz so stark in seinen Auswirkungen.

Venus im Quadrat mit den Mondknoten. Dieses Quadrat ist kein schwieriger Aspekt. Es hat einfach die Bedeutung, daß ähnliche Erfahrungen in der Vergangenheit oder künftige Pläne für das Leben den beiden Partnern ein Gefühl der Anziehung und Übereinstimmung vermitteln und ein starkes Band zwischen ihnen schaffen. Häufig erkennen sie nicht bewußt, in welcher Form diese Faktoren zu ihrer Beziehung beitragen.

Venus in Konjunktion mit dem südlichen und in Opposition mit dem nördlichen Mondknoten. Die Kräfte, welche diese Partner zusammengeführt haben, sind größtenteils unbewußt, doch voraussichtlich wird dies den Nutzen aus der Verbindung von Venus/Mondknoten nicht verringern. Dies ist immer noch ein positiver Aspekt.

Aspekte zwischen Mars/Mondknoten

Diese Aspekte stehen kennzeichnend dafür, daß die beiden Partner ihre gemeinsamen Kräfte für ein Ziel einsetzen sollen. Als Schlüsselbegriff gilt hier das Schlagwort „Arbeitsverbindung". Ein Aspekt zwischen Mars und Mondknoten kann auch ein Hinweis auf eine Beziehung sein, in der sich die Ego-Kräfte — sei es zwischen den Partnern selbst oder sei es zwischen den beiden und anderen Menschen — außergewöhnlich trennend und zerstörerisch auswirken.

Mars in Konjunktion mit dem nördlichen und in Opposition mit dem südlichen Mondknoten. Dieser Aspekt ist der entschiedenste Hinweis auf eine „Arbeitsbeziehung", wie sie oben beschrieben worden ist. Seine Bedeutung ist nicht auf berufliche Verbindungen beschränkt, doch in einer persönlichen Beziehung mit diesem Aspekt sollten sich die beiden Partner zusammen für ein ganz handfestes Ziel einsetzen. Gemeinsame Aufgaben werden sie miteinander verbinden.

Mars im Trigon/Sextil mit den Mondknoten. Dieser Aspekt hat fast dieselbe Bedeutung, doch ist er weniger zwingend in seinen Auswirkungen. Die beiden Partner können gut miteinander arbeiten, doch ist es nicht unbedingt erforderlich, daß sie dies auch tun.

Mars im Quadrat mit den Mondknoten. Es ist von sehr großer Bedeutung, daß die beiden Partner besondere Mühe auf Zusammenarbeit verwenden. Wenn sie dies nicht tun, so werden sie wahrscheinlich wegen gewisser Unstimmigkeiten zwischen sich, die bewußt geklärt werden müssen, miteinander streiten.

Mars in Konjunktion mit dem südlichen und in Opposition mit dem nördlichen Mondknoten. Von allen Verbindungen zwischen Mars und Mondknoten wird dieser Aspekt mit der allergrößten Wahrscheinlichkeit Zwietracht säen, weil die beiden Partner die Interaktion ihres Ego nicht klar und deutlich erkennen. Sie müssen sich um ein bewußtes Verständnis dessen bemühen, was zwischen ihnen vor sich geht, damit sie die entzweienden Auswirkungen dieses Aspekts auf ein Minimum verringern können. Sie sollten sich auch davor hüten, Widerstand bei anderen Menschen zu entfachen, weil sich dies schädlich auf ihre Beziehung auswirken könnte.

Aspekte zwischen Jupiter/Mondknoten

Diese Aspekte sind im allgemeinen sehr nützlich und vorteilhaft, denn sie zeigen eine erfreuliche und positive Beziehung an, die es beiden Partnern ermöglicht, sich durch die Erfahrung ihrer Bekanntschaft persönlich weiterzuentwickeln. Negative Wirkungen bei bestimmten Aspekten sind dort angeführt, wo es relevant ist.

Jupiter in Konjunktion mit dem nördlichen und in Opposition mit dem südlichen Mondknoten. Dieser Aspekt weist darauf hin, daß die Gefühle zwischen den beiden Partnern sehr positiv sind und daß sie auch gute Beziehungen zu anderen Menschen haben. Sie helfen sich gegenseitig, sie helfen anderen, und diese helfen ihnen. Diese beiden Menschen sind zusammen sehr glücklich und empfinden ein starkes Gefühl von Freundschaft füreinander, ob sie nun als Liebespartner, als Freunde oder in irgendeiner anderen Form miteinander verbunden sind.

Jupiter im Trigon/Sextil mit den Mondknoten. Dieser Aspekt hat fast dieselbe Bedeutung wie der vorangehende, doch zeigt er nicht ganz so starke Auswirkungen.

Jupiter im Quadrat mit den Mondknoten. In der Regel wirkt sich dieser Aspekt ziemlich positiv aus. Wenn jedoch andere Anzeichen für einen ausgeprägten Ego-Konflikt zwischen den beiden Partnern existieren, so kann er die Bedeutung annehmen, daß einer von ihnen versuchen wird, den anderen zu beherrschen oder eine Haltung der Überlegenheit einzunehmen.

Jupiter in Konjunktion mit dem südlichen und in Opposition mit dem nördlichen Mondknoten. Dieser Aspekt zeigt die gleichen Auswirkungen wie das Quadrat. Zusätzlich dazu besteht die Gefahr, daß die betreffenden Partner auch Ego-Konflikte mit Personen außerhalb ihrer Beziehung haben werden. Wenn die Partnerschaft ansonsten jedoch intakt ist, dann werden sowohl dieser Aspekt als auch das Quadrat eher positive als negative Folgen mit sich bringen.

Aspekte zwischen Saturn/Mondknoten

Die meisten dieser Aspekte sind ziemlich schwierig zu handhaben. Saturn unterstreicht das Prinzip der Trennung, das bereits inhärent in der Bedeutung des südlichen Mondknotens enthalten ist. Daher wirken sich die meisten dieser Aspekte ihrer inneren Natur nach trennend und auflösend aus.

Saturn in Konjunktion mit dem nördlichen und in Opposition mit dem südlichen Mondknoten. Dieser Aspekt neigt in höchstem Maße zur Trennung. Außerdem kann er eine Situation verursachen, in welcher einer der beiden Partner versucht, die Beziehung in eine bestimmte Richtung zu lenken, anstatt sie einfach ihren eigenen Verlauf nehmen zu lassen. Durch dieses Bemühen, die Situation unter Kontrolle zu bringen, kann sich der andere Partner unterdrückt fühlen und ihn folglich versuchen lassen, sich davon zu befreien, was zu einer Trennung führt.

Saturn im Trigon/Sextil mit den Mondknoten. Dieser Aspekt ist von allen der am wenigsten problematische. Er kann eine Beziehung stabilisieren und ihren Verlauf eher voraussagbar werden lassen, doch geschieht dies auf Kosten der spontanen Selbstäußerung. Selbst im günstigsten Falle deutet dieser Aspekt darauf hin, daß sich die beiden Partner allzusehr darum kümmern, ihre Beziehung im Griff zu halten und einander mit Vorsicht zu begegnen.

Saturn im Quadrat mit den Mondknoten. Das Quadrat zeigt sehr ähnliche Auswirkungen wie die Konjunktion mit dem nördlichen und dem südlichen Mondknoten. Ego-Konflikte können sich als entzweiend und trennend herausstellen.

Saturn in Konjunktion mit dem südlichen und in Opposition mit dem nördlichen Mondknoten. Die Auswirkungen dieses Aspekts lassen sich aus der Konjunktion mit den nördlichen Mondknoten vergleichen. Da jedoch der südliche Mondknoten ein Punkt der Trennung ist, wirkt dieser Aspekt in noch etwas stärkerem Maße entzweiend und auflösend.

Aspekte zwischen Uranus/Mondknoten

Diese Aspekte zeigen im allgemeinen plötzlich entstandene und unvorhergesehene Verbindungen oder Beziehungen an, die außergewöhnlich, eigenartig, ziellos und unberechenbar in ihrem Verlauf oder in anderer Weise ausgefallen sind. Eine Beziehung mit diesem Aspekt kann sehr plötzlich und unvermittelt zustande kommen und sich dann ebenso rasch wieder in Luft auflösen. Es ist schwierig, sich in einer solchen Beziehung an irgendeine Art von Routine zu gewöhnen.

Uranus in Konjunktion mit dem nördlichen und in Opposition mit dem südlichen Mondknoten. Dieser Aspekt ist ein Hinweis darauf, daß diese Beziehung auf beide Partner eine sehr nervenaufreibende oder verunsichernde Wirkung haben kann. Die Beziehung an sich mag schon eine radikale Abwehr von vergangenen Erfahrungen darstellen oder ein völlig unerwartetes Ereignis sein. Häufig ist es gerade diese Qualität des Ungewöhnlichen, welche die Betreffenden überhaupt zusammengeführt hat. Beide empfinden hier einen anregenden Reiz, den sie in früheren Partnerschaften vermißt haben, und daher gehen sie diese Beziehung aufgrund ihres neuartigen und ungewohnten Charakters und wegen der Veränderungen ein, die sie in ihrem Leben herbeiführen kann.

Uranus im Trigon/Sextil mit den Mondknoten. Dieser Aspekt ist von allen am leichtesten zu handhaben, doch immerhin bringt auch er es mit sich, daß sich die beiden Partner eine Menge Aufregung von dieser Beziehung erhoffen. Sie sind bereit dazu, diese ihren eigenen Verlauf nehmen und einen solchen Ausdruck finden zu lassen, wie sie es von selbst tun wird.

Uranus im Quadrat mit den Mondknoten. Dieser Aspekt kann sich als sehr spannungsgeladen und explosiv erweisen. Seine Auswirkungen lassen sich mit denjenigen aus der Konjunktion mit dem nördlichen Mondknoten vergleichen, doch ist die Wahrscheinlichkeit sogar noch größer, daß er eine unbeständige Beziehung mit vielen Höhen und Tiefen verursachen wird. Er kann auch ein Hinweis darauf sein, daß es den betreffenden Partnern schwerfallen wird, ihr Leben aufeinander abzustimmen und auf die gleichen Ziele hinzuarbeiten.

Uranus in Konjunktion mit dem südlichen und in Opposition mit dem nördlichen Mondknoten. Dieser Aspekt zeigt sehr ähnliche Konsequenzen wie die Konjunktion mit dem nördlichen Mondknoten, doch wirkt er sich sogar noch mit größerer Wahrscheinlichkeit entzweiend und trennend aus. Wenn der anfängliche Reiz dieser Beziehung verflogen ist, wird es den Partnern schwerfallen, sich miteinander zu befassen. Als Folge davon werden sie vielleicht Konflikte erzeugen, nur damit sie die Gefühle zwischen sich schüren und vor Langeweile bewahrt bleiben.

Aspekte zwischen Neptun/Mondknoten

Diese Aspekte sind ihrer Wesensnatur nach besonders unklar und vieldeutig — nicht anders, als wie es sich mit Neptun bei den meisten Aspekten mit anderen Punkten im Horoskop verhält. Sie können eine betont spirituelle Verbindung, eine Verbindung, die fast völlig auf Illusion beruht, oder verschiedenartige Kombinationen aus diesen beiden Extremen anzeigen. Bei diesen Aspekten besteht eine sehr ernsthafte Gefahr der Desillusionierung und Ernüchterung, und dies kann die beiden Partner dazu veranlassen, den psychologischen Rückzug anzutreten, ohne die Beziehung tatsächlich abzubrechen.

Neptun in Konjunktion mit dem nördlichen und in Opposition mit dem südlichen Mondknoten. Dieser Aspekt kann jede der eben beschriebenen, vieldeutigen Situationen anzeigen. Die betreffenden Partner sollten außerordentlich stark darauf bedacht sein, in dieser Beziehung die Fakten von den Illusionen zu trennen, und keinerlei dauerhafte Verpflichtung und Bindung einzugehen, bevor sie nicht aufgrund langer gemeinsamer Erfahrung von den tatsächlichen Fakten überzeugt sein können.

Neptun im Trigon/Sextil mit den Mondknoten. Dieser Aspekt ist von allen Verbindungen zwischen Neptun/Mondknoten am einfachsten zu handhaben, doch selbst hier müssen sich die beiden Partner vor übertriebener gegenseitiger Idealisierung hüten. Sie müssen lernen, sich gegenseitig als ganz reale Menschen zu akzeptieren und in dieser Weise miteinander umzugehen.

Neptun im Quadrat mit den Mondknoten. Dieser Aspekt kann nicht anders, als eine ganze Menge Verwirrung in einer Beziehung zu stiften. Er läßt die Ziele der beiden Partner sehr unklar werden, so daß sie die meiste Zeit über nicht so recht wissen, was sie eigentlich tun. Er läßt auch unbewußte Handlungen Eingang in diese Beziehung finden, so daß sich die Betreffenden unkonstruktiv gegeneinander verhalten werden, ohne die Gründe dafür zu begreifen.

Neptun in Konjunktion mit dem südlichen und in Opposition mit dem nördlichen Mondknoten. Dieser Aspekt zeigt sehr ähnliche Konsequenzen wie die Konjunktion mit dem nördlichen Mondknoten, doch wirkt er sich möglicherweise noch etwas heftiger aus. Diese Partner müssen versuchen, innerlich loszulassen und im Umgang miteinander sehr realistisch zu sein.

Aspekte zwischen Pluto/Mondknoten

Diese Aspekte zeigen ein ausgeprägtes Gefühl von Kraft oder Macht in einer Beziehung an — eine Kraft, die das Leben dieser Menschen von Grund auf verändern und umgestalten kann. Unter den günstigsten Umständen können diese Aspekte die Betreffenden umformen und verjüngen und ihnen zu einem ganz anderen Standort als dem verhelfen, von wo aus sie sich auf den Weg gemacht haben. Andererseits können sie sinnbildlich für eine Beziehung stehen, in welcher einer der beiden Partner in einer destruktiven Art und Weise über den anderen dominiert.

Pluto in Konjunktion mit dem nördlichen und in Opposition mit dem südlichen Mondknoten. Dieser Aspekt dient in sehr starkem Maße zur Illustration der eben beschriebenen Energien. In einer ansonsten intakten Beziehung werden seine Auswirkungen wahrscheinlich recht positiv sein, doch wird er sich negativ auswirken, wenn die Beziehung nicht so günstig aspektiert ist.

Pluto im Trigon/Sextil mit den Mondknoten. Dieser Aspekt zeigt eine schwächere und glimpflichere Wirkung als die Konjunktion mit dem nördlichen Mondknoten an. Er bezeichnet eine Beziehung, die beide Partner verändern wird, doch ist die Wahrscheinlichkeit geringer, daß sie auf das oben beschriebene negative Schema des Beherrschenwollens stoßen werden.

Pluto im Quadrat mit den Mondknoten. Die im Eingangsabschnitt beschriebenen Energien sind bei diesem Aspekt gegenwärtig, doch sind auch seine unangenehmeren Wirkungen ziemlich stark ausgeprägt. Er läßt erkennen, daß sich die Lebensziele der Betreffenden voneinander unterscheiden, was eine Ursache für Konflikte darstellt, weil beide den Versuch machen, sich gegenseitig ihre eigenen Ziele aufzuzwingen.

Pluto in Konjunktion mit dem südlichen und in Opposition mit dem nördlichen Mondknoten. Der Kampf, sich gegenseitig in unterschiedlicher Weise beherrschen zu wollen, ist bei diesem Aspekt am stärksten ausgeprägt. Die Manipulationsversuche der beiden Partner werden sich wahrscheinlich sehr zerstörerisch auswirken und können nur zu einem Abbruch der Beziehung führen. Daher müssen die Betreffenden lernen, toleranter und nachsichtiger miteinander umzugehen. In jedem Falle wird diese Partnerschaft eine starke Wirkung auf beide ausüben. Sie sollten sich vor Menschen außerhalb ihrer Beziehung in acht nehmen, die vielleicht versuchen mögen, sie manipulativ zu beeinflussen.

Aspekte zwischen Aszendent/Mondknoten

Zu all diesen Aspekten können ganz allgemein einige Anmerkungen gemacht werden, da sie sich in ihren Auswirkungen nicht sehr voneinander unterscheiden. Sie alle zeigen eine außergewöhnlich starke Interaktion zwischen den beiden Partnern und ihrer Umwelt an. Beziehungen zu anderen Menschen spielen für die Betreffenden eine sehr wichtige Rolle. Unter den günstigsten Umständen kennzeichnen diese Aspekte ein geselliges Verhalten; schlimmstenfalls lassen sie eine mangelnde Fähigkeit erkennen, unabhängig und auf sich selbst gestellt zu sein.

Das Trigon/Sextil zeigt sich von diesem Aspekten am schwächsten in seiner Auswirkung. Das Quadrat ist nicht sonderlich problematisch, und praktisch besteht kein Unterschied zwischen der Konjunktion mit dem nördlichen bzw. dem südlichen Mondknoten, da auch der Aszendent, genauso wie die Mondknoten, eine Achse mit zwei Enden darstellt, die aus Aszendent und Deszendent besteht.

Weitere Bücher von Robert Hand

Das Buch der Horoskopsymbole

400 Seiten mit vielen Abbildungen, Leinen.

Eine gründliche und ausführliche Darstellung des astrologischen Systems.
Sie hilft interessierten Laien und Berufsastrologen, den Horizont ihres
jeweiligen astrologischen Verständnisses zu erweitern. Behandelt werden
u. a. die Planeten, Zeichen, Häuser, Aspekte und Halbsummen.

Das Buch der Transite

578 Seiten mit Abbildungen, Leinen.

Die Deutung der Transite stellt einen wichtigen Beitrag in der Horoskopdeutung dar. Im vorliegenden Werk finden sich ausführliche Interpretatio-
nen aller wichtigen Aspekte von Sonne, Mond, Merkur, Venus, Mars,
Jupiter, Uranus, Neptun und Pluto.
In jedem der zehn Hauptkapitel werden die Transitaspekte Konjunktion,
Sextil, Trigon, Quadrat und Opposition zu allen Planeten, zum Aszendenten und zum Medium Coeli erläutert und die Bedeutung der Transite in
den zwölf Häusern beleuchtet.

HEINRICH HUGENDUBEL VERLAG

Rüdiger Dahlke
Der Mensch und die Welt sind eins
Analogien zwischen Mikrokosmos und Makrokosmos
360 Seiten. Leinen

Nicht nur Entsprechungen von Organfunktionen des Mikrokosmos »Mensch« werden im Makrokosmos »Welt« entdeckt, auch seelische Themen wie Krankheit und Liebe, Partnerschaft und Aggression verfolgt der Autor vom einzelnen Menschen bis in die Welt. Vom allerkleinsten, der Welt im Innern des Atoms bis zum allergrößten, dem Weltall, begleiten uns dieselben Muster und Prinzipien durch die ganze Schöpfung. Unter diesem Aspekt bietet die Evolution ein neues Bild, und es wird möglich, sowohl in der Entwicklung des einzelnen Menschen als auch in der des Lebens und damit der Menschheit den häufig übersehenen zweiten Pol zu entdecken. Neben dem darwinistischen Prinzip des Überlebens der Stärksten steht nämlich das Prinzip der Integration und Resonanz und damit die Liebe.

Stephen Arroyo
Astrologie und Partnerschaft
240 Seiten. Paperback

Dieses Buch wendet sich besonders an Astrologen, die sich mit der Dynamik von Partnerschaft auseinandersetzen.
Basierend auf den Ergebnissen von Seminaren werden folgende Bereiche angesprochen:
- Der praktische und intelligente Gebrauch von Transiten und planetaren Zyklen
- Erörterung der Fähigkeiten und Bedürfnisse eines bestimmten Menschen zu partnerschaftlicher Beziehung aufgrund der Geburtshoroskope
- Wie gewinne ich Verständnis für eine bestimmte Beziehung durch den Vergleich der in Betracht kommenden Horoskope?

Zusätzlich berücksichtigt Stephen Arroyo bislang vernachlässigte Aspekte, wie die der karmischen Verbindung und der Häuser im Partnerschaftsvergleich.

HEINRICH HUGENDUBEL VERLAG

Liz Greene/Stephen Arroyo

Saturn und Jupiter

Neue Aspekte astrologischer Praxis
256 Seiten. Paperback

Die hier zusammengefaßten Beiträge von Liz Greene und Stephen Arroyo sind Ergebnis eines Symposions unter der Konstellation der Saturn/Jupiter-Konjunktion.
Die Saturn/Jupiter-Problematik steht im Vordergrund. Außerdem werden folgende Themen ausführlich besprochen: Horoskopvergleich und die Dynamik der Partnerschaft – Der Mythos der individuellen Reise – Worum geht es heute in der Astrologie – Zusammenfassung der Ergebnisse der aktuellen astrologischen Partnerschaftsforschung – Licht und Schatten (Bewußtes und Unbewußtes) im Horoskop – Parallelen zwischen klassischen Mythen und Tierkreiszeichen, die Rückschlüsse zulassen auf die Strukturen psychischer Energien – Methoden der Horoskopanalyse.

Liz Greene

Schicksal und Astrologie

509 Seiten. Leinen

Jeder Astrologe muß sich mit der Frage nach dem Schicksal beschäftigen, ebenso wie der Psychotherapeut und der Psychiater, wobei jene wahrscheinlich nicht von »Schicksal«, sondern von »Lebensplan« oder »Erbanlagen« sprechen. Liz Greene setzt sich hier primär auf astrologischer Ebene mit der Schicksalsproblematik auseinander. Hierfür analysiert sie die Horoskope und Lebensläufe von Menschen, deren Leben vom Schicksal stark beeinflußt geworden zu sein scheint.

HEINRICH HUGENDUBEL VERLAG

Vivian Robson

Fixsterne

Bedeutung und Konstellationen im Horoskop
256 Seiten. Paperback

Das Standardwerk zu Stellung und astrologischer Deutung der Fixsterne und ihrer Konstellation im Horoskop.
Der Autor beschreibt nicht nur Stellungen und Wirkung von über 100 Fixsternen und ihren Konstellationen im Geburtshoroskop und auf mundaner Ebene, er zeigt auch ihre Entsprechungen in der Kabbala, im Tarot und ihre Rolle in der Magie des Mittelalters auf. Über die Deutungsaussagen hinaus werden die mythologischen Namensbezeichnungen der Fixsterne erläutert und genaue astronomische Daten angegeben.

Christoph Schubert-Weller

Die astrologische Geburtszeitkorrektur

256 Seiten. Paperback

Für viele astrologische Prognosetechniken ist die exakte Geburtszeit unerläßlich. Da solche Angaben oft ungenau sind oder sogar ganz fehlen, muß die Geburtszeit in der astrologischen Praxis häufig rekonstruiert werden. Der Autor zeigt, daß sich von markanten Lebensereignissen aus astrologisch die Geburtszeit ermitteln läßt.
Alle wichtigen Methoden werden ausführlich beschrieben, mit konkreten Beispielen illustriert und miteinander kombiniert.
Eine praxisnahe und detaillierte Einführung in die Technik der Geburtszeitkorrektur für den fortgeschrittenen Astrologen.

HEINRICH HUGENDUBEL VERLAG